适合广大历史爱好者、党员干部阅读

新编简明中国史

XINBIAN JIANMING
ZHONGGUOSHI

陈梧桐 李 楠◎主编

中国文史出版社

图书在版编目（ＣＩＰ）数据

新编简明中国史 / 陈梧桐 , 李楠主编 . -- 北京：
中国文史出版社 , 2021.1
　ISBN 978-7-5205-2304-2

　Ⅰ . ①新… Ⅱ . ①陈… ②李… Ⅲ . ①中国历史—干
部教育—学习参考资料 Ⅳ . ① K20

　中国版本图书馆 CIP 数据核字 (2020) 第 182795 号

责任编辑：戴小璇

出版发行：中国文史出版社
社　　址：北京市海淀区西八里庄 69 号院　邮编：100142
电　　话：010- 81136606　81136602　81136603(发行部)
传　　真：010-81136655
印　　装：廊坊市海涛印刷有限公司
经　　销：全国新华书店
开　　本：1/16
印　　张：30.25
字　　数：525 千字
版　　次：2021 年 3 月北京第 1 版
印　　次：2021 年 3 月第 1 次印刷
定　　价：78.00 元

序 言

　　我们党的几代领导人都十分重视历史的研究与学习，号召广大党员干部要认真学习历史知识。早在抗日战争时期，毛泽东同志就曾这样说过："指导一个伟大的革命运动的政党，如果没有革命理论，没有历史知识，没有对于实际运动的深刻的了解，要取得胜利是不可能的。"他向全党提出了学习历史、研究历史的任务："学习我们的历史遗产，用马克思主义的方法给予批判的总结"①。2015 年 12 月，习近平同志在中央政治局"三严三实"专题民主生活会上也强调："我们要加强对历史的学习，特别是对中国古代史、中国近现代史、中国共产党党史的学习，历史是一面镜子，从历史上得到启迪，得到定力。"②2019 年 11 月，他在上海考察时，又强调要"引导广大党员、干部深入学习党史、新中国史、改革开放史，让初心薪火相传，把使命永担在肩"③。

　　党的领导人为什么如此强调历史知识的学习呢？这是因为，历史知识具有认识、鉴别、教育的诸多功能。举其大端，大抵有以下几个方面。

　　第一，有助于加深对人类社会发展规律和国情、省情、市（县）情的认识。在当今时代，人们要在社会上立足，要求得生存和发展，就必须了解人类社会历史的发展规律，顺应时代潮流，否则逆潮流而动，不仅难以生存和发展，而且会落个身败名裂的下场。而认识历史发展的规律，把握时代潮流的脉搏，则需借助史学研究的认识功能，广披博览，积累丰富的历史知识。马克思曾告诉我们："人们自己创造自己的历史，但他们并不是随心所欲地创造，并不

---

① 《毛泽东选集》一卷本，人民出版社 1966 年版，第 521、522 页。
② 《在中央政治局"三严三实"专题民主生活会上的讲话》，《习近平关于"不忘初心、牢记使命"论述摘编》，中央文献出版社、党建读物出版社 2019 年版，第 214 页。
③ 转引自《学习历史，为的是面向未来》，《光明日报》2020 年 6 月 21 日第一版。

是在他们自己选定的条件下创造，而是在直接碰到的、既定的、从过去承继下来的条件下创造。"① 因此，人们要求得生存和发展，就不仅要掌握社会历史的发展规律，还需认识当今的国情、省情和市（县）情，因为这是我们生存和发展之出发点。而当今的国情、省情和市（县）情又是从过去发展而来的，这同样要求我们掌握丰富的历史知识，以此为依据对未来的发展方向做出科学的预判。而对党员干部来说，全面认识国情、省情、市（县）情更显得尤其重要。因为我们党和政府的各种战略构想、政策措施，都是依据我国的国情、省情和市（县）情而制定的，如果我们对国情、省情和市（县）情缺乏全面的认识，就无法了解这些战略规划、政策措施制定的依据，也难以有效地加以贯彻执行。

第二，有利于批判地继承历史文化遗产，增强文化自信。历史是人类时代的延续和更替，各个时代的人们在改造客观世界的实践中，都需借助先前时代的历史文化遗产和成果。无产阶级在争取自身和全人类的解放斗争中，既勇于破除一切对既往事物的迷信，又善于汲取和改造人类历史上一切有价值的精神财富。列宁曾指出："每个民族的文化里面，都有一些哪怕是还不发达的民主主义和社会主义的文化成分，因为每个民族里面都有劳动群众和被剥削群众。他们的生活条件必然会产生民主主义和社会主义的思想体系。"② 毛泽东同志也指出："我们这个民族有数千年的历史，有它的特点，有它的许多的珍宝。对于这些，我们还是小学生。今天的中国是历史的中国的一个发展；我们是马克思主义的历史主义者，我们不应当割断历史。从孔夫子到孙中山，我们应当给以总结，承继这一份珍贵的遗产。"③ 要总结、承继这份珍贵的历史文化遗产，自然就得埋头学习，广泛吸收中外的优秀文化成果，看到我们中华民族在漫长的历史长河中，创造了光辉灿烂、绚丽多彩的文化，为世界文化宝库和人类的进步作出了巨大的贡献；同时，在世界四大文明古国中，埃及、

---

① 《马克思恩格斯选集》第一卷，人民出版社 1972 年版，第 603 页。

② 《列宁全集》第三十卷，人民出版社 1958 年版，第 6—7 页。

③ 《毛泽东选集》一卷本，人民出版社 1966 年版，第 522 页。

巴比伦、印度三国，古代文明后来全都消亡，唯独中国的文明没有中断，而是继续向前发展。批判地继承这份丰厚而珍贵的历史文化遗产，必将大大增强我们的民族自信，提振我们的民族精神。

第三，有益于总结前人成败的经验教训，作为行事的借鉴。在历史上，有许多历史人物，他们顺应历史潮流而动，获得了成功，千古留名。如唐太宗即位后，勤于政务，虚怀纳谏，广纳贤才，知人善任，弼成了"贞观之治"。明太祖创建大明王朝后，提出"安民为本""锄强扶弱"的主张，实行休养生息，大力恢复和发展生产，使耕地面积和人口数量迅速超越前代水平；立法定律，严惩贪污腐败，打击不法豪强，推行教化，移风易俗，使动荡不安的社会秩序迅速趋于稳定，促进了"洪武之治"。而有些历史人物，逆时代潮流而动，最后却落个遗臭万年的可耻下场。如商纣王骄奢淫逸，为鹿台糟丘，酒池肉林，驰猎无穷，鼓乐无厌，并对臣民滥施"炮烙"之刑，导致百姓的不满与反抗，最终被日益强大的周族所灭。慈禧太后在独揽清廷大权之后，不仅残酷镇压太平天国、捻军起义，还在维新变法之时发动政变，囚禁光绪帝，杀害谭嗣同等六君子，破坏变法。义和团运动失败后，以她为首的清朝权贵，更是一味屈从帝国主义的势力，甘当列强在中国的统治工具，给中国人民带来深重的灾难，而成为历史的罪人。学习中外的历史知识，汲取古人成功的经验和失败的教训，可以为人们提供行事的借鉴。

第四，可以帮助人们提高鉴别美、丑、善、恶的能力，生活得更有诗意，更好地奔向远方。在过往的历史舞台上，各色各样的人物演出一幕又一幕生动的活剧，将人性的美、丑、善、恶暴露在阳光之下。有的为正义的进步的事业而奋勇拼搏，有的为不义的反动的阵营而卖命；有的为国家民族的利益而奋不顾身，有的为自己的蝇头小利而苟且偷生；有的为民族大义不惜抛洒热血，牺牲性命，有的为顾惜自己的小命而不惜卖友求荣，甚至出卖国家民族的利益。通过中外历史知识的学习，人们可以更好地辨明什么是善、恶、美、丑，认识什么是公平、进步、正义，有所甄别，有所汲取，启迪智慧，净化心灵。特别是那些仁人志士身上所体现的优秀品德，更为人们提供见贤思齐的楷模，效法的榜样。古代霍去病"匈奴未灭，何以家为"的志向，文天祥"人生自古谁无死，留取丹心照汗青"的千古绝唱，戚继光"封侯非我意，但愿海波平"的高尚品格，近代林则徐"蛮烟一扫海如镜"的宏伟理想，无不激励着后人去为国家民族而献身。而为劳苦大众的解放，为共产主义事业而献身的李大钊、方志敏、刘胡兰、黄继光、邱少云等无产阶级革命烈士的共产主义品格，更激励着当今的人们，为中华民族的振兴，为建设中国特色社会主义现代化强国而奋勇拼搏。

最后还要着重强调的是，历史知识可以帮助人们正确地认识人与自然的关系，增强生态环境的保护意识。无数的历史事实表明，只有处理好人与自然的关系，做好生态文明建设，经济才能得到持续的发展，人类才能健康地生活。否则，过度地向自然索取，造成严重的环境污染，生态失衡，不仅经济无法持续发展，人类的健康也将受到损害，而无法生存。鉴于以往血的教训，习近平同志近年在视察长江、黄河时，就一再强调，对长江、黄河要搞大保护，不搞大开发，要求沿江沿河各省区都要自觉地承担起保护母亲河的责任。人们学习历史知识，便可很好地领悟到其中的深刻道理，提高环保意识，自觉投身于当今的环保事业，为我们的社会主义生态文明建设尽自己的一份力量与重任。

为适应广大党员干部学习中国历史的需要，我们组织编写了这部《新编简明中国史》。以马克思主义的唯物史观为指导，择取公认的典型史料，广泛吸收学术界新近的研究成果，简明扼要地记叙了从远古时间迄至辛亥革命时期的中国历史。全书线索分明，头绪清楚，不作艰深的理论分析，不作大段的文献征引，文字生动活泼，语言通俗易懂，易于为广大读者所接受。相信它的出版，会受到广大党员干部的欢迎。

陈梧桐

二〇二〇年六月十六日于北京

目 录

<table>
<tr><td colspan="3">第 一 章　原始社会与文明起源</td></tr>
</table>

第一节　远古人类的演变 ……………………………………… 2
　　一、从猿到人的演变 ……………………………………… 2
　　二、原始远古人类 ………………………………………… 3
　　三、中华民族起源的多元性 ……………………………… 7

第二节　原始社会的演进 ……………………………………… 8
　　一、石器时代 ……………………………………………… 8
　　二、母系氏族与父系氏族社会 …………………………… 9
　　三、社会大分工 …………………………………………… 10
　　四、邦国文明的出现 ……………………………………… 12

第三节　原始经济的发展 ……………………………………… 13
　　一、原始农业的起源 ……………………………………… 13
　　二、原始耕作技术 ………………………………………… 14
　　三、文明之火 ……………………………………………… 15

第四节　原始文化与科技 ……………………………………… 16
　　一、仰韶文化 ……………………………………………… 16
　　二、河姆渡文化 …………………………………………… 18
　　三、大汶口文化 …………………………………………… 19
　　四、龙山文化 ……………………………………………… 20

第五节　远古神话与传说 ……………………………………… 23
　　一、创世神话 ……………………………………………… 23
　　二、阪泉之战 ……………………………………………… 24

三、涿鹿之战 ‥‥‥‥‥‥‥‥‥‥‥‥‥‥‥‥‥‥‥‥‥‥‥ 25

四、嫘祖教蚕织 ‥‥‥‥‥‥‥‥‥‥‥‥‥‥‥‥‥‥‥‥‥ 27

五、有巢氏构木为巢 ‥‥‥‥‥‥‥‥‥‥‥‥‥‥‥‥‥ 28

六、伏羲创八卦 ‥‥‥‥‥‥‥‥‥‥‥‥‥‥‥‥‥‥‥‥ 28

七、仓颉造字 ‥‥‥‥‥‥‥‥‥‥‥‥‥‥‥‥‥‥‥‥‥‥ 29

八、尧舜禅让 ‥‥‥‥‥‥‥‥‥‥‥‥‥‥‥‥‥‥‥‥‥‥ 30

九、大禹治水划九州 ‥‥‥‥‥‥‥‥‥‥‥‥‥‥‥‥‥ 31

十、后羿射日 ‥‥‥‥‥‥‥‥‥‥‥‥‥‥‥‥‥‥‥‥‥‥ 32

第二章　夏商西周时期

第一节　夏朝的演变和科技文化 ‥‥‥‥‥‥‥‥‥‥‥‥ 34

一、夏朝建立 ‥‥‥‥‥‥‥‥‥‥‥‥‥‥‥‥‥‥‥‥‥‥ 34

二、少康中兴 ‥‥‥‥‥‥‥‥‥‥‥‥‥‥‥‥‥‥‥‥‥‥ 35

三、残暴统治 ‥‥‥‥‥‥‥‥‥‥‥‥‥‥‥‥‥‥‥‥‥‥ 37

四、夏桀亡国 ‥‥‥‥‥‥‥‥‥‥‥‥‥‥‥‥‥‥‥‥‥‥ 38

五、夏朝官制与军制 ‥‥‥‥‥‥‥‥‥‥‥‥‥‥‥‥‥ 40

六、夏代农业 ‥‥‥‥‥‥‥‥‥‥‥‥‥‥‥‥‥‥‥‥‥‥ 40

七、夏朝手工业 ‥‥‥‥‥‥‥‥‥‥‥‥‥‥‥‥‥‥‥‥ 41

八、二里头文化 ‥‥‥‥‥‥‥‥‥‥‥‥‥‥‥‥‥‥‥‥ 42

九、《夏小正》 ‥‥‥‥‥‥‥‥‥‥‥‥‥‥‥‥‥‥‥‥‥ 44

第二节　商朝的演变及科技文化 ‥‥‥‥‥‥‥‥‥‥‥‥ 45

一、商汤灭夏 ‥‥‥‥‥‥‥‥‥‥‥‥‥‥‥‥‥‥‥‥‥‥ 45

二、盘庚迁都 ‥‥‥‥‥‥‥‥‥‥‥‥‥‥‥‥‥‥‥‥‥‥ 46

三、武丁盛世 ‥‥‥‥‥‥‥‥‥‥‥‥‥‥‥‥‥‥‥‥‥‥ 47

四、商纣暴政 ‥‥‥‥‥‥‥‥‥‥‥‥‥‥‥‥‥‥‥‥‥‥ 49

五、殷商灭亡 ‥‥‥‥‥‥‥‥‥‥‥‥‥‥‥‥‥‥‥‥‥‥ 51

六、商朝军制 ‥‥‥‥‥‥‥‥‥‥‥‥‥‥‥‥‥‥‥‥‥‥ 52

七、王权制度与阶级对立 ‥‥‥‥‥‥‥‥‥‥‥‥‥‥ 53

八、社会经济 ‥‥‥‥‥‥‥‥‥‥‥‥‥‥‥‥‥‥‥‥‥‥ 55

九、手工制造业 ‥‥‥‥‥‥‥‥‥‥‥‥‥‥‥‥‥‥‥‥ 57

十、科技文化 ·· 58

十一、甲骨文与金文 ······························ 59

第三节 西周的演变及科技文化 ················ 61

一、牧野之战 ······································· 61

二、成康之治 ······································· 61

三、国人暴动与共和行政 ······················ 63

四、烽火戏诸侯 ··································· 64

五、犬戎入侵 ······································· 65

六、分封制 ··· 66

七、宗法制 ··· 67

八、奴隶制 ··· 69

九、农业生产与井田制 ························· 70

十、商贾百工 ······································· 72

十一、天文历法 ··································· 73

十二、礼器铭文 ··································· 74

十三、雅乐制度 ··································· 75

十四、《周易》与《周礼》 ····················· 78

第三章　春秋战国时期

第一节 春秋五霸的迭兴 ····················· 82

一、平王东迁 ······································· 82

二、大夫兼并 ······································· 83

三、诸侯争霸 ······································· 87

四、权去公室 ······································· 88

第二节 战国七雄的兼并 ····················· 89

一、姜齐 ··· 89

二、芈楚 ··· 91

三、姬燕 ··· 94

四、姬韩 ··· 95

五、嬴赵 ··· 96

六、姬魏 ··· 97

　　　　七、嬴秦 ·· 98

第三节　变法运动 ··· 100
　　　　一、吴起变法 ·· 100
　　　　二、商鞅变法 ·· 101
　　　　三、赵武灵王变法 ·· 103
　　　　四、燕昭王和乐毅改革 ······································ 104

第四节　社会经济与科技发展 ···································· 105
　　　　一、铁器、牛耕的使用和推广 ···························· 105
　　　　二、春秋战国时期的货币 ································· 106
　　　　三、商业自由发展的时代 ································· 106
　　　　四、手工业进一步发展 ····································· 107
　　　　五、都江堰与郑国渠 ·· 109
　　　　六、《甘石星经》 ··· 110
　　　　七、神医扁鹊 ·· 110
　　　　八、木匠祖师鲁班 ··· 111

第五节　思想文化 ··· 112
　　　　一、百家争鸣 ·· 112
　　　　二、道家始祖老子 ··· 113
　　　　三、圣人孔子 ·· 114
　　　　四、孟子与荀子的儒家思想 ······························ 115
　　　　五、墨子和墨家思想 ·· 116
　　　　六、庄子、列子和道家思想 ······························ 117
　　　　七、韩非和法家思想 ·· 119
　　　　八、孙武与孙膑的兵家思想 ······························ 120
　　　　九、千古传颂"诗三百" ··································· 121
　　　　十、屈原与楚辞 ··· 121

第四章　秦汉时期

第一节　秦朝的兴亡与封建统治的确立 ···················· 124
　　　　一、秦灭六国 ·· 124

二、千古一帝 ·········· 125

三、封建集权体制的建立 ·········· 126

四、巩固统一的措施 ·········· 129

五、焚书坑儒 ·········· 130

六、万里长城 ·········· 130

七、残暴统治 ·········· 131

八、秦末农民战争 ·········· 133

九、秦朝的覆亡 ·········· 133

第二节　西汉的兴亡与阶级矛盾的激化 ·········· 134

一、刘邦立汉 ·········· 135

二、休养生息 ·········· 136

三、文景之治 ·········· 136

四、七国之乱 ·········· 138

五、罢黜百家，独尊儒术 ·········· 140

六、雄才大略汉武帝 ·········· 140

七、西汉末年阶级矛盾的尖锐化 ·········· 142

八、王莽代汉改制 ·········· 143

九、绿林、赤眉起义 ·········· 144

第三节　东汉的兴亡与阶级斗争 ·········· 146

一、光武中兴 ·········· 146

二、外戚、宦官干政 ·········· 147

三、清议和党锢 ·········· 149

四、东汉后期的阶级斗争 ·········· 152

五、黄巾大起义 ·········· 153

六、董卓之乱 ·········· 153

七、东汉的灭亡 ·········· 154

第四节　秦汉时期的社会与经济

一、阶层分化 ·········· 156

二、农业 ·········· 156

三、手工业 ·········· 157

四、商业发展 ·········· 159

五、对外贸易 ·········· 161

第五节　秦汉时期的科技与文化 ·· 161
　　一、秦始皇陵与兵马俑 ·· 161
　　二、《周髀算经》与《九章算术》 ··· 163
　　三、司马迁著《史记》 ·· 164
　　四、班固与《汉书》 ·· 165
　　五、佛教的传入与道教的兴起 ·· 166
　　六、汉代的医学 ··· 167
　　七、蔡伦造纸 ··· 168
　　八、"科圣"张衡 ··· 169
　　九、汉赋和乐府诗 ··· 171

第五章　三国两晋南北朝时期

第一节　三国的建立与治理 ·· 174
　　一、三国鼎立 ··· 174
　　二、三国兴亡 ··· 176
　　三、三国外交 ··· 178
　　四、三国经济 ··· 178
　　五、学术思想 ··· 180
　　六、宗教发展 ··· 181
　　七、文学艺术 ··· 181
　　八、三国科技 ··· 183

第二节　西晋的短暂统一 ·· 184
　　一、西晋的统一 ··· 185
　　二、八王之乱 ··· 185
　　三、永嘉之乱 ··· 185
　　四、西晋灭亡 ··· 186
　　五、门阀政治 ··· 186
　　六、经济、文化与科技发展 ·· 187

第三节　五胡十六国 ··· 189
　　一、十六国风云 ··· 189
　　二、分裂与融合 ··· 190

三、经济发展 ··· 192

四、文化与教育 ·· 193

五、文学与艺术 ·· 194

第四节　偏安江南的东晋 ······································· 195

一、东晋概况 ·· 196

二、司马睿建东晋 ·· 197

三、祖逖北伐 ·· 198

四、刘裕建宋与东晋灭亡 ···································· 198

五、经济发展 ·· 199

六、魏晋儒学与玄学 ·· 200

七、文学艺术 ·· 201

第五节　南朝政权的嬗代 ······································· 202

一、南朝宋 ··· 203

二、南朝齐 ··· 205

三、南朝梁 ··· 205

四、南朝陈 ··· 207

五、南朝少数民族的融合 ···································· 208

六、南朝的经济发展 ·· 209

七、南朝的文化与科技 ······································· 210

第六节　北朝的社会发展与政治变迁 ···················· 212

一、北魏 ·· 213

二、东魏 ·· 214

三、西魏 ·· 215

四、北齐 ·· 216

五、北周 ·· 216

六、北朝文化 ·· 218

第六章　隋唐时期

第一节　隋的统一与灭亡 ······································· 220

一、隋朝的建立 ··· 220

二、巩固统治 …………………………… 221

三、开辟运河 …………………………… 222

四、三征高丽 …………………………… 223

五、隋朝的崩溃 ………………………… 224

六、隋末农民起义 ……………………… 225

七、穷途末路 …………………………… 227

第二节　唐朝的昌盛与衰亡 ……………… 229

一、唐朝的建立和平定全国 …………… 229

二、唐太宗与贞观之治 ………………… 231

三、女皇武则天 ………………………… 232

四、中宗复位 …………………………… 234

五、开元盛世 …………………………… 235

六、安史之乱 …………………………… 235

七、刘晏改革 …………………………… 237

八、杨炎两税法 ………………………… 238

九、朋党之争 …………………………… 239

十、黄巢起义 …………………………… 240

十一、唐王朝灭亡 ……………………… 241

第三节　隋唐社会与经济发展 …………… 242

一、三省六部制 ………………………… 242

二、创立科举制度 ……………………… 243

三、隋唐经济 …………………………… 244

四、世界经济文化交流中心 …………… 246

第四节　隋唐时期的文化与科技 ………… 247

一、李春与赵州桥 ……………………… 247

二、唐朝的科学与技术 ………………… 247

三、驰名世界的隋唐造船业 …………… 250

四、火药三成分的发现 ………………… 250

五、隋唐佛教的发展 …………………… 251

六、隋唐史学 …………………………… 252

七、隋唐文学 …………………………… 253

八、隋唐艺术 …………………………… 255

第七章　五代十国

第一节　五代十国的政权演变 ·········· 258
一、五代的更迭 ·········· 258
二、十国的分立 ·········· 260

第二节　五代十国时期的政治制度与社会经济 ·········· 262
一、五代十国时期的政治制度 ·········· 262
二、经济重心初南移，农工商业新发展 ·········· 264

第三节　五代十国时期的科技文化 ·········· 266
一、雕版印书 ·········· 266
二、五代词 ·········· 267
三、五代绘画 ·········· 268

第八章　两宋时期

第一节　北宋的建立和政治改革 ·········· 270
一、北宋建立与统一全国 ·········· 270
二、巩固统治 ·········· 272
三、澶渊之盟 ·········· 273
四、北宋前期阶级矛盾和农民起义 ·········· 275
五、北宋中期的危机与兵民反抗 ·········· 275
六、庆历新政 ·········· 278
七、王安石变法 ·········· 279
八、铁面包拯 ·········· 281
九、蔡京专权 ·········· 282
十、元祐更化 ·········· 283
十一、东京保卫战 ·········· 284
十二、靖康之耻 ·········· 285

第二节　南宋的偏安与抗金斗争 ………………………………… 287

一、南宋的建立 …………………………………… 287

二、秦桧弄权 …………………………………… 289

三、岳飞抗金 …………………………………… 290

四、隆兴和议 …………………………………… 292

五、宋军北伐 …………………………………… 293

六、南宋与金对峙局面的形成 ………………… 294

七、南宋灭亡 …………………………………… 296

第三节　辽的崛起与衰亡 ………………………………… 298

一、契丹的兴起 …………………………………… 298

二、辽对邻族的侵略 ……………………………… 301

三、辽朝的统治制度 ……………………………… 303

四、抗宋战争 …………………………………… 304

五、汉人势力的增长 ……………………………… 305

六、契丹贵族之间的倾轧 ………………………… 306

七、辽夏和战 …………………………………… 307

八、金军灭辽 …………………………………… 309

第四节　西夏政权的兴起和发展 ………………………… 312

一、西夏的建立 …………………………………… 312

二、封建统治的确立 ……………………………… 313

三、西夏与宋、辽的关系 ………………………… 315

四、蒙古灭西夏 …………………………………… 317

第五节　金的统治与败亡 ………………………………… 318

一、完颜阿骨打建国 ……………………………… 318

二、海上之盟 …………………………………… 320

三、宋金交涉 …………………………………… 320

四、灭宋战争 …………………………………… 321

五、疆域划定 …………………………………… 322

六、大定明昌之治 ………………………………… 323

七、金朝衰亡 …………………………………… 324

第六节　两宋时期的社会经济、文化与科技

一、两宋经济 …………………………………… 324

二、两宋文学 ·· 328

三、两宋艺术 ·· 330

四、两宋科技与学术 ·· 332

五、两宋外交 ·· 333

第九章　元　代

第一节　蒙古族的崛起与元王朝的统治 ················ 336

一、成吉思汗 ·· 336

二、蒙古帝国的势力 ·· 337

三、元王朝的建立 ··· 339

四、统一全国 ·· 340

五、远征海外 ·· 341

六、忽必烈的治策 ··· 341

第二节　民族等级制度及元政的衰败 ·················· 343

一、四等人制 ·· 343

二、儒家地位的衰落 ·· 345

三、社会诸矛盾的激化 ······································ 346

四、红巾军大起义 ··· 347

五、朱元璋结束元朝统治 ···································· 348

第三节　元代的政治与经济 ···························· 350

一、元代的行省制度 ·· 350

二、元朝农业 ·· 352

三、元朝手工业 ··· 353

四、元朝商业贸易 ··· 356

五、南粮北调与河海漕运 ···································· 357

六、元代的港口与对外贸易 ································· 358

第四节　元代的文化和科技 ···························· 359

一、元曲 ··· 359

二、元代书画 ·· 360

三、元大都 ··· 362

四、天文学家郭守敬 ……………………………………… 362
五、《农桑辑要》与《农书》 …………………………… 363

第一节　明朝的建立与统治 …………………………………… 366
　　一、洪武施政 ………………………………………………… 366
　　二、明成祖的治绩 …………………………………………… 367
　　三、土木之变 ………………………………………………… 369
　　四、于谦守京城 ……………………………………………… 370
　　五、夺门之变 ………………………………………………… 371
　　六、抗击倭寇 ………………………………………………… 373
　　七、杨继盛冒死劾严嵩 ……………………………………… 374
　　八、张居正改革 ……………………………………………… 376
第二节　明朝的转折与衰败 …………………………………… 377
　　一、国本之争 ………………………………………………… 377
　　二、京察之争 ………………………………………………… 378
　　三、魏阉专权 ………………………………………………… 379
　　四、东林党与阉党之争 ……………………………………… 379
　　五、明末三案 ………………………………………………… 380
　　六、萨尔浒之战 ……………………………………………… 382
　　七、袁崇焕大战宁远 ………………………………………… 383
第三节　明朝的败亡 …………………………………………… 385
　　一、明末社会矛盾的激化 …………………………………… 385
　　二、陕北首义与荥阳大会 …………………………………… 386
　　三、闯王李自成和明朝的灭亡 ……………………………… 387
　　四、大顺政权的失败 ………………………………………… 388
　　五、张献忠领导的农民军 …………………………………… 388
第四节　明代的商品经济与资本主义萌芽 …………………… 389
　　一、资本主义萌芽出现 ……………………………………… 389
　　二、明代生产力水平的提高 ………………………………… 389

三、明代社会分工进一步发展 ·············· 391

四、明代商品货币经济的发展 ·············· 392

五、手工业部门中出现的资本主义萌芽 ·············· 394

六、明朝茶马 ·············· 396

第五节　明代的中外关系 ·············· 396

一、郑和下西洋 ·············· 396

二、明朝外交 ·············· 397

三、中西交流 ·············· 398

第六节　明代的文化与科技 ·············· 399

一、明代哲学 ·············· 399

二、明代史学 ·············· 400

三、《永乐大典》 ·············· 401

四、明代诗文 ·············· 402

五、明代小说 ·············· 403

六、明代戏曲 ·············· 405

七、明代书法与绘画 ·············· 406

八、明代科技 ·············· 407

第十一章　清　代

第一节　清朝前期的鼎盛 ·············· 410

一、清朝定都北京 ·············· 410

二、清初六大弊政 ·············· 411

三、郑成功收复台湾 ·············· 412

四、平定三藩与统一台湾 ·············· 414

五、雅克萨之战与东北边疆的巩固 ·············· 416

六、亲征噶尔丹统一蒙古各部 ·············· 417

七、雍正帝稳定民族地区与边疆的措施 ·············· 419

八、乾隆帝的统治 ·············· 421

第二节　清晚期的衰落 ·············· 422

一、嘉道中衰 ·············· 422

　　二、开启近代 ················· 423

　　三、改良中兴 ················· 424

　　四、帝国飘摇 ················· 424

　　五、革命风潮 ················· 425

第三节　反抗斗争与救亡图存 ·········· 426

　　一、民族英雄林则徐 ············· 426

　　二、第一次鸦片战争 ············· 428

　　三、第二次鸦片战争 ············· 430

　　四、三元里人民反英斗争 ··········· 431

　　五、太平天国运动 ·············· 431

　　六、洋务运动 ················· 434

　　七、中法战争 ················· 436

　　八、甲午战争 ················· 437

　　九、戊戌变法 ················· 439

　　十、帝国主义瓜分中国的狂潮 ········· 440

　　十一、八国联军与《辛丑条约》 ······· 441

　　十二、义和团运动 ·············· 442

第四节　清代的社会经济 ············ 446

　　一、火耗归公与养廉银制度 ·········· 446

　　二、"摊丁入亩"制度 ············ 447

　　三、清前期工商业的繁荣 ··········· 447

　　四、清朝与邻国的贸易往来 ·········· 448

　　五、闭关锁国 ················· 449

第五节　清代的文化与科技 ··········· 450

　　一、清朝的文字狱 ·············· 450

　　二、学术思想 ················· 452

　　三、清代文学艺术 ·············· 454

　　四、京师同文馆与京师大学堂 ········· 456

　　五、《四库全书》 ·············· 457

　　六、清代科技 ················· 459

第一章 原始社会与文明起源

史前时期（约 180 万年前—公元前 21 世纪），即有正式历史记载之前中国境内人的发展史，包括早期猿人、晚期猿人、母系氏族以及有关三皇五帝的传说史，直到最后建立夏朝。这时期的时间跨度最大。

这一时期大致划分为两个阶段：旧石器时代，即从血缘家族到氏族制出现这段时期；新石器时代，即从母系氏族繁荣期到原始社会解体这段时期。其中，新石器时代又分为母系氏族繁荣时期和父系氏族社会时期。中国流传久远的远古神话和传说，在一定程度上反映了原始社会时期的社会状况。也有人把旧石器时代和新石器时代之间的过渡阶段称为中石器时代。

在这一时期里，中华民族的祖先们在中国这片宽广富饶的土地上建立了华夏民族，并且在他们的努力下，使华夏大地从原始社会过渡到了奴隶社会，使部落联盟过渡到了国家统治，更使原始的公有制过渡到了个人私有制。

从 8000 年前开始，人类进入了农耕畜牧阶段，生活有了进一步的保障，这一阶段被称为新石器时代。仰韶文化和龙山文化在祖国南北的广大区域都有发现，人类文明已攀升到一个新的高度。

第一节　远古人类的演变

一、从猿到人的演变

距今约 180 万年到约 10000 年的这一阶段，是能够确认的人类最早制造和使用工具的时代，考古学家把人类起源至农业出现以前的这一漫长时代，称作"旧石器时代"。这一阶段，人类在体质演化上经历了直立人阶段、早期智人阶段和晚期智人阶段，逐渐由猿人向现代人进化。

旧石器时代的重要标志就是打制石器。打制石器由简单、粗大向规整、细小发展，种类也不断增多，并且在骨器上发明了磨光技术和钻孔技术。其间，由于发明了人工取火，人类的进化更加迅速，思维得到了突飞猛进的发展，人类社会出现了原始宗教和艺术。

旧石器时代，远古人类的活动范围遍及中国大陆。北自黑龙江、内蒙古，南至云南、广西，西起青海、西藏，东抵沿海诸省。据不完全统计，新发现的旧石器时代遗址有三四百处。

大汶口文化彩陶

其中，举世闻名的周口店北京猿人、陕西陈家窝蓝田猿人化石的年代距今六七十万年。公王岭蓝田猿人化石年代，约在距今 100 万年到 80 万年。云南元谋人化石的年代较早，距今约为 170 万年。山西芮城西侯度遗址的年代距今约 180 万年，为中国境内已知的最古老的一处旧石器时代遗址，存有中国最早的人类用火证据。

他们生活在杂木丛生、野兽出没的恶劣环境中。加之主要的生产工具只有简陋的打制石器，因而获取食物十分艰难。他们必须联合起来，以群体的力量弥补个人力量的不足。

原始人群前期的人类保留的猿类的身体特征较多，与现代人类差别较大，学术界称其为"直立人"。这时男女之间的关系是杂乱而不受限制的，人类的婚姻形态属于不分辈分的乱婚时期,所生的子女知其母不知其父。在我国境内，这时期的代表人类主要有元谋人、蓝田人、北京人、金牛山人等。

原始人群后期的人类体质已有相当进步，学术界称为"早期智人"，亦称"古人"，距今20万—10万年。随着人类思维进步，不同辈分男女之间杂乱的群婚关系逐渐被摒弃。这时人类已禁止不同辈分之间通婚，婚姻只能在同辈之间进行，这叫作"血缘群婚"。血缘群婚制的出现，是人类婚姻形态的一大进步。它不仅使人类的体质、体能有所改善，而且开始形成长幼、辈分的意识。这是人类最早的婚姻制度，也是人类伦理、道德观念的萌芽。在这样的婚姻形态下所生的子女，仍知母不知父。在我国已发现的属于这一时期的人类有马坝人、长阳人和丁村人等。

二、原始远古人类

1. 元谋人

1965年5月，发现于云南省元谋县上那蚌村的旧石器时代早期的人类化石距今约有170万年。是中国境内已经发现的最早的人类化石，其中两枚上内侧门齿化石，经古地磁测定法检测，属于一名成年男子。齿冠保存完整，齿根末梢残缺，表面有碎小裂纹。这两枚牙齿很粗壮，唇面比较平坦，舌面非常复杂，具有明显的原始性质。由于这批化石是在元谋被发现的，因此他们被命名为"元谋人"。这里出土的石制品共7件，有石核和刮削器，应是元谋人制作和使用的。此外还发现两块黑色的骨头，可能是被烧过的。研究者认为，这些是当时人类用火的痕迹。

2. 蓝田人

蓝田人生活在旧石器时代早期，属于早期直立人。蓝田人化石发现于陕西省蓝田县公王岭，其中包括头盖骨化石1个、牙齿化石3枚，同时发现的还有石器34件和一批动物化石，据测定距今约98万年。蓝田人头骨有许多明显的原始性状：眉骨硕大粗壮，在眼眶上方形成一条直的横脊，两侧端明显向外侧延展；眉骨与额峰之间的部位明显缩窄；额骨非常低平。蓝田人石器除砍砸器、刮削器、大尖状器和石球外，还有一些石核和石片，制作显得较为粗糙。公王岭含化石层里还遗存三四处灰烬和灰屑，散布范围不大，可能是蓝田人用火的遗迹。

3. 北京人

北京人的遗骸，是在北京城西南约60千米的周口店出土的。早在1918年便有人在那里采集化石，此后陆续有发现。但大规模的发掘工作，则是从1927年至1939年由地质调查所主持的。这项工作包括很复杂的国际组织与合作，工作团体内除中国人外，还有六七个其他国家的专家。总计前后发现头骨 14 件、牙齿 147 枚以及大腿骨、上膀骨、腕骨等 10 余件，这是世界学术界所公认的中国最早的人骨。

根据研究的结果，北京人约生活在 50 万年以前，那时华北的地面为红土所掩盖，现在厚达数十米至百余米的黄土层，那时还没有生成；甚至黄土层、红土层之间的砾石层，他们也没有见过。他们的身体，甚为矮小，男性的平均体高约 156 厘米，女性则只有 144 厘米。他们的四肢已与今人无异，但头部则大不相同。他们的前额倾斜，眉棱突出；鼻子远较现代人为宽阔，而且上下的宽度，也没有多大的区别；颧骨也很宽大，在脸盘上的位置，向前面的部分，远较向侧面的部分为多；嘴部前突，下颚长着巨齿，颈部肌肉极其发达。他们的头骨，几乎比现代人厚一倍。脑容量很小，平均比近代人要少 300 立方厘米，由此可以推知他们的智力必然较低。

元谋人

北京人

山顶洞人

元谋人、北京人与山顶洞人

关于北京人的生活状况可归纳成三点：第一，他们已会制造各种石器，如尖状器、刮削器等。这些石器虽然粗陋不堪，但可说明他们确实已具有最低限度的文化生活。第二，他们已会打猎。以发掘出来的兽骨为证，他们的猎获物以鹿为最多，其次为豹、穴熊、剑齿虎、土狼、象、犀、骆驼、水牛、野猪、马等。他们可能已会使用投掷的武器，不然恐怕无法获得这样大型的猎物。第三，他们已会用火。从他们遗留下来的大量木炭、火烬、烧过的兽骨以及用过的器物看来，证明他们已能烤肉来吃。而他们用火的能力，可能有更早的传授。

由于打猎生活的危险性过大，因此北京人大都短命。据统计，发现的 39 个北京人中，死于 14 岁的占 39.5%，30 岁以下的占 7%，40 至 50 岁的占 7.9%，50 至 60 岁的占 2.6%，死亡年龄不明的占 41.9%。

4. 河套人

旧石器时代中期人类的代表是"河套人",他们分布于山西、陕西、内蒙古、宁夏、甘肃等省区交界处的"河套"地区,亦即内蒙古的伊克昭盟一带。最初被发现的,只是他们所使用的石器和骨器。这类器物,形成了考古学上所谓的"河套文化";而创造这种文化的主人翁的遗骸,近些年才被发现。

河套人的器具埋藏在红土层上面的砾石层,以及再上面的黄土层和带沙的黄土层中,这种情形正好说明河套人的生存时间是一段漫长的岁月。砾石层和黄土层是怎样形成的呢?我们已经知道红土层是北京人埋骨之地,从北京人时代到河套人时代,其间可能经过长期而大量的降雨,因此若干地区发生洪水,山上的石块被洪水冲下,随水流动而被磨成砾石,淤积于红土的平地上,造成砾石层。其后西北吹来的黄色细沙落在砾石层上,又造成了华北的黄土层。

至于出土遗物的形制,则因层别而略有不同。砾石层中的石器,大都是圆饼形或扁圆形的刮削器,质地为圆形石子状的石英岩,其制法是沿着石子的边缘打制而成。黄土层中的石器,制法略有进步,例如刮刀的制法,便是先将石子打成两半,然后沿着边缘加以修制。带沙的黄土层中所出的石器更为进步,有三角形和多边形的刮器及雕器,此外还有若干骨器。这类石器在考古学上被称为"细石器",它们的时代已接近新石器时代。

5. 金牛山人

1984年,在临近渤海的辽宁省营口市永安乡金牛山的一个洞穴中发现了一具比较完整的男性头骨和体骨。据考证,其年代距今28万年,这就是"金牛山人"。这是迄今东北地区发现最古老又较完好的人类化石。同时与金牛山人化石共同发现的遗物有骨器、打制石器、烧骨和灰烬。这一切表明,此处为东北旧石器时代较早期的文化遗存。

此外,该遗迹还出土了大量动物化石,如剑齿虎、肿骨鹿、梅氏犀、大河狸、三门马等,多达70种,很多是灭绝了的古老种属。其中如犀、鹿、熊等,曾是金牛山人的猎物。当继续往下掘至洞中的第七、第八堆积层,更进一步显示了当年金牛山人群居洞穴、肢解动物、围火烧烤、敲骨吸髓的生活场面。再往下挖掘发现的动物烧骨和敲碎的肢骨、一堆堆燃尽的灰烬,估计年代已超过30万年了。

6. 丁村人

"丁村人"是20世纪50年代初期在山西襄汾丁村一带发现的。这里有旧石器时代早期直至晚期的丰富文化遗存,其晚期文化距今7万年左右。这里发现了属于一个十二三岁儿童的两颗门齿和一颗臼齿化石,其臼齿咬合面结构形态在猿人和现代人之间,齿冠舌面中部低陷呈铲形,与现代黄种人较为接近。另外一个是大约两岁小孩的右顶骨化石，它比北京猿人小孩的顶骨薄，显示了人类体质的进步。发现的石制品有 2000 多件，石片和石器一般都比较粗大，类型有单边或多边砍砸器、石球、三棱大尖状器、鹤嘴形厚尖状器、刮削器等，其中以三棱大尖状器最具特色。从石器类型的多样性和制造技术来看，丁村人的石器已经有了较明显的专业分工。

丁村人用角页岩、燧石和石灰岩制造砍器、斫器、手斧、石球、厚尖状器、小尖状器和多边形石器。最具特色的是三大棱尖状器——三面棱角使其威力大增。

丁村文化与西侯度文化、蓝田文化有密切关系，在类型上更接近于山西省芮城县风陵渡 60 万年前的匼河文化，是华北旧石器时期文化的典型代表。

7. 山顶洞人

"山顶"是在周口店范围内的一块高地，它高出当地地面约 60 米。地质调查所于 1930 年发现了山顶洞，直至 1933 年才正式发掘。所得的标本，计有人类头骨、体骨化石数十件，人类遗物数百件，以及许多动物如鬣狗、猎豹、香猫、鸵鸟等的骨骼化石。根据这类遗骸遗物的研究结果，山顶洞文化当较河套文化为晚，山顶洞人大概生活在 2.5 万年以前。

山顶洞人和北京人的头骨有显著不同之处，前者头盖骨很薄，牙齿很短，后者则相反。就体形来说，山顶洞人已超越"原始中国人"的特征。至于文化方面，山顶洞人已远较北京人和河套人为高。他们经营渔猎生活，爱好艺术，有装饰身体的兴趣，并且似乎已有埋葬死去亲属的习惯。从发现的骨针推测，他们可能已会缝缀鹿皮为衣服。他们用以作装饰品的兽牙，计有鹿牙、狐牙、獾牙等，并将其中若干染成红色。此外还有穿孔的小砾石、小石珠、骨坠等，这种钻孔的技术是北京人所没有的。

发现的山顶洞人制造的石器数量不多，只有 25 件，主要是砍斫器和刮削器。其制作方法与北京猿人相似。山顶洞人制造的骨角器最具代表性，尤以骨针最为典型，骨针针身保存完好，仅针孔残缺。残长 82 毫米，针身微弯，刮磨得很光滑。针孔是用一些细小而又锐利的尖状器挖成的。

山顶洞人还制作了大量的装饰品，有穿孔的兽牙、海蚶壳、小石珠和石坠、鲩鱼眼上骨以及刻沟的骨管等。已发现的 125 枚兽牙中有 1 枚虎牙齿，其余为獾、狐、鹿、狸等的犬齿，孔均钻在牙根部位，为两面对挖而成。出土时有 5 件兽牙呈半圆形排列，可能作为成串的项链。用白色石灰岩制作得十分精巧的小石珠，表面还用赤铁矿粉染成红色。这些发现表明，山顶洞人已经发明和掌握了钻孔、磨制和染色技术。装饰品及染色技术的问世，反映出山顶洞人已具有了审美观念。骨针的制作，证明当时的人类已经掌握了缝制技术，进一步提高了人类抵御风寒侵袭的能力。山顶洞人将死者葬于下室，并在其身上及周围撒放赤铁矿粉，说明他们已有了原始的宗教信仰。

山顶洞人的石器，其中一部分是制造器物的工具，例如刮削骨角所用的石器，便是以火成岩制成的；钻石珠和小砾石等，则用极粗糙的石钻，可看出山顶洞人工艺技术的进

新石器时代黏土模

步。在他们的多种遗物中，最引人注意的，是一种由鹿角制成的短棒，表面被刮磨得非常平滑，并刻有纹饰。总之，山顶洞人的文化，较河套人又进一步，他们的时代已大致可与新石器时代相互衔接。

三、中华民族起源的多元性

在广袤的中华大地上，中华民族祖先发源于不同地区，在各自的地域繁衍生息，制造了与其自然环境相适应的文化。在中国各地，新石器时代文化遗址都有所发现，据不完全统计，发现了7000余处。其特点是：有着极为丰富的资料，并形成各具特色的区域性文化类型。其中在黄河流域发现的仰韶文化、龙山文化遗址最多，资料也更加丰富，并对邻近地区的其他文化类型都产生了莫大的影响。反映出处于领先地位的是黄河流域的人类发展，并进

三 皇

一步证实中华民族起源存在多元性。

考古学家们的发现和研究成果，与先秦文献记载的中华民族祖先远古传说吻合度极高。有关燧人氏与有巢氏的传说，反映了中华民族祖先在旧石器时代懂得使用火并发明钻木取火和巢居；有关传说中的伏羲氏，可以作为中华民族祖先早已掌握捕鱼的补充；有关传说人物神农氏，可以作为中华民族祖先在新石器时代已经从事农业生产的有力佐证；而有关传说人物太昊、少昊、炎帝、黄帝、蚩尤、女娲等人，足以表明新石器时代黄河流域以及长江流域拥有众多的不同部落集团；在传说中有炎帝与黄帝部落联盟将九黎部落首领蚩尤打败，接着黄帝又将炎帝打败，恰好反映了在当时黄河中下游流域逐渐形成较为稳定的部落联盟过程；在先秦文献记载中，黄帝部落联盟首领尧、舜、禹三帝禅让的佳话，正是中国走进阶级社会的前奏，由野蛮向文明迈进的先声。

正是中华民族起源的多元性，形成了后世中华民族多元一体的格局。

第二节　原始社会的演进

一、石器时代

1.旧石器时代

旧石器时代距今约170万—约1万年，分早期、中期和晚期，大体上分别相当于人类体质进化的能人和直立人阶段、早期智人阶段、晚期智人阶段。

旧石器时代又可分早、中、晚三期。早期的人类，可以"北京人"为代表；中晚期则各以"河套人"和"山顶洞人"为代表。

旧石器时代的人类经济活动，主要是通过采摘果实、狩猎或捕捞获取食物。

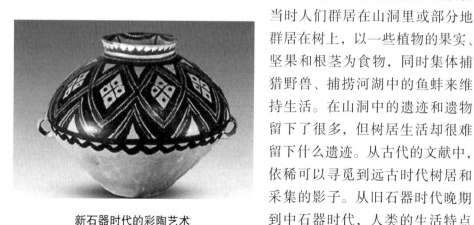

新石器时代的彩陶艺术

当时人们群居在山洞里或部分地群居在树上，以一些植物的果实、坚果和根茎为食物，同时集体捕猎野兽、捕捞河湖中的鱼蚌来维持生活。在山洞中的遗迹和遗物留下了很多，但树居生活却很难留下什么遗迹。从古代的文献中，依稀可以寻觅到远古时代树居和采集的影子。从旧石器时代晚期到中石器时代，人类的生活特点就是洞居或巢居、采集和狩猎。

在旧石器时代早期和中期，人们通过血缘关系维持着家族内部的关系。在血缘家族内部，婚姻按照辈分来划分，同一辈分的人互为夫妻。而在不同辈分之间则不通婚。这样一个家族就是一个社会集团和生产单位。内部两性有分工，男性狩猎，女性进行采集和抚育小孩。

到了旧石器时代晚期，随着生产力的发展，人类进入了相对的定居生活。人口逐渐增多，同时认识到家族内部同辈之间近亲婚姻对人类体质的危害，原先的原始人群为氏族公社所取代，同时形成了族外婚制。互相通婚的两个氏族就形成了部落。一个氏族的成员必须和另一氏族的成员通婚。在这种情况下，人们只知有母不知有父，氏族的世系只能按母系计算，所以叫作母系氏族。

2. 中石器时代

中石器时代距今约 15000—8000 年，以石片石器和细石器为代表工具，石器已小型化。这是旧石器时代和新石器时代之间的人类物质文化发展的过渡性阶段。直接取之于自然的攫取性经济高涨，并孕育向生产性经济转化的时期。

这一时期细石器被大量使用。广泛使用弓箭；已知驯狗；在一些地方还发现了独木舟和木桨。

3. 新石器时代

新石器时代始于距今 8000 年前的人类原始氏族的繁荣时期。以磨制的石斧、石锛、石凿和石铲，琢制的磨盘和打制的石锤、石片、石器为主要工具。

新石器时代母系氏族达到了全盛。婚姻制度由群婚转向对偶婚，形成了比较确定的夫妻关系。在氏族内部，除个人常用的工具外，所有的财产归集体公有。有威望的年长妇女担任首领，氏族的最高权力机关是氏族议事会，参加者是全体的成年男女，享有平等的表决权。

每个氏族都有自己的名称、共同信仰和领地。当氏族内部的成员受到外人伤害，全族会为他复仇。

在新石器时代，产生了农业和畜牧业，磨制石器流行，并发明了陶器。

二、母系氏族与父系氏族社会

中国的原始社会经历了原始人群和氏族公社两个时期。氏族公社又经历了母系氏族公社和父系氏族公社两个阶段。

1. 母系氏族社会

母系氏族社会是氏族社会前期的社会形态。其历史时间，在考古学上相当于旧石器时代中期到新石器时代中期，距今大约从五六万年前开始到五六千年前结束。母系氏族社会时期，生产资料完全归氏族所有，没有私人占有的现象，氏族成员共同生产、共同消费。妇女是氏族大家庭的主人，而且在氏族内部据有实际权力，享有崇高的社会地位。那时，人们已经掌握磨制和钻孔技术，妇女从事采集，男子从事渔猎，实行族外群婚，人们只知其母，不知其父，世系只能按母系计算。旧石器晚期出现的原始农业以及新石器时代早期出现的磨制石器、原始畜牧业、原始制陶业及原始建房技术，这时都得到一定程度的发展，人们已经过着比较稳定的定居生活。

2. 父系氏族社会

父系氏族社会是氏族社会后期的社会形态，它是直接从母系氏族社会发展来的。在考古学上从新石器时代中期开始过渡，到新石器晚期确立，距今约五千年。随着社会生产力的发展，男子成为农业和手工业生产的主要劳动力，并掌握社会财富和权力，最终引起了氏族组织结构的变化，实现母系氏族制向父系氏族制的过渡，并最终为父系氏族所取代。父系氏族的特点为：妇女社会地位下降，实行妻从夫居，子女从父居；世系按父系计；婚姻由对偶婚转变为一夫一妻制；财产继承从父计；崇拜祭祀男性祖先。

母系氏族公社经历了全盛时期，社会生产力的发展日渐加速，男子在农业、畜牧业和手工业等主要的生产部门中逐渐占据了主导地位，于是母权制自然过渡为父权制。父系氏族公社逐渐形成了。从此，以父权为中心的个体家庭成为与氏族对抗的力量，原始社会逐渐趋于解体。男子依靠经济上的优势，在社会生产和生活中占据了统治地位。他们必然要求按照男系计算世系、继承财产，母权制的婚姻秩序被打破了，原来对偶婚制下的从妻而居的传统，为一夫一妻制所取代。在一夫一妻制下，妇女的劳动局限在家庭之内，以家务劳动和家庭副业为主，女子在家庭经济中退居于从属地位。最初，这种小家庭依附于父系大家庭。生产进一步发展后，小家庭便有了更多的独立性和自主性。氏族社会走到了瓦解的边缘。

三、社会大分工

原始社会后期，随着生产的发展，产品出现剩余，集体劳动逐渐被个体劳动所取代，由此产生私有制，随之也出现了阶级。氏族中出现贵族阶层和平民阶层。到了末期，以血缘关系结成的氏族开始破裂，一些氏族成员脱离自己的氏族，到别处和与他们没有血缘关系的人们杂居，同时氏族也不断接纳外来人，于是出现按地域划分的农村公社。到了这时，原始社会基本上就已经瓦解，不同阶级之间出现了斗争，随着情况的深化就出现国家来对人民进行有效的统治。许多文明的原始社会解体后都进入了奴隶社会。事实上，阶级思想在更早就已经产生。

　　在新石器时代末期，人类已使用天然金属，后来学会了制作纯铜器。但是由于纯铜的质地不如石器坚硬，不能取代石器，这一时期也称为金石并用时代。到了公元前3000—公元前2000年前后，人类学会制造青铜，进入了青铜时代。到了公元前1000—公元初年，随着铁器的使用，人类进入铁器时代。

　　从金石并用时代到铁器时代，是原始社会的解体时期，也是阶级社会的形成时期。世界各地阶级社会的出现几乎都和金属出现的时代相关，唯一例外的是美洲的玛雅文明。不同文明其原始社会解体的过程也不一样，在埃及和两河流域，原始社会在金石并用时代就已经解体，而在其他一些地区，则是在青铜时代或铁器时代才发生解体。

　　这一时期，生产有较大发展，出现了三次社会大分工。

　　第一次社会大分工是畜牧业和农业的分工，发生于原始社会后期。这次社会大分工促进劳动生产率的提高，引起部落之间的商品交换，为私有制的产生创造了物质前提。第二次社会大分工是手工业和农业的分工，发生于原始社会末期。这次社会大分工促进了劳动生产率的进一步提高，促使私有制的形成。第三次社会大分工是出现了不从事生产、专门从事商品交换的商人阶级，它发生于原始社会瓦解、奴隶社会形成的时期。

　　随着农业和畜牧业在生产中地位的提升，男性逐渐取代女性取得社会的主导地位，父系氏族公社形成了。在父系氏族公社内，出身和世系按男子的系统计算，实行父系财产继承制。夫居妇家制度变成妇居夫家制度，不稳定

人类史上的三次社会大分工

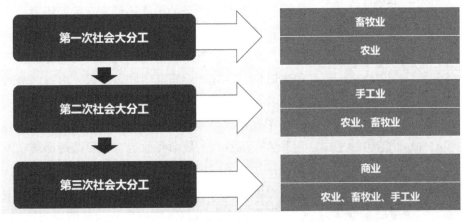

三次社会大分工

的对偶婚逐步向一夫一妻制或一夫多妻制过渡。妇女的地位逐渐下降，父系氏族首领改由男子担任，氏族议事会由各大家族的族长组成，原来由全体成年男女参加的氏族议事会，如今由全体成年男子参加。

四、邦国文明的出现

尧和舜生活在4000多年以前，是原始社会向阶级社会过渡的时期。这时候，在氏族公社里，虽然生产资料如土地、牧场等仍归全氏族公有，但是，以前那种全氏族成员集体农耕、集体打猎的制度，渐渐被以家庭为单位的劳动生产所代替。生产由公共的事变成了个人的事。氏族内的私有财产日益增多，特别是氏族、部落的首领凭着手中的权势占有大量财富，成为贵族。阶级分化出现了。在战争中抓到的俘虏不再杀掉，而被留在氏族里从事劳动，作为父系大家庭的家内奴隶。奴隶制度开始萌芽。

随着私有制的发展和阶级分化，部落之间的掠夺战争频繁出现。氏族部落的贵族经常通过对外战争掠夺大量财富和奴隶，从而扩展他们所控制的地盘。这种掠夺战争成为氏族贵族发财致富的主要手段。据史书记载，尧率领各氏族部落对三苗进行了长时期的战争。三苗活动在长江、汉水之间，可能是三个部落。有一个部落的首领叫驩兜，一度参加以尧为首的部落联盟。舜也对三苗进行过战争，"分化三苗"，"更其俗"，把驩兜放于崇山，对三苗进行全面的整顿。到禹的时候，兴师动众，大举进攻三苗。在一次交战中，禹射中了对方的一个首领，"苗师大乱"。三苗打了败仗，退到江南；不少战俘沦为奴隶。

由于战争的需要，一些近亲的氏族部落结成部落联盟。各部落联盟设有军事首领。因为这时氏族公社里的生产资料还没有完全变为私有，旧日的氏族还具有一定的势力。所以，在氏族部落的部落联盟里还在实行民主制度。

部落联盟的首领在决定重大事件和准备进行战争的时候，首先要召集部落联盟会议，由各部落的首领参加，共同议事。这是部落联盟的最高权力机关。军事首领必须服从并执行这个会议的决定。部落联盟军事首领的任命和改选，也要经过部落联盟会议的民主评议和推举。这种制度叫军事民主制。这是原始社会向阶级社会过渡的社会组织形式。

军事民主制虽然保留着氏族公社的民主色彩，但是已经同原来意义上的全体氏族成员的民主平等

尧

有了区别，只是供少数贵族享受的"民主"了。这种制度的出现，标志着氏族社会末日的来临。

第三节　原始经济的发展

一、原始农业的起源

关于农业的发明权问题，是古来人们最感兴趣的。中国古代典籍中，有许多关于农业起源的传说。有的说是神农氏发明了农业，有的说是烈山氏（亦称厉山氏）发明了农业，还有人说是炎帝之子名"柱"的那个人发明了农业，周人则相信是他们的祖先弃发明了农业，《史记·五帝本纪》则说黄帝"时播百谷草木，淳化鸟兽虫蛾"，从而发明了农业。说法虽然很不相同，但都承认中国人民自己的祖先发明了农业。

在诸多神话传说中，神农氏发明农业的传说故事最有意思，也最能让人信服。

神农，是传说中远古时代的"三皇"之一。他勇尝百草，教民农耕，是我国医药业和农业的始祖。

远古时期，五谷和杂草长在一起，药材与百花开在一处，哪些植物可以做粮食，哪些药草可以治病，谁也分不清楚。随着人口的不断增长，人们越来越需要更多的食物。

当时，科学发展水平十分落后，人们对满山遍野的植物不是十分了解，经常因为饥饿而误食有毒的植物，又因没有药来治疗而死掉。

神农看到黎民百姓的疾苦，决心要亲口尝一尝各种野生植物，以确定哪些植物可以吃，哪些植物不能吃；哪些植物好吃，哪些植物不好吃。虽然他心里非常清楚，自己很有可能会吃到有毒的植物而死掉，但是为了百姓不再忍饥挨饿，为了人民不再吃到有毒的植物，他果敢地挺身而出。

关于神农尝百草，民间流传下来许多美丽的传说。据说有一次，他把一棵草放在嘴里一尝，不一会儿就感觉到天旋地转，栽倒在地上。随从慌忙把他扶起来，他心里知道自己中了毒，可是嘴巴却不能说话，于是他就用最后的一点力气，指了指身边一棵红亮亮的灵芝草，又指了指自己的嘴。随从就摘下灵芝放在嘴里咀嚼之后，喂到他嘴里。神农吃了灵芝草，毒就解了。从此，人们都说灵芝草能够起死回生。

神农每天不停地尝百草，不可避免要中毒，他曾在一天之内中过70多次毒，所以他的身边也备有一种解毒的药草。他一吃到有毒的植物，就马上服用这种解毒药草，把毒排出体外。神农最后一次尝了一种叫断肠草的剧毒植物，中毒而亡。死时 120 岁。

神农氏

从这些动人的传说中，我们也可以体会到神农尝百草所经历的种种艰辛和危险。他攀山越岭，尝遍百草。功夫不负苦心人！他尝出了稻、麦、黍、稷、豆能够充饥，这就是后来的"五谷"；他尝出了各种能吃的蔬菜和水果，都一一做了记录；他也尝出了 365 种草药，写成了《神农本草》。

在尝百草的过程中，神农通过细心的观察发现，植物随季节变化枯荣交替以及不同的植物喜欢不同的土壤。于是他利用天气的变化指导人们种植农作物，这样就可以有计划地收集果实、种子作为食物，这就是我国农业的起源。

事实上，神农是我国原始种植业和畜牧业发生初期的一个代表人物。所有有关神农的传说，都是中国农业从发生到确立的整个历史时代的反映。

在新石器的早期阶段，黄河流域的旱田耕种的粮食作物主要是粟（俗称小米，夏商周三代或称稷），磁山、裴李岗遗址均有出土实物，除粟外可能还有黍（俗称大黄米）；华南地区的山地耕种的粮食作物，最早可能是芋类、薯类；长江流域的水田耕种的是水稻，但稻的种属（籼或是粳）情况尚不清楚。在新石器时代中晚期，黄河流域和其他流行旱田耕作习俗的北方地区，种植的粮食作物主要是粟、黍，个别地区或亦种植豆、麻、稻、高粱、麦等；长江流域、华南地区则主要种植水稻，个别地区（如台湾凤鼻头文化）亦兼种粟。综合全国各地的情况，种植的果蔬大致有芝麻、蚕豆、薏苡、瓠（葫芦）、菱角、芡实、甜瓜、桃、樱桃、莲藕、栗子、花生、枣、油菜、芥菜和白菜等。

二、原始耕作技术

刀耕火种是原始农业的耕作技术。我国长江流域在唐宋以前还保留着这种原始的耕作方式，称之为"畲田"。刀耕火种的方法特别简单，一般是人们在初春时选择森林边缘隙地或是树木稀疏的林地，将林木砍倒，然后在春雨来临之前，纵火焚烧，灰烬用作农田肥料，第二天乘土热下种，以后就等着收获。种植两三年后，土壤的肥力已经枯竭，需要另觅新地重新砍烧种植，农史学家称之为"游耕"。

除了有关神农的神话传说和史料记载以外，我们已有越来越多的考古学证据表明：中国是世界上从事农业生产最早的国家之一，是世界农业的起源中心之一，也是世界农作物的起源中心之一。早在七八千年前的新石器时代早期，我们的先民就在长江流域种植水稻，在黄河流域种植耐干旱的粟。到了新石器时代晚期，在中国已有苎麻、大麻、蚕豆、花生、芝麻、葫芦、菱角和豆类等农作物种植。中国新石器时代的农业遗址更是星罗棋布，不胜枚举，分布在从岭南到漠北、从东海之滨到青藏高原的辽阔大地上，尤其以黄河流域和长江流域最为密集。

中国农业产生之初是以种植业为中心的，主要方式是对野生植物进行栽培。人们在长期的采集生活中，对各种野生植物的利用价值和栽培方法做过广泛试验，逐渐选育出适合人类需要的栽培植物。中国农业早期的耕作方法是刀耕，后来进入以"锄耕"或"耜耕"为主的"熟荒耕作制"。为确立农业经济，需要相应的农业工具。原始农业的工具有石锛、石铲、石耜和骨耜等翻土工具，石锄、蚌锄和有两翼的石耘田器等中耕锄草工具，还有骨镰、石镰、蚌镰、穿孔半月形石刀等收割工具，以及石磨棒之类的谷物脱壳工具。

中国早期农业生产的出现，使人们找到了稳定可靠的衣食之源。人类几千年以农业为传统经济的时代序幕就此拉开。

三、文明之火

最先，可能是雷电引起的山林火灾，也可能是林中厚积的枯枝烂叶自燃引发的山林大火，使人类接触到火，并逐渐认识到火的意义。火改变了人类"茹毛饮血"的习惯，变生食为熟食，并扩大了人类的食物范围；火带给人类以光亮和温暖，可在夜间照明，冬天取暖；火可有效地防止野兽侵袭，也可用来围猎；火可用来开垦荒地，扩大耕地面积，发展农业生产；火可用来烧制陶器，烘烤竹木，烧裂石块，从而制造出更多的用具和工具……可以说人类自身体质的进化，人类文明的进步，都是离不开火的。

170万年前的云南元谋人，90万—70万年前的陕西蓝田人，可能已经学会用火了。在50万—40万年前的北京人居住的洞穴里，发现有几层灰烬，其中一层最厚处达六米，反映了当时已曾长时间燃点过篝火，具有了保存和管理火种的能力。

良渚石刀与石箭头

从自然界取得火种，并长时间加以保存，这是非常不易和不便的。人类的技能和智慧毕竟在进化着，他们在制造石器时，发现击砸石块会溅射火星；在磨、钻石器和木器时，更发现了摩擦生热的现象，由此终于发明了钻木取火的技术。我国古代把这一功劳归之于"燧人氏"，说他"钻燧取火，以化腥臊"（《韩非子·五蠹篇》），实际上燧人氏可能是较早发明钻木取火的部落。除钻木取火外，先民们可能还发明有其他取火方法。如用敲击石块时溅出的火星取得火种，我国历史上长期使用的用火刀敲击火石以产生火花，点燃艾绒的取火方法，可能就是由此发展而来的。在20世纪四五十年代，我国一些少数民族还保持着原始的人工取火方法，如黎族的钻木取火法，佤族的摩擦生火法，傣族的压击取火法，德昂族的锯竹生火法等。

人工取火方法的发明，标志着人类第一次真正控制和利用了一种强大的自然力。它对于人类文明发展的作用是无法估量的。

第四节　原始文化与科技

一、仰韶文化

1920年，在河南省西北部的渑池县仰韶村发现了一种原始文化，其中最引人注目的是画有花纹的彩色陶器。依照考古学上的惯例，往往是以最先发现的遗址所在地来命名，所以这种文化就被称作"仰韶文化"。

仰韶文化是目前所知黄河流域新石器时代较早的一种文化。它的年代约是公元前5000—公元前3000年。仰韶文化主要分布于黄河中游一带，包括陕西的关中、山西南部和河南大部分地区。它西面可到达甘肃洮河流域，东面到河北中部，北面到内蒙古南端，南面到汉水上游。遗址一般都在靠近河流的黄土台地上。

仰韶文化是母系氏族公社兴盛繁荣的时代，已经有发达的定居农耕文化。在各遗址的发掘中就发现了粟、黍、高粱和芥菜、白菜籽等。氏族中人聚族而居，有公共的墓地，村落里的居室大小、内部陈设、墓地的安葬仪式和随葬品，各遗址都大致相同。

仰韶文化内涵丰富，有大量磨制的石器工具发掘出来，在临潼姜寨遗址还发现了黄铜片，是已发现的中国最早的铜质用品。但最能集中表现仰韶文化特征的是彩色陶器，发掘出的主要陶器类型是手工制作的泥质红陶和夹砂红陶。泥质陶上有彩绘，一般是在陶器外壁上部用黑彩绘出几何图案或者植

物和动物花纹。夹砂陶器上则大都拍印着粗
的或细的绳纹。陶器的形制也多种多样，有
盆、钵、斜沿罐、细颈瓶、深腹瓮、平底碗、
小口尖底瓶等，还有少量的釜、鼎和灶。以
彩陶为特征，仰韶文化又叫彩陶文化，陶器
上的纹彩颜色标志着人的生命愈来愈色彩缤
纷了。

仰韶文化彩陶盆

约公元前5000—公元前4500年的陕西
省西安半坡遗址，是仰韶文化的早期代表。
遗址出土了丰富的陶器，形状多姿多彩：直
口弧形平底或圆底钵、卷唇斜弧腹或折腹圜底盆、平唇浅腹平底盆、直口尖底瓶、
蒜头细颈壶、侈口鼓腹平底罐、短唇钦口直腰或鼓腹小平底瓮等。这些陶器上
绘画着简单朴素而颇有意趣的纹饰，有本色的绳纹、弦纹、线纹、指甲纹、锥
刺纹等，也有红底黑彩和红彩的动物纹、植物枝叶纹以及几何图案纹。鱼、羊、鹿、
蛙、人的脸，栩栩如生；三角、圆点、折波……耐人寻味。特别是双人鱼面纹，
更是优美奇特，已经富有抽象和象征的倾向，是半坡文化中独特的审美特征。

半坡出土的陶器中有一种陶甑，分上下两层，中间有气孔相通，下边起
釜的作用，上边起蒸屉的作用。这说明半坡人已懂得利用蒸汽了。半坡人制
作的尖底瓶，小口、大腹、尖底，打水时可自行歪倒灌满，巧妙地利用了重
心的原理。陶器上的纹饰告诉人们，半坡人已懂得计数，并有了等边三角形
和平行四边形的知识，人类向文明又前进了一大步。

半坡遗址中出土了许多磨制的石斧、石镰，以及蚌镰和陶镰，还发现有
窖藏的粟（即谷子），在一个小陶罐中还存放着一些菜籽。这些东西是在一个
可以居住四五百人的村庄遗址中发现的。这座居住区的中心有一座大型房子，
大房子四周分布有几十座中小型房子，小房屋之外有一条深宽五六米的壕沟
围绕着，形成一个完整的氏族村落。村庄遗址中除屋室外还有窖穴和栅栏，
屋中还放置有许多盆盆罐罐。这种种迹象表明，半坡的原始居民们已在这里
长期定居，人口已比较兴旺，有计划的种植经济早已成为他们生活的主要来源。
这种状况还可以用考古学家的一个统计数字来表明：经历了一百六七十万年
的旧石器时代的原始人类遗址，目前被发现的只有60多处；而只经历了几千
年的新石器时代的先民遗址，目前被发现的多达6000多处。不言而喻，新石
器时代氏族公社已进入繁荣发展的时期了。

半坡遗址的房屋、窖穴等，也都很有特点。半坡的房屋，居住面和墙壁

都是用草泥抹成，有一个方形门槛，两侧围起小墙，横在门道和屋室间，屋中有1—6根柱子，屋当中则有一个灶坑。在房子中间，则夹杂分布着窖穴，窖穴的直径一般在1米左右。

二、河姆渡文化

1976年，考古学家在浙江省余姚县河姆渡发现了一种新的原始文化——河姆渡文化。它是中国长江流域下游地区古老而灿烂的新石器文化，因首先发现于浙江余姚河姆渡而命名，主要分布在杭州湾南岸的宁绍平原及舟山岛，其年代为公元前5000—公元前3300年。河姆渡文化遗址共分4层：第三四层和一二层分别代表其发展的早、晚期。早期：约公元前5000—公元前4000年，陶器以夹炭黑陶为主，器形有敛口或敞口肩脊釜、直口筒式釜、颈部双耳大口罐、宽沿浅盘等。晚期：约公元前4000—公元前3300年，夹砂红陶和红灰陶占绝对优势，器形有鼎、落地式两足异形鬶等。

河姆渡文化的农业以种植水稻为主。在其遗址第四层较大范围内，普遍发现稻谷遗存，有的地方堆积着0.2—0.5米厚交互混杂的稻谷、稻壳、稻秆和稻叶。稻类遗存数量之多，保存之完整，是中国新石器时代考古史上绝无仅有的，经过科学鉴定，主要属于稻籼亚种晚稻型水稻，它与马家浜文化桐乡罗家角遗址出土的稻谷，年代均在公元前5000年，是迄今中国最早的稻谷实物，也是世界上目前最古老的人工栽培水稻。河姆渡文化的农具除石斧等石质工具外，最有特色的是大量使用骨耜。骨耜是一种翻土工具，它们用水牛等大型哺乳动物的肩胛骨制成。此外，遗址中出土了成堆的橡子、菱角、酸枣、菌类、藻类、葫芦等植物遗存，反映了当时采集业已较发达。

河姆渡文化的骨器制作比较发达，有耜、镞、鱼镖、哨、锥、匕、锯形器等器物，磨制精细，一些有柄骨匕、骨笄上雕刻图案花纹或双头连体鸟纹，堪称精美绝伦的实用工艺品。发达的木作工艺是河姆渡文化手工业的又一特色，已出土的许多建筑木构件上凿卯带榫，尤其是发明了较先进的燕尾榫、带销钉孔的榫和企口板。在第三层出土的一件木质漆碗，瓜棱形圈足，外表涂有红色涂料，微显光泽，经鉴定与马王堆汉墓出土漆皮相似，为生漆，这是迄今中国最早的漆器。

河姆渡出土大量野生动物遗骨，有哺乳类、爬行类、鸟类、鱼类和软体动物共40多件，其中鹿科动物最多，仅鹿角即有400多件，其他像淡水鱼在遗址中到处

河姆渡文化猪纹陶钵

可见，生活在沼泽地的鸟、鱼等动物骸骨亦较常见，这些东西是当时主要的狩猎、捕捞对象，使用的渔猎工具有骨镞、木矛、骨哨、石丸、陶球等。

河姆渡文化的主要建筑形式是栽桩架板高于地面的干栏式建筑。在遗址各层都发现了与这种建筑有关的圆桩、方桩、板桩、梁、柱、木板等木构件，共达数千件。干栏式建筑是中国长江以南新石器时代以来的重要建筑形式之一，目前以河姆渡发现的为最早，与北方地区同时期的半地穴式房屋有着明显区别。

河姆渡文化的早期遗存与马家浜文化罗家角类型年代相当，陶器中的六角形口沿的盘盆类和弧敛口双耳钵等形制相接近，表明两者之间存在一定的联系。而河姆渡文化晚期则分别与马家浜文化和崧泽文化大体同时，马家浜类型的素面腰沿釜，在河姆渡文化晚期偶有所见，而河姆渡文化晚期富有特色的垂囊式，在马家浜类型中也有个别发现。河姆渡文化晚期可能受到马家浜文化、崧泽文化的强烈影响。以河姆渡文化为代表的长江下游发达的新石器文化，比同时期的黄河流域毫不逊色，其中某些文化因素，如夹炭黑陶中的鼎、豆、壶为代表的礼器组合，水稻的栽培，为以后的商、周文化所吸收，成为当时最具代表性的特征。因此长江下游地区的新石器文化也是中华文明的重要渊薮，代表中国古代文明发展趋势的另一条主线，与中原地区的仰韶文化截然不同。

三、大汶口文化

大汶口文化是黄河下游地区的新石器时代文化，因1959年发掘的山东省泰安县大汶口遗址而得名。主要分布在山东省泰山周围地区，延及山东中南部和江苏淮北一带。年代约为公元前4300—公元前2500年，发展成山东龙山文化。大汶口文化分为三个发展阶段。早期约在公元前4300—公元前3500年，以刘林、王因遗址为代表。中期约在公元前3500—公元前2800年，以大汶口墓地早、中期墓为代表。晚期约在公元前2800—公元前2500年，以大汶口晚期墓为代表。

大汶口文化以农业经济为主，种植适合黄河流域的耐旱作物粟。农业生产工具有石铲、鹿角锄等，木质农具如耒、耜等已经出现。三里河遗址中发现了贮藏的窖穴，表明当时已有较多的剩余粮食，农业经济达到较高水平。

大汶口文化的饲养业比较发达，饲养猪、狗、牛、羊、鸡等动物，渔猎经济仍然占有一定的比重，骨镞、角质鱼镖、网坠等遗物表明当时居民在进行狩猎和捕鱼。当时还出现了一种大汶口文化特有的獐牙刃勾状器，鹿角为柄，可用来捕鱼和切割，为多用途复合工具，是大汶口文化的代表之一。

大汶口文化的陶器制作工艺在不断发展。早期以红陶为主，形状简单，还有火候不足造成的一器多色的现象。中期盛行灰陶,陶制品的种类明显增加。晚期则以黑皮陶为主,陶胎为棕红色,少量为纯黑陶。轮制技术的广泛使用,使陶器制作获得长足的进步。晚期出现了快轮制陶工艺,用一种新的制陶原料,产生一种质地坚硬,胎薄而均匀,色泽明快的白色、黄色、粉红色陶器,统称为"白陶"。大汶口文化制陶工艺最高水平的代表为薄胎高柄杯,造型优美,色泽鲜亮,集实用性和观赏性为一体,成为龙山时代蛋壳黑陶的祖先。制石、制玉、制骨等手工业在大汶口文化中也都比较发达。

大汶口文化的房屋有圆形半地穴式,屋顶为木质的原始梁架结构,屋顶呈圆锥形。还有方形平地起建式,墙基挖沟槽,沟内填黄土立木柱砌建而成。当时的房屋大多结构简单,面积不大,为小家庭式住屋。

大汶口文化早期已是母系氏族制度的尾声,而中期和晚期,则已是父系氏族社会了。这时私有制已在氏族公社经济中萌芽,出现富有家族与贫困家族。这种社会状况可以从大汶口的墓葬中得到证实。

在大汶口墓葬中,明显地分成大墓和小墓群。大墓中,死者往往使用几十根原木横竖咬合,叠成"井"字形棺椁,随葬有大批财物。其他大汶口文化墓葬中也是这样。有的随葬陶器多达 120 多件,远远超过死者生前的实际生活需要。有的还随葬有镂花象牙筒、鳄鱼鳞板、玉铲、宝贝、龟甲等珍奇物品,以显示其生前的富有。可是其他许多小墓却只挖有能容得下尸体的小坑,除一具白骨之外,别无他物。这表明,大汶口文化晚期已经出现了严重的贫富分化,原始社会已经逐渐走向解体。

四、龙山文化

山东龙山文化是在大汶口文化的基础上发展而来的。主要分布在山东省中部、东部和江苏省的淮北地区,时间在公元前 2500—公元前 2000 年。

黑陶是山东龙山文化的典型象征。这些陶器采用轮制技术,造型中规中矩,壁很薄,同时很均匀,陶器表面多素面磨光,有各种花纹和附饰,最常见的有画纹、弦纹、竹节纹、镂孔、盲鼻和乳钉等。器型则以袋足器、三足器和圈足器等最发达。最珍贵的陶器是蛋壳黑陶和灰陶制品,器壁仅仅厚 0.5 厘米,还有镂孔和纤细画纹的美丽装饰。这种陶器达到了中国古代制陶史的巅峰。

最典型的山东龙山文化遗址是章丘龙山镇城子崖遗址。那里出土的陶器有碗、杯、豆、罐、瓮、三足盘等,都是精良的黑陶和灰陶制品。其中的蛋壳陶,是用 1000 摄氏度左右的高温烧成,像上了一层黑漆,又光又亮,是稀世珍品。

而河南陕县三里桥遗址则是河南龙山文化的重要类型,也是仰韶文化王湾三期类型中的一个重要类型。该遗址出土的陶器表现了不同类型文化的彼此过渡和互相影响。王湾遗址从下到上，地层分为三期：王湾一期是仰韶文化，王湾二期是仰韶文化和龙山文化的过渡时期，王湾三期是河南龙山文化王湾三期类型。

河南龙山文化的白营遗址中有早、中、晚三期的房基。早期是9座半地穴房基，中期是8座房基，分半地穴和地面建筑两种，晚期是46座地面建筑房基，已经是中国早期的土坯房屋。从出土的各种工具来看，那时人们已经对房屋涂抹和打磨白灰。遗址上还发现了一口深达11米的水井，口大底小，圆角方形，井壁上有46层用木棍凿榫交叉扣合成的井字形木架。这是迄今为止中原地区发现的年代最

龙山文化陶器

早、结构最复杂的水井。白营遗址出土的陶器，早、中、晚三期都有，其中晚期的一件高圈足盘，上面刻着两个裸体人像，圆圆的脸盘，伸着臂，露着乳，是原始线刻的珍贵艺术品，体现着原始先民的丰富智慧。

能够取代仰韶文化的是在大约公元前2600年以后，晋陕一带的龙山文化。山西龙山文化以约公元前2500—公元前1900年的陶寺遗址为代表，陕西龙山文化则以约公元前2300—公元前2000年的客省庄遗址为代表。

陶寺遗址位于山西省襄汾陶寺村南，于1978年至1983年由中国社会科学院考古所进行发掘。遗址面积有6000平方米，发现了小型地面、半地穴式和窑洞三种形式的住房和1000多座氏族墓葬，出土了大量陶器、玉器、木器和生产工具。生产工具有很发达的磨制石器，如三象犁形器、石铲、石斧、石刀、石镰等，此外还有骨铲、双齿木耒等工具，说明当时的农业生产较为发达。陶器多数是黑陶，器表多有彩绘，纹饰有龙纹、变纹、动物纹、圆点纹、涡纹等。陶器中以彩绘蟠龙图形盘最具特色，是目前中原地区发现最早的蟠龙图案。彩绘陶器和彩绘木器构成了陶寺龙山文化的两大特色。出土的一件小铜铃，是迄今所知中国最早的金属乐器，也是最早的一件用复合范铸造的金属器，标志着生产领域中冶炼金属业的重大进步。

陶寺墓地说明了陶寺龙山文化时期社会已经分化。在陶寺墓地发掘的1000多座墓葬中，大型墓仅有9座，墓主都是男性，使用木棺，内撒朱砂，随葬品多达100—200件，有彩绘陶器、彩绘木（漆）器、成套玉器和石器等，还有整只猪骨架。中型墓较多，也使用木棺，随葬有成组陶器、玉器和少量彩绘木器，或者有几副至几十副不等的猪下颚骨。小型墓最多，墓坑窄小，

除少数有骨笄等小件随葬品外，绝大多数没有任何器物。由此可见，当时极少数首领人物执掌大权，独占龙盘、石磬、鼍鼓等重要礼器，私有财产十分丰富，此外，陶寺人已经使用了木器和玉器，具有较高的工艺水平和审美意识。在陶寺遗址上发掘的龙山文化的 1000 多座墓葬中，出土了大量的朽木和成套玉器。根据朽木的痕迹复原了数十件木器标本，主要有家具和炊厨用具，其中一件仓形器高 24 厘米，底径 15 厘米，上面有蘑菇形盖，下部为圆柱体。制造木器的方法多种多样，如枋木挖凿、榫卯插合、板材拼接等。木器上面多数施彩绘或喷漆，以红色为主，也辅有其他颜色，图案有条带纹、几何形纹、回纹、云纹等。彩纹木器和彩绘陶器一样，都是陶寺型龙山文化的一大特色。

根据古史传说，晋西南有"夏墟"之称。从遗址显示出的年代、生产力水平以及龙盘提供的族属信息诸方面分析，有人认为，陶寺遗址很可能就是夏人遗存，不过，由于没有文字材料可资佐证，这还只是一种推测。但陶寺遗址所代表的这个具有鲜明特色的文化遗存，无疑是探索"夏文化"的重要研究对象之一。

在陕西省西安市客省庄发现的龙山文化遗址，它的时间可以追溯到公元前 2300 年到公元前 2000 年。客省庄遗址上发现了 10 座房屋遗址，都是半地穴式的建筑。建筑的典型结构是一间内室和一间外屋，内外室之间是过道，外室挖有一个瓮形壁炉，内室中部有一个炊爨取暖的灶面，有的房屋还在外室挖一个窖，并修一节台阶式的门道或斜坡，一直通到室外。

这里出土的陶器主要是泥质灰陶，黑陶很少。陶器表面的花纹以篮纹和绳纹最为普遍。有一种折肩小平底瓮，是陕西龙山文化独有的陶器。用内模制造陶器袋足的制陶工艺，也是其他地方没有发现的，山东寿光县边线王村北于 20 世纪 80 年代中期发现有龙山文化时期的城堡遗址，面积达 57000 平方米，为迄今所见龙山文化城堡之最大者。山东龙山文化的房屋建筑普遍采用挖槽筑墙和原始夯筑的技术，多为长方形土台式建筑，居室地面往往分层筑成。农业已经成为龙山文化氏族公社的主要经济部门，渔猎经济的比重比仰韶文化已经显著地下降了。更重要的是，在龙山文化遗址里，还发现了一些为仰韶文化所没有的新型农具。例如半月形的双孔石刀，有柄的石镰、蚌镰，及双齿木耒，等等。这些新型农具的发现，充分说明龙山文化的农业生产技术已达到了很高的水平。

第五节　远古神话与传说

一、创世神话

在南方流传的神话中，盘古是宇宙的开辟神。他生于宇宙中，经历18000年之后开天辟地，阳清为天，阴浊为地，而盘古则身化为山川日月江海草木，产生风云雷电。在北方流传的神话中，女娲则是创造人类的女神。她用黄色泥土揉成了人类，并且在天崩地陷、洪水泛滥的时候，炼成五色石块修补苍天，以巨鳌的足代替坍塌的天柱支撑起天。女娲还屠龙堵水，造福人类。

后来出现了女娲与伏羲是夫妇的说法。伏羲是汉民族中流传最广的神话人物，是雷神之子，其形象是人首蛇身，来往于天地之间，创造了八卦以及一些其他事物，后来成为三皇之一。相传伏羲做天下之王的时候，野兽很多，他就教人们用绳子结网，用来狩猎、捕鱼。

神话是上古人民根据自己的能力对自然的理解，具有强烈的想象性和艺术性，反映了上古人民生活水平和生活环境的特征，中国神话中的女神人物如女娲、羲和、西王母等据认为在很大程度上带有母系社会的色彩。中国母系氏族社会在新石器时代中晚期发展成熟，进入全盛时代，女性在氏族生活中的核心地位使得这些女神成为人类甚至万物的创造者。

有传说称，天神女娲本为人身龙尾。她用泥土依照自己的模样捏成了许多小人，之后嘴巴对着那些小泥人吹口气，因而出现了最初的人类。女娲希望人们可以分布在大地的任何一个地方，因而她甩动蘸上泥浆的藤条，泥点掉落在地上同样变成了人类，造人的速度也大大加快。

女娲还把人区分成男女，将他们配作一对对夫妻，用以繁衍后代。所以，在中国先民的认知中，女娲就是人类的始祖。就这样，女娲捏造的人类在大地上幸福美满地生活着。

相传水神共工和火神祝融吵架，两人大打出手，最后祝融打败了共工，共工因打输而羞愤地朝西方的不周山撞去。不周山是撑天的柱子，被共工撞折后，天出现了一个大窟窿，地也陷成一道道大裂纹，山林着起大火，洪水喷涌出来，人类面临着空前的大灾难。

女娲目睹人类遭到如此奇祸，感到无比痛苦，于是决心补天。她选用各种各样的五色石子，架起锅将它们熔化成浆，用这种石浆将残缺的天窟窿填好，随后又斩下一只大龟的四脚，当作四根柱子，把倒塌的半边天支起来。经过女娲的一番辛劳整治，人们又重新过上了安乐的生活。

但是这场特大的灾祸还是留下了一些痕迹：从此天向西北倾斜，因此太阳、月亮和众星都很自然地归向西方；又因为地向东南倾斜，所以一切江河都往那里汇流。而天上的彩虹，就是女娲的补天神石发出的彩光。

二、阪泉之战

阪泉之战是中华文明有史以来记载的最早的一次战争，是黄帝在征服中原各个部落的战争中与炎帝部落在阪泉地区进行的一场大战。

在4000多年以前，在我国黄河、长江流域一带生活着许多部落。传说以黄帝为首领的部落，最早住在今陕西北部的姬水附近，后来沿着洛水南下，东渡黄河，在河北涿鹿附近定居下来，开始发展畜牧业和农业。

黄帝生下来相貌堂堂，他的前额高高隆起，眉宇间如同悬着日月，两条剑眉就像天上的闪电。传说他出生不到两个月就会说话，聪明无比，几岁时就能言善辩，口若悬河。到了20岁就学会很多东西，非常有教养，与人友好相处，办事果断有效。由于他出色的才能和威望，很快就被推为华族部落的首领。

他治国有方，重视发展生产，中原地区的生产获得了很大的发展；他反对战争，但是当时诸侯之间互相侵伐，老百姓受尽了苦痛，于是黄帝就和他的谋臣在一起商量怎样去讨伐这些诸侯。

黄帝感叹道："从我的本意上看，我是不想打这场战争的，但是如果不进行战争，老百姓就永远没有安宁的日子。"于是他起兵去与那些喜欢挑起战争的诸侯征战。

黄帝一生共进行了三次重大的战争，这次对诸侯的战争是其中规模较大的一次。经过几年的征战，使得部落诸侯都归顺服从，从此统一了北方的大片土地。

另外一次战争是在黄帝和炎帝之间进行的。

黄帝

炎帝与黄帝是同父异母兄弟，他们的父亲叫少典氏，号神农氏。传说这炎帝是一位火神，传统的五行学说，说黄帝属土，而炎帝属火。炎帝也是个部落的首领，他起家比黄帝还要早，当黄帝还是一个毛头小伙子的时候，炎帝就是北方非常有声望的首领。但是黄帝长大以后，比炎帝更会治国，尤其是征讨诸侯之后，他的势力已远在炎帝之上了，大量的诸侯都归顺黄帝，而炎帝的势力越来越弱，所以炎帝心里非常不高兴，就和黄帝暗地里较起劲来。

黄帝战胜了各路诸侯以后，不是躺在功劳簿上睡大觉，而是励精图治，教化万民，让人民安居乐业，在国内推行种植稻、黍、菽、稷、麦等，生产获得了很大的发展，国家也越来越富裕。为了维护安定，他还整顿军队，增加兵力，严格训练，所以部队的战斗力得到了很大的提高。他手下有很多得力的战将，有熊、罴、虎等。那时候，炎帝和黄帝的矛盾越来越表面化，争斗也越来越激烈，终于双方打了起来。

炎帝

这一仗就在河北涿鹿县东南的阪泉展开，黄帝命令熊、罴、狼、豹、虎等为前锋，令雕、鹰、鸢等扛大旗，别看这些名字都像兽类、禽类，其实他们都是人。炎黄之间的战争进行了很长时间，双方都有重大伤亡，使得中原血流成河，这是有史以来出现的一次最残酷的战争。经过长期较量，黄帝获得了最终胜利，炎帝最终承认失败。炎帝的部落并入黄帝的部落，组成华夏族（部落），黄帝成为中原地区部落联盟的首领。

黄帝为创造远古时代的文明，立下了汗马功劳，在后代人的心目中占有极其重要的地位，所以人们都尊黄帝为中华民族的始祖，认为自己是黄帝的子孙。因为炎帝族和黄帝族原来是近亲，后来融合在一起，所以我们常常把自己称为炎黄子孙。

三、涿鹿之战

黄帝发起的另一场大的战争是与蚩尤之战。

黄帝与炎帝的战争过后，两个部落就结成了联盟，和睦相处，天下一时变得太平起来。但是这安定日子没有保持长久，一场长达数年的大战破坏了原来的平静。这就是黄帝和蚩尤的战争。

蚩尤本是炎帝一族的，是中国历史上少有的猛将，是中华民族传说中一位叱咤风云的战神，史书上对他的传说也非常多。他长得非常奇怪，铜头，铁额，八条腿，八只手，四只眼睛闪着绿绿的光，头上还竖着两个大铁角，耳朵长长的，就像两把利刃；他的脚也不平常，像个牛蹄子。他站起来，有几丈高，说出话来，声音就像天上打雷；平常人吃的东西他可不喜欢，他吃的是沙子、石头，喝起水来咕咚咕咚，小溪中的水能被他一口气喝完。

这个巨人力大无比，在当时的九黎之族中，他是个谁也惹不起的汉子，他手下有81个弟兄，也个个是好汉，全是猛兽的身体，铜头铁尾，他们在部落中来无影去无踪，来时飞沙走石，去时遮天蔽日，部落中的人一听到他们的名字，都会吓得魂飞魄散。他们也常常结伴去侵扰其他部落，但凡他们去过的地方，全都以胜利收场。蚩尤还组织人马，制造兵器，他的兵营里，堆着大量的刀枪剑戟。他还常常训练手下的士兵，让他们把兵器耍得得心应手，他自己更是十八般武艺，样样精通。

黄帝打败炎帝，统一中原，炎帝心服口服，但是蚩尤却不买账，不遵从黄帝的命令，他自己把守一块地方，想有朝一日和黄帝较量较量。一天，他看时机已经成熟，就举兵去攻打黄帝。

黄帝早就知道这蚩尤会作乱，所以早有准备，于是大举兴兵，两军在涿鹿摆下了战场。蚩尤命他的81个兄弟为前锋，这81个兄弟个个披着虎皮，骑着大马，头戴铜盔，张着血盆大口，冲上前去。他们齐声叫喊，声音真要震破了天，方圆百里都能听见。他们的马蹄溅起的灰尘铺天盖地，使得日月无光。

但是黄帝并不害怕，一是因为他手下也是战将如云，熊、豹、罴、狼等战将一字排开；二是他自己足智多谋，而蚩尤有勇无谋。当蚩尤的兵马杀来之时，他并不慌张，而是从容不迫，先命应龙为前锋，上前出战。这应龙也好生了得，他虽然没有蚩尤那样巨人般的身体，但是也长得勇猛无比，他最大的特长是身体灵活得就像只燕子，打起仗来动作神速，把敌人弄得眼花缭乱，乱了章法。

双方一交战，蚩尤的81员虎将将应龙团团围在中央，应龙左冲右突，上挡下拦，耍起一把大枪，就像天上的闪电，寒光四溢，嗖嗖有声，真令日月无光。蚩尤的81员虎将也使着刀枪剑戟，与应龙打起来。应龙打了几个回合，明知实力悬殊，就虚晃一枪，跳出阵外，81员虎将就跟在他后面追赶上来，黄帝急忙派兵上前掩护，乱成一团。黄帝心想，这样要想战胜蚩尤并不容易，必须设个计谋才能获胜。

于是黄帝命令将士后撤，蚩尤哪里知道这是计谋，就命令大队人马向前追去。黄帝的部队逃到了一座深山里，就让将士们躲到林子里去。蚩尤的将士追着追着，忽然人影儿也没有了。蚩尤叫道："大事不好。"匆忙命令部队往回撤退，这时候漫山遍野一片叫喊，黄帝的士兵们从四面八方围将上来，熊、虎、狼、罴等将杀在最前头，蚩尤的兵被打得一败涂地。

蚩尤像一根擎天之柱，站到了人们的前面，黄帝就叫应龙去战蚩尤，两人一交手，就打得昏天黑地。论力量，应龙也许不是蚩尤的对手，但是打得巧，偏偏这时候老天也助其

汉代涿鹿之战壁画

声威,他们正打着,只见天上飞沙走石,狂风大作,一会儿又下起倾盆大雨。蚩尤感到两眼睁不开,顿时迷失了方向,他急忙抽身逃跑。应龙紧追不放,到了一个叫凶黎的山谷里,应龙箭步赶上前去,一刀将蚩尤刺死。

巨人就这样倒下了,黄帝也觉得蚩尤是个了不起的人物,厚葬了他。传说,蚩尤的兵器落到了地上,化成了一片枫树,每到秋天,漫山遍野像血染一样的红,说是蚩尤就死在秋天;又说日明风静的时候,他的坟墓上常常有红色的气体袅袅升起,这或许是巨人的瑞气。现在民间仍有着祭祀蚩尤的传统习俗。

四、嫘祖教蚕织

远古之时,未立君长,天下无所统摄,人们聚居的地方便推举一人为长。

蜀地有一个首领,被邻近部落掠去,过了一年,也未见放还,只有他乘坐的马还在。女儿想念父亲,竟至茶饭不思。母亲劝慰女儿无效,乃向众人发誓:"有谁能把父亲找回来,就把女儿嫁给他。"众人虽听得明白,却无一人能把父亲找回家。那匹马听了母亲的话,惊跃而起,挣脱绳索而去。几天以后,父亲就骑着马来了。从此马儿嘶鸣不已。父亲询问缘故,母亲将誓言相告。父亲说:"向人发誓,不能向马发誓,哪有人配马的?"只是增加了马的草料,马不肯吃,每当见到女儿出入,就怒目相向,奋蹄而击。父亲大怒,将马射死,把皮剥下来挂在庭院里晾晒。女儿从旁边经过,马皮突然疾飞而起,将女儿卷走。十天以后,在大树上发现了马皮,女儿已变成了蚕,吃树叶,吐丝成茧,人们把这棵树称为桑树,桑就是丧的意思。父母非常悔恨,思念女儿不已。忽然看到蚕女骑着这匹马,踩着流云,在几十名侍卫的护从下,从天而降,对父母说:"上帝因我能舍身尽孝,心不忘义,让我做了九宫仙嫔,可以永居天国,长生不老,请你们不要再想念我了。"说罢冲天而去。父母于心不忍,年年取出蚕茧,待其出蛾生子,而收养之。至此有人将此事上报朝廷。

西陵氏听说后,把蚕茧取来亲自养育。有一天,她偶然将数枚蚕茧放在热水中抽丝,发现其丝拉之牢不可断,用丝织成绢,比苎麻织成的布柔软娇嫩,披在身上可以御寒避暑;还能染成各种颜色;即便是废弃的空蚕茧也能编成茧衣用以保暖。西陵氏教民间女子,各自收养蚕茧,抽丝以织成衣服。后世便奉西陵氏为先蚕。

嫘祖教民养蚕织丝的故事,是充分神话化了的。据传,有一次黄帝打了大胜仗,为了庆祝胜利,特地举行盛大宴会。宴会上,黄帝妻子嫘祖捧出两绞蚕丝献给黄帝。那两绞蚕丝一绞黄得像金子,一绞白得像银子,黄帝十分喜爱,让人织成绢,再制成衣服。从此,"嫘祖始蚕"。嫘祖又要养蚕织丝,又要陪黄帝出巡,十分辛苦,"黄帝周游行时,元妃嫘祖死于道,帝祭之为祖神"。这当然是一则神话传说故事，是先民发明织造艰难历程的一个人格化缩影。

五、有巢氏构木为巢

据史书记载：上古时人类少禽兽多，人类在地面上居住，经常受到禽兽的攻击，每时每刻都生活在危险之中。

由于受到恶劣环境的逼迫，部分人类开始向北迁徙。他们来到今山西和陕西一带，学习鼠类动物的生存方法，在黄土高原的山坡上打洞，居住在里面，

有巢氏

再用石头或树枝挡住洞口，以防避禽兽的伤害。

但是北方气候寒冷，许多人宁愿留在环境危险的南方，也不肯往北迁移。

这时候有巢氏在九嶷山以南的苍梧出生了，传说他曾经游过仙山，得仙人指点而有了超人的智慧。他看到鸟类在树上筑巢，最先发明了"巢居"。他教给人们用树枝和藤条在高大的树干上建造房屋的方法，用树枝将房屋的四壁和屋顶遮挡得严严实实，既能挡住风雨，又可防止禽兽的攻击，人们从此便不用再在担惊受怕中过日子了。

人们对他非常感激，便推选他为部落酋长，尊称他为有巢氏。

有巢氏成为部落酋长后，为大家办了许多好事，他的名声便传遍了中华大地。各部落的人都认为他德高望重，具备圣王的才能，于是又推选他做总首领，尊称他为"巢皇"，也就是部落联盟总部的大酋长。

传说有巢氏掌权后，将都城迁到了北方圣地石楼山。石楼山位于今山西吕梁市兴县东北，当时有巢氏命人在山上挖了一个洞，供他居住在里面处理事务。所以这里被称作有巢氏的皇都。

六、伏羲创八卦

伏羲，又称宓羲、庖牺、包牺、伏戏，也称牺皇、皇羲、太昊、太皞，《史记》中称伏牺。伏羲氏是中国文献记载中最早的一位智者。他观察力很敏锐，又拥有超人的智能。伏羲氏用一种数学符号将他观察所得描述下来，这就是八卦。

那个时候，孟津的东部有一条图河，这条河与黄河相接，龙马负图就出

于此河，《汉书·孔安国传》曰："龙马者，天地之精，其为形也，马身而龙鳞，故谓之龙马，龙马赤纹绿色，高八尺五寸，类骆有翼，蹈水不没，圣人在位，负图出于孟河之中焉。"伏羲氏依照此图画出了以乾、兑、离、震、巽、坎、艮、坤为内容的卦图，这就是伏羲八卦图。

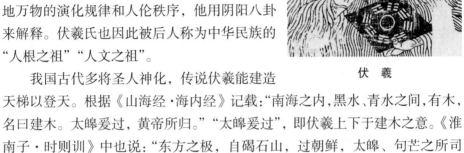

伏羲

伏羲氏仰观象于天，俯察法于地，对于天地万物的演化规律和人伦秩序，他用阴阳八卦来解释。伏羲氏也因此被后人称为中华民族的"人根之祖""人文之祖"。

我国古代多将圣人神化，传说伏羲能建造天梯以登天。根据《山海经·海内经》记载："南海之内，黑水、青水之间，有木，名曰建木。太皞爰过，黄帝所归。""太皞爰过"，即伏羲上下于建木之意。《淮南子·时则训》中也说："东方之极，自碣石山，过朝鲜，太皞、句芒之所司者万二千里。"高诱注："太皞、伏羲氏，东方木德之帝也；句芒，木神。"

七、仓颉造字

仓颉造字是中国古代神话传说之一。仓颉，也称苍颉，复姓侯刚，号史皇氏，轩辕黄帝史官。曾把流传于先民中的文字加以搜集、整理和使用，在汉字创造的过程中起了重要作用，他根据野兽的脚印研究出了汉字，为中华民族的繁衍和昌盛做出了不朽的功绩。但普遍认为汉字由仓颉一人创造只是传说，不过他可能是汉字的整理者，被后人尊为"造字圣人"。

传说中仓颉生有"双瞳四目"。目有重瞳者，中国史书上记载的只有9个人：虞舜、仓颉、项羽、重耳、高洋、吕光、鱼俱罗、关羽和李煜。

相传，仓颉"始作书契，以代结绳"。在此以前，人们结绳记事，即遇大事打一大结，小事打一小结，相连的事打一连环结。后又发展到用刀子在木竹上刻画符号以记事。随着历史的发展，文明渐进，事情繁杂，名物繁多，用结绳和刻木的方法，远不能适应需要，这就有

仓颉造字处

了创造文字的迫切要求。黄帝时是上古发明创造较多的时期，那时不仅发明了养蚕，还发明舟、车、弓弩、镜子和煮饭的锅与甑等，在这些发明创造影响下，仓颉也决心创造出一种文字来。

传说仓颉以结绳记录的史书给黄帝提供错误的史实，致使黄帝在和炎帝的边境谈判中失利。事后，仓颉愧而辞官云游天下，遍访录史记事的好办法。三年后他回到故乡白水杨武村，独居深沟"观奎星圜曲之式，察鸟兽蹄爪之迹"，整理得到的各种素材，创造出代表世间万物的各种符号，并且定下每个符号所代表的意义。他按自己的心意用符号拼凑成几段，拿给人看，经他解说，倒也看得明白。仓颉把这种符号叫作"字"。

八、尧舜禅让

传说在黄帝之后，出了三个很出名的部落联盟首领，名叫尧、舜和禹。他们原来都是一个部落的首领，先后被推选为该部落联盟的首领。

起初，尧领导部落生产生活，后来，尧年纪老了，想找一个继承他职位的人。有一次，他召集四方部落首领来商议，到会的人一致推荐舜。

尧听说舜这个人挺好，便让大家详细说说舜的事迹。

大家便把了解到的情况说给尧听：舜有个糊涂透顶的父亲，人们叫他瞽叟。舜的生母死得早，后母心肠很坏。后母生的弟弟名叫象，极其傲慢，而瞽叟却很宠他。生活在这样一个家庭里，舜待他的父母、弟弟都很好。因此，大家认为舜是个德行好的人。

尧听了挺高兴，便把自己两个女儿娥皇、女英嫁给舜。为了考察舜，又替舜筑了粮仓，分给他很多牛羊。舜的后母和弟弟见了，非常妒忌，便和瞽叟一起用计想暗害舜。

舜

有一次，瞽叟叫舜修补粮仓的仓顶。当舜沿梯子爬上仓顶时，瞽叟就在下面放了一把火，想把舜烧死。舜在仓顶上一见起火，想找梯子下来，却发现梯子已经被人拿走了。

幸好舜随身带着两顶遮太阳用的笠帽。他双手拿着笠帽，像鸟一样张开翅膀跳下来。笠帽随风飘荡，舜安然无恙地落在地上。

瞽叟和象不甘心失败，他们又叫舜去淘井。舜跳下井后，瞽叟和象就在上面向井里扔石头，想把舜埋在井里面。但是舜下井后，在井边挖出一个通道，从通道中钻了出来，又安全地回家了。

从此以后，瞽叟和象不敢再暗害舜了。舜还是像过去一样和和气气对待他的父母和弟弟。尧听了大家的介绍后，又对舜进行一番考察，认为舜确是个众望所归的人，就把首领的位子让给了舜。这种让位方式，历史上称为"禅让"。

舜担任首领后，既俭朴，又勤劳，跟老百姓一起参加劳动，大家都信任他。过了几年，尧死了，舜想把部落联盟首领的位子让给尧的儿子丹朱，但是遭到众人的一致反对。舜这才正式成为部落联盟的首领。

九、大禹治水划九州

传说在尧舜时代，最大的自然灾害就是洪水。公元前2000年，鲧因治水无功被杀后，他的儿子禹继承父业，领导治水。他兢兢业业，天天在外面奔波，整整苦干了13年，三过家门而不入，终于取得治水事业的成功。

禹治水成功是他辛勤劳动的结果，治水方法得当也是成功的重要原因。禹分析了父亲治水失败的原因，决定改变方法，不再采用修筑堤坝的办法，而改用修渠疏导的方式，因势利导，让滔滔的洪水往东，流向大海，这样既顺应水的特性，又避免了以邻为壑。治水的成功为禹带来巨大的声誉，禹也

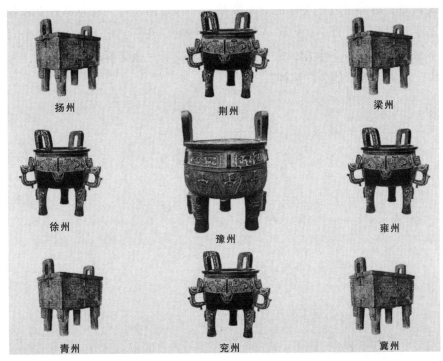

| 扬州 | 荆州 | 梁州 |

| 徐州 | 豫州 | 雍州 |

| 青州 | 兖州 | 冀州 |

九　鼎

因此继承了舜的帝位。

《左传》襄公四年载："茫茫禹迹，画为九州"，即大禹时期，把天下划分为九个区域进行统治。所谓九州，包括冀州、兖州、青州、徐州、扬州、荆州、豫州、梁州、雍州。近年来，我国考古工作者在河南偃师县发现的"二里头文化"遗址，就是夏人的主要活动地区。据考察，二里头文化分布的中心地区在今河南西北部和山西西南部，与"九州"的主要地区相一致，这充分说明夏朝已经"按地区来划分它的国民"。

十、后羿射日

胤甲末年，天大旱，酷热异常。古代人缺乏天象知识，认为"天有十日，更番运照"，即每天出一个太阳，普照大地，周而复始。若是天旱、酷热，则一定是"十日并出"。古书中有"逮至尧之时，十日并出，焦禾稼，杀草木，而民无所食"的传说(《淮南子》)。而胤甲时也发生"天有孽，十日并出"(《竹书纪年》)。

强烈的阳光烤焦大地，庄稼都枯死了，人们在灼热的阳光下几乎喘不过气来，凶狠的毒蛇猛兽趁机出来残害人类。

传说人类的灾难惊动了天帝，天帝命令箭神后羿下凡到人间，救助人类脱离苦难。后羿带着他美丽的妻子嫦娥，一起来到人间。后羿是一个著名的弓箭手，射箭百发百中。后羿拈弓搭箭，"嗖嗖"几下，把天空中的九个太阳射下来，只留下一个太阳，人类可以安居乐业了。他又射杀猛兽毒蛇，为民除害。民间因而奉他为"箭神"。

第一章　夏商西周时期

夏、商、西周史称"三代"，历时约 1300 年，是中国历史上的奴隶制时代、青铜时代。夏商西周的历史是有文献记载或出土文物可考的，也是中华民族创造的丰富多彩、威武雄壮的上古史。

夏、商、西周三朝都是奴隶制社会。夏、商、西周所经历的时间都比较长，夏、商、西周每一个朝代所享年代，都是中国历史朝代之最，夏、商、西周三朝都是以分封制为主的政治体制。从夏朝开始，一直到西周末期，诸侯管理着王朝的地方政治经济，而中央王朝主要接受诸侯贡奉及税赋。到了东周，中央的势力开始急剧衰落，造成了诸侯纷争的局面。但在秦灭东周之前，诸侯还没公开与中央分庭抗礼。

夏、商、西周重礼，各阶级划分得十分严格。即使权倾一时，也不敢妄越雷池，取代中央的地位，所以权臣乱国的现象很少见。

第一节　夏朝的演变和科技文化

夏朝（约公元前 2070—公元前 1600 年）被公认为中国史书记载的第一个王位世袭的奴隶制王朝。夏朝脱胎于旧的原始军事民主制，初具雏形的国家政体难免带来社会的动荡，权力的争夺从此开始。

夏禹的儿子启继承王位，改禅让制为世袭制，建立起中国历史上第一个奴隶制王朝，共传 14 代 17 王（后羿、寒浞除外），约延续 471 年，后被商汤所灭。后人常以"华夏"自称，使之成为中国的代名词。

一、夏朝建立

大禹因治水功劳很大，得到人民的爱戴，并受封在夏地，他的部落也因此被叫作夏。舜晚年也召集各部落的首领，选举继承人，大家都推荐禹。舜便告祭于天，立禹为自己的继承人。而后舜去南方巡游，到苍梧山下病死，葬于苍梧山旁的九嶷山。

大禹在阳城即首领位，并且定都阳城，后迁都安邑。

当时南方出现了三苗部落，他们向北方发展，威胁到华夏族的安全。尧、舜都曾率军同三苗作战。尧在丹水（今丹江）打败了三苗，三苗求和。舜在位时期，三苗再次作乱，舜决定讨伐三苗，他一面发展生产，一面训练士卒。舜经过了三年的准备，亲征三苗，一直打到今天洞庭湖一带，三苗战败。但三苗部落仍然具有相当大的实力，并伺机复仇。

到了大禹统治时期，三苗生活的地区发生一场罕见的大地震，大禹决定乘机进攻三苗。出征之前，大禹祭祀了天地，祈求保佑。他在誓师大会时说："三苗不敬鬼神，行为野蛮，屡次作乱，上天现在命令我们要讨伐他们。"讨伐三苗的战斗非常激烈，不分胜负。就在这时，天空雷电交加，三苗首领被飞箭射死，三苗便溃不成军，大禹趁机反攻，三苗大败。从此，三苗部落就衰落下去，他们臣服于大禹，并且开始进贡。大禹按照舜的政策，改变三苗部落的风俗，使三苗逐渐成为华夏民族的一部分。

三苗被降伏后，大禹又相继讨伐了曹、屈、有扈等不服从号令的部落，都取得了胜利，并将他们融合入华夏族。

但是，西北有个人面蛇身的共工，他的部落为害一方。共工死后，共工的大臣相繇作恶。相繇是九首蛇身，他产生的秽物会变成沼泽地，人民无法居住。大禹决心率军征讨相繇，为民除害。相繇被杀后，他的血流进了河流湖泊，使水变得腥臭无比。大禹多次挖土填埋，但被污染的湖泊犹如无底深潭，怎么也无法填平。天神发现后，施展法力镇住邪气，使湖泊又变得清澈，不毛之地变成了草木茂盛的地方。从此，天下太平。

大禹非常关心百姓的疾苦。每当看到穷人吃不饱饭的时候，大禹总是拿出粮食救济他们；看见罪人在野外服刑，禹总是哭着问他们到底犯了什么罪。大禹经常反省自己的行政得失，并以尧、舜为楷模。

大禹还四处寻访贤能的人来帮助自己治理国家，他先后到过黑齿国、交趾国、裸民之国，还到过三危国和一臂国。

后来大禹为了巩固自己的权威，经常巡游天下，并召开大会。涂山大会是大禹以天子身份召集诸侯的一次重要会议。大禹到达涂山后，命令各部落的首领必须在指定日期内到涂山集合。部落首领们纷纷赶来，他们手执玉帛前去朝见大禹。

大禹还举行了祭天仪式，这是为了表示自己受命于天。大禹还让乐队演奏夏族音乐，命士兵表演舞蹈，颂扬自己的功德，彰显自己的军威，各部落首领没有不表示臣服的。大禹将部落首领封为诸侯方伯，命令他们每年进贡。为了纪念这次盛会，大禹把各部落首领进贡的铜铸成九个大鼎，九鼎上有各地的风景图案，象征他统治下的九州。涂山大会是大禹统一天下的一次尝试。大会上，大禹展现了高超的政治才能，每个人都心悦诚服。涂山大会为夏废除禅让制，走上世袭制铺平了道路。

大禹在位45年，死后葬于会稽山。大禹的儿子启杀死了部落首领推举的继承人伯益，打破禅让制，开创世袭制，建立了中国历史上第一个王朝——夏朝。

二、少康中兴

公天下制度被禹的儿子夏启破坏后，自然遭到一些人的反对。夏启很有心计，没有急于镇压那些反对他的人，他认为当前最需要做的是安定人心，让民众心服口服地拥护自己。于是夏启在迁都到山西安邑后，严格要求自己，以博得人们对他的信任。他每顿饭只吃一份普通的蔬菜；睡觉只铺一床粗糙的旧褥子；除了祭神和祭祖以外，他不许演奏音乐来娱乐；他尊敬老人，爱护小孩；谁有本领，他就亲自请来加以重用；谁懂得武艺，他就让谁带兵打仗。

一年后，他的声誉就大大提高了。大家一致认为夏启理所当然地是大禹的继承人了，对于父死子继的家天下制度，人们觉得没有什么不合理。但后来夏启还是过上了荒淫的生活，喜欢饮酒、打猎、歌舞。他的儿子们也开始了权力之争，他的小儿子武观因此被放逐到黄河西岸，并试图反叛自己的父亲。

夏 启

夏启死后，他的儿子太康做了君主。太康是个不管政事，昏庸无能的人。他只有一个爱好，那就是打猎。有一次，太康带着随从到洛水南岸去打猎。他越打越起劲，一去竟然 100 天没回家。

这时，在黄河下游有个夷族，部落首领名叫后羿，后羿的射箭技能非常出众，他射出的箭百发百中。有一个关于后羿的神话，说古时候天空中原有 10 个太阳，把地面烤得像焦炭似的，致使庄稼颗粒无收。大家请后羿想法子，后羿搭弓射箭，"嗖嗖"几下，将天空中的 9 个太阳射了下来，只留下一个太阳。从此，地面上气候适宜，不再闹干旱了。后羿看到太康出去打猎，觉得这是个夺取夏王权力的机会，就亲自带兵把守住洛水北岸。等到太康带着一大批猎得的野兽，兴高采烈地归来时，发现洛水北岸排满后羿的军队，拦住他的归路。无奈之下，太康只好流亡在洛水南面。当时后羿还不敢自立为王，另立太康的兄弟仲康当夏王，而他自己却操纵了国家的权力。

仲康死后，后羿赶走了仲康的儿子相，夺了夏朝的王位。他仗着射箭的本领，也作威作福起来。后羿和太康一样，整天打猎，把国家政事交给他的亲信寒浞处理。寒浞瞒着后羿，笼络人心。有一天，后羿打猎回来，寒浞暗地里派人把他杀死。

后羿一死，寒浞便夺了王位，他担心夏族再跟他争夺王位，便杀死了被后羿赶走的相。那时候，相的妻子已经怀了孕，为了保住自己和胎儿的命，相的妻子迫不得已，从墙洞里爬了出去，逃到娘家有仍氏部落，后来生下了儿子少康。

少康很小就十分聪明，有心计。后缗觉得这个孩子很有希望恢复夏王朝，在他刚刚懂事的时候，便把先辈创建夏王朝的故事讲给他听，叮嘱他长大以后一定要恢复先世的基业，重振夏王朝。

少康从小受到这种教育的熏陶，果然发愤图强，为夏朝复兴做准备，先在外祖父有仍氏的部落担任管理畜牧的官。浇（寒浞长子）知道少康长大后，便又派人来杀害他。少康逃到虞舜的后代有虞氏那里。有虞氏的首领虞思觉得少康很有出息，就任命他为部落里管理膳食的官，学习管理财物的本领。后来，虞思又把自己的女儿嫁给少康，把一块叫纶的地方交给他管理。纶这个地方有 5 平方千米大小，有很好的田地，并有 500 名士兵。这样，少康就建立起恢复夏朝的根据地和武装。

少康宣扬他的祖先夏禹的丰功伟绩，以此来号召人们支持他复兴故国。少康把那些被后羿和寒浞搞得妻离子散、家破人亡、流浪在外的夏朝旧官吏召集到纶地，叫他们跟着自己重建夏朝。他先派一个名叫艾的大将去刺探浇的实力，又派自己的儿子季予攻打浇的弟弟戈豷的领地，削弱浇的力量。艾和季予都出色地完成了任务。少康对于浇的情况已经了如指掌，趁势消灭了浇的弟弟戈豷，这样一来使得浇处于孤立无援的地步。

一切都准备就绪，少康便从纶地起兵，向夏朝的旧都城安邑杀去。这时候寒浞已经死去，浇虽然想抵抗，怎奈力量过弱，终于被少康消灭了，天下又回到夏禹子孙的手里。

夏朝从太康到少康，中间大约有 100 年的时间，在这段时间里，国家一直处于混战状态。长期的战乱使生产荒废，民不聊生。少康执政以后，首先要做的就是发展农业。少康深知要想得到人民的拥护，就要关心人民的生产和生活。所以，少康即位后，恢复了夏王朝稷官管理农业生产的制度。同时，他又恢复水正的官职，重新整治黄河、管理水利工程。

除此之外，少康还分封他的小儿子去越国世代祭祀祖先大禹的陵墓。

还有一件事常常使少康感到心中不安，那就是夷族和夏朝之间的斗争仍在继续。为了杜绝这种祸患再次发生，少康决定征战夷族，以显示夏王朝的实力和威风。可惜，少康很早就过世了，征服东夷成为他的未竟之业。

后来，少康的儿子予（也叫杼）即位。他继承了少康的遗志，积极地准备征服东夷。传说为了战争的需要，杼制造许多进攻武器，还发明一种可以避箭的护身衣，叫作"甲"。最终，帝予战胜夷族，夏的势力范围又扩大了。

三、残暴统治

夏王朝为了加强和巩固统治，除建立了由六卿统领的国家统治机构和军队外，还修筑城郭以保卫王室贵族。同时制定刑法，修筑监狱，以镇压奴隶和平民的反抗斗争，即所谓"夏有乱政，而作禹刑"。禹刑是中国历史上最早的刑法。另据《尚书·吕刑》，"苗民弗用灵，制以刑"，是说夏禹在征伐三苗时，由于苗民的反抗而制定了残酷镇压的刑法。

夏代三足盘

夏代奴隶数量较多，奴隶来源有二，一是战俘，二是破产或罪没的平民。当时奴隶或称牧竖，或称臣妾。如夏启击败有扈氏后，就罚他作"牧竖"（即放牧奴隶）。但也有人认为当时的啬夫、庶人、众亦为奴隶，尚有待进一步研究。

夏代的王室贵族不仅强迫奴隶劳动，而且还任意杀戮。奴隶往往用于人殉人祭。如在登封王城岗龙山文化中晚期城址的发掘中，就曾发现有用奴隶"奠基"的情况，在城堡内中部和西南的夯土基址下面，已发掘出 10 余个"奠基坑"。坑内的夯土层之间，皆填埋有一些成年人和儿童的骨架，少者二三具，多者六七具。另在河南临汝县煤山龙山文化中晚期遗址中，也发现有一些掷埋的人骨，其中有的身首异处，有的全躯肢解，有的弃置于灰坑之中，这些非正常埋葬现象与阶级压迫和奴隶制不无关系。

夏代王室贵族对一般平民亦加盘剥。如《孟子·滕文公篇》说"夏后氏五十而贡"，可能指的是平民向贵族纳贡。此外，其他各部族也要定期向夏王纳贡，即《左传》所说的"昔夏之方有德也，远方图物，贡金九枚，铸鼎象物，百物而为之备"。

四、夏桀亡国

履癸又名桀，是夏王朝最后一个国王。是我国古代史上有名的暴君。夏朝自禹建国以来，共传了 14 代，17 王。到了夏桀时，我国奴隶制社会经过 400 多年的时间，已由局部地区发展到全国大多数地区，夏王朝的统治中心也扩大到"左河济，右太华，伊阙在其南，羊肠在其北"（《史记·孙吴列传》），即东面到达黄河下游和济水流域（今河北东南部和山东），西面到华山（今陕西东南部），南面到伊水流域（今河南西部），北到羊坂（今山西晋城一带）。但是其统治势力所及，还远不止这一带。夏王朝就是从这个统治中心把势力伸展到全国的，并在全国建立起了与大大小小的氏族、部落或方国、诸侯的贡纳关系。自孔甲继位以后，各种社会矛盾日益尖锐化。统治阶级内部的矛盾也开始激化，诸侯、方国中的奴隶主贵族，有不少开始反叛。桀即位以后，面对这种江河日下、众叛亲离的统治局面，力图加强控制，以巩固他的统治，所以才不惜以残暴的手段来对付一切反抗他的人。

相传桀是一个有才智又有勇力的人，他能够一人生擒兕（野牛）、虎，折断钩索，其力之大，无人可比。但是性情很暴躁，又很残忍，动辄杀人。他酷好声色，又好喝酒。即位以后，为了控制局势，又将王都迁回斟旧都（今河南巩义市）。地处东方的有施氏（今山东滕县）在桀当夏王前，就反叛不臣服。桀因有施是一个小方国，首先出兵东进，伐有施。为了杀一儆百，桀调集了上万的军力开向有施氏的族居地。有施氏国小力薄，看见夏王朝大兵压境，首先表示请罪，愿意臣服纳贡。桀开始不准有施氏投降，一定要灭掉有施氏。有施氏得知桀是一个好色之徒，就选了一名叫妹喜的美女进献请降。桀见妹喜生得美貌，大为高兴。于是不再说要灭有施氏，就罢兵带了妹喜回到王都。妹喜见王都斟的宫殿陈旧，很不高兴。桀为了讨妹喜的欢心，就下令在河南（今洛阳附近）"作倾宫、瑶台，殚百姓之财"（《文选·东京赋》注引《汲冢古文》）。修好了以后，桀就和妹喜迁往河南。当桀登上这座高大的倾宫时，十分高兴，他和妹喜日夜在此饮宴作乐。俯视其下，感到他是在天上，就将自己比作太阳，居天下之上，永远存在。人民在桀统治时期，实在不堪其苦，就天天指着太阳咒骂："时日曷丧，予及汝偕亡。"这是借着骂太阳来咒桀，意思就是："这个太阳为何不快灭亡，我们愿与你一同灭亡。"

就在这个时期，邻近夏王朝东部边界的商族，在商汤的领导下，经过长期的发展，已经兴旺起来了。商族是个古老的民族，这时候，逐渐强盛起来，积极做灭夏的准备。

商的兴起影响了周围各小国，一些不满夏王朝统治的部落和方国，纷纷聚集在商的周围，商族成为东方反对夏政权的一面旗帜。甚至夏政权内部的一些臣僚，由于对夏桀不满，也纷纷投奔商汤。

夏桀的忠臣关龙逢因进谏被杀，此事在统治阶级内部引起很大不满，以致"众庶泯泯，皆有远志，莫敢直言"。

助汤灭夏的伊尹，原来也是夏桀的臣属。这时，他也弃夏奔商，后来成为商汤的重要辅佐者。

就在夏桀处于众叛亲离的情况下，商汤起兵灭夏。夏桀毫无准备，商军到后，仓皇逃走，被围于鸣条。商军全歼夏军，夏桀逃奔，死于南巢，夏王朝灭亡。

夏　桀

五、夏朝官制与军制

1. 设官分职

夏启为首的奴隶主贵族为了维护自身的利益，建立起奴隶制国家。夏王是国家的最高统治者。国家机构中设置许多官职，"夏后氏百官"均为大小贵族。据史书记载,夏官职有羲和(主管历法)、大理(主管诉讼)、瞽(主管音乐)、官师与国老(二者负责教育贵族子弟)、啬夫(主管财政)等。此外,还有牧正、车正、庖正等官吏。他们协助夏王实施统治,并有了简单的典章制度即"夏礼"。

夏朝方格纹铜鼎

2. 军队与军制

夏王既是国家的最高统治者，也是最高军事统帅。贵族大臣平时管理民事,战时即为军队将领,领兵打仗。夏王不仅拥有强大的王族军队,而且还可以征调方国与诸侯的军队。

夏朝的军队主要由夏王的卫队和兵民合一的民军组成,装备有用铜制作的兵器及铠甲,受夏王朝直接指挥。

夏王的卫队是由部落长的扈从演化而来,数量不多,以贵族子弟为核心,并吸收夏王近侍的奴隶来扩充和加强。

兵民合一的民军,主要由自由民(国人)构成。"兵出于农,计田赋以出兵车",平时生产劳动,战时集合成军,以临时征集的方式组成军队,而奴隶则随军服杂役。

夏朝的军队,主要以步兵为主,另外还有车兵,但数量极少,是夏王卫队的一部分。军队的最大编制单位为师。

六、夏代农业

从远古时代起,聚居在黄河两岸的夏部族,就已经以农业生产作为生活资料的主要来源之一。到了夏代,农业有了明显的进步。鲧和禹曾相继治水,其治水区域大致在当时夏部族聚居的中原地区,即今河南省和山西省南部。有人认为主要在今伊、洛河流域,济水流域和颖、汝河上游,以及山西省晋南的汾水和浍水流域。禹治水以导为主,依据地势高低排除积水和疏浚滞淤,使原来的沼泽"渥地"改变成"桑土"良田。从河南豫西地区的考古发掘材料看，原始氏族社会末期的仰韶文化和龙山文化早期的聚落遗址，还多分布在浅山区和丘陵地区河谷两岸的台地上，而龙山文化中期与晚期的聚落遗址，不但数量较前显著增多，而且在靠近河岸两侧地势比较低的地带，特别是在河南豫东大

古代石刀

平原地区，也多有分布。这很可能和禹治理水患，使农业生产发展有关。《论语·泰伯》说禹"尽力乎沟洫"，《国语·周语下》"嘉祉殷富生物"和"养物丰民人"，都是追述夏禹的治水，不仅减少了洪水泛滥的灾害，而且又引水灌溉农田，使夏代的农业有了很大的发展。农业的发展，为巩固夏王朝的统治，奠定了物质基础。

夏代农业生产工具以木石工具为主，兼有一部分骨器与蚌器。出土的石制农业生产工具中，石铲和石刀的数量为多。石铲皆为扁长方形，多在中部钻有一个或两个圆孔。这种带孔石铲安上直柄可掘地翻土，绑在前端带有钩状的木柄上，可松地锄草。锄耕用于农业生产，无疑是提高农业生产水平的重大变革与改进。收割农作物使用的工具，以石刀数量最多，石刀较以前的改进之处也是在石刀中部钻出一个或两个系绑木柄用的圆孔。工具的改进，使夏代的农业生产得到明显的提高。

河南豫西龙山文化中晚期出土的陶器中，有较多制作精致的鬶、盉、觚、杯、小壶等酒器。文献中也多有贵族饮酒成风的记载。酒在中国古代向来都是用谷物酿造的，只有在农业生产不断发展与提高的基础上，才能用剩余的谷物酿酒。

在二里头文化早期遗址的发掘中，还发现有些草拌泥中夹杂着黍壳和稻壳的遗存，说明夏代已有黍和稻等粮食作物。

七、夏朝手工业

随着夏代农业生产的发展和生产部门的分工，烧制陶器，琢磨石器，制作骨器、蚌器，冶铸青铜器和制作木器等各种手工业，也有了新的发展和分工。

在烧制陶器方面，当时不仅广泛使用了快轮制造技术，而且在烧造方法上，又多采用陶器出窑前的施水法，使陶器多呈灰黑色、灰色或黑色，且又质地坚硬。陶器表面除多施用篮纹、方格纹与绳纹等装饰外，还有精美而细

致的指甲纹、羽毛纹、划纹、圆圈纹和镂刻等装饰。器形品种如炊器、饮器、食器和盛储器等达30多种。特别是有些造型美观，制作精湛，胎质细腻、薄如蛋壳、器表漆黑发亮的磨光黑陶器，只有具备丰富烧陶经验和高超技术的人才能烧制出来，故制陶业大概已成为独立的手工业生产部门。

在石器制造方面，以钻孔石铲与石刀为主。各种石器磨制精致，几乎没有钻孔损毁或重钻的现象，表明制作石器的技术已相当成熟。少数靠近山区的遗址中，有较多的石器成品出土。而在远离山区的地方半成品和打下来的石片则不多见。说明这些地方出土的石器都是由制造石器的地方交换而来；还说明当时石器的专门加工和交换已经出现。

在文献中，有夏代冶铸青铜器的记载。如"禹铸九鼎"和夏后启命人在昆吾铸鼎，出土的铸造铜器的遗存可以为证。如在临汝县煤山龙山文化中晚期遗址中，出土了炼铜坩埚残块，其中最大的一块长5.3厘米、宽4.1厘米、厚2厘米，上面保存有六层冶铜痕迹。郑州牛寨龙山文化晚期遗址中，也出土过一块炼铜坩埚残块，残块上还黏附有铜渣与铜锈，经化验是属于铜锡合金的青铜遗存。特别是1980年在登封王城岗的发掘中，出土了一件青铜残片，残宽约6.5厘米、残高约5.7厘米、壁厚约0.2厘米，经化验是包含有锡、铅、铜合金的青铜。其器形有可能是青铜鬶，有些学者认为，夏代已经铸造铜器，并进入了青铜时代。

此外，制造木器、玉器、骨器和蚌器，以及纺织和酿酒等，在夏代都可能已成为独立的手工业生产部门。

八、二里头文化

二里头文化是中国青铜时代文化，以河南省偃师县二里头遗址命名，年代约当公元前21世纪至公元前17世纪，主要分布于河南西部和山西南部。由于两地遗存的文化面貌有一些差异，后者被称为东下冯类型。二里头文化居民的经济生活以农业为主。农业生产已能提供较多的剩余产品，饮酒之风比较普遍。在遗址中发现有宫殿基址和墓葬。从这些遗址来看，当时的社会应属早期奴隶制形态，并出现了最初的城乡分野。文化遗物中发现青铜器。青铜礼器是青铜时代的主要象征。二里头文化中青铜礼器的发现，表明历史已进入具有古代中国特色的青铜时代。在陶器、骨片上发现刻画符号20多种，有的可能是原始文字。二里头文化分布地域与夏人活动的地域比较一致。

当时居民以农业为主，农具有石器、骨器、玉器以及青铜制品。二里头文化时期，青铜器不论是数量还是种类都较多，当时已有爵、铃、戈、镞、戚、刀、锥、钩等。其中铜爵的合金成分为：铜 92%、锡 7%。二里头文化显然已经进入了青铜时代，这和青铜器大量出现的二里岗商文化比较接近。

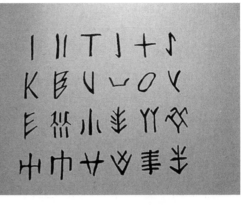

二里头遗址出土的陶器上刻画符号表

在这一文化时期，制陶业发展迅速，遗留的器物群突出表现了二里头文化的特征。以陶器为参照物，二里头文化可以分成四期：第一期以褐陶为主，磨光黑陶占一定比例，纹饰以篮纹为主，有少量方格纹、细绳纹。第二期陶器中黑陶数量减少，以细绳纹为主，篮纹和方格纹明显减少。这两期的器形多折沿、鼓腹、小平底，基本上保持有龙山文化时期的陶器特征。第三四期的陶器颜色普遍变为浅灰，以绳纹为主，出现粗绳纹，篮纹和方格纹几乎绝迹。早期常见的鼎、深腹盆、甑等一直沿用，到晚期，新出现了鬲、大口尊、小口高瓮等器物：已和二里岗商代文化陶器有着更多的相似之处，显示着人类的发展渊源。

二里头文化的居址有半地穴式、平地起建筑和窑洞式等几种，做成圆形、方形圆角和长方形状，适合几口之家居住。同时出现了大型宫殿的建筑，普遍使用的夯土筑台基技术和二里岗商文化前期基本一致。整个宫殿由堂、庑、庭、门等单位组成，布局严谨，主次分明，是迄今为止所知的中国最早的宫殿建筑。宫殿的出现，表明奴隶主和奴隶、贵族和平民之间明显的阶级对立，也预示着新的社会——奴隶社会已经到来。

二里头文化从时间上说晚于龙山文化，而早于二里岗期商文化。有学者认为，二里头文化的一二期遗存是夏文化，而第三期遗存中出现了一组与二里岗期商文化有相同或相近的代表性器物，而且数量越来越多，这正好表明第三期遗存已进入商代纪年，三四期遗存应是商代早期的遗存，其遗址应是商汤都城西亳。因此，二里岗期商文化是由二里头文化发展而来的，商朝的文明渊源于二里头文化。

东下冯遗址是夏商时期二里头文化东下冯类型的典型遗址，总面积约 25 万平方米。遗址内发现有灰坑、房屋、墓葬、水井、沟槽、陶窑等遗迹。出土物包括陶器、骨器、蚌器、铜器、石器、卜骨等。此外，还发现有二里岗时期的城址，城址南部呈曲尺状，城墙保存较好，城外还环有护城壕。二里岗时期城墙等遗迹的发现，显示出东下冯遗址具有的特殊意义。东下冯遗址位于山西省夏县埝掌镇东下冯村青龙河南北两岸的台地上，是夏商时期晋南地区的典型遗址，其年代大约为公元前19—公元前16世纪。遗址总面积约25万平方米，以东下冯类型遗存和二里岗文化时期的遗存最为重要，东下冯类型时期发现有里外两层沟槽，平面呈回字形，沟壁上发现有窑洞式房子和储藏室等。二里岗时期发现有城址。该城址内西南角发现有一组排列有序的圆形建筑。发现的遗物有陶器、骨器、铜器、石器等。东下冯遗址的发现与发掘对于探讨夏时期晋南地区的文化面貌具有重要意义，将有助于对中国古代城市形成与发展、夏商文化变迁的研究。

九、《夏小正》

夏朝文化中有一件宝贵的遗产，就是《夏小正》。这是一篇按月份记载物候、气象、天文、农事、田猎等活动的文献。现保存在西汉戴德编的《大戴礼记》中。夏朝的文字，在考古发掘中，只是在出土的陶器上发现过一些刻画符号。但在先秦典籍中，有很多地方引用过《夏书》，还有"禹刑"，在《尚书》中也有几篇"夏书"。从夏代有书籍和刑法来看，它不可能只是在口头流传，而应该有最早的文字把这些内容记载下来。传说"仓颉造字"，仓颉是黄帝的臣下，那么到夏代也有了一段较长时间的造字过程。现存的《夏小正》，分经文和传文两部分，经文记载的内容，据现代学者考证，就是夏朝的历法和生活情况；传文就是注文，其注释部分，是战国至秦汉间的学者加上去的。

古代人们把十二个地支，即子丑寅卯辰巳午未申酉戌亥，和一年的十二个月互相配合。以通常有冬至的那一月配子，第二月配丑，第三月配寅，直至第十二月配亥。如果以有冬至的那一月作为一年的正月，这样的历法叫作"建子"；以冬至后第二月作为一年的正月，这样的历法叫作"建丑"；以冬至后第三月作为一年的正月，这样的历法叫作"建寅"。传说古代夏、商、周三朝的历法都不同："夏正建寅，殷正建丑，周正建子"，即夏代把一年的正月放在冬至后的第三月，殷代即商代把一年的正月放在冬至后的第二月，周代把一年的正月放在有冬至的那一月。在这三种历法中，只有夏历最符合人们的活动规律。因为冬至后的第三个月，正是春天的开始，万物复苏，大地更新，农民们开始下地劳动。把这个月作为新年的正月，最受农民的欢迎，也最便于管理农业。

自《夏小正》用夏历记录了一年十二个月的物候和农事活动的规律后，受到人们的普遍重视。春秋时代的孔子说："我欲观察夏朝兴亡的道理，所以到夏王后代所在的杞国，但那里找不到这方面的文献，却得到了夏时。"

所谓"夏时"，就是按月记载物候和农事活动的《夏小正》。孔子认为这个文献非常好，所以他主张"行夏之时"。汉代司马迁写《史记》时还说："学者多传《夏小正》。"汉初的历法仍然用夏正"建寅"。直到现在我们所用的农历，也叫阴历，冬至一般在十一月，而冬至后的第三个月才是新年的开始，正是采用的夏历。可见《夏小正》记载的夏历，在中国历史上的深远影响。

第二节　商朝的演变及科技文化

商朝（约公元前 1600—约公元前 1046 年），是中国历史上的第二个朝代，是中国第一个有直接的同时期的文字记载的王朝。

商朝是奴隶制社会的鼎盛时期，王国拥有庞大的官僚统治机构和军队，前后相传 17 代 31 王，延续近 600 年时间。商朝处于奴隶制鼎盛时期，成汤时期的国家权力已经初步确立，奴隶制的社会秩序亦已稳固。奴隶主贵族是统治阶级，形成了庞大的官僚统治机构和军队。商朝的王位继承制度，前期为兄终弟及，后期为典型的父死子继。

一、商汤灭夏

约公元前 1653 年，夏桀即位。桀是个暴君，骄奢淫逸，暴戾无道。百姓都痛恨夏桀，希望能推翻他的统治。约公元前 1600 年，汤的军队攻占了夏都阳城（今河南登封市东南告成镇），夏王朝灭亡，汤建立了商王朝。相传商的始祖名契，他的母亲简狄在河中洗澡时吞食了玄鸟（燕子）的卵，怀孕后生下了契，所以契又被称为玄王。商族曾以鸟作为氏族的图腾，经过长期的发展，商族力量逐渐壮大起来，至汤时，迁居于亳（今河南商丘市东南），此地是夏和先商交界地区。从亳到夏的都城阳城，是一片平原沃野，没有什么山河阻挡，汤便于此组织军队向阳城进军。汤迁居亳是进行灭夏的准备。

商汤尽力扩大自己的影响，争取各方国和部落的拥护和支持。当汤看到夏桀的统治基础已动摇，灭夏时机已经成熟时，便召集诸侯开会准备征伐夏王朝。

经过一番准备之后，商汤于公元前 1600 年征伐夏桀。汤攻夏的进军路线是从亳起兵先伐葛（今河南商丘北）、韦（今河南滑县东南）、顾（今河南范县东南），再伐昆吾（今河南濮阳），最后直捣夏都阳城。夏桀面对汤的进攻，

商 汤

毫无防备，不战而逃，后逃至南巢（今安徽南巢县）被囚而死。汤安抚夏朝臣民后举行祭天仪式，宣告夏王朝灭亡。其后，他在三千诸侯的拥戴下登上天子之位，宣告商王朝的成立。经过20年征伐战争，汤统一了黄河中下游地区，影响达于上游，统治区域空前辽阔，扩至"四海"，东到黄海，北达渤海，西至青海湖，南抵洞庭湖。

商朝建立后，中原地区屡有江水为灾，国都一再迁移。从汤至阳甲时，迁都五次。约公元前1300年，商王盘庚把都城迁到殷（今河南安阳），此后商朝的统治稳定下来。因此后代又把商朝称为殷。商朝的建立，使生产力得到巨大发展，并且使古代文明的进步获得转机，它使中国成为与古埃及、古印度、古巴比伦并称的上古文明国家的代表。

二、盘庚迁都

商汤建立商朝时，将国都定在亳（今河南商丘）。后来300年当中，前后5次搬迁都城。其原因是多方面的，有王族内部经常争夺王位，发生内乱的缘故；还有黄河下游常常闹水灾的缘故。有一次洪水泛滥，把都城全淹了，商朝就不得不迁都。

从商汤开始，王位传到盘庚时，已传了20个王。盘庚是个很有才干的君主，为了改变当时社会不安定的局面，他决心再一次迁都。

可是，迁都的想法遭到大多数贵族的反对，他们贪图安逸，都不愿意搬迁。还有一些有势力的贵族煽动平民起来反对，一时间闹得满城风雨。

在强大的反对势力面前，盘庚丝毫没有动摇迁都的决心。他把反对迁都的贵族找来，耐心地劝说他们："迁都是为了我们国家的安定。你们要理解我的苦心，不要产生无谓的惊慌。我的主意已定，不容有所更改。"

盘庚坚持迁都的主张，他终于挫败反对势力，带着平民和奴隶，渡过黄河，搬迁到殷（今河南安阳小屯村）。在那里整顿商朝的政治，使衰落的商朝重新兴旺起来，以后200多年，一直没有迁都。所以商朝又称作殷商。

从那以后，又经过3000多年的漫长岁月，商朝的国都就变为废墟。到了近代，人们在殷地旧址上发掘出大量古代的遗物，因为那里曾经是商朝国都的遗址，就把那里命名为"殷墟"。

殷墟发掘出来的遗物中，有龟甲（就是龟壳）和兽骨10多万片，上面都刻着很难辨认的文字。经过考古学家的研究，才把这些文字弄明白。当时，商朝的统治阶级很迷信鬼神。他们在祭祀、打猎、出征时，都要用龟甲和兽骨来占卜吉凶。占卜之后，就把当时发生的情况和占卜的结果用文字刻在龟甲、兽骨上。现在，我们把这种刻在龟甲、兽骨上的文字叫作"甲骨文"。我们今天使用的汉字就是从甲骨文演变过来的。

"后母戊"大方鼎

在殷墟发掘出的遗物中，还发现了大量的种类繁多的青铜器皿、兵器，工艺制作都很精巧。有一个叫作"后母戊"的大方鼎，重量为875公斤，高130多厘米，上面还刻着精美的纹饰。从这件青铜器上可以看出，在殷商时期，冶铜的技术和艺术水平都是很高超的。

三、武丁盛世

武丁是商王小乙之子，商朝的第23位国王（约公元前1250—公元前1192年在位），是上古的一位名王，在位达59年之久。他在位时期，任用贤臣良将，在国内推行有利于经济发展和社会安定的措施，对外讨伐那些不听号令或侵犯商朝利益的部落，把商朝推向鼎盛，史称"武丁中兴"。

相传武丁少年时，父亲不让他留在王宫中，而是让他隐瞒身份去民间游历。武丁来到民间后，与平民一起生活、劳动，了解了人民的疾苦和劳作的艰辛，广泛地接触了社会生活。他还拜有名的贤人甘盘为师，学习治理国家的本领。一次，在一个建筑工地上，武丁遇见了一个叫傅说的奴隶，他们两个人一边筑墙一边交谈。虽然傅说其貌不扬，但他知识丰富，说话幽默风趣，对国家大事有很精辟的见解，对王室进行直言不讳的抨击，武丁越听越佩服，心想我即位后一定任命他为宰相，好好治理国家。后来，傅说知道了武丁的真实身份，怕别人说他巴结权贵，就躲了起来，不愿再见武丁。武丁四处寻找，但都没有找到。

后来武丁即位，三年内没有说一句话。每天上朝，只听大臣们的议论，从来不发表意见，大臣们一个个既纳闷又害怕。一天上朝时，武丁竟然睡着了，还发出轻微的鼾声。大臣们生怕吵醒了大王的美梦，都不再说话，大殿上顿时鸦雀无声。过了一会儿，武丁长长地伸了个懒腰，揉揉眼睛对大臣们说："刚才先王汤托梦给我，告诉我天帝派了一个圣人来辅佐本王。这个人有点驼背，身穿粗麻布衣，胳膊上拴着绳索，好像是个囚犯。"随后，武丁让画师按他的描述把圣人的像画下来，命群臣四处寻访梦中的圣人。结果大臣们在虞、虢交界一个叫傅岩的地方找到一个和画像很像的奴隶，便将他带到朝中。武丁一看大喜，这个人果然是傅说，便对众人说："他就是天帝派来辅佐我的梦中的圣人。"并马上任命傅说为宰相。原来武丁三年不说话，其实是在用心观察，看看哪位大臣是忠臣，哪位大臣是奸臣，以便摆脱奸臣的左右，选拔有用的人才。

傅说当上宰相后，开始整饬朝政。傅说首先劝说武丁节约，祭祀时减少供品，为群臣和百姓做好榜样。后来，武丁又任用贤臣祖己和老师甘盘。在这些贤人的辅佐下，武丁励精图治，商朝逐渐强大起来。

在武丁即位以前，商朝曾经多次发生王位之争，史称"九世之乱"，结果导致国力大衰，原先归附商朝的较大的部落和方国，纷纷摆脱商朝的统治，甚至出兵攻打商朝，掠夺商朝的庄稼、牲畜和人口。尤其是西北地区以羌族为主体的西戎，对商朝的西部边境构成了严重威胁。而那些小的部落和方国时而归顺，时而反叛，经常以种种借口拒绝向商进贡物品，甚至起兵反抗。

为了恢复商朝昔日的荣光，武丁开始四处征伐。

武丁首先将矛头对准了商朝周边的小部落和方国。武丁身先士卒，驾驶战车，率领车兵和步兵，一举征服了40多个部落方国，使商朝的统治基础得以稳固。

随后，武丁开始征讨商朝最大的敌人——以羌族为主体的西戎部落。武丁和他的妻子妇好率领全国的精锐军队，在西北征战多年，终于打败了西戎部落。有的部落被消灭，商人在他们的土地上建立城邑；有的部落战败投降，沦为奴隶；有的战败逃往更西更北的偏远地区。随后，武丁又进攻南方的荆楚。南方江河纵横，湖泊众多，山势险要，道

武　丁

路难行。武丁不畏艰险，率军逢山开路，遇水搭桥，深入敌境，取得重大胜利，征服了很多部落方国。

据甲骨文记载，在一次战役中，武丁令妇好和另一位大将配合，先在西边埋伏好，武丁从东边进攻敌人，把敌人赶进妇好的包围圈，然后围而歼之。这是我国军事史上最早的关于事先埋伏、围歼敌人的文字记录。

武丁经过多年的征战，大大拓展了商朝的疆域和势力范围，促进了中原地区和周边各少数民族的交流，使商朝成为北到大漠，南逾江淮，西起甘肃，东至大海，包含众多部族的泱泱大国。

四、商纣暴政

商纣王帝辛在位期间，在内营建朝歌、加重赋敛、严格周祭制度、改变用人政策、推行严刑峻法，对外屡次发兵攻打东夷诸部落。其种种举措既在统治集团内部引发矛盾，也动摇了商王朝的统治基础。

纣王征伐东夷已经是大耗资财和人力，征服东夷以后本应安定民心，发展社会生产。可是纣王只顾纵情声色，花天酒地。妲己喜欢观看歌舞，纣王命乐师创作了靡靡之乐，怪诞之舞。为了玩乐，"弃田以为园囿，使民不得衣食"（《孟子·滕文公下》）。每个商王都喜欢打猎，这是从卜辞中得到证实的。但纣王还不满足，甚至干脆把商都附近的一些农田荒废，让禽兽自然生长，成为天然动物园，供他玩乐。人民无田可耕种，衣食无着，民不聊生，十分不满，激化了阶级矛盾。

纣王自以为英雄盖世，还领着兵马，到处炫耀武力，强逼各诸侯与属国增加贡赋，稍不如意，就兴兵问罪。诸侯们心中虽是叫苦不迭，但因惧怕纣王威势，都敢怒不敢言，只得勉强搜索国中珍宝，以投其所好。

纣王用兵连年得胜，愈加志满意骄起来。他大兴土木，筑了一个方圆3里，高过千尺的鹿台，专门收藏战争勒索来的或诸侯进贡的各种珠宝钱财。又修了一个叫巨桥的巨大仓库，里面装满了搜刮来的粮食。并扩建原来的宫殿，搜罗天下狗马奇物充实其中。自己则领着一群妃子宠臣整日在那里游嬉，过着花天酒地、奢靡无度的生活。纣王还十分贪恋酒色，经常和他最宠爱的女人妲己在一起，整日整夜喝着醇酒，听着靡靡之音，连朝政也无心过问。

纣王还驱使大量奴隶和民工，在南连朝歌（今河南淇县）、北到沙丘（今河北广宗西北）、邯郸的广大区域内修筑了许多巍峨壮美的离宫别馆，并在这些御苑中，放养了许多珍禽异兽。甚至别出心裁，在沙丘一带的离宫里，建立"酒池"和"肉林"，供他享用玩乐。

商纣王与妲己

"酒池"，即是在人工挖成的池子里灌满了酒。据说这个酒池大得可以划船，池中的酒可供3000人狂饮不竭；"肉林"，是在许多树上挂满了肉，以便随手取食。每当聚乐的时候，纣王便命成群赤身裸体的男女在酒池肉林间追逐，通宵胡闹，搅得一片乌烟瘴气。从此以后，"以酒为池，悬肉为林"便被作为历史上剥削阶级最奢侈的典型而载入史册，遗臭万年。

纣王的穷奢极欲，耗费了大量的民脂民膏，他不断用兵，屡兴大役，不仅使得民怨沸腾，连一些诸侯也纷纷叛离。纣王看到这种情况，非但不思改悔，反而大为震怒，决意用加重刑罚来维持其统治。他制作了一系列极其野蛮的刑罚来对付各种有不满情绪的人。如"炮烙"之刑，用时在一个大铜柱上涂满油，下以炭火烧炙，让"罪人"光着脚在烧红的铜柱上走，把人活活烤死，可谓残忍至极。

对于那些不称心的诸侯，纣王也随意杀戮，毫不顾惜。如西伯昌（即周文王）、九侯、鄂侯在诸侯中素孚众望，曾被商封为"三公"。纣王眼看"三公"的势力越来越大，决心要除掉他们。九侯是他开刀的第一个对象。九侯有个美丽贤惠的女儿，被纣王看中选入宫中，后因不愿迎合他的胡作非为而被杀。纣王怕九侯怨恨在心，把九侯也剁为肉酱。鄂侯看不过去，心生不满，也被杀死，做成肉脯，西伯昌得知二人惨死，伤心地叹了口气，被纣王的心腹崇侯虎偷听到了，立即向纣王告密，纣王大怒，把西伯昌也抓了起来，投入监狱。"三公"的悲惨结局，使朝廷大臣和各路诸侯大为寒心，人人自危，于是日益与商王朝离心离德。与此同时，由于纣王重用费仲、恶来等阿谀好利之徒，大肆搜刮百姓，在国内也渐渐失去民心。

纣王的倒行逆施，使一些较有远见的商朝贵族十分不满，一再向他进行劝谏。可纣王哪里听得进去。纣王的兄长微子启见劝谏无效，不忍心看着商朝灭亡，想一死了事，后来听了太师、少师的劝阻，便暂时逃了出去。只有纣王的叔父王子比干素称忠直，屡次向他犯颜直谏。有一天，纣王正在宫里饮酒取乐，比干又到纣王面前强谏，请他以商朝天下为重，不要再胡闹下去了。

纣王听了，心下已十分不快，但还不好马上发作，只得敷衍说："叔父不必多虑，眼下商朝国运方隆，凭着我东征西讨，诸侯谁敢不服？那些小民自然更翻不了天。请叔父放心回去，有事改日再议。"比干见他如此昏庸，不禁又气又急。心想，今日就是冒死也要说个明白，于是当着纣王面把他的种种昏庸暴虐数落一番，末了又说："大王若不改过归正，恐怕祖先艰难经营得来的商朝六百年天下就要亡在你的手里了！"纣王闻言，勃然大怒，拍着桌子叫道："你这糟老头子，几次三番危言耸听，扰乱人心，我念你身为长辈，不与你计较。不料你胆大妄为，竟敢辱骂起我来。你说我是暴君，难道你是圣人？听说圣人心有七窍，我今天倒要看看你究竟是否是圣人？"说罢，喝令左右将比干推出，剖心而观。

比干惨死的消息，震动了朝野。贵族箕子深恐祸及己身，便假装疯傻，与奴隶混在一起，但纣王还是不放心，派人把他关了起来。太师、少师眼见纣王已不可救药，便带着宗庙里的祭器和各种乐器，悄悄地投奔岐周去了。其余的大臣见此状况，也纷纷另谋出路。

广大奴隶以及平民的强烈不满与反抗，诸侯们的纷纷叛离，商朝统治集团内部的矛盾重重和互相倾轧，这一切都表明：商王朝的灭亡已经为期不远了。

五、殷商灭亡

商的政治腐败导致商统治力量的削弱，许多小国便纷纷从商的控制下摆脱出来。曾长时期屈从于商的周，这时乘机拉拢一些小国，以壮大自己的力量。《左传》说周文王"帅殷之叛国以事纣"，出现了三分天下周人有其二的局面。商要被周灭掉已成定局。

公元前1227年，周武王发布讨纣檄文，率领戎车300乘、虎贲（敢死队）3000人，甲士45000人，东进伐纣。武王的军队来到孟津，会合了讨纣的各路人马，并争取到庸、蜀、羌、微、卢、彭、濮等方国的军队的支持。周武王在孟津举行了誓师大会，随后即率众渡黄河北上进攻。

纣王闻讯，慌忙集中商军南下，与周军会战于牧野（今河南汲县）。战前，周武王再次宣布了纣的罪行，誓死灭纣，周军士气大振，而"纣师虽众，皆无战之心"。纣王将临时编成的奴隶兵队放在头阵，奴隶们一接触到周军，即掉转戈头，向商军杀去。周军在倒戈的商军的协助下，直抵朝歌城下。纣王眼看大势已去，便登上鹿台，自焚而死，结束了自己暴虐的一生。这就是历史上著名的"牧野之战"。而后，周武王率领诸侯们进入朝歌，命人将纣王的尸体抬出，割下头颅挂在大白旗上示众，并于次日举行了隆重的礼仪，宣告天下："周朝灭掉了商朝，我受天命管理天下。"随后，周武王迅速分兵四出，征讨商朝各地的诸侯，基本上控制了商朝原来的统治地区。

纣死后，其子武庚受封于周。周初三监叛乱被平定之后，周以微子代武庚。尽管"殷祀"还保存了很长时间，但作为一个朝代而言，纣王之死则是商朝寿终正寝的标志。

纣王的亡国，是内外交困的结果。纣王之前，武丁的四方征战已使殷商的国力大损，而祖甲的政治改革则使殷商内部的统治上层内讧不断。纣王的个性，又不是那种以慢功见长的人。当他的急功政策受到朝野内外的反对时，他不是采取说服的手段，而是不断高压，甚至不惜滥用杀戮，以至于怨声载道，臣民对他离心离德。为了转移国内的一片反对声浪，纣王又开始了对外征战。特别是在对东方各部落的攻伐中，耗时损财，国力大减。这些因素结合起来，终于导致了商的灭亡。

六、商朝军制

1.国家常备军

在商朝，商王既是国家的最高统治者，又是军队的最高统帅。商王直接决定军事行动，亲自或指派将领征集士卒、率军出征。军队的高级将领由王室或贵族担任，奴隶主贵族子弟是军队的骨干。

族邑之长平时管理众人（平民）和奴隶，进行生产活动；战时担任各级地方的武装首领，接受商王的调遣，率领由众人组成的军队出征作战。这种兵民合一、亦民亦兵的民军是商朝军队的主体。奴隶没有服兵役的义务。

另外，还有王室贵族的族军。商朝末年，随着内部阶级斗争的加剧和对外战争的频繁，这些族军已经有了固定的军事编制，士卒有了固定的军籍和等级隶属关系。一些军队有了固定的军职、军营和常驻地。虽然大部分士卒没有脱离生产，但以贵族为主，在军中长时间服役的现象表明，商朝出现了国家常备军的萌芽。

商朝青铜武器矛头

2.军队编制

商朝军队以师为单位，卜辞有"王作三师,右、中、左"。"三师"为军队的基本组织形式，大概相当于后世的三军。虽然每师的具体人数尚未见有记载，但从商朝的征伐战争规模可知一二。征招兵员有时几百人，有时上千人，战争时间有的长达几个月。另外，商王的大规模田猎活动也相当于一次出征，并通过狩猎训练军队。

商朝军队包括车兵及步兵，作战方式普遍使用车战。考古发掘中发现不少商朝车马坑，殷墟小屯C20号墓中出有一车四马三人以及3人使用的3套兵器，可知一兵车载3人。小屯宗庙遗址前的祭祀坑

商代车辖

中还发现象征军队阵式的葬坑，包括两个方阵。一阵为步兵，有300人左右；另一阵有兵车5辆。部分列左、中、右3组，与卜辞记载相符。车战中，射手以弓箭为武器，墓葬里还有大批青铜兵器如戈、矛、镞、钺及胄等。

3. 车战兴起

车战最早起源于夏代，约在夏末商初，已有小规模的车战。在商代晚期的甲骨文中，出现了最早的"车"字，至西周时期，车战就基本上取代了步战，成为主要的、占支配地位的作战方式，从而实现了中国古代战争样式的第一次巨变。商代和西周时期军事角逐的中心区域是黄河中下游的关中和中原地区，战场都是广阔的平原。

《诗经》中有关西周的篇章，凡写到命将出征，都要提备车备马，反映了车战在当时战争中占主导地位。战车用木制作，一些部位装有青铜饰件或加固件。其形制包括独辕、两轮、长毂、车厢。辕前端横置车衡，衡上缚两轭以供驾马。战车大多数驾两马，称为"骈"，也有驾三马的，称为"骖"，只有少数驾4马。车上载三名甲士，其中右方甲士执长兵器（戈、矛等），是主要格斗者，并负责为战车排除障碍，称"车右""戎右"或"参乘"；居中的是控马驭车的御者，只随身佩带刀剑等短兵器；左方甲士操弓矢。商代车阵已出现右、中、左的配置。商代晚期军队建制中右师、中师、左师概念的出现，反映了当时已经具有中军和两翼相配合的意识。

七、王权制度与阶级对立

1. 王权制度

商朝的最高统治者是商王，商王自称"余一人"。商朝王位的继承法为父

死子继与兄终弟及两制并用，凡子即王位者其父即为直系。周祭中，直系先王及配偶有资格列入祀典，而无旁系先王的配偶。到商朝后期更有"大示"（直系先王的庙主）及"小示"（旁系先王的庙主）之分别，祭祀"大示"的宗庙为"大宗"，祭祀"小示"的宗庙为"小宗"。这种家族中祭祀上的差别，正是商朝宗法制度的表现。

卜辞中商王亲属称谓有祖、妣、父、母、兄、弟，且有"多祖""多妣""多父""多母"之称。先王的配偶称妻、妾、母，与商王有血缘亲族关系的有"王族""多子族"。这些宗族同商王形成亲疏不同的宗法关系，他们构成"百姓"的主体，而为首的是商王自己。

2. 内服外服制

商王以下的统治机构，分"内服""外服"，内服是商王畿，即商王直接统治的地区；外服是指分封给诸侯的封地，还有派贵族去统治的边境地区。内服、外服中都有许多的邑，贵族、平民都聚居于邑中。受封者有侯、伯两种。侯、伯的封地为世袭，他们各自拥有武装。诸侯对商王有贡纳谷物、龟甲、牛马的义务，再就是要服"王事"，即率兵随王出征。商代统治阶层就由大小官僚和侯、伯组成。

3. 官制

《尚书·酒诰》中有"越在内服，百僚庶尹，惟亚、惟服、宗工，越百姓、里君"，"越在外服，侯、甸、男、卫、邦伯"。结合卜辞的记载，商代的官制在畿内大致有：负责政务的尹、多尹、臣。臣又有王臣、小臣、小众人臣、管理耕籍的小籍臣、管理山林的小丘臣、管理车马的马小臣等。武官有多马、多亚、多服、多射、多犬、五族戍等。史官有作册、多卜、多工、巫、祝、吏等。王畿外为商代之"四土"，这些地区散布着许多"服王事"的方国及部落，为商代的侯、伯。卜辞及文献中有攸侯、杞侯、周侯、犬侯、先侯、侯虎、侯告及宋伯、祉伯、易伯等，他们不仅要臣服于商王，还向商纳贡，负担劳役及奉命征伐。

商代伏鸟双尾青铜虎

4. 平民和奴隶

商朝的平民和奴隶由众、㐱、羌、仆、奚、妾等不同身份的人组成。卜辞有众、众人，是商朝的自由平民。他们从事农业生产劳动,有战事时还被征参加作战。商朝奴隶的来源是俘虏,卜辞中有"获羌",即从羌方俘获来的奴隶。又说"王令多羌协田"及"多羌获鹿",可知羌人用于农田劳动及狩猎活动。奚、姜大概为女奴隶。奴隶的另一个来源是罪犯,《说文》中之"像罪人之在屋下执事者",即为来自罪犯的奴隶。

八、社会经济

1.农业

商朝农业生产已成为社会生产的主要部门。甲骨文大量记载了商人的农事活动,几乎包括与农业有关的各个方面。甲骨卜辞中有大量"受年""受黍年""受稻年"等类辞句。卜辞的田字即为田的阡陌和沟洫之形。由卜辞可知,商朝的主要农作物有禾、黍、麦等。耕作的方法采用合力耕种及"焚田"(即火耕),并已使用粪肥肥田。商王除亲自视察田作外,还常命臣下监督农耕。当时农业已能提供较多剩余产品,卜辞中常见在收割后把粮食放入廪中贮藏的记载。

农业生产中使用的工具有木、石、骨、蚌,亦有青铜农具。耕具有耒、耜。耒为木制有歧头的木权,用来翻地;耜为木制无分歧的工具,用来插地起土。耨具有辰(蜃的贝壳)。收割工具有镰、铚。

商朝农作物的再生产品有酒、醴、鬯。酒为黍或稻所酿,醴为稻所酿,鬯为黑黍及香草所酿。商朝出土的酒器种类繁多,《尚书·酒诰》记载,人民嗜酒,淫逸,以致亡国,可见嗜酒风气之盛。酿酒业的发展,从一个侧面反映了商朝农业生产的发达程度。

园艺和蚕桑业亦有发展。卜辞中有圃字,即苗圃;有囿字,即苑囿。果树有杏、栗等。卜辞中又有蚕、桑、丝、帛等字,商朝遗址中还出土有玉蚕及铜针、陶纺轮等物。在出土的青铜器上有用丝织物包扎过的痕迹,从出土的玉人像也可看到其衣服上的花纹。可见商朝的蚕桑业及丝织业已较发达。

2.商业和交通

商朝的商品交换由于农业、手工业的发展而日渐增多,部分商人"肇牵车牛远服贾"。商朝遗址中出土有海

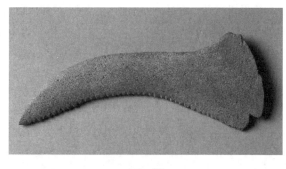

石　镰

商朝海贝

贝、海蚌、鲸鱼骨、大龟骨等海产物品，其来源除赠送、进贡及征集外，也有商人长途贩运而来的。除以物易物的交换外，当时已开始使用货币。商朝货币的主要形态是玉和贝，殷墟墓葬中出土有大量的贝，最多的达千枚。除天然贝外，还有石贝、骨贝、蚌贝、玉贝及铜贝等仿制贝。卜辞中有"赐多女有贝一朋"，金文中亦有"王赏戍嗣贝廿朋"的记载，证明贝在当时已用作货币，并以"朋"为计算单位，以十枚贝为一朋。

交通工具主要是陆路的车和水路的船。卜辞中有车字和舟字。商朝遗址中发现车马坑多座，出土的马车有二马一车和四马一车，车为木制，有铜车饰、单辕、一輈、一舆、一轴、两轮。车用于田猎、作战等。商朝的舟，尚无实物证据，但知其用于渡涉。

3. 畜牧业和渔猎

商朝畜牧业也很发达，后世所称的"六畜"，都已全备。卜辞中的"为"字，像以手牵象之形，所谓"商人服象"。卜辞中又有牢、圂等字，即饲养牛、羊、马、猪的栏圈。商人爱马，卜辞中的骊、驳、犌等，即是指马。对于牛、羊、犬、豕等的毛色，商人已能加以区别，还注意到牲畜的牝牡，并使用了去势术。商朝的六畜也为人所食用，食品中的羞字从羊，豚字从豕，获字从隹即禽，证明羊豕禽等已作为商人普遍的食物。商朝六畜还用于祭祀，有太牢（即牛羊豕）、少牢（即牛羊或豕犬）之称。商朝祭祀，一次用牲可多达数百头，而且往往牛、羊、犬、豕合用，没有高度发展的畜牧业是不可想象的。

商朝时黄河下游中原地区，气候温和，雨量充沛，并有广大的森林、草原、沼泽、湖泊，故作为农业、畜牧业补充的渔猎也很发达。卜辞中有"王鱼""获鱼"的记载，商朝遗址中也出土过许多鱼类、蚌类的遗骸。捕鱼的方法主要有网罟、钩钓、矢射等。卜辞中又有"王田""王狩""获鹿""获麋""获虎"及"获象"的记载。狩猎方法主要有犬逐、车攻、矢射、布网设陷甚至焚山等，猎获野兽的种类和数量相当惊人。商王一次田猎获鹿可多达348头，获麋最多的是451头，足见其规模之大。

九、手工制造业

商朝的手工业分工较细，有铸铜、制陶、制骨、琢玉、漆器等门类，各种手工业都已有了显著发展和突出成就，而其中最能反映时代特点和工艺技术水平的是青铜铸造业。

1.青铜器铸造业

商朝是青铜器的全盛时期，其品种繁多，主要类别有礼器、兵器、生产工具及车马，其中最重要的是礼器。礼器中数量最多的是酒器，有爵、角、斝、觯、尊、盉、卣、罍、觥、壶、罂、瓿、禁、勺等；另有食器鼎、簋、甗等；乐器铙、鼓、钲、铃等；兵器戈、矛、钺、矢镞等；工具刀、斧、锛、凿、针、锥等。

据粗略统计，历年出土的商代青铜容器达数千件之多，兵器、车马器和工具等更以万计。商周青铜器品种主要有礼器、兵器、生产工具和生活用具等，这些青铜器大致可分为两类：一类以造型生动奇特、刻镂精美见长，如湖南宁乡出土的四羊方尊，堪称代表作；一类以雄浑厚重、形体恢宏而取胜，如后母戊鼎。数量众多且工艺高超的青铜器，表明商周青铜冶炼和铸造技术高度发达，生产规模巨大。铸造青铜器时，需要很多工序，如制模、翻范、熔铸等，并需大量人力密切配合。目前发现的商代熔铜坩埚，一次约能熔铜12.7千克，而司母戊鼎重达875千克，铸造这样一件大鼎，就需70多个坩埚。若一个坩埚配备3至4人，就需要二三百人同时操作。此外，还要分别铸好各个部件，再行合铸。商代青铜作坊规模相当大，殷墟发现的青铜作坊遗址，面积达1万平方米。

出土的商朝青铜器中还有铁刃铜钺，现已于河北藁城及北京平谷两处商遗址中各发现一件。经检验，其刃部是利用天然陨铁锻打而成的，证明商朝已知道用铁。此外商朝遗址中还曾出土金块及小片金片，可知当时已有黄金并有熟练的冶金技术。

2.陶器

陶器是商朝社会的主要生活用具，制陶是商朝重要的手工业部门。陶器的种类有灰色、红色的泥质陶和夹砂陶，还有更高级的硬陶、白陶和原始瓷器。器形有炊器鼎、鬲，食器簋、豆、盉，酒器盉、斝、爵等，储盛器罐、盆、瓮、缸、大口尊等，其中最能代表商朝制陶工艺水平的是白陶和釉陶（原始瓷器）。白陶以瓷土、高岭土为原料，经1000℃高温烧成，胎质纯净洁白，表面有雕刻精美的花纹。釉陶以瓷土为原料，器表敷釉呈青绿色，经1200℃高温烧成，胎骨细腻致密，无吸水性或吸水性很弱，是敷釉技术的最早发明，在中国陶瓷发展史上占有重要位置。

3.骨器

骨器在商朝使用范围很广，种类包括生产工具铲、锥、刀、针和鱼钩，兵器镞及生活用具簪、梳、匕、叉等。牙器有雕刻的梳、筒、杯，象牙杯上刻有精细的花纹并镶嵌有绿松石。从骨器作坊遗址中还发现大量的骨料及半成品，其原料多为牛、马、羊、猪骨及鹿角甚至人骨，并发现制骨用的青铜刀、锯、凿、砺石等。

制成一件骨牙器，大致需经过选材、锯材、加工成形、打磨及雕刻、镶嵌等工序。骨簪的顶端还刻有不同形状的鸟头。

4.玉器

玉器均为软玉，产量很大，颜色有绿、褐、白等，种类主要有礼器琮、璧、圭、璋、璜、琥及其他用于礼仪的尊、磬、矛、戈等；实用器有杯、盘、臼、杵、梳；工艺装饰品有头饰、玉环、玉珠，以及各种不同形状的佩玉、玉人、玉象、玉虎、玉鸟、玉龙、玉凤、玉鱼、玉蝉、玉蚕等。商朝玉器切割整齐、琢磨光润，动物姿态生动活泼，表现出强烈的艺术效果。

5.漆器

漆器易腐朽，故现今所见商朝漆器仅为一些残片及颜料痕迹，但从中亦能了解其颜色、花纹等情况，证明当时的漆器工艺已具相当水平。

十、科技文化

1.天文学

商朝天文学中许多天象在卜辞中均有记载，如"日月有食""月有食"，在日食时并有"大星"等现象出现，可见对日、月食的观察之精细。卜辞还记载了观察到的"大星""鸟星""大火"等，不仅有恒星，还有行星，后世的二十八宿中的一些星座名亦见于卜辞，卜辞中"有新大星并火"，即是说接近火星有一颗新的大星。当时已有立表测影以定季节、方向、时刻的方法，卜辞的"至日""立中"等，就是这方面的记载。

2.历法

商朝的历法是迄今已知较为完整的最早的历法。商朝历法为阴阳历，阳历以地球绕太阳一周，即365 1/4日为一回归年，故又称"四分历"。阴历以月亮绕地球一周，即29或30日为一朔望月。商朝用干支记日，数字记月；月有大小之分，大月30日，小月29日。12个朔望月为一个民用历年，它与

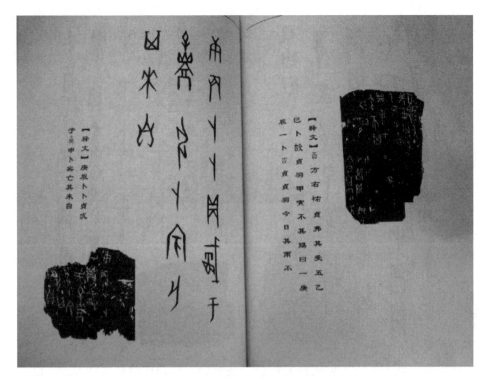

干支卜辞

回归年有差数，所以阴阳历在若干年内置闰，闰月置于年终，称为十三月。季节与月份有大体固定的关系。

商朝每月分为三旬，每旬为十日，卜辞中常有卜旬的记载，又有"春""秋"之称。一天之内，分为若干段时刻，天明时为明，以后有大采、大食；中午为中日，以后有昃、小食、小采。旦为日初出之时，朝与大采相当，暮为日将落之时。对于年岁除称"岁""祀"之外，也称作"年"。

3. 数学

在数学方面，商朝已采取了十进位计算，卜辞中分别有个、十、百、千、万，最大的数字已有"三万"。

十一、甲骨文与金文

1. 甲骨文

甲骨文是商代后期王室用于占卜记事而刻在龟甲和兽骨上的文字，又叫甲骨卜辞。它是一种比较成熟的文字，以象形、假借、形声为主要造字方法，已经具备后代汉字结构的基本形式，今天的汉字仍然是以象形字为基础的形符文字。甲骨文所记载的内容涉及商代社会的各个领域，包括国家和阶级的构成，帝王及大臣的名字，战争、祭祀和狩猎的事迹，农业生产的情况，以及各种大事发生的时间和地点。它还记录了我国最古老的日月食和各种气候现象。从19世纪到目前为止，已经发现了16万片以上有字的甲骨，分别藏于中国、日本、美国、英国、加拿大等国。甲骨文是研究商代历史的重要史

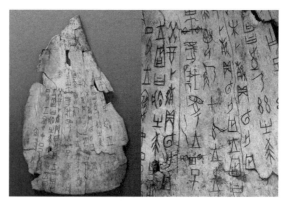

甲骨文

料，对于它的研究已经形成了专门的学问。

但是，甲骨文并不是殷商历史的记载，它所记载的只是与占卜有关的事件，且其形式皆为简单的字句，并非完整的篇章，所以，当时的历史很大程度上要靠后人的想象和推断，这也就降低了其历史价值。同时，我们可以确定的是，甲骨文是殷商时代的文字，也是至今发现的中国最早的成系统的文字。从这些文字中，我们可以了解殷商的社会，在社会生活和精神观念诸方面，已经达到了相当成熟的水平。从甲骨文来看，殷商社会是个高度发达的文明国家。

2.金文

殷商时期，随着青铜器铸造技术的提高和在人们生活中的广泛使用，一种刻在青铜器上的文字产生了，称为金文或铭文。金文不仅刻在青铜礼器上，而且还刻在青铜兵器、青铜杂器甚至青铜生产工具上。但刻得最多的是青铜礼器中的钟和鼎，因而又称为钟鼎文。

商代金文的字体和甲骨文相近，字数较少，形声字比甲骨文多，结构比甲骨文简单，字体仍不固定。金文的内容主要是记载器物归谁所有和纪念的先人的称号；还有的记载了制作青铜器的原因，并附记了年月日；少数记有比较重要的历史事实，反映了晚商记事文字有了进一步发展。商代前期的铜器上的金文一般只有一两个字，多为族徽和其他图形文字，笔道刚劲，有的还出现波磔。现已发现的最长金文有40多个字。商人在青铜器上铸造的金文，标志着汉字的发展已从甲骨文字逐渐走向金文阶段，对研究中国汉字的发展历史和商代社会经济文化状况具有重要价值，并为周代金文的通行奠定了良好的基础。

第三节　西周的演变及科技文化

　　西周（约公元前1046—公元前771年）是由周文王之子周武王姬发灭商后所建立，实行世袭制、宗法制、礼乐制和分封制，封邦建国，制礼作乐，对后代的影响很大。在这一时期内，全国大小诸侯均向王朝负担一定义务，周朝维持着统一局面。由于周王居于西方的都城宗周，故称西周。

　　拥有两百多年历史的西周，作为我国封建社会的开端，生产力得到了前所未有的发展，并且华夏民族实现了大融合。由于分散而相对独立的封国个个苦心经营，对朝廷虎视眈眈却又按兵不动，因此各国经济得到高速发展，并使社会思想文化和道德礼仪被推到了新的高度，进而为后来的东周和春秋战国时代奠定了丰厚的社会基础。难怪孔子把西周当作天下的典型,并感叹道："郁郁乎文哉！吾从周。"

一、牧野之战

　　这是周灭商的一场决定性战役，发生于公元前1046年。商末，纣王残暴，引起诸侯不满和人民反抗。泾水、渭水流域周部落的力量迅速发展。周文王死后第四年春,周武王联合800多部落、方国起兵伐纣。兵至牧野（约在河南汲县境），举行誓师大会，列数纣王罪状，鼓动军队和商纣决战。当时纣王军队主力远征东夷，不及调回，只好将大批奴隶和俘虏武装起来，凑成17万人开往牧野。开战后商兵阵前倒戈反击，引导周军杀向纣王，纣王大败而归，周军进逼朝歌。商纣见大势已去，被迫登鹿台自焚。周武王遂率师进占商都朝歌，商朝宣告灭亡。

周武王

二、成康之治

　　周武王灭商居功至伟，他死后，太子姬诵继立，是为成王。成王年幼，

周成王

曾经辅佐克商的武王之弟周公旦摄政，代行国政。周公是一个大政治家，依据周国原有制度，参酌殷礼，有所损益，定出一套巩固封建统治的制度来，这就是后世儒家极力称颂和推崇的"周公礼乐"或"周典"。

武王的两个弟弟管叔、蔡叔怀疑周公将篡夺王位，诋毁周公，并与武庚为首的殷遗民联络，一时朝野流言四起。武庚本人也认为有机可乘，便积极图谋复国。于是，他们勾结在一起，并纠集了徐、奄、薄姑和熊、盈等方国部落起兵反周。周公处在内外交困的地位，非常困难。他首先向召公解释，寻求帮助，随后毅然地率领军队，进行东征。经过三年的艰苦作战，周公杀武庚，黜管、蔡，攻灭奄徐等17国，俘商贵族及遗民为俘虏，因为他们顽固地反抗周的统治，被周王称为顽民或殷顽。

为了消弭殷商的残余势力，也为了巩固西周的统治，周公首先命令诸侯在伊洛地区合力营建新城，即东都洛邑。洛邑建成之后，把曾经反对周朝的"殷顽民"迁徙到这个地方，严加控制。同时，封投降西周的纣王兄微子启于商朝故都，成立宋国，管理殷商之后；封武王的弟弟康叔于纣都，成立卫国，赐以殷民七族；封周公的儿子伯禽以奄国旧地，成立鲁国，赐以殷民六族。这样，殷商余民遂被分而治之，天下局势大体太平。

为慑服商顽民而建的东都成周城落成后，辅政大臣周公还政于成王，周朝进入巩固的时期。成王及其子康王继承文王和武王的功业，务从节俭，克制多欲，以缓和阶级矛盾。又令周公制礼作乐，即创立和推行王朝的各种典章制度。西周的疆域空前广阔，为了进行有效的统治，实行了分封制。西周分封，是以宗法血缘关系为纽带，建立起周天子统辖下的地方行政系统，按疆土距京城的远近，把土地及土地上的人民赐予分封者（大部分都是诸侯）。一方面，受封者在所封的土地上握有政治、经济、军事等大权，实行全面的统治；另一方面，受封者要对周天子承担镇守疆土、出兵勤王、缴纳贡赋、随王祭祀等义务。西周的分封，在武王时即已开始，但大规模分封是在成王及康王时期。西周的分封，在一定时期内加强了周王朝的统治，维护了天子、诸侯、卿、大夫、士这一等级序列的礼制。成康时代的诸侯，均由中央直接控制。康王之世，周还曾命诸侯征讨淮夷、东夷，加强对异邦的控制。

成王姬诵在位后期，政治清明，人民安居乐业。后来，姬诵病倒，担心儿子姬钊不能胜任国事，于是下令召公、毕公用心辅佐。不久，姬诵病死，康王姬钊继位。召公、毕公率领诸侯，陪姬钊来到祖庙，把文王、武王创业的艰辛告诉康王，告诫他要节俭寡欲，勤于政事，守住祖先的基业。姬钊在位时，不断攻伐东南各地的少数民族，掠夺奴隶和土地，分赏给诸侯、大夫。

"成康之治"是中国历史上记载最早的太平盛世。西周成康时期出现了农业生产蓬勃发展、人民生活相对改善、四方诸民族纷纷来贺等升平景象，这是由于西周初年以礼治国、崇尚道德教育、实施惠民政策和严格执行法制的结果。不过"成康之治"到康王后期已经出现种种衰乱迹象，如沉湎女色、征伐不断、刑罚不慎等；而非史家历来所说，是自后来昭王开始衰落的。

三、国人暴动与共和行政

1. 国人暴动

公元前841年的一天，荣夷公匆匆上朝来报，向厉王说："臣近日派人到近郊收取田租，农民拒不肯交，反而杀了派去的人。臣听说农民聚到一起，恐要滋事，请我王派兵镇压。"接着周公、召公也赶来，向厉王说："近郊农民聚集数千人，要进城来，恐有事端发生，王看如何是好？"厉王要派兵镇压，格杀勿论。然而周公和召公的意见是由王降旨，减免田租，释放无罪者，把事情平息下去。不料厉王以天子自居，认为大权在握，水来土挡，兵来将挡。正在他们来言去语争论解决措施之时，凡伯跟跄跄跑了进来，慌慌张张地说："大事不好，农民已经涌进城来，臣一再劝阻，答应给他们减租减刑，但他们不听，这如何是好？"厉王已经听到了嘈杂的声音由远而近，忙命令调兵镇压。召公说："我们大周寓兵于农，农民就是兵，兵就是农民。现在农民暴动了，还能调谁呢？"

这次人民的反抗剥削斗争，历史上叫作"国人暴动"。在西周，国人是指住在京都城内的平民和四郊的农民。这些平民多数是各级贵族的疏远宗族成员，他们虽然具有自由民的身份，但在政治和经济上依附于贵族。另外，"国人"中还有从事各种手工业生产的百工和商贾等社会下层的群众，四郊则是些农民。周厉王的暴虐，激起他们极大的愤慨。他们自发集结起来，手持木棒、农具和武器，从四面八方向王宫扑来。人越聚越多，甚至宿卫王宫的军卒也参加进来，一时间形成一股巨大的洪流。他们冲垮了厉王、荣夷公所设置的路障，向王宫冲击，讨伐昏君。

周公、召公在国人中享有一定的威望，但这时已无能为力了。不可一世的周厉王此时吓得无所适从。周厉王只好在大臣的敦促下离开王宫，随同厉王的一些人员急忙从宫后门逃出。周公、召公出面拦挡民众，好言劝说，以赢得时间让厉王逃走。周厉王一路狼狈，心惊肉跳，他甚至把小太子姬静丢下，来不及带上。他们逃出城，沿渭水向东北逃去，路上不敢停歇，披星戴月，过了黄河才松了一口气。然后沿着汾水，一直到彘(山西霍州东北)，才安居下来。

厉王逃跑了，农民冲进王宫，到处搜查，不见昏君，愤怒的民众知道厉王逃跑后，追赶莫及，就去搜查太子。在召公家里把一个假太子打死后，算是泄了气愤，这才纷纷散去。

2. 共和行政

国人暴动之后，京城一片混乱，只好由周公、召公收拾残局，二人召集公卿研究善后事宜。太子虽然健在，但年龄小，又不敢轻易露面，况且厉王活着，不便另立新王。研究最终的结论，决定由周公、召公二人共同执政，管理国家大事。重要政事，由六卿(天官冢宰、地官司徒、春官宗伯、夏官司马、秋官司徒、冬官司空)合议，这种临时的政体，称为"共和行政"。

共和行政是中国历史，尤其是编年史上的一件大事。正是从共和行政开始，中国的历史有了确切的纪年，从此一直到今天，千百年来不曾间断，是中国历史得以保证延续性的重要开端。

共和元年，即公元前841年，是中国现存史料中有确切纪年的开始。共和十四年（公元前828年），周厉王死于彘，次年，太子姬静即位，是为周宣王，共和时代结束。中国汉代的历史学家司马迁在《史记》中便从共和行政的第一年，即公元前841年开始纪年。这也使中国的历史从此有了确切纪年。按照中国传统纪年，自共和时期开始，中国的历史有了连续不断的纪年体系。

国人暴动后，周王朝中央政权在风雨飘摇的状态下，王位虚悬14年，其间周召行政与诸侯干王位是并存于中原大地的。这种纷乱状态一直持续到周宣王即位，周王才又一次获得天下共主的地位。而周宣王并非周厉王的长子，他之所以能登上王位，是共和时期局势混乱的结果。

四、烽火戏诸侯

宣王四十六年（公元前782年），周宣王去世，太子宫湦即位，这就是周幽王。周幽王又是一个昏君，只知吃喝玩乐，不理政事。周幽王不仅残暴昏庸，而且耽迷女色。他整日派人四处寻找美女。有一个叫褒珦的大臣，劝谏幽王节制享受，幽王不仅不听，反而把褒珦判了罪。

后来，褒家人将褒姒进献给周幽王。周幽王一见褒姒貌若天仙，马上就把褒珦释放了。从此，幽王整天与褒姒在后宫饮酒作乐，将朝政抛在脑后。然而，幽王虽然宠爱褒姒，但褒姒性格内向，难得一笑，任凭幽王想尽一切办法来讨她欢心，褒姒都未露笑容。有一天，幽王忽然心血来潮，让人在宫外贴一个布告：有谁能逗王妃娘娘笑一次，就赏他1000两金子。

奸臣虢石父得知后，马上向幽王献计，用"烽火戏诸侯"的玩笑来博取褒姒一笑。烽火是古代军情危急时的报警信号，周王朝在骊山上建有20多座烽火台，每隔几里便有一座，专门用来防备西戎的进攻。一旦西戎来犯，烽火台上的烽火会像接力棒一样点燃，一个地点一个地点传下去，附近的诸侯远远见了就会发兵前来救援。

第二天，幽王兴致勃勃携爱妃褒姒上了骊山，他们白天在骊山吃喝玩乐，到了晚上，让士兵把烽火台的烽火点了起来。附近的诸侯一见黑烟滚滚的烽火狼烟，以为西戎兵打来了，立即率兵来援。赶到时，却不见西戎兵的影子，只听见山上丝竹管弦之声。这时虢石父从山上下来说，大家辛苦了，这里没有什么事，大王和王妃点燃烽火不过想取个乐，你们回去吧！诸侯们从大远跑来，却被幽王耍乐一番，一个个气得肺都要炸了，掉转马头就走。褒姒在山上，借着火光看到诸侯们气愤、狼狈的样子，真的笑了一下。幽王瞧见了她这一笑，不由得心花怒放，马上赏给虢石父1000两金子。

幽王自宠幸褒姒以后，被她迷得颠三倒四，竟然废掉太子宜臼，改立褒姒生的儿子伯服为太子。

五、犬戎入侵

周的北方和西北方，分布着大大小小的游牧部落。他们长于骑射，流动性大。在殷商时代，他们就不断地向东南发展，其中以鬼方和猃狁部最为强大。文王时，曾于击破西戎后建国。武王灭商，定都镐京，接近戎狄。

犬戎盘踞凤翔以北山地，占有乘骑快速突击的优势。岐山之起伏山峦，丘陵地带，渭河之水深流速，都限制不了戎骑驰突。镐京西北，周朝没有建立强有力的防御屏障，这就形成了犬戎以汧陇地区为基地，通过易于徒涉的渭河，作为侵入镐京的进军路线，向镐京进行突然袭击。

申后是周王朝一个诸侯国申侯的女儿，申侯见幽王废了申后和太子宜臼，自己也由侯爵降为伯爵，私人利益受到损害，决心设法夺回外孙的王位继承权。可他知道凭自己的实力做不到这一点，就把希望寄托在争取外力上。为此，

西周史墙盘

他串通缯侯，共同联合犬戎，企图通过犬戎入侵镐京，扶植宜臼上台。犬戎正等待有这样的机会，于是双方一拍即合，发动了对镐京的进攻。

幽王十一年（公元前771年），申侯、缯侯联合犬戎兵大举入侵，矛头直指周统治中心镐京。镐京西北方向没有坚固的防御设施，王室直接统率的主力"西六师"也未进行力战，致使犬戎兵长驱直入，迅速抵达京郊地区，镐京被围。幽王坐拥愁城，只好把解围的希望寄托于众诸侯的勤王部队。按理说，如果各路勤王之师前来援救，镐京解围还是充满希望的，可是周幽王当年"烽火戏诸侯"的恶作剧，此时显示出严重的后果。

等到镐京失陷，幽王被杀的消息传来，诸侯们才明白这一回举烽火已不再是游戏，于是纷纷组织勤王之师。其中卫、晋、郑、秦诸国部队成为勤王联军中的主力，它们开到镐京城下，对犬戎兵发起反击。经过激烈残酷的战斗，勤王联军终于击败犬戎兵，将其驱逐出城，收复了饱受兵燹之祸的镐京。

周幽王死后，诸侯和申侯一起拥立以前被周幽王废掉的太子宜臼，即平王，以供奉周朝的祭祀。

周平王即位时，周朝都城镐京（今陕西长安西北）已残破不堪，戎人遍布王畿各地，周王朝常受其滋扰。因此，周平王元年（公元前770年），周平王在各诸侯的护卫下迁都到洛邑（今洛阳）。由于洛邑在镐京的东部，所以历史上称为"平王东迁"。迁都后的周王朝便称为东周。

六、分封制

周初为巩固统治，在全国大规模分封诸侯，即所谓"封邦建国"。据记载，武王、周公、成王曾先后封建71国。其中，武王、周公的兄弟15人，同姓40人。周王子弟一般都得到了封地，成了大小诸侯。异姓诸侯中以姜姓贵族居多，也有归附周朝的传统贵族如神农、黄帝、尧、舜、禹的后裔。分封的目的是"封建亲戚，以藩屏周"。每个诸侯国既是统治各地的据点，又起着拱卫周王的作用。

在当时的封国中，重要的有卫、鲁、齐、宋、晋、燕等国。

周王室与卫、鲁、齐、晋、燕等诸侯大国互为掎角，遥相呼应，在大国之间还分封了许多小的诸侯国。这样，由点到线再连接为面就构成了一个控制全国的网络。

诸侯在各地建国都要举行册封仪式，由司土授疆土，司徒授民。诸侯掌握着封国内的政治、经济、军事大权，但是他们的权力是周王赐予的，必须承认周王是他们的共主。周王要定期巡视各封国，称为"巡狩"。各诸侯国要严格执行对周王的定期朝聘纳贡制度，据《礼记·王制》规定："诸侯之于天子也，比年一小聘，三年一大聘，五年一朝。"如诸侯破坏朝聘制度，要受惩罚，"一不朝见贬其爵，再不朝见削其土，三不朝见则六师移之"。诸侯还要承担出兵勤王、戍守和服劳役等义务。

诸侯国内也实行分封，诸侯将土地分给卿大夫，封地称为"采邑"。卿大夫再分封给士，封地称"食地"。士是贵族最底层。这样就形成了上自周天子下至士的宝塔式的奴隶主统治机构，而诸侯国就是西周在各地建立的统治奴隶的据点，这些据点都包括"国"与"野"两部分。从行政区域看，"国"就是指王城（包括周王和诸侯的国都）以及相连的"四郊"之地。"野"是指处于郊外的境内之地。从居民身份上看，住在国中的叫"国人"。国人是统治阶层，包括贵族和平民。工商奴隶因为直接服务于贵族，也住在"国中"。住在野的叫"野人"，而"野人"是被统治阶层，主要是直接从事农业生产的宗族奴隶——庶人。国与野的区别，实质上反映了阶级的对立。

七、宗法制

分封制和宗法制是西周社会的两大基石，两者相辅相成：分封借助宗法得以顺利实施，宗法则通过层层分封得以固定。宗法制度可上溯到原始社会末期的父系家庭公社以血缘关系为纽带的宗族组织系统。国家产生之后，奴隶主贵族将之改造为奴隶社会的上层建筑。商代末年宗法制基本形成，至西周时已趋完备，并与分封世袭制度相结合，成为西周一代的重要政治制度。西周的宗法制以嫡长子继承制和余子的分封制为核心，通过"大宗"和"小宗"的区分层层分封，最后形成"大邦维屏，大宗维翰，怀德维宁，宗子维城"的局面，以及天子、诸侯、卿大夫、士以至庶民、工、商的金字塔式的宗法社会。

1. 天子大宗，天下共主

按照宗法制的原则，西周的继承制是"立嫡以长不以贤，立子以贵不以长"，

西周兽面纹铜方彝

即立嫡夫人所生的长子，如果嫡夫人无嗣则立身份尊贵的夫人所生的儿子，这就是嫡长子继承制：嫡长子为大宗，其他旁系庶子为小宗。按照嫡长子继承制，周天子为天下大宗，由嫡长子继承，是姬姓贵族的最高族长，又是治理天下的共主，而其他诸子则为小宗，分封为诸侯。在诸侯国内，也要按照嫡长子世袭的原则，由嫡长子继承诸侯之位，其他诸子分封为卿大夫。相对而言，继承侯位的嫡长子是该诸侯国的大宗，而其他诸子则是小宗。在卿大夫的采邑内，继续执行嫡长子继承制，继承采邑的嫡长子为大宗，其他诸子成为士为小宗。至"士"这一阶层，嫡长子仍为"士"，其余诸子则为庶民。通过嫡长子继承制，从周王室到诸侯、卿大夫，形成"世卿世禄"的特权制度，他们是姬姓氏族中不同等级的大宗，而每一等级都是上一级的小宗。

在嫡长子继承制下，只有大宗才有祭祀宗庙的特权，所以宗庙都建在大宗的所在地。周天子是天下大宗，故天子祭祀的宗庙是最高一级的祭祀祖先的场所，称之为"太庙"。诸侯、卿大夫也在各自所在的地方设立祭祀始祖的宗庙，供奉牌位时，始祖放在中间，其后按照父在左为"昭"、子在右为"穆"的次序排列。在宗法制下，只有大宗才有主祭的权利，故在"国之大事，在祀与戎"的古代社会，只要掌握了祭祀大权就等于掌握了国家的军政大权。

2. 金字塔式的社会阶层

在宗法制度之下，大宗与小宗的关系，是"本根"与"枝叶"的关系，即为一种等级从属关系，小宗必须服从大宗，各级小宗也都要受到同级大宗的支配和约束。周天子为天下大宗，故西周天子所居的都城镐京被尊为"宗周"，而各级大宗都要受到同族子弟的尊崇，故被奉为"宗子"。宗子通过对祭祀大权的掌握强化大小宗之间的等级从属关系。与嫡长子世袭制相适应，大宗永不迁祖，而小宗"五世则迁其宗"，即高祖以上的远祖神位要迁入祧庙，不再祭祀，大宗与小宗之间至五世之后就成为疏远的族属。

"周之宗盟，异姓为后"，即西周的宗法制同样适用于异姓诸侯。姬姓的贵族通过联姻的方式与异姓诸侯联系起来，故周天子称同姓诸侯为叔父、伯父，称异姓诸侯为叔舅、伯舅。

通过这种甥舅关系，周天子将异姓诸侯也纳入宗法制的范围中来。

最初，宗法制的原则只在周天子和诸侯之间实行，随着分封制的发展，波及中小贵族，以至士与庶民之间，在奴隶主贵族内部，形成了"王臣公，公臣大夫，大夫臣士"的等级名分制度。而这种等级之分又产生了"公、侯、伯、子、男"五等爵位。西周墓葬中的列鼎数目：天子的墓葬为9鼎，卿大夫7鼎，下大夫5鼎，士则1—4鼎，也可反映这种等级制度。故在宗法、分封制度之下，西周成为"天有十日，人有十等"的等级社会。

植根于血缘关系的宗法制度，是西周贵族相互联系的黏合剂，周天子与诸侯之间关系的连接纽带，故宗法制对周代的社会秩序具有积极的稳固作用。而其宗法观念对后世的影响更为深远，成为几千年来中华民族维系与发展的核心纽带之一。

3. 中央制度

东周时期的诸侯国君称公、称侯，只有楚、吴、越称王，国君之下设诸卿，二卿、三卿或六卿，其中主持政务的称正卿或上卿，楚国称令尹，亦称相，秦又曾称庶长、不更。卿出征时为三军之将佐。卿之官职，有司徒、司马、司空、司寇等，分掌民事、军事、工事、法事。春秋初期，晋、楚等国开始在新兼并的地方设县，或聚若干小邑为县，或将私家之田分置县。而在边境地区则设郡。郡县之间没有隶属关系，其长官由国君直接任命，只有少数作为采邑赏给贵族。

八、奴隶制

西周社会中，奴隶制十分盛行。奴隶的来源，出于赏赐或买卖的常称为臣妾，来自罪人或战俘的常称为"隶"。

"臣妾"一词，周初已经存在。《尚书·费誓》鲁公誓辞中，将臣妾（男女奴隶）与马牛相提并论，均为特定主人的财产，逃跑了要捉住归还原主，加以隐藏或诱拐的要科以刑罚。约为康王时的复尊铭云"燕侯赏复冂衣、臣妾、贝"，也说明臣妾和财物一样为奴隶主所占有。

奴隶可在市场上买卖。《周礼·质人》说："掌成市之货贿、人民、牛马、兵器、珍异。"其中"人民"，注云："奴婢也。"在同书《大宰》中即称为"臣妾"。臣妾为私家所有，又可作为赔偿来转让。而自由人作为赔偿，则转化为臣妾，他们主要是从事家内劳动，但也不排除被主人驱使去从事生产劳动。

"隶"，据《周礼》有"罪隶"与"四翟之隶"两种。罪隶是由于男女本人被判罪，或者家人犯罪而从坐的，也称为"奴"。据《周礼·司厉》，罪隶中男的由罪隶之官管理，在各官府中服种种使役；女的则交给春人、槁人之官，做春米之类沉重劳动。四翟之隶据说有蛮、闽、夷、貉的分别，从事畜养牛马禽兽以及把守宫舍。这些奴隶都属于官府。

主要承担生产劳动的，是在田野耕耘的庶人。他们的身份表面虽与臣妾和隶不同，但如《诗·七月》所描述，过着贫困苦难的生活，终身为贵族所使役，地位几与奴隶无异。

九、农业生产与井田制

1. 农业生产

周人从其始祖时起便非常重视农业，整个西周时期，农业是最重要的生产部门。

这一时期的农业工具，据考古所见，仍多为木、石、蚌、骨所造。青铜工具也有在农业中使用的，如《诗·臣工》所说："庤乃钱镈，奄观铚艾。"钱是铲，用来掘土，镈是锄，用来锄草；铚是短镰，用以收获。陕西临潼零口一处西周窖藏中，一次出土铜铲 4 件，可见青铜工具不是太罕见。

农作物种类较商朝有所增加。《诗·七月》："九月筑场圃，十月纳禾稼，黍稷重穋，禾麻菽麦。"反映了作物的多样性。《周礼·大宰》有"九谷"，注家认为指黍、稷、稻、麻、大豆、小豆、麦、粱、苽，可知古代主要作物在周代已出现。同书《稻人》等职，对种植技术还有较详细的记述。

《诗·采芑》和《臣工》两篇有菑、新、畲的名称，分别指垦种一年、二年、三年的田。《周礼·大司徒》有类似记载，把较薄的田休闲一二年再行种植。这种休耕制，对促进农业生产有一定作用。

2. 井田制

西周的井田制是在分封和宗法的过程中形成的，与分封制和宗法制密不可分："普天之下，莫非王土，率土之滨，莫非王臣。"即周天子是西周土地及权利的最高所有者，他通过分封，把西周的土地在统治贵族的宗族范围内实行层层封赐，最后形成多层次宗族贵族占有的土地所有制。西周的井田制源于原始社会末期的氏族公社土地公有制，但又不等同于这种土地所有制，与战国以后的国家授田制也有区别，是介于二者之间的独特的土地所有制度。这种土地制度行于西周之世，直到战国商鞅变法时才有所改变。至秦得天下后，

"用商鞅之法，改帝王之制，除井田，民得卖买"，井田制在经历 500 年之后退出了历史舞台。

对于井田制，先秦的许多文献都有所提及，如《国语·鲁语下》曾记述孔子论古时征军赋情况时谈到，古代以"井"作为田地及军赋的计量单位；《国语·郑语》也说："故王者居九畡之田，收经入以食兆民"，即周王对百姓征收"什一"之税。《孟子·滕文公上》中则描述了井田制下"方里而井，井九百亩，其中为公田，八家皆私"的划分方法，"公事毕，然后敢治私田"的耕作秩序以及"野九一而助，国中什一使自赋"的田赋原则。但是按照孟子所描述的"方里而井"的井田区划，从后世田地的区划情况来看，这种繁复的区划方式是不可能形成的，所以很多学者认为"井田"只不过是存在于孟子的"乌托邦"中。然而后世的考古发现为西周的井田制提供了有力证据。1980 年，在四川青川县发掘了一批战国墓葬，其中一个墓葬出土了一件反映秦武王二年，丞相甘茂前往蜀地平定叛乱后更改田律情况的木牍。这一发现不仅佐证了西周井田制的存在，还证明了孟子关于井田制的说明符合西周的田制情况。

至于井田的具体划分办法，《周礼·大司徒》载：先按照所封之国都城的大小而制定都城的疆界；沟封之后，再按照土质的好坏划分土地的数量。在搭配好份地之后，还要定期进行重新分配。

通过分封制，"普天之下"的土地可以分为三个部分：一是属于周王室直接管辖的籍田；二是分封给诸侯建国的土地，这些土地可经过诸侯再次分封给各级宗族贵族；三是周天子直接赏赐给王朝卿士或有特殊身份的中、小贵族，成为其领地。

西周的社会基层单位为邑、里或社。《周礼·小司徒》说：1 邑有 4 井，共 36 户人家。邑也称里，由于在邑、里中都有"社神"，故邑、里又被称为"社"。西周时期，封赐贵族都以邑、里为计算单位，一个贵族往往拥有数十至数百邑人口，而邑、里的成员是耕作的庶民。西周庞大的上层建筑就是建立在以邑、里为单位的井田制的剥削之上。

西周的井田制与夏、商时代的氏族田制一样，也分为"公田"和"私田"，其耕作方式如孟子所说的"公事毕，然后敢治私田"。

西周的井田制在"方里而井"的区划之后，形成了与夏、商不一样的赋税制度。周人是"百亩而彻"，与"殷人七十而助"有很大不同：殷商的农民完全为奴隶主服劳役；而西周的农夫则是为贵族服劳役并缴纳稷禾、秉刍、缶米等实物，故周人的"彻"是"贡"与"助"的结合，实行劳役地租与实物地租的并行制度。其征收的赋税大概是总收入的 1/10，即什一之税。

在井田制下，各级奴隶主由天子那里分得土地和依附农民。但他们只有土地占有权，没有所有权；只有使用权，没有买卖权。《礼记·王制》所说的"田里不鬻"即此意。因此，西周的井田制与分封制和宗法制紧密相连，适应了当时的生产力状况，在一定程度上推动了西周社会生产力的发展。

3. 土地转让

西周中期以下的金文，出现了土地转让的事例，有的是交易或互换，有的是赔偿。前者如卫盉所记：矩伯以田为代价，从裘卫那里两次交换礼玉和皮币，交换以贝朋为价值尺度，田价分别为八朋一田和六朋多一田；或如五祀卫鼎所载，裘卫以五田换取邦君厉的四田。所谓"田"，均指百亩的一夫之田。后者如散氏盘所述，矢王因为攻击了散氏，被迫割让一部分土地给散。

为了取得土地转让的法律效力，交易者有时要向执政大臣报告，如裘卫的两次交易，都得到大臣们的允可；有时采取析券的形式；有时采取立誓的形式。土地转让时必须由双方人员到场。丈量有关土地，称为"履"。确定了的地界，用封树的方法作出表识，加以记录，有时还要绘成地图。转让的契券，双方分别保存，并将副本上交官府收藏，以备查考。这种土地转让，尚未具备完全自由买卖的性质，但可视为后世买卖的滥觞。

十、商贾百工

1. 工商业

在国中居住的，还有百工和商贾。百工就是具有各种技艺的工匠。当时的手工业主要有青铜铸造、制陶、制骨、制玉器、制革，还有木工、竹工、漆工、丝织等等。当时的百工多在司空所属的官府手工业中工作，商贾也从属于官府。

百工身份卑微，在西周金文中往往与臣妾奴隶并列。商贾地位则较百工为高，但其交易受到官府的严格控制。据金文兮甲盘淮夷与周的诸侯百姓贸易，都必须到指定的市场进行，要遵守官吏的管理，否则即属非法。至于周人内部的交易，据《周礼》，有特设的市场，货贿、人民、牛马、兵器、珍异都在市上

西周玉贝

交易；商贾有自己的组织，受管理市场的官吏控制，这些都可和兮甲盘等金文相参照。

《诗经》不少篇描述了西周蚕桑生产的情况。当时丝织品在考古工作中已有发现，并证明《周礼》及金文所谓黹即刺绣的存在。陕西宝鸡茹家庄的西周中期墓葬发现丝织品上有刺绣，带有鲜明的红、黄颜色，据研究，色彩系用朱砂、石黄涂画而成。

2. 货币交换

中国上古先民已采用货币作为商品交换的手段。西周的商品交换上承商代并有新的发展，用于交换的媒介有天然贝，还有石贝、骨贝、蚌贝、玉贝及铜贝等，这便是中国货币的最早起源。贝以"朋"为计量单位，10枚贝为一朋。西周时期铜开始用作交换手段，以锊或锾作为重量计算单位。贝和铜作为货币使用，反映了西周商业经济的发展。

十一、天文历法

1. 自然科学知识

自然科学知识在西周时期有不少增长。比如在天文历法方面，《诗经》若干章里出现有星宿名称，而且以其在天空的位置来确定季节和农作。传统的二十八宿体系，很可能在这时已经构成。周人非常注意月相，称月的有光部分为霸（魄）。周人记年月日常提到"初吉"（另有"既吉"）、"既生霸"、"既望"、"既死霸"，与商朝不同。有学者认为这是依月相把一月分划作四个段落。《诗·十月之交》还详记了周幽王六年（公元前776年）的一次日食的月日干支，并涉及其前个月的一次月食。

地理知识也有发展。如《尚书·洛诰》记载成王时建洛邑曾绘有地图；康王时宜侯夨簋金文提到王观看"武王、成王伐商图"和"东国图"，可知不仅有一般地图，还有军事历史地图存在。

《诗经》有许多草木虫鱼名称，分类繁细，表明人们对动植物的认识渐趋进步。

2. 周历

周代历法与夏历、殷历的主要区别在于它以冬至所在月（夏历十一月）为岁首。从西周铭文和典籍看，当时已把1个月分为初吉、既生霸、既望、既死霸4个等份。这实为今日通行的星期的原型，但不久即废，未流传下来。另据文献记载，周人已使用土圭之法测量日影，以确定四时变化和地理的远近。所谓土圭，就是在地面树立一根垂直的表，与表相连成直角的座子称为圭。土圭之法就是利用正午的太阳照射在表上，观察表在圭上投影的长短，以确定四时的变化。当太阳走到最北而位置最高时，日影最短，这时叫夏至；当太阳走到最南，距地平面最低时，日影最长，这时就是冬至。从日影长短的变化周期中，测定一年的长度。土圭是我国最早的测天仪表。在长期观测的基础上，周人创立二十八宿，以确定天体的位置和日月五星在天空的运行。所谓二十八宿，就是在黄道带与赤道带西侧，选取二十八组恒星作为观测的标志，每一宿由若干颗恒星组成，并以地上的事物去命名。二十八宿是古人测天的基础，通过观察太阳在二十八宿中位置的变化可以推定一年季节的变化，还可制定更精确的历法。

十二、礼器铭文

1.青铜礼器

西周是中国奴隶制度继续发展的时期，促进了青铜制造业的进一步发展。青铜礼器种类增多，按照周礼的要求，青铜礼器有严格的组合制度。如钟、鼎、鬲、壶、豆、盘等礼器都要按照规定数目配套使用。基于这样的历史缘故，所以发现的西周墓葬和窖藏的青铜器大多是成组和成群出土，如陕西扶风县庄白村西周青铜器窖藏中一次便出土了 103 件器物。西周时期的青铜器大部分铸有铭文，少则几字、几十字，多则几百字。铭文内容简明扼要地记述了当时的奴隶买卖、战争、赏赐、祭祀和法律诉讼等情况，是研究西周历史的珍贵实物资料。

2.青铜器铭文

青铜铭文的产生、发展与文字和青铜铸造技术息息相关。故中国文字虽早在二里头文化时期已经产生，但由于青铜器铸造技术还处在原始时期，尚未发现有铭文出现。在属于商代早期的二里岗文化时期，有个别青铜器有铭文，此为迄今发现的最早铭文。盘庚迁殷之后，随着青铜器铸造技术的不断发展和甲骨卜辞书契的迅速进步，铜器铭文的铸造也逐渐兴盛起来。但直到殷末，商代的

谏簋铭文

青铜器所铸的铭文字数不多，且内容简单，主要用于标识器物的主人，一般都铸在器物的不显著部位，如爵、斝的鋬阴，尊、觚的外底，鼎、鬲的内壁以及簋、卣的腹底等隐蔽之处。

到了西周初年，随着分封建国的需要，作为礼器的青铜器大量铸造，如《礼记·祭统》所说："夫鼎有铭，铭者，自名也。自名以称扬先祖之美，而明著之后世者也"，青铜器大多铸以长篇铭文，用来颂扬祖德，刻记功烈或记述周王锡命，传遗子孙。这些长篇铭文，书有定格，布局讲究，记述了大量史事。平王东迁以后，周室衰微，霸权迭兴，随着诸侯势力的增强，诸侯国各自为政，青铜铭文也出现了随意性，多为婚姻联谊、夸耀祖先的内容。战国以后，随着奴隶制的瓦解和铁器的出现以及简册书帛的通行，青铜器铭文也随之衰落。

西周是青铜文明的鼎盛时期，也是铜器铭文大发展的时期。该时期的铭文青铜器数量众多，内容丰富，且铭文较长，像《何尊铭》《大盂鼎铭》那样记述贵族接受周王的训诰和册命典礼的长篇巨著屡见不鲜。这些大量的铭文记载了诸如历代君王祭典训诰、宴飨田猎、征伐方国、赏赐册命、奴隶买卖、土地转让、刑法诉讼、盟誓契约、家史婚媾等事迹，反映了当时社会政治、军事、经济以及法制、礼仪等诸多方面的资料。晚清时期的学者大家如阮元、龚自珍等都曾谈及金文资料的重要性。龚自珍在《说彝器》中说："凡古文，可以补许慎书之阙；其韵可以补《雅》《颂》之隙；其礼，可以补逸礼；其官位可以补《世本》之隙；其言，可以补七十子大义之隙"，说的就是铜器铭文对经学的补遗作用。近代著名学者郭沫若在《两周金文辞大系考释》初序中也说："传世两周彝器，其有铭者已在三四千具以上。铭辞之长，有几及五百字者，说者每谓足抵《尚书》一篇，然其史料价值殆有过之而无不及"，直接指出了铜器铭文的史料价值——可以印证古史，补充史书缺佚。它与甲骨文一样是研究商周社会不可或缺的重要史料。

十三、雅乐制度

西周礼制继承商朝而有所变革。周初，力求扭转商末流行的奢靡风气，曾反复告诫禁止酗酒。从成王时的《尚书·酒诰》，到康王时的大盂鼎铭文，都讲到必须遵奉周文王的告诫，不得纵酒。反映到青铜制造的礼器上，商朝常见的许多酒器，西周时逐渐归于消失。

周礼非常繁缛，据《周礼》有吉、凶、军、宾、嘉五礼：吉礼指对先祖与各种神祇的祭祀；凶礼指丧葬，还包括对天灾人祸的哀吊；军礼指战争，以及田猎、筑城等动员大量人力的活动；宾礼指诸侯对王朝的朝见、诸侯间的聘问和会盟等；嘉礼指婚、冠、飨燕、庆贺、宾射等。所有礼制都和法律一样，体现出贵贱等级的区分。

乐在西周很受重视，有专门职官管理。金文中也记有乐官。"命汝司乃祖考旧官小辅（镈）罜鼓钟"，即相当《周礼》的镈师和钟师。

周代有的乐舞起源很早，如《大武》为周武王克商所作，曾在武王凯旋告于周庙时表演。这一乐舞的歌辞还保存在《诗》中，即《周颂》的《武》《酌》《桓》《赍》等篇。

周武王建立周朝不久，就命周公姬旦制礼作乐，建立各种贵族生活中的礼仪和典礼音乐，使音乐为其王权统治服务。这一部分乐舞就是所谓的"雅乐"。它包含了远古图腾及巫术等宗教活动中的乐舞及祭祀音乐，也包含西周初期的民俗音乐。

《周礼》所记载的西周和春秋时期的各种贵族礼仪，其中与雅乐有关的有：

郊社：祭天地神明的祭典。

尝禘：贵族祭其祖先的祭典。

宴飨：政治上外交上的宴会等；包括大飨、燕礼、大射、养老等等。

乡射：乡里中官僚和地主们比射的集会。

王师大献：战争胜利时举行的凯旋庆典。

行军田役：用于军事演习性质的狩猎。

作为一种统治手段——礼乐教化的工具，乐舞艺术的地位和作用也被提到了前所未有的高度。

在周朝的礼仪活动中，严格地规定不同的场合使用不同的音乐。它的主要目的是使参加典礼的贵族受到伦理教育的感化，造成一种庄严、肃穆、安静、和谐的气氛。

各种主要典礼音乐的歌词，大都载于《诗经》中的"大雅""小雅""颂"；少数属于"南"。

随着周朝的衰落和社会的发展，民间音乐逐步代替了雅乐。贵族们对雅乐渐感厌烦而去欣赏俗乐，如《乐记》所载，魏文侯"端冕而听古乐，则唯恐卧；听郑、卫之音，则不知倦"。因此孔子曾感叹地说："礼崩乐坏。"相匹配典礼的雅乐，开始具有浓郁的生活气息，以后逐渐变得庄严神秘而又沉闷呆板。

中国古代统治阶级在宗教、政治等仪式典礼中所用的音乐和乐舞，后世称为雅乐。雅乐的始创者是周武王姬发，在他兴师伐殷的过程中，军中常表演歌舞以鼓舞士气，灭殷后又作了《象》和《大武》等大型歌舞庆祝胜利。

周成王在位时，周公姬旦辅政，他制定贵族生活中的各种礼仪和典礼音乐，以此来加强宗法制社会的等级制度，巩固王权。西周各种贵族礼仪应用雅乐的场合有：一是祭祀，二是宴飨，三是射礼，四是军事演习和军功庆典。可见，雅乐是为维持统治阶级内部秩序而设立的，普通百姓与之无涉。

陈仓石鼓

雅乐的主要形式包括：一是六代乐舞，包括黄帝、唐尧、虞舜、夏禹、商汤、周武王留下的最高规格的乐舞，用于祭祀神明天地祖先；二是小舞，有羽舞、皇舞、干舞、人舞等名目；三是诗乐，大都载于《诗经》中的"大雅""小雅""颂"；四是宗教性乐舞。

雅乐所用乐器如编钟、编磬的制造要耗费大量人力物力，只有贵族才能配置。周王室为了推行雅乐，设置了专门机构大司乐，掌管音乐行政和贵族子弟的音乐教育。贵族子弟受教育的内容规定为"四术"，即诗、书、礼、乐。他们必须按规定的时间和严格的程序接受教育。

雅乐的制度和体系随着周朝中央政权的瓦解而衰落。

战国时期，人们将古乐视为雅乐，这些古乐是指古代祭祀天地、祖先和朝会、宴享时使用的正统音乐。以六代舞最著名，它们是《云门》《咸池》《大韶》《大夏》《大濩》《大武》六部乐舞，相传分别创作于黄帝、尧、舜、禹、商、周六个时代。六代舞也称大舞，是郊庙祭祀之乐。另外，周代还有六个小舞，即《帗舞》《羽舞》《皇舞》《旄舞》《干舞》《人舞》，是教育贵族子弟的舞蹈，有时也用于祭祀。大舞和小舞还可分为武舞和文舞两类，执干(盾)、戚等兵器的称武舞，其余的称文舞。这些古乐一般和礼制相结合，有一定的使用规范，不同等级、不同背景的人使用不同的乐舞，不得逾制。这些乐舞由于长期和礼制紧密结合，成为典礼仪式性的乐舞，艺术上走向僵化，先秦以后不再受到人们的欢迎。雅乐是用于郊庙祭祀、春秋飨射以及朝廷举行的各种典礼仪式上的乐舞，乐人多由具有一定身份的良家子充当，乐器虽然也有丝竹乐器，但以钟、磬为主，是金石之乐。雅乐表演时，舞人俱进俱退，整齐划一，闻鼓而进，击铙而退，文武有序，音乐和谐，气氛庄重。

十四、《周易》与《周礼》

1.《周易》: 群经之首, 大道之源

《周易》是中华文明史上一部内涵精深、影响广泛、流传久远的典籍, 有"群经之首"和"大道之源"之称。几千年来,《周易》以其外在的魅力——奇特的结构形式和抽象的符号显示, 以及博大精深的内涵——千古永辉的义理和复杂神奇的运算机制, 吸引着人们在各个领域对其进行研究和应用, 形成了庞大的易学研究体系。

《周易》的作者是谁? 这是数千年来人们争论不休的谜题, 至今尚未有定论。比较公认的说法是"三圣说", 认为《周易》乃是伏羲、文王、周公(或孔子)三人合著。继承和拓展这一说法的是马融和陆绩, 他们认为文王作卦辞, 周公作爻辞, 孔子作十翼。

《周易》一书由《易经》和《易传》两部分构成, 从总体上看它是一部指导人们利用自然规律和社会发展规律的哲学著作。

《周易》本为占筮用书, 其经文主要成于西周时期。卦辞、爻辞中有些内容与周人历史有关, 如康侯用锡马蕃庶等。由于占筮必须由卦象推类, 逐渐被赋予抽象的意义。有的卦、爻辞, 如《泰·九三》"无平不陂, 无往不复", 即使从字面上也可看出其哲学意味。

《易经》是我国古代先哲通过对自然现象和社会现象的长期观察, 以及对各种社会实践活动及其结果进行高度总结概括后而形成的。它集中反映了宇宙万事万物的现象和发展变化的规律。《易经》有其特殊的文字体裁, 即不分篇章节次, 而是由六十四卦组成。而每个卦又由内外卦、卦画、卦名、卦辞、爻题、爻辞几部分构成。《易经》分为上、下经两部分, 上经计三十卦, 起于乾卦, 止于离卦; 下经计三十四卦, 起于子咸卦, 止于未济卦。

《易传》则是对《易经》进行解说, 用来阐发义理的哲学典籍。《易传》分为七种十篇, 汉代学者称之为"十翼", "翼"即辅翼经文之意。

周　易

《周易》是中国哲学思想的渊薮，奠定了中国哲学的一些基本范畴和基本观念，如"阴阳"、对立统一的思想等，对中国文化的影响极为深远。至今，上至鸿儒硕学，下至街头卜者，无不奉为圭臬，浅入浅解之，深入深究之，可谓是十三经中最深奥、最神秘的古籍。《周易》这部书除了有社会学的历史价值，还具有高度的哲学思想价值。"易"这个字，含有"宇宙万物，不断变化和发展"的意义，有朴素的辩证的思想。其中的文字多与政治、经济、生产、生活有关，是很值得后世学者加以研究的。

1973 年马王堆汉墓出土帛书《周易》为现存最早文本。其传世经文刊本，有宋代巾箱《八经》本，明弘治九年庄释刻本。旧注有北京图书馆藏魏王弼《周易注》宋刻本、唐李鼎祚《周易集解》本等。

2.《周礼》：中国最早和最完整的官制记录

《周礼》亦称《周官》或《周官经》，儒家经典之一。

《周礼》是周王室官制和战国时代各国制度的汇编。《周礼》的来历争论颇多。古文经学家认为，《周礼》是周公旦所作。今文经学家认为，它出于战国。也有人认为是西汉末刘歆伪造的。近人从周秦铜器铭文所载官制，参证该书中的政治、经济制度和学术思想，多数人认为是战国时的作品。也有人认为，《周礼》成于汉初。

《周礼》是中国最早和最完整的官制记录，也是世界古代史上一部最完整的官制记录。全书 6 篇，即《天官冢宰》《地官司徒》《春官宗伯》《夏官司马》《秋官司寇》《冬官司空》。各篇分为上下卷，共 12 卷。这 6 篇中的《冬官司空》早佚，到汉时以《考工记》代替。

《周礼》所涉及到的内容极为丰富。大至天下九州，天文历象；小至沟洫道路，草木虫鱼。凡邦国建制，政法文教，礼乐兵刑，赋税度支，膳食衣饰，寝庙车马，农商医卜，工艺制作，各种名物、典章、制度，无所不包，堪称为上古文化史之宝库。《周礼》所记载的礼的体系最为系统，既有祭祀、朝觐、封国、巡狩、丧葬等国家大典，也有如用鼎制度、

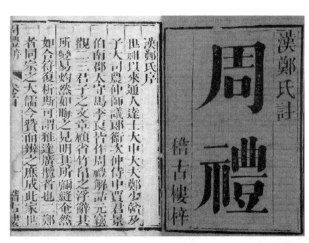

周 礼

乐悬制度、车骑制度、服饰制度、礼玉制度等的具体规制，还有各种礼器的等级、组合、形制、度数的记载。许多制度仅见于此书，因而尤其宝贵。

《周礼》起初并未受到重视。西汉末年王莽摄政，以周公自居，模仿周制，于是本书特受青睐，当作"国典"。王莽亡后，又遭冷遇。直至东汉郑玄作注，才又为人重视。北朝西魏宇文泰执政时，以《周礼》作《唐六典》。北宋王安石以《周礼》作为变法的历史依据。其后虽无人再把《周礼》付诸实践，但一直奉为儒家经典，成为学人必读之书。

《周礼》一书，东汉郑玄撰有《周礼注》，唐朝贾公彦作《周礼正义》，清代孙诒让也撰有《周礼正义》，这些注释对后人研究《周礼》提供了参考资料。

第三章　春秋战国时期

春秋战国（公元前 770—公元前 221 年）时期又称为东周时期。这是中国从奴隶社会过渡到封建社会的大变革时期。这一时期，是中国社会制度转变的时期，战争频繁，诸侯争霸，民族不断融合。

春秋开始于公元前 770 年，以周平王东迁洛邑开始为标志，这一时期是奴隶社会的瓦解时期；战国时期开始于公元前 475 年，是封建社会的形成时期。史学界一般以三家分晋、田氏代齐为春秋和战国的分界线。春秋战国时期"礼崩乐坏，瓦釜雷鸣"，旧制度、旧统治秩序已遭破坏，新制度、新统治秩序尚在确立，新的阶级力量在壮大。隐藏在这一过程中并构成这一社会变革的根源则是以铁器为特征的生产力革命。生产力的发展最终导致各国的变革运动和封建制度的确立，也带来了思想文化的繁荣。

春秋时期，是中国奴隶制的瓦解时期。而战国时期，是中国君主集权制的开始。

第一节　春秋五霸的迭兴

西周时期，周王保持着"天下共主"的权威，可禁止诸侯国之间互相攻击或兼并。平王东迁以后，周王室的地位一落千丈，"天下共主"已徒具虚名，再没有控制诸侯的力量，由此历史也开始了一个列国纷争的大动荡、大分裂时期。同时，社会经济迅速发展，一些被称为蛮夷戎狄的民族在中原文化的影响或民族融合的基础上很快赶了上来。中原各国也因社会经济条件不同，有的强大起来，有的衰落下去。于是，诸侯国互相兼并，大国间争夺霸主的局面出现了。诸侯林立的情况，严重束缚了经济文化的发展；各国的兼并与争霸促成了各个地区的统一。因此，东周时期的社会大动荡，为全国性的统一准备了条件。

一、平王东迁

幽王时，不但朝政腐败，王畿内又发生了空前的天灾。大雷雨使"百川沸腾，山冢崒崩"；外加以剧烈而广阔的地震，地震的范围，包括都城附近的泾、渭、洛三条大水的流域，和周人发祥地的岐山。这些天灾不但给予周人物质上的巨大损害，对他们精神上的威胁之大也不可言喻。此外更有日蚀，象征着祸事的将临。

在朝廷中有七位大臣和幽王的艳妃勾结，紊乱朝政。这艳妃名褒姒，相传她是由周宫中的童妾遭遇怪异而孕生的，从宣王时便有童谣，影射着她为周室带来灭亡的命运。她极得幽王的宠幸，声势渐渐超越王后。王后生太子宜臼，褒姒生子伯服，因而发生夺嫡的纠纷。终致幽王废后及太子而代以褒姒、伯服。太子出奔王后母家的申国（今河南南阳县），幽王欲得太子而杀之，申不与，幽王怒而伐申，后父申侯也起兵反抗，并求助于犬戎。这时的犬戎，可能因周室的衰落，早已进展至镐京的附近。周人在天灾与乱政的双重压迫下，已失去抵御外侮的能力，因此犬戎顺利地攻陷镐京，追杀幽王于骊山（今陕西临潼县东南）之下，大掠而去，这是公元前771年的事。历史上的西周时代，始于灭纣的次年即前1110年，到是年结束，共340年。

当镐京陷落之时，申侯、许公、鲁侯等拥立宜臼于申，是为平王。但从后来鲁国对周室的冷漠态度看来，拥立平王可能不是鲁君的初衷，而是申、许等国假借他的名义行事，用以增重平王的威望的。这时丰镐旧都，都已变成荒野，且是犬戎出没之地。唯有东方的洛邑完整如故，且北面有晋，东面有郑，西面有虢（即西虢，始封君为文王弟虢叔，旧都雍，今陕西宝鸡县东。约在平王前或同时东徙于上阳，今河南陕县东南），做王室的屏蔽。因此平王乃于次年（公元前770

春秋·兽面纹龙流盉

年）定都于洛邑，东周时期于此开始。至于西部地区，则由周室托付给一个护驾功臣，承袭西垂大夫世职的秦襄公，许他若能逐退犬戎，便可领有其地。襄公果然完成了任务，就在那里建立了秦国，于是王畿的西半，不复为王室所有。

平王立后，虢公又立幽王子余臣于携（当在虢附近）。两王并立者21年，后余臣为晋文侯所杀，周室才复归统一。但王室因畿土大削，日见衰微，政治局面渐变为以列国为重心，封建共主的周王从此成了傀儡。

二、大夫兼并

春秋时期，中国南方和北方的少数民族不断对中原发起进攻，对各诸侯国构成了巨大威胁。由于周天子已名存实亡，无法起到组织领导各诸侯国抵御外侵的作用；另外，一些强大的诸侯国为了争夺土地、人口以及对其他国家的支配权，纷纷"挟天子以令诸侯"，开始了春秋时期频繁的争霸战争。

与此同时，春秋时从周王室到各个侯国，君权不强者占大多数。鲁、宋、郑、齐、晋等国的君权日益衰弱，而主宰国家命运的卿大夫为了争权夺利，又不断地展开激烈的兼并斗争。

春秋时期长期的争霸战争，虽然给人民带来了巨大的痛苦和灾难，但也打破了各民族间的隔阂局面，促进了以华夏族为主的民族大融合。为后来统一的多民族国家的形成奠定了基础。

春秋时期，随着井田制的瓦解和土地私有制的产生，在政治上也引起很大变动。这主要是许多诸侯长期陷于争战之中，经济困难，政治权力日益削弱；而且不少卿大夫拥有大量的土地，掌握了强大的政治、军事权力。这些卿大夫在经济上损公济私，在政治上干预朝政，甚至影响操纵君位继承，把国君置于他们的控制之下，直至最后篡夺君位。

1. 郑国

郑国的执政以穆公后人为主。穆公有13子，其中罕、驷、丰、游、印、国、良七家为强族，即所谓的七穆。从春秋中期到晚期，大家你上我下，你来我往，任郑执政者不出这七家。

2. 齐国

齐国在春秋早期由国、高二氏掌握大权，以后又有崔、庆二氏，这四家都是齐的公族。属于异姓贵族者有姬姓的鲍氏和妫姓的田氏。田完本为陈国的公子，后逃到齐，桓公使其为工正。齐庄公时，田氏渐渐得势。景公时，田乞为大夫。田氏为了扩张自己的势力，"其收赋税于民，以小斗受其粟，予民以大斗"，以此来笼络人心，抬高田氏在齐国的声望。景公死后，田氏灭国、高二氏，田乞专齐政。到其子田常时，鲍氏、晏氏也为田氏所除，田氏占有的土地比齐君的封邑还大。到田盘时，田氏的宗族"尽为齐都邑大夫"。田氏在外则和晋通使，成为齐国的实际统治者，齐宣公则有名无实。后田氏废康公（宣公子），代替姜氏而统治齐国。

3. 晋国

晋国从献公时起，不许立公子、公孙为贵族，公子、公孙只好离晋而仕于他国。这就是所谓的"晋无公族"，为春秋时他国所无的现象。排斥公族，导致异姓或国姓中疏远的卿大夫得势。文公、襄公时，狐、赵、先、郤、胥等氏颇有权势，以后又有韩、魏、栾、范、荀氏等强大宗族。春秋中期以后，卿大夫之间兼并激烈。晋国的新兴势力代表是韩、赵、魏、范、中行、智六家，称"六卿"，又称"六将军"。春秋中叶，晋国的大权逐渐为一些新崛起的异姓贵族所掌握，而旧公族势力日弱，仅有栾氏、羊舌氏和祁氏等几家。晋厉公即位后，被栾氏所杀，拥立晋悼公。公元前550年，以范氏为首的新兴势力联合起来，打败栾氏，以后又镇压了祁氏、羊舌氏的叛乱，一部分旧贵族"降在皂隶"，成为奴隶和平民。从此，"六卿"登上了政治舞台。晋六卿进行了封建性的政治改革，各自废除了"步百为亩"的井田制，实行封建的田亩制和地税制。此后，"六卿"内部展开了激烈的斗争，范氏和中行氏联合郑国和齐国，攻伐赵氏。公元前493年，赵鞅为争取胜利，宣布："克敌者，上大夫受县，下大夫受郡，士田十万，庶人工商遂，人臣隶圉免。"意思是说，立了军功的人，无论其地位如何，皆可得到赏赐和改善地位。通过这种方式，发展了封建关系，争取了支持者，打败了范氏和中行氏。智、赵、韩、魏四家共同瓜分了范、中行二氏的地盘，而智氏势力最强，智伯掌握了晋国的国政。公元前453年，韩、赵、魏三家联合攻灭智氏，分别建立了3个封建政权，赵氏占据晋的北部地区，以晋阳（今山西太原）为都城；韩氏占据晋的中部地区，以平阳（今山西临汾）为都城；魏氏占据晋的南部地区，以安邑（今山西夏县）为都城。史称"三家分晋"，晋公室名存实亡。公元前403年，周威烈王正式承认韩、赵、魏为诸侯。公元前377年，韩、赵、魏灭晋侯，三分其地，晋亡。

春秋·竹简书

4. 齐国

在齐国，新兴的地主阶级代表是田氏。田氏本是陈国贵族，春秋初期，陈国发生内乱，公子完奔齐。改姓田，齐桓公命其为"工正"，齐景公时，公室日益腐朽没落，阶级矛盾十分尖锐。这时，陈完的四世孙田桓子已做了齐国大夫，他为取得人民的支持，在向贫苦民众放贷时，用大斗借出，小斗收入，其山海所产树木鱼盐到市场上出卖，价格同产地一样。因此大批民众都逃往田氏门下。公元前490年，齐景公死，国、高两氏立齐景公的儿子荼为君。田乞（田桓子之子）乘机发动武装政变，杀死荼，打败了高氏、国氏、弦氏、晏氏四大贵族，拥立阳生为君，为齐悼公，田乞自立为相。公元前485年，齐悼公被杀，齐简公立。公元前481年，田常（田乞之子）与贵族监止分别担任左、右相。田常继续采取大斗出租小斗收租的办法来笼络平民，实力大增。五月，田常再次发动政变，击败贵族监止的军队，杀齐简公，另立齐平公，内修政治，外结同盟，五年之后，"齐国之政皆归田常"。公元前391年，田常的曾孙田和将国君齐康公放逐到海上，田和成了事实上的齐国国君。公元前386年，田和被周安王封为诸侯，并沿用齐国的国号，史称"田氏代齐"。

5. 鲁国

鲁国在僖公时，由桓公之子季友秉政，其后代称季孙氏，季友之兄庆父、叔牙之后孟孙氏、叔孙氏，这三家皆为桓公之后，故称三桓。僖公以后到春秋末，鲁的政权基本上由三家所把持。襄公时，季孙宿执政，三分公室，鲁君实力被削弱。到昭公时，昭公被逐出鲁国，流浪在外七年而卒。《左传》说："鲁君世从其失，季氏世修其勤。"由于季氏颇得民心，故鲁国出现"民不知君"的现象。但随着三桓势力的过于强

鲁侯鼎

大，三桓的家臣也非同一般。在春秋晚期，南蒯、阳虎、侯犯等先后起来反对季氏和叔孙氏，像阳虎就一度执掌鲁的大权，即所谓的"陪臣执国命"，由此又反映出三家也在走向衰微。

6. 宋国

宋国的卿大夫和鲁一样，以公族子孙为主，如有戴公之后的华、乐、老、皇四家，后来有桓公之后的鱼、荡、鳞、向四家。整个春秋时期，宋国的执政不出于戴、桓两族，其中尤以戴族为多。各大族的倾轧很激烈，到春秋晚期，桓氏势力被铲除，剩下戴族的乐、皇几家。

7. 楚和秦

以上几个国家都因为存在强大的同姓或异姓贵族势力，致使君权削弱，"权去公室，政在家门"。卿大夫为了争权夺利，引起内乱频繁发生。但并非诸侯国皆如此，如楚王的宗族虽强盛，却未形成像鲁、晋那样实力很大并能控制君主的强家，故楚的君权较许多中原国家为强。秦的情况和楚也有某些相像之处。

春秋时期经过连年战争，以及各国新兴地主阶级的夺权斗争，许多诸侯国灭亡了，大部分诸侯国中的新兴地主阶级取得政权，中国逐步进入了封建社会。

三、诸侯争霸

春秋时期，天子衰，诸侯兴，周王室势力衰微，权威不再，已经无法有效控制天下诸侯。一些强大的诸侯国为了争夺天下，开启了激烈的争霸战争，相互之间合纵连横、东征西讨，前后共有数位诸侯依次成霸。"春秋五霸"是春秋时期特定阶段的历史产物，此时的诸侯争霸战争，为之后的战国时期的兼并统一战争做了先期准备。

由于周室王权日趋式微，各诸侯国内则篡弑迭生，外则互相兼并，加上夷蛮、戎狄等族时常侵扰中原，全国局势非常紊乱。一些势力强大的诸侯，不仅想吞并小国，而且想取代天子的地位；但在列国竞争之下，一时无法君临全国，只得称霸诸侯，而为中原诸侯的盟主，并得到周天子的承认。春秋初年，大小诸侯国见于经传者有170多国，但其中会盟、征伐事迹之彰彰可考者，不外齐国、鲁国、楚国、秦国、晋国、宋国、卫国、燕国、陈国、曹国、蔡国、郑国、吴国、越国等十数国。在春秋时期，先后参与争霸的著名诸侯有五个，史称"春秋五霸"。五霸的一般说法，是齐桓公、晋文公、秦穆公、宋襄公、楚庄王。但宋襄公并未能称霸，而秦穆公仅霸西戎。同时争霸的大国还有吴、越两国，于是对"五霸"，其说不一。总而言之，"春秋五霸"并不是势力、地位完全等同的五人。

其一，整个春秋时期基本都是姬姓晋国在替周天子行使王道，晋国在整个春秋历史上维持了百年之久的霸业（公元前632—公元前597年，公元前589—公元前506年），这段时间晋国基本享有领导诸侯之权。在晋文公称霸之后还经历晋襄公接霸、晋景公失霸、最后晋悼公复霸中原。尤其是晋文公玄孙晋悼公政治韬略过于出众，才能、成就、品行都首屈一指，算是晋国霸业的巅峰。

其二，郑、宋、秦、吴、越构建的区域霸权其规模、影响、成就难以与齐桓公、晋文公、晋悼公、楚庄王相提并论。

其三，完成诸侯会盟这一重大称霸标志的有：齐桓公、晋文公、晋襄公、楚庄王、晋悼公、吴王夫差、越王勾践等多个诸侯，远远超过五霸的名额。其中仅晋国就称霸百年，会盟多次，几乎独占五霸名额；而夫差

侯马盟书

最终还被勾践灭国。

平王东迁以后，东周开始，周室开始衰微，只保有天下共主的名义，而无实际的控制能力。

四、权去公室

1. 世族与政治

春秋时各国的统治集团由国君的宗亲或少数异姓贵族所组成。《左传》说："天子建国，诸侯立家，卿置侧室，大夫有贰宗。"从天子到卿大夫都是实行嫡长子继承制，次子则分封。各诸侯国之中，长子继位后，次子或庶子为公子，公子之子为公孙，公子、公孙的家族称公族。由于其贵族身份世代相传，又称之为世族。同姓或异姓贵族都有自己的氏名，并享有封邑和田地。邑或田地的多少、大小，各国不尽相同。如卫国的卿可以拥有百邑，大夫为六十，而晋人以为大国之卿有一旅之田，上大夫有一卒之田。当时官禄与土地是相应的，有官则有土，亦享有禄。拥有大片的田地，是卿大夫在政治上具有强大实力的物质基础。

春秋时期秦国金饰片

卿大夫在其封邑上建立起一套较为完整的统治机构。卿在封邑上修建起号称为都的城堡，有的规模甚至可和国都相比；还设置有治事的内朝和官属。治理都邑的有邑宰。分管其他具体事务的有马正、司马、工师、贾师等官职。贵族还有权诛戮或惩罚有罪的族众或臣僚，为了封邑的安全，一般都设有私人武装的甲卒（或称私属），国君出征时，贵族往往以其甲卒相从。可见在卿大夫都邑中，不仅有农民为贵族提供租税和力役，而且还有军队、法庭和官属。因而这类都邑实际上是侯国的一个缩影。

当时称这种实力强大的卿大夫家族为强家。各国都有若干在侯国统治集团中占据举足轻重地位的强家（公族）。君主如得不到公族的支持，其统治就很难维持下去。但公族势力过于强大，又会削弱公室的力量。特别到春秋晚期，同姓或异姓的强家，其实力越来越大，如晋的郤氏"其富半公室，家半三军"，鲁国的季氏"富于周公"，君主已有名无实。这种"末大必折，尾大不掉"的现象在当时非常普遍，造成权去公室、政在家门的结局。所以不久之后，便出现了三家分晋和田氏代齐。

2. 国人与野人

春秋和西周相似，在王国或侯国之内，分成国、野两个部分。国是都城及其四郊，是君主直接统治的区域；在郊以外到边境为野，或称野鄙，君主把野的一部分分封给卿大夫，由卿大夫去统治。

国中所居者为国人，其中包括士和工、商或其他平民。如齐国把国中分为二十一乡，即士乡十五和工商之乡六。士是贵族中地位最低者，他们世代服兵役，出征时充当甲士；也可以仕进，国家授予他们小块土地以作为俸禄，故《国语》说："士食田。"士在国中属于主体部分，具有重要的政治地位。包括士在内的国人在发生暴乱或政变时，往往成为举足轻重的力量，因此，君主或贵族经常"礼国人"，或是对国人"饩粟"，如他们能赢得国人的支持，将是政权能够巩固的重要保证。

在野鄙中，有大片的井田和一些都邑。如齐在野鄙中设五属，每属之下有十县，每县之下有三乡，乡下有十卒，卒下有十邑，每邑之下有三十家。《周礼》说野中有六遂。"属"或"遂"中的土地划成井田，由农民去耕种，其收成归国家，成为国家财政的主要来源。都、县是贵族的封邑，晋国称封邑为县，鲁国则称为都。卿大夫从封邑所得的收入，其中一小部分要以贡的形式交纳给国君。

野中的居民称野人或庶人、野甿者。春秋前期，野人的社会地位较低下，不服兵役，仅承担交税和服徭役等义务。到春秋晚期，野人也当兵，地位有所改变。但无论何时，野人也仍属具有自由民身份的平民阶层。

第二节　战国七雄的兼并

一、姜齐

西周、春秋时姜姓诸侯国，战国时为田（陈）氏所取代，为七雄之一。

姜齐是周初重臣太公吕望（亦称师尚父）之后所立。吕望为周文王所举用，并从武王伐商，有功。周公平定三监之叛，伐灭商奄、蒲姑（今山东博兴东南），吕望被封于营丘（今山东淄博东北），占有蒲姑旧地，齐立国始于此。

齐的疆域最初在今山东偏北。齐桓公称霸后，领土有所扩大，北至黄可与燕接界；西至济水与卫接界；南至泰山与鲁接界；东至今山东寿光一带，与杞、莱接界。齐灵公灭莱后，领土更扩大到今山东半岛。

西周后期，周夷王听纪侯之谮烹齐哀公，立其弟静为胡公，胡公曾迁都蒲姑。哀公弟山率营丘人杀胡公自立，为献公，献公又将都城迁回营丘，称为临淄。从此，齐的国都一直在临淄。

春秋早期，齐与主要竞争对手鲁国之间经常发生战争。公元前 689 年，齐襄公纪国，扫除东面障碍。公元前 686 年，公孙无知杀襄公自立，公子纠奔鲁，公子小白奔莒。次年，无知被杀。鲁伐齐，欲纳公子纠，而齐高氏、国氏已召小白先入，击败鲁师，立为齐桓公。桓公在位期间，任用管仲为辅佐，实行一系列改革，齐国日益强大。公元前 684 年，齐灭掉西面小国谭，向鲁推进。公元前 681 年，又与宋、陈、蔡、邾会于北杏，南下灭掉逼近鲁的小国遂，迫使鲁与齐言和，盟于柯。次年，齐假王命合陈、曹伐宋，迫使宋国屈服，并与宋、卫、郑会于鄄，又次年，齐与宋、陈、卫、郑复会于鄄，开始称霸诸侯。

春秋中期，齐桓公以"尊王攘夷"为号召，联合中原诸夏，讨伐戎、狄、徐、楚，安定周室。公元前 664 年，齐北伐山戎，救燕；又逐狄，存邢救卫；公元前 656 年，齐合诸侯之师侵蔡伐楚，与楚盟于召陵。此后，齐多次大会诸侯。公元前 651 年，齐会鲁、宋、卫、郑、许、曹于葵丘，周天子赐齐侯胙，齐霸业达到顶峰。公元前 643 年，齐桓公卒，齐从此失去霸主地位，但仍想和晋抗衡。公元前 589 年，齐、晋大战于鞍（今山东济南西北），齐师大败。到灵公、景公时，虽无法胜晋，却依然是仅次于晋的中原强国。

春秋晚期，齐国公室衰落，卿大夫相互兼并。公元前 548 年，崔杼杀齐庄公，立景公，与庆封共同执政。公元前 546 年，庆封灭崔氏之族，崔杼自杀。庆封专齐政。次年，庆舍与栾、高（齐惠公之后）、陈（田）、鲍四族攻庆封，庆封奔吴。齐景公时，陈桓子施惠于民，民归陈氏，陈氏因而强大。公元前 532 年，陈桓子联合鲍氏攻栾氏、高氏（齐惠公之后），栾施、高疆奔鲁。公元前 489 年，景公卒，国氏、高氏（齐文公之后）立晏孺子，次年，陈僖子联合鲍氏攻国氏、高氏，国夏、高张奔鲁，遂杀晏孺子，立公子阳生为齐悼公。悼公在位 4 年，被杀，齐人立悼公子壬为简公，阚止为政。公元前 481 年，陈成子杀阚止，追执简公于舒州，杀简公，立简公弟骜为平公，专齐政。

公元前 386 年，陈成子玄孙太公和被立为诸侯，迁齐康公于海上。公元前 379 年，康公卒，姜齐绝祀。

田齐是妫姓国家，出于陈厉公之子陈完。陈与田古音相近，故古书往往作田。公元前 672 年，陈完入齐，事齐桓公。陈完传五世至陈桓子，陈氏开始强大。以后陈氏逐渐兼并齐国的栾、高（齐惠公之后）和国、高（齐文公之后）以及鲍、阚等族，专齐政。田齐的国都仍在临淄，疆域亦袭姜齐之旧。

田齐立国时，已经进入战国中期。太公和是第一代齐侯。太公和之孙桓公午在国都临淄的稷下置学官，"设大夫之号"，招聚天下贤士。到威王、宣王时，稷下人才济济，成为东方学术文化的中心。齐威王任用邹忌为相，改革政治，齐国遂强大。公元前353年，齐大败魏军于桂陵。公元前341年，齐又大败魏军于马陵。公元前334年，齐威王与魏惠王"会徐州相王"，正式称王。威王晚年，邹忌与将军田忌争政。公元前322年，田忌攻临淄，求邹忌，不胜，逃亡楚国。齐宣王时燕国发生"子之之乱"。公元前314年，在孟轲的劝说下，宣王命匡章率"五都之兵""北地之众"伐燕，5旬克之，一度占领燕国。

齐宣王

战国晚期，齐仍保持着强盛的地位。公元前301年，齐联合韩、魏攻楚，大败楚军于垂沙。公元前298—公元前296年，齐联合韩、魏连年攻秦，入函谷关，迫秦求和。公元前288年，齐、秦并称东、西帝，旋皆放弃帝号。次年，苏秦、李兑合赵、齐、楚、魏、韩攻秦，置于成皋。又次年，齐灭宋。公元前284年，燕以乐毅为上将军，合燕、秦、韩、赵、魏攻齐，攻入临淄，连下70余城。齐城不下者只有莒和即墨。齐湣王逃入莒，被淖齿杀死。王孙贾与莒人杀淖齿，立湣王子法章为齐襄王，莒守。燕引兵东围即墨，即墨大夫战死，城中推举田单为将。双方相持达5年。公元前279年，田单组织反攻，用"火牛阵"大败燕军，收复失地。齐虽复国，但元气大伤，无力再与秦抗衡。公元前221年，秦灭韩、魏、楚、燕、赵后，使将军王贲从燕地南攻占齐国，俘虏齐王建，齐国灭亡。

二、芈楚

先秦芈姓（芈本作嬭）诸侯国，战国七雄之一。亦称荆。芈姓是所谓"祝融八姓"之一，始祖为季连。季连的后世子孙鬻熊为周文王师。古书记载，鬻熊以下楚君皆以熊为氏，但据出土战国晚期的楚国铜器铭文记载，楚君名号皆以酓为氏。鬻熊曾孙熊绎僻处荆山（今湖北南漳、保康一带），跋涉山林，以事周成王，被封以子男之田，居丹阳（今湖北秭归），从此立为国家。

楚的疆域最初主要在今湖北西部山区和江汉平原一带，后逐渐向西溯江而上扩展到今四川东端，向北溯汉水而上扩展到今河南西南的南阳盆地和丹江流域，向南扩展到今湖南北部的洞庭湖平原，向东沿淮水和江水扩展到今河南东南、安徽北部、江西北部和山东南部、江苏、浙江一带。

西周时期，楚对西周保持相对独立，往往叛服无定。周昭王曾两次率师伐楚。一次在昭王十六年（公元前 499 年），周师有较多俘获；一次在十九年（公元前 496 年），周师还济汉水，全军覆没，昭王本人也死在汉水中。这是西周历史上的著名事件。夷王时，王室衰微，熊绎的后代熊渠乘机出兵攻打庸和扬粤（即扬越），至于鄂，分其土，封长子毋康为句亶王，中子挚红为鄂王，少子执疵为越章王。厉王时，熊渠畏周伐楚，去其王号。周宣王时，楚一度内乱。熊严有子 4 人，长子熊霜先立。熊霜卒，三弟争立：仲雪死，叔堪亡濮，而少弟季徇立，是为熊徇。熊徇之孙熊仪为若敖（楚君无谥称敖，冠以葬地名），其庶支称为若敖氏，是后来楚国的显族。

春秋早期，若敖之孙熊眴（蚡冒）开启濮地。熊眴卒，其弟之子熊通杀其子代立，迁都郢（今湖北江陵纪南城）。公元前 740 年，熊通自立为王，是为楚武王。武王多次进攻汉以东的强国随（在今湖北随州）。文王时，楚更为强大，凌江汉间小国，并北上伐灭申（在今河南南阳）、息（在今河南息县）、邓（在今湖北襄樊）等国。

春秋中期，楚成王屡次北上伐郑，引起北方各国的联合干预。公元前 656 年，齐桓公合诸侯之师伐楚，与楚盟于召陵（今湖南郾城东）。齐桓公卒，宋襄公乘机图霸。公元前 638 年，楚败宋于泓（今河南柘城一带）。宋襄公伤股，病创而死，楚势益张。公元前 632 年，晋文公败楚于城濮（山东鄄城西南），楚北上之势暂时受挫。但楚先后灭亡了弦（今河南息县）、黄（今河南潢川）等小国以及楚的同姓国夔（今湖北秭归）。穆王时，楚又先后灭亡江（今河南息县）、六（今安徽六安）两国。庄王时，楚的势力达到顶峰。公元前 606 年，楚伐陆浑戎，观兵周郊，问鼎大小。公元前 597 年，楚大败晋师于邲（今河南郑州西北）。公元前 594 年，楚围宋 5 个月。楚又先后灭亡庸（今湖北竹山）、舒蓼（今安徽舒城）、萧（今江苏徐州）等小国，终于称霸诸侯。共王时，楚的势力有所衰落，公元前 575 年，晋败楚于鄢陵（今河南鄢陵西北）。次年，楚灭舒庸（今安徽舒城）。

春秋晚期，楚长期内乱。共王有子 5 人，子康王先立。康王卒，子郏敖立。康王弟子围、子比、子晳、弃疾争位。子围杀郏敖先立，是为灵王。灵王先后灭亡赖（今湖北随州东北）、陈、蔡。公元前 529 年，弃疾、子比、子晳乘灵王外出，攻入郢都，杀灵王太子禄，立子比为王，子晳为令尹，弃疾为司马。灵王饿死申亥家。后弃疾又杀子比、子皙而自立，为平王。平王暴虐，夺太子建妇，杀伍奢及伍奢子伍尚。伍奢子伍子胥出奔吴。楚昭王时，伍子胥劝说吴王阖闾伐楚。

战国·云雷纹兽首铜鼎

公元前 506 年，吴败楚于柏举（今湖北麻城），五战及郢，攻入楚都。昭王逃入随，使申包胥请救于秦。次年，秦、楚败吴于稷（今河南桐柏），吴引兵去。昭王灭唐（今湖北随州），还归郢，迁都鄀（今湖北宜城东南）。昭王复国后，又灭顿（今河南商水）、胡（今安徽阜阳）等小国。昭王卒，子惠王立。公元前 481 年，平王太子建之子胜，为白公，袭杀令尹子西和司马子期于朝，劫惠王。叶公子高出兵，平定白公之乱，再度灭陈。

战国早期，楚惠王再度灭蔡，占领淮水流域；公元前 431 年，简王北上灭莒（在今山东莒县）。简王卒，声王立，立仅 6 年，"盗"杀声王。声王子悼王晚年任用吴起变法，南收扬越，占领洞庭、苍梧，楚复强大。

战国中期，楚威王败越，占领吴故地，越从此破散。楚怀王时，楚与齐合纵。公元前 318 年，魏、赵、韩、燕、楚等国合纵攻秦，以楚怀王为纵长，不胜而归。秦使张仪入楚，离间齐、楚，许予商（今陕西西安商州区东南）、于（今河南西峡一带）之地 600 里，已而背约不予，楚因伐秦。公元前 312 年，秦败楚于丹阳（今河南西峡一带），取楚汉中。楚反攻，秦又败楚于蓝田（今陕西蓝田）。楚服秦，但仍与齐、韩合纵。公元前 306 年，楚灭越（其后裔退居闽越），设郡江东。

战国晚期，楚背齐合秦。公元前 301 年，齐联合韩、魏攻楚，大败楚于垂沙。次年，秦亦攻楚，取襄城。又次年，楚怀王入秦被执，3 年后死于秦，楚从此一蹶不振。顷襄王时，秦继续攻楚。公元前 278 年，秦将白起破楚拔郢，楚迁都于陈（今河南淮阳）。顷襄王卒，考烈王立，以黄歇（封为春申君）为相。公元前 257 年，黄歇与魏信陵君救赵败秦。次年，楚灭鲁。公元前 253 年，楚迁都巨阳（今安徽太和东南）。公元前 241 年，楚迁都寿春（亦称郢，今安徽寿县西南）。考烈王卒，李园杀黄歇，立幽王。幽王卒，同母弟犹代立为哀王。哀王立仅两月余，为庶兄负刍之徒袭杀，负刍自立为王。公元前 223 年，秦将王翦、蒙武破楚，虏王负刍，楚国灭亡。

三、姬燕

先秦姬姓诸侯国。战国七雄之一。燕本作匽，又称北燕，以区别于姞姓的南燕（今河南延津东北）。周公东征后，周太保召公奭被封于燕，他自己留辅王室，而令其子就封，成为第一代燕侯。

西周、春秋时期，燕的疆域主要包括今北京地区和辽宁西部的大凌河流域，都城在蓟（今北京）。其周围分布着许多戎、狄和貊部族，仅东南与齐邻接，同中原各国来往较少，国力一直不强。

关于西周时期的燕国，史书记载很少，只知当时共有 11 代燕侯，第一至第八代名号不详，最后三代为惠侯、釐侯和顷侯。

春秋时期的燕国，史书记载也较少，《春秋》经传和《国语》都很少提及。《世本》《竹书纪年》和《史记·燕世家》记录了这一时期的燕世系，但彼此龃龉不合。春秋早期，承西周晚期夷狄交侵的局面。燕国常常受到北方山戎的侵扰。据《世本》记载，燕桓侯曾一度把都城南迁到临易（今河北容城）。公元前 664 年，山戎侵燕，齐桓公出兵相救，恢复了燕的疆界及其与中原周王室的联系，阻止了山戎南下。此后（或更早），燕的都城又北迁到蓟。

战国时期，燕在各大国中实力最弱，但在当时的列国兼并战争中也起过重要作用。燕与齐、赵、中山相邻，4 国经常发生冲突，到战国中晚期，争战愈演愈烈。公元前 323 年，燕易王称王。易王卒，子燕王哙即位，其相国子之深受重用。公元前 316 年，燕王哙把王位禅让给子之，又收回秩禄 300 石以上官吏的官玺，让子之重新任命，并由他决断国事，实行政治改革。公元前 314 年，子之行新政三年，将军市被与太子平聚众作乱，围攻子之。子之反攻，杀死市被与太子平。双方激战数月，死伤甚众。在孟轲的劝说下，齐宣王出兵伐燕，50 日将燕攻下。燕王哙死难，子之出亡，被齐擒获而醢其身。

战国·错金银兽首形辕饰

中山也乘机攻占燕的大片土地。各国见齐国无意退兵，打算吞并燕国，遂谋伐齐救燕。公元前 312 年，秦、魏、韩出兵救燕，败齐于濮水之上。次年，赵武灵王召燕公子职于韩，派兵护送其回燕继位，为燕昭王。昭王即位于燕破之后，立志报仇雪耻，卑身厚币招聚天下贤士，得乐毅等人，励精图治，燕从此强大。这一时期，燕国设有两个都城，上都为蓟，下都为武阳（今河北易县东南），但也有一说认为汉良乡县为燕的中都。燕将秦开破东胡后，将领土扩大到辽东，设上谷、渔阳、右北平、辽西、辽东5郡，有今滹沱河以北的河北北部及辽宁之大部。

公元前284年，燕以乐毅为上将军，联合秦、楚、赵、魏、韩5国伐齐，攻入齐都临淄，连下70余城，齐城不下者只有莒和即墨。齐湣王逃入莒，被齐相淖齿杀死。齐人立湣王子法章为齐襄王。燕引兵东围即墨，即墨大夫战死，城中推举田单为将。双方相持长达5年。公元前279年，燕昭王死，惠王即位，惠王猜忌乐毅，改用骑劫为将。田单进行反攻，收复丧失的70余城，燕从此国势不振。到燕王喜时，又屡败于赵。公元前251年，燕派栗腹、庆秦攻赵，为赵将廉颇所败。公元前243年，赵派李牧攻取燕的武遂、方城。次年，燕派剧辛攻赵，又为赵将庞煖所败。公元前236年，庞煖攻取燕的狸、阳城。秦乘燕、赵之间发生大规模战争，也不断攻取三晋之地。公元前228年，秦破赵，房赵王迁，兵临易水，直接威胁到燕国。次年，燕太子丹派荆轲入秦刺杀秦王，没有成功。秦派王翦、辛胜击溃燕、代联军于易水以西。又次年，王翦拔取燕都蓟，燕王喜迁都辽东。公元前222年，秦将王贲攻取辽东，俘房燕王喜，燕国灭亡。

四、姬韩

战国七雄之一。姬姓，出于晋公族。祖先韩武子名万，为晋曲沃桓叔之子，封于韩原（今陕西韩城东北，一说在今晋南），因以韩为氏。公元前588年，晋作六军，武子玄孙献子（名厥）列为晋卿。公元前458年，韩宣子与智氏和赵、魏共灭范氏和中行氏，而尽分其土地。公元前453年，韩康子与赵襄子、魏桓子又共灭智氏，三分晋国。公元前403年，韩景侯与赵烈侯、魏文侯被周天子正式册命为诸侯。

韩的疆域最初在今山西东南部，后逐渐扩大到今河南中部。春秋晚期，韩宣子徙居州（今河南温县东北），韩贞子又徙居平阳（今山西临汾西南）。当时韩的疆域大体在今山西临汾地区及其以东的沁河流域和沁河下游的河南温县一带。战国早、中期，韩武子徙居宜阳（今河南宜阳西）。韩景侯时又迁都阳翟（今河南禹县）。公元前375年，韩哀侯灭郑，将国都迁到郑（今河南新郑），重心遂移到今河南新郑一带和洛阳周围地区。

韩所处地理位置正当所谓"四战之地"的中原地区，东有魏，南有楚，西有秦，北有赵，因受各大国威胁，势力一直未能发展起来。公元前355年，韩昭侯任用申不害为相，实行政治改革，一时"国内以治，诸侯不来侵伐"。

但申不害死后，韩仍不能摆脱困境，来自秦的威胁尤为严重。公元前335—公元前301年，秦曾多次败韩，先后攻取韩的宜阳、鄢、石章、武遂、穰等地。公元前296年，齐、韩、魏联军攻入秦函谷关，秦归还韩河外及武遂。公元前293年，秦大败韩、魏联军于伊阙，后又攻取韩的宛、邓，韩不得不献上武遂之地方200里。公元前286—公元前263年，秦又大败韩，并连续攻取韩的少曲、高平、陉城、南阳。公元前262年，又取韩的野王，切断上党通往韩都新郑的道路，韩上党郡守以郡降赵。次年，秦攻取韩的缑氏、纶。数年后，攻取阳城、负黍。公元前249年，秦灭东周，又取得韩的成皋、荥阳，后全部占领上党郡，并攻取韩的13城。公元前233年，韩派韩非入秦，劝秦存韩伐赵，但不久韩非被迫自杀。公元前230年，秦派内史腾攻韩，虏韩王安，以韩地设颍川郡。韩国遂亡。

五、嬴赵

战国七雄之一。嬴姓，与秦同出于蜚廉之后。祖先造父，为周穆王御，有功，封于赵城（今山西洪洞北），因以赵为氏。赵氏的后代赵夙事晋献公，献公封赵夙于耿（今山西河津南）。赵夙子赵衰（赵成子）事晋文公，徙居原（今河南济源西北）。赵衰的后代赵盾（赵宣子）、赵朔（赵庄子）、赵武（赵文子）、赵鞅（赵简子）皆为晋卿。公元前453年，赵襄子与韩康子、魏桓子三分晋国。公元前403年，赵烈侯与魏文侯、韩景侯被周天子正式册命为诸侯。赵的疆域最初主要在今山西中部。赵简子居晋阳（今山西太原西南），公元前475年，赵襄子灭代，将领土扩大到今山西东北部及河北蔚县一带。公元前425年，赵献子即位，徙居中牟（今河南鹤壁西）。公元前386年，赵敬侯迁都邯郸（今河北邯郸）。其活动中心逐渐移到今河北东南和河南北部。

战国初期，赵经常与韩、魏联合进攻别国，并向北方各少数民族地区（林胡、楼烦、代、中山等）扩展。它首先灭代，后又助魏进攻中山，取得过一些胜利。战国中期，赵与齐、魏争夺卫，连年大战。赵求救于楚，转败为胜。此后不久，被魏灭亡的中山复国。赵又与

战国·鸡骨白兽首双龙令牌

中山战于房子、中人。公元前 354 年，魏围赵都邯郸。次年，齐救赵，败魏于桂陵。公元前 333 年，赵为御北敌修筑长城。其间，中山强大起来，一度围攻赵的鄗地，对赵形成严重威胁。公元前 325 年，赵武灵王即位，他发奋图强，重新开启"胡、翟之乡"。公元前 307 年，赵武灵王与老臣肥义不顾天下之议，实行军事改革，教民"胡服骑射"，图灭中山和北略胡地。是年，赵攻中山到房子，次年，到宁葭，攻略胡地到榆中。又次年，攻取中山的丹丘、华阳等 7 邑，中山献邑求和。公元前 300—公元前 296 年，赵连续进攻中山，中山灭亡。

公元前 299 年，赵武灵王立太子何为王，是为惠文王，令其守国，而自号主父，率军西北攻略胡地。公元前 295 年，公子章与田不礼乘赵主父、惠文王出游沙丘之机发动叛乱。公子成、李兑起 4 邑兵平定叛乱，公子章逃入主父所住沙丘宫。公子成、李兑围沙丘宫，主父饿死。赵惠文王时，赵国实力比较强大。公元前 287 年，苏秦、李兑合赵、齐、楚、魏、韩 5 国攻秦，罢于成皋，秦归还部分赵、魏失地求和。其后，赵还不断进攻齐、魏，取得过一些土地。公元前 273 年，秦大败赵、魏于华阳，史载斩首 15 万。公元前 269 年，赵大败秦于阏与。公元前 260 年，秦、赵激战于长平，秦军大破赵军，史载坑降卒 40 余万，进围赵都邯郸。公元前 257 年，魏信陵君、楚春申君救赵败秦，解除邯郸之围。公元前 251 年，燕派栗腹、卿秦攻赵，为赵将廉颇、乐乘所败。公元前 241 年，赵庞煖率赵、楚、魏、燕、韩 5 国兵攻秦，至蕞。公元前 236 年，赵攻燕，秦乘机攻取赵的阏与、撩阳、邺、安阳等城，后又大举攻赵，遭到顽强抵抗。赵虽两次打败秦军，但兵力耗损殆尽。公元前 228 年，秦将王翦、辛胜破赵，虏赵王迁。赵公子嘉出奔代，自立为代王。公元前 222 年，秦将王贲攻取代，虏代王嘉，赵国灭亡。

六、姬魏

战国七雄之一。姬姓，魏氏，始祖为周文王之子毕公高。公元前 445 年，魏文侯任用李悝实行变法，较早地实行了社会改革，使魏国成为最先强盛的国家。公元前 354 年，魏惠王派大将庞涓率兵进攻赵国。魏军横冲直撞，如入无人之境，很快逼近赵都邯郸。在这形势危急的情况下，赵成侯忙派使者前往齐国求救。齐威王派田忌为主将，孙膑为军帅，出兵救赵。孙膑说：要想解开纷乱的丝线，不能用手强拉硬扯；要劝解两个打架的人，不能直接参加进去打。派兵解围，应出其不意，攻其不备，采取避实击虚的策略，造成敌人的后顾之忧。田忌接受孙膑的意见，领兵杀向魏国都城大梁。庞涓听说大梁吃紧，领兵回救，星夜赶路。孙膑、田忌将齐军埋伏在桂陵（今山东菏泽东北），静等魏军前来决战。魏军长途行军，疲于奔命，人困马乏。双方一经交战，魏军全线崩溃，齐军获得全胜。这就是以"围魏救赵"的战法著名于世的"桂陵之战"。

事隔不久，魏国联合韩国打败齐国，挽回了败局。魏国在中原又成为第一强国。公元前342年，魏国进攻韩国。韩国向齐国求救。齐国仍派田忌、孙膑率军解救韩国。孙膑采取退兵减灶、诱敌深入的战术。齐军佯败后退，第一天留下了10万人做饭的锅灶，第二天减少到5万人的锅灶，第三天减少到3万人的锅灶。庞涓以为齐军逃亡严重，穷追不舍。这时，孙膑在马陵设下埋伏，等庞涓带兵追到马陵，孙膑一声令下，齐军金鼓齐鸣，万箭齐发，大败魏军，庞涓自杀，魏太子申被俘。这就是著名的"马陵之战"。此后，魏惠王和齐威王会盟徐州，双方妥协，均分东方的霸权地位。

后来，魏国逐渐衰弱，齐国和秦国成为东西对峙的两个霸主，进入了齐、秦争强时期。

七、嬴秦

先秦嬴姓诸侯国，战国七雄之一。秦是古代嬴姓部族中的一支，奉祀少皞。嬴姓祖先大费，传为女脩吞玄鸟卵而生，佐禹治水。商代末年，嬴姓中有叫中潏的一支住在西戎之地，其子蜚廉、孙恶来均事商王纣。西周中期，中潏的后代大骆居西犬丘（今甘肃天水西南、礼县东北），生子成与非子。成为嫡子，继承大骆，住在西犬丘。非子为周孝王养马有功，被孝王封于"汧渭之会"（汧、渭二水交会处）的秦（一说在今甘肃清水一带，一说在今陕西宝鸡市境内），从此非子这一支遂以秦为氏。周厉王时，西戎攻灭西犬丘的大骆之族。周宣王即位，以非子曾孙秦仲为大夫，伐戎不胜，死于戎。秦仲于秦庄公始破西戎，收复西犬丘而居之。庄公子襄公护送周平王东迁有功，被平王封为诸侯，秦立国始于此。当时秦的国都在西犬丘，襄公为第一代国君，立国后追称庄公为公。

秦的疆域最初主要在今甘肃东南和陕西西部的渭水流域，后逐渐并灭今陕、甘境内的西戎各部，沿渭水东进，逾黄河和崤函之塞，进攻三晋；逾今陕西商洛地区进攻楚；逾今陕西汉中地区，进入巴蜀，并从巴蜀进攻楚。

春秋早期，周人退出今陕西境内后，秦致力于东略伐戎，收复周故地。公元前762年，秦文公收复"汧渭之会"，又迁都于秦。公元前753年，秦"初有史记事"。公元前750年，秦文公扩地至岐（今陕西扶风、岐山一带），收周余民。公元前 677 年，秦德公迁都雍（今陕西凤翔东南）。

杜虎兵符

春秋中期，秦继续向东扩展。秦穆公利用晋国发生的"骊姬之乱"，曾夺取晋的河西之地。但晋文公即位，晋逐渐恢复强大。公元前 627 年，晋于殽大败秦军，遏制了秦东进的势头。秦遂用由余之谋伐戎，"益国十二，开地千里"，称霸西戎。穆公之后，秦、晋长期争夺河西之地，秦胜少败多，逐渐处于劣势。秦哀公时，晋公室衰落而六卿强大，两国之间的争夺暂时有所缓和。

战国早期，秦长期处于内乱之中，无暇外顾，魏乘机夺取秦的河西之地，迫使秦退守洛水以西。在这种情况下，秦国内矛盾有所缓和，并进行了一系列改革。公元前 409 年，秦简公"令吏初带剑"。次年，"初租禾"。

战国中期，秦献公迁都栎阳（今陕西临潼北渭水北岸）。公元前 384 年，献公下令"止从死"。公元前 378 年，秦"初行为市"。公元前 375 年，秦"为户籍相伍"。公元前 364 年，秦大败魏军于石门。秦孝公即位，下令求贤，商鞅自魏入秦。公元前 356 年，孝公任用商鞅变法，实行什伍连坐之法和民户分立制度，制定按军功大小给予爵位等级的 20 等爵制，奖励耕织，生产多的可免徭役。秦变得更为强大，连续击败魏，并于公元前 350 年迁都咸阳（今陕西咸阳东北），并小邑为 31 县（一说 40 县），又"为田开阡陌"。公元前 348 年，"初为赋"。公元前 338 年，孝公卒，惠文君即位，车裂商鞅。但秦的变法并未废止，国力不断增强。公元前 324 年，惠文君称王改元。在此前后击破东方六国的连横进攻，灭巴、蜀，疆域迅速扩展。

战国晚期，秦更进一步向东扩展，不断取地于韩、魏和楚。公元前 288 年，齐、秦并称东、西帝，旋皆放弃帝号。次年，苏秦、李兑合赵、齐、楚、魏、韩 5 国攻秦，罢于成皋，秦归还部分赵、魏失地求和，东进企图暂时受挫。但其后六国之间矛盾迭起，齐、燕皆一蹶不振。秦乘机继续向东扩展，于公元前 260 年在长平大败强敌赵。公元前 256 年，灭西周。公元前 249 年,灭东周。公元前 247 年，魏信陵君合 5 国兵攻秦，败秦于河外。公元前 241 年，赵庞煖率赵、楚、魏、燕、韩 5 国兵攻秦，但并未扭转秦国强盛、六国衰落的大势。公元前 230 年，秦灭韩。公元前 228 年，秦破赵，俘虏赵王迁，赵公子嘉奔代，自立为代王。公元前 226 年，秦破燕拔蓟，燕王喜迁都辽东。公元前 225 年，秦灭魏。公元前 223 年，秦灭楚。公元前 222 年，秦灭燕、代。公元前 221 年，秦灭齐。至此，列国均被兼并，于是秦王政称始皇帝。

第三节　变法运动

经过春秋时期的连年兼并，到战国时期，100 多个诸侯国只剩下 20 多个，而其中又以齐、楚、燕、韩、赵、魏、秦 7 国最为强大。它们为了能够在兼并战争中占有有利地位；同时由于封建领主经济向地主经济转化，上层建筑也势必调整，因而各国都在国内展开了以政治改革为主的变法运动，以达到富国强兵的目的。

这些变法运动，著名的有魏国的李悝变法、楚国的吴起变法、秦国的商鞅变法、赵国赵武灵王的"军事改国"、韩国的申不害改革、齐国的威王和邹忌的改革、燕国的乐毅改革，其中最有影响的是秦国的商鞅变法。

一、吴起变法

吴起（公元前 440—公元前 381 年），姜姓，吴氏，名起，卫国左氏（今山东曹县）人。战国初期军事家、政治家、改革家，兵家代表人物。

楚国地广人众，能够调集百万大军，在战国七雄中是一支举足轻重的力量。由于政治腐败，经济落后，国力一直萎靡不振。楚悼王继位后，连年遭到魏、赵、韩等国的进攻，不断丧土失地。在极其窘迫的形势下，楚悼王不得不用重礼贿赂秦国，在秦国的帮助下才和魏、赵、韩讲和。

面对这种内外交困的形势，楚悼王很想有一番作为，但苦于缺乏变法图强的真正人才和支持者。正在这时，吴起来到楚国，为楚悼王分析楚国的弊端说，并指出要扭转这种局面，只有"明法审令"，尽快变法革新。对吴起分析的种种弊端，楚悼王深有感触，于是先任命吴起为宛守，防御韩、魏。一年以后，晋升为令尹，主持变法。

变法的主要内容包括："明法审令"，实行法治；减爵禄，进而废除贵族世卿世禄制，凡是封君传至第三代的就收回其爵禄，废除公族中疏远者的特权；精简官职，削减官员的俸禄，整顿吏治；加强军事训练，提高军队战斗力。

吴起推行变法后，在一定程度上起到了富国强兵的作用，加速了楚国封建化的进程，在一定程度上促进了楚国贵族政治向官僚政治的转化。经过变法运动，楚国经济、军事等方面得到一定发展，国力逐渐强盛，尤其是在军事上，主要表现为：向北伐魏救赵，收复了被三晋占领的陈国、蔡国故地，将势力扩展到黄河岸边；向南，平定百越，疆域拓伸至江南，占有洞庭、苍梧之地。当时诸侯各国皆畏服楚国，楚人"兵震天下，威服诸侯"。

然而，变法因从政治上和经济上打击了旧有的贵族，触动了权贵集团的利益，遭到旧贵族的反对，推行起来阻力重重。

公元前381年，楚悼王死去，贵族们群起反攻，吴起伏在悼王的尸体上，诱使贵族的乱箭射中了王尸。按楚法规定，加兵器于王尸者，罪及三族。因此射杀吴起的旧贵族70余家皆被处以诛三族之刑。

二、商鞅变法

春秋战国之际，秦国与中原各国一样，内部产生了一些新的封建因素，不过，秦国的旧势力很强大，贵族侵凌公室，干涉君位，使秦国政权分散，国势日衰。中原各国都看不起秦国，魏国任用吴起为将，曾一举连拔秦国5城，夺去了秦国河西的大片土地。周安王十八年（公元前384年），秦献公即位，力图改变秦国内忧外患的局面，于是采取了迁都、清理户籍、整顿卒伍、废除人殉和开辟市场交易等项措施，使秦国的国势有所好转。

周显王八年（公元前361年），秦孝公即位，下决心改革图强，恢复春秋时代秦穆公的霸业。他采取的一项重要措施，就是广泛地招揽人才，下令求贤。于是，原为卫国贵族子弟的卫鞅，便从魏国来到秦国。

商鞅（公元前390—公元前338年）原是卫国的贵族后裔，姓公孙，叫卫鞅或公孙鞅。入秦后，因变法有功封于商，号商君，史称商鞅。他好刑名之学，是当时著名的法家代表人物之一。

卫鞅入秦，住在孝公的亲信景监家里，并通过他先后三次与秦孝公相见。头两次，卫鞅游说孝公学尧舜禹汤的仁义，行帝王之道。秦孝公听不进去，直打瞌睡，还生气地对景监说，你的客人简直太迂腐了，我怎么能用他呢？卫鞅请求第三次见孝公，以富国图霸之术说孝公，孝公听得津津有味，一连和卫鞅谈了好几天，并决定重用卫鞅，变法图强。

但是变法并不是一件简单的事，从一开始就遭到保守势力的

商　鞅

坚决反对。甘龙认为：圣贤之人不用改变民众的习俗来推行教化，明智的人不改变原来的制度来治理国家，依据原有的制度来治理国家，官吏民众都熟悉，不会引起混乱，如果不按老规矩办事，随意变动旧法，天下的人就要议论。杜挚也反对变法，认为：没有百倍的好处，不必改变旧有的法制；没有10倍的功效，就不必更换原有的规矩。遵守古法不会错，按照传统规矩办事不会差。卫鞅针锋相对，批驳道：三代礼不同而各成王业，五霸法不同也都各成霸业；贤明的人根据形势变更礼俗，不贤之人只能按照旧的规矩行事；恪守老一套的人，不配与他们商讨大事。再说，前代的政教各有不同，该效法哪一代？过去的帝王并不是走同一条路，该仿效哪个帝王？成汤与周武王，他们并没遵循古代的制度，也兴旺发达起来；夏桀和殷纣王，也没有改变旧的制度，却照样灭亡了。卫鞅的观点得到了秦孝公的赞同，使孝公坚定了变法的决心。于是，他任用卫鞅为左庶长，掌握军政大权，开始进行一系列重大改革。

卫鞅变法分为两次。第一次是在周显王十三年（公元前356年）施行的。主要内容是：

（1）编定户籍，实行"连坐"法。全国按照5家为"伍"、10家为"什"编定户籍，互相监督。一家犯法，别家若不告发，则10家连坐，处以腰斩；告发的人赐爵一级，藏匿坏人者，按投敌者论处。旅店不能收留没有官府凭证的人住宿，否则店主连坐。

（2）废除世卿世禄制，实行军功爵。国君亲属没有军功的不能列入宗室的属籍，按照军功大小分为20级，然后按等级不同确定爵位、田宅，奴婢以及车骑、衣服等等的占有，不许僭越；有功就显贵，无功虽有爵也不能尊贵。奖励军功，禁止私斗。规定凡为国家立有军功的，按功劳大小授予爵位和田宅；在战争中杀敌1人，赐爵一级或授予50石俸禄的官；杀敌军官1人，赏爵一级，田1顷，宅地9亩。私斗按情节轻重，受不同的刑罚。

（3）奖励耕织。凡努力从事农业生产，使粮食和布帛超过一般产量的，免除本人的劳役和赋税；凡不安心务农而弃农从事工商业或游手好闲而贫穷的，全家罚做官奴。同时招徕韩、赵、魏无地的农民到秦垦荒，为他们提供方便。鼓励个体小农经济。新法规定：凡是一家有两个以上的成年男子就必须分家，各立户头，否则要加倍交纳赋税。

为了表示推行新法的决心，他还采取立木赏金的办法取信于民。新法公布之后，很多人议论纷纷，旧贵族极为不满，而太子则明知故犯。卫鞅认为：推行新法之所以困难，主要原因在于那些自恃势大位高、以为别人不敢动的大贵族不遵守。于是，卫鞅决定依法处理太子。由于太子是国君的继承人，不能施刑，因而"刑其傅公子虔，黥其师公孙贾"。这样一来，就没有谁再敢不遵守新法了。

新法推行 10 年，成效显著。人民丰衣足食，"勇于公战，怯于私斗"，出现了"道不拾遗，山无盗贼"的大治局面。于是秦孝公提拔卫鞅为"大良造"，总揽军政大权。周显王十九年（公元前 350 年），秦迁都咸阳，卫鞅推行第二次变法。主要内容为：

（1）推行县制。全国统一规划，合并乡村城镇为县，设立 31 县，县设令、丞，由国君直接任免。

（2）废井田，开阡陌。把从前施行的"井田制"那种纵横疆界消除掉，鼓励开辟荒地，承认土地私有，允许买卖土地，按照土地多寡征收赋税。

（3）统一度量衡，即"平斗桶、权衡、丈尺"，方便交换与税收。

（4）焚诗书，禁游说。

（5）制定秦律。

新法的推行使秦国从一个贫穷落后的国家一跃而为战国七雄中最为强盛的国家。秦孝公因卫鞅功著于秦，封给他商地 15 邑，号为商君，所以后人称之为商鞅。但是，商鞅变法遭到旧贵族的疯狂反对。周显王三十一年（公元前 338 年），支持变法的秦孝公死后，旧贵族乘机报复，诬告商鞅谋反。商鞅外逃，途中被抓，旧贵族对他施以车裂的极刑。

商鞅虽然被杀，但他推行的新法并没有全部废止。新法的推行为秦国能够最后消灭六国，统一整个中国，打下了良好的基础。商鞅变法的历史作用是巨大的，从此法家思想在秦国成为占统治地位的思想。当然，法家的严刑峻法以及"焚诗书，禁游说"的高压政策，也在中国历史上留下了深远的影响。

三、赵武灵王变法

周威烈王二十三年（公元前 403 年），韩、魏、赵三家分晋，建立起 3 个封建诸侯国家。当时赵国的疆界东与中山和齐相接，东北与东胡部落和燕相邻，北与林胡、楼烦两部落相交，西南与魏、韩、卫相邻。赵武灵王为赵国第六代国君，是一个有作为的社会改革家和军事家。在他为君期间（公元前 325—公元前 299 年），正处于剧烈的兼并战争时期。

赵国的北部多是胡人部落，这些游牧民族虽然没有与赵国发生大的战争，但小的掠夺冲突是常有的。胡人身穿短衣、长裤，往来迅速，弯弓射箭自如，上下马方便，而赵人穿的衣服，袖长腰肥，领宽摆大，加上烦琐的结扎、笨重的盔甲，行动十分不便。这种情况，同样存在于当时各诸侯国的军队中，且军队的组成又是以长袍大褂的带甲兵士和车兵为主，很少骑兵。赵武灵王有感于此，就准备采用胡人的服装，让军队学习骑马射箭，以利于作战。

周报王八年（公元前307年），赵武灵王召见群臣，商议教百姓胡服骑射一事，许多大臣想不通，认为改变衣着习惯，牵涉到自古以来中原的礼教习俗，不能轻易改变。大臣肥义支持赵武灵王的主张，认为办任何一件事，顾虑太多就不能成功，若要学习胡服骑射，就不必顾忌旧习惯势力的议论，而且自古以来，风俗习惯不是不能改变的，舜、禹就曾向苗、倮等部落学习和改变过习俗，赵武灵王听了肥义的话，坚定了决心，带头穿胡服。

实行胡服首先遭到以王叔公子成为首的一些人的极力反对，赵武灵王亲自到公子成家说服，整整一天的辩论终于使公子成接受了自己的主张，并表示愿意带头胡服。但王族公子赵文、赵造、赵俊和大臣周造等人仍然坚决反对这项改革，指责赵武灵王变更古法，是一大罪过。赵武灵王又与他们展开了一场论辩，用大量的事实说明穿胡服的益处，赵文等人理屈词穷，只好同意穿胡服。这项改革推行到全国，很快得到百姓的拥护。公族赵燕迟迟不改胡服，赵王便准备对他处以极刑以示天下，赵燕吓得连连称罪，立即改穿胡服。

胡服改革成功后，赵武灵王立即组建骑兵，学习骑马射箭，并很快使骑兵成为赵军的主力。

赵武灵王胡服骑射极大地增强了军队的战斗力，使得赵国一跃而为实力雄厚的强国。同时，从胡人那里学习来的这种短衣长裤服装形式，以后就成为汉民族服装形式的一部分，极大地便利了人们的生活与劳动，2000多年一直沿用了下来。

四、燕昭王和乐毅改革

乐毅，生卒年不详，子姓，乐氏，名毅，字永霸。中山灵寿人，战国后期杰出的军事家。魏将乐羊后裔，拜燕上将军，受封昌国君，辅佐燕昭王振兴燕国。

乐毅在受到重用后，便在燕昭王的大力支持下，对燕国的政治经济军事等领域进行了一系列改革，史称乐毅改革，又名燕昭王改革。

其改革的主要措施有：

一是明奉法，审官断，制定法律，严

乐　毅

厉法制，加强对官吏的审查与考核。

二是确定"察能而授官"的用人原则。只将官爵、禄位授予有功、有能的人，以克服"亲亲""贵贵"的用人传统。

三是"循法令，顺庶孽者，施及萌隶"。对于遵守法律的人，包括贫民和奴隶，都依照制度给予奖励，以促使燕民自觉守法，安定社会秩序。

四是在军事上着重进行战法和纪律训练，以便提高燕军的军纪和战斗力。

经过乐毅的一系列改革，燕国逐渐走上了富国强兵之路，为伐齐做好了充分的经济和军事上的准备。

第四节　社会经济与科技发展

一、铁器、牛耕的使用和推广

春秋时期，社会生产力有很大的发展，其主要表现为铁器和牛耕的出现。中国铸造铁器大约开始于西周末年或春秋初年。自春秋时期起，铁制工具开始广泛应用于农业生产领域。随着冶铁业的发展和冶铸技术的突飞猛进，铁器已普及到生活的各个方面。春秋时期，牛耕已经出现。孔子的弟子冉耕的字为伯牛，司马耕的字为子牛，这都是当时出现了牛耕的证明。春秋时期的铁器主要有武器、生活用具和生产工具。生产工具主要是铁农具，种类有锄、铲、镰、耙、镢等。生活用具的铁制品更多，如铁刀、铁斧、铁削、铁锹、铁锛、铁凿等。战国时期，冶铁业发展迅速，各种农具已普遍用铁制造。铁镰、铁锄已成为农民不可离开的必备生产工具。铁农具已能使用于农业生产的各个环节：垦地、翻土、开沟、整地、除草和收获。同一器类的铁农具还有不同的形制。

战国时期的农具绝大多数都是木心铁刃的，即在木器上套了一个铁制的锋刃，这就比过去的木、石农具大大提高了生产效率。从考古看，不论是在山西、陕西，还是河北、河南，或在山东出土的犁铧，均作"V"形刃，后端比较宽阔，前端尖利，并有直棱，有利于减少耕地时的阻力，这是耕作技术的一大进步；铁锸可增加翻土深度；铁耨则可有效地用于除

春秋·龙纹铜方壶

草、松土、复土和培土。此外，这一时期推广的连枷，是一种有效的脱粒农具，为后世所长期沿用。

战国中期以后，铁农具的成型和加工工艺技术都达到相当高的水平，普遍采用白口铁铸件经控制脱碳热处理的方法来制造农具。解决了某些农具既要求有坚硬锋利耐磨的刃口，又要具有韧性的矛盾。铁农具的制造此时也趋于规范化。

铁器、牛耕的使用和推广，大大提高了生产效率，使个体生产逐渐取代大规模的强制性集体耕作，个体小农逐渐成为社会的基本生产单位。新兴地主阶级开始登上历史舞台。

二、春秋战国时期的货币

春秋战国时期，诸侯割据，政制不一，各诸侯国通用本国的货币。那时的货币种类有布、刀、钱、贝等，它们都属于区域性货币。

公元前336年，秦国开始统一铸造铜币，流通于市。铜币形制为无郭圆钱，有"一铢重一两""半两"等，以两为重量单位。"圆钱"与"刀""布"等同于货币，但"圆钱"对后世币制影响很大，并被一直沿用下来。

刀币是由古代的石刀演化发展出来的。刀币的流通地区是齐国、赵国和燕国的部分地区，而以齐国最为典型。齐国专门使用刀币，其刀币形制较大而币头较小。楚国金爰在战国时代大量使用，成为当时

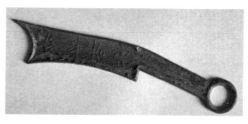
齐国刀币

主要黄金铸币。黄金质量均一，价值稳定，耐久耐磨，又可以任意分割，携带贮藏方便。黄金的单位价值高，比各种铜铸币更适合于高额交易。因此，随着春秋战国时期货币经济的发展，黄金开始成为货币。

三、商业自由发展的时代

春秋战国井田制的瓦解和土地私有制的确立，带动了商业的发展，出现了一些富可敌国的大商人。春秋时期民间商品交换有较大发展，出现了很多以私人资本经商的大商人。

春秋战国时期，商人在社会大变革中所起的作用，甚至不逊色于政治家、军事家和思想家。据司马迁说，齐国的上卿管仲、鲍叔牙在入仕前曾合伙经商，分红的时候，因管仲有母而贫，鲍叔牙主动让利。

辅佐越王勾践打败吴王夫差的范蠡，功成名就后做了商人，"十九年之中，

三致千金"，被人称作"陶朱公"，成为人们顶礼膜拜的财神爷。

孔子的大弟子子贡学成之后改作商人，"意则屡中"，发了大财，经商所至，"国君无不分庭与之抗礼"。孔子之所以能名扬天下，其中也有子贡的帮助。

据《左传》记载，郑国商人弦高巧计骗走秦国军队，使郑国免遭袭击。而郑国的另一个商人则在楚国设法营救晋国的大夫荀莹。

而大商人吕不韦左右秦国政治的史事，更为人所熟知。吕不韦出巨资帮助落魄的秦公子子楚，使其成为秦庄襄王，自己则被封为秦国国相。应该说，在秦国统一六国的历史进程中，作为大商人的吕不韦的活动是不容忽视的。当时土地买卖的出现，很大程度上得力于商人的经营和他们试图使世上一切都商品化的努力。

四、手工业进一步发展

工业分民间的和官府的两种。民间如纺织不过是家庭的一种副业。官府工业则有较大规模，《周礼·考工记》提到的工种有攻木、攻金、攻皮和刮磨、抟埴等项，冶铁业大约出现于春秋末，但很快就获得了较大的发展。

1.青铜工具的普及

春秋战国时代，因礼崩乐坏，使王室之器衰退，诸侯之器兴起，日用器也发达起来。尤其是春秋晚期以来，随着经济生产发展，青铜工具开始增多。此时青铜器物的形制突破了商、西周时的厚重、方板的特点，而代之以轻便、新颖的造型，种类也更多。

由于经济发展，战争频繁，铸钱、铸镜、铜剑等成了重要的铸造门类。这一时期出现的层叠铸造、失蜡法铸造和金属型铸造，使青铜器铸造进一步简化；锻打、钎焊、镂刻、镶嵌、鎏金银，以及淬火回火技术，都得到了较大发展。青铜工具的数量大大增加。

春秋时期开始，青铜农具大量地生产和使用，而且品种繁多。到了战国晚期，青铜礼器的主导地位已被青铜工具所代替。

冶铜业在战国手工业中仍占据颇为重要的地位。湖北大冶的铜绿山，发现一处属于春秋到战国时期的铜矿遗址，矿井深达50米，井下有纵横交错的巷道，为了防止坍塌，巷道中都架设木制的支架。矿工用青铜或铁制的工具开采矿石，用木辘轳作为提取矿石的工具。据今人估计，当时在连续几个世纪中，开采的矿石可达10万吨左右，从这一遗址的情况来看，当时开采铜矿已具有较大的规模，开采技术也较为先进。

铜除了铸造礼器、乐器之外，还要铸作钱币、符节、玺印、量器等物。

社会对铜的需求量很大，故铜器物制造水平仍有提高。据《周礼·考工记》，当时有所谓"钟鼎、斧斤、戈戟、大刃、削杀矢、鉴燧"这样的"六齐"。"齐"指铜、锡的比例。"六齐"即按六类不同器物而定出不同的铜、锡比例。为了更好装饰铜器表面，在铜器表面刻出细槽，再将金、银丝嵌入，形成美观的图案花纹。器物铭文也可采用此法。这就是所谓的错金银，铜器经过这种加工之后，具有更大的艺术魅力。

2. 战国铁兵器

冶铁是一种新兴的金属冶铸业。最初大约始于春秋末，到战国时有了很大的进展。《山海经》中提到"天下出铜之山四百六十七，出铁之山三千六百九十"。在叙述某山的各种资源时，常有"其阳多铜，其阴多铁"的话，反映出人们对铁矿资源情况的了解已很充分。《管子》还说："上有赭者，下有铁"，则当时人已掌握通过辨认矿苗来找矿的方法。

在春秋时期，很少使用铁兵器。但到了战国时期，铁兵器的使用已经非常普遍了。据文献记载，战国时期的铁兵器种类很多，有铁剑、铁甲、铁杖、铁锥等。

在现在已出土的上千件先秦铁器中，绝大部分是战国中晚期的，其中铁兵器占大多数，有矛、戟、剑、刀、镞、匕首、甲胄等。1965年，河北省易县燕下都44号墓出土了铁矛19件、铁戟12件、铁剑15件和铁刀、匕首、胄等。

3. 精致的玉器

从春秋晚期开始，玉器发生了比较明显的变化。玉器上的花纹由简单向繁密的方向发展，并流行隐起的涡纹，器物显得圆润丰满。体现战国玉器高度工艺水平的是战国中、晚期的玉器，其代表作有辉县固围村魏王室墓出土的大玉璜、平山中山国王墓出土的青玉带钩等。魏王室墓出土的大玉璜中有7块美玉、2个鎏金铜兽头，以铜片贯联起来成为一器，呈弧形，全长20.2厘米，玉质温润。色白而泛浅灰，是精美的和田玉。中间一玉微曲似折

越王勾践剑

扇形，上侧琢一回首垂尾卧兽，口部钻有一个小孔，便于穿系，下弧一鼻穿孔，供系玉佩用。此中心玉与其左右的扇面形玉琢有变形蟠虺纹饰，成为龙身，其外两侧为玉龙首，龙首口含鎏金铜虎首，虎首口衔有着卷云饰纹的椭圆形玉，图案匀称饱满，琢工细腻精巧。战国时玉器玉质优良，王侯多使用和田玉，玉质细腻温润，光泽晶莹，青白色较多，偶见白玉。

4. 丝织业

丝麻织物的生产也颇为发达。东方的齐国就以多"文采布帛"而著名当时。一些古墓出土的麻织品中,有很细的麻布,每平方厘米有经线28支,纬线24支。在湖北江陵马山的楚墓中出土一批数量很大的丝织品,保存较好,尤属罕见,其中包括绢、罗、纱、锦等不同品种,以绢的数量为最多。绢每平方厘米有经线50支,纬线30支。最细密的,经线达158支,纬线达70支。绢被染成红、黑、紫、黄、褐等颜色。罗、纱是属于质地稀薄的丝织物。这批织物中最珍贵的锦,是用提花机织出的质地较厚的丝织品,上面有五彩的动物或人物花纹,表明当时已有构造复杂的纺织机,织匠则掌握了难度较高的纺织技巧。出土品中还有不少刺绣。绣的方法分平绣、锁绣两种,绣于罗或绢上,绣出色彩绚丽的龙、凤、虎等图案花纹。从上述遗物看出,战国时丝织品生产方面,无论是纺织、染色或是提花、手绣,都达到较高的技术水平。

5. 民营手工业

民营手工业约开始于春秋末,进入战国后获得很大发展。盐、铁等重要门类中,有不少民营作坊。如魏的猗顿以经营河东池盐而著名,经营冶铁者尤多,如魏的孔氏,赵的卓氏、郭纵,都以冶铁而致富,史称孔氏"家致富数千金",郭纵可以和"王者埒富"。也有经营其他矿产者,如秦的巴寡妇清,其先世就拥有出产丹砂的矿山,故能"擅其利数世"。官府作坊的产品,大部分供直接消费,仅有一部分才拿去出售,而私营则不然,其产品主要是供销售。因而民营手工业的发达,可为市场提供更多的商品,对商业交换的兴盛起到重要作用。

五、都江堰与郑国渠

1. 都江堰

都江堰是中国古代著名的水利工程之一,原名"都安堰",因在古都安县境内而得名。宋、元后改称都江堰,在今四川省西北岷江中游。岷江发源于岷山,水量充沛,水患不断。秦昭襄王时,蜀郡守李冰父子治理岷江,从根本上免除了水灾之患,又开发了航运和灌溉,成都平原从此沃野千里,六畜兴旺。

2. 郑国渠

为了削弱秦国的兵力,韩国特意派出水利专家郑国前来秦国,劝说秦王修建大型水利工程,希望以此分散秦国进攻韩国的精力。一段时间后,秦王发现自己中计,恼羞成怒的他想要立即斩杀郑国。郑国神态自若地说,修凿大型水利工程或许能让韩国苟延残喘几年,但对于秦国来说,无疑是受益百年。

秦王感觉郑国的话很有道理，于是命令郑国继续主持修建水利工程。历经十几年的努力，150千米长的郑国渠最终建成，关中果然因此一跃成为富饶之地。后来，日益发达的农业成为秦王统一中国最为有力的物质保障。

六、《甘石星经》

随着战国时期生产力的不断发展，我国在天文学领域也取得了很大的成就。甘德，又称甘公，战国时期齐国人；石申，又称石申夫或石申父，战国时期魏国人。他们都是取得了卓越成就的天文学家。甘德写有《天文星占》8卷，石申写有《天文》8卷，后人把这两部著作合为一部，称《甘石星经》。

《甘石星经》是我国，也是世界上最早的一部天文学著作，可惜它在宋代以后失传了，今天只能从唐代的天文学书籍《开元占经》里见到它的一些片断摘录。这些片断摘录表明，甘德和石申曾系统地观察了金、木、水、火、土五大行星的运行，发现了五大行星出没的规律；记录了800颗恒星的名字，测定了121颗恒星的方位。后人将甘德和石申测定的恒星记录称为《甘石星表》，这是我国，也是世界上最早的恒星表，比希腊天文学家伊巴谷测编的欧洲第一个恒星表大约早200年。他们当时各自在自己的国家进行天文观测并做了相关记录，直到汉朝，他们两人的著作还是分别刊行，后来的人们才将他们的著作合并。后世许多天文学家在进行天文研究时,都要参考《甘石星经》中的数据，因此，这部著作在我国和世界天文学史上都占有重要地位。

七、神医扁鹊

扁鹊（公元前407—公元前310年），姓秦，名越人，春秋战国时期渤海郡郑（今河北任丘市）人。精通各种治病的方法，春秋战国时期名医，先秦医学的杰出代表。他的妙手回春之术，简直可以和传说中的神医扁鹊媲美，后人就干脆把他叫作扁鹊，秦越人这个本名反而被人们忘却了。

把中药制成丸、散、膏、丹、汤剂等品类，也是他的创造。他是我国中医发展史上一位承前启后的重要医学家，为我国传统中医学的发展奠定了基础，人们把他

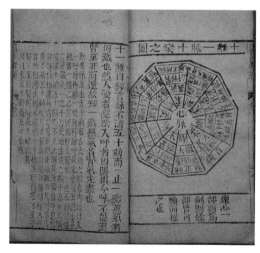

中医古籍《图注八十一难经》

比作传说中黄帝时代的神医扁鹊,后来的中医都尊他为祖师。扁鹊的医学理论,被后人整理成一部医书,名叫《难经》,是中医学的宝贵文献。

八、木匠祖师鲁班

鲁班(公元前507—公元前444年),春秋时期鲁国人,姬姓,公输氏,名班,人称公输盘、公输般、班输,尊称公输子,又称鲁班或者鲁般,惯称"鲁班"。

2500多年来,人们把古代劳动人民的集体创造和发明也都集中到他的身上。因此,有关他的发明和创造的故事,实际上是中国古代劳动人民发明创造的故事,鲁班的名字已经成为古代劳动人民智慧的象征。

鲁班除了发明锯和石磨之外,还有许多发明创造。他曾发明了一系列木工用具,如刨子(刨光木料的工具)、钻(打孔的器具)、铲、凿子、墨斗(木工画线的用具)和曲尺等,以及弹墨线时用的小弯钩——"班母",刨木料时顶住木料的卡口——"班妻"。他制造过一种攻城用的云梯。鲁班还对

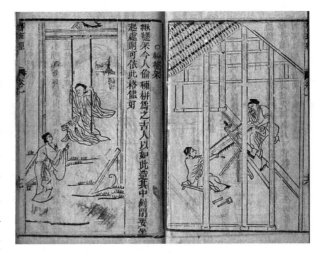

《鲁班书》插图

古代的锁进行了改进,把锁的机关设在里面,只有通过特定的钥匙才能开启,安全性和实用性大大增强。据记载,鲁班曾用竹子做成一只木鸟,它能借助风力飞上高空,三天三夜不落地。这在当时引起很大震动。

在兵器方面,鲁班曾为楚国发明攻城的"云梯"和水战用的钩强。这里还有一个很有趣的故事,根据《墨子·公输篇》记载,鲁班为楚国造了攻城机械,墨子赶去与他斗法,终于制止一场战争。后来,鲁班就不再造兵器,而是潜心于造福人类的发明。

无论是在典籍记载还是在民间传说中,鲁班都是一个勤奋多产的发明家。他不停地发明新的工具,改进旧的工具。他的发明创造大大改善人民的生活,也提高劳动效率,为我国早期的土木建筑发展作出了杰出的贡献。他对人类贡献非常之大,连欧美一些建筑家们也认为:在世界古代建筑史上,鲁班是一位罕见的大师。

第五节　思想文化

一、百家争鸣

百家争鸣是指春秋（公元前770—公元前476年）、战国（公元前475—公元前221年）时期知识分子中不同学派的涌现及各流派争芳斗艳的局面。《汉书·艺文志》将战国主要思想学派分为十家——儒、墨、道、法、阴阳、名、纵横、杂、兵、小说。西汉人刘歆在《七略·诸子略》中将小说家去掉，称为"九流"。"十家九流"就是从这里来的。百家争鸣反映了当时社会激烈和复杂的政治斗争，主要是新兴地主阶级和没落奴隶主之间的阶级斗争。这个时期的文化思想，奠定了整个封建时代文化的基础，对中国古代文化有着非常深刻的影响。

春秋战国的社会动荡、政治分裂为中国最早的知识阶层——士的兴起创造了条件。士人从贵族跌落为庶民，反而得到了思想意识自由发展的广大空间，他们以办"私学"的形式纷纷创立学派，促进了中国学术文化的大发展。

在西周宗法分封制中，士是最下层贵族。士隶属于上一级贵族，行为不自由；经济上可以不劳而"食田"；文化上"士竞于教"，享有受教育的权利，他们身通"六艺"，怀有文韬武略。春秋以前的士"大抵皆有职之人"，既有武士，又有文士。

春秋时期，社会动荡、变革，作为政治结构的宗法制逐渐瓦解，首当其冲的贵族成员显然是处于贵族最底层的"士"，而其中社会地位最为动摇的又是文士。因为当时社会政治动荡的一个主要表现是所谓"礼崩乐坏"。"礼崩乐坏"的直接受害者则必然是那些依附于礼乐制度的文士。他们当中的许多成员在这次历史大动荡中跌入庶民的世界，在失去封土、爵位、职官的窘况下，他们虽不如平民胼手胝足可维持生计，但是可

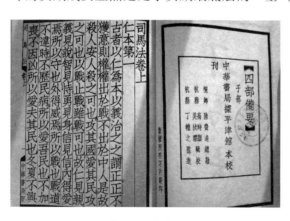

《司马法》书影

以把出卖智力作为新的谋生手段。于是，这些原本在宫廷中专掌典册、身通六艺之士纷纷出走，流落民间；他们所掌握的文化也被传播、普及，把原来集中于周王室和宋、鲁的文化逐渐扩散。在他们的教育下，庶民中又产生出新一代文士，与他们一同构成了一个新的士阶层，他们即中国最早的知识阶层。

西周时代，文化教育为贵族所垄断。无论中央国学还是地方乡学，均由官府开设，而且学校就设在官府中，教育的特点也是"政教合一"，因而叫作"学在官府"，亦称"官学"。

春秋战国时代，官学瓦解，文士从士贵族中分离而游散于民间。官学的衰落，学术文化的下移，使民间逐渐兴起私人教育，出现"私学"。孔子办私学，在他的学生面前既不是贵族，也不是教官，确是真正意义上的教师了。春秋战国时期在私学中，著名的教师几乎都是思想家，他们不拘泥于传统，根据自己的学识、意愿自由安排教育的内容、方式，自由发表对各种自然和社会现象的不同观点，从而形成了儒、墨、道、法、阴阳、名、纵横、杂家各种学派。各学派为了探索客观世界的奥妙，相互竞争，自由论战，以空前的规模和速度，把人们的认识推向新的高度，终于迎来了春秋战国诸子百家争鸣的局面。

春秋时期由于社会经济的发展和科学水平的提高，以及奴隶制的没落、封建制的兴起，引起了社会思想的激烈变化。因而在这一时期，产生了不同的哲学思想和不同的社会理论，并且出现了朴素唯物主义与唯心主义的冲突论争。这时期有代表性的人物包括老子、孔子、孙子等，他们著书立说，为后代留下了宝贵的精神财富。战国时期，封建初始，各种思潮竞相激扬，又涌现了一大批承前启后的大家，如孟子、荀子、墨子、庄子、韩非子等。

春秋战国时期，官学的没落和私学的兴起推动了"诸子蜂起""百家争鸣"的思想大解放。所谓诸子百家之中，最重要的学派有道家、儒家、墨家、法家、阴阳家、名家和杂家。他们掀起了中国历史上空前绝后的广泛思潮。

二、道家始祖老子

老子（生卒年不详），姓李，名耳，字聃，因而人称老聃。楚国苦县（今河南鹿邑县）厉乡曲仁里人（一说为今安徽涡阳人）。曾做过周王室管理藏书的史官，后来隐居不仕，不知所终。我国古代著名的哲学家、思想家，道家学派的创始人。在我国民间，老子被称为太上老君、道德真君，关于他有很多神话传说。

老子一生中最大的成就是开创了道家学派，并为后人留下了一部五千余

老子

言的《老子》。《老子》分《道经》《德经》,合称《道德经》。在此书中,老子详细阐述了他的"无为"思想,认为"为无为,则无不治",对后世产生了深远的影响,汉代黄老之术就是对"无为而治"的直接继承。

老子讲修道德,主张谦让隐忍,认为天地初创时的那种万事无形无名的状态最好。他认为"道"是世界的本源,提出"道生一,一生二,二生三,三生万物"的观点。他写的《道德经》具有朴素的辩证法思想。老子的哲学思想在中国思想史上具有重要地位。

三、圣人孔子

孔子(公元前551—公元前479年),子姓,孔氏,名丘,字仲尼。春秋末期鲁国陬邑(今山东曲阜)人,祖籍宋国栗邑(今河南夏邑)。孔子是中国古代著名思想家、教育家,他开创了私人讲学的风气,倡导仁、义、礼、智、信,是儒家学派创始人。

在中国历史上,孔子是具有划时代意义的人物。孔子曾受业于老子,带领部分弟子周游列国14年,晚年修订"六经",即《诗》《书》《礼》《乐》《易》《春秋》。他以布衣之身闻名于世。他早年为了立足于世,于礼上多下功夫,提出了"克己复礼,仁也"的主张。他开办教育,并抱经世济民之志而游说诸侯各国,以其人格魅力和感召力浇铸了中华民族的品格。相传孔子有门人3000人,高足70人。孔子去世后,其弟子及其再传弟子把孔子及其弟子的言行语录和思想记录下来,整理编成儒家经典《论语》。

孔子建构了完整的"德道"思想体系:在个体层面主张"仁、礼"之德性与德行。德道思想体系是以性善论为基础,以立人极为旨归,以人道与天道、地道相会通,人道中庸又适时之变为方法论的完整思想体系。

孔子的政治思想核心内容是"礼"与"仁",在治国的方略上,他主张"为政以德",用道德和礼教来治理国家是最高尚的治国之道。这种治国方略也叫"德治"或"礼治"。这种方略把德、礼施之于民,严格遵循等级制,把贵族和庶民截然划分为治者与被治者,打破了贵族和庶民间原有的一条重要界限。

孔子的最高政治理想是建立"天下为公"的大同社会。"大同"社会的基本特点是:大道畅行,"天下为公",因而能"选贤与能,讲信修睦","人不独亲其亲,不独子其子,使老有所终,壮有所用,幼有所长,矜寡孤独废疾者皆有所养"。

孔子的经济思想最主要的是重义轻利、"见利思义"的义利观与"富民"思想。这也是儒家经济思想的主要内容，对后世有较大的影响。

孔子一生中有大部分时间是从事传道、授业、解惑的工作。他首创私学，进行授学，打破了"学在官府"的旧制度，突破了王宫贵族对知识的垄断，促进了文化在民间的传播。

孔子提倡"学以致用"，他的教学目的，在于培养为实行"礼治"和"仁政"所需的人才，把"学"与"道"联系起来。孔子提倡"因材施教"，要求学生能举一反三，"知之为知之，不知为不知"，敢于"不耻下问"。

孔子在古代被尊奉为"天纵之圣""天之木铎"，是当时社会上的最博学者之一，被后世统治者尊为孔圣人、至圣、至圣先师、大成至圣文宣王先师、万世师表，其儒家思想对中国和世界都有深远的影响。

四、孟子与荀子的儒家思想

儒学是战国时期的显学。孟子和荀子是战国时期儒家的代表人物。

孟子（约公元前372—公元前289年），名轲，字子舆，战国时期邹国（今山东邹城市）人。伟大的思想家、教育家，是战国时代继孔子之后的又一个儒家大师。他的学说与孔子的思想被后人合称为"孔孟之道"，成为延续封建统治几千年的精神支柱。

孟子主性善之说，认为人的本性是善的，而仁、义、礼、智这四种品质是先天固有的。他要求人们通过存心养性，使这些品质扩而大之，以达到改造客观世界的目的。孟子这种唯心主义理论对后来儒家思想的发展有很大的影响。

在性善论的基础上，孟子又导引出关于仁政的学说。仁政的具体内容包括：一是恢复井田，二是"省刑罚，薄赋敛"，三是行"王道"，即行先王以德行仁的治国方略，反对霸道。

与此相应，孟子提出"民为贵，社稷次之，君为轻"的重民思想。他认为统治者得天下，是"得其民，得其心"，而不是靠武力得天下。

孟子是地主阶级的思想家，他的思想

孟 子

体系是唯心主义的，但是其中有些思想和主张在限制统治阶级过分剥削和压迫人民方面也起过一些作用。有些言论如"富贵不能淫，贫贱不能移，威武不能屈"，也是应当肯定和发扬的。

孟子继承和发挥了孔子的学说，对后世影响很大，孟子被尊为"亚圣"，儒家学说则称为"孔孟之道"。

荀子（公元前313—公元前238年），名况，字卿，战国末赵国人。他的学识异常渊博。他批判各家，又吸取各家之长。他曾在齐的稷下讲过学，并取得稷下首领的地位。荀子是战国末期儒家中最有影响的人物。

道家的自然观被荀子所接受。他把天看作是自然界，"天能生物，不能辨物"，断言天是没有意志的。天有变化和运动的规律，但和人间的治乱并无关系，他说："天行有常，不为尧存，不为桀亡。"至于生产上的歉收和社会上出现动乱，主要是"楛耕伤稼"和封建君主"政险失民"所造成的。道家虽承认天具有物质属性，但觉得人在自然面前是无能为力的。荀子则比道家前进了一大步，他认为人定胜天，提出了"制天命而用之"的著名论点，是古代唯物论中宝贵的思想财富。

荀子主张"礼治"，这是其政治思想的核心，但他的礼治，同孔孟所讲的礼有很大的不同。他主张"礼法兼用"，既隆礼又重法。在"礼"与"法"的关系上，认为礼是用来维护"贵贱有等，长幼有序，贫富轻重，皆有称者"的封建等级制度的，而法是为封建等级制度提供合法的法律依据。"礼"是根本原则，法是具体措施。两者不是对立的，而是相辅相成的。同时，他要求统治者"爱民"，主张"节用以礼，裕民以政"，又进一步论述君主和人民关系为"君者舟也，庶人者水也。水则载舟，水则覆舟"。

荀子提出"法后王"，即注重现实的进步的历史观。在学习上提倡"锲而不舍，金石可镂"的精神，并认为后来者可以居上，"青，取之于蓝，而青（胜）于蓝"，相信一代更比一代强。

五、墨子和墨家思想

墨家的创始人是墨子。墨子（生卒年不详），名翟，战国初期鲁国人。墨家是一个学派，又是一个有严密纪律的团体，其首领是墨子，墨子死后则称"钜子"。墨者多半来自社会下层，不仅学文，而且习武，生活俭朴，崇尚吃苦耐劳。《墨子》一书，是墨子的弟子或再传弟子记述墨子的言行集录。《墨子》内容广博，包括了政治、军事、哲学、伦理、逻辑、科技等方面，是研究墨子及其后学的重要史料。

面对当时的社会实际，墨家提出了尚贤、尚同、节用、节葬、非乐、非命、天志、明鬼、兼爱、非攻 10 种主张。尚贤是要求做到"官无常贵，民无终贱"，就是说出身低贱的人只要有才能，封建君主也应擢用他们，以此来反对贵族的世官制。墨家又提倡节用来反对当时君主和贵族的奢侈无度，以"去无用之费"。又提出非乐、节葬来反对贵族久丧厚葬和对钟鼓之乐的沉溺。墨家竭力宣扬天下"兼相爱则治，交相恶

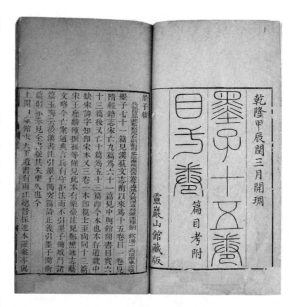

《墨子》书影

则乱"。阶级社会中不可能不分阶级而兼相爱，这只是一种空想。从兼爱的观点出发，墨家提出非攻以反对当时以强欺弱的残酷战争。

墨子另一个重要的贡献是，创立了以几何学、物理学、光学、宇宙学为突出成就的一整套科学理论，被后世誉为"科圣"。墨子还精通手工技艺，可与当时的巧匠公输班相比。墨子几乎熟悉当时各种兵器、机械和工程建筑的制造技术，并有不少创造。

墨家尊天事鬼，相信天有意志，能降祸福于人，认为君主如违背兼爱、非攻或节用、尚贤，就将受到天和鬼神的谴罚，反之，则能受到福佑。墨家想假借迷信作为实现他们政治理想的一种工具，但实际上，天和鬼神对封建主起不到约束的作用，反而为他们提供了欺骗人民的工具。墨家思想代表了小生产者的愿望，既有反对贵族特权的进步思想，又有阶级调和的幻想和对天与鬼的迷信。其改造社会的方案暴露了小生产者在政治上的软弱无力。墨家思想在当时影响很大，与儒学并称"显学"。

六、庄子、列子和道家思想

战国时期道家学派的代表人物是庄子和列子。

庄子（约公元前 369—约公元前 286 年），名周，宋国人。出身于没落贵族，曾做过"漆园吏"，生活困苦，有时以打草鞋为业。他消极避世，隐居从事著述，著有《庄子》一书，共 33 篇。后人把老子和庄子合称"老庄"。

庄　子

庄子认为"道"先于客观事物而存在，是一种超感觉的精神性的东西，是产生世界万物的本源。又认为人通过修养可得"道"，得了"道"，就进入"真人境地"，可以解脱人生的苦恼、烦闷、无聊，以至生死。显然，这是一种主观唯心主义。

把世间事物都看作是相对的，这是庄子哲学的一个特点。他说："天下莫大于秋毫之末，而太山为小；莫寿于殇子，而彭祖为夭。"庄子从不同的角度、标准去衡量事物，那么有时就可以把大小、寿夭颠倒过来。他又说儒墨两家各以对方所是为非，所非为是，最后争辩不出一个结果。在庄子看来，认识事物的客观是非标准是没有的，他在认识论上必然走向相对主义。

相对主义也被运用到人生和处世上。庄子要求人们对于诸如寿夭、生死、祸福等现象不必计较。根据相对主义，人们判断社会政治的是非善恶的标准是没有的。庄子认为讨论尧和桀的是非是没有意义的。所以庄子对待生活的态度是，"依乎天理，因其固然"，要"安时而处顺""知其不可奈何而安之若命，德之至也"。斗争是无必要的，一切都顺从命运、安于现状就可以了。这充分反映了没落阶级的悲观失望的精神状态。但庄子却极端反对富贵利禄，痛恨"窃钩者诛，窃国者为诸侯"的不公平现象。由于老庄思想适应了一部分失意人士的心境，因而对后世也产生了很大的影响。

列子（约公元前450—公元前375年），名寇，又名御寇，亦作圄寇。郑国圃田（今河南省郑州市）人。道家学派的杰出代表人物，著名的思想家、哲学家、文学家、教育家。他创立了先秦哲学学派贵虚学派（列子学），是介于老子与庄子之间道家学派承前启后的重要传承人物。著有《列子》一书，其学说本于黄帝、老子，归同于老、庄，对后世哲学、美学、文学、科技、养生、乐曲、宗教影响非常深远。

《列子》又名《冲虚经》，列子也由此被称为"冲虚真人"。原有20篇，10多万字。经过秦祸，刘向整理《列子》时存者仅为8篇。西汉时仍盛行，西晋遭永嘉之乱，渡江后始残缺，其后经由张湛搜罗整理加以补全。今存《天瑞》《仲尼》《汤问》《杨朱》《说符》《黄帝》《周穆王》《力命》等8篇，其余篇章均已失传。其中寓言故事百余篇，如《黄帝神游》《愚公移山》《夸父追日》《杞人忧天》等，都选自此书，篇篇珠玉，读来妙趣横生，隽永味长，发人深思。

《列子》一书深刻反映了夏末周初交替与春秋战国社会文化生活的各个方面，可以说是一篇恢宏的史诗，当时的哲学、神话、音乐、军事、文化以及世态人情、民俗风习等，在其中都有形象的表现。《列子》保存了神话传说、音乐史、杂技史等众多珍贵的先秦史料，是先秦散文的代表作之一。

列子贵虚尚玄，修道炼成御风之术，能够御风而行，常在春天乘风而游八荒。庄子

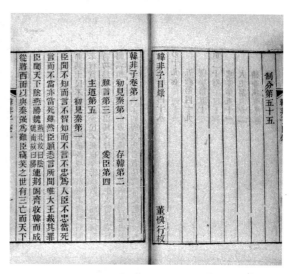

《韩非子》书影

《逍遥游》中描述列子乘风而行的情景"泠然善也，旬有五日而后返"。他驾风行到哪里，哪里就枯木逢春，重现生机。飘然飞行，逍遥自在，其轻松自得，令人羡慕。

七、韩非和法家思想

战国时各地主阶级先后夺取了政权，建立了封建统治，需要与之相适应的统治理论，法家思想应运而生。法家思想主要特征是以法治国，一切断于法，执法上主张赏罚严明，提倡耕战，强化君主专制，主张中央集权等。战国时期法家人物较多，前期法家主要代表是李悝、吴起、商鞅、申不害等人，后期法家的主要代表是韩非、李斯，他们都是荀子的学生。

韩非（约公元前280—公元前233年），战国时期韩国新郑（今河南郑州新郑市）人。先秦法家学说的集大成者，著有《韩非子》一书。

韩非把人类历史看作是发展变化的。他说从上古的有巢氏、燧人氏到夏禹，人的物质生活逐步有所改善。如果有人在夏禹时再去钻木取火，构木为巢，那就势必被鲧、禹所讥笑。同样道理，今天若有人还想颂扬尧、舜、汤、武，那也必定被今天的君主耻笑。所以他认为应该根据今天的实际来制定政策，即所谓"论世之事，因为之备"。他说："上古竞于道德""当今争于气力"，因此仁义只适用于古代，而当今就必须依靠法治。

韩非主张"法治"，首先是加强中央集权，而实行君主专制则是加强中央集权的要害。为此，他认为君主必须掌握"法""术""势"这三种"帝王工

具"。所谓"法"是指君主制定的成文法令;"术"是君主控制臣下的权术,"术者藏之胸中,以偶众端,而潜御群臣者也";"势"是指君主的至高无上的权力。这三者是不可分离的,有"法"无"术",会削弱君主的权力;有"术"无"法",则不能稳定君主的权,但"法"和"术"都必须以"势"为前提,而三者又都是

《孙子兵法》竹简

"以法为本"的。所以他认为法律要向全国公布,臣民必须严格遵守,并强调用严刑峻法来镇压人民的反抗,巩固封建统治。

韩非的中央集权君主专制的政治思想,为秦始皇统一中国,建立专制主义中央集权的封建国家奠定了理论基础。

八、孙武与孙膑的兵家思想

1. 孙武与《孙子兵法》

孙武(约公元前545—约公元前470年),字长卿,孙子是人们对他的尊称。春秋时期齐国乐安(今山东惠民,一说博兴)人,我国古代伟大的军事家和军事谋略家,中国军事谋略的奠基人,被誉为"兵家至圣","东方兵学的鼻祖"。

孙武的主要思想都集中在《孙子兵法》中。全书分为13篇,总结了春秋至战国时期长期战争的经验,揭示了战争的一些规律,具有朴素的唯物主义思想和原始的军事辩证法思想。

"兵者,国之大事,死生之地,存亡之道,不可不察也。"《孙子兵法》继承和发展了前人的军事理论,把政治作为决定战争胜败的首要因素,归纳出战争的原理原则,举凡战前之准备,策略之运用,作战之部署,敌情之研判等,无不详加说明,巨细靡遗,周严完备,具有朴素的唯物辩证思想,2000多年来一直被视为兵家之经典,至今仍具有重大的现实意义。

孙武的战略思想对后世产生了巨大的影响:"世俗所称师旅,皆道《孙子》十三篇",被广泛地应用于战争、政治、外交、经济、科技、体育竞赛等社会生活的各个方面。

2. 人才辈出的兵家

兵家是专门研究军事学说的派别,主要代表人物是孙膑,另外还有吴起、司马穰苴、魏无忌等。孙膑是战国中期齐国人、孙武的后代。齐威王时任军师,著有《孙膑兵法》,后世失传。1972年在山东临沂银雀山汉墓中发现了此书。

已整理出版的《孙膑兵法》，共30篇，11000多字。孙膑主张用战争手段解决统一问题。他强调进攻战略，但又注重战术的灵活，并主张在运动中消灭敌人等。

九、千古传颂"诗三百"

《诗经》是我国第一部诗歌总集，本来只叫《诗》，汉代儒者奉为经典，乃称《诗经》。《诗经》共收入西周初期（公元前11世纪）至春秋中叶（公元前6世纪）500余年间的诗歌305篇，另6篇有目无诗。按照音乐的不同，作品分为风、雅、颂三大类。在这个按音乐关系划分的诗歌世界里，展现了久远的年代里，我们的祖先关于政治风波、春耕秋获、男女情爱的悲欢哀乐。

总之，《诗经》从多方面表现了那个时代丰富多彩的现实生活，反映了各阶层人

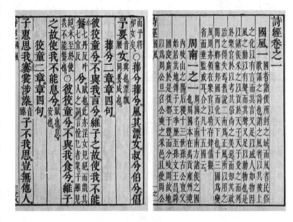

《诗经》书影

民的喜怒哀乐。不管是个人的失意忧伤之情，军中的厌战思乡之情，还是男女之间的甜美恋情，都以"乐而不淫，哀而不伤"为抒情基调，显得节制而婉转，总体上形成了委婉曲折、细致隽永的特点，深刻地影响了中国诗歌以含蓄为美的审美精神。

十、屈原与楚辞

战国后期，在南方的楚地，楚辞的创作大放光彩，成为战国时代诗歌的主流。楚辞是屈原在楚地民歌基础上改造而成的一种新诗体，其名称最早见于汉初，人们用它来称指屈原、宋玉等人的作品以及汉代作家的模仿之作。当时这种文体又简称"辞"，或与赋连称为"辞赋"，由于它以屈原的《离骚》为代表，所以有"骚"之名。

屈原的作品有《离骚》《九章》《九歌》《天问》等。其中最重要的代表作品是《离骚》，全诗370多句，2400余字，是在楚国民间歌谣的基础上创建的一种新诗体。它是屈原在政治上遭受挫折后，对过去和未来的思考，也是他自己这个崇高而痛苦的灵魂的自传。

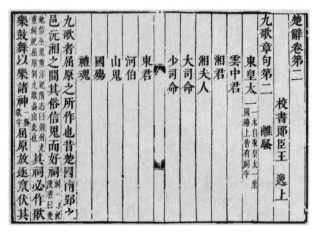

《楚辞》书影

作为一个伟大的诗人，屈原的出现，不仅标志着中国诗歌进入了一个由集体歌唱到个人独创的新时代，而且他所开创的新诗体——楚辞，突破了《诗经》的表现形式，极大地丰富了诗歌的表现力，为中国古代的诗歌创作开辟了一片新天地。

由于受到南方自然山水和楚国巫术文化的影响，楚辞散发出艳丽的色彩。刘勰在《文心雕龙·辨骚》中特别指出了楚辞"艳"的特点，他说："故《骚经》《九章》，朗丽以哀志；《九歌》《九辩》，绮靡以伤情；《远游》《天问》，瑰诡而惠巧；《招魂》《大招》，耀艳而深华。"他认为，楚辞在创造浓艳的风格和奇幻的意象组合方面达到高峰，所谓"惊采绝艳，难于并能"。

在楚辞中，十分重视具体生命的美，对声、色、味的感觉予以充分的重视。在楚辞中香草美人式的比喻俯拾即是。《湘夫人》则展示了一个萧瑟凄清的深秋景象，对自然物的描绘重在烘托出气氛，这被后代称为"千古言秋之祖"。

屈原开创的楚辞，与《诗经》共同构成了中国诗歌乃至整个中国文学的两大源头，对后世文学产生了无穷的影响。屈原去世后，在楚襄王年间，出现了宋玉等一大批楚辞的作者，兴起了具有浪漫主义色彩的文学潮流，是中国纯文学诗歌的第一个高潮。

第四章　秦汉时期

公元前221年，秦王嬴政消灭东方六国，统一天下，结束长期分裂的局面，建立起了中国历史上第一个统一的多民族的中央集权的封建专制王朝——秦朝。秦朝定都咸阳，历经二世，于公元前207年灭亡，仅仅存在15年。随后，中国又陷入了战乱之中。公元前202年，汉王刘邦在垓下击败西楚霸王项羽，创建了前后达400多年的汉朝。400多年间，曾有外戚王莽在公元9年篡汉朝自立新朝。在公元23年，新朝被绿林军所灭。公元25年，汉朝皇族后裔刘秀重新统一天下，定都洛阳，仍旧称汉朝。为了区分，将首都位于长安的、刘邦创建的汉朝称为西汉，将首都位于洛阳的、刘秀创建的汉朝称为东汉。至公元220年，曹魏政权取代汉朝。

秦汉时期历时440余年，秦朝开创的君主专制、中央集权、官僚制度三位一体的封建国家政治体制，经过汉朝进一步完善，成为此后历代王朝承袭的基本模式。秦朝开疆辟土，东到大海，西到陇西，北到长城，南到大海，后经汉朝进一步开拓——先和亲、后军事驱逐匈奴于漠北，使得数百年间再无北方少数民族之患；西辟"丝绸之路"，沟通中国与西方世界的经济文化交流——奠定了中国历代王朝版图的基本轮廓。自此，中国以东方大国的雄姿屹立于世界。秦朝以法家思想治国，到汉武帝时独尊儒术，从此儒家思想成为中国古代社会意识形态的主流。秦汉以来，生活在黄河流域、长江流域等地的华夏族群，经过自身发展和不断融合，形成了以"汉"命名、人数最多的民族共同体。秦汉时期构筑了统一多民族国家的基本格局，形成了"国家统一为顺应潮流，分裂为逆潮流而动"的大一统历史认知。

第一节　秦朝的兴亡与封建统治的确立

秦朝（公元前221—公元前207年），是由战国时代后期的秦国发展起来的统一大帝国。秦朝开国君主秦王政自称始皇帝，从此有了皇帝一词语。国号秦，王室嬴姓，故史书上别称嬴秦，以别于其他国号为秦的政权。

秦朝是中国历史上最显赫的王朝，也是最短命的帝国，从兴迄灭，前后不过15年。秦始皇统一六国，正式称帝在位也只有12年。暴政加腐败，偌大的一个帝国，竟被陈胜、吴广一拳击垮。不过，帝国的短命，并不能减损它在中国历史进程中的地位和作用。从秦国开始，中国历史发生了不可更易的转向，其中最重要的，是集权政治的牢不可破。

一、秦灭六国

公元前230—公元前221年，秦王政先后兼并韩、赵、魏、楚、燕、齐六国，建立了中国历史上第一个多民族的中央集权国家。这一进程主要分为前后两个重要阶段。

前一阶段，即公元前230—公元前225年，主要对距秦较近的三晋之地及疲弱之燕用兵。三晋之中韩最弱，故攻韩一役拉开了秦国大规模兼并战争的序幕。公元前230年，秦派内史腾取韩，俘虏韩王安，韩国灭亡。公元前229年，秦大将王翦等人领兵攻赵，不到一年就大破赵军，克赵都邯郸，俘虏赵王迁，赵亡。赵公子嘉投奔代（今河北蔚县东北），自立为代王。秦国连年用兵，且进展神速，赵亡以后兼并战火更是燃至燕境，这引起了赵国北端之燕的极大恐慌，燕太子丹遂派壮士荆轲以献图之名行刺嬴政，妄图打乱秦国野心勃勃的吞并计划。不料，图穷匕首见，行刺败露，荆轲不仅没有刺及嬴政，反而喋血秦宫。公元前226年，又惊又恼的秦王政派王翦攻燕，破燕都蓟，燕王喜迁都辽东。报完这一箭之仇以后，秦国按照既定计划向三晋余敌魏国用兵。公元前225年，秦派王贲攻魏，围魏都大梁，决水灌大梁城，魏王假降，魏亡。至此，秦军所向披靡，以上四国土崩瓦解。

后一阶段，即公元前225—公元前221年，主要对南方和东方的大国楚国及齐国用兵，并以摧枯拉朽之势歼灭前一阶段遗留余敌。公元前225年，秦将李信年轻气盛，扬言率兵20万即能灭楚，秦王被胜利冲昏头脑，不顾老将王翦等人劝谏，轻率出兵，不克反败。秦王遂改派王翦将 60 万大军攻楚。公元前 224 年，楚举国皆兵，王翦则坚壁清野，任楚人一再挑战，均置之不理。楚军不得战，引而向东，王翦乘机追击，大破楚军，诛杀项燕（一说项燕自杀）。次年，虏楚王负刍，楚遂亡。翦灭强楚，兼并战争大局已定，了无悬念。公元前 222 年，王贲率秦军如秋风扫落叶般先后攻取辽东和代，虏燕王喜和代王嘉，燕、代遂亡。次年，王贲自燕南攻齐。秦兵长驱直入齐都临淄，齐王建降，齐亡。10 年兼并战争就这样谢幕了。

二、千古一帝

公元前 221 年，当秦国的军队在大将王贲的率领下，进入不战而降的齐国都城临淄的时候，在秦国都城咸阳，为庆祝攻灭六国，统一天下的胜利，到处张灯结彩，钟鼓和鸣，呈现出一派节日的景象。还不到 40 岁的秦王政，面对这种景象，满怀信心，雄心勃勃地想继续干一番空前的事业。

秦统一六国之后，六国不少贵族和官僚仍深藏着强烈的反秦意识，韩、赵、魏被灭后，"三晋大夫，皆不使秦"，韩国大贵族官僚出身的张良，其先人"五世相韩"。秦灭韩，张良"悉以家财求客刺秦王"。楚亡以后，楚国大夫不欲就秦的、逃至齐都城南下的就有数百人。在很长时间内，楚国竟还流传着"楚虽三户，亡秦必楚"的谚语。

为了打击原六国贵族的反秦活动，防止和镇压农民的反抗斗争，秦统治者必须尽快建立足以控制全国的封建朝廷，构筑起从朝廷到地方的各级政权机关。当然，总的说来，这个政权仍然是原来秦国的延续，是其统治机构的扩充。但为了适应新的形势发展与变化的需要，秦统治者还是采取了一系列重大的变革措施。

秦王政二十六年（公元前 221 年），秦王政称号皇帝，自称为朕，出命曰制，下令曰诏。

为了表示皇帝的与众不同，又规定了一套制度。例如皇帝的命令叫"制"和"诏"。文字中也不准提到皇帝的名字，叫作"避讳"。以前，大家都能用"朕"来表示自己，现在秦始皇却规定只有皇帝才能称朕，只有皇帝的大印用玉雕刻，叫作玺。另外，还规定了皇帝的服饰制度。这些都是为了显示皇帝的无上权威，表示秦的统治将万

秦始皇

世一系，长治久安。

君尊，臣就须抑，于是又确定臣下给皇帝上书或向皇帝报告事情，要说是"奏"；奏书时要先说是"昧死"。——即昧死而言，因而秦臣就都得在皇帝面前战战兢兢俯首行事了。

对百姓人民，那就得更降低，这样也找到了一个与皇帝日光四射相对应的词——黔首，做人民的称谓。黔表示黧黑，即人民是墨面黑首的人——这也可以说明秦王政是知道人民辛苦墨面憔悴的，又可知道他并不想让人民改变这个样子。

皇帝不仅要有自己专用的称呼，还要有属于自己专用的器物。这些器物的形制和名称，同皇帝本人一样，都是神圣不可侵犯的。最为人所熟知的，是秦始皇将"玉玺"规定为皇帝专用。

除玺印外，服饰也是标志天子权威的重要组成部分。皇帝的服饰，臣民绝对不能穿用，否则便是死罪。

当时的一切制度，包括舆服之制，都是为维护等级的稳定而服务的。

三、封建集权体制的建立

1. 废分封，置郡县

秦始皇二十六年（公元前 221 年）议定皇帝尊号，初建封建朝廷之后不久，秦始皇和公卿大臣们便提出了在全国范围内建立地方行政机构的问题。应该采取什么样的地方统治形式呢？在秦朝君臣中曾发生过著名的分封与郡县之争。

当时，丞相王绾等认为："诸侯初破，燕、齐、荆地远，不为置王，毋以填（镇）之。"为此，他建议承袭西周以来的分封制度，"请立诸子"，以建封国。秦始皇让大臣们共议此事。群臣们以为秦始皇有 20 余子，理应效法周制，封邦建国，以藩皇室，故大都赞同王绾的建议，唯独廷尉李斯不以为然。他指出：自周文王、武王以来，所分封子弟同姓甚多，时间一长，相互间攻击仇雠，纷争不断，周天子不能禁止。今海内赖陛下神灵一统，都应该设为郡县，诸子功臣以公赋税重赏他们，这样也便于治理，且天下人就不会有不同意见，此为安定天下的良方。

李斯的主张，既有对历史的回顾，又有对现实的思虑，还有安置"诸子功臣"，协调统治集团内部关系的筹谋与措施，而且自从郡县制在春秋战国产生以来，许多国家都不同程度地采用过。特别是秦国，早在商鞅变法时，就曾普遍推行县制。以后，陆续增置郡县。如惠文王十年（公元前 328 年），魏纳上郡15县。惠文王二十七年（公元前311年），遣张仪、司马错等灭蜀，遂置蜀郡。昭襄王三十年（公元前277年），秦蜀守若伐楚，取巫郡及江南为黔中郡。至秦始皇13岁继位时，已是每新占领一地区，几乎都要随之设郡。事实上，秦当时已累计置郡10多个。因此，对于李斯的建议，秦始皇当即予以肯定，并指出：天下共苦战斗不休，以有侯王。赖宗庙，天下初定，又复立国，是树兵也，而求其宁息，岂不难哉！廷尉议是。

玉玺

于是秦始皇分天下以为36郡，为：上郡，巴郡，汉中，蜀郡，河东，陇西，北地，南郡，南阳，上党，三川，太原，东郡，云中，雁门，颍川，邯郸，巨鹿，上谷，渔阳，右北平，辽西，砀郡，泗水，薛郡，九江，辽东，代郡，会稽，长沙，齐郡，琅邪，黔中，广阳，陈郡，闽中。

以后，随着边远地区的开拓和郡辖范围的调整，秦又陆续增置了南海、桂林、象郡、九原、东海、常山、济北、胶东、河内、衡山、鄣、庐江等郡。

这些郡完全由中央和皇帝控制，是中央政府辖下的地方行政单位。中央集权的制度从此确立。秦始皇二十八年（公元前219年）的峄山刻石辞说："追念乱世，分土建邦，以开争理"；"乃今皇家，壹家天下，兵不复起"。这说明秦始皇认为废分封行郡县是消除各地兵争所必须的。

2. 改革官制

秦始皇以战国时期秦国官制为基础，把官制加以调整和扩充，建成一套适应统一国家需要的新的政府机构。在这个机构中，中央设丞相、太尉、御史大夫。丞相有左右二员，掌政事。太尉掌军事，不常置。御史大夫是丞相的副贰，掌图籍秘书，监察百官。丞相、太尉、御史大夫以下，是分掌具体政务的诸卿，其中有掌宫殿掖门户的郎中令，掌宫门卫屯兵的卫尉，掌京畿警卫的中尉，掌刑辟的廷尉，掌谷货的治粟内史，掌山海池泽之税和官府手工业制造以供应皇室的少府，掌治宫室的将作少府，掌国内民族事务和外事的典客，掌宗庙礼仪的奉常，掌皇室属籍的宗正，掌舆马的太仆等。丞相、太尉、御史大夫与诸卿议论政务，皇帝作裁决。

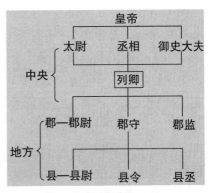

秦朝政府的组织

地方行政机构分郡、县两级。郡设守、尉、监（监御史）。郡守掌治其郡。郡尉辅佐郡守，并典兵事。郡监司监察。县，万户以上者设令，万户以下者设长。县令、长领有丞、尉及其他属员。郡、县主要官吏由中央任免。县以下有乡，乡设三老掌教化，啬夫掌诉讼和赋税，游徼掌治安。乡下有里，是最基层的行政单位。里有里典，后代称里正、里魁，以"豪帅"即强有力者为之。此外还有司治安、禁盗贼的专门机构，叫作亭，亭有长。两亭之间相距大约5千米。

秦始皇首建封建朝廷，实行郡县制，这就建构了从朝廷到地方，从三公诸卿到乡里什伍的一套庞大的、多梯级的统治机构。它恰似一座金字塔，高踞塔尖的是封建皇帝，而压在塔底的则是劳动群众。这座封建政治金字塔的修建，标志着秦皇朝的建立。

3. 户籍制度

早在秦献公十年（公元前375年），秦国就建立了以"告奸"为目的的"户籍相伍"制度。后来商鞅规定，不论男女，出生后都要列名户籍，死后除名；还"令民为什伍"，有罪连坐。秦律载明迁徙者当谒吏转移户籍，叫作"更籍"。秦王政统治时期，户籍制度趋于完备。秦王政十六年（公元前231年）令男子申报年龄，叫作"书年"。据云梦秦简推定，秦制男年15载明户籍，以给公家徭役，叫作"傅籍"。书年、傅籍，是国家征发力役的依据。始皇三十一年（公元前216年）"使黔首自实田"，即令百姓自己申报土地。土地载于户籍，使国家征发租税有了主要依据。户籍中有年纪、土地等项内容，户籍制度也就远远超过"告奸"的需要，成为国家统治人民的一项根本制度。秦置20级爵，以赏军功。国家按人们的爵级赐给田宅，高爵者还可以得到食邑和其他特权。爵级载在户籍，所以户籍也是人们身份的凭证。

4. 军队建设

维持一个大国的统一，还需要强大的军队。秦军以灭六国的余威，驻守全国，南北边塞，是屯兵的重点地区。秦制以铜虎符发兵，虎符剖半，右半由皇帝掌握，左半在领兵者之手，左右合符，才能调动军队。这是保证兵权在皇帝手中的重要制度。秦军是一支前所未有的巨大的震慑力量。近年发掘的秦皇陵侧的兵马俑坑，估计其中两坑有武士俑7000件，战车百乘，战骑百匹。武士俑同真人一样高大，所持武器都是实物而非明器。这种车、步、骑兵混合编组的大型军阵，其规模之大，军容之盛，是秦军强大的表征。

皇权的加强和神化，郡县制的全面推行，体现专制皇权的官僚机构和各种制度的建立，法律的完备和统一，皇帝对军队控制的加强等，这些就是专制主义中央集权制度的主要内容。

四、巩固统一的措施

秦皇朝建立后，为了强化统治，维护封建国家多民族的大一统局面，秦始皇先后采取过许多重要措施。

秦统一后，开始颁布各种措施，统一度量衡和货币以及车轨成为即时可行的策略。

在战国时期，由于诸侯割据，各国度量衡存在较大的差异。秦统一后，以商鞅变法时的度量衡当作标准，全国范围内都统一使用。

战国时期存在着各种各样的货币，秦统一后，首先将六国旧货币全部废除，以圆形方孔钱"秦半两"作为秦的统一货币。还规定"车同轨"，舆宽统一为六尺。

战国时期，各国的文字都存在一定差异，给秦统一后的政令推行以及经济文化交流带来很大困难。因而秦在统一当年，秦始皇就在全国颁布"书同文"，以整理后较为规范的"小篆"作为文字的统一标准，并写成文字范本在全国推行。后来又推出了简化字体"隶书"。隶书的出现，代表着我国文字由古体向今体转化的里程碑。

在秦始皇统一中原之前，列国的车轨没有统一的规定，各地的马车大小就不一样，因此车道也有宽有窄。国家统一了，车辆还要在不同的车道上行走，多不方便。从那时候起，规定车辆上两个轮子的距离一律改为六尺，使车轮的距离相同。这样，全国各地车辆往来就方便了。这叫作"车同轨"。

其后，以都城咸阳为中心，开始修建向全国各地通达的驰道。在向南进攻百越的时候，为了保证前线粮饷供给，打通了沟通湘水和漓水的灵渠（今广西兴安县北，长 33 千米），使长江和珠江两大水系相联在一起。秦统一后，派遣大将蒙恬北击匈奴，对河套地区进行收复，并连接、补修秦、赵、燕三国的旧长城，创建完成了西起临洮、东到辽东的万里长城。而后，秦又进行大规模移民政策：公元前 221 年，秦令全国12 万户富贵之家迁往咸阳，归置于中央直接掌控之下；将百越平定后，在其地设置南海等三郡，并将 50 万内地居民迁往岭南定居；将匈奴击退后，又在河套地区设置九原郡，将中

《秦律》竹简

原 3 万户居民迁往屯垦戍边。

五、焚书坑儒

公元前 213 年，秦始皇在咸阳大宴群臣，博士淳于越指责郡县制，提出分封制的主张。秦始皇将此事交给群臣讨论。丞相李斯以"五帝不相复，三代不相袭，各以治"的例证反驳淳于越，并指责儒生们颂古非今，各尊私学，诽谤朝政，扰乱民心。李斯认为古代天下动乱，无法一统，招致诸侯并起，四海分裂，根源在于各种儒门学说和私学的存在，致使人心不一。他建议秦始皇消灭私学，除《秦记》之外的史书一律烧毁；除秦博士官所藏《诗》《书》百家语等书外，都要将书交到所在郡，由郡守、尉监督烧毁；敢谈论《诗》《书》的斩首弃市，以古非今的灭族；官吏看到、知道而不举报的，同罪；令下后 30 日内不烧毁该烧的书，处黥刑，到边疆修筑长城 4 年；医药、卜筮、种树的书不在烧毁之列；若要学习法令的，以吏为师。秦始皇采纳了李斯建议，下令焚书。一时间，大量文化典籍被付之一炬。

公元前 212 年，方士侯生、卢生因为秦始皇求仙药不得，两人议论讥讽秦始皇"刚愎自用"，又指责他"乐以刑杀为威""贪于权势"，不值得为他求仙药，并相约逃跑。秦始皇得知后，认为卢生等诽谤他，夸大他的过失，而且其他儒生也有妖言惑众之嫌，遂责令御史审问在咸阳的儒生。儒生们互相揭发，牵连出 460 多人。为昭示天下，以儆效尤，460 多人全部被坑杀于咸阳。始皇长子扶苏对此做法有异议，也被令离开都城，去上郡（今陕西榆林东南）监蒙恬军。

六、万里长城

秦始皇在平定南方的同时，在公元前 215 年，派大将蒙恬率领 30 万大军北伐匈奴。很快，蒙恬就收复了河套地区，接着，又率军渡过黄河，追击匈奴。匈奴单于见打不过蒙恬，就带着他的骑兵远远地逃到更北的地方。蒙恬夺回了被匈奴占领的大片土地。

收复那些地区以后，秦始皇在那里设置 30 个县，又重新设了九原郡。公元前 211 年，秦始皇又迁徙内地 3 万户人家到北方边境，充实边疆。这些都有利于边境的开发和民族的融合。

虽然匈奴被赶跑了，但他们还有很强的实力，要是匈奴又来侵犯可怎么办呢？

在战国时期，各个诸侯国为了军事上的需要，都在边境上修建长城。有的诸侯国为了阻挡匈奴的南侵，就在和匈奴交界的地方修筑了长城。例如燕、赵、魏就有这样的长城，秦国也有这样的长城。这些长城的规模都不太大，但在秦统一中国后，还在发挥着抵挡匈奴的作用。

万里长城

想来想去，秦始皇决定重新修筑长城。这一次修筑长城，除了修缮原来的长城以外，在许多地段，还要增修新的长城，工程规模大极了。为此，秦始皇让蒙恬做修筑长城的总指挥，从全国各地征调几十万民工。

公元前213年，终于修筑西起临洮，东至辽东，沿广阔的黄河，依峻峭的阴山，经蒙古高原，蜿蜒曲折长达5000多公里的长城。

万里长城修好后，蒙恬率军30万，屯驻上郡（今陕西榆林东南）10余年，声名赫赫，威震匈奴。"却匈奴七百余里，胡人不敢南下而牧马，士不敢弯弓而报怨。"

在秦代万里长城的基础上，经西汉、北魏、北齐、北周、隋唐、明朝历代增修，形成今天的西起嘉峪关，东至山海关，长11000余里的万里长城。

万里长城，对于抵御匈奴的骚扰，保障内地人民生产和生活的安定，起了重要的作用。从甘肃省岷县和大同县保留下来的长城遗址来看，长城的工程十分浩大。它是世界历史上最伟大的建筑之一和中国历史上七大奇迹之一，充分体现了我国劳动人民的高度智慧和无限的创造力，成为中华文明悠久的象征。

七、残暴统治

强大的秦王朝从建立到灭亡不过十几年，秦朝灭亡的根本原因就在于秦始皇的暴政，这主要体现在赋役和刑罚两方面。

秦始皇时期，征收的赋税十分沉重。秦朝的赋税可分为田税、口赋两种，据汉代董仲舒所言，秦朝赋税"二十倍于古"。

另外，秦朝的徭役更是十分繁重。秦朝规定：一般人民从15岁开始服役，至60岁。一生中须正卒一年，屯戍一年，每年还要更卒一个月。

秦始皇不断大兴土木，在咸阳及别的地方修建宫殿，其中以阿房宫的修

高奴石权

建为最。公元前212年，秦始皇仍感到已有的宫殿太小，于是决定修建阿房宫。根据原定设计，阿房宫规模庞大，东西500步，南北50丈，宫中可容纳万人，其宫殿之高，可以将高5丈的旗杆竖于其中。在南山上的山峰之顶还建筑了门阙，这是建在宫殿之前的建筑物。另外，还要修建复道。所以后来唐代诗人杜牧在其《阿房宫赋》中对阿房宫的规模作了较详细的描绘："蜀山兀，阿房出。覆压三百余里，隔离天日。骊山北构而西折，直走咸阳，二川溶溶，流入宫墙，五步一楼，十步一阁；廊腰缦回，檐牙高啄；各抱地势，钩心斗角。"阿房宫设计之初欲作为秦始皇举行朝会、庆典、议决国家大事的场所，其整体布局自然要体现其身为皇帝的尊贵。但因工程规模浩大，加之秦二世而亡，工期短促，阿房宫终未竣工。

秦始皇不仅活着要享尽人间富贵，而且死后仍要穷奢极欲，为自己在骊山修建了规模宏大的陵墓。在他即位之初，就开始为自己修墓。统一六国后，更役使数十万人继续营造，其陵高为120多米，周长2167米，陵下则"穿三泉，下铜而致椁，宫观百官奇器珍怪徙藏满之。令匠作弩矢，有所穿近者辄射之。以水银为百川江河大海，机相灌输，上具天文，下具地理。以人鱼膏为烛，度不灭者久之"。除陵墓主体外，还有许多作为陪葬的工程。兵马俑和铜赤马的出土即可作为明证。至今已发掘了三个秦兵马俑坑，出土的兵俑与真人大小差不多，造型生动、神态逼真，被联合国教科文组织确定为世界第八大奇迹。

据统计，秦朝人口约有2000万，每年服徭役的就达200多万人，由此可见秦朝徭役之重。

秦始皇统一六国后，山东六国的贵族与百姓，特别是原来六国的旧贵族，反秦情绪尤为强烈。为了巩固自己的统治，秦始皇采用严厉的镇压手法，实行严峻的刑罚。其名目繁多，可分为死刑、肉刑、徒刑、连坐等12种，并且秦朝法律规定，各种刑罚可以重用、单用、合用。

秦朝的种种刑罚，主要是针对农民和奴隶的，对农民和奴隶往往是轻罪重处。例如，服役的刑徒在生产中若稍稍损坏器具，就会遭到很重的鞭笞。总之，秦始皇称帝后，秦朝的法律更为严苛了。

八、秦末农民战争

秦二世胡亥元年（公元前209年）七月，从江苏蕲县前往渔阳戍边的戍卒陈胜、吴广等900余人，行至大泽乡（今安徽省宿州市埇桥区下辖镇），恰遇暴雨，实在无法前行，耽搁了行程，在严酷的法律面前，只好选择了揭竿而起。大泽乡起义爆发后，迅速形成了燎原之势。攻下陈县（河南淮阳）之后，在大家拥戴下，陈胜自立为王，国号"张楚"。这是中国历史上第一个农民政权。张楚政权打出了"伐无道，诛暴秦"的口号，鼓舞了全国的反抗斗争。"王侯将相宁有种乎"，更是使广大人民参加到起义队伍之中。于是，在全国范围内，人民纷纷参加起义，此时，项梁、项羽也起义于吴县，刘邦则起义于沛县，其余"数千人为聚者，不可胜数"。农民军以陈县为起义中心，向秦王朝发动总攻。当时兵分三路，目标是秦王朝的国都咸阳：一路由吴广率领进攻荥阳，以便打通去咸阳的大道；一路由宋留率领，迂回南阳，攻武关；另一路由周文率领，进攻关中，直取咸阳。给秦以沉重打击。

陈胜、吴广之后，继续领导农民进行反秦斗争的是项羽和刘邦。项梁、项羽叔侄出身于楚国旧贵族，同年九月，项梁、项羽二人响应起义。陈婴、英布、蒲将军归附项梁，起义军的队伍迅速扩大。刘邦、吕臣、萧何、曹参等在沛县起义，不久也归附项羽。

九、秦朝的覆亡

秦二世三年（公元前207年），秦二世在赵高的逼迫下自杀。

在这一年，章邯降楚之后，秦王朝的灭亡就在眼前。到八月时，刘邦攻克武关。赵高怕二世问罪，称病不朝。而私下里又与他的女婿咸阳令阎乐、弟弟郎中令赵成谋划，要杀死二世。于是，由赵成做内应，阎乐以搜捕盗贼为名，率兵进入二世居住的望夷宫。杀死卫令、郎、宦官等数十人，并用箭射二世的帏幄。二世大怒，高呼左右，但无人应答。死前，他曾向阎乐央求，能否见赵高一面，说说为什么，被阎乐拒绝；二世又请求，情愿放弃帝位，做个郡王或万户侯，也被拒绝；最后，二世只要求和妻子做个黔首（平民），还是被拒绝了。阎乐说："我受丞相之命杀你，你的话虽多我却不敢回报。"随即驱兵攻向二世，二世无奈，只得自杀。

汉王刘邦元年（公元前206年）十月，刘邦军至灞上（今陕西西安市东），形成兵临咸阳的局面。秦王子婴用白马素车，封好皇帝的印玺符节，在咸阳东南轵道（今西安东北）旁向刘邦投降。短命的秦王朝结束了自己的统治，宣告覆亡。

古代征战图

在秦军围攻巨鹿时，楚怀王与项羽、刘邦约定，谁先入关中灭秦，谁为"关中王"。在项羽救巨鹿时，刘邦奉命西击秦。刘邦的军队开始人数不多，但刘邦利用了当时秦军主力被牵制在河北的有利形势，在进军途中不断收集散于各地的义军，发展壮大自己的势力，又对秦军避实击虚。经过一年的迂回进军，于汉王刘邦二年（公元前205年）八月，攻入武关。打开了进军关中的门户。刘邦攻下武关时，章邯已在巨鹿投降。关东地区的反秦斗争，烈焰如火如荼。它表示着秦王朝的统治末日即将来临。

而这时，秦统治集团的内部矛盾却进一步表面化了。子婴上台后，秦王朝面临顷刻瓦解的厄运。子婴积极调动兵马，在峣关（今陕西西安商州区西北）设防，企图阻止刘邦军向咸阳逼近。刘邦用张良计，设疑兵，威胁秦军，又以重宝引诱守将投降，乘其不备，大破秦军，攻克扼守咸阳的要塞——峣关。接着在蓝田一战中又打得秦军一败涂地。待到刘邦军至灞上，继承王位刚刚46天的子婴只好投降。秦帝国宣告灭亡。

第二节　西汉的兴亡与阶级矛盾的激化

西汉时期（公元前202—公元25年）的最初的几代统治者实行"与民休息"的政策，人民丰衣足食，安居乐业。西汉时期，社会经济稳步发展，农业、手工业及商业领域均取得明显进步。在征讨匈奴的同时，张骞出使西域，扩大了对外交往，丝绸之路随之产生。而以"昭君出塞"为标志，汉廷与周边民族的关系也在继续得到发展。西汉时期，儒学获得了独尊地位；司马迁在史学上做出杰出贡献；文学、艺术和科学技术领域成就辉煌灿烂，影响深远。此时，佛教开始传入中国。西汉后期，豪强地主和官僚贵族疯狂兼并土地，阶级矛盾十分尖锐，社会危机日益加深。公元9年，外戚王莽代汉称帝，国号"新"。西汉王朝结束。地皇四年（公元23年），新朝灭亡。

一、刘邦立汉

在农民起义军的打击下，秦朝统治很快便被推翻，项羽成了各路起义军的霸主，他自称西楚霸王，分别把各路起义军领袖封为王侯，刘邦被封为汉王，住在汉中，管辖范围相当于今天的四川一带。刘邦不甘心住在这么偏远的地方，便接受了韩信的计策，一面慢吞吞地修理从西川出来的栈道，麻痹项羽的注意力；一面从陈仓（在今陕西省宝鸡市东）突然出兵，向项羽发动进攻，楚汉战争就这样发生了。

在楚汉战争中，刘邦一开始总是打败仗，好几次差点把性命都弄丢了，好在刘邦任用一大批像张良、萧何、韩信这样杰出的文武人才，后方稳固、兵力

刘邦

充足，终于反败为胜，最后，在垓下（今安徽省灵璧县南）围住了项羽的军队，用四面楚歌的计策（让军士们唱楚国的民歌，项羽的士兵都是楚国人，听到家乡的歌声，纷纷想家，失去了斗志）打败项羽，最后取得了战争的胜利。

楚汉战争结束，刘邦当上了皇帝。

在刘邦当皇帝的这一段时间里，他听从自己的大臣萧何、张良、陈平等人的计谋，采用"无为而治""与民休息"的政策，对老百姓减轻税收，鼓励他们从事农业生产，在灾荒的年成里有时还免除农民的税收，农民的生产积极性得到进一步提高。同时，刘邦还大规模地裁减军队，让大部分士兵复员回家，又解放了许多奴隶，恢复他们自由人的身份，让他们参加生产，自食其力。

在国防上，刘邦对边境各国尽量不发动战争，并与匈奴结为儿女亲家，安定了边境，也就省下了大量的军队和为军队提供吃用财物的人力、财力，国家的经济发展也步入一个良性的发展时期。

刘邦的儿子刘恒当了皇帝后，追封刘邦为高祖，因此，历史上便称刘邦为汉高祖。

二、休养生息

中原在经历了秦朝末年的苛政、四年楚汉战争之后，人口大减，国力衰微。汉朝建立之初，刘邦想坐四匹马拉的车出行，居然找不到四匹同一个颜色的马。而朝廷大臣外出，也只能乘坐牛车。刘邦从白登山逃到曲逆（今河北顺平）时，曾赞扬曲逆城市的繁华，说它可以和洛阳媲美，因为这座城市竟然有 5000 户人家！曲逆在秦朝时可是一个 3 万户的城市，如今沦落至此，还被刘邦夸赞，可见当时的国家状况是何等凄凉。

为了让人们能够休养生息，西汉实行了较低的税收政策和较轻的徭役，让人们能够安心劳作，大力发展农业生产。萧何制定的一切法规，都是以黄老学说为指导的清静无为、与民休息的措施。所谓黄老学说，就是黄帝之学，老子之说。萧何认为，要使天下长治久安，就必须减轻刑法。

刘盈继位后不久萧何就逝世了，曹参接替他的官位，一切都依照萧何所定的规章行事，没有丝毫变更，凡向他建议改进的人，他就请那人喝酒，直到喝得酩酊大醉，不能开口才罢。

汉惠帝刘盈对此很不解，不免有些埋怨曹参。曹参于是问刘盈："你的才能，比你父亲如何？"刘盈说："不如。"曹参又问："我的才能，比萧何如何？"刘盈说："似乎也不如。"曹参说："这就对了，他们两位定下的法令规章，我们这些不如他们的人，岂可自求表现，随意变更？"刘盈听后便没话说了。

平息了吕氏一族后，刘恒继位，史称汉文帝。刘恒的妻子窦皇后信奉道家学说，刘恒受妻子的影响，也喜欢黄老学说。刘恒在位期间，废掉了割鼻断足的酷刑，对 80 岁以上的老人都有赏赐，还经常免除全国的田赋。刘恒最宠爱慎夫人，但他却禁止慎夫人穿流行的拖地样式的衣服，原因就是这种衣服所费布料较多。

后来，刘恒的儿子刘启继位，即汉景帝，依然由母亲窦太后主持国政，继续追求维持现状的安定。

三、文景之治

惠帝、吕后时期（公元前 194—公元前 180 年），无为思想在政治上起着显著作用。丞相曹参沿袭萧何辅佐汉高祖的成规，所谓"萧规曹随"，举事无所变更。在这 15 年中，很少兴动大役。惠帝时几次发农民修筑长安城，每次为期不过一月，而且都在冬闲的时候进行。惠帝四年（公元前 191 年）又"省法令妨吏民者，除挟书律"，吕后元年（公元前 187 年）"除三族罪、妖言令"。

边境戍卒一岁一更的制度，也在这时重新确定了。

文帝、景帝统治时期（公元前179—公元前141年），继续"与民休息"，社会经济逐渐发展，史称"文景之治"。

文帝十三年（公元前167年），文帝下诏全免田租；景帝元年（公元前156年）复收田租之半，即三十税一，并成为汉朝定制。文

汉代龙纹瓦当

帝时，丁男徭役减为"三年而一事"，算赋也由每年120钱减为40钱。长期减免田租徭赋，对地主有利，但也促进了广泛存在的自耕农民阶层的发展。西汉初年"大侯不过万家，小者五六百户"；到了文景之世，"流民既归，户口亦息，列侯大者至三四万户，小国自倍，富厚如之"。户口繁衍生息的迅速，就是自耕农民阶层得到发展的具体说明。

农业的发展，使粮价大大降低。商业也日益活跃起来。汉文帝十二年（公元前168年）又取消过关用传制度，有利于行旅来往和商品流通。文帝弛山泽之禁，促进了盐铁业的发展，对农民的副业生产，也有一些好处。

随着粮价的降落和商业的活跃，致使大商人势力膨胀，囤积居奇，侵蚀农民，使广大农民破产流亡。文帝、景帝都曾重申商人不得为吏的禁令，企图限制商人的发展。为了提高谷价，缓和谷贱伤农的现象，文帝接受晁错"入粟拜爵"的建议，准许富人（主要是商人）买粟输边，按所输多少授予爵位。输粟达600石者爵上造，达4000石者爵五大夫，达12000石者爵大庶长。晁错又建议，入粟拜爵办法实行后，边境积粟足以支5年，可令入粟者输于郡县，使郡县也有积粟；边境和郡县都已充实，就可以免除天下田租。入粟拜爵办法的实行，使农民的处境暂时有所改善。

文、景二帝大力提倡节俭。在文帝统治的23年中，"宫室、苑囿、车骑、服饰无所增益"。皇帝尚节俭，对地主、商人中正在兴起的侈靡之风，多少会起一些制约作用。此外，文景时期，对待匈奴和周边少数民族尽量避免诉诸武力，以和为贵；对强敌匈奴仍采取"和亲"政策。

文、景时期，在法律方面也有一些改革。文帝废除了汉律中沿袭秦律而来的收孥相坐律令，缩小了农民奴隶化的范围。文帝、景帝又相继废除了黥、劓等刑，减轻了笞刑。这个时期许多官吏断狱从轻，不求细苛，所以有"刑

罚大省，至于断狱四百，有刑错之风"之说。

文、景时期的"与民休息"政策，对恢复和发展生产起了一定的作用。据史书记载，那时国家无事，非遇水旱灾害，则人们人给家足，都市乡间粮仓都满，新谷压旧谷，府库余钱多不胜数，由于长期存放，穿钱的绳子都烂了。一般的乡间街巷都有好马，那时人们出门参加聚会，骑母马的人会受到耻笑。一个强盛而富庶的西汉帝国在亚洲大陆出现了。

可以说，这是中国封建社会的第一个盛世，它和后来的"贞观之治""康乾盛世"一样，由于政治清明、社会安定、经济发展而被历来史家所称道。

四、七国之乱

从汉高祖刘邦开始，将自己的子侄们分封在全国各地为王，他们在军事和政治上享有很大的权力，以为这样汉朝的天下就能长治久安了，这些王爷们只要不犯大罪，王位就可一代代地传下去。每换一个皇帝上台，就要封几个诸侯王，到汉景帝当皇帝时，已经封了 28 个诸侯王。

这些分散在全国各地的诸侯王们，各人有各人的领地，在自己这一片领地上，他们就像皇帝一样发号施令，没人有权过问。日子一长，他们任意妄为。有的不断扩大自己的领土，有的自己开采铜矿铸钱，有的甚至想当皇帝。

御史大夫晁错是个很有眼光的人，他觉得，诸侯王的势力如果不给以有效的控制，让他们发展下去，将会对国家不利，便向景帝上书，分析诸侯王的功劳与过错，建议把他们的领地收回一部分，削弱他们的势力，势力小了，

汉景帝

即使发生动乱，也可以把损失降至最低。汉景帝早就看出诸侯王的势力太大，想采取措施加以控制，便同意晁错的建议，委托晁错具体办理。

晁错先从楚王刘戊下手，说他不遵守孝道，在太后去世期间还饮酒作乐，应该杀头，但可从轻发落，削掉部分领地，景帝将楚王的东海郡收回。晁错又将赵王刘遂、胶西王刘卬分别削去一部分封地，还准备再削吴王刘濞的封地时，发生了动乱。

吴王刘濞听说楚王、赵王、胶西王都被削了封地，心想很快就要轮到自己了，不如借这个机会造反，也许还能进一步地

扩大自己的地盘。

刘濞做好准备，果然听说要来剥夺自己的封地，心中大怒，立即要发兵造反，但又怕自己的力量太单薄，便给20多个诸侯王分别发出通知，说奸臣晁错当权，要对我们刘家的天下不利，我们乘机起兵，逼皇上杀死晁错。

吴王的通知一发出，早就窝了一肚子的火、已经被削去了封地的赵王、楚王、胶西王全力表示响应，胶东王、菑川王、济南王也发兵响应，七个王侯约好了时间，一同举兵，先向最近的梁王刘武发动进攻，打出了诛灭晁错的旗号，矛头直指长安，这就是西汉史上著名的"七国之乱"。

吴王刘濞有个丞相名叫袁盎，他和晁错有仇，便通过窦婴的关系向汉景帝建议："七国发兵，目的是要杀了晁错，收回削地命令，这就是我们最终目的。"汉景帝本来已派周亚夫领兵去平定叛乱了，听袁盎这么一说，心想："既然杀了晁错就能罢战，何乐而不为呢？"袁盎还向汉景帝表示，只要杀了晁错，自己保证能去劝吴王等人收兵。汉景帝便派人秘密地杀了晁错，然后派袁盎作使者，劝吴王、楚王等收兵。

袁盎带着皇帝的使节，来到吴王刘濞军前，对吴王说："晁错已被杀死了，皇帝也不再坚持剥夺诸侯王的封地了，请你们快退兵吧！"吴王刘濞大笑："我早就想当皇帝了，不乘这个机会下手，还等什么？你当我真的只想杀一个晁错吗？"不但不同意退兵，还把袁盎关了起来。汉景帝了解了详情后，一面后悔不该杀了晁错，一面命令周亚夫赶快出兵。

周亚夫到了荥阳后，会齐各路人马，在各个要道处布置了军马，挡住吴王和楚王的大军，不让他们前进，却又不和他们决战，双方对峙起来。过了几天，周亚夫命令自己的主力大军向后退出三天的路程。吴王和楚王见周亚夫大军向后撤退，以为周亚夫害怕了，便放松了警惕，连忙通知其他几个诸侯王奋力前进，自己和楚王率军紧追在周亚夫的军队后面。

周亚夫命令军士们驻扎下来，教军士们关紧营门，不和敌人决战；如果敌人进攻，就用弓箭将他射回。吴王的军队急得不得了，冲了好几回大营，都被弓箭射住，牺牲了很多士兵的性命。

在和敌人相持的时候，周亚夫又派出两

晁 错

支精兵，绕到敌人后面，把吴、楚两军的粮草全部抢了过来，能运走的运走，运不走的就地烧毁。吴楚大兵几十万，一天没粮就急得嗷嗷叫，不几天便军粮断绝，吴王父子两人悄悄地逃走了，军士们四处逃窜，周亚夫乘机发动进攻，楚王兵败自杀，吴王逃到东越，被东越王诱杀。

吴王、楚王一死，其他各小王侯纷纷投降。不到三个月，"七国之乱"便被周亚夫平定下去了。

五、罢黜百家，独尊儒术

汉初经过 70 年左右的休养生息，统治已经巩固，社会经济有了新的发展，无为而治的思想，已不能适应地主阶级的要求。主张加强君主集权、实现大一统的儒家思想便起而代之。于是，汉武帝接受董仲舒的建议，"罢黜百家，独尊儒术"，即用经过董仲舒改造过的儒学思想，作为统治思想。

汉武帝之所以要用董仲舒的儒家思想作为统治工具，首先是董仲舒非常强调"大一统"，这种思想适合政治上大一统的需要，可以作为加强中央统一集权制的理论根据。其次是由于董仲舒的儒家思想吸取了道、法、阴阳五行等学说。

董仲舒还特别强调法治，把儒法两家糅合为一体，既主张"以教化为大务"，又主张"正法度之宜"，这种统治思想一直为历代封建统治者所奉行。自从汉武帝确定"独尊儒术"以后，儒学成了封建统治阶级的正统思想。

六、雄才大略汉武帝

公元前 140 年，汉武帝继承皇位后，为了加强中央集权，进一步采取了一系列措施，继续对地方势力予以痛击。

公元前 127 年，汉武帝采纳中大夫主父偃的提议，颁发"推恩令"。规定诸侯王的继承王位者只能是其嫡长子，其他孩子只能在王国范围内分到封地，作为侯国。

为了加强中央集权，加强皇威，汉武帝开始对丞相权力采取一系列限制措施。如此一来，在朝官中又分为"中朝"和外朝。由尚书、中书以及侍中等组合而成的"中朝"成为实际意义上的决策单元，而以丞相为首的外朝官员，日益成为执行普通政务的场所了。中外朝的建立，彰显出皇权的高度集中。

汉武帝还颁发了一整套新的任用官吏制度，用来扩大皇权的统治基础。汉武帝建立的新官吏选拔制度包括三点：第一点是察举制。汉武帝时期，曾作出明文规定，凡丞相、列侯、刺史、守、相等选举出的人才，经过重重考核，就可授之以相应官职。不久又规定按照人口数量，依照比例选举，取消资产限制。这样使察举制日益得到完善。第二点是"征召"制。征召那些饱学之士而又不肯在朝廷为官的人，这类人交由汉武帝亲自召见，确认其有大才能，就会授予其官职。与此同时，还与"公车上书"之制相配合，天下间的吏民都有权利上书言事，如果有过人之处，就会按照其擅长的方面，授其以官职。第三点是博士弟子考试成绩突出者，也可入朝为官。

汉武帝

汉武帝在公元前124年采纳公孙弘的建议，规定五经博士弟子，每年参加统一考试，只要是能精通一部经史以上的人，就可以替补文学掌故的官缺，成绩优异的人可以授予其郎官的职位。

汉武帝在广开仕途的同时，又为强化军队和法律而采取一系列措施。并派遣大军深入沙漠，击败匈奴。

汉武帝在公元前113年颁发禁止郡国铸钱的指令，将全国各地私自铸造的钱币全部运到京师进行销毁，中央掌管铸币大权。并为此成立专门的铸币机构，铸币机构交由水衡都尉的属官钟官、辨铜以及技巧这三官负责铸造五铢钱。这次新铸的五铢钱(也叫上林钱或三官钱)，重量如同其名称，新钱质量颇高，方便在市面上流通，因而五铢钱成为汉武帝时期唯一合法的货币。

汉武帝根据大商人孔仅与东郭咸阳的提议，决定将往常由私人垄断的冶铁、煮盐以及酿酒等重要工商业收归国家进行垄断经营，在全国盛产盐铁的地方设立盐铁专卖署，并把当地的大盐铁商封为专门掌管盐、铁的官，分别管理煮盐、制造铁器以及买卖盐铁等事务。

汉武帝时期又推行了均输平准政策。汉武帝在公元前110年之际根据大农令桑弘羊的提议，在全国推行均输平准政策。所谓均输，意思就是说调剂运输；平准就是指平衡物价。推行盐铁官营和均输平准政策后，老百姓不用增加赋税而国家有足够的钱粮。

为了确保政府的财政收入，汉武帝在公元前119年特意颁布了算缗与告缗的命令。

汉武帝在所有封建皇帝中，称得上是一位具有雄才大略的人，在他的大一统思想下，专制主义中央集权得到空前加强，西汉统治达到鼎盛时期。

七、西汉末年阶级矛盾的尖锐化

元帝时，西汉社会险象丛生。农民由于受乡部胥吏无端勒索，尽管由政府赐给土地，也不得不贱卖从商，实在穷困已极，就只有起为"盗贼"。元帝为了怀柔关东豪强，消除他们对西汉王朝的"动摇之心"，甚至把汉初以来迁徙关东豪强充实关中陵寝地区的制度也放弃了。儒生京房曾问元帝当今是不是治世，元帝无可奈何地回答："亦极乱耳，尚何道！"

成帝时，西汉王朝走上了崩溃的道路。成帝大兴徭役，加重赋敛。假民公田的事不再见于记载。外戚王氏逐步控制了西汉政权，帝舅王凤、王商、王音、王根等兄弟4人和王凤弟王曼之子王莽相继为大司马、大将军，王氏封侯者前后共达9人，朝廷中重要官吏和许多刺史、郡守，都出于王氏门下。外戚贪贿掠夺最为惊人。红阳侯王立在南郡占垦草田至几百顷，连贫民开辟的熟田也在占夺之列。王立把这些土地高价卖给国家，得到的报偿超过时价1万万钱。外戚在元帝时势力还不很大，资产千万者不多，他们后来家财成亿，膏田满野，宅第拟于帝王，都是在成、哀帝的短期内暴敛的结果。其他的官僚也依恃权势，大占良田，丞相张禹买田至400顷，都有泾渭渠道灌溉，地价极贵。土地以外，他们的其他财物也极多。哀帝宠臣董贤得赐田2000余顷，贤死后家财被斥卖，得钱竟达43万万之巨。

商人的势力，这时又大为抬头。长安、洛阳等地多有资财数千万的大商人。成都大商人罗裒垄断巴蜀盐井之利，还厚赂外戚王根、幸臣淳于长，依仗他们的势力，在各郡国大放高利贷，没有人敢于拖欠。

成帝即位不久，今山东、河南、四川等地相继爆发了农民和铁官徒的暴动。建始四年（公元前29年），有东郡茌平（今山东茌平）侯毋辟领导的暴动。

阳朔三年（公元前22年），有颍川（今河南禹县）铁官徒申屠圣等的暴动。鸿嘉三年（公元前18年），有自称"山君"的广汉（今四川金堂）郑躬所领导的暴动。永始三年（公元前14年），有尉氏（今河南尉氏县）儒生樊并等和山阳（今山东金乡）铁官徒苏令等的暴动，苏令暴动经历19郡国，诛杀长吏，夺取库兵，声势最为浩大。

哀帝时，西汉王朝的危机更加严重。师丹建议限田、限奴婢。孔光、何武等人拟定

"汉并天下"瓦当

了一个办法，规定诸王、列侯以至吏民占田以 30 顷为限；占奴婢则诸王最多不超过 200 人，列侯、公主 100 人，以下至吏民 30 人；商人不得占田，不得为吏。这个办法受到当权的外戚官僚们的反对，被搁置起来了。

农民处境如当时的鲍宣所说，"有七亡而无一得""有七死而无一生"。哀帝采纳阴阳灾异论者的主张，企图用"再受命"的办法来解脱西汉统治的危机。他自己改称"陈圣刘太平皇帝"，改元"太初元将"。这充分暴露了西汉统治者空虚绝望的心情。

八、王莽代汉改制

汉哀帝去世后，西汉王朝统治面对前所未有的危机，外戚出身的王莽，企图趁机夺取皇权。王莽原本为元帝皇后王政君的侄子。成帝时期，王政君的兄弟王凤、王商、王音以及王根 4 人相继为西汉王朝的大司马、大将军，王氏一门竟有 9 人封侯拜将，朝中主要官吏几乎都出于王氏门下。王家势力日益显赫，为王莽夺取西汉政权奠定了政治基础。成帝时，达官贵族普遍骄奢淫逸，而王莽却反其道而行之，只见他散尽家财，赡养上千儒生。王莽在公元前 8 年担任大司马大将军，有过一年多的辅政经历。汉哀帝继承皇位后，王莽逐渐失势。

公元前 1 年，汉哀帝去世，王莽再次继任大司马大将军，并兼任领尚书事职位，将西汉政权牢牢地掌控在自己的手里。王莽掌权后，一方面排斥异己，另一方面又积极采取各种笼络人心的举措。如此一来，王莽就在地主官僚的共同拥护下，由"安汉公"向"假皇帝"时期过渡，最终在公元 9 年，王莽自立为帝，改国号为新。

王莽当上皇帝后，为了使尖锐的阶级矛盾得到缓和，于是下发诏令，进行改制。改制的主要内容包括：一是实行"王田""私属"制度。这是为了更好地解决长期存在的土地与奴婢问题，王莽决定根据井田制度规定：将天下田命名为王田，私人没权利买卖；男丁八口以下的家庭占据田地超过一井（900 亩）者，就必须将余田分给自己的宗族邻里乡党；原本没有田地的百姓，按照制度获取田地，就是说一夫一妇受田百亩；奴婢作为私人归属，不得买卖。二是王莽下令实施五均、赊贷以及六筦制度。三是王莽进行了三次币制改

王 莽

革。四是王莽下令实施统一度量衡制度，将标准的度量衡器昭告天下，令各个郡国遵照执行。值得一提的是，东汉之后各代多承袭新莽度量衡制。

除此以外，王莽对中央与地方的官名、官制、郡县地名、行政区划，也数次加以改变，甚至连新朝的国号也变更多次。

九、绿林、赤眉起义

王莽建立了新朝以后，他对社会秩序进行了大刀阔斧的改革，摆脱社会危机，下令实行改制，即通过恢复古代的井田制度，禁止奴隶买卖来发展生产。王莽规定：全国的土地改为"王田"，私人家的奴隶改为"私属"，一律不准买卖。一夫一妻可以分得100亩田，一个男子不足8口的家庭不准超过900亩（900亩就是一井），多出来的田必须拿出来公分。王莽还规定：粮食、布帛、税收全部归国家控制，铸钱、盐、铁、造酒等行业一律归政府经营。表面上这些改革很有利，可实际上只是把大量的财富全部抢到了皇家手里，土地也全部被大贵族们占去了，老百姓仍然没有土地，这样的"改革"结果只是使老百姓更加穷苦，在这样的情况下，终于爆发了全国性的农民大起义。

公元18年，山东琅邪（今山东诸城）人樊崇在莒县（今山东莒县）发动了农民起义，起义军以泰山为立足点，不到一年的时间就发展到数万人。起义军提出了"杀人者死，伤人者偿伤"的口号（杀人偿命、伤人赔偿治伤），号召力很强，势力很快遍布了几个省。这股起义军推樊崇为最高首领，作战的时候，都把眉毛涂成红色，所以被称为"赤眉军"。

当赤眉军节节胜利的时候，青、徐二州牧田况给王莽上了一封书信，信中把天下大乱的责任归在朝廷官员身上，建议说："要想平定叛乱，必须认真选拔好地方长官，让地方官们好好地安顿受灾的老百姓，把老百姓集中到大城内，多积粮草，固守城池，起义兵攻不下城，粮草又不能正常供应，自然要退，那时候对起义军镇压也行，招降也行。否则，光发兵镇压，只会给老百姓增加负担，老百姓觉得官府还不如起义兵，情况就非常严重了！"王莽看了这封书信，心里很不高兴，不但不依，反而把田况从山东调回长安，另外派人去代替。

公元21年，王莽派太师王匡和更始将军廉丹去镇压樊崇的起义军，这些官府军队

王莽货布

沿途烧杀抢劫，而赤眉军却纪律严明，老百姓很喜欢赤眉军，当时有几句歌谣说："宁逢赤眉，莫逢太师（王匡）；太师尚可，更始（廉丹）杀我。"在梁郡（今河南商丘）一带，赤眉军和王匡、廉丹的十几万大军展开激战，廉丹战死，王匡逃走，十几万大军全部覆没，赤眉军势如破竹，取得一个又一个胜利。

和赤眉军同时发动起义的，还有长江中游北部的以王匡、王凤为首领的起义军，这支起义军以绿林山（今湖北京山县北大洪山）为根据地，所以历史上称他们为绿林军。绿林军的发展也很快，不久就壮大到近万人。王莽派大司马费兴到荆州去镇压绿林军，临行时，王莽问费兴准备采取什么办法平定叛乱，费兴说："那一带的老百姓本来是靠捕鱼种地过日子的，我们的改制夺去了他们的生路，他们是逼不得已才造反的，我准备让他们回家种田、打鱼，借钱给他们买牛、买地、减轻税收，他们就会安定下来。"王莽认为费兴是在讽刺自己，立即罢了他的官，另派别人去镇压绿林军。

公元22年，绿林山一带传染病流行，绿林军分两路进行转移，一路出王常、成丹率领，向西前进，称作"下江兵"；一路由王匡、王凤、马武率领，向北前进，称为"新市兵"。当新市兵前进到平林（今湖北随县东北）时，又有陈牧的起义军几千人响应，这支队伍被称作"平林兵"，绿林军的势力与日俱增。

在绿林军不断壮大时，原来西汉的一些皇族成员也加入了农民起义兵，刘玄加入了平林兵，刘縯、刘秀在舂陵（今湖北枣阳市东南）起兵反对王莽，号称"舂陵兵"，并且加入了绿林军中，和新市兵、平林兵联合作战，势不可当，军队发展迅速，很快发展到10万多人。公元23年，绿林军在清阳（在今河南南阳市南部）推选刘玄当了皇帝，年号为更始，历史上又称刘玄为更始帝。

王莽听说刘玄当了皇帝，赶紧召集了几十万大军去镇压绿林军。绿林军在昆阳（今河南叶县）和王莽军队经过一场激烈的战斗，以少胜多，打败了王莽的40多万军队。又乘胜前进，攻下长安，王莽被起义军乱刀砍死，只存在了十几年的新朝就灭亡了。

当绿林军拥立刘玄当皇帝的时候，赤眉军又选了一个15岁的汉室后代刘盆子当了皇帝，然后向长安前进。

新朝灭亡后，绿林军、赤眉军之间又展开斗争，最后是刘秀取得了胜利。汉朝政权得以重新建立，以洛阳为首都，东汉的历史拉开了序幕，历史上把刘秀称为光武帝。

错 刀

第三节 东汉的兴亡与阶级斗争

一、光武中兴

在王莽统治末年，刘秀参加了绿林起义。更始元年（公元23年）十月，刘玄派刘秀到黄河以北召集农民军。刘秀到河北后，在地方官僚、豪强的支持下，消灭了当地的各支起义军。同时收编了部分农民军，壮大了自己的势力，队伍达几十万人。更始三年（公元25年）六月，刘秀在鄗（河北柏乡县）称帝，沿用汉的国号，不久移都洛阳。史称东汉。刘秀即汉光武帝。刘秀称帝后，继续对农民起义军进行镇压。先后镇压了赤眉军，河南、荆州地区的起义军及更始政权余部，镇压了河北的檀乡、五校、青犊等农民军。消灭了各地的割据者，到建武十六年（公元40年），才最终完成了对全国的统一。

刘秀建立东汉王朝，以"中兴"汉家相标榜。在他即位之初，就废除了王莽制定的一切制度和政策，基本上恢复了西汉时期的制度和政策。由于战乱，社会经济凋敝，社会动荡不安。在这样的情况之下，刘秀为了较快地稳定社会秩序，以巩固统治，于是和刘邦初建西汉时一样，也以"黄老无为"作为他的政治指导思想。

刘秀采取了一系列措施巩固政权、安抚天下：政治方面通过扩大尚书台的权力，来削弱三公的权威，尚书台置尚书令、尚书仆射各一人，下设尚书六人，分管六曹事务。从此，尚书台成了皇帝发号施令的执行机构，即最高决策施政机构，所有权力集中于皇帝一身。在军事制度上，刘秀也做了重大改革。取消了地方军队，逐步扩大中央军队，以加强中央的力量。另外，在重要的沿边地区设置边防军。经济方面多次颁布释放奴婢和禁止残害奴婢的诏令，恢复西汉三十税一的田租制度，鼓励流民返乡垦荒种地，裁并地方官衙、削减官吏，复员军队，让大批劳动力回乡从事农业生产。经光武帝多年努力，社会安定下来，经济得到恢复，户口增加，史称光武中兴。

光武帝

东汉以前，中国经济的先进区域主要在淮河以北，特别是包括关中在内的黄河中下游地区。东汉时期，大部分人口仍然集中在黄河中下游一带。因此，黄河流域仍是当时的经济、政治中心。

二、外戚、宦官干政

东汉时期，外戚、宦官专权成为汉王朝政治的一大恶毒。外戚、宦官交替乱政始于章帝。

光武帝刘秀统治时，鉴于王莽代汉的教训，不让外戚干预政事，明帝令外戚阴、邓等家互相纠察；梁松、窦穆虽尚公主，但是都由于请托郡县、干乱政事而受到屠戮。章帝后兄窦宪以贱价强买明帝女沁水公主园田，章帝甚至切责窦宪，还说："国家弃宪如孤雏腐鼠耳！"对于宗室诸王，光武帝申明旧制"阿附藩王之法"，不让他们蓄养羽翼。建武二十八年（公元52年），光武帝命郡县收捕诸王宾客，牵连而死的以千计。明帝兄弟楚王英被告结交方士，作符瑞图书，楚王被迫自杀。永平十四年（公元71年），明帝又穷治楚王之狱，被株连致死的外戚、诸侯、豪强、官吏又以千计，系狱的还有数千人。

汉章帝以前，皇帝还能掌握自己的权力，外戚、宦官不能干预政治。章帝以后，皇帝多幼年继位，"主少国疑"，而由皇太后临朝称制。太后执政，往往依靠娘家人，于是外戚便粉墨登场，挟持幼帝，执掌朝政，形成外戚专权的局面。皇帝长大后，不甘心当傀儡，于是就与外戚发生种种矛盾。皇帝要夺回皇权，往往依靠自己身边的宦官。有的宦官帮助皇帝夺取权力后，又把权力掌握在手中不肯放，从而又形成宦官擅权的局面。皇帝死后，另一外戚集团又拥立幼帝，皇帝长大时又依靠宦官夺权。如此往复循环，导致了东汉外戚宦官交替专政的混乱局面。由此，当时的社会危机遂日渐加深。

公元88年，汉章帝死，年仅10岁的和帝继位。养母窦太后临朝称制，母舅窦宪总揽朝政。"一人得道，鸡犬升天"，窦氏外戚集团得势，其子弟亲戚骄纵不法，胡作非为。特别是在窦宪击破北匈奴后，窦氏更是势焰熏天，刘家朝廷实际成了窦氏天下。公元92年，汉和帝在宦官郑众等的帮助下，消灭了窦氏势力。郑众因功封侯，参与政事，从此宦官势力开始增长起来。

公元105年，和帝死，邓皇后废和帝长子，立出生仅百日的婴儿为帝，即殇帝，临朝称制，把持政权。不久殇帝死，邓太后又立13岁的安帝，由其兄邓骘辅政。邓太后吸取窦氏失败的教训，抑制其子弟的权力，更多地依靠宦官控制政权。安帝亲政后与宦官李闰、江京等合谋，消灭了邓氏势力。由国舅阎显和帝舅耿宝并为校卿，典掌禁兵，宦官李闰等掌机要，形成外戚、宦官共同把持朝政的局面。外戚、宦官狼狈为奸，政治败坏，百姓深受其害。公元125年，安帝死后，阎显恃其妹为皇太后，独揽朝政，排斥宦官。不久，宦官孙程等得势，设法消灭了阎氏势力，迎立被废的皇太子刘保为顺帝。顺帝即位时年仅11岁，其生母李氏，前已被阎氏所害。所以顺帝即位之初，没有外戚控制朝权，而宦官因拥立有功而被封侯，势力大长。顺帝长大后对居功自傲的宦官给予严厉打击，故宦官在顺帝朝未酿成大害。

汉桓帝

公元135年，梁商为大将军，朝政逐渐为梁氏外戚集团所把持。梁商死后，其子梁冀继任大将军，外戚专权达到登峰造极的地步。公元144年，顺帝死，梁太后抱着他两岁的儿子，将他置于宝座之上，是为冲帝。冲帝在位一年，夭死。为了利用幼弱，梁太后与梁冀商议，又从皇族中选定一个8岁的孩子作为政权的象征，是为质帝。但是质帝幼而聪明，他在8岁的时候，便认识到梁冀是一个"跋扈将军"，因而不合傀儡的条件，所以不到一年，遂被"跋扈将军"毒死。接着而来的就是15岁的桓帝。

桓帝即位以后第一道诏令，便是大封外戚。他增加梁冀的封邑13000户；又增加梁冀所领大将军府的官属，倍于三公；又封梁冀的兄弟和儿子皆为万户侯。隔了3年，再增封梁冀1万户，合以前所封，共为3万户。并封梁冀妻孙寿为襄城君，兼食阳翟租，岁入5000万。加赐赤绂，和长公主同等待遇。第二年，又增梁冀之封为4县，赏赐梁冀金钱、奴婢、彩帛、车马、衣服和甲第，并且特许梁冀"入朝不趋，剑履上殿，谒赞不名"。朝会时，不与三公站在同一席子上，10天到尚书台办公一次。从此以后，事无大小，都要经过梁冀决定，才能执行。不但文武百官的升迁要先到梁府去谢恩，就是皇帝的近侍，也都由梁冀派遣，皇帝的一举一动，都要报告梁冀。又隔了两年，梁冀的孙子和侄孙也封了侯。总计"冀一门，前后七封侯，三皇后，六贵人，二大将军，夫人、女食邑称君者七人，尚公主三人，其余卿、将、尹、校五十七人。在位二十余年，穷极满盛，威行内外，百僚侧目，莫敢违命，天子恭己而不得有所亲豫"。

外戚的权势日高，宦官的威风就相形见绌。因而形成了外戚与宦官之间的矛盾。这种矛盾到延熹二年（公元159年），随着梁后死、裙带断便决裂了。

当时皇帝与宦官同盟，发动了政变，把梁氏一门无分长少，都斩尽杀绝了。但是从外戚手中接受政权的，不是皇帝，而是宦官。

当时主谋诛梁冀的宦官，为中常侍单超、徐璜、具瑗、左悺、唐衡5人，他们同日封侯，世称之曰五侯。又小黄门刘普、赵忠等8人亦封为乡侯。此外，以冒诛梁冀之功而封侯者，尚有侯览。宦官登台以后，其威风亦不减于外戚。单超之丧，皇帝除追封为车骑将军，又赐东园秘器，棺中玉具，赠侯将军印绶，赐国葬。葬后，又派王营骑士、将军、侍御史护丧。由其死并可想见其生。从此以后，四侯骄横，天下为之语曰："左回天，具独坐，徐卧虎，唐两堕。"

梁氏被灭后，外戚势力衰落，宦官势力却大大加强，从而进入宦官专权乱政的阶段。

公元167年，桓帝死，12岁的灵帝即位。窦太后临朝，其父窦武以大将军辅政。窦武欲尽诛宦官，因事不密，结果反遭其害，太后被囚，窦武被杀。宦官从此独霸朝政，成为皇帝的衣食父母，为所欲为，一直到东汉末年为止。

三、清议和党锢

在宦官、外戚的反复争斗中，另有一种政治力量在崛起。这就是官僚、士大夫结成的政治集团。

东汉时期，士人通过察举、征辟出仕。郡国察举时，"率取年少能报恩者"，这在明帝时已是如此。征辟的情形也是一样。被举、被辟的人，成为举主、府主的门生、故吏。门生、故吏为了利禄，不惜以君臣、父子之礼对待举主、府主，甚至"怀丈夫之容而袭婢妾之态，或奉货而行贿，以自固结"。举主、府主死后，门生、故吏服3年之丧。大官僚与自己的门生、故吏结成集团，因而也增加了自己的政治力量。

东汉后期的士大夫中，出现了一些累世专攻一经的家族，他们的弟子动辄数百人甚至数千人。通过经学入仕，又形成了一些累世公卿的家族，例如世传欧阳《尚书》之学的弘农杨氏，自杨震以后，四世皆为三公；世传孟氏《易》学的汝南袁氏，自袁安以后，四世中居三公之位者多至5人。这些人都是最大的地主，他们由于世居高位，门生、故吏遍于天下，因而又是士大夫的领袖。所谓门阀大族，就是在经济、政治、意识形态上具有这种种特征的家族。东汉时期选士唯"论族姓阀阅"，所以门阀大族的子弟，在察举、征辟中照例得到优先。

门阀大族是大地主中长期发展起来的一个特殊阶层。由于他们在政治、经济以及意识形态方面所具有的特殊地位，所以当政的外戚往往要同他们联

东汉车马人物石刻画像

结，甚至当政的宦官也不能不同他们周旋。门阀大族在本州、本郡的势力，更具有垄断性质，太守莅郡，往往要辟本地的门阀大族为掾属，委政于他们。宗资（南阳人）为汝南太守，委政于本郡的范滂，成瑨（弘农人）为南阳太守，委政于本郡的岑晊，因而当时出现了这样的歌谣："汝南'太守'范孟博（滂），南阳宗资主画诺；南阳'太守'岑公孝（晊），弘农成瑨但坐啸。"操纵了本州本郡政治的门阀大族，实际上统治了这些州郡。

东汉后期，官僚士大夫中出现了一种品评人物的风气，称为"清议"。善于清议的人，被视为天下名士，他们对人物的褒贬，在很大程度上左右乡间舆论，因而影响到士大夫的仕途进退。郭泰就是这样一个"清谈闾阎"的名士，据谢承云"泰之所名，人品乃定，先言后验，众皆服之"。汝南名士许劭与从兄许靖，"好共核论乡党人物，每月辄更其品题，故汝南俗有月旦评焉"。大官僚和门阀大族为了操纵选举，进退人物，对于这种清议也大肆提倡。在当时政治极端腐败的情况下，这种清议在士大夫中间多少起着一些激浊扬清的作用。

士大夫评议汉朝政，往往矛头直指宦官，因此宦官对之恨之入骨。党锢事件可以说是东汉时期反宦官斗争的一个高潮。

安帝、顺帝相继扩充太学，笼络儒生，顺帝时太学生多至 3 万余人。太学生同官僚士大夫有着密切的联系，太学成为清议的中心。太学生为安帝以来风起云涌的农民起义所震动，深感东汉王朝有崩溃的危险。他们认为宦官外戚的黑暗统治是引起农民起义，导致东汉衰败的主要原因，所以力图通过清议，反对宦官外戚特别是当权的宦官，挽救东汉的统治。

在宦官、外戚的统治下，州郡牧守在察举征辟中望风行事，不附权贵的士人受到排斥。顺帝初年，河南尹田歆察举 6 名孝廉，当权的贵人勋戚交相请托，占据名额，名士入选的只有一人。桓帝以后，察举制度更为腐败，时人语曰："举秀才，不知书。察孝廉，父别居。寒素清白浊如泥，高第良将怯如鸡。"在士大夫中，有一部分人趋炎附势，交游于富贵之门，助长了宦官、外戚的声势。这种情形，使太学清议在攻击腐败朝政和罪恶权贵的同时，赞扬敢于干犯权贵的人。桓帝永兴元年（公元 153 年），冀州刺史朱穆奏劾贪污的守令，打击横行州郡的宦官党羽,被桓帝罚往左校服劳役。太学生刘陶等数千人诣阙上书,表示愿意代替朱穆服刑劳作,因此桓帝不得不赦免朱穆。延熹五年（公元162年），皇甫规得罪宦官,论输左校,太学生张凤等300余人,跟大官僚一起诣阙陈诉,使皇甫规获得赦免。官僚、太学生的这些活动,对当政的宦官是一种巨大的压力。郡国学的诸生,也同太学清议呼应。

太学诸生,特别尊崇李膺、陈蕃、王畅等人,太学中流行着对他们的评语:"天下模楷李元礼（膺）,不畏强御陈仲举（蕃）,天下俊秀王叔茂（畅）。"李膺的名望最高,士人与他交游,被誉为"登龙门",可以身价十倍。李膺为司隶校尉时曾惩办不法宦官,宦官们只好小心谨慎,连休假日也不敢走出宫门。延熹九年（公元166年），李膺杀术士张成,张成生前与宦官关系密切,所以他的弟子牢修诬告李膺与太学生及诸郡生徒结为朋党,诽讪朝廷,疑乱风俗。在宦官的怂恿下,桓帝收系李膺,并下令郡国大捕"党人",词语相及,共达200多名。第二年,李膺及其他党人被赦归田里,禁锢终身,这就是有名的"党锢"事件。

党锢事件发生后,士大夫闻风而动。他们把那些不畏宦官势力,被认为正直的士大夫,分别加上三君、八俊、八顾、八及、八厨等美称,清议的浪潮更为高涨。度辽将军皇甫规没有被当作名士列入党锢,甚至自陈与党人关系,请求连坐。

灵帝建宁元年（公元168年），名士陈蕃为太傅,与大将军窦武（窦太后之父）共同执政。他们起用李膺和被禁锢的其他名士,并密谋诛杀宦官。宦官矫诏捕窦武等人,双方陈兵对阵,结果陈蕃、窦武皆死,他们的宗室宾客姻属都被收杀,门生、故吏免官禁锢。建宁二年,曾经打击过宦官势力的张俭被诬告"共为部党,图危社稷",受到追捕,党人横死狱中的共百余人,被牵连而死、徙、废、禁的又达六七百人。熹平五年（公元176年），州郡受命禁锢党人的门生、故吏和父子兄弟。直到黄巾起义发生后,党人才被赦免。

官僚士大夫和太学生的反宦官斗争,在当时具有一定的正义性,博得了社会的同情,因此张俭在被追捕时,许多人破家相容,使他得以逃亡出塞。官僚士大夫和太学生的反宦官斗争,只是为了缓和阶级矛盾,维护东汉王朝的正常统治秩序。但是农民起义不但没有因此偃旗息鼓,而且还发展到从根本上危及东汉统治。这时候,被禁锢的党人获得赦免,他们也就立刻同当权的宦官联合,集中力量来镇压起义农民。官僚士大夫与门阀大族息息相通,根深蒂固,总的说来力量比宦官强大。所以在农民起义被镇压下去后,他们重整旗鼓,发动了对宦官的最后一击,终于彻底消灭了东汉盘根错节的宦官势力。

四、东汉后期的阶级斗争

和帝、安帝以后，东汉统治集团腐朽，豪强势力扩张，轮流当政的宦官、外戚竞相压榨农民，农民境况日益恶劣。长期战争加重了农民的苦难。水旱虫蝗风雹和疫病连年不断，地震有时成为一种严重灾害。沉重的赋役和疠疫、饥馑严重地破坏了农村经济，逼使农民到处流亡。东汉王朝屡颁诏令，用赐爵的办法鼓励流民向郡县著籍，但这不过是画饼充饥，对流民毫无作用。流民数量越来越多，桓帝永兴元年（公元153年）竟达数十万户。地方官吏为了考绩的需要，常常隐瞒灾情，虚报户口和垦田数字，这又大大增加了农民的赋税负担，促使更多的农民逃亡异乡。

灵帝时，宦官支配朝政，政治腐败达到极点。光和元年（公元178年），灵帝开西邸公开卖官，2000石官2000万，400石官400万，县令、县长按县土丰瘠各有定价，富者先入钱，贫者到官后加倍缴纳。灵帝又私卖公卿等官，公千万，卿500万。州郡地方也多是豺狼当道。

流亡的农民到处暴动。早在安帝永初三年（公元109年），就有张伯路领导流民几千人活动于沿海九郡。顺帝阳嘉元年（公元132年），章河领导流民在扬州六郡暴动，纵横49县。汉安元年（公元142年），广陵人张婴领导流民，在徐、扬一带举行暴动，时起时伏，前后达10余年之久。桓帝、灵帝时，从幽燕到岭南，从凉州到东海，到处都有流民暴动发生，关东和滨海地区最为突出。流民暴动的规模也越来越大，从几百人、几千人扩展到几万人、十几万人。一些流民队伍，还与羌人、蛮人反对东汉王朝的斗争相呼应。从安帝

东汉舞蹈俑

到灵帝的80余年中，见于记载的农民暴动，大小合计将近百次，至于散在各处的所谓"春饥草窃之寇""穷厄寒冻之寇"，活动于大田庄的周围，更是不可胜数。那时，农民中流传着一首豪迈的歌谣："小民发如韭，剪复生；头如鸡，割复鸣。吏不必可畏，民不必可轻！"这首歌谣，生动地表现了农民前赴后继地进行斗争的英雄气概。

东汉时期，起义农民首领或称将军、皇帝，或称"黄帝""黑帝""真人"。前

者表示他们无须假托当权集团人物来发号施令；后者表示他们懂得利用宗教组织农民。桓、灵帝之间流传的"汉行气尽，黄家当头"的谶语，是起义农民政治要求的一种表达形式。

分散的农民暴动，虽然在东汉军队和豪强武装的镇压下一次又一次地失败，但是继起的暴动规模越来越大，终于形成了全国性的黄巾起义。

五、黄巾大起义

在阶级矛盾日益尖锐且农民大起义一触即发之际，太平道和五斗米道这两个原始道教正在民间盛行。

五斗米道的教义和太平道的教义区别不大，沛人张陵是五斗米教的创始人。张陵在顺帝时期作道书，并在普通百姓间传道。受道之人都要出五斗米，因而称之为五斗米道。东汉末年，五斗米道活动区域主要分布在雍、益二州，汉中是他们的根据地。张陵去世后，其子张衡继承其衣钵继续传道，张衡跟着去世后，其子张鲁又继续传道。太平道与五斗米道在民间的广泛传播，尤其是它们朴素的平等观念以及反对地主阶级剥削的自由思想，深受农民群众的拥戴，后来也成了农民群众起义的有力武器。

巨鹿人张角不仅是黄巾起义的领袖，而且是太平道的教主，自封为"大贤良师"。张角曾机缘巧合之下获得一部《太平清领书》，张角便根据这部书向群众传道，其后又改编成《太平经》，因而称之为太平道。张角对外宣称，太平道是黄帝、老子创立的，因而太平道又称为"黄老道"。为了将群众更好地组织起来，他将自己的教徒分为36方，大方通常有一万多人，小方也有六七千人，每一方都有渠帅领导，最后统一交由张角指挥。

经过长时间的积蓄能力后，张角决定在公元184年，也就是甲子年的三月五日在全国各地开展大规模农民起义，并提出"苍天已死，黄天当立，岁在甲子，天下大吉"的起义口号。因为有人告密，张角只好下令提前起义。36方民众共同起义，10天左右的时间内，起义军就受到天下人的纷纷响应。由于起义农民全部都是头裹黄巾，因而也被称为黄巾军。

公元185年，河北、河南以及山西地区的广大农民又高举起义旗帜。张鲁在公元191年之际发动五斗米道起义，在汉中创建了政教合一的农民政权。这一政权持续了20余年，直到公元215年，曹操向汉中进攻，张鲁才被迫投降。

六、董卓之乱

公元189年，汉灵帝死，少帝刘辩即位，何太后临朝，其兄大将军何进辅政。

此时宦官蹇硕为上军校尉，总领八校尉兵，势力很大。何进非常讨厌蹇硕，便找机会除掉了蹇硕，将其兵权收回自己掌控。中军校尉袁绍劝何进将掌权的宦官全部诛杀，但何太后不允。袁绍于是献策，召地方将士入京，杀尽宦官。

龙川汉墓出土的陶屋

董卓本来答应袁绍带兵助他铲除宦官。但快到洛阳时，董卓却突然下令停止前进。这时何进入宫，再次要求太后下令诛杀宦官。宦官张让等埋伏在宫中，趁何进不防备，将其杀死。袁绍便与其弟虎贲中郎将袁术，率军闯入宫中，不分老幼，杀宦官2000余人。张让、段珪劫持刘辩出宫，逃至黄河南岸，被尚书卢植等率兵赶上，张、段二人投河而死。

董卓本来按兵不动，待何进被杀，袁绍尽诛宦官后，董卓即率军火速赶至洛阳，坐收渔翁之利。董卓在大将吕布的帮助下，控制了洛阳的禁军，袁绍见董卓力量大过自己，转而逃走。董卓于是废了少帝，立年仅9岁的陈留王刘协为帝，即汉献帝。董卓自封为相国，平素带剑上朝，见了皇帝也不行礼。

本以为控制了首都，控制了皇帝，就等于控制了天下的董卓，还没有得意几天，各地的反对势力就蜂拥而起，袁绍就是这些势力的代表。

董卓想，自己的地盘毕竟在关中，洛阳周围恐怕不是自己能掌握的，于是下令迁都到长安。皇帝和整个洛阳城的百姓，在兵士的看管下，也一齐跟跟跄跄上了路。途中马蹄的践踏和饥饿疾病，让沿途堆满了尸体。董卓临走还不忘放把火，把繁华的洛阳付诸一炬。

回到长安后，董卓以为这回安全了，却想不到顺心的日子只过了三年。公元192年，当讨伐董卓的战争进入胶着状态时，司徒王允唆使吕布叛变，把董卓刺死，屠灭了董卓三族。

七、东汉的灭亡

董卓死后，他的部下互相残杀，争夺地盘。大大小小的军阀在一起混战，虽然表面上对皇帝十分尊敬，即使任用一个小小的官员，也要上奏章请求批准，但实际上恰恰相反。当汉献帝刘协回到洛阳后，身边一片瓦砾，却没有一个军阀愿意送给他一粒粮食或一文金钱。

唯一不同的是曹操，在刘协逃回洛阳的次月，曹操率领他的兖州军队赶来，说洛阳太过残破，无法居住，请刘协迁都到他的根据地许县（今河南许昌）。曹操这一举动，让他得以使用皇帝的名义向全国发号施令，即"挟天子以令诸侯"。袁绍不服，率军攻打曹操。

东汉盘龙石砚

公元200年，袁绍跟曹操在官渡（今河南中牟东北古鸿沟渡口）决战。虽然袁绍兵多，但曹操的军队军纪严明，不像袁绍的队伍，兵虽多但职责不明，将虽多但骄横跋扈。加上曹操在许县屯田多年，粮食储备充足，因此大胜袁绍，控制了黄河以北地区。

公元208年，曹操攻击以襄阳（今湖北襄樊）为根据地的刘表。恰逢刘表逝世，他的儿子刘琮便举起了白旗。当时投靠刘表的刘备正驻扎在樊城（与襄阳隔汉水相望），仓促间他急忙南撤，到夏口（今湖北武汉）跟刘表的另一个儿子刘琦会合。曹操率军南下，打算一举荡平刘备和盘踞在江东（今鄱阳湖以东）的孙权。

这时候，双方的兵力极为悬殊，曹操的兵力是孙权、刘备、刘琦总兵力的5倍。刘备和孙权结成联盟，决定共同抵抗。刘备于是进驻樊口（今湖北鄂州西北樊口镇），孙权则坐镇柴桑（今江西九江），派大将周瑜迎战。曹操的大军从江陵（今湖北江陵）顺流而下，双方在赤壁（今湖北蒲圻西北）会战。

没料到时值隆冬，竟然刮起了东风，这让周瑜抓住了机会，他利用顺风的优势采取火攻，把曹操的战舰全部焚毁。曹操本以为此仗必胜，没想到结果是大败而归。

赤壁之战后，刘备进入益州（今四川及云南），在公元214年攻陷成都，有了自己的根据地。

公元220年，曹操逝世，其子曹丕继位为魏王，并逼早已徒具虚名的汉献帝"禅让"。汉献帝只得宣布退位，将皇位"禅让"给曹丕。曹丕故作推辞，在"三让"之后才接受。

曹丕称帝，改国号为魏，即魏文帝，并尊曹操为"武皇帝"，庙号"太祖"，废汉献帝为山阳公，定都洛阳。至此，历时190余年的东汉正式结束。

消息传到成都，刘备一向以刘姓皇族的后裔自居，于是他宣称继承刘协的帝位，建立蜀汉帝国。孙权随后也宣布建国，国号为吴。

第四节 秦汉时期的社会与经济

一、阶层分化

在西汉封建社会中，基本的阶级是彼此对立的地主阶级和农民阶级。地主阶级包括皇帝、贵族、官僚以及一般的地主，是封建统治阶级。农民阶级包括自耕农、佃农和雇农。手工业者的经济地位相当于农民。农民和手工业者是主要的被统治阶级。商人的经济地位比较复杂，大商人一般都是大地主，是统治阶级的一部分；小商贩的经济地位类似手工业者和自耕农，是被统治阶级的一部分。除此以外，还有数量颇大的奴婢，他们的身份和经济地位最为低下。他们虽然不是汉代封建社会的基本阶级，但是在生产中还具有一定的地位。

在西汉社会经济的发展中，各个阶级都在一定程度上起着变化。地主阶级和大商人迅速扩充势力，强占民田，役使和盘剥农民，掠夺财货奴婢，其中一部分逐步发展成豪强大族。农民阶级中的自耕农，经过汉初一个较稳定的发展时期后，少数上升为地主，多数则逐步陷入困境，从中分离出大量的人，成为"游食"的小商贩，或者成为佃农、佣工和奴婢。

二、农业

汉朝的土地所有制与秦朝相同，土地私有，并可自由买卖。土地所有者须向国家耕地税，耕地税率为亩产的 1/15 或 1/30。人口税分为算赋和口赋。算赋是丁税，15 至 56 岁的男女每年每人纳 120 钱（一算）。口赋是儿童税，7 至 14 岁的儿童每年每人纳 20 钱。西汉早期奉行重农抑商政策，虽然恢复了农业生产，但经济实力仍然略显不足，而商人地位低下。文景时期，在晁错的建议下，改行贵粟政策，国家存粮进一步大涨，经济实力也因而

牛耕图

爆棚，商人的地位也有一定幅度的提高。

汉元帝时期，土地集中日益严重，自耕农大量破产，沦为佃农。豪强庄园势力日益强大。东汉后期，这一现象更甚，地主庄园势力的膨胀，亦间接导致了三国局面的形成。汉朝时期，铁农具的牛耕是最重要的生产工具，最重要的犁地法是二牛抬杠。一些新式耕田法，如代田法、区田法相继诞生。国家注重兴修水利，尤以关中地区为最。著名的水渠有成国渠、六辅渠、白渠等。东汉时期，出现了翻车和渴乌等水利工具，提高了农业生产效率。

西汉成帝时有《氾胜之书》，此书对黄河流域的农业生产经验和操作技术进行了总结，它记载了区田法、溲种法、耕田法，对选择播种日期、种子处理、操作技术都有全面记载。虽然此书早佚，但北魏贾思勰的《齐民要术》中保存了不少有关史料，对汉代及后来的农业生产起了积极作用。

三、手工业

1. 冶铁业

在西汉的手工业中，冶铁业占有重要地位。西汉冶铁技术比战国时有了重大的发展。西汉后期，吏卒徒开山采铜铁，每年用人 10 万以上，规模是很大的。汉代东至东海，西至陇西，北至辽东，南至犍为，包括某些诸侯王国在内，都有铁官，这些大体上就是汉武帝以后冶铁制器的基地。山东、河南等省都发现冶铁遗址，其中河南巩县、郑州的冶铁遗址规模最大。汉初的铁兵器，各地常有发现；武帝以后，铁兵器更多，替代了铜兵器所居的主要地位。西汉中期以后，铁制的日用器皿也逐渐增多。

西汉的采铜和铜器手工业也很发达。铜主要产在江南的丹阳郡和西南的蜀、越巂、益州等郡。汉初准许私人仿铸货币，所以铸钱场所分布在一些郡国中。由于铁器漆器的兴起，铜器在汉代已失去了昔日的独特地位，但皇室、诸王和大官僚仍然喜爱精美的铜制器皿。铜制器皿的生产规模颇大。铜镜、铜灯、铜熏炉等物，近年常有出土，最多的是铜镜，是日用必需品。由于东汉铁制农具的普及，钢铁的需要量大大增加，从而推动了冶铁技术的改进。东汉时期的陪都南阳为全国最大的冶铁中心，其中南阳官员、发明家杜诗发明了水排（鼓风炉），利用水力转动机械，使鼓风皮囊张缩，不断给高炉加氧。水排极大提高了冶铁质量和效率，是东汉冶铁技术的重大创新，也是世界冶铁史和机械史上的伟大发明，约早于欧洲 1000 多年。在铁器铸造方面，东汉时已熟练地掌握了层叠铸造这一先进技术。同时，叠铸技术有重大改进，由原来的双孔浇铸，改为单孔浇铸。叠铸技术的改进，进一步提高了生产效率，节

汉代彩绘雁鱼灯

省了原料。考古发掘资料证明，东汉时铁制用具已普遍应用到生活的各方面。铁钉、铁锅、铁刀、铁剪、铁灯等的大量出土，就是有力的证据。

铁制兵器开始逐步取代青铜兵器是在西汉中期以后，当时出现了一种新的冶炼钢铁技术——"百炼钢"。所谓"百炼钢"，就是将块炼铁反复加热折叠锻打，使钢的组织致密、成分均匀，杂质减少，从而提高钢的质量。用这种技术制造的刀剑——"环首刀"，刀柄端带有金属圆环以利操控，刃直刀长，刚硬锋利，质量上无可挑剔，轻易地压倒了青铜剑，是当时世界上最为先进、杀伤力最强的近身冷兵器，也是人类历史上具有非凡意义的一种兵器。环首刀和百炼钢技术的孕育阶段是在西汉，而成熟和普及则是在东汉，彻底取代长剑是在东汉末年。

东汉时期，在冶铁手工业中已经使用煤（石炭）做燃料。在河南郑州巩义市的冶铁遗址中曾发现混杂了泥土、草茎制成的煤饼，说明煤已被用来炼铁。巴蜀地区还利用天然煤气煮盐。

2. 纺织业

中国的纺织业历史悠久，技术先进。两汉时期是纺织技术发展的一个高峰期，丝、麻、毛纺织技术都已达到较高水平，边远地区的棉纺也有所发展，缫车、纺车、络丝工具，以及脚踏斜织机都已广泛使用，提花机已经产生，染色技术进一步发展，发明了多色套版印花和蜡印工艺。"薄如蝉翼"的素纱可与今天的尼龙纱相媲美。精练后的蚕丝重量能减轻25%，质地柔软，雪亮光泽，竟与现代用科学方法计算出的丝胶占总量的1/4的数量相吻合。平纹的绢，其经线密度达每厘米164根。还有精美的锦、瑰丽的刺绣，都名冠天下。

西汉时原料加工技术发展迅速。当时的原料主要有蚕丝、葛、麻、毛、棉等。蚕丝主要产自黄河中下游的山东、河南、四川等地，出现了临淄、襄邑（今河南睢县）、任城（今山东济宁市）等著名的蚕业中心。汉代制毯和纺织用的毛纤维主要是羊毛，精密稀疏程度几乎与丝织罗相仿。产棉区从边境地区拓展到东南、南部沿海、新疆和云南一带。

缫纺技术进一步推广，手摇纺车早已普及，并发明了脚踏纺车。纺车的发明和推广使丝麻产品的产量和质量大大增加。织造技术得到提高。西汉初年，巨鹿人陈宝光的妻子创制了一种新的提花机，用120蹑60天能织成一匹散花绫，"匹值万钱"。此后又有人把它简化，使片综提花机发展为束综提花，是

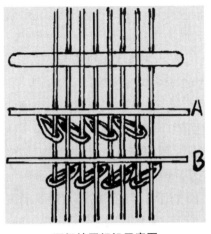

四经绞罗织机示意图

一次大的飞跃。

此时的罗织机已能织出四经绞素罗和以四经绞罗为地，两经绞起花的菱纹罗；主要用于织造地毯、绒毯等类毛织物的立织机能织出新疆民丰尼雅东汉遗址出土的那种毛织彩色地毯，其表面用橙黄、朱红、翠绿等色起绒，花纹历历在目。梭和筘分别是引纬和打纬的重要工具，它们的普遍使用，使得织造过程形成脚踏提综开口，一手投梭、一手持筘打纬的完整体系，这种织机一直沿用到近现代。西汉时期，练、染、印工艺都有了进一步发展，染印技术广泛使用。

东汉初年已能用织花机织成色彩缤纷、花纹复杂的织锦。当时，蜀锦已驰名全国，襄邑（河南睢县）和齐（山东临淄）的丝织业特别发达。考古材料还证明，在边疆地区，丝织业也有很大的发展。新疆不少地方汉墓出土的红色杯纹罗，织造匀细，花纹规整，反映丝织工艺水平相当高。在同一地区出土了组织细密的织花毛织品，颜色鲜丽，显示出当时西北高度发展的毛纺织工艺技术。

四、商业发展

1. 富商大贾

汉初，虽然曾禁止商人衣丝乘车、做官为吏，但国家的统一，经济的恢复和发展，山泽禁令的放弛，给商业的繁荣创造了条件。当时的富商大贾"周流天下"，非常活跃，甚至富比天子，"交通王侯"，形成有影响的势力。

西汉时商业经营的范围很广，据《史记》所载，当时市场中陈列着粮食、盐、油、酱、果类、菜类、牛、马、羊、布、帛、皮革、水产等几十种商品。

2. 商业大都市

随着农业、手工业的发展，

宴集图

商业也繁荣起来了。据《史记》记载，西汉时期全国已形成了若干经济区域，每个区域都有大的都会。关中区域膏壤千里，最为富饶。

首都长安户8万余，人口24.6万，是全国最繁华最富庶的城市。长安城周围65里（据实测，周长2.57万米，合当时62里多），有12门、8街、9陌、9市、160闾里，它的布局，基本上已为考古发掘所证实。长安城的每个城门都有3个宽达6米的门道，以3条并列的道路通向城中，城市街陌也是3道并列。长安城的中部和南部是宫殿和官署。西北隅的东西九市，是长安城内的商业和手工业区，与居民闾里邻近。考古发掘所显示的长安城内这种政治区和经济区的布局，与《周礼·考工记》所说"面朝背市"的都市建筑制度符合。长安市上除有本地和附近的各种物产包括官府手工业的产品出售以外，还有从全国各地运来的货物出售。

洛阳、邯郸、临淄、宛、成都（当时合称五都）、番禺等城市，是全国主要的都会。蓟、阳翟、寿春、江陵、吴等，也都是一方的都会。全国各地区、各都会之间，有大道相连。在这些大道上，驿传罗布，车马杂沓，货物转输，络绎相属。江南多水，船是比车更重要的交通工具。吴王濞所造航行于长江的船只，一船所载相当于北方数十辆车。今广州、长沙等地的汉墓中，发现有木车、木船和陶船的模型，从模型看来，当时的船有锚、舵，结构坚固，可载重致远。广州曾发现汉代造船遗址。

出现在通都大邑里的商品，有牲畜、毛皮、谷物、果菜、酱醋、水产、帛絮、染料、木材、木器、铜铁器等类。奴隶被当作一种商品，在市场上出卖。高利贷也成为一种重要行业，它的盛行，是促使农民破产的原因之一。大高利贷者被称为子钱家，列侯封君都向他们告贷。

3.经济先进区域

铁工具的普遍推广和牛耕技术的提高，增强了人们向自然界斗争的能力，特别是它使江南河网沼泽地区的大规模开发成为可能。加上当时各种社会原因，东汉时期的经济区域开始发生了明显的变化。

东汉以前，中国经济的先进区域主要在淮河以北，特别是包括关中在内的黄河中下游地区。当时的人口分布，也主要集中在黄河流域。到了东汉后期，这种情况开始有了较大的变化。黄河流域的某些地区人口减少，出现了衰落的迹象。而南方出现了新的经济发展地区，人口在急剧上升。

随着人口的增加，南方不少地区的开发速度加快。如太湖和钱塘江流域，西汉时统由会稽郡管辖，东汉时分为吴、会稽二郡，这正是经济发展的直接结果。其他如鄱阳湖、洞庭湖周围地区及成都平原一带，都在不断发展，成为新的经济发达区域。不过，东汉时期，大部分人口仍然集中在黄河中下游一带。因之，黄河流域仍是当时的经济、政治中心。

汉倭奴国金印

五、对外贸易

秦汉王朝建立后，随着国家的统一，经济的发展，西通西域，南入南海，东连海东，与周边国家和地区建立起日益频繁的交往与联系，中外关系进入到初步发展时期。这一时期，随着秦始皇开拓海疆和秦汉时期丝绸之路的海陆齐开，我国的外贸事业冲出亚洲，走向世界，取得了举世瞩目的成就。

西汉时候，通往如今新疆的中西陆路交通有南北两条大道：所谓南路，就是指从长安出发，途经敦煌、鄯善、于阗、莎车等地，翻越葱岭(帕米尔)前往大月氏和安息等国家。所谓北路，就是指途经敦煌、车师前王庭(今吐鲁番附近)、龟兹、疏勒等地，翻越葱岭前往大宛、康居、奄蔡，由奄蔡南下，可抵达安息国，由安息向西抵达大秦(罗马帝国)。这两条大路成为西汉时期中西交流的主要两大动脉。那时，中国的丝织品早已扬名天下，通过这两条通道向外输出的商品主要为丝织品，因而后人也将之称为丝绸之路。

东汉时期，北方的通都大邑，商业仍然发达。豪强富室操纵了大商业，他们"船车贾贩，周于四方，废居积贮，满于都城"。他们还大放高利贷，"收税(利息)与封君比入"。这个时期，"天下百郡千县，市邑万数"，都卷入了商品流通的范围。官僚贵戚凭借权势，从事西域贸易和国外贸易。窦宪曾寄人钱80万，从西域市得杂罽10余张，又令人载杂彩700匹，以市月氏马、苏合香和毾㲪。

第五节　秦汉时期的科技与文化

一、秦始皇陵与兵马俑

秦始皇陵位于西安市临潼区，距西安市城区约37公里，南倚骊山，北临渭水。1974年以来，在陵园东1.5公里处发现从葬兵马俑坑三处，呈"品"

字形排列，面积共达 2 万平方米以上，出土陶俑 8000 多件、战车百乘以及数万件实物兵器等文物。其中一号坑埋葬着和真人、真马同大的陶俑、陶马约 6000 件；二号坑有陶俑、陶马 1300 余件，战车 89 辆；三号坑有武士俑 68 个，战车 1 辆，陶马 4 匹。1980 年又在陵园西侧出土青铜铸大型车马 2 乘。这组彩绘铜车马高车和安车，是迄今中国发现的体形最大、装饰最华丽、结构和系驾最逼真、最完整的古代铜车马，被誉为"青铜之冠"。

1974 年以来，考古工作者在陕西临潼秦始皇陵园东 1.5 公里处发现秦始皇陵从葬兵马俑坑三处，从中出土陶俑 8000 多件。这些陶俑与真人大小相同，每个个体面相、表情、发式、衣着等均不相同，集中排列在一起，气势宏大，被誉为"世界第八大奇迹"。由于被氧化，颜色消失，现在能看到的只是残留的彩绘痕迹。秦兵马俑的车兵、步兵、骑兵列成各种阵势。整体风格浑厚、健美、洗练。仔细观察，俑的脸型、发型、面部表情、神态均有差异；陶马有的双耳竖立，有的张嘴嘶鸣，有的闭嘴静立。

秦兵马俑是写实性的雕塑作品。俑坑中的兵俑平均身高 1.80 米左右，最高的 1.90 米以上。我们据此可以作这样两种推断：一是秦代的兵役制度规定应征入伍者身高必须在 1.80 米以上，这对凭借"力气"战胜对手的古代将士是十分重要的；二是秦兵马俑中雕塑的几千将士系秦始皇的"王牌"师或卫戍部队，其中每个人都是百里挑一的勇士，因此其身高都在 1.80 米以上。

以写实手法制作的兵马俑脸型、胖瘦、表情、眉毛、眼睛和年龄均有差异。纵观这千百个将士俑，其雕塑艺术水平达到了一种完美的高度。无论是千百

秦兵马俑

个形神兼备的官兵形象，还是那一匹匹跃跃欲试的战马，都不是机械的模仿，而是着力显现它们"内在的生气、动力、情感灵魂、风骨和精神"。绝大部分陶俑形象都富有个性特征，显得逼真、自然而富有生气。

秦兵马俑的人物形象栩栩如生。这些人物俑的神态各异：有的表情温和，内心安宁；有的面带愁容，似有心事；有的抿嘴凝神，若有所思；有的面带怒色，似有怨气。能够将几千件作品雕刻得互有差异，个性特征十分突出，的确是人类雕塑史上的奇迹。

秦兵马俑的人物俑主要有将军俑、立射俑、跪射俑、武士俑、军吏俑和骑兵俑等。

二、《周髀算经》与《九章算术》

从西汉时期开始，中国已有非常详细的天文记录，包括公认的人类第一次对太阳黑子的记录。此外，针灸和造纸术也可能是在西汉时期被发明的。

西汉时期，最著名的科学成就当推《周髀算经》与《九章算术》这两部中国最古老的数学著作。

1.《周髀算经》

《周髀算经》原名《周髀》，是中国最古老的天文学和数学著作，约成书于公元前 1 世纪，主要阐明当时的盖天说和四分历法。唐初规定它为国子监明算科的教材之一，故改名《周髀算经》。

《周髀算经》在数学上的主要成就是介绍了勾股定理。《周髀算经》中明确记载了勾股定理的公式："若求邪至日者，以日下为勾，日高为股，勾股各自乘，并而开方除之，得邪至日。"（《周髀算经》上卷二）

而勾股定理的证明呢，就在《周髀算经》上卷一：

昔者周公问于商高曰："窃闻乎大夫善数也，请问昔者包牺立周天历度——夫天可不阶而升，地不可得尺寸而度，请问数安从出？"

商高曰："数之法出于圆方，圆出于方，方出于矩，矩出于九九八十一。故折矩，以为勾广三，股修四，径隅五。既方之，外半其一矩，环而共盘，得成三四五。两矩共长二十有五，是谓积矩。故禹之所以治天下者，此数之所生也。"

《周髀算经》采用最简便可行的方法确定天文历法，揭示日月星辰的运行规律，囊括四季更替，气候变化，包含南北有极，昼夜相推的道理。给后来者生活作息提供有力的保障，自此以后历代数学家无不以《周髀算经》为参考，在此基础上不断创新和发展。

2.《九章算术》

《九章算术》是中国古代张苍、耿寿昌所撰写的一部数学专著，成于公元1世纪左右。其作者已不可考，一般认为它是经历代各家的增补修订，而逐渐成为现今定本的，西汉的张苍、耿寿昌曾经做过增补和整理，其时大体已成定本。最后成书最迟在东汉前期，现今流传的大多是在三国时期魏元帝景元四年（公元263年），刘徽为《九章》所作的注本。

《九章算术》书影

《九章算术》的内容十分丰富，全书采用问题集的形式，共9章，收有246个与生产、生活实践有联系的应用问题，其中每道题有问（题目）、答（答案）、术（解题的步骤，但没有证明），有的是一题一术，有的是多题一术或一题多术。这些问题依照性质和解法分别隶属于方田、粟米、衰分、少广、商功、均输、盈不足、方程及勾股。原作有插图，今传本已只剩下正文了。

《九章算术》在数学上有其独到的成就，不仅最早提到分数问题，也首先记录了盈不足等问题，《方程》章还在世界数学史上首次阐述了负数及其加减运算法则。它是一本综合性的历史著作，是当时世界上最简练有效的应用数学，它的出现标志着中国古代数学形成了完整的体系。

三、司马迁著《史记》

司马迁（公元前145年或公元前135年—？），字子长，夏阳（今陕西韩城南）人。西汉史学家、散文家。后世尊称为史迁、太史公、历史之父。

《史记》是中国历史上第一部纪传体通史，记载了上至上古传说中的黄帝时代，下至汉武帝太初四年间共3000多年的历史。太初元年（公元前104年），司马迁开始了《太史公书》即后来被称为《史记》的史书创作。该著作前后经历了14年，才得以完成。

《史记》全书包括12本纪（记历代帝王政绩）、30世家（记诸侯国和汉代诸侯、勋贵兴亡）、70列传（记重要人物的言行事迹，主要叙人臣，其中最后一篇为自序）、10表（大事年表）、8书（记各种典章制度，记礼、乐、音律、历法、天文、封禅、水利、财用），共130篇，52.65万余字。《史记》规模巨大，体系完备，而且对此后的纪传体史书影响很深，历朝正史皆采用这种体裁撰写。《史记》记载的历史从上古传说中的黄帝起直到司马迁当时的年代，对历史上的政治、经济、文化、军事、民族风情等都有详细的记载，被后人称为百科全书式的通史。

司马迁

《史记》还被认为是一部优秀的文学著作，在中国文学史上有重要地位，被鲁迅誉为"史家之绝唱，无韵之《离骚》"，有很高的文学价值。刘向等人认为此书"善序事理，辩而不华，质而不俚"。

《史记》又是对到当时以前的历史和历史学的一次总结，司马迁在《史记》中开创的纪传体，被后代的历史学家一直继承沿用下来。《史记》开创了历史的先河，在中国古代文学史上具有独一无二的地位。

《史记》对后世的影响极为巨大，被称为"实录、信史"，被列为前"四史"之首，与《资治通鉴》并称为史学"双璧"。因此司马迁被后世尊称为史迁、史圣。与司马光并称"史界两司马"，与司马相如合称"文章西汉两司马"。

司马迁的人生遭遇是不幸的，他的命运是悲剧性的，他为众多悲剧人物立传，寄寓自己深切的同情。他赞扬弃小义、雪大耻，名垂后世的伍子胥，塑造出一位烈丈夫形象。他笔下的虞卿、范雎、蔡泽、魏豹、彭越等人，或在穷愁中著书立说，或历经磨难而愈加坚强，或身被刑戮而自负其才，欲有所用。所述这些苦难的经历都带有悲剧性，其中暗含了自己的人生感慨。

四、班固与《汉书》

班固（公元32—公元92年），字孟坚，东汉扶风安陵（今陕西咸阳市东）人。班固的父亲班彪是东汉光武帝时的望都长。班彪博学多才，专攻史籍，是著名的儒学大师。他不满当时许多《史记》的续作，便作《后传》65篇，以续《史记》。班固从小就非常聪明，9岁便能作诗文。长大之后，班固熟读百家书，并深入研究。渊博的学识以及很强的写作能力，为他以后的作史奠定了深厚的基础。在他23岁那年即建武三十年（公元54年），班彪去世，班固私自修改国史，因此被捕入狱。他的弟弟班超赶到洛阳，为班固申辩。当明帝审阅地方官送来的班固书稿时，十分欣赏班固的才华，并任他为兰台令史，负责掌管图籍，校定文书。他与陈宗、尹敏、孟异等共同撰成《世祖本纪》。随后迁任为典校秘书，又写了功臣、平林、公孙述的列传、载记28篇。

后来明帝命令班固继续完成他原来所欲著述的西汉史书。班固通过一再的思索之后，经过潜精积思20余年，终于在建初七年（公元82年）完成了《汉书》的大部分著述任务。和帝永元初年（公元89年），班固以中护军随大将军窦宪出征北匈奴。永元四年（公元92年），窦宪以外戚谋反而畏罪自杀，班固因此受到牵连。先被免官，后有人因曾受班固家奴侮辱便借机搜捕班固入狱。不久，班固死于狱中，时年61岁。班固死后，《汉书》尚未完成的八表和《天文志》分别由他的妹妹班昭和马续奉诏继续完成。书成后即产生巨大影响，所谓"当世甚重其书，学者莫不讽诵焉"。

《汉书》是我国第一部纪传体断代史，体制全袭《史记》而略有变更。《汉书》是史书体例上的一个重大飞跃，继《汉书》之后，断代史为后来历代正史所效仿，因此《汉书》在我国史书体例的发展上具有重要意义。

五、佛教的传入与道教的兴起

1. 佛教东来

佛教发源于古印度。两汉之际，佛教主要经由西域传入中国内地。东汉初，汉明帝曾派秦景等使臣出使天竺（印度）求佛法。他们从大月氏（在今阿富汗、巴基斯坦北部）取回佛教的《四十二章经》，并译成汉语。他们还请来了两位天竺高僧，并用白马驮回了大量经书，促进了佛教在我国的传播。汉明帝还专门在洛阳西门外为两位高僧建造了我国第一座佛教寺院即白马寺。

东汉末年，佛教在民间流传开来。这时期，安息国僧安世高于桓帝年间来洛阳开始译经，在20多年中共译经34部40卷。

印度僧人支娄迦谶于桓帝末年至洛阳，灵帝年间译出佛经14部27卷，如《般若道行品经》《首楞严经》《般舟三昧经》等，都是大乘佛教经典，首次向中国人介绍了印度大乘般若学的理论。

2. 道教的兴起

道教是以道为最高信仰的宗教，是在中国古代宗教基础上，沿用了神仙方术、黄老思想等一些宗教观念和修持方法而逐渐形成的。道教大致产生于东汉中叶，太平道和五斗米道是早期道教的两大派。

五斗米道是天师道的前身，其创建者是张陵。张陵，字辅汉，东汉时沛国（今江苏省丰县）人，本来是太学生，精通五经。后来张陵归隐，于公元141年作了道书，自称"太清玄元"，以符水、咒法为人治病，创立了"五斗米道"。因为入道者必须缴纳五斗米以作酬谢，所以称作"五斗米道"。

张陵于公元143年到达青城山，在这里建立了24教区，并在各区设治头，张陵自称天师，掌管全教事务。张陵的五斗米道，其活动主要在巴蜀地区。张陵死后，由其子张衡承其业。张衡死后，五斗米道的领导权为张修所有，一时五斗米道声势甚大。黄巾起义失败后，张角被杀，张修也躲藏起来，最后被张陵之孙张鲁杀害。在张鲁的领导下，五斗米道的势力在汉中达到鼎盛。

几乎就在张陵父子忙于创立五斗米道的同时，在河北一带也有一个人在民间传道，同时着手组织道教教团的工作，他就是张角。两人一南一北，一文一武，不过结局却不尽相同。东汉灵帝时期，由于外戚、宦官把持朝政，压制清议，豪强地主兼并土地，农民流离失所，加之灾疫流行，社会危机十分严重。信奉黄老道的巨鹿（今河北平乡西南）人张角利用《太平经》中某些宗教观念和社会政治思想，创立起一支庞大的宗教组织，并以此组织为基础，发动了中国历史上规模最大的一次以宗教形式组织起来的农民起义——黄巾起义。

黄巾起义是利用道教组织发动的第一次大规模农民起义，也是标志着道教开始登上历史舞台的一件大事。

六、汉代的医学

在西汉时期，医学也获得了进一步发展。当时主要是以阴阳五行说来对人的生理现象和病理现象作出相适应的诠释，并利用这种理论进行辨证治疗。西汉名医淳于意，为人看病，就一定会首先切其脉，之后才会为患者治病抓药。可见当时脉学相当发达。

中国传统医学创立的重要时期就是东汉时期。著名的医学家张仲景就生活在东汉晚期，他编写的《伤寒杂病论》，成为中医学的主要奠基者。张仲景，原名叫张机，祖籍为河南南阳。他积极总结前代的医学经验，编写出十六卷《伤寒杂病论》。如今流传下来的，只是经过晋代名医王叔与其改编过的《伤寒论》《金匮要略》两种。张仲景也被后代中医尊称为"医圣"。

《伤寒论》书影

另一位著名的医师华佗也是东汉时期的人物。华佗精于方药、针灸，尤其对外科手术极为擅长。华佗在对患者实施手术前，他首先会让患者服用由他发明的麻沸散，进行整体麻醉。施行手术后将创口缝合，再涂以膏药，就能日渐康复。传说华佗能够剖腹破背，剪截冲洗肠胃，还可以做需要高度精确且复杂的脑科手术。关于他的医术精湛程度，在民间流传着许多脍炙人口的传说。华佗认为，人只有经常运动，才能有效促进血脉流通，促进肠胃消化，就能有效减少疾病的发生。华佗创作的"五禽之戏"，主要是模仿虎、鹿、熊、猿、鸟五种动物的生活活动姿态来加强身体锻炼，这简直称得上是世界上最早的健身操。

七、蔡伦造纸

造纸术是我国的四大发明之一，这为全人类文化的发展起了重要作用。我们现在用的各种各样、形形色色的纸张都是从蔡伦造的纸演变而来的。

蔡伦（？—公元 121 年），字敬仲，东汉桂阳郡人。汉明帝永平末年入宫给事，章和二年（公元 88 年），蔡伦因有功于太后而升为中常侍，蔡伦又以位尊九卿之身兼任尚方令。蔡伦总结以往人们的造纸经验革新造纸工艺，终于制成了"蔡侯纸"。元兴元年（公元 105 年）奏报朝廷，汉和帝下令推广他的造纸法。建光元年（公元 121 年），因权力斗争自杀身亡。

改进造纸术时的蔡伦主管监督制造宫中用的各种器物。他挑选出树皮、破麻布、旧渔网等，让工匠们把它们剪断切碎，放在一个大水池中浸泡。过了一段时间后，其中的杂物烂掉了，而纤维不易腐烂，就保留了下来。他再让工匠们把浸泡过的原料捞起，放入石臼捣制成浆，然后再用竹篾把这黏乎乎的东西挑起来，等干燥后揭下来就变成了纸。蔡伦带着工匠们反复试验，试制出既轻薄柔韧，又取材容易、来源广泛、价格低廉的纸。

蔡 伦

元兴元年（公元 105 年）蔡伦向汉和帝献纸，蔡伦将造纸的方法写成奏折，连同纸张呈献皇帝，得到皇帝的赞赏，便诏令天下使用并推广，朝廷各官署、全国各地都视作奇迹。九年后，蔡伦被封为"龙亭侯"，食邑 300 户。由于在全国各地逐步推行的新造纸方法是蔡伦发明的，人们便把这种纸都称为"蔡侯纸"。

邓太后还命蔡伦率人建立造纸的作坊，专门制作这种纸，供皇宫王孙子弟读书使用。

因为成本低廉，这种造纸方法很快流传到民

间，木简逐渐被蔡侯纸取代了。

蔡伦发明的纸先流传到离中国很近的朝鲜、日本，后来又通过阿拉伯人传到欧洲，慢慢地，全世界都采用了中国的"蔡侯纸"。

蔡伦不仅被我国的造纸工人奉为造纸鼻祖"纸神"，还被日本等国的造纸工人尊为祖师，历代奉祀。我国大部分的产纸地区，都有为祭祀蔡伦而建造的庙宇。每年的阴历三月十六日是蔡伦的祭祀纪念日。元朝政府曾经在他的故乡耒阳重修蔡伦庙，蔡伦的墓地陕西洋县也有他的祠庙。

蔡伦发明的纸和造纸术，是中国文化乃至世界文化事业发展的一个里程碑，具有划时代的伟大意义，为人类文明与进步做出了巨大的贡献。它充分显示了中华民族古老悠久的历史和灿烂辉煌的古代科技成就，是中华民族的骄傲。

八、"科圣"张衡

张衡（公元78—公元139年），字平子。汉族，南阳西鄂（今河南南阳市石桥镇）人，南阳五圣之一，与司马相如、扬雄、班固并称汉赋四大家。中国东汉时期伟大的天文学家、数学家、发明家、地理学家、文学家，在东汉历任郎中、太史令、侍中、河间相等职。张衡为中国天文学、机械技术、地震学的发展作出了杰出的贡献，发明了浑天仪、地动仪，是东汉中期浑天说的代表人物之一，被后人誉为"木圣"（科圣）。

1.发明地动仪

阳嘉元年（公元132年），张衡在太史令任上发明了最早的地动仪，称为候风地动仪。据《后汉书·张衡传》记载：地动仪用精铜铸成，圆径八尺，顶盖突起，形如酒樽，用篆文山龟鸟兽的形象装饰。中有大柱，傍行八道，安关闭发动之机。它有八个方位，每个方位上均有一条口含铜珠的龙，在每条龙的下方都有一只蟾蜍与其对应。任何一方如有地震发生，该方向龙口所含铜珠即落入蟾蜍口中，由此便可测出发生地震的方向。经过试验，与所设制，符合如神，自从有书籍记载以来，是没有过的。曾经一龙机发，地不觉动，洛阳的学者都责怪不足信，几天之后，送信人来了，果然在陇西地发生

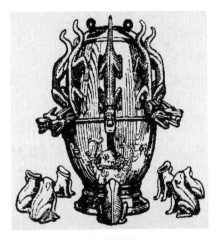

候风地动仪

地震，众人于是都服其神妙。自此之后，朝廷就令史官记载地动发生的地方。

世界上地震频繁，但真正能用仪器来观测地震，在国外，是19世纪以后的事。候风地动仪是世界上的地震仪之祖。虽然它的功能尚只限于测知震中的大概方位，但它却超越了世界科技的发展约1800年。

2. 创制浑天仪

张衡在西汉耿寿昌发明的浑天仪的基础上，根据自己的浑天说，创制了一个比以前都精确、全面得多的"浑天仪"。

漏水转浑天仪是一种水运浑象。用一个直径四尺多的铜球，球上刻有二十八宿、中外星官以及黄赤道、南北极、二十四节气、恒显圈、恒隐圈等，成一浑象，再用一套转动机械，把浑象和漏壶结合起来。以漏壶流水控制浑象，使它与天球同步转动，以显示星空的周日视运动，如恒星的出没和中天等。它还有一个附属机构即瑞轮蓂荚，是一种机械日历，由传动装置和浑象相连，从每月初一起，每天生一叶片；月半后每天落一叶片。它所用的两级漏壶是现今所知最早的关于两级漏壶的记载。

张衡在创作了浑天仪之后曾写过一篇文章。此文全文已佚。只是在梁代刘昭注《后汉书·律历志》时作了大段引述而使之传世。刘昭注中把这段文字标题为《张衡浑仪》。称之为"浑仪"可能是刘昭所作的一种简化。在古代，仪器的定名并不严格。虽然后世将"浑仪"一词规范为专指观测仪器，但在隋、唐以前，"浑仪"也可用于表演仪器。

3. 天文学成就

《灵宪》是张衡有关天文学的一篇代表作，全面体现了张衡在天文学上的成就和发展。张衡累积多年的实践与理论研究，全面阐述了天地的生成、宇宙的演化、天地的结构、日月星辰的本质及其运动等诸多重大课题，将古代中国的天文学水平提升到了一个前所未有的新阶段，使中国当时的天文学研究居世界领先水平，并对后世产生了深远的影响。

4. 机械成就

张衡掌握高明的机械技术，据传他当时还制作过两件神奇的器物：一件是有三个轮子的机械，可以自转；一件是一只木雕，能在天上飞翔。《太平御览·工艺部九》引晋代葛洪《抱朴子》："木圣：张衡、马钧是也。"高似孙的《纬略》也说："张衡、马忠号'木圣'。"

5. 数学成就

《后汉书》提到，张衡曾写过一部《算罔论》。从《九章算术·少广》章第二十四题的刘徽注文中得知有所谓"张衡算"，因此，张衡写过一部数学著作是应该肯定的。从刘徽的这篇注文中可以知道，张衡给立方体定名为质，给球体定名为浑。他研究过球的外切立方体积和内接立方体积，研究过球的体积，其中还定圆周率值为10的开方，这个值比较粗略，但却是中国第一个理论求得 π 的值。

九、汉赋和乐府诗

汉赋和乐府诗几乎代表了西汉时期最高的文学成就。

1. 汉赋

汉赋是在汉朝涌现出的一种有韵的散文，它的特点是散韵结合，专事铺叙。从赋的形式上看，在于"铺采摛文"；从赋的内容上说，侧重"体物写志"。汉赋的内容可分为五类：一是渲染宫殿城市；二是描写帝王游猎；三是叙述旅行经历；四是抒发不遇之情；五是杂谈禽兽草木。而以前二者为汉赋之代表。赋是汉代最流行的文体。在两汉400年间，一般文人多致力于这种文体的写作，因而盛极一时，后世往往把它看成是汉代文学的代表。

汉赋分为骚体赋、大赋、小赋。骚体赋代表作为贾谊的《吊屈原赋》《鹏鸟赋》，它直接受屈原《九章》和《天问》的影响，保留着加"兮"的传统，其语言是四言和散句的结合，表现手法为抒情言志。汉初60年是骚体赋的时期。大赋又叫散体大赋，规模巨大，结构恢宏，气势磅礴，语汇华丽，往往是成千上万言的鸿篇巨制。西汉时的贾谊、枚乘、司马相如、扬雄，东汉时的班固、张衡等，都是大赋的行家。小赋扬弃了大赋篇幅冗长、辞藻堆砌、舍本逐末、缺乏情感的缺陷，在保留汉赋基本文采的基础上，创造出篇幅较小、文采清丽、讥讽时事、抒情咏物的短篇小赋，赵壹、蔡邕、祢衡等都是小赋的高手。

2. 汉乐府

据《汉书·礼乐志》记载，乐府起源于汉武帝时期。汉代设置了一个采集各地歌谣和整理、制定乐谱的机构，就是"乐府"。后来，由这一机构收集并制谱的诗歌，也被后人称为乐府诗，或者简称乐府。

汉乐府掌管的诗歌中，有一部分郊庙歌辞，是供执政者祭祀祖先神明使用的，其性质与《诗经》中"颂"相同；另一部分则是从民间采集来的民间流传

扬　雄

的无主名的俗乐，就是乐府民歌。《汉书·艺文志》称："有代、赵之讴，秦、楚之风，皆感于哀乐，缘事而发，亦可以观风俗，知薄厚云。"所以这部分作品是汉乐府中的精华。《史记·乐书》载，汉乐府最晚在汉惠帝二年，即公元前193年就设置了，但于汉武帝时才开始搜集民歌俗曲。宋人郭茂倩编了一部100卷的《乐府诗集》，分12类，分别是：郊庙歌辞、燕射歌辞、鼓吹歌辞、横吹歌辞、相和歌辞、清商曲辞、舞曲歌辞、琴曲歌辞、杂曲歌辞、近代曲辞、杂歌谣辞、新乐府辞。这是从汉迄五代乐府收录最为完备的一部诗集。《乐府诗集》中的汉乐府民歌现存40余篇，多为东汉时期的作品，对当时的社会现实与人民生活有所体现，用犀利的言辞表现爱恨情感，其风格较为倾向于现实主义。

汉乐府是继《诗经》之后，又一次对古代民歌所进行的大汇集。与《诗经》的浪漫主义手法不同，它开创了诗歌的现实主义风格。女性题材作品在汉乐府民歌中占重要位置，它的语言通俗，内容贴近生活，形式上，由杂言渐趋向五言，采用叙事写法，进行细致入微的人物刻画，创造鲜明的人物性格，有较为完整的故事情节和突出的思想内涵，对典型细节进行重点的描写，是叙事诗发展成熟的新阶段，在中国诗史五言诗体发展中也是一个重要的阶段。

汉乐府民歌的代表作是《陌上桑》和《孔雀东南飞》，后者与南北朝时期的《木兰诗》合称"乐府双璧"，是我国古代最长的叙事诗。

第五章　三国两晋南北朝时期

　　三国两晋南北朝时期（公元 220 —公元 589 年）包括三国（公元 220 —公元 280 年）、西晋（公元 265 —公元 317 年）、东晋（公元 317 —公元 420 年）、南北朝（公元 420 —公元 589 年）四个历史阶段，历时 370 年。这一时期，是中国历史上政权更迭最频繁的时期。

　　东汉末年地方割据势力连年混战，形成了魏、蜀、吴三足鼎立之势。曹魏灭掉蜀汉两年后即亡于司马氏。15 年后，司马氏灭掉东吴，建立起了一个短暂的统一王朝西晋。西晋灭亡后，中原及周边地区陆陆续续出现了许多民族政权，彼此之间纷争不已，形成"五胡乱华"局面。而南北士族共建的东晋偏安江南，其后相继是宋朝、齐朝、梁朝、陈朝。江南历朝历代相对于北方来讲比较稳定，使中国经济中心由中原的黄河流域开始向南移。公元 439 年，北方再度统一，北魏倾心汉化，力主改革，颇有成效。但好景不长，六镇之乱后，北魏再度分裂为东魏和西魏，东魏为北齐所替代，而西魏为北周所替代，东魏和西魏对峙，北齐和北周对峙。后来，北周灭掉北齐，自己却被隋朝所取代。公元 589 年，隋军南下灭陈，天下终于再度统一，南北朝到此为止。

　　"分久必合，合久必分"，三国两晋南北朝是中国历史上第二次民族大融合时期。这次民族大融合为此后的隋朝和唐朝的繁荣强盛奠定了坚实基础。

第一节　三国的建立与治理

　　三国（公元220—公元280年）是上承东汉下启西晋的一段历史时期，分为曹魏、蜀汉、东吴三个政权。

　　三国时期是我国魏晋南北朝时期民族大融合的起点。中原的混乱，中央集权的衰落，为少数民族提供了一片新的历史舞台；而中原人口的锐减，也为内迁各族人民提供了适宜的生存空间。于是，曹操东征乌桓，千万余乌桓人到河北，西定关陇后，又将大量氐人、羌人迁到关中各郡。江左出山越。川蜀定南中，东南、西南诸夷也深深受到汉文化的熏陶与濡染。少数民族的内徙与融合成为一种不可逆转的历史潮流。割据动荡的时代，往往孕育产生宁静、超然的心灵，面对功名的失落，面对灰色的现实，失去皇权的保护，也失去了皇权的禁锢，超越功利、追求真谛成为可能。三国因各自力量的平衡而暂存，也必将因平衡格局的打破而走向统一，魏已平蜀，而真正的统一大业完成者是代魏而起的西晋。

一、三国鼎立

　　东汉中平六年（公元189年），汉灵帝驾崩，14岁的刘辩继立为少帝。执政的何太后之兄何进联络西园八校尉之一的袁绍，诛杀统领八校尉兵的宦官蹇硕。袁绍、何进等密谋尽杀宦官，并召并州牧董卓入洛阳为援。当宦官密谋杀何进，而袁绍又大杀宦官之时，董卓率兵入洛，尽揽朝政。他废黜少帝，另立刘协为帝，即汉献帝。董卓的专横激起了东汉朝臣和地方牧守的反对，进一步酿成大规模的内战。

　　董卓入洛后，袁绍出奔冀州。东郡太守桥瑁假东汉三公名义，要求州郡兴兵讨伐董卓，关东州郡纷纷响应。他们分屯要害，推袁绍为盟主，相机进攻董卓。初平元年（公元190年），董卓避关东兵锋，挟持汉献帝西迁长安。关东联军本是乌合之众，彼此欺诈并吞，不久就分崩离析了。初平三年（公元192年）长安兵变，董卓被杀，关中混乱不已。

　　经过激烈的混战以后，到建安元年（公元196年）时，全国形成许多割据区域：袁绍占据冀、青、并三州，曹操占据兖、豫二州，韩遂、马腾占据凉州，公孙瓒占据幽州，公孙度占据辽东，陶谦、刘备、吕布先后占据徐州，袁术占据扬州的淮南部分,刘表占据荆州,刘璋(生卒年不详)占据益州,孙策占据扬州的江东部分,士燮占据交州。此外,张鲁以道教的组织形式保据汉中地区,置祭酒以治民。在这些割据者中,势力最强也最活跃的是袁绍和曹操。

曹 操

董卓入洛后,曹操逃至陈留(今河南开封东南),聚兵反抗,成为关东联军的一支。初平三年,他在济北(今山东长清南)诱降黄巾军30万之众,选其精锐,编为青州兵;又陆续收纳一些豪强地主武装。建安元年,他把汉献帝迁到许县(今河南许昌东),取得了挟天子以令诸侯之势;又屯田积谷,以蓄军资。建安五年(公元200年),曹操与袁绍两军在官渡决战,曹操以弱胜强,全歼袁军主力;又利用袁绍二子的矛盾攻占袁氏的邺城,相继占领青、冀、幽、并四州之地,统一了中原地区。建安十二年(公元207年),曹军出卢龙塞(今河北遵化西北),打败侵扰北方的乌桓。

建安十三年(公元208年),曹军南下,攻占刘表之子刘琮所据的荆州,依托于荆州的刘备向南奔逃。江东的鲁肃受孙权之命与刘备会晤,商讨对策;诸葛亮又受刘备之命,于柴桑(今江西九江西南)与孙权结盟,共抗曹军。孙、刘联军以少胜多,大败曹军水师于赤壁(一般认为在今湖北蒲圻西北,长江南岸),迫使曹军退回中原。这就是决定南北相持局面的赤壁之战。曹操北归以后,用兵于关中、陇西,把统一范围扩及整个北方。

建安十六年(公元211年),刘备率部进入益州,逐步占据了原来刘璋(生卒年不详)的地盘。建安二十四年(公元219年),刘备从曹军手中夺得汉中,据守荆州的关羽也向曹军发起进攻,但是孙权遣军袭杀关羽,占领荆州全部,隔三峡与刘备军相持。

汉延康元年(公元220年)一月,曹操死;十月,其子曹丕称帝,国号魏,都洛阳,建元黄初。公元221年,刘备在成都称帝,国号汉,世称蜀,又称蜀汉,建元章武。孙权于221年接受魏国封号,在武昌称吴王。公元222年,蜀军出峡与吴军相持于夷陵(今湖北宜都境),猇亭一战,被吴将陆逊击败,退回蜀中。公元229年,孙权在武昌称帝,后迁都建业(即建康,今南京),建立吴国。猇亭之战以后不久,蜀、吴恢复结盟关系,共抗曹军。南北之间虽然还常有战事发生,有时规模还比较大,但是总的说来,力量大体平衡,鼎足之势维持了 40 余年之久。

三国疆域，大体魏占北方，蜀占西南地区，吴占东南地区。魏国置司、豫、兖、青、徐、凉、雍、冀、幽、并、荆、扬等州，其中凉州领戊己校尉护西域；幽州地境达于辽东；南部诸州大致依秦岭、淮河分别与蜀、吴相接。蜀国置益州，自秦岭至于南中（今四川大渡河以南和云南、贵州）。吴国据有扬、荆、交三州。三国户口，魏有户 66 万余，人口 440 余万；蜀有户 28 万，人口 94 万；吴有户 52 万余，人口 230 万。

二、三国兴亡

1. 曹魏兴亡

汉末，随着曹操对北方的统一和屯田制、租调制的施行，北方社会趋于稳定，生产力逐渐恢复。政府修整道路，兴建水利，便利了交通和漕运。恢复的冶铁业中，水排得到推广，丝织业也兴盛起来。商品交换渐有起色，魏明帝时重新颁用钱币。洛阳、邺城、睢阳都日趋繁华。曹操进驻冀州后颁行租调制。建安二十一年（公元 216 年），曹操称魏王，建都于邺。公元 220 年正月，曹操死；十月，曹丕称帝，国号魏，都洛阳，建元黄初。

魏建立后不久，大权旁落。曹芳在位时发生了辅政的宗室曹爽和太尉司马懿的权力之争。曹爽重用名士三狗及李胜、毕轨等人，排斥司马懿。司马氏是东汉以来的世家大族，司马懿本人又富于谋略，屡建军功。公元 238 年，他率军平定公孙渊，使辽东归入魏版图。公元 249 年，又乘曹爽奉曹芳出洛阳城谒高平陵的机会发动政变，处死曹爽及其党羽，独揽朝政，史称高平陵事变。后来，司马懿及子司马师、司马昭陆续镇压了起自淮南的军事叛乱和其他朝臣的反抗，巩固了司马氏的统治。以竹林七贤为代表的一批玄学名士对司马氏持消极反抗态度，其中的嵇康被司马氏以非毁名教和欲助毌丘俭为乱之罪名杀害。他们之中的大部分在魏和西晋初都陆续归服于司马氏。当反抗力量都被消灭以后，司马氏趁时立功，于公元 263 年出兵灭蜀汉。两年后，司马炎以接受禅让为名，代魏为晋。

2. 蜀汉兴亡

公元 188 年，汉宗室刘焉出任益州牧。刘焉死，子刘璋继任。刘焉、刘璋相继镇压了当地豪强的反抗。公元 207 年，刘备邀诸葛亮为辅佐，提出“隆中对”战略思想。公元 211 年刘璋邀请刘备入蜀，使击保据汉中的张鲁。公元 214 年，刘备占据益州；公元 219 年，进驻汉中，自称汉中王。次年，留守荆州的关羽被孙权军袭杀。公元 221 年，刘备在成都登基为大汉皇帝，国号汉，建元章武。汉置益州，自秦岭至于南中。有户28万，人口94万，吏4万，兵10万余。刘备为争夺已失的荆州三郡，于次年东征孙权，在夷陵被东吴陆逊击败退入蜀，病死白帝城，刘禅继位。

诸葛亮辅佐刘禅，处境困难：西南夷接连叛乱；益州郡豪强雍闿执太守，求附于吴；牂柯太守朱褒、越嶲太守高定都响应雍闿，南中地区动乱扩大。公元225年，诸葛亮南征，此时孟获已代雍闿据郡。当年秋天，诸葛亮败孟获，南中平定。诸葛亮把夷人渠帅移置成都为官，把南中青羌编为军队。公元228年，诸葛亮开始北伐曹魏。以后三年，诸葛亮又屡次北伐，都由于军粮不济，没有成果。公元234年第五次北伐，病死于五丈原，汉军撤回，北伐停顿。诸葛亮死后，蒋琬、费祎等人相继为相，因循守成而已。公元258年以后，宦官黄皓等人擅权，政治腐败。姜维北伐，因受到朝廷和宦官掣肘，致使劳而无功。公元263年，魏攻灭蜀汉，刘禅投降，姜维假投降欲复兴汉室，然而失败被杀，死于剑阁。刘禅被封为安乐公，蜀汉亡。蜀汉历2帝，共43年。

3. 东吴兴亡

孙吴为孙权建立的国家，历父兄孙坚、孙策三代根基。公元222年孙权称吴王，公元229年称帝，国号吴，建都于建业，史称孙吴或东吴。东吴的统治区域包括今天的长江中下游、浙江、福建和两广地区。

孙权称帝后尚存的困难，一是对付山越的不宁，一是在巢湖地区抗拒曹魏的压力。东南州郡山区的山越人，阻险割据，甚至北联曹魏，反对孙权势力向南方内地扩张。孙权与山越进行过多次战争，屡获胜利，公元234年诸葛恪率军进攻丹阳山越，经3年围困，山越10万人出山投降，其中4万丁壮补兵，余下的成为编户。孙权统治的几十年中，山越人大体与汉人趋于融合。孙权主要军事活动在淮南。赤壁之战后，曹操军屡攻合肥地区，双方互有胜负。

东吴诸将以私兵随孙氏征战，孙吴屡以国家佃客赐给功臣，功臣往往拥有多至于数县的俸邑，因而逐渐形成武将世袭领兵的制度。同时，江南也出现了像吴郡的顾、陆、朱、张那样的占有大量土地和童仆，而且各有门风，世居高位的大族。他们和世袭领兵的武将同是东吴政权的主要支柱。孙权死后吴日趋衰弱，而魏在司马氏消灭淮南地区三次军事叛乱后日趋强大。司马氏以先灭汉后取吴作为国策，而在

孙　权

灭汉、代魏后又忙于新朝定制，吴政权暂得延续。公元269年，羊祜命王濬在益州筹建水师，并预定攻吴的军事方略。公元279年冬，西晋灭吴之战开始，公元280年3月攻下石头城，孙皓降晋，吴亡。

三、三国外交

三国时期各国多与外族互动。东北方面，有高句丽、沃沮、夫余及三韩、百济。魏晋以来天山以北及蒙古草原的民族主要有乌孙、坚昆、敕勒、丁零、呼揭、匈奴、鲜卑及乌桓等族。公元202年南匈奴归附曹操后，曹操将南匈奴分成五部，每部立帅长，并派汉人监督。乌桓族长蹋顿与袁绍结盟，并获得了单于的封号。鲜卑在东汉末期由檀石槐统一，屡次入侵东汉，他死后鲜卑分裂为东部、中部及西部鲜卑。西部鲜卑轲比能重整鲜卑后两度入侵曹魏，并响应诸葛亮攻魏。公元235年，曹魏幽州刺史王雄遣刺客将他暗杀，其势瓦解。

西部方面，当时河西诸羌和武都、阴平的羌族分别归附曹魏及蜀汉。这两国相互攻伐时都征召羌族参加作战。西南方面，公元225年蜀汉丞相诸葛亮率军平定南中之乱，降伏南蛮族长孟获，并设置庲降都督管辖。往后虽有叛变发生，但皆不大。

孙权也展开海上的发展，他派使臣朱应、康泰泛海到夷洲、亶洲补充人口、到辽东、朝鲜半岛、林邑（今越南南部）、扶南（今柬埔寨）和南洋群岛等地沟通联系，这些都扩大了孙吴在海外的影响力。大秦商人和林邑使臣也曾到达吴都建业。

四、三国经济

东汉末期，因为天灾战乱，社会受到破坏，使得经济衰退，大量农地荒废。部分豪强世族纷纷率领族人建立坞堡以自卫。在其周围从事生产活动后，渐渐成为自给自足的庄园制度。坞堡和庄园制度都是影响后来魏晋南北朝的经济模式。由于东汉朝廷的崩溃，无人重铸磨损不堪的铜钱，加上大量私钱出现。到三国鼎立后，新发行的铜钱未能广泛通行，只好正式以布帛谷粟等实物为主要货币。

1. 曹魏经济

曹魏、蜀汉、孙吴三国当中，以曹魏人口最多，垦荒的面积最广，这正是当时三国中以曹魏实力最强的原因。曹魏推行屯田制，组织流民耕种官田。这使得社会秩序恢复，增强曹魏实力。曹魏重视农业的另一实证是其大兴水利，其工程的规模和数量在三国中首屈一指。如公元233年关中一带辟建渠道，兴修水库，一举改造了3000多顷盐碱地，所获使国库大为充实。再如曹魏在河南的水利工程，其成果使粮食产量倍增，但三国食货志也指出这些水利工程许多缺乏规划，仅能收短期效果。曹魏建置大型官营手工业作坊，发展手工业生产。邺（今河北邯郸临漳县）、洛阳等贸易城市，商业经济发达，和海外有贸易往来。此外造船业、陶瓷业、丝织业、制盐业等也都十分发达。值得注意的是曹魏一直无法摆脱实物交易的经济模式，少数几次的货币改革尝试都以失败收场，这可能与其国土内缺乏大规模的铜矿矿山作为基础有关。

2. 蜀汉经济

蜀汉土地肥沃，物产丰饶，东汉末年遭受的战乱也较中原为轻。公元214年，刘备入蜀后，巴蜀地区财政混乱，刘巴提出铸直百钱，平衡物价，解决问题。当中五铢钱与直百钱并用，为犍为郡所铸，从中知道蜀铸钱不止在一地，而蜀钱终三国一代也一直是蜀国重要的输出品，甚至连魏国都大量流入跟通行。诸葛亮又派人整

龙骨水车

修和护理都江堰，保障农业灌溉。蜀汉的手工业以盐、铁和织锦业等最为发达。左思《蜀都赋》中提到"技巧之家，百室离房，机杼相和"，所以蜀锦能远销吴、魏二国，诸葛亮亦认为蜀锦为支持国家的重要物资。而南中金、银、丹、漆、耕牛、战马等贡品，令蜀汉军费有所供给，国家富裕。至蜀汉亡时，官府仍有金、银各2000斤。首都成都也是当时的商业都市之一。

3. 东吴经济

孙吴所处的江南，社会经济起步较晚，在三国时还是人口稀薄之地。然而由于这里战乱较少，使得北方人民大量迁居，带来先进的生产技术和劳动力。孙权登位后设置农官，实行屯田制，江南地区的农业生产和社会经济得到发展。纺织业方面，江南以产麻布出名，豫章郡（治所在江西省南昌市）的鸡鸣布名传千里。三吴出产"八蚕之绵"，诸暨、永安一带所产丝的质量很高。冶铸业以武昌（湖北省鄂州市）为最发达，孙权曾在开采铜矿，打造兵器。由于地处江南及海边，吴国在造船和盐业方面都相当发达，在海盐（今浙江嘉兴海盐）、沙中（今江苏苏州常熟）设官员，来管理这两地的盐业生产。孙吴在建安郡（治所在今福建省福州市）设典船校尉，海船南抵南海、北达辽东。海上贸易亦有所兴起，孙吴的商业都市以建业（江苏省南京市）、吴郡（江苏省苏州市）、番禺（广东省广州市附近）为主，其中番禺以国外贸易为主。

五、学术思想

汉晋之际的学术思想发生剧烈的变动，主要与传统思想的变化和政治斗争有关，前者成分居大。由尚交游、重品藻而变为循名责实，归于申韩。因尚名务虚伪而变为自然、率直，归于老庄。

由于东汉晚期政治败坏，局势混乱，曹操与诸葛亮采用名家或法家的思想来恢复社会秩序。曹操提倡信赏必罚，主张法治。提出"用人唯才"的观念，打破以门第或名教的标准。诸葛亮也提倡法治观念，入蜀后修明法制，执法公平。提出"治国之要，务在举贤"的主张以任才适用。他也重视军法，如街亭之战马谡违反军令而被斩，他也自贬三等。汉末魏初的名法思想为此后魏晋玄学思潮提供了基础，使名士基于政治黑暗将焦点由名法的具体问题转向玄学的抽象思辨。

经学方面，汉末郑玄之经学已甚受推崇。然而在魏晋之世，王肃继承父学而注经，其对经学的见解与郑玄不同，遂有郑、王两派互相驳难。曹魏末年，司马氏篡魏为晋。当时政治黑暗，知识分子之思想趋向反动、消沉而无出路。倾向曹氏者多是失势士子，采取清谈方式批评政治，主张自然。倾向司马氏者，则主张维持名教，使儒家作风渐起分化。因晋武帝为王肃外孙，遂被立为官学，一时黜郑申王，使王学成为宗主。

魏晋时期最突出的思想为玄学。其基本教义为《老子》《庄子》和《周易》，合称三玄。玄学家好谈玄理，不谈俗事，称为清谈，流行于魏晋时期。在公元240—公元248年的酝酿期，以何晏和王弼为代表。玄学家认为一件事情需

陶楼模型

要理解其背后原理的"本"方能了解平常所见的表象"末"，进而提倡"以本统末"的理论。又视"本"为"道"，类比为没有形体的"无"（原理、趋势），视"末"为实际现象的"有"，并认为"万物皆产生于无"。之后到司马炎篡魏建晋为止。以阮籍、嵇康等"竹林七贤"为代表，他们把焦点由思想理论转移到人生问题上。当时政治黑暗，司马氏压抑士大夫，并以崇尚名教自饰。阮籍及嵇康等人遂主张儒教的礼法压抑人性且虚伪，强调人性的解放与自然真诚。他们带头实现这个理论，形成一股

解放个性的风气。到了西晋之后，清谈之风蔓延到政治舞台上，握有大权的达官显要也大谈玄理，呈现一批在世又欲出世的权贵。裴𫖳对"自然"提出修正，主张"崇有论"，以矫"虚诞之弊"。郭象进一步证明"名教"即是"自然"，玄学发展至此已臻终结。

六、宗教发展

本时期为佛教与道教的发展时期。由于天灾人祸不断，人民纷纷寻求宗教慰藉心灵，使得宗教逐渐发展。南中诸夷族的原始宗教具有很浓厚的巫风，其性质是神话崇拜，具有多神、崇拜自然的特点，在西南地区有长远的历史，形成早期的原始宗教。

东汉民间流行黄老之学，张角建立的太平道和张道陵建立的五斗米道，都是道教的雏形，到西晋时则称为天师道。张角的太平道，在道术方面较重"守一"。以《太平经》为主要经典，又称《太平青领书》。内容庞杂，"其言以阴阳五行为家，而多巫觋杂语"。其社会思想既有维护统治阶级利益的部分，也有呼吁公平、同情贫苦人民的部分。张角拥有广大教众后，于东汉末期率其弟张梁、张宝与部属张曼成发起"黄巾之乱"，最后被东汉朝廷击败而渐渐式微。张道陵于汉顺帝时入四川鹤鸣山，造作符书，创建五斗米道。该教可能是黄老之学与当地宗教的融合，符文大多源自巴蜀巫术。五斗米道与太平道教理教义基本相同，事奉黄老之学。张鲁使教内"祭酒"诵习《老子五千文》，《道德经》成为主要经典之一。《老子想尔注》反映早期道教对《老子五千文》的解释。经其子张衡（道教）、其孙张鲁的传播，流行于四川与汉中一带。张鲁投降曹操后，五斗米道由巴、汉流传到江南一带。

七、文学艺术

1. 文学

三国文学中以曹魏文学最盛，分为前期的建安文学及后期的正始文学，其中建安文学反对靡弱诗风，被后人称为"建安风骨"或"汉魏风骨"。这是因为曹操等人热爱文学，各地文士纷纷吸附。建安文学代表人物为"三曹"及"建安七子"。其他的文学家还有邯郸淳、蔡琰、繁钦、路粹、丁仪、杨修、荀纬等。曹操具有沉雄豪迈的气概，古朴苍凉的风格，著有《短歌行》《步出夏门行》《让县自明本志令》等文。曹丕及曹植才华洋溢，曹丕著有文学评论《典论》，导致文学开始自觉发展。曹植具有浪漫气质，著有《洛神赋》等文。"建安七子"与蔡琰、杨修等人关心现实，面向人生。他们的作品反映了汉末以来的社会变故和人民所遭受的苦难，例如蔡琰的《胡笳十八拍》。

正始文学时期，由于当时政治形势受司马氏操控，文人备受压抑，难以直接面对现实。当代的作家有"竹林七贤"及何晏、夏侯玄、王弼等"正始名士"。正始作家大都通老庄，好玄学，对于社会现实不如建安作家那样执着，持比较冲淡的态度。嵇康的散文和阮籍的《咏怀诗》尚继承"建安风骨"，敢于面对司马氏政权，其文学都有鲜明的特色。《文心雕龙》提到"正始明道，诗杂仙心。何晏之徒，率多浮浅。惟嵇志清峻，阮旨遥深，故能标焉"。说明了阮籍和嵇康皆为正始文学的代表诗人。

东吴作家有张纮、薛综、华覈、韦昭等。张纮为孙权长史，与"建安七子"中的孔融、陈琳等友善。薛综为江东名儒，居孙权太子师傅之位。华覈则是孙吴末年作家。蜀汉作家有诸葛亮、郤正、秦宓、陈寿等。诸葛亮作为一代政治家，他的作品有《出师表》等。其文采虽不如他人艳丽，然而内容浅易，情意真切，感人肺腑，表露出他北伐的决心。秦宓所写的五言诗《远游》，是蜀汉流传下来唯一可靠的诗篇。蜀中亦多有学者为书作注的人，如许慈、孟光、尹默、李撰等，蜀汉后期有谯周、郤正都醉心于文学，谯周更写下了《仇国论》，讨论过度征战的缺点，及郤正依照先代的儒士，借文表达意见的《释讥》。东汉末年亦有研究谶图、术数的学者，如任安、周舒，之后出现了周群、杜琼等人。

2. 艺术

三国时期在艺术方面，东吴有很多擅长各种艺术的名士，如吴范、刘惇、赵达、严武、皇象、曹不兴、宋寿和郑妪等人，时人称为"吴国八绝"。其中严武擅下围棋，同辈中无人能胜，有"棋圣"之称；曹不兴擅绘画，皇象擅书法。

东汉末期动乱不堪，许多画作被破坏或遗失，造成损失。随着佛教的发展，开始出现以佛教为题材的绘画。三国时期的绘画，因政治动荡、社会混乱而没有取得更大的成就。三国之前，绘画主要属于"百工之苑"的技术性职业，尚未艺术化，在本时期开始出现现实题材的内容，亦是由礼教宣传过渡到宗教宣传的时期。画家也由黄河流域的中原地区转移到长江流域。当时有名的画家有曹不兴、吴王赵夫人，其他擅长绘画的有桓范、杨修、魏帝曹髦、诸葛瞻等人。孙吴曹不兴，擅长写生与绘佛画，被誉为"佛画之祖"，作品有《维摩诘图》《释迦牟尼说法图》等等。他曾把50尺绢连在一起，画一人像，心明手快，运笔而成。其作品富有立体感，世人有"曹衣出水"之称，号"曹家样"。孙吴吴王赵夫人，吴丞相赵远之妹，善于书法山水绘画，时人誉为"针绝"。她为孙权绘各国山川地形图,实开山水画之首。汉末杨修相传有《西京图》等画。曹魏桓范擅长丹青，魏帝曹髦绘画人物史实。蜀汉诸葛瞻亦工书画。

书法艺术兴起于东汉末期。从三国到西晋，隶书仍是官方通行的书体，当时的碑刻大都用隶书写成。曹魏碑文书体方正、气度庄严，少有生趣。孙吴的著名碑刻有《天发神谶碑》《禅国山碑》《谷朗碑》等。其中《天发神谶碑》以圆驭方，势险局宽，气势雄伟奇恣。本时期主要的书法家有张芝、张昶、韦诞、钟繇及皇象等人。张芝擅章草，并创新出今草。出名的作品有《冠军帖》《今欲归帖》等。张昶为张芝季弟，擅长章草与隶书。韦诞总结书法经验，著有《笔经》。其中"夫工欲善其事，必先利其器"，正是他的名言。钟繇《宣示表》《荐季直表》等作品为楷书经典之作。皇象擅小篆、隶书，尤精章草。流传作品有《急就章》《文武将队帖》及《天发神谶碑》等。

八、三国科技

1. 生产工具

马钧擅长机械应用，提升生产量，制作出水转百戏和失传的指南车，荣获"天下之名巧"的美誉。他改良汉代的织绫机，使织出的花纹具立体感，能与蜀锦相媲美。改良汉末毕岚的龙骨车，发明出龙骨水车来灌溉较高位的农田。部分梯田仍在使用。他还将发石车改造成轮转式发石车，提升抛击量与速度。

2. 运输工具

诸葛亮为了方便在山地栈道运输，发明"木牛流马"。其构造历代文献有异，学者一般认定为独轮车及四轮车，未有确实答案。他发明可以连续发射十箭的连弩，又称"元戎"。另外，据说源自诸葛亮设计，用于传递信号的孔明灯，被公认为热气球的始祖；据《事物纪原》载，诸葛亮也最早制造出长枪的原型，长枪最后渐渐取代了长矛。

3. 数学研究

刘徽为三国时期的数学家，他自幼对数学有兴趣，学习中国古代数学的重典《九章算术》。年长后于曹魏景元四年（公元263年）著有《九章算术注》，借由自己的注解，使其容易了解。之后刘徽又著作《九章算术注》第十卷，即《重差》（后称《海岛算经》），这使中国测量学达到

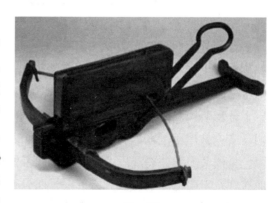

连 弩

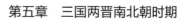

登峰造极的地步。

4. 天文地理

关于其他技术，天文学方面，有先后担任孙吴与西晋太史令的陈卓。他收集各派资讯，完善中国星官体制，并绘制星图，为后世所沿用。裴秀的"制图六体"在中国地图史上占有重要的位置。

5. 武器制造

蒲元擅长锻造铁器，他在斜谷（今陕西眉县西南）为诸葛亮制刀。其刀能劈开装满铁珠的竹筒，誉为神刀。由于孙吴位于江南地区，水路发达，造船技术发达。其战船有的上下五层，有的还能容纳士兵 3000 人。蜀汉盛产井盐，利用当地的天然气来煮盐，提升了产能。

6. 医学研究

华佗，字元化，又名旉，汉末沛国谯县人。他医术全面，尤其擅长外科，精于手术，被后人称为"外科圣手"。他曾用"麻沸散"使病人麻醉后施行剖腹手术，是世界医学史上应用全身麻醉进行手术治疗的最早记载。又仿虎、鹿、熊、猿、鸟等禽兽的动态创作名为"五禽之戏"的体操，教导人们强身健体。后因不服曹操征召被杀，所著医书《青囊书》已佚。今亳州市有"华佗庵"遗迹。

华 佗

第二节　西晋的短暂统一

晋朝分为西晋和东晋，系曹魏故臣司马氏所建。公元 265 年，司马炎代魏称帝，史称晋武帝。公元 280 年晋朝出兵灭吴，统一全国，结束了自东汉末年之后近 70 年的分裂，大一统重现。西晋统治疆域广大，但是国内各种矛盾十分复杂。晋武帝死后不久，宗室之间爆发"八王之乱"，晋朝皇室手足相残，朝廷实力被严重削弱。自东汉末年以来陆续迁徙塞内的游牧民族乘机起兵称帝，全国又陷入分裂混战的局面。晋武帝的继任者是著名的白痴皇帝司马衷，他在"八王之乱"中被杀，留下一个四分五裂的"烂摊子"。晋惠帝死后，他的弟弟司马炽继任为帝，史称晋怀帝。不久前赵的匈奴军攻入洛阳，俘虏了晋怀帝，皇族司马邺继位，是为晋愍帝。晋愍帝和晋怀帝命运相似，都是死在匈奴人的手中。大一统的西晋至此灭亡。

司马炎

一、西晋的统一

自公元 252 年孙权死后，吴国朝政开始陷入混乱。至孙皓即位，更是骄奢淫逸，政治腐败，统治阶级内部矛盾十分尖锐。晋泰始五年（公元 269 年），尚书左仆射羊祜奉晋武帝司马炎之命镇守襄阳，都督荆州诸军事，羊祜在此屯兵操练，增强军队战斗力。为伐吴做好准备，晋咸宁四年（公元 278 年）羊祜病逝，镇南大将军杜预都督荆州诸军事，继续伐吴的准备。晋咸宁五年（公元 279 年），杜预认为伐吴时机已经成熟，建议晋武帝下诏伐吴。晋咸宁六年（公元 280 年）三月晋龙骧将军王濬攻至吴都建业，吴军骄惰，不战自溃，兵至石头城（今江苏南京北郊），吴主孙皓投降晋军，吴国灭亡。至此，三国鼎立局面结束，全国再次归于统一。

二、八王之乱

太熙元年（公元 290 年），晋武帝死，其子晋惠帝即位。惠帝愚鲁无能，野心勃勃的皇后贾南风杀死辅政大臣杨骏等，掌握了政权。贾后专政引起了诸王的不满。永康元年（公元 300 年），在洛阳掌握禁军大权的赵王伦起兵捕杀了贾后及其党羽，宣布自己为皇帝。诸王不服，齐王、成都王、河间王、长沙王等都起兵反对，赵王伦兵败被杀。光熙元年（公元 306 年），政权落在东海王司马越手中，他毒死惠帝，另立惠帝之弟司马炽为帝（怀帝），至此历时 16 年的"八王之乱"方告结束。

三、永嘉之乱

晋怀帝永嘉四年（公元 310 年），汉帝刘渊死，其子刘聪即位。第二年，刘聪派石勒、王弥、刘曜等攻晋，在平城（今河南鹿邑西南）歼 10 万晋军，杀太尉王衍及诸王公。永嘉五年（公元 311 年），刘聪又遣刘曜攻破洛阳，俘获怀帝，纵兵烧掠，杀士兵百姓 3 万余人。永嘉之乱后不久。怀帝被匈奴人所杀，其侄愍帝被拥立于长安。但这时皇室、世族已纷纷迁至江南，西晋王朝名存实亡。永嘉之乱后，大量人口为避战乱从中原迁往长江中下游，史称"衣冠南渡"，为东晋偏安一隅做了准备，客观上促进了长江中下游经济的发展，中国古代经济中心逐渐转移到南方。

四、西晋灭亡

永嘉五年（公元311年），怀帝司马炽被汉军俘获，晋朝群龙无首，驻守长安的秦王司马邺被大臣立为太子。公元313年，刘聪将怀帝毒死，晋尚书、左仆射麴允，卫将军索綝、梁芬等人，于4月在长安扶立秦王司马邺为帝，是为晋愍帝。改年号为"建兴"。但这时的皇室、世族已纷纷迁至江南，西晋王朝已经名存实亡。公元316年8月，刘曜率军围攻长安。相持数月后，长安城成为一座孤城，内无粮草，外无救兵。无奈之下愍帝只好出城投降，刘曜将他押到平阳后，被刘聪废封为光禄大夫，封怀安侯。共历四帝，统治52年的西晋王朝宣告灭亡。

五、门阀政治

门阀士族是地主阶级中的一个特权阶层。它萌生于后汉，形成于魏晋。

魏文帝曹丕为了抑制浮华朋党之弊，采纳陈群的意见，郡置中正，根据当地士人的品行、才干及家世评定为九品，作为吏部授人任官的依据，由中央官员兼任的中正逐渐影响到吏部的用人权。司马懿执掌魏政后，又奏置州大中正，中正进一步操纵了士人的入仕途径。到西晋时，九品中的二品（一品从未有人，形同虚设）逐渐取得了做官的优先权，特别受重视，被称为上品，其余各品则被看作是寒士下品。由于中正之职实际掌握在魏晋禅代之际荣宠不绝的官僚贵族手中，士人品评中品行、才干两项已不被重视，唯计门资定品，家世官爵即所谓门第、阀阅成为品评的主要依据，上品因此基本上由朝廷显宦子弟把持。西晋初年刘毅上奏陈述九品有八损说：今之中正，不精才实，务依党利，不均称尺，务随爱憎，随世兴衰，不顾才实，衰则削下，兴则扶上，以致上品无寒门，下品无士族。与刘毅同时的段灼也说：今台阁选举,涂塞耳目，九品访人，唯问中正。

故据上品者，非公侯之子孙，即当途之昆弟也。得上品的官僚贵族子弟极易步入仕途，而且升迁迅速，他们一入仕，即可担任尚书郎、秘书郎、著作郎、散骑侍郎、黄门侍郎等职闲位重的官职，这些官职也由此被称为清官、清职。晋武帝初年虽多次下诏征用寒素，试图加强皇权对官员选拔的干预，改变寒门下品升进无路的状况，但终难扭转现实。如诗人左思在其《咏史诗》第二首中感叹的那样：郁郁涧底松，离离山上苗，以彼径寸茎，荫此百尺条。世胄蹑高位，英俊沉下僚，地势使之然，由来非一朝。太康元年（公元280年），晋武帝在灭吴之后颁定的户调之式中，不仅允许官员据官品占有土地和人口，而且规定士人子孙亦如之，给予在政治上已享有实际权利的士人以经济上占有人口并免除徭役的特权。这样，汉魏以来政治经济势力不断上升的世家大族终于形成封建地主阶级中一个特权阶层，士族门阀制度因而确立，门阀士族遂成为东晋南朝政治中一种最为活跃的政治势力。

门阀士族拥有特权并与庶族保持着严格界限。政治上，他们累世做职闲望重的高官；经济上，按官品占有大量土地和劳动人口，并且不向国家纳租服役；社会地位高人一等，不与无特权的庶族（又称寒门）联婚和同乘共坐。为了保护自己的特权，他们特别注意门第。他们垄断政治，排斥庶族寒门。庶族即使做官以后，依然受到士族的歧视。至于那些不愿巴结士族的庶族地主，便一生沉滞，永无晋升的希望。

六、经济、文化与科技发展

1. 经济

西晋废除屯田制，将民屯田给予农民，实施占田制及荫客制，并以课田法课税。占田制及荫客制使世族占田有法可依，平民也拥有一定大小的土地，但世族大量并购土地的问题并未解决。虽然课田法使地租比曹魏时重一倍，但由于农民由赋税更重的屯田农民构成，所以负担比屯田制稍微减轻。由于被荫庇的农民只需向荫庇者交租即可，国家税收得由其他编民齐户承担，这使更多的农民转荫至大地主名下。最后政府税收短缺，世族获得经济特权。

晋武帝很注意开垦荒地，兴修水利。如在汲郡开荒 5000 多顷，郡内的粮食很快富裕起来，又修整旧陂渠和新开陂渠，对于灌溉和运输都起到了很重大的作用。

冶炼业得到了发展，灌钢技术的发明，把生铁和熟铁混杂在一起，工艺简便，生产效率更高，钢铁的品质也更好。在热处理技术中发明了油淬，使铸铁可锻化，最后锻件成为主导地位。

纺织业用麻织成的布，马钧改良纺织机，品种及品质皆提升。当时制纸业除麻纸外也利用藤做出"藤

青釉龟形砚滴

角纸"。纸张已经可作出雪白纸及五色花笺，到南朝完全替代竹简和绢锦。制瓷业制成技术也有长足的进步，并广泛在南方地区扩散。例如浙江就形成越窑、瓯窑、婺州窑及德清窑。制茶业方面，由于晋代士人习惯饮茶并提倡以茶代酒，使需求提高，种植区域进展到东南沿海。造船业归官府管理，当时大船载重达万斛以上。由于江南水路繁多，所以十分兴盛。

2. 文化

由于儒教独尊的地位被打破，使得西晋的文化走向多元发展，不断地开发新领域与新学说。当代学派除儒教外还有由本土发展的玄学、道教及由印度东传的佛教，其中道教及佛教在该期间逐渐扩展到一般人民的生活。边疆民族的南下带来草原文化。

西晋士族，生活是优裕的，礼法的束缚是疏松的，全国统一以后，闻见也比三国分裂时扩大了。这些，使得一部分士族中人有条件去从事文化事业。西晋一朝虽极短促，但文化上成就却是巨大的。

西晋时期，社会繁荣豪奢，文学走向雕琢美化。此时期的作品大都清丽流畅，繁简适中。著名的有左思的《三都赋》，描写三国都城，内容雄浑闳博，完成后轰动京城。他的诗歌在艺术及风格上十分高超，由于出身并非有名世族而遭受排挤，在诗歌中显现出憾恨。潘岳的《悼亡诗》内容细腻，情感写实。陆机的《文赋》是一篇重要的文学理论，叙述思想与艺术主从关系。他的散文也广为人知，但过于重视辞藻及对偶。西晋的诗受曹魏"建安体"的影响，但渐渐讲究对偶及声韵。有名诗人有张载、张协、张元、陆机、陆云、潘岳、潘尼、左思。

3. 科技

道家对中国科技史亦带来贡献，其外丹、内丹修炼包含多种科学。外丹包括了黄白，也就是炼金术。以炉鼎烧炼铅汞来提炼丹药。丹药有些有毒，但有些有功效。内丹则以人体为炉、人的精气为材料、以神为运用来烧炼成"圣胎"。它的修炼方法涵盖养生学及气功。

刘徽自幼学习《九章算术》，对数学有兴趣。年长后刘徽著《重差》（后称《海岛算经》）、为《九章》作注，加入自己的心得，使其容易了解。《九章算术》代表中国古代数学体系，确立中国数学以计算为中心。

裴秀任地官，为地图学家。他收集史料，研究地图，完成《禹贡地域图》；科学地描绘出当时山脉水文的分布及行政区划。他总结前人绘图方法，提出制图六体的方法：分率（比例大小）、准望（物体方位）、道里（道路距离）、高下、方邪及迂真（此三项代表地形起伏所带来的误差）。

第三节　五胡十六国

从西晋灭亡到北魏统一北方期间，中国北方和部分南方地区是"十六国"。中国北方境内主要是五个北方民族在活跃，它们分别是匈奴、鲜卑、羯、氐、羌。十六国时期，汉地江南、荆湘地区由东晋控制，而汉地北部和西南部则先后建立了 20 多个国家，包括成汉、前赵、后赵、前凉、北凉、西凉、后凉、南凉、前燕、后燕、南燕、北燕、夏、前秦、西秦、后秦等。十六国时期（公元 304—公元 439 年）是中国历史上的一段大分裂时期，也是中国北部民族割据并开始走向民族融合的时代。这期间战乱频繁，生灵涂炭，北方成为一片炼狱战场。

一、十六国风云

两汉以至魏晋，为了便于控制，也为了补充兵源和劳动人手，朝廷经常通过强制和招引，使边远地区的少数民族相继内迁。西晋时，西自今青海、甘肃，东经宁夏、内蒙古、陕西、山西、河北以至辽宁，南到河南，都有少数民族人与汉人错居杂处。其中除辽河流域的鲜卑和青海、甘肃的氐、羌外，大都由原住地迁来。早在晋初，由于晋政权和地主豪强的压迫和剥削，也由于少数民族的权贵谋求恢复他们在本族中已失去的权位和满足他们的掠夺贪欲，以民族形式组织起来的暴动甚至战争已不断发生。到惠帝时（公元 290—公元 306 年）皇室内的夺权斗争由宫廷扩散到地方，混战使人民饱受痛苦，也削弱了晋政权的统治力量。惠帝晚年，阶级矛盾和民族矛盾一齐激化，西晋王朝崩溃。从公元304 年巴氏李雄和匈奴刘渊分别建立政权开始，到公元 439 年魏灭北凉止，136 年间，在中国北部和四川先后建立了习惯上称为十六国（其实不止 16 个国家）的各族割据政权。其中除四个汉族政权（西凉、北燕、前凉、冉魏）外，建立这些政权的统治者

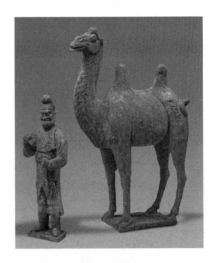

胡人牵驼陶俑

为匈奴（包括匈奴卢水胡和匈奴铁弗部）、羯、鲜卑、氐、羌五族，史称"五胡"。

以公元383年东晋和前秦的淝水之战为界，十六国的建立可分前后两期：前期的政权有成汉、汉和前赵、后赵、前燕、前秦、前凉，还有鲜卑拓跋部的代和冉闵的魏不在十六国内。后期的政权有后秦、后燕、南燕、北燕、后凉、南凉、西凉、北凉、西秦、夏，此外还有西燕不在十六国内。

这16个政权互相攻战，乍兴乍亡，建国的时间都很短暂，而且特别混乱，这一段特殊的历史时期，历史上称为"五胡十六国"时期，或简称十六国时期。

各少数民族政权是在众多汉人居住的地域上建立的，为了巩固其政权，各族统治者无一例外地都力图取得固有封建势力的合作。后赵石勒颁布法令，不准侮辱"衣冠华族（即士族）"，并恢复为士族服务的九品官人法，派遣专职官员掌管士族定品和参加选拔。对于汉族人民，石虎是个非常残暴的异族君主，蓄意"苦役晋人"，作为消除反抗力量的措施；另一方面他也尊重传统的士族特权，不仅继续承用九品官人法，并且下令被征服的前赵境内（雍、秦二州）士族也给予免役和优先选任官吏的权利。辽河流域涌入大量流人，因此前燕政权之始就任用作为流人首领的中原士族参加统治，有的甚至领兵征伐。以后前燕分支后燕、南燕也都承用这一以汉制汉政策。后燕慕容宝曾"定士族旧籍"，前秦苻坚也恢复"魏晋士籍"，其目的都在于区别士庶，一面承认士族的免役特权，又一面清除挤入士族行列的庶族，以免减少劳役征发对象。以上举的只是一些明显事例，其他各少数民族政权在不同程度上都有迹象表明他们对于士族特权的尊重，也都吸收士族豪门参加统治。

二、分裂与融合

在这个历史时期里，各族之间征服与被征服，统治与被统治的关系经常变换，民族压迫与反压迫的斗争反复进行。长期的动乱，统治者的狂暴屠杀和劫掠，漫无限制的劳役，给各族人民带来巨大灾祸。在战乱中生产极其困难，有时人民需要背着盾，带着弓箭到地里劳动，为了生活与生产，大量的劳动人民不得不投身坞壁主或在部落贵族的武装庇护下成为荫附户口。各族政权为了便于奴役，常常通过军事征服把各族人民迁到自己国都周围；一个政权消灭，另一个政权建立，随着统治中心的转移，又进行另一次的迁移。这种频繁的迁来迁去，使人民的生活与生产更加不能安定。

1. 政治

十六国时代统治的一个特色是胡汉分治，将汉人与胡人以不同的制度作统治。以汉赵（即前赵）为例，刘聪同时居皇帝（汉人的君主）和单于（胡人的首领），汉人以户为单位设官统治，而胡人以落（指以帐篷营生的单位）为单位，设不同系统的官员来统治。另一个统治特色是，以种族、部族为中心的政军结构。

许多国家延续原本游牧社会中，以部族和血缘为中心的体制，国家仅是各部族之间的联盟，因此各部族领袖在军政上有较高的权力，皇帝的君权不能如其他朝代那样直接透过官僚机构达成，也容易因宗室、部族领袖之间发生内讧而造成内战。前秦的苻坚和王猛即希望加以改革但尚未完全成功，后来北魏的拓跋珪将部落解散，设立新的统治机构，才逐渐减弱这种统治特色。

许多五胡的君主如刘渊、苻坚等皆深染中原文化，所以皆采用中原文化如提倡儒术、禁止烝妻报嫂等等。九品中正制也继续使用，用来拔选世族（亦作士族）人才，使为己用。当时世族之所以和胡族君主合作，主要是为了苟全性命，许多世族轻视胡族君主文化低落。甚至有些世族，告诫子孙不可将出仕胡族的经过写在墓碑上。

石勒曾典定士族九法、慕容宝定士族旧籍、苻坚复魏晋士籍，皆用来承认世族权利。石勒每破一州，必集中世族于"君子城"或"君子营"，下令不可欺辱之。华北动乱时，众多人民逃往辽东，慕容廆设侨郡收留，并辨别世族清浊，后来这些世族成为前燕的基石。直到后燕、西燕及南燕仍然继续执行。前秦苻坚受谋士王猛影响，十分热爱汉文化。他在攻灭前燕后，即听王猛建议，重用关东世族。后来在王猛与众士大夫经营之下，前秦国力提升。苻坚也接受"大一统"的思想，发兵南征，但大败。北魏拓跋鲜卑自开国之初即重用清河崔氏，大约亦采用九品中正制，至拓跋焘时期已出现了"中正官"的记载。这些都助长了北方世族的发展。

2. 社会

五胡乱华后，中原残破不堪，人民四处逃难，形成流民潮。诸国君主亦掠夺人口，以充实国力，深深破坏北方的社会结构。残留在北方的世族，在面对险恶的环境下，有些聚集乡民和自家的附属人口，建立坞堡以便自守。而流民也纷纷投靠，形成人数众多的部曲。有些则与诸国君主合作，以保本族安全。五胡君主在建国后，为了能够统治中原地区，也需要熟悉典章制度的士大夫（世族）的协助。由于处境艰困，北方世族对同族常存抱恤的温情，家族组织趋向大家庭制，有远来相投的亲戚，莫不极力相助。在团结力量及参与政事后，北方世族并没有因战乱而衰落，反而经过长期相处，使胡人融入汉人文化中。

坞堡是一个自给自足的社会组织，投奔的流民可以受坞堡保护。人民必须服从坞主命令，平时接受军事训练及农业生产，战时成为保卫坞堡的战士。人民的生产所得也须课税给坞主。坞主除负责生产与作战外，也要提倡教育及制定法律。由于坞堡众多又难攻破，往往会左右战局，使得五胡君主十分忌讳。例如祖逖在北伐时，由于与当地坞堡合作，最后成功收复黄河以南领土，与石勒隔河相持。五胡君主为了解决坞堡问题，往往会与其妥协以笼络之。到北魏宗主督护出现，坞堡的时代渐渐过去。

3. 分裂与融合

十六国时期是一个民族分裂时期，同时又是各族大融合的时期。由于各族统治者的暴行和暴政，给人民带来严重灾祸。社会经济和文化遭到严重破坏，但被破坏的经济在不同时期有所恢复，西南、西北、东北几个地区在不同程度上还有所发展。被破坏的传统文化终于保存下来，而且在一定程度上吸收了西部和北部各族文化，甚至还吸收了外来文化。经由这场动乱，内迁各族的社会形态发生了很大变化，有的进一步接受汉族成熟了的封建制度，有的由家长奴役制进入封建社会。各族成员都按照各自的阶级成分逐渐分别与汉族地主和农民两大阶级融合。在136年中，有的种族名称基本上已经消失，例如匈奴、羯、巴氐、河西鲜卑，都已成为汉族的组成部分。

三、经济发展

总的看来，这一时期中国北部的社会经济遭到严重破坏，但是不同区域、不同时期，情况也不尽相同。经过流民起义建立起来的成汉政权地处西南，李雄统治的31年内（公元304—公元334年）"事少役稀，百姓富实"，益州成为全国最安定的地区。在北方，前凉统治的河西走廊和前燕统治下的辽河流域，都比较安定。西晋末年乱时，中原人民纷纷避难，大致黄河以南的人民南下江南；关中秦、雍地区人民小部分南流巴蜀、荆州，大部分西迁河西走廊；河北人民北入辽东、辽西。前凉、前燕地处边远，地广人稀，大量人民的流入提供了开发荒地的劳动力。前燕慕容皝统治时（公元333—公元348年）开放供贵族游猎的官地，仿照曹魏分成办法，使流人佃种，显然有利于荒地的开发。前凉的农业、畜牧业都有所发展，特别是60年（公元317—公元376年）较稳定的政局，保证了自古以来著称

十六国时期九子莲花灯

的丝绸之路畅通，凉州州城姑臧成为国际、国内东西使节、商旅往来的枢纽。

黄河南北与关中地区是遭受战祸最剧，社会经济破坏最严重的地区，但在战事间歇期间，有的统治者为了巩固其政权，不得不推行一些有利于生产的措施，使被破坏的社会经济有所恢复。后赵石勒经过一番杀掠，在占领河北后颁布的租调征收额却比西晋轻减，还曾派使者出去劝课农桑；石虎统治之初（公元335年左右），征集的大量租谷，下令每年输送100万斛到京都，其余储藏在水道旁的粮仓。大量租谷当然为剥削农民所得，但也表明后赵境内农业有所恢复。曾经一度统一北方的前秦，政治比较清明，苻坚信任汉人王猛，抑制氐族权贵，奖励关心农业生产的清廉官吏，史籍称赞当时"豪右屏气，路不拾遗"，平定前燕后，据说"关陇清晏，百姓丰乐"，从国都长安到境内各地商贩在驿道上往来不绝。这些话虽不能尽信，也反映了继前、后赵破坏之后，关中的农业、手工业和商业在这时获得恢复和发展。继前秦的后秦姚兴统治时（公元394—公元416年）虽然兵戈不息，也还注意政治，曾下令解放百姓由于饥荒而自卖的奴婢，并注重刑罚，惩治贪污，这些措施直接间接有利于前秦末年大乱后关中经济的恢复。其他如西凉李暠（公元400—公元417年在位）在玉门、阳关扩大耕地，注意农业，史籍记载"年谷频登，百姓乐业"；北燕冯跋曾减轻赋役；南凉秃发乌孤也注意农桑，他们统治的一隅之地也曾为生产提供了较有利的条件。

四、文化与教育

边疆各族在华北地区立国后，互相混战。在这些国家中，以前秦（氐族）和后秦（羌族）的文化最为兴盛，其次则是鲜卑慕容氏建立的前燕及后燕。此外，汉族张轨、李暠所建立的前凉和西凉，更是当时的文化中心，史称"河西文化"。各国的统治者为了维护政权的稳定也发展教育。前赵刘曜设置太学、小学，选拔人才。前燕慕容皝设置官学，并著教材《太上章》和《典诫》。后秦、南凉设置律学，召集地方散吏入学。这促使北方各族接受汉文化，对于民族融合具有积极意义。

前凉政权抗拒了刘曜、石虎的入侵，凉州（今甘肃武威）是北方最安定的地区，传统的汉魏制度和文化在那里受到尊重。前凉政权建立前，张轨任凉州刺史，到任后建立学校，征集管内九郡士族官僚子弟500人入学。西凉李暠也曾立学，增置高门生至500人。根据吐鲁番出土文书和石刻，西凉和北凉都曾在境内策试秀才。由于凉州没有遭到严重破坏，保留汉魏旧籍较多。公元314年，晋愍帝定都长安时，前凉张寔曾进献经史图籍。公元437年北凉沮渠牧犍向南朝刘宋进献各类书籍 154 卷，其中多数是凉州人的著作。

为了获得统治者需要的人才，加强与固有封建势力的合作，有些少数民族统治者还设置学校。前赵刘曜设置太学、小学，选拔百姓 25 岁以下、13 岁以上资质可教的 1500 人为学生，太学生后来通过考试，授予官职。所谓"百姓"实际上应是士族豪门子弟。后赵设置太学、四门学、郡国学，学生是将佐和豪右的子弟，将佐可能也包括部分少数民族人。前燕慕容皝设置"官学"，入学的是大臣子弟，称为"高门生"，达千余人，他还自著开蒙读物《太上章》和《典诫》15 篇作为教材。南燕慕容德南渡称帝，坐席未暖，就设置太学，选公卿、士族子弟 200 人为太学生。后秦姚兴时，来自各地的一些老儒生在长安开馆授徒，聚集生徒一万几千人。姚兴经常接见这些老儒，还鼓励诸生游学洛阳。特别是他设置律学，召集地方上没有专职的"散吏"入学，其中学得好的便派回原来郡县主管刑狱。律学的设置开唐代的先声。那时甚至在不太安定的南凉，秃发利鹿孤当政时也曾设立学校，置博士祭酒，教导贵族大臣子弟。设学授经，固然为了统治者的需要，但客观上有利于遭到严重破坏的传统文化的保存与传播，而且促使部落上层分子加快接受汉文化，对于民族融合具有积极意义。前燕王慕容皝能够著书作教材，前秦苻坚弟苻融、从子苻朗都读书能文，通晓佛学、玄谈。苻朗的著作《苻子》，至今还有片断流传。姚兴能讲佛教经典，又通晓佛学。他们接受传统文化，表明少数民族上层分子汉化的深度。

五、文学与艺术

该时期的作品以前凉和前秦的文人居多。前凉的张骏著有乐府诗《薤露》《东门行》两首，收录于《乐府诗集》。前凉大臣谢艾的奏疏曾被《文心雕龙》提到，他的文集可在《隋书·经籍志》中看到。西凉李暠所著的《述志赋》载于《晋书》本传，这篇赋表现出他建功立业的志趣和对西凉局势的忧虑，颇有文采。前秦赵整著有两首五言四句诗，用比兴的手法讽谏苻坚。他还有一首琴歌《阿得脂》是杂言体，有些字句难解，大约杂用氐语。苻坚的侄子苻朗为散文家，作有《苻子》，其中有不少片段颇具文学意味。女诗人苏蕙的《织锦回文诗》虽然有文字游戏的意味，但仍表现出遣词用语的功力，成为流传不绝的佳话。另外，后秦宗敞为王尚申辩的奏章，被吕超认为可与曹魏的陈琳、徐干，以及西晋的潘岳、陆机相比。后秦胡义周为赫连勃勃作《统万城铭》，《周书·王褒庾信传论》赞其为典雅庄重。

民族的大融合带来艺术文化的交流与整合，由于多元民族文化的渊源，不仅增补了固有文化停滞的不足，更可以强化文化新生发展的生机。由于佛教的兴盛，带动石窟雕像的发展。这个时期最突出的建筑类型是佛寺、佛塔和石窟。

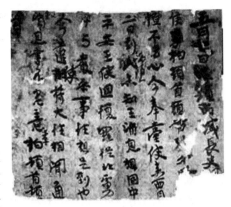
《李柏文书》

佛教的兴盛带来高层佛塔的建筑以及印度、中亚一带的雕刻、绘画艺术。使当时的石窟、佛像、壁画等有了巨大发展，将汉代比较朴直的风格，变得更为成熟、圆淳。位居中国四大石窟的敦煌莫高窟和麦积山石窟，都是在十六国时期开始建造的。

麦积山石窟始建于后秦时期（约公元384年前后），素有"东方雕塑陈列馆"美誉。敦煌莫高窟则建于前秦时期，是世界上现存规模最大、内容最丰富的佛教艺术地，以精美的壁画和塑像闻名于世。由于当时敦煌与西域各国交流频繁，使得早期的莫高窟包含河西文化及西域艺术的风格。其中属于十六国时期的275窟，绘有本生、佛传等故事画。这些绘画以圈圈晕染的方式凸显出人体特征，并以细线勾勒，画风豪放生动，是当时壁画的典型风格。

书法方面，著名的作品有前凉的《李柏文书》、前秦的《譬喻经》、西凉的《十诵比丘戒本经》和《妙法莲华经》等。其中《李柏文书》与东晋王羲之的《姨母帖》皆保存行、楷书变迁过程，对书写考究与风格变化有很高的参考价值。其他作品则介于书、楷之间。至于碑刻方面，著名作品有前秦的《广武将军碑》及《郑太尉祠碑》、北凉的《沮渠安周造像碑》等。其字体大多在隶、楷之间，风格朴茂古拙。《沮渠安周造像碑》为沮渠安周在高昌所立，原石在新疆吐鲁番高昌故城出土。《广武将军碑》则于前秦建元四年（公元368年）刻。笔画浑朴，结构拙厚，天趣浑成。书法家于右任曾作《广武将军歌》以推崇之。由于前秦碑文稀少，所以此碑与《邓太尉祠碑》皆备受珍惜。

第四节　偏安江南的东晋

建武元年（公元317年）琅邪王司马睿（即晋元帝司马睿）在江南即晋王位，都于建康。元熙二年（公元420年），为刘裕所灭，史称东晋。

东晋王朝偏安江左，借助长江天险和江南富饶的人力和物力，与中原十六国对峙，延续了 11 帝，共 104 年。东晋是依靠门阀士族的支持建立的，东晋统治阶级内部矛盾错综复杂，皇权与士族之间、南北士族之间、北方士族之间、门阀士族与低级士族之间的内争不断发生。

一、东晋概况

公元 316 年，西晋灭亡。公元 317 年，琅邪王司马睿在南渡过江的中原士族与江南士族的拥护下，在建康称帝，国号仍为晋，司马睿就是晋元帝，因其继西晋之后偏安于江南，故史家称之为东晋。

晋元帝司马睿死后，继任者是明帝司马绍。他是元帝的长子，从小就聪明伶俐，即位不久就遇到王敦叛乱。幸好他任老臣王导为执政平定叛乱，巩固了东晋统治。晋明帝是东晋最有为的皇帝，可惜英年早逝，27 岁就驾崩了。

北方前秦统一北方后，曾试图南攻统一中国。东晋在大臣谢安的领导下打败了强敌，赢得淝水之战的胜利，稳定了江南局势。但是赢得战争的东晋很快就陷入了内乱。桓玄继承父志起兵东向，攻入建康，平叛者是北府兵将领刘裕。东晋的最后两任皇帝是晋安帝和晋恭帝。公元 420 年，刘裕代晋，改国号为宋，东晋亡，共历 11 帝，存在 104 年。

东晋的官员大多是通过采取九品中正制推选而出的，这一模式，主要是承袭了东汉乡里评议传统，于战乱时期人才流动的条件下发展而来的。东汉时期，孝廉察举为地方士人走进官场的一条重要途径，其主要是根据乡里评议决定。汉代已经有以九品之法来对人物优劣进行区分的习俗。清议名士成为乡里评议的实际掌握者，他们有权利干预政府用人，互相勾结。这些名士又通常是地方大族或受到大族支配的人，他们聚合在一起，对相关政治人物任意褒贬。东晋为门阀政治发展的鼎盛时期，皇帝没有多少实权。司马睿主要是有了南方官僚士族的拥戴才得以当上皇帝，东晋政权初建之时，先后平息了王敦和苏峻的叛乱，统治逐渐稳定下来。门阀大族王、谢、庾、桓先后掌控着王朝政局。

东晋虽然偏安于江南，但以王、谢、桓、庾四大家族为主的北伐，在东晋时曾进行过多次。公元 313 年，大将祖逖收复河北，后因受到朝廷的排斥，最终未能完成统一大业。桓温的三次北伐很著名，但

司马睿

都未能巩固北伐成果。公元383年，前秦南下，在宰相谢安的运筹下，谢石、谢玄率北府兵取得了淝水之战的决定性胜利。之后收复了徐、兖、青、司、豫、梁六州，取得了东晋北伐历史上的第一次重大胜利。北府兵将领刘裕起兵镇压农民军，通过北伐树立威望，最终取代东晋。

汉末魏初所抑制的是渐趋没落的世家大族，为曹氏政权所不容。而新出门户靠的便是九品中正制，其势力飞速发展，重新成为统一中央政权的威胁。到东晋，皇权势微，门阀政治兴盛起来。豪门大族十分重视威望，家学世代相袭。在地方上注重破私财，赈恤贫民，调解民间纠纷，领导农业生产，协助其他宗族与乡党得以独立生存。由于东晋统治者偏安于江南，门阀大族致力于南方的庄园经营。北方大族及大量汉族人口迁徙江南，促进了社会文化的发展。中国的文学发展一直处于大步前进的时期，东晋出现了山水诗人谢灵运、田园诗人陶渊明等，他们对旧体诗作出改革，为隋、唐的诗文盛世创造了前提条件。北方的手工业技术与南方的技术相互融合，使东晋的手工业水平比西晋有了大幅度的提高。南下的北方农民和土著农民开辟南方广大的山泽荒野，促进了江南的开发，使中国经济重心开始由黄河流域向长江流域转移。

二、司马睿建东晋

晋元帝司马睿（公元276—公元323年），字景文。司马懿的曾孙，司马觐之子。东晋开国皇帝。

司马睿出生于动乱的战争年代，经过了战争的洗礼。他的父亲是西晋朝的琅邪王。父亲去世后，他世袭了父亲的职位。随后又被提升为安东将军，都督扬州江南诸军事，由下邳移镇建邺（后又改名建康，今江苏省南京市）。

建兴四年（公元316年）八月，西晋宣告灭亡。司马睿的部下看到时局不稳，于建兴五年（公元317年）三月拥奉他为晋王，改年号为"建武"。建武元年（公元317年）三月称帝，定都建康，史称东晋。

司马睿即位后，因为他在皇族中声望不够，势力单薄，再加上本人才能也不高，社会交往不足，所以得不到南北士族的支

南京六朝砖室墓砖画之阮咸

持，皇位不稳。为了能够保住皇位，他重用了政治家王导。王导运用策略，使南方士族极力支持司马睿，也使北方南迁的士族也决意拥护司马睿，维持了东晋政权，稳定了动荡的局面。司马睿十分感激王导，任命他为宰相，执掌朝政，让他的堂兄王敦都督江、扬、荆、湘、交、广六州军事，握有重兵，控制军权。其他重要的官职，大多数都由王导家族担任。从实际上看，东晋王朝已经成了王导和司马睿共同掌握的朝廷。司马睿在登基大典上，几次请王导和他一起坐上宝座，接受群臣拜贺，王导谢绝。时人曾流传说："王与马，共天下。"

司马睿在稳定了皇位后，开始不满"王马共天下"的局面，他开始起用刘隗、刁协为心腹，以此来削弱王导的势力，并暗中进行军事部署，试图将王导的势力排除出去。但这时的王敦已经察觉，他先发制人，从武昌起兵击败刘隗，进入建康，杀死刁协。在王导的劝说下，王敦这才退兵回了武昌，政权仍然由王导控制。

看到无法将王导排除出去，司马睿觉得自己贵为天子，只是有名而没有实权，跟一个傀儡一样，于是渐渐忧愤成病，卧床不起。他想到大臣中只有司徒荀组对自己比较忠顺，就任命他为太尉兼领太子太保，打算让他参与朝政，钳制王导。不料司徒荀组受任不久就病死，司马睿更加忧伤，病势加重。

永昌元年（公元 323 年）闰十一月己丑日（1 月 3 日）晚，司马睿病死于建康宫中的内殿，享年 47 岁。

三、祖逖北伐

东晋建立以后，北方一直被几个少数民族统治割据，北伐中原、光复故土是许多南迁人士的愿望。在这种背景之下，祖逖开始筹划北伐大计。祖逖（公元 266—公元 321 年），范阳人，少有大志，历史上一直流传着他"闻鸡起舞"的佳话。祖逖亲见北方匈奴贵族对中原人民的残暴统治，立志北伐，恢复中原。他向司马睿请求北伐。司马睿任命他为豫州刺史。在经过一番准备之后。祖逖率部渡江北上，击楫中流，说："祖逖不能清中原而复济者，誓不再回江东！"祖逖北伐得到了中原人民的响应和支持，北伐队伍迅速扩大。祖逖身先士卒，不蓄私产，与将士同甘苦。北伐战争取得一定的成就，迫使"石勒不敢窥兵河南"。就在此时，东晋内乱将起，祖逖自知北伐无望成功，忧愤成疾，公元 321 年病死。祖逖死后，石勒又攻占河南，北伐失败。

四、刘裕建宋与东晋灭亡

刘裕本是东晋北府兵的一名将领。当时大将军桓温的儿子桓玄依仗父亲的权势想谋朝篡位，逼晋安帝退位。刘裕带兵击垮了桓玄，因平乱有功，掌握了东晋大权。虽然大权在握，但刘裕在士族中还是没有什么地位，为了提高威望，他决定发动北伐。

公元409年，刘裕从建康出发，先出兵包围了南燕国都，没有多久就把南燕消灭了。过了几年，刘裕平定了南方的割据力量，再一次北伐，进攻后秦。他派大将王镇恶、檀道济带领步兵，从淮河一带向洛阳方向进攻，自己亲自率领水军沿着黄河向西进军。那时候，北方鲜卑族建立的北魏开始强大起来，它的势力已经发展到黄河北岸。北魏在北岸集结了10万大军，阻止东晋大军渡河北上。

面对这种情况，刘裕想出了一个办法。他派一位将军带700名兵士、100辆兵车登上北岸，沿岸摆开一个半圆形的阵势，两翼紧紧靠着河岸，中间鼓出，当中的一辆兵车上竖了一根白羽毛。因为这种布阵形状像个月钩，所以名叫"却月阵"。晋军在却月阵后面布置好1000多支长矛，装在大弓上。这种长矛约有三四尺长，矛头特别锋利，每支长矛能洞穿三四个人。魏兵向晋军猛攻时，晋军兵士们就用大铁锤敲动大弓，使长矛飞向魏军，几万名魏兵一下子就被射死了好几千。其他魏兵不知道晋军阵后还有多少这种武器，吓得抱头乱窜，全线崩溃。刘裕打退魏军，顺利西进。接着，刘裕派王镇恶攻下长安，灭了后秦。

刘裕把他一个12岁的儿子和王镇恶留在长安，自己带兵回到南方。过了几年，晋安帝死去，刘裕认为时机成熟，就派人劝说刚刚即位的晋恭帝让位。公元420年，刘裕即位做了皇帝，改国号为宋，这就是宋武帝。东晋王朝灭亡了。

五、经济发展

1. 庄园经济

东晋时期庄园经济在社会经济中所占的比例比北方更大。早在孙吴时期，江南经济日益开发。当时吴姓世族即拥有众多的庄园。晋室南迁后，中原人口大量南迁，改善了南方地广人稀的问题。侨姓世族大量开发无主土地，建立方圆数十里至数百里的庄园，将劳动力有效组织起来。由于世族垄断土地，占夺田园山泽，使得贫富差距极大。所以王导曾于晋成帝咸和五年（公元330年）实施度田收租，以改变西晋时将田租与户调合一征收；咸康二年（公元336年）颁布"壬辰诏书"，禁止占山护泽。这些都有减轻百姓负担的意图。

当时庄园除了有部曲、佃客外，还有门生及奴隶。中原人士带来北方精耕细作的技术，推广牛耕加快耕田速度。东晋南朝重视水利，代有修筑。最后，南方的水田普遍开发，农作物品种增加、生产量提高（如岭南地区一年可两熟）。长久下来使中国的经济中心南移。

2.农业

南北劳动人民相互学习、辛勤劳动，是江南经济发展和繁荣的重要原因。经济发展首先表现在农业上，垦田面积日益增多，耕作技术有很大改进，牛耕已经普遍推行，粪肥也在推广，单位面积产量增加，麦、菽等北方作物开始在江南种植。三吴地区的农业尤其发达，水利工程的兴修很受重视。人们在河道建立堰闸以控制水位，旱则开启，引江水灌溉；涝则关闭，避免泛滥成灾。又筑堰围湖，开垦出土壤肥沃、产量很高的"湖田"。因此，三吴成了江南粮食的主要产区。

3.手工业

其次表现在手工业，冶铁作坊如梅根冶（今安徽贵池区）与冶唐（今湖北武昌），除兵器外，多为生产工具和生活用具。技术也有显著进步，创杂炼生鍒法，即把生、熟铁混杂冶炼，反复锤打，成为质量较纯的钢铁，养蚕缫丝技术大见提高，豫章郡（治今江西南昌）蚕茧一年收获四五次，而永嘉郡（治今浙江温州）一年收获八次。国家专门设立锦署，使丝织业逐步发展起来。由于江南河流纵横，为适应经济、军事的需要，造船业特别兴旺，既能制造载重2万斛（约2000吨）的大船，又能制造速度很快的舰只。其他如制瓷、造纸、漆器等也都具有很高的水平。经济的发展促进商业和城市的繁荣。

六、魏晋儒学与玄学

汉代的儒家哲学带有浓厚的神秘色彩，尤其以天人感应说以及谶纬符命等怪论的流行为尚，这种思想氛围使得儒家学说成了巩固政权的工具，而不再能够担负指导人生理想的任务。再加上东汉末年宦官为祸，政治昏暗混乱，君主以篡夺残杀相尚，仕宦以巧媚游说相欺。于是到了魏晋时代，一般士大夫转而竞尚虚无，谈玄说理。有的嬉笑怒骂，行近癫狂；有的袒裼裸裎，违叛礼法。而《老子》《庄子》《周易》之学，便成为当时知识阶层灵魂的寄托了。

清谈，亦称"玄言""玄谈""谈玄"，是魏晋时期崇尚虚无空谈名理的一种风气。始于魏，上承东汉末清议，从品评人物转向以谈玄为主，以《周易》《老子》《庄子》"三玄"为基本内容，用老庄思想解释儒家经义，摈弃世务，专谈本末、体用、有无、性命等抽象玄理，到晋王衍辈，清

张 华

谈之风大盛，东晋佛学兴起后渐衰。

魏晋的清谈主要分为两派，分别为玄论派与名理派。何晏、王弼在玄论派早期非常有名，后来在竹林七贤的兴起下达到鼎盛，而刘劭、钟会代表着名理派的最高成就。在东汉末年，大多数高人名士都喜欢谈论，谈论的内容大都会偏重人物的品质评价，不过只是凭借直觉的观察方法，用以鉴别人物。这一时期，老庄之学和名家的论辩还没有对之产生多大的影响，然而谈论的风气确实对魏晋清谈的发展起到了推动作用。率性而为、慷慨大气以及服药饮酒、扪虱而谈这种种放荡不羁的行为只不过体现了魏晋风度的表象。出现这种表象的内在精神，却并非像这些形迹本身所表现出的绝对自由精神。魏晋最为注重的风度无外乎飘逸与沉重，豁达与执着，欢乐与悲戚，奔放与压抑等对立文化性格的矛盾体，最终根源在于士族本身存在双重性格的内在冲突。

玄论派富于浪漫精神，他们所崇奉的是老子，早期何晏、王弼只注重《老子》《易经》，还未及于《庄子》，到了竹林七贤的时代才又加进《庄子》，于是逍遥齐物之论便成了他们最喜欢谈论的题材。在初期，他们对儒家采取调和的态度，到了此时，则由调和的态度改为正面的攻击了。薄周孔、反礼法成为玄论派共同的信仰。竹林名士志趣相投，到风景清幽的竹林里饮酒清谈，讨论《老子》《庄子》《周易》的玄理，发明奇趣、振起玄风。尤其嵇康是当时学界的权威，还有王衍、乐广等政界的巨子，玄学清谈由这班人来提倡，后进之士自然要大肆仿效了。于是退可得名，进可干禄，矜高浮诞的歪风就日盛一日了。

另一方面玄风也有其坏的影响，玄学的"虚无""无为"之说，为一些士大夫不关心社会、逍遥空虚、生活腐化、道德堕落提供了挡箭牌。魏晋当代有不少进步的思想家出来反对玄学谬论，反对清谈歪风。玄学和清谈，是一定历史条件的产物，它的风行和魏晋时代门阀地主占统治地位有密切关系，随着东晋王朝灭亡，门阀地主衰落。以及佛教在南朝的兴盛，玄学逐渐退出了历史舞台。

七、文学艺术

东晋虽偏安江南，在文学上却有一定成就，各类诗文歌赋都大盛于西晋。著名的文学家有谢灵运、陶渊明、王羲之等。中国四大民间传说之一的梁山伯与祝英台的故事也发生在东晋时代。

东晋的首都建康成为文化中心，吸引许多东南亚、南亚的佛教僧侣及商人前来。公元338年所铸造模仿罽宾的佛教模型，为今日所知最早的鎏金铜佛像。东晋的陶器形式较西晋时期创新。南京富贵山曾挖掘出此时期的墓穴，根据史料记载，此处为东晋皇室墓葬的地点。

绘画方面，顾恺之善绘仕女山水，务求传神，史称"画圣"。他所绘的《女史箴图》，强调人物在眼神的悟对与手势的搭配。衣饰襟带的飘举，身上衣裳的鼓起，似有"气"环绕全身，达到中国绘画最高评价"气韵生动"。传为顾恺之所绘的《洛神赋图》亦有相同水准。至于山水画仍处于图案阶段，尚未生动，至南朝方有起色。

书法方面，楷书名帖有王羲之的《十七帖》、王献之的《鸭头丸帖》等。介于楷书与草书之间的行书开始流行，书写简易且流畅，著名的有王羲之的《丧乱帖》《兰亭序》等。

《女史箴图》

第五节　南朝政权的嬗代

南朝（公元420—公元589年）四朝都建都于建康。其疆土以刘宋时最广，黄河以南，淮水以北以及汉水上游大片地区皆属于宋。大明八年（公元464年）计有扬、南徐、南兖、南豫、徐、青、冀、兖、豫、东扬、江、郢、荆、湘、雍、梁、南秦、益、宁、广、交21州。宋明帝时，淮北的徐、兖、青、冀四州和豫州的淮西诸郡被北魏占领，南朝疆土从此压缩到淮水以南。齐对刘宋的州郡进行了部分调整，据《南齐书·州郡志》，齐世计有23州。梁设州转多，最多时达 107 州。陈朝时，雍州、益州归北周，荆州归后梁，北面与北齐划江为界，疆域最为狭小，全境初分为 42 州，后来又多设新州，史称数倍于前。政区划分的加细，反映土地的开发和生产的发展，同时也是对人民加重剥削的表现。南朝还有双头州或双头郡（即两州或两郡同治一地），大都设在军事要地或边荒区域。

一、南朝宋

刘裕创建的南朝第一个王朝。宋初疆域北以秦岭、黄河与北魏为界，西至今四川，西南至今云南，南至今越南横山，东和东南直抵海滨，是东晋南朝时期疆域最大的王朝。历 8 帝，共 59 年。

刘裕，京口人，寒门出身。早年曾为北府兵将刘牢之参军。桓玄篡晋后，刘裕联合部分北府旧人举兵攻灭桓玄，从此掌握晋室军政实权。义熙六年（公元 410 年），刘裕灭南燕，取得今山东大部地方。镇压卢循起义后，又消灭割据益州（今四川）的谯纵，义熙十三年（公元 417 年）灭后秦，取得潼关以东、黄河以南大片土地。元熙二年（公元 420 年），刘裕代晋称帝，改元永初，国号宋，历史上又称刘宋。

刘裕鉴于东晋门阀专政、王权弱小、方镇割据的积弊，在中央任用寒人掌典机要，地方则多由宗室出任方镇，以求加强专制皇权。宋世士族门阀虽然位遇很高，但军政实权却大为削弱，从而使国内的统一程度和中央权力都大为增强。刘裕还采取了一系列抑制豪强兼并，减轻人民负担和恢复农业生产的措施，使农民的境遇有所改善。

永初三年（公元 422 年）刘裕死，长子刘义符继位。两年后，大臣徐羡之等废杀刘义符，立其三弟刘义隆为帝（宋文帝）。刘义隆继续执行刘裕的政策，在东晋义熙土断的基础上，清理户籍，下令减轻或免除人民积欠官府的"逋租宿债"。劝农、兴学、招贤，开炉铸钱。人民得以休养生息，社会生产有所发展，经济文化日趋繁荣。宋文帝元嘉之世（公元 424—公元 453 年）是东晋南朝国力最强盛的时期，史称"元嘉之治"。

刘宋时，黄河以北的北魏日益强大。早在刘裕统治末年（公元 422—公元 423 年），北魏已陆续夺取滑台（今河南滑县东）、虎牢（今河南荥阳汜水镇）和洛阳等重镇。北魏统一北方后，又调集 60 万大军南下。元嘉二十七年（公元 450 年），魏太武帝拓跋焘亲率 10 万大军进攻悬瓠（今河南汝南），被宋军击败。宋军又分数路北进。其中柳元景一路自卢氏（今属河南）出发，在当地汉族人民积极支持下，连克弘农、陕县和潼关。但由于宋军主力王玄谟部

刘 裕

久攻滑台不下，为北魏主力击溃，宋文帝只得令柳元景部亦撤退。同年冬，拓跋焘率兵号称百万，南下直抵瓜步（今安徽六合东南），准备渡江进攻建康。由于江淮人民坚壁清野，魏军抄掠无所获，人马饥乏；加之宋军在沿江数百里内建立起坚固的防线，魏军只得北撤。魏军这次南侵，对江、淮、青、济广大地区进行了前所未有的野蛮破坏；所至之处，一片焦土，宋朝国力从此大为削弱。

元嘉三十年（公元 453 年），太子刘劭杀文帝自立。同年，文帝第三子江州刺史武陵王刘骏起兵诛劭，即帝位，是为孝武帝。他为了加强对地方军政的控制，无论"长王临藩"或"素族（指皇族以外的士族）出镇"，都派典签分掌实权，严加监视。诸王和镇将因遭疑忌，先后起兵作乱，于是皇室内部、君臣之间，相互残杀，愈演愈烈。孝武帝在位时，杀叔父刘义宣，并杀四个亲弟。宋明帝刘彧时，又杀尽孝武帝诸子，还把尚存的五个亲弟杀掉四个。被疑忌的文臣武将，有的被杀，有的叛国投敌。如幽州刺史刘休宾、兖州刺史毕众敬、徐州刺史薛安都、冀州刺史崔道固、青州刺史沈文秀等，先后投降北魏，刘宋失去了淮河以北大片土地，南朝疆域再次缩小。

东晋以来，门阀士族地主大量占山护泽，官府虽一再禁止，但效果不大。大明年间（公元 457—公元 464 年），孝武帝企图改禁为限，规定：地主原占山泽一律归地方所有；此后占山护泽以官品为准，数量由一顷至三顷，原占已足此数的不得再占；在此规定以外擅占山水者，按强盗律治罪。从此，占山护泽合法化，而数量的限制仍无法实行。

元嘉以后，宋王朝对人民的剥削亦日益加重。当时实行计资分等纳调，地方官为了提高户等以增加税收，桑长一尺，田进一亩都计在资产之内，甚至连屋上加瓦都要计税，使得农民不敢种树垦荒、泥补房舍，更无意发展生产。沉重的徭役，甚至连儿童也不放过，以致造成"田野百县，路无男人；耕田载租，皆驱女弱"。阶级矛盾十分尖锐，小规模的农民起义不断发生。泰豫元年（公元 472 年）明帝死，子刘昱（后废帝）继位，内乱更加炽烈。这时实权已落入中领军萧道成手中。元徽五年（公元 477 年）萧道成杀刘昱，立昱弟刘準为帝（即顺帝）。昇明三年（公元 479 年），萧道成废刘準，称帝建齐朝，宋亡。

二、南朝齐

南朝第二个王朝。萧道成创建。都建康。疆域北至大巴山脉和淮南，西至四川，西南至云南，南至今越南横山，东南直抵海滨。历7帝，共24年。

萧道成，低级士族出身。领兵30多年，他利用刘宋末年皇室内部、君臣之间相互残杀的混乱局面，以中领军掌握实权，于升明三年（公元479年）代宋称帝，国号齐，年号建元，历史上又称南齐、萧齐。齐初虽对宋末暴政做过一些改革，注意劝课农桑和学校教育，但人民的负担并未减轻，濒于破产的农民纷纷沦为豪强大族的隐户。齐世寒人兴起的趋势继续发展，中央以寒人掌典机要，地方则重用典签，对皇室和方镇严加控制、监视，门阀士族的实权进一步削弱。齐初，鉴于宋末统治阶级内部相互残杀而失天下的教训，终齐武帝萧赜之世，虽然爆发过唐寓之暴动，尚能维持政局的稳定。齐明帝萧鸾在位五年，皇室间的相互残杀更甚于宋末。高、武子孙，几乎被萧鸾杀绝。萧鸾死后，继位的萧宝卷（东昏侯）更是专事杀戮的暴君，人人自危，众叛亲离，政局混乱达于极点。永元三年（公元501年），宗室雍州刺史萧衍自襄阳起兵攻占建康，尽杀明帝后裔，次年称帝，建立梁朝，齐亡。

三、南朝梁

南朝第三个王朝。萧衍创建。都建康。历4帝，共56年（公元502—公元557年）。萧衍（公元464—公元549年），字叔达，小字练儿，南兰陵中都里（今江苏常州西北）人，南齐宗室，官至雍州刺史，镇襄阳。永元二年（公元500年），萧衍之兄萧懿被齐东昏侯萧宝卷杀害，三年，萧衍乘南齐君臣互相残杀，政局极端混乱之际，自襄阳举兵东下，攻占建康，并于次年称帝。国号梁，建元天监，历史上又称萧梁。

梁朝56年中，萧衍在位长达48年。萧衍优容士族，如专设谱局，改订士族百家谱；下诏州、郡、县，置州望、郡宗、乡豪各一人，专掌搜荐人物，特别是东晋以来湮没不显的旧族；增设官职，满足士族入仕要求。但梁世士族业已全面腐朽，在实际政务中仍须使用寒人。宽纵皇族，如削弱典签权势，给诸王以实权，对他们的横征暴敛甚至公开抢掠也不闻不问。结果到了萧衍晚年，皇室间的相互残杀较之宋、齐两代更为残酷。

萧衍博学能文，重视思想意识上的统治。如大力提倡佛教，不顾劳民伤财，大规模兴建佛寺。创立三教同源说，调和释、儒、道三者矛盾。三次舍身同泰寺，公卿等以成亿的钱奉赎。

梁世徭役较以往更为繁重，甚至役及女丁。赋税由过去的计资改为计丁。规定每年丁男之调，布、绢各二丈，丝三两，绵八两；禄绢八尺，禄绵三两二分；租米五石，禄米二石。丁女减半。此外每亩田还要收税米二升。他责令地方官"上献"，因而莫不竞相聚敛。梁世用法，对皇室、士族分外宽容，对劳苦大众极其严酷。民众犯法连坐，老幼不免；一人逃亡，举家罚作苦役。人民纷纷逃亡或奋起反抗，各种规模的农民起义接连不断。侯景之乱前夕，更是达到"人人厌苦，家家思乱"的严重地步。

梁初疆域与齐末略同，北以淮河与北魏为界。此时北魏虽日趋衰落，但由于萧衍昏庸无能，故几次对魏战争均未取得成果，反而给人民带来很大灾难。如天监四年（公元505年）北伐，梁军装备精良，但萧衍舍良将韦叡不用，以其贪残昏懦的六弟萧宏为主帅。五年（公元506年），军至洛口（今安徽怀远内），一夜风雨骤起，萧宏弃师潜逃。大军溃退，损失5万多人。十三年（公元514年），萧衍不顾水工关于淮河沙土不坚，不可筑堰的警告，役使20万军民修筑浮山堰（在今安徽凤阳境内），企图蓄淮水淹没北魏军。浮山堰果为洪水冲塌，沿淮军民10余万被吞没。当北魏在各族人民起义打击下摇摇欲坠之时，萧衍把希望寄托在南逃的北魏宗室元颢身上，命陈庆之于大通二年（公元528年）率7000人送他北归。元颢阴谋叛梁，陈庆之孤立无援而全军覆灭。

太清元年（公元547年），东魏大将侯景降梁，萧衍不顾朝臣反对，认为"得景则塞北可清，机会难得"，以侯景为大将军、河南王、都督河南北诸军事、大行台，并派萧渊明率军五万前往支援。结果梁军在寒山堰（今江苏徐州市外）被东魏军击败，渊明被俘。不久，侯景军亦被消灭，仅得800人进据寿春。太清二年（公元548年）八月，侯景自寿春举兵叛梁。十月，叛军在萧衍侄萧正德接应下顺利渡江，占领建康。台城（宫城）被围期间，萧衍的子孙们虽据重镇，拥强兵，均不积极驰援，反而伺机夺取帝位。太清三年（公元549年）三月，叛军攻占台城，萧衍饿死。太清四年（公元550年），

南朝十二番使朝贡（局部）

侯景立萧纲为帝（简文帝）。大宝二年（公元551年），侯景杀萧纲，自称汉皇帝。首都建康和三吴地区遭到空前破坏。这时盘踞郢州（镇夏口，今湖北武昌）的萧纶（萧衍第六子）附北齐，盘踞襄阳的萧詧（萧衍之孙、萧统之子）附西魏，盘踞荆州的萧绎（萧衍第七子）则反复于北齐和西魏之间，此外还有盘踞益州的萧纪（萧衍第八子），他们之间展开了殊死的皇位争夺战。同年，萧绎勾结西魏灭萧纶。大宝三年（公元552年），萧绎攻灭侯景，在江陵称帝（梁元帝）。承圣二年（公元553年）萧纪举兵东下攻江陵，西魏乘机夺取益州，萧纪亦旋被萧绎消灭。承圣三年（公元554年），萧詧勾结西魏攻破江陵，杀萧绎。西魏复占有襄阳，并将江陵被俘王公以下男女数万口分给将士做奴婢，仅留一座空城让萧詧做傀儡皇帝，史称后梁。至此，梁朝疆土已丧失大半：长江下游以北沦于北齐，益州、汉中、襄阳沦于西魏，江陵实际亦为西魏控制。次年，王僧辩、陈霸先在建康立萧方智（萧绎之子）为梁王。时北齐派兵送萧渊明至建康，王僧辩畏齐，立萧渊明为帝。陈霸先袭杀王僧辩，复立萧方智为帝（梁敬帝）。太平二年（公元557年），陈霸先称帝，建立陈朝，梁亡。

四、南朝陈

南朝最后一个王朝。陈霸先创建。都建康。仅控制江陵以东、长江以南的狭小地区。历5帝，共33年。

陈霸先，出身寒门，以平侯景之乱功，官至司空。太平二年（公元557年），陈霸先代梁称帝，建元永定，国号陈。在位三年死，其侄陈蒨即位（陈文帝），清除尚存的萧梁残余势力，削平长江中游的割据势力王琳，击退北齐、北周的军队。宣帝陈顼时，陈朝政权已比较稳固，社会经济也有所恢复，而北齐政局正极度混乱。太建五年（公元573年），陈宣帝命吴明彻为主帅大举北伐，连战皆捷，尽复淮南失地。太建九年（公元577年），北周灭北齐，统一北方。陈宣帝欲夺取徐、兖，再次出兵北伐。太建十年（公元578年），吴明彻率水军猛攻彭城（今江苏徐州），但后路被周军截断。陈军撤退到清口（古泗水入淮之口，今江苏淮阴西），被周军击溃，吴明彻和三万将士被俘。淮南之地复为北周占领。太建十四年（公元582年），宣帝病死。继位的陈叔宝是历史上有名的荒淫皇帝。在他的统治下，政治腐败不堪，人民生活极为穷困。此时，北方的北周已为隋朝所代。祯明二年（公元588年），强大的隋朝派大军50余万分8路南下。次年，隋军攻下建康，陈叔宝被俘，陈亡。分裂了200多年的中国再次统一。

五、南朝少数民族的融合

南朝的政治控制与经济开发向南深入，扩展到中国南部广大地区，汉族与少数民族的接触联系日益频繁。少数民族与汉族人民联合反抗南朝政府，在联系与斗争过程中，加快了南方各族的融合。

南方少数民族主要有蛮、俚、俚、僚、爨等。蛮族人数最多，占地最广，遍及荆、湘、雍、郢、司、豫、南豫、江等州。蛮人分为两大支。一大支是以虎为图腾的廪君蛮。他们由南郡向东移动，到汉水下游，北接淮汝，南极江汉。其中最有名的是由西阳郡（治所在今湖北黄冈）的五条水得名的五水蛮。另一大支是以狗为图腾的槃瓠蛮，发祥于辰州，由长沙武陵一带北上到荆雍。武陵有五条溪，因此也称为五溪蛮。蛮族生产米谷布绢，与汉人相似。部落解体，社会以户为单位，已进入封建制阶段。不少蛮族酋帅拥有大量部曲。南朝政府设立左郡左县，羁縻统治。这类郡县数目渐增，反映汉族与少数民族接触融合的范围日益扩大。南朝政府一般只从蛮族收纳米谷，不征徭役，所以汉民避徭役者往往逃入蛮中。地方官有时横征暴敛，加重对蛮人的剥削压迫，不断引起反抗。南朝170年中，史书记载的蛮族大小起事有40余起。在荆、雍、豫三州设立的南蛮、宁蛮、安蛮校尉，就是统率军队镇压蛮族的武将。政府往往将被征服的蛮族迁出所居旧地，或谪为兵户，或役如奴隶。

俚人分布于江湘两州南部和广州北部，以强悍善战著称。他们可能源于以狗为图腾的五溪蛮，因此称俚，常被诬蔑为俚狗。俚人汉化较早，如东晋陶侃、南齐胡谐之，已和汉族没有区别。

俚人，亦称里人或俚僚，分布于交、广、越诸州，在汉族社会经济文化影响下，已进入封建社会。他们受南朝政府的剥削，与汉族不完全相同，如始兴俚人必须以银纳税。俚人地区物产富饶，有白银、珍珠、翡翠、犀象等。梁末及陈时所辖地域缩小，对这个地区的开发益加重视，往往署当地酋豪为长官，"以收其利"。同时置西江、南江两都护在军事

敦煌壁画·啖鬼药叉

上、经济上加以控制。俚人不甘忍受剥削，南朝时起义见于记载者有 18 次。

僚人，为南蛮别支。在公元 4 世纪中叶自南而北进入巴蜀地区，分布于梁益两州，僚人与汉人杂居的成为郡县编户；居深山者受世袭的"头王"统治，处于奴隶制阶段。生产以农业为主，南朝朝廷剥削沉重。宋以来僚人屡次起兵反抗。南齐时，益州害怕僚人进攻，州城北门"常闭不开"。梁武帝时，梁益二州"岁岁伐僚，以自裨润，公私颇借为利"。被俘的僚人，大都沦为奴隶。

爨人主要分布在宁州（今云南地区）。东晋至梁，朝廷任命的宁州刺史见于记载者，约 30 人，然大都遥领，未能到任。地方统治实权，掌握在担任郡守县令的土著首领手里。而大姓爨氏世代为宁州最高统治者，或任刺史，或死后追赠刺史称号。后代因此称宁州当地民族为爨人。爨人分东西两部：东部以朱提郡（今云南昭通）为中心；西部以建宁郡（今云南陆良）、兴右郡（今云南文山）为中心。爨人地区"户口殷众，金宝富饶"，隋唐以后中央朝廷才逐步实现有效统治。

六、南朝的经济发展

南朝除了发生刘宋的四方反叛、唐寓之暴动、侯景之乱外，社会相对稳定，从而为经济的发展提供了较好的条件。

1. 士族的庄园经济

东晋以来，宗室高官与世家大族广占田园。到南朝时，他们不仅拥有大量田地，而且封山护泽，垄断山泽的出产，剥夺百姓伐木打柴捕鱼捉虾的机会，也影响了政府的收入。尽管宋武帝刘裕禁止霸占山泽，宋代侨姓大族谢灵运的《山居赋》描写他的庄园仍是"田连冈而盈畴，岭枕水而通阡"，生产五谷、瓜果、蔬菜、药材等丰富物资，还有飞禽走兽鱼类，衣食服用可以自给自足。会稽士族孔灵符的庄园"周回三十三里，水陆地二百六十五顷，含带二山，又有果园九处"。这两家并非个别例子，以致宋大明初朝廷不得不对占固山泽也作出限制的规定：第一、二品官听占山三顷，三、四品二顷五十亩，五、六品二顷，七、八品一顷五十亩，第九品及百姓一顷；先已占者，不得更占；先占不足数者，可以占足。这是皇权对既成事实既加以承认，又力图限制的措施。但这一规定与谢、孔两家情况相较，可以想见其实际效果十分有限。因而到齐高帝时，又下诏禁止封略山湖。

2. 农业、手工业、商业

由于北方大批劳动人手南渡，生产工具与技术发展，水利灌溉发达，南朝农业有了较大发展：荒地开发，农作物产量提高，品种增加，尤其荆扬两州，土地人口占南朝疆境之半，"荆城跨南楚之富，扬部有全吴之沃。鱼盐杞梓之利，充仞八方；丝绵布帛之饶，覆衣天下"。"一岁或稔，则数郡忘饥"。虽然主要手工业部门还是控制在官府之手，南朝的冶制、制盐、采煤、造纸、瓷器、漆器等手工业仍有发展。梁筑浮山堰，沉东西二冶铁器数千万斤，可见产量之高。东晋南朝在麻楮之外，利用桑皮、藤皮造纸，有白如霜雪的纸，也有各种彩色纸。纸往往以万枚计，屡见记载。青釉瓷器的烧制工艺和造型技巧，东晋南朝都有出色成就。

南北朝时期铜造佛像

社会生产发展，使农民的多余产品可以拿到市场出售。宗室、显宦、高门士族则经营邸舍（货栈），放高利贷，从事商业以牟暴利。建康从孙吴以来即是南方政治经济中心，亦为南朝最大商业城市，经常是贡使商旅云集，方舟数以万计。梁时建康有28万户，以每户5口计，居民至少约140万人，是公元6世纪世界上罕见的大都会。建康有大市4处，小市10余处。市有令、丞等管理。此外的商业城市有江陵、成都等。襄阳、寿春是南北互市的主要地点，广州则是对外贸易的中心。

东晋100年间，一直使用汉魏和孙吴时的旧币，政府没有铸造新钱。南朝市场商品流通增多，商品的价格总额增大，货币的需要量因而也大为增长。虽然东晋以来不断有废止钱币，代以谷帛的议论，但始终行不通。刘宋时大量铸造四铢钱，同时五铢钱等古钱仍旧流通。南朝与北朝不同，交易媒介主要是钱币，谷帛只占次要地位。宋代大将沈庆之指着自己的田地说："钱尽在此。"宋时百姓租米调布部分折钱交纳；齐时钱与实物各半，成为定制，有些力役也折钱代役。钱币在宋代政府收入中的地位，仅次于米谷，而高于布绢。齐时各级政府费用、官吏俸禄都有一部分用钱开支，梁时百官俸禄都用钱支付。南朝货币主要由政府铸造，因江南铜的产量不足，钱币始终缺乏。有时允许私人铸钱，成色更差，造成币制混乱。好钱被政府或权势之家收藏，如梁临川王萧宏家有钱三亿余，齐武帝斋库也藏钱数亿。梁时铸铁钱，币制更形紊乱。钱百文为一陌，齐时已出现不足陌现象，以70或80文为一陌，梁末甚至以35文钱为陌了。

七、南朝的文化与科技

南朝的文化，在文学、史学、哲学、宗教以及艺术、科学等方面都具有特色，总的讲胜过北朝，对后代影响较为深远。

1. 文学

东晋诗风以玄言为主，淡泊寡味。刘宋以后，描写山水景物的诗盛行起来，谢灵运（公元385—公元433年）可为代表。齐谢朓（公元464—公元499年）则在山水自然景物描写中倾注人生情感，宋鲍照的诗具有较丰富的社会内容。南朝的乐府民

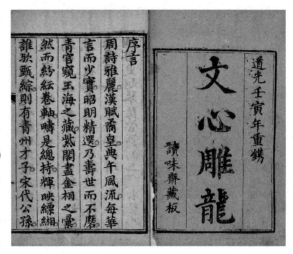

《文心雕龙》书影

歌清新生动，抒情小赋精巧细致，思想内容和社会意义虽有所不足，但往往情思横溢，回肠荡气。五言诗的体裁南朝时已趋成熟，开始向七言发展。诗人多精练字句，整齐对偶，呈现出向律诗体裁过渡的趋势。周颙、王融、沈约等在佛经梵吹唱诵的影响下，创为"四声""八病"之说，进一步讲求声律，形成"永明体"。结集各体文学作品的总集《文选》和一种体裁的总集《玉台新咏》，都出现于南朝。尤其值得注意的是，系统的文学批评著作《文心雕龙》和《诗品》出于南朝文人刘勰、钟嵘之手，说明南朝文化发达，文学作品的规律已成为当时人特别提出来研究的对象了。传世的南朝时期诗文，其作者及篇目数目，皆远多于北方。

2. 史学

史学在南朝受到重视。宋初设立儒、玄、文、史四学，何承天主持史学，置有生徒。著作郎负责修国史，下有佐郎，分司资料收集及撰写。正史编纂于南朝者，有《后汉书》《宋书》《南齐书》，梁陈二史也基本上成于南朝。宋裴松之注《三国志》，梁刘孝标注《世说新语》，以注的体裁荟萃史料，亦属南朝首创。南朝侨姓和江南大族的家谱族谱见于著录者甚多，说明南朝谱牒之学较北朝为盛。地方历史的著作，见于著录者亦南多于北，反映东晋南朝社会经济比较发达，文人学士也较多。南朝史学著作的一个特点，是较有思想深度，每试图从宏观考察说明历史发展之所以然。宋裴子野《宋略》、陈何之元《梁典》皆仿干宝《晋纪》之例设总论，论一代治乱兴衰，探求经验教训。沈约《宋书》诸志多溯及前代。梁武帝敕命编《通史》，书虽不传，用意当亦在观历史之会通。范晔撰《后汉书》，自命精意深旨存在于序或论中，借以"正

祖冲之

一代得失"。沈约《宋书》和萧子显《南齐书》取法于范晔，其中史官议论往往切中要害，表现出对历史现象的洞察能力。所谓南人之学"清通简要，得其英华"，也许这就是在史学方面的体现。

3. 科技

南朝的科学也颇有成就。宋齐时人祖冲之在世界上第一个把圆周率的准确数值算到小数点后 7 位数字，即 3.1415926 和 3.1415927 之间。南朝时，历法有所改进，炼钢技术有所提高，在医学和药物学方面，陶弘景作过显著贡献，他的《肘后方》广泛流传，很有影响。

第六节　北朝的社会发展与政治变迁

北朝（公元 439—公元 589 年）包含北魏、东魏、西魏、北齐和北周五朝。

北方五个王朝的统治者出自塞北的鲜卑族或与鲜卑族有着密切的关系。北魏统治者是鲜卑拓跋部的贵族。东、西魏本来就是从北魏皇室中分裂出来的，它们的实际掌权者高欢、宇文泰，同时又是北齐、北周政权的真正创建人。高欢是生长在北镇的鲜卑化汉人，宇文泰也是徙居代北的鲜卑宇文部酋豪的后裔（一说为役属于鲜卑的南匈奴后裔）。因此，一方面在北朝时期，除了编户、田客、牧子、隶户、奴隶与官府、大族豪强、牧王、奴隶主之间的阶级矛盾，土与客、士与庶、地方势力与中央政权之间的统治阶级内部矛盾外，还始终存在着程度不同的鲜卑文化与汉文化之间的矛盾与融合问题；另一方面，鲜卑族的文化传统对北朝的政治、军事、经济以及典章制度都有深刻影响，从而形成了自己的特点，出现了均田制、府兵制和朴素粗犷的民间文学。

北朝时期，统治时间最长、疆域最广的是北魏，其全盛时，西至焉耆，东到海，北界六镇与柔然接壤，南临淮、沔与南齐为邻。东、西魏时期，其南、北疆界稍有内缩，除西魏之建、泰、义、南汾四州在河东外，大抵以黄河为界划分东、西魏。北齐、北周时期，北朝的疆界有扩展：北齐南并淮水流域，濒长江与陈对峙；北周占有梁、益，控制江陵，长江上游、汉水流域全归北周所有。北周武帝建德六年（公元 577 年）灭北齐，疆域之大，超过北魏。

武帝去世，宣、静相继，大权旁落，杨坚专政，5年即建隋代周，再8年渡江灭陈，统一了全国。

一、北魏

北魏（公元386—公元534年）是继十六国分裂局面之后在中国北部重建统一的封建王朝。鲜卑族拓跋珪所建。历12帝、2王，共149年。

拓跋部原居于今东北兴安岭一带，后渐南迁至蒙古草原，以"射猎为业"，靠游牧为生。东晋咸康四年（公元338年），其首领什翼犍称代王，建代国，都盛乐（今内蒙古和林格尔一带）。后为前秦苻坚所灭。北魏登国元年（公元386年），什翼犍之孙拓跋珪继称代王，不久改国号为魏，制定典章，重建国家，史称北魏，拓跋珪即太祖道武帝。

公元395—公元439年，通过不懈努力，北魏击灭后燕、后秦、大夏、北凉、西秦、北燕等割据势力。公元439年，太武帝拓跋焘统一北方。公元493年孝文帝拓跋宏迁都洛阳，大举改革，使北魏的政治、经济焕然一新，促进了鲜卑族和汉族的大融合。孝文帝的改革措施包括：改用汉人的姓，他带头将拓跋姓改为元姓；改说汉话，30岁以下的人和上朝奏事的官员都必须说汉话；改穿汉装、和汉人通婚；采用汉族封建制度，等等。

随着生产的发展和鲜卑贵族汉化的加深，北魏统治者日趋腐化，吏治逐步败坏。北魏统治者除加重剥削未逃亡的农民外，多次检括逃户，搜捕逃亡的农民，因而引起农民的反抗。延昌四年（公元515年）冀州僧人法庆领导的大乘教起义，公开宣称"新佛出世，除去旧魔"。北魏政府动员了10万军队才镇压下去。

北魏初年，为了阻止柔然南下的威胁，东起赤城（今属河北），西至五原修筑长城；在沿边要害处设置军事据点，即沃野等六镇。六镇镇将由鲜卑贵族担任，镇兵多是拓跋族成员或中原的强宗子弟。他们被视为"国之肺腑"，享有特殊地位。但迁都洛阳后，北方防务逐渐不被重视，镇将地位大大下降，被排斥在"清流"之外，升迁困难。因而他们对北魏政府严重不满，镇兵的地位更是日趋低贱，与谪配的罪犯和

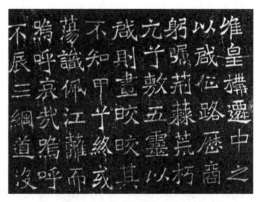

《魏孝文帝吊比干文碑》碑文

俘虏为伍，受到镇将、豪强残酷的奴役和剥削，名为府户。镇兵对镇将、豪强和北魏政府怀有强烈的阶级仇恨。加之塞外的柔然不时进扰掠夺，也加深了士卒生活的困难。正光四年（公元 523 年），终于爆发了六镇起义。关陇、河北等地各族人民也陆续起义。激烈的阶级斗争使北魏政权摇摇欲坠。边镇豪强集团利用当时的混乱局面，各自发展势力。肆州秀容（山西朔县北）的尔朱荣，聚集了北镇豪强和流民，势力发展最快。武泰元年（公元 528 年），胡太后毒死孝明帝，自居摄政，尔朱荣以给孝明帝报仇为借口，进军洛阳，在河阴将胡太后及大臣 2000 余人杀死，控制朝政。此后，内乱不止。永熙三年（公元 534 年），北魏分裂成由高欢控制的东魏和宇文泰掌握的西魏。

二、东魏

东魏（公元 534 年—公元 550 年）是从北魏分裂出来的割据政权。都邺，有今河南汝南、江苏徐州以北、河南洛阳以东的原北魏统治的东部地区。历 1 帝，共 17 年。

北魏政权在魏末各族人民大起义打击下摇摇欲坠，统治阶级内部展开了激烈的权力争夺。尔朱荣发动河阴之变，控制了北魏中央政权。

永安三年（公元 530 年），孝庄帝利用朝见机会杀尔朱荣。尔朱荣的侄子尔朱兆起兵赴洛阳，杀死孝庄帝，立元恭为帝（节闵帝）。太昌元年（公元 532 年），原尔朱荣部将高欢在河北大族的支持下，消灭潼关以东的尔朱氏势力，杀节闵帝，立元修为帝，即孝武帝。北魏政权落入高欢手中。

永熙三年（公元 534 年），孝武帝不愿做高欢控制的傀儡皇帝，逃往长安，投靠宇文泰。高欢随即立元善见为帝（孝静帝），从洛阳迁都于邺，史称东魏。次年，宇文泰在长安立元宝炬为西魏文帝，北魏正式分裂为东、西魏。高欢以原六镇流民为主，建立强大武装，自己住在晋阳（今山西太原西南），使之成为东魏政治中心。

高欢所控制的东魏政权，实质上是北魏将领和河北大族相结合的产物。他为了获得鲜卑贵族的支持，竭力推行鲜卑化的政策；为了得到汉族豪强地主的拥护，听任他们贪污聚敛，为非作歹，吏治日趋腐化。

东魏与西魏相较，东魏地域广、人口多，经济发达。高欢屡次发兵进攻西魏，企图吞并对方。天平四年（公元 537 年），东魏军西征，在潼关左边的小关遭西魏军袭击大败，大都督窦泰自杀，高欢被迫撤军。此后，在沙苑之战（公元 537 年）、河桥之战（公元 538 年）、邙山之战（公元 543 年）中双方互有胜负。武定四年（公元 546 年），高欢亲率大军 10 余万人围攻西魏据守的玉壁（今山西稷山西南），苦战 50 余天，他病倒军中被迫退兵，次年年初，死在晋阳。其子高澄、高洋相继掌握东魏政权。武定八年（公元 550 年），高洋废孝静帝，代东魏自立，建立北齐。

三、西魏

西魏（公元 535—公元 557 年）也是由北魏分裂出来的割据政权。历 3 帝，共 23 年。都长安。管辖今湖北襄樊以北、河南洛阳以西，原北魏统治的西部地区。

北魏永熙三年（公元 534 年），孝武帝元修脱离高欢，从洛阳逃至长安，投靠北魏将领、鲜卑化的匈奴人宇文泰。次年宇文泰杀孝武帝，立元宝炬为帝（文帝），史称西魏，政权实由宇文泰掌握。

西魏政权建立后，宇文泰于大统元年（公元 535 年），颁布 24 条新制，后又增加至 36 条，称为"中兴永式"。其主要内容是：严禁贪污、裁减官员、置立正长（正即闾正、族正，长指保长。保、闾、族为地方基层组织名称）、实行屯田、制定计账（预计次年赋役的概数）和户籍等制度。大统七年（公元 541 年），关中大族出身的苏绰把汉族封建统治的经验总结为六条：①清心，②敦教化，③尽地利，④擢贤良，⑤恤狱讼，⑥均赋役。宇文泰对这些统治经验非常重视，颁行为"六条诏书"，作为施政纲领。并专门组织中下级官吏学习，规定不通晓这六条及计账的人，不能当官。大统十六年（公元 550 年），又正式建立由八柱国分掌禁旅的府兵制。府兵共有兵力约五万，除宇文泰和宗室元欣外，分别由六个柱国大将军统领。此制的建立，对军队进行统一指挥和训练，有利于中央政权的加强。继续推行均田制。根据敦煌文书《西魏大统十三年计账》可知，均田制下的授受虽已实行，但授田不足额却是普遍的现象。当时最普遍的一种力役为"六丁兵"，即每个丁男在六个月内为政府服役一个月，一年内要服役两个月。

西魏期间，社会较为安定，国力日趋强盛，有效地抗击了东魏的多次进攻，而且于废帝二年（公元 553 年）取得南朝梁的蜀地，次年又夺得江陵。公元 557 年初，宇文觉废西魏恭帝自立为帝，即孝闵帝，建立北周。

南朝贵族女子出行图画像砖

四、北齐

北齐（公元 550—公元 577 年），高洋所建。历 6 帝，共 28 年。

武定五年（公元 547 年），实际掌握东魏政权的高欢死后，长子高澄继续掌政。不久高澄遇刺身亡，弟高洋继承。武定八年（公元 550 年），高洋代东魏称帝（即齐文宣帝高洋），国号齐，建元天保，建都于邺，史称北齐。

北齐继承东魏所控制的地盘，占有今黄河下游流域的河北、河南、山东、山西及苏北、皖北的广阔地区。有户 300 万、人口 2000 万。天保三年（公元552 年）以后，齐文宣帝高洋北击库莫奚、东北逐契丹、西北破柔然、西平山胡（属匈奴族）、南取淮南，势力一直伸展到长江边。他在位期间是北齐国力鼎盛的时期。当时，农业、盐铁业、瓷器制造业都相当发达，是同陈、北周鼎立的三个国家中最富庶者。

北齐继续推行均田制。按照北齐武成帝河清三年（公元 564 年）令的规定：京师邺城周围 30 里内的土地，全部作为公田，按照级别授给"代迁户"（北魏迁都洛阳时，原代京旧户随之迁入洛阳，称代迁户）中的各级官吏和羽林虎贲；30 里外、百里以内的公田，则授给与"代迁户"相应级别的汉族官吏和汉人充当的羽林虎贲；百里以外的州郡推行均田制。北齐的均田制大体与北魏相同而略有变化：北齐取消了受倍田的规定，但一夫一妇的实际受田数，仍相当于倍田；北魏奴婢受田没有限制，北齐则按官品限制在 300 人至 60 人。还规定了赋税：田租、户调以床（一夫一妇为 1 床）为计算单位。1 床调绢 1 匹，绵 8 两；凡 10 斤绵中，折 1 斤作丝；垦租 2 石，义租 5 斗。奴婢准良人的一半；牛调 2 尺，垦租 1 斗，义租 5 升。未娶妻者，输半床租调。百姓为了减轻负担，多报未娶，如阳翟（今河南禹县）一郡有户数万，户籍册上多无妻子。

北齐特别是其后期的统治者，自皇帝至各级官吏，多昏庸残暴，狗马鹰亦得加封官号。齐后主高纬不理政事，整天弹唱作乐，挥霍浪费，不惜民力。政治腐败，贪污成风。后主甚至把地方官职分赐宠臣，让他们出卖。赋敛日重，徭役日繁，造成人力竭尽，府库空虚。广大农民在苛重的赋役下，逃亡者十之六七。阶级矛盾日趋尖锐，小规模的农民反抗斗争不断发生，统治阶级内部矛盾更加表面化。当北齐政权日趋腐朽之时，关中的北周政权通过一系列的改革措施，国力日益强盛。承光元年（公元 577 年），北齐为北周所灭。

五、北周

北周（公元 557—公元 581 年），宇文觉创建。历 5 帝，共 25 年。

西魏恭帝三年（公元 556 年），实际掌握西魏政权的宇文泰死后，子宇文觉继任大冢宰，自称周公。次年初，他废西魏恭帝自立（孝闵帝），国号周，都长安（今西安），史称北周。孝闵帝年幼，大权掌握在堂兄宇文护手中。九月，宇文护杀孝闵帝，立宇文毓为帝（明帝）。武成二年（公元560年），宇文护又毒死明帝，立宇文邕为帝，是为北周武帝。建德元年（公元572年），周武帝宇文邕杀宇文护，亲掌朝政，进行了多方面的改革。

在兵制方面，周武帝于建德三年，改称府兵制下的"军士"为"侍官"，表示府兵是从属于皇帝的侍从，由皇帝亲自领带。在长安设置统领府兵宿卫的机构，原来的六柱国、十二大将军，除被任命带兵出征或充当宿卫将军外，不再直接掌握兵权，从而松弛了军士对主将的从属关系，削弱了过去府兵部落化的倾向。同时，进一步将府兵征募范围扩大到汉人，打破鲜卑人当兵、汉人种地的胡汉分治界限。此举符合民族融合、国家统一的趋势，也为吞灭北齐，统一北中国提供了军事力量。

在经济方面，周武帝修改均田和租调等制度，规定已娶妻的男子受田140亩，未娶的男子受田100亩。自18岁至64岁的百姓都要交纳租调，已娶妻的男子每年纳绢1匹、绵8两、粟5斛，未娶妻的丁男减半。18岁至59岁的百姓都要服役，丰年服役30天，中等年景20天，下等年景10天，凶年可免力役；并注意兴修水利，增辟农田。如保定二年（公元562年），在蒲州（今山西永济西）开河渠，在同州（今陕西大荔）开龙首渠，以广灌溉，增辟农田。还数次下诏，把西魏时江陵俘虏沦为官私奴婢的人放免为民或部曲。自己也比较注意节俭，停修华丽的宫殿，以省民力。

周武帝下令禁断佛、道二教，销毁佛经、佛像，勒令僧道还俗。建德三年（公元574年）五月，下诏废佛，把关、陇、梁、益、荆、襄等地区几百年来僧侣地主的寺庙、土地、铜像、资产全部没收，使近百万僧侣和僧祇户、佛图户还俗，编入国家户籍，以增加国家直接控制的劳动力，从而相应减轻了一般劳动人民的赋役负担。

建德四年（公元575年），周武帝亲率六军，向北齐发起大规模的进攻，攻下河阴外城后，又围攻金墉城，后因病班师。次年攻下汾北重镇晋州平阳（今山西临汾），齐后主全军溃败，逃回晋阳（今山西太原西南），又从晋阳逃到邺。周军乘胜追击，攻破晋阳，再向邺城进发。建德六年（公元577年），齐后主让位给8岁的儿子（幼主恒），自己企图经山东投奔陈朝，中途被俘。周军顺利进入邺城，消灭了北齐政权，统一了中国北方。

灭北齐后，周武帝继续进行改革。建德六年（公元577年）先后下诏：黄河以南诸州凡在齐武平三年（公元572年）以后被齐掠为奴婢的一律免为平民。永熙三年（公元534年）以来东魏、北齐人民被掠为奴婢及江陵百姓没为奴婢者放免为平民，如果旧主人要求共居，听留为部曲或客女；并宣布放免杂户。在原北齐统治地区，继续禁断佛、道。他还颁布《刑书要制》，严惩贪污，规定全国实行统一的度量衡。

宣政元年（公元578年）武帝死，子宇文赟（宣帝）继位，在位二年，荒淫而死。宇文阐（静帝）继位，外戚杨坚辅政，宣布恢复奉行佛、道。大定元年（公元581年）二月，杨坚迫周静帝禅位，自立为帝，北周灭亡。

六、北朝文化

北朝文学代表人物是北地三才，即邢邵、魏收、温子昇。叙事长诗以《木兰诗》为代表。民歌方面，由于南北文化不同，呈现出不同的色彩和情调。《乐府诗集》即有"艳曲兴于南朝，胡音生于北俗"的说法。

在佛像石窟雕像上，北朝涌现一批石窟造像，著名的有云冈石窟、龙门石窟、敦煌莫高窟、

龙门石窟雕像

麦积山石窟、天龙山石窟等。石窟艺术最雄伟的是云冈20窟的坐像。佛像容貌丰满，两肩宽厚，衣褶线条紧贴身躯而雕，庄严中寓有慈祥，表现出佛的胸怀气度。彩塑最好的是敦煌莫高窟第259窟的造像，含蓄微笑的神态，给人以恬静的美感。洛阳永宁寺塔基出土的北魏泥塑残像最为精致，面目传神。

第六章　隋唐时期

　　在中国历史上，从时间上看，隋唐时期承前而启后，具有重要历史地位。当然，这一时期又是中国政治、经济文化最为繁盛的时期之一。

　　隋朝于公元 581 年建立，于公元 618 年灭亡，共 3 帝，历时 38 年。唐朝于公元 618 年建立，于公元 907 年灭亡，共 21 帝（算上"武周"的"武则天"），历时 290 年。

　　隋朝国运虽短，但在中国历史上具有承前启后和继往开来的意义。隋朝结束魏晋以来长达近 370 年的分裂局面，开创自秦汉以后的又一大统一局面，为唐朝的繁荣奠定了基础；创立科举制度和设置三省六部制，影响千载；开凿大运河，泽及后世。

　　鉴于隋朝覆灭的教训，唐朝前期几位皇帝——唐太宗、武则天、唐玄宗，励精图治，虚心纳谏，知人善任。"贞观之治"和"开元之治"将唐朝打造成政治清明、经济繁荣、文化灿烂、声威远扬的强盛大国，在中国乃至世界文明史上谱写了壮丽篇章。

　　隋唐时期，统一多民族中央集权国家进一步发展，中央与边疆少数民族地区联系更为密切。这一时期，统治阶级积极总结前朝的历史经验教训，完善制度，整肃吏治，关注民生，发展社会经济，融洽民族关系，隋唐两朝的社会发展位居世界前列。唐朝也以开放的心态和博大的胸襟兼容并纳外来文化，全面开放和广泛对外交流，丰富和发展中华文化，赢得了外部世界的尊敬。

第一节　隋的统一与灭亡

　　隋朝（公元581—公元618年）结束分裂局面，实现中国历史上又一次大统一，并使中国走向发展繁荣的道路，所以它是一个承前启后的重要朝代，为后来中国最强盛的唐朝的出现打下了基础。隋代的国祚虽短，传2世38年而亡，但却是唐代盛局的前奏。

　　公元581年，北周大丞相、都督内外诸军事隋王杨坚废掉周静帝，自称皇帝，改国号隋，年号为开皇，以长安为都城，建立了隋朝，杨坚是为隋文帝。隋文帝实行一系列措施来加强中央集权，在中央，设置了三省六部制，分散宰相之权，使之相互制约。在地方，精简州县数目，实行州县两级制。又颁行《开皇律》，加强中央权力，维护社会秩序。以科举制度取代魏晋以来的九品中正制，继续顺应历史潮流，清理门阀政治的影响。在内修政治、积蓄力量后，公元589年，隋文帝发兵南下，统一南北，自东汉末近400年的分裂局面就此结束。

　　文帝死后，其子杨广即位，是为隋炀帝。隋炀帝以强大的经济实力为后盾，又拥有安定的社会环境，使他有力量、有可能征发大量的劳动力，营造东京，开凿运河。如果东京的精致奢华只为满足帝王的个人欲望的话，大运河的开凿沟通，则大大促进了大江南北经济、文化的交流。文帝开创的制度，再次得到炀帝的发展、补充与完善，成为隋初之制走向唐代制度的一个必要的中介。

一、隋朝的建立

　　隋是继北周之后建立起来的一个朝代。

　　北周末年，皇帝、贵族荒淫无度，政治十分腐败。如周宣帝宇文赟只顾坐享安乐，不管人民死活，为了建筑洛阳宫，竟把原来农民每年服役1个月的规定改为45天。他在位两年死去，儿子宇文阐继位（即周静帝），年仅8岁，年幼无知，外戚杨坚辅政，这样就给杨坚制造了夺取北周政权的大好机会。

　　杨坚的父亲杨忠，是西魏主要将领"十二大将军"之一，北周时被封为隋国公。杨坚继承了父亲的爵位，他的妻子独孤氏是鲜卑大贵族独孤信的女儿，他自己的女儿是周宣帝的皇后。他凭借着杨家的社会声望、个人的政治才能和外戚身份，总揽朝政，官至"大丞相"，集军政大权于一身。辅政不久，他就积极谋划，部署力量，准备夺取北周政权。北周地方大臣相州（今河南安阳）总管尉迟迥、郧州（今湖北郧阳区）总管司马消难、益州（今四川成都）总管王谦相继起兵，为挽救北周的统治做最后挣扎，但是都无济于事，被杨坚先后派兵讨平。581 年，杨坚迫使周静帝让位，自立为皇帝，国号隋，建都长安（今陕西西安，后迁大兴城，仍在长安附近），改元开皇。他就是隋文帝。

陈后主

开皇九年（公元 589 年），隋文帝派兵灭掉了南朝最后的一个王朝——陈，统一全国，结束了东晋以来 270 多年长期分裂的局面。为了维护地主阶级的封建统治，实现和巩固地主阶级政权的统一，隋文帝在灭陈以前和以后一个时期内，实行了一系列安定社会、发展农业生产的政策。

二、巩固统治

隋文帝在全国境内推行均田制，使全国成年男丁及丁妇皆有地可耕；又实行兵农合一的府兵制，使全国纳入严密组织。他推行"大索貌阅"，不许隐报人丁。

隋文帝即位之初，就制定了保闾制度，以加强政府对于户口的控制，进而扩大税源。

保闾制度规定，县以下五家为一保，五保为一闾，四闾为一族。设置保长、闾正、族正等职，分级负责检查户口。公元 585 年，又下令在全国整顿户籍，要求各州县按照户籍上的资料逐户核对，如有谎报掉队以逃避课役的情况，一经查出，其保长、闾正、族正等都要受到处罚。朝廷鼓励民间互相检举不实的户籍情况。同时，规定自堂兄弟以下都必须分居，另立户籍。这些措施完善了封建的户籍制度，打击豪强的经济势力，也使国家的赋税大大增加。

隋文帝

文帝喜欢亲审囚犯，并规定天下死罪，诸州不得案决，必送大理复判，而且要奏闻三次，方可行刑，可算顾恤民命。但对官吏贪污舞弊，不稍宽贷，小罪常用重典。他脾气峻急，大怒之下，往往在朝廷上亲自诛杀廷臣。

在建设方面，开通长安到潼关的广通渠，在各地广建粮仓，又修筑自灵武到榆林的长城以御外。

这一系列措施中，对后世影响最大的要算建立科举制度了。隋朝以前，政府选用官员用的是九品中正制度，在一定程度上规定了门第出身，名门望族的子弟可以被选为上品做高官，庶族寒门出身的人只能被选为下品小官，以至出现了"上品无寒门，下品无士族"的现象。隋文帝废除了九品中正制，命令京官五品以上，和地方总管、刺史等官员，以"志行修谨、清平干济"两个条件举荐人才，也就是要德才兼备的人。他希望通过这一制度缓和江南汉人的不满情绪，给中下层读书人提供入仕之途。考生不分出身，地位一律平等。到了隋炀帝杨广即位后，又创置了进士科，国家用考试的方法以才取人，考取的就可以到中央或地方政府做官。

隋文帝的年号是"开皇"，历史上就将隋文帝统治的这20年称为"开皇之治"。

三、开辟运河

隋朝经过"开皇之治"，国家的经济有了很大的发展，政府掌握了大量的粮食、布帛和财富。这为开凿大运河提供足够的物质基础。公元605年，隋炀帝下令开凿一条贯通南北的大运河。大运河以东都洛阳为中心，北抵涿郡（今北京），南到余杭（今浙江杭州），共分四段：

（1）通济渠（又叫御河）。公元605年，隋炀帝征发"河南、淮北诸郡民前后百余万"开通济渠。战国时期，魏国就已经开凿了鸿沟（引黄河水到汴水，再折向南循沙水入颖水）。通济渠是在鸿沟和下游的汴河（今已湮塞）两水基础上，加以疏浚拓宽而成的。通济渠从洛阳西引谷水、洛水到黄河，再从板渚（板城渚口的简称，在今河南荥阳汜水镇东北黄河侧）引黄河水入汴河，又经河南开封东南引汴水入泗水，最后再入淮河。

（2）邗沟（又叫山阳渎）。公元605年，隋炀帝征发"淮南民十余万"疏通邗沟。春秋时期，吴王夫差为了北上争霸中原，下令在长江和淮河之间开凿一条运河。因这条运河流经吴国的邗城（今江苏扬州），所以称之为邗沟。隋朝大运河的邗沟段，就是在春秋时期吴国邗沟的基础上疏浚拓宽而成的。邗沟沟通了淮河南岸的山阳（今江苏淮安）和长江北岸江都，再绕过江都入长江。

（3）江南河。公元610年，隋炀帝下令开江南河。从京口引长江到余杭，"八百余里，广十余丈"。

（4）永济渠。以上三段是大运河的主体航线，主要用于从江南地区向关中和洛阳漕运布帛粮食和财物。此外还有永济渠。公元608年，隋炀帝征发河北诸郡壮丁百万，开凿永济渠。男丁不够，就征发妇女补充。永济渠从洛阳的黄河北岸，引沁水、淇水东流入清河（卫河），再到今天的天津附近，最后经沽水（白河）和桑干河（永定河）到涿郡（今北京）。永济渠是专门为对辽东作战而开凿的。

隋代大运河全长2000多千米，河面宽30米到70米不等，北通涿郡，南达余杭，沟通了海河、黄河、淮河、长江、钱塘江五大水系，经过了河北、山东、河南、安徽、江苏和浙江等广大地区，使得南北的物资可直达长安。隋朝大运河与长城一样，是我国最雄伟的工程之一。大运河开通后，成为南北交通的大动脉，促进了南北的经济、文化的交流，维护了国家的统一。但在开凿大运河的过程中，隋炀帝征发了大量民夫，造成严重的社会危机，是隋朝灭亡的原因之一。

四、三征高丽

隋炀帝以秦始皇和汉武帝的功业自许，在对外关系上，他曾运用和亲和讨伐，暂时平定突厥的侵扰，对土谷浑还能加以讨平，因此他要在番邦前夸耀功业，做大皇帝。东方的高丽国王，竟一再地不肯应召朝见，他就三次发兵征伐，劳师动众，都无功而归，引发了天下的骚乱。

大业七年（公元611年）正月，大运河刚刚通航，炀帝就乘坐龙舟北上，到了涿郡他发出羽檄，征调甲兵来涿郡集结，准备征伐高丽。

涿郡，辖境约相当于今北京以南，保定市以北，太行山以东，白洋淀以西的地带，郡治在今河北涿州市。飞檄传出，各郡甲士络绎向涿郡进发，河南、淮北赶造的5万辆兵车也辚辚北上，黄河两岸国库中的粮米正装船北运，粮船头尾相接，帆樯千里，江南、淮南、岭南的几万兵丁水手也在长途跋涉。大道上，经常有几十万人疲于奔命，隘道要津被人流堵塞了。路途中破车死牛，比比皆是，死人相枕，秽臭扑鼻。

东莱（今山东莱州市）海口，正在赶造300艘大型战船。官吏限期督办，皮鞭交加，役人纷纷倒毙。帆桅尚未竖起，海底已不知有几多尸骨了。

对内重役，对外用兵，民愤郁积，犹如地下火山，迟早要爆发的。

这年，邹平人王薄在长白山（在今山东邹平南）聚众，首举义旗。王薄自称"知世郎"，取世事可知，隋朝必亡的意思。各地饥民纷纷加入，打碎旧王朝的又一场农民战争的序幕拉开了。

大业八年（公元612年）正月，炀帝不顾人民的死活，仍然发布了进军令。远征军分为两翼，各领12军，共计113.38万人，号称200万。远征军依次出发，两军相间40里，日发1军，出发时间就用了整整40天。全军首尾相继，鼓角喧天，旌旗招展，逶迤960里，后面还有御营6军，又排出80里。这样的军队首尾不得相顾，根本不是征伐的格局，实际是千里示威游行。这体现了炀帝狂妄的战略思想。原来他以为，高丽小国，不及中国一郡之地，大军一到，准定乖乖投降。但是，出乎炀帝所料，高丽人民不畏强暴，举国一致，坚决抵抗。炀帝的先头部队30余万，初战小胜，转而大败，死里逃生的只有2700人。

炀帝第一次远征高丽，就这样失败了。

炀帝并不甘心，大业九年（公元613年），又发动第二次远征。同样，又遇到高丽人民的顽强抵抗。

正当高丽君民困守孤城、危在旦夕的时候，隋炀帝的后院起火，督运军粮的尚书杨玄感起兵反隋。同时，河北、山东、河南等地的农民起义，也正如火如荼地发展着。东都洛阳垂危，炀帝只得撤军。

炀帝远征高丽，不但使国内阶级矛盾激化，也使统治阶级内部分裂了。

大业十年（公元614年），局势稍有缓和，炀帝犹未死心，又召集百官商议第三次远征。但是，朝堂上却寂然无声。炀帝不度时宜，一意孤行，再次向全国发出征兵令。这次与往次不一样了，不少郡县公然抗命，应征来的士兵又不断逃亡。炀帝下令，以逃兵的颈血衅鼓，残酷镇压，然而无济于事，兵士逃亡仍有增无减。炀帝无可奈何，只好借高丽求和的台阶，下令撤兵。

炀帝的远征军归来，路经邯郸时，农民起义军一部袭击了远征军的后队，掠获了几十匹战马。

这个小小的袭击，却是个重要的信号。它标志着反隋力量壮大的必然趋势。这时，农民起义的烽火已在全国燃起，一场汹涌澎湃的阶级大搏斗开始了，隋朝覆灭的丧钟敲响了。

五、隋朝的崩溃

公元604年，隋文帝死，他的儿子杨广继承皇位，这就是隋炀帝。

隋炀帝是历史上著名的暴君。继位的第二年（公元605年），他强迫人民给他营造显仁宫（在洛阳附近）和西苑（也在洛阳附近）。为修筑、布置显仁宫，长江以南、五岭以北的各种奇材异石，以及全国各地的各种珍禽奇兽等，都被强征到洛阳。西苑的规模异常宏大：周围有200里，苑内挖有人工海和渠，海中堆有蓬莱、方丈、瀛洲诸山，高出水面100多尺，山上筑有台、观、殿、阁，十分华丽；沿渠有16院，院中树木秋冬凋落时，则用各色绫罗剪成花叶，缀在枝上，水池内也用彩色绫绢做成荷、芰、菱、芡（一年生水草），表示四季常青。据记载，隋炀帝在位，"无日不治宫室"，自长安至江都(今江苏扬州)，便有离宫(皇帝常住宫殿以外的宫室)40余处。

隋炀帝

从大业元年（公元605年）到大业十二年（公元616年），隋炀帝曾三次巡游江都。巡游的目的，主要是想凭借皇帝的威力在政治上对江南地区人民的反抗起震慑作用，但是也带有很大程度的游玩享乐成分在内。每次出游，耗费的财力物力，实在无法计算。以第一次巡游为例：早在好几个月前，隋炀帝就派人往江南监造龙舟及各式杂船，以备应用。龙舟高45尺，长200尺，分4层：上层有正殿、内殿、东西朝堂；中间两层有120个房间，都饰以金玉锦绣；下层为内侍所住。其他船只虽较龙舟为小，装饰也极为豪华。605年秋天，隋炀帝带着皇后、妃嫔、文武百官以及大批和尚、尼姑、道士、侍役、卫队，从显仁宫出发，分别乘坐小船自漕渠出洛口（洛水入黄河之口），然后改乘龙舟及其他各类船只，前往江都。大河中，船队相接，首尾200余里，共用挽船夫8万余人。两岸有骑兵随行护卫，蹄声动地，旌旗蔽野。巡游队伍所过之地，500里内的百姓都得贡献食物。

隋炀帝做皇帝14年，经常巡游在外，留在京城的时间，总共加起来还不足一年；而每次巡游，跟随的妃嫔、宫娥等人，"常十万人"，需用的食物用品，都要地方州县供给，实际的负担都落到人民头上。广大人民在这种繁苛的征敛和役使下，苦不堪言。

隋炀帝的暴虐统治加重了人民的痛苦，激化了国内的阶级矛盾，人民的反抗浪潮此起彼伏，接连不断。隋朝的统治至此已面临总崩溃的前夕。

六、隋末农民起义

隋朝末年，隋炀帝的统治更加残暴，广大人民不堪痛苦，纷纷举行起义。

大业七年（公元 611 年），山东邹平县人王薄，首先举起了反隋的旗帜。不少农民响应了王薄的号召，跟随他一道起义。他们占领了长白山（在今山东邹平县东南），到处攻打官军。不久，各地农民也接着起义，农民战争的大风暴迅速席卷了全国的大部分地区。

自公元 611 年到公元 618 年，隋末农民战争共历时 8 年。这 8 年，大致可以分为 3 个阶段。从公元 611 年到公元 614 年，为第一阶段。在这一阶段，农民军由于缺乏训练和装备，加上各支队伍分散作战，彼此未能很好联系，以致在对敌斗争中，暂时处于劣势地位；但是另一方面，由于阶级矛盾日益尖锐，被推进穷困深渊的农民大批参加起义军，因此农民革命的队伍反而在局部失败中一天天更加壮大起来。从公元 614 年到公元 616 年，为第二阶段。在这一阶段，国内阶级斗争的形势迅速发展，农民军不仅在山东、河北一带巩固了自己的据点，夺取了一些重要的城市，并且还在江淮地区取得了很大的胜利；而隋朝封建统治者由于不断受到农民军的沉重打击，这时已无法再维持其原有的军事优势，起义军的力量已逐渐发展到了和隋军接近平衡的地步。从公元 616 年到公元 618 年，为第三阶段。在这一阶段，隋军的力量日益微弱，农民起义军在军事上完全转入了主动地位，隋政权日益走向崩溃，以至最后覆灭。

隋末农民起义，根据史书的记载，大约有 120 余处。各路起义军逐渐会合，后来形成了 3 个最强大、最著名的集团，这就是：河南的瓦岗军，河北的窦建德军和江淮之间的杜伏威军。

瓦岗（在今河南省滑县南）军的最初领导人是河南人翟让。后来，单雄信、徐世勣等都来参加。公元 616 年，李密也投奔到瓦岗军来。李密很有才干，他加入瓦岗军后，一面劝翟让明确地提出反抗隋朝暴政的口号，一面亲自去劝说各地起义领袖加入瓦岗军。瓦岗军的势力迅速壮大起来，成为了当时最强大的一支农民武装力量。

公元 616 年，瓦岗军攻下了金堤关（在今河南滑县东）和荥阳（今河南荥阳县）附近各县，隋炀帝派大将张须陀率兵前往镇压，瓦岗军埋伏在荥阳大海寺北面的树林里，隋军中了埋伏，被杀得大败，张须陀自杀。公元 617 年，瓦岗军一举攻下今河南巩义附近隋的著名粮仓——洛口仓，并且开仓放粮，赈济百姓。附近人民扶老携幼前来领粮，他们对瓦岗军一致表示感戴。瓦岗军发展到几十万人，河南的郡县大多被他们占领。

瓦岗军攻占洛口仓后，隋朝大为震恐，派刘长恭、裴仁基领兵前来堵击，两军在石子河（在今巩义东南）会战，隋军大败，裴仁基率领部下秦琼、罗士信投降瓦岗军。经过这几次胜利，李密被翟让等推为瓦岗军的领袖。617年底至618年初，瓦岗军大败隋将王世充军。东都（今河南洛阳，是隋炀帝为了加强中央对地方的控制而建立的一个新都）几乎被瓦岗军围困住。在推翻隋朝的统治过程中，瓦岗军起了重大的作用。《隋唐演义》和《说唐》两部小说中所写的瓦岗寨故事，就是以瓦岗军历史素材作为依据的。不过，小说又进行了许多渲染和虚构，因此，和历史真实情况有很多地方不同。

窦建德领导的起义军，活动于河北一带。公元616年，他曾以7000人大破隋军郭绚部，"杀略数千人，获马千余匹"。公元617年，当瓦岗军进迫东都时，隋炀帝命薛世雄率领河北精锐三万援救东都，窦建德侦知消息，在河间大败薛世雄军，河北郡县大部被窦建德乘胜攻下。

在江淮一带，杜伏威领导的起义军，势力最大。公元617年，杜伏威率军打败了隋将陈稜的军队，占领了江北广大地区，又占据了历阳（今安徽和县），作为根据地。江淮之间的小支起义军，大多聚集在杜伏威的周围。隋的军事重镇江都受到了严重威胁。

在以上几支起义军的打击下，隋军只能困守长安、洛阳、江都几座孤城，号称"甲兵强盛"的隋朝统治实际上已经土崩瓦解。

七、穷途末路

隋炀帝预感到末日就要来临，整天和皇后、妃子寻欢作乐，醉生梦死。他不愿听到失败的消息，禁止大臣向他汇报，对萧皇后说："听说外面有不少人想害我，不管他了，还是快快活活喝酒吧。"有一次，他拿起一面镜子，呆呆地照了半天，叹了一口气说："多好的头啊，不知道谁会来砍它？"萧皇后听了心惊胆战，掩面痛哭，隋炀帝轻描淡写地说："富贵荣辱本来就是不断交替，有什么好伤心的？"

隋炀帝的禁卫军，大多数是关中（今陕西一带）人。他们眼看着隋炀帝的末日将要来临，都想回关中老家，许多人都私下逃走。大业十四年（公元618年）三月，宇文化及和大将司马德勘利用士兵的这种心理，煽动士兵发动兵变。宇文化及带领兵士，冲入行宫，准备杀死隋炀帝。隋炀帝吓得瘫在大殿上，战战兢兢地对叛乱的士兵说："我犯的什么罪，你们要杀我？"

宇文化及说："你发动战争，穷奢极欲；昏庸无道，杀害忠良；使男子死在战场，妇女儿童饿死他乡，百姓流离失所，你还说自己没罪吗？"

隋炀帝说："我确实对不起老百姓，但是你们这些人跟着我享受荣华富贵，我没对不起你们。今天这样做，是谁带的头？"

宇文化及说："全国的百姓都恨透了你这昏君，哪儿是一个人带的头！"

隋炀帝知道今天必死无疑，但他害怕砍头碎尸，于是声嘶力竭地大叫："我是天子，应该按天子的死法去死，不能砍头碎尸！来人哪！拿毒酒来！"叛乱的士兵不耐烦了，齐声拒绝。隋炀帝无可奈何，只好取下了一条丝巾，缠在自己的脖子上，两头交给两名士兵，让他们使劲拉。一代昏君终于死了，统治中国38年的隋朝也就此宣告灭亡。

隋代武士俑

炀帝死后，众人立炀帝侄孙秦王浩为帝，推宇文智及兄化及为大丞相掌握大权，率众自运河西返，他们来到徐州时，路已不通，就又掠夺百姓的牛车，改从陆道进向东都。

炀帝死讯到达东都，群臣立炀帝的另一个孙儿越王侗为帝，改元皇泰，史称皇泰主。这年六月宇文化及兵到黎阳，黎阳早由瓦岗军占领。那时，李密已接受东都官爵，便与化及在黎阳的仓城相拒。宇文化及粮尽北走魏县（今河北大名西），九月杀秦王浩，称帝，国号许。唐武德二年（公元619年）宇文化及于聊城为窦建德所擒杀。

李渊领军进入长安以后，为了安抚民心，稳定局势，隋王朝所有的苛刻法令全部被废除，颁布了有利于社会安定的12条律法，并且将隋炀帝奉为太上皇，让他的孙子杨侑做个挂名的皇帝。李渊听到隋炀帝的死讯，直接废了杨侑自己称帝，建立唐朝。

先前李密击走宇文化及后，想应命到东都去"辅政"。当时，东都发生内讧，反对召李密的王世充专政，发兵攻李密。武德元年（公元618年）九月，李密于偃师战败，降唐。王世充击败李密后，声势很大，遂于次年四月，废皇泰主，称帝，国号郑，改元开明。

到此，3个象征性的隋政权残余全部灭亡。

第二节　唐朝的昌盛与衰亡

从公元618年唐建立到公元907年被朱温灭掉，大唐王朝共存在了290年。唐朝一般分为两个时期，即前期和后期。中间以安史之乱为界，前期是昌盛期，后期则是衰亡期。前期出现了"贞观之治"，在政治、经济、文化等各方面都居于当时世界领先地位，此后的唐玄宗时期又出现"开元盛世"，国强民富，升平之世再次出现。但也是在唐玄宗时期，发生了安史之乱，从此唐朝走向衰亡。

唐代中国在政治、经济、军事、文化、中外关系等各个方面都取得辉煌的成就。三省六部制作为中央集权政治体制已经成熟，并对后来的历朝历代影响深远。《唐律》和《唐律疏议》是典型的封建法典。唐朝具有灿烂的文化，这在中国和世界的文化发展史上占有重要的位置。绘画、舞蹈、建筑方面的成就亦荦荦可观。在宗教上，佛教和道教同时发展。韩愈、李翱视自己为正统儒家思想的继承者，从儒家经典中发掘先贤本意，给经学平添了一些新内容，为汉学到宋学的转变做了准备。

一、唐朝的建立和平定全国

大业十三年（公元617年），隋末农民军进入全盛时期，以瓦岗军为中坚，河北和江淮起义军为两翼，对隋王朝展开了毁灭性的攻击。农民军在河北、河南、山东和江淮地区，取得了决定性的胜利，从根本上动摇了隋王朝的统治。同年底，隋所控制的地区，在北方只有东都洛阳以及其他几座孤城，在东南只有江都一隅之地，而这些地区都被起义军切断了联系，成为几个孤立的城市据点。

这时，一些官僚和豪强，看到隋朝的大势已去，为了保存自己的势力，或拥兵割据，或起兵反隋。其中著名的有涿郡的罗艺，朔方（今内蒙古杭锦旗北）的梁师都、马邑（今山西朔县）的刘武周、金城（今甘肃兰州）的薛举、武威的李轨、先在巴陵（今湖南岳阳）后迁江陵的萧铣、太原的李渊等。其中以李渊集团实力最强，影响最大。同年秋，李渊打着尊隋的旗号，从太原起兵，进军关中，沿途收编了一些地主官僚的武装，队伍由3万人迅速发展到20余万。十一月，李渊攻克长安，控制了关中地区。

三支农民起义军的胜利发展，使隋王朝受到了沉重打击，隋炀帝在扬州已预感到自己末日的来临，但他仍在城内寻欢作乐，昼夜昏醉。在农民起义的冲击下，隋统治集团的核心已发生分裂。

大业十四年（公元618年）三月，禁军头目司马德勘和贵族宇文化及在江都发动兵变，缢杀了隋炀帝，立秦王浩为傀儡皇帝。接着，王世充拥立留守东都的越王侗为帝，称为皇泰帝。但秦王浩不久就被宇文化及杀掉，皇泰帝也被王世充杀死。李渊在隋炀帝被杀后，正式称帝，建立唐朝。从此，唐王朝取代了隋朝。

唐朝建立后，唐高祖面临的首要任务是以关中为根据地统一全国。为此，他派李世民攻打据有金城（今甘肃兰州）等地的薛举。经过反复较量，唐军于武德元年（公元618年）十一月俘杀薛举子薛仁杲，平定了西北广大地区。同年冬，幽州罗艺降唐。武德二年（公元619年），唐朝出使凉州（今甘肃武威）胡商安兴贵、安修仁兄弟计擒李轨，平定了河西走廊。同年，刘武周、宋金刚勾结突厥大举南攻，占领了今山西省大部分地区。唐高祖派李世民率军征讨，于武德三年收复并州（今山西太原西南），刘武周北走突厥，不久被突厥所杀。这时，黄河流域形成窦建德的夏政权、王世充的郑政权与唐政权鼎足而立的形势。李渊派李世民东征王世充，郑、夏结成联盟抗唐。次年，窦建德被李世民所俘，王世充被迫出降。窦氏余部受唐迫害，因而在刘黑闼的领导下两次起事，并联合突厥兵南攻。李渊先后派秦王李世民及太子李建成率军东讨。李建成于武德六年（公元623年）俘斩刘黑闼，平定了河北地区。在江淮方面，李世民东征时，占有丹阳的杜伏威受唐朝册封为吴王，不久，又亲赴长

李　渊

安朝见唐高祖。武德六年，杜氏的江淮余部在辅公祏策动下再度起事反唐，据丹阳，称宋帝。七年辅公祏被执杀，江南平。武德四年（公元621年）唐大将李靖围江陵，南朝梁代后裔萧铣降，其于隋末所建的萧政权被消灭。五年，岭南（今广东、广西一带）冯盎降，唐以其地置8州。同年，据有虔州（今江西赣州）的林士弘死，其地为唐所有。

武德九年（公元626年）六月初四，秦王李世民伏兵玄武门发动宫廷政变，杀死其兄太子建成及四弟齐王元吉，逼高祖立自己为太子。不久，李世民即位，是为唐太宗。

李渊退位为太上皇。次年改元贞观。

唐太宗即位不久，于贞观二年（公元628年）发大军征讨据有夏州（今内蒙古白城子）的梁师都，梁师都为其下所杀，夏州归唐所有，至此全国统一。

二、唐太宗与贞观之治

唐太宗李世民即位后，次年（公元627年）改年号为贞观。李世民在位的23年（公元627—公元649年）中，不断总结历代王朝兴衰的经验教训，虚心听取臣下意见，减轻赋税和徭役，减轻刑罚，使百姓在战乱后能够休养生息，从而使社会经济得以恢复和发展，为唐朝的繁荣昌盛奠定了基础。人们把唐太宗在位时的斐然治绩，誉为"贞观之治"。

唐太宗亲眼看到，强盛富庶的隋王朝，仅是粮食储备就可供全国50年之用，但隋炀帝继位后不到13年便分崩离析，短命而亡，这给他留下了极其深刻的印象。他时时注意以隋朝的灭亡为戒，重视人民的力量，常说："人君好比舟，人民好比水，水能载舟，也能覆舟。"他采取了许多轻徭薄赋、与民休养生息的政策，促进农业生产的迅速恢复和发展。

唐太宗还大力提倡节俭，并以身作则，以减轻国家和人民的负担。他即位以后，没有大兴土木，建造新的宫殿，而是住在隋朝时建造的且已破旧的宫殿。为了减少宫中的费用，唐太宗下诏释放宫女，其中一次就释放3000人。唐太宗还严厉禁止厚葬，规定五品以上的官员和勋亲贵族都要严格遵照执行。他在安排自己的陵寝时，亲自制定规格：以山为陵，能放得下棺木就行。对于官员们的奢侈行为，唐太宗也明令禁止。

为了保证国家的长治久安，唐太宗很重视抓好政治建设，任贤和纳谏是他的两项重要政绩，历来为后人所称道。

唐太宗以"求贤若渴""知人善任"著称。他认为，"致安之本，惟在得人""为政之要，惟在得人"，很重视选官用人。主张"为官择人，唯才是与，苟或不才，虽亲不用"。所以，在唐太宗周围，有出身士族的长孙无忌、房玄龄和杜如晦，有参与谋害自己的东宫旧臣魏徵、

唐太宗纳谏图

王珪，有出身寒微的马周、张亮和刘洎，还有少数民族的首领。他对这些人，都能"量才授职""各取所长"，委以重任。由于唐太宗善于举贤任能，多方面精选人才，所以，贞观时期人才济济，一批有才干的文臣武将，尽为其所用。

唐太宗任用贤才，还能够不计较个人恩怨，不讲究资历地位，兼收并用，充分发挥他们的才能。对于自己的亲属、旧部下和亲信，唐太宗也不滥加任用，而是坚持任人唯贤的原则，量才授官。由于唐太宗重视选拔贤才，因此，贞观年代人才之盛，为历朝所少见。唐太宗在位期间，共用宰相 27 人，绝大多数都是当时的杰出人才，这就为改善吏治、促进政治的清明提供了保证。

由于太宗虚心求谏、纳谏，当时朝廷中敢于犯颜直谏的大臣很多，如魏徵、王珪、马周、刘洎等人，其中最突出的是魏徵。

魏徵为人正直，敢于直言，很得太宗的重用，先后担任谏议大夫、给事中、尚书右丞、秘书监等要职，位列宰相，他前后共向太宗进谏了 200 多件事，大多数都被太宗采纳。太宗誉魏徵为"知得失"的"人鉴"，在他死后，痛心地说："以铜为镜，可以正衣冠；以古为镜，可以知兴替；以人为镜，可以知得失。魏徵没，朕亡一镜矣！"唐太宗还任用敢于直言的房玄龄和杜如晦为宰相。房玄龄有谋，杜如晦敢决断，史称"房谋杜断"。贞观时期，由于一大批大臣"直言极谏"，太宗"从谏如流"，开拓了君臣共商国是的开明政局，使一些流弊得到及时纠正，使一些好的政令措施得以贯彻。谏诤之风是"贞观之治"的重要体现。

三、女皇武则天

唐高宗是个懦弱平庸的人，他即位以后，把朝政大事交给他的舅父、宰相长孙无忌处理。后来，他又立武则天为皇后，武则天权力欲很强，逐渐掌握了朝政大权，成为了中国历史上唯一的女皇帝。

武则天名曌，并州文水（今山西文水）人。她的父亲武士彟原来是一个很有钱的木材商人。隋末时弃商从戎，成了一名府兵制下的鹰扬府队正。李渊起兵反隋，武士彟转而参加了李渊的军队，后来在唐朝廷为官，官至工部尚书，封应国公。武则天 9 岁时，父亲死去。14 岁时，已经近 40 岁的唐太宗听说她长得很美，便选她入宫，赐号武媚，人称媚娘，后来又封为才人。唐太宗死了以后，她和一些宫女依旧制被送到感业寺去做尼姑。李治当太子时曾与她有暧昧关系，于是让她蓄发入宫侍寝，封为昭仪。但武则天心里还不满足，想进一步夺取皇后的位子，于是武则天千方百计陷害王皇后。

武则天生了一个女儿，有一天，王皇后来探望，爱抚地摸了摸，逗了逗。王皇后走后，武则天竟狠心地把女儿掐死，用被子盖好。当高宗来看时，她便诬陷是王皇后杀了她的女儿，使王皇后有口难辩。唐高宗因此大怒，从此动了废王立武的念头。

到了永徽六年（公元655年）九月，唐高宗不顾褚遂良、长孙无忌等人的反对，正式提出废王皇后，立武则天为后。

有一天，唐高宗问李勣："我打算立武昭仪做皇后，褚遂良他们坚决反对，你看这事该怎么办呢？"李勣看见高宗废立决心已下，便为武则天说好话，他说："废立皇后，这是陛下的家事，何必一定要得到外人同意呢？"许敬宗也说："乡下人多割十斛麦子，尚且想换个新媳妇，何况天子富有四海，立新皇后没有什么不可以的！"于是高宗决定，废王皇后为庶人，册封武氏为皇后。

武则天当了皇后以后，很快形成了自己的势力集团，参与朝政。她利用高宗与元老重臣之间的矛盾，在短短几年内，就杀掉长孙无忌，罢免20多个反对她的重臣。武则天对拥护她的人全都重用，李义府、许敬宗因而青云直上，当了宰相。到了后来，武则天甚至同高宗一起垂帘听政，当时朝臣并称他们为"二圣"，即称高宗为天皇，武后为天后。武则天作威作福，高宗一举一动都受她约束。唐高宗很不满，就秘密把大臣上官仪找来，让他起草废武后的诏书。消息传到武则天那里，武则天怒气冲冲地去见唐高宗。她厉声问高宗说："这是怎么回事？"唐高宗十分害怕，没了主意，就结结巴巴地说："我本来没有这个意思，都是上官仪教我这么干的。"武则天立刻命人杀掉上官仪等人。从此大小政事，都由武则天一人定夺。

唐高宗感到武氏一派的威胁越来越大，担心李家的天下难保，就想趁自己还在世，传位给太子李弘（武则天的长子）。但是，武则天竟用毒酒害死李弘，立次子李贤做太子。不久，又把李贤废为平民，改立三儿子李显为太子，弄得唐高宗束手无策。

到弘道元年（公元683年）十二月，唐高宗病死，太子李显即位，就是唐中宗。武则天以皇太后的身份临朝执政。后来，她容忍不了唐中宗重用韦氏家族的人，又废了唐中宗，立她的四儿子李旦为帝，就

《武后从行图》（局部）

是唐睿宗。同时，她不许睿宗干预朝政，一切事务由她自己做主。

唐宗室功臣看到武氏家族弄权，人人自危，于是激烈的斗争便公开化了。最先起来反抗的是李唐旧臣徐敬业、唐之奇、骆宾王等人。他们以拥戴中宗为号召，在扬州起兵反对武则天，在朝廷内部获得了宰相裴炎的支持，内外呼应，一时间聚集了10余万人马。骆宾王乘讨武军浩大的气势，慷慨激昂地写了一篇著名的《讨武曌檄》。武则天派出30万大军讨平了徐敬业，杀了倾向徐敬业的宰相裴炎等人。

天授元年（690年）九月，67岁的武则天自称圣神皇帝，改国号为周，以洛阳为神都，降唐睿宗为皇嗣。

四、中宗复位

神龙元年（705年），宰相张柬之奉迎李显复位，派兵把武则天逐回皇太后应该居住的上阳宫。当时武则天已经82岁了，因受不住这一生中最后的当头一棒，回到上阳宫后即一命呜呼。

李显史称唐中宗，复位后不久，他的妻子韦皇后就效法当年的武则天，跟李显同时出现在金銮殿上听政。因为唐中宗昏庸懦弱，大权不久就落入了韦皇后手中。韦皇后与李显最宠爱的小女儿安乐公主一起，公开招权纳贿，把国家官爵分别标定价格，公开兜售。

人们期待的唐朝中兴的局面没有出现，相反，朝政日益腐败起来。随着权力欲望的不断膨胀，韦皇后希望丈夫早日死掉，以便自己能够像武则天一样女主天下。安乐公主也要求父亲立她为皇太女，希望能登上权力的最高峰。李显知道大臣们不会接受这个决定，不肯答应。于是，母女二人合谋，在公元710年毒死了唐中宗。

这时，武则天的第四子李旦和女儿太平公主还有相当大的势力，是韦后登基的障碍。就在韦氏母女打算除掉李旦和太平公主的时候，李旦的第三子李隆基发动羽林军，抢先一步攻进皇宫，杀了韦后、安乐公主，并将韦氏党羽一并铲除。

李隆基发动政变时，李旦并不知道。等到知道时，政变已经成功。这时由太平公主出面，请李旦继承皇位，是为唐睿宗，李隆基被立为太子。

太平公主完全继承了她母亲的坚强性格，对政治充满野心。李旦在位时，太平公主通过哥哥的手控制政府。当时朝中的七个宰相，五个都是太平公主的党羽。

李旦是一个生性淡泊的人，对权力名位并不太在意。公元712年，唐睿宗李旦让位给太子。李隆基即帝位，是为唐玄宗，改年号为"先天"。这时太平公主的势力已相当强大，与唐玄宗势同水火。唐玄宗再一次先发制人，展开大规模逮捕整肃，剿杀了太平公主的党羽，逼太平公主自杀。至此，经过一连串的宫廷政变，动荡的局面才稳定下来。

五、开元盛世

唐玄宗在位 44 年，分前后两个时期，前期为先天（公元 712—713 年）和开元（公元 713—741 年），后期指天宝（公元 742—756 年）时期。在武则天统治的晚年和唐中宗、唐睿宗时期，政治昏暗，弊端丛生。针对这种情况，唐玄宗在开元年间任用改革家姚崇、宋璟等人，进行了整顿和改革，裁汰冗官，整顿吏治，抑制食实封贵族，压抑佛教，发展农业生产，整顿财政，提倡节俭，取得了显著的效果。

唐玄宗李隆基即帝位后，首先把自己的兄弟都派到地方去做官，免得他们在长安积聚力量，由此堵塞他们发动宫廷政变的可能。

随后，唐玄宗先后任命干练正直的官员姚崇、宋璟、张嘉贞、张九龄、韩休等人为宰相，针对当时的弊政进行了一些改革。裁减了韦氏母女"出售"的冗官，精减了庞大的官僚机构，还下令减免赋税，让农民努力生产。

在武则天统治时期，修建了很多佛寺，许多人出家为僧。中宗、睿宗也信佛，佛教势力继续发展，全国的僧尼人数膨胀到数十万。因为僧尼不服役，不纳税，建寺造像又耗资无数。所以唐玄宗接受姚崇的建议，下令淘汰天下僧尼，强使还俗的有一万余人；并下令各地不得创办佛寺，禁止民间铸佛像和抄写佛经，抑制了佛教的发展。

唐玄宗采取了一些有利于经济发展的措施。这个时期唐朝国力强盛，财政充裕。据说，当时各州县的仓库里都堆满了粮食布帛，长安和洛阳的米和帛都跌了价。

经过开元年间的改革，出现了经济繁荣、社会比较安定、文化昌盛、国力强大的局面，唐王朝进入了全盛的时期。历史上把这段时期称为"开元之治"。

六、安史之乱

唐朝从高宗（公元 649—公元 683 年在位）以来，边疆一直有重兵屯戍；从睿宗（公元 710—公元 712 年在位）开始，唐政府又陆续在边境设置了节度使。到玄宗（公元 712—公元 756 年在位）时期，节度使已增加到 10 个。节度使起初只管军事，后来日渐发展成为全面掌握一个地区的军事、财政和行政大权

肃宗迎接唐玄宗还朝图

的封建割据势力。

唐玄宗统治的后期，朝政先后被李林甫、杨国忠等人操持。他们骄纵跋扈，排斥异己，贪污腐化，残虐百姓。唐朝的政治日趋败坏，社会阶级矛盾日趋尖锐。

天宝十四年（公元755年）冬，兼领平卢（治所在营州，今辽宁朝阳）、范阳（治所在幽州，今北京市）、河东（治所在太原，今山西太原市西南）三镇节度使的安禄山，利用唐政权腐朽的机会，以诛杨国忠为名，率所部兵15万人，从范阳长驱南下。安禄山的军队没有遭到什么抵抗，很快地就渡过黄河，攻陷了洛阳。唐政府临时招募起来的军队一战即溃，安禄山军逼近了潼关。唐朝朔方（治所在灵州，今宁夏回族自治区灵武）节度使郭子仪、新任河东节度使李光弼进兵攻打河北；常山郡（在今河北省正定县一带）太守颜杲卿和平原郡（今山东省平原县东北）太守颜真卿也在河北起兵，袭击安禄山的后方，安禄山军军心动摇。安禄山怕后路被切断，一度打算放弃洛阳，回军河北。但是唐政府没有利用这种有利的形势进行有效的抵御。公元756年夏，安禄山的军队攻下了潼关，唐玄宗闻讯后，偷从长安逃往四川，走到马嵬驿（在今陕西兴平市）时，军士们愤恨杨国忠祸国殃民，就杀死了杨国忠，连玄宗的宠妃杨贵妃也被逼缢死。此后，玄宗逃到四川，太子李亨逃到灵武，即皇帝位，就是唐肃宗。

安禄山的军队进入长安以后，大肆烧杀抢掠，遭到人民的强烈反抗，无法继续西进。安禄山在攻陷长安以前，曾在洛阳称帝，国号大燕。肃宗至德二年（公元757年），安禄山军的内部发生分裂，安禄山在洛阳被他的大儿子安庆绪杀死。唐军乘机反攻，并且凭借回纥兵的帮助，于这年秋季先后收复了长安、洛阳。

肃宗乾元二年（公元759年），洛阳再度失陷。安禄山的旧部史思明进入洛阳，杀安庆绪，自立为大燕皇帝。

肃宗上元二年（公元761年），史思明被他的儿子史朝义所杀，史军势力渐衰。次年，唐政府再次依靠回纥兵，收复洛阳。史朝义逃往河北，他的许多部将都投降了唐朝。

代宗广德元年（公元763年），史朝义在走投无路的情况下自杀，这场使人民的生命财产蒙受了巨大损失的安史之乱才告结束。从此，唐朝由兴盛进入了衰落时期。

七、刘晏改革

安史之乱后，唐王朝开始走向衰败，财政方面日渐紧缩。乾元元年(758年)，唐肃宗李亨决定对长江、淮河流域和四川地区的富裕家庭强行征收财产税，同时批准各地对商人携带的价值超过一贯的货物征收关津通过税。与此同时，大规模出售道士、和尚、高级知识分子、官员资格的活动也在进行。但是，这些应急措施所带来的收入仍然不能为平息战争和对功臣的赏赐提供足够的经费，政府急需开辟新的财政来源。于是，一大批原来名不见经传的官员开始上台执政，其中最为著名的就是刘晏。

刘晏是曹州南华(今山东东明)人，字士安。开元十三年(公元725年)唐玄宗东封泰山，刘晏作为神童被地方举荐，作了一篇《东封书》，对玄宗封禅一事大加颂扬，因此得到玄宗的赏识，被称为"国之祥瑞"，封为秘书省正字，成为当时最年轻的政府官员，不过此后他的官运却并不亨通。

唐代宗上台后，信任大臣元载，而元载过去是刘晏的老部下。面对当时繁杂的经济事务，元载想到了刘晏，保荐他担任户部侍郎，并兼任度支、转运、盐铁、铸钱等使职，帝国的经济命脉一下子便归刘晏一手执掌了。

刘晏经过了几次官场沉浮后，意识到自己在政府上层缺乏强有力的支持者，因而除了继续维持好与元载的关系外，他又把目光投向了当时权势熏天的程元振，送去不少礼物给程元振。

不幸的是，刘晏的赌注下错了。程元振在处理一次吐蕃入侵事件中表现得惊慌失措，被流放到江陵。元载不顾大臣们的反对，依然起用刘晏为河南、江淮以东转运使，全权负责当时对中央来说生死攸关的漕运。

也许是意识到了自己的政治才干不如元载，刘晏上任后，将政治上的抱负放到了次要地位，决心在经济工作中一展宏图。在元载的全力支持下，刘晏对漕运进行了全面彻底的整顿和改革，并很快就取得了令人震惊的成就，不但使原来已经断绝的东路漕运得以恢复，而且在效率方面较之前代也大有提高。当他组织运输的第一批粮食运达长安时，代宗皇帝欢喜异常，组织了军乐队到东渭桥迎接运粮船队，又派宦官对刘晏进行慰劳表彰，将他

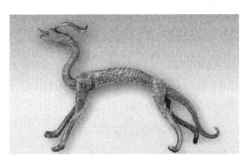

唐代赤金走龙

比喻成西汉开国皇帝刘邦那个在后勤组织方面特别有天赋的助手萧何。

在继续做好漕运工作的同时，刘晏开始对食盐专卖制度作深力度的改革，以增加专卖收入。通过对食盐专卖各环节所作的明智变通，政府得自食盐专卖的收入在短短的几年间翻了 10 倍有余，由刘晏接管时的每年 60 万贯猛增至大历末年的 600 万贯。刘晏在经济工作中所表现出来的殚精竭虑不但获得了代宗和元载的赏识，也为他本人带来了巨大声誉，甚至宋代一贯对财政官员嗤之以鼻的司马光，也在他的著作《资治通鉴》中不惜笔墨对刘晏进行夸赞。

在户税的管理上，刘晏加重了官僚、寄庄户的户税，整顿了各种浮客户的户税，减轻了商贾的户税。地税和户税既扩大了征收面，又趋于合理负担，既加强了管理又增加了国家的财政收入，效果甚佳。

八、杨炎两税法

公元 780 年，宰相杨炎建议推行两税法，实质上就是以户税和地税来代替租庸调的新税制。它取消了租庸调及各项杂税的征收，保留户税和地税。量出置入，由政府先预算开支以确定赋税总额。户税是按户等高低征钱，户等高的出钱多，户等低的出钱少。地税是按亩征收谷物。无论户税和地税，都分夏秋两季征收，所以被称为两税法。

两税法在施行的初期取得了可观的成绩，德宗对杨炎的信任也因此与日俱增，而面对身为四朝元老的刘晏，德宗越来越感觉压力重重。谨慎的刘晏感到了德宗对自己的猜忌，为了避免有结党嫌疑，他开始减少与自己在朝廷中的近亲和过去的老部下之间的走动，但对于手中的财政大权，刘晏却一直紧抓不放。

景云钟

杨炎不甘心让刘晏挡他的路，借口理顺财政管理体系，顺利解除了刘晏的所有财政职务，德宗于是又借口刘晏在工作汇报中有欺骗行为，将他贬为忠州刺史。

杨炎对此很是高兴，为了斩草除根，他派自己的亲信，也是从前元载的亲信庾准出任刘晏的顶头上司，诬陷刘晏谋反。杨炎通过表面的复查，证实了庾准的报告。虽然一切罪名都已成立，德宗在最后关头却表现得心虚异常，他连将刘晏明正典刑的胆量也没有，而是派宦官以最快的速度赶赴忠州，将刘晏秘密杀害。在刘晏被杀的 19

天后，德宗才向全体臣民公布了刘晏的罪状，全国上下一片哗然。

杨炎害死刘晏后，刘晏的家人被流放到岭南，他的几十个部下都因受到不同程度的牵连而被贬官流放，但杨炎坚决主张抄刘晏的家。结果，刘晏的全部财产不过书籍两车、米麦数斛（每斛 10 斗）而已。而在对刘晏的罪行上，却写有"按问赃贿，不知纪极"的罪名。

刘晏的被害在朝廷内外引起轩然大波，对于那些为刘晏鸣冤的人，杨炎都不放过，一律予以打击。由于不少手握重兵的节度使对中央随随便便杀害刘晏这样的重臣表示愤慨，杨炎只得派遣大批人员到各节度使那里做解释工作。为了推卸自己的责任，他说自己完全是秉承德宗的意旨所为。德宗不久就对此有所耳闻，也派亲信宦官到淄青节度使李正己那里核实。李正己本来就曾为刘晏遇害一事向杨炎率先发难，遇此良机自然大加利用，使德宗对杨炎起了杀机。公元 781 年，在德宗的支持下，杨炎被赶出京城到遥远的海南担任崖州司马，还未到达目的地，就被德宗派遣的宦官追上赐死。

唐朝就在这种不断的官场角逐中，陷入了更深的泥潭。

九、朋党之争

在藩镇和宦官夹缝中，唐王朝的中央政府又出现了朋党斗争，这两个政客集团，一称"李党"，一称"牛党"。李党的重要人物有李德裕、李绅、郑覃；牛党的重要人物有李逢吉、牛僧孺、李宗闵。李党多是世家士大夫；牛党则是寒门士大夫，出身平民。两派官员互相倾轧，争吵不休，一直闹了 40 年，历史上把这种争吵叫作"朋党之争"。

这场争吵还是在唐宪宗在位时候开始的。一年，长安举行考试，选拔能够直言敢谏的人才。在参加考试的人中，有两个下级官员，一个叫李宗闵，一个叫牛僧孺。两个人在考卷里批评了朝政。考官看了卷子，认为这两个人符合选拔的条件，就把他们推荐给唐宪宗。

这件事让宰相李吉甫知道了，李吉甫是个士族出身的官员，本来就瞧不起科举出身的官员，现在出身低微的李宗闵、牛僧孺居然敢批评朝政，揭了他的短处，这让他更加生气。他在唐宪宗面前说，这两人被推荐，完全是因为跟试官有私人关系。唐宪宗听信了李吉甫的话，把几个试官降了职，李宗闵和牛僧孺也因此没有受到提拔。

李吉甫死后，他的儿子李德裕依靠父亲的地位，做了翰林学士。那时候，李宗闵也在朝做官。李德裕对李宗闵批评他父亲这件事，仍旧记恨在心。

唐穆宗即位后，又举行进士考试。有两个大臣因为熟人应考，私下里托过考官，考官钱徽没卖他们的面子。正好李宗闵有个亲戚应考，被选中了。这些大臣就向唐穆宗告发钱徽徇私舞弊。唐穆宗问李德裕是否有这么回事，李德裕回答是。结果唐穆宗就把钱徽降了职，李宗闵也受到牵连，被贬谪到外地去。

打这以后，李宗闵、牛僧孺就跟一些科举出身的官员结成一派，李德裕也跟士族出身的官员结成一派，两下明争暗斗得十分厉害。

牛、李两派为了争权夺利，都讨宦官的好。到了唐武宗即位，李德裕当了宰相，他竭力排斥牛僧孺、李宗闵，把他们都贬谪到南方去了。

公元846年，唐武宗病死，宦官们立武宗的叔父李忱为帝，就是唐宣宗。唐宣宗在登基之日就对左右说："刚才靠近我身边的人是不是李太尉？他每次看我的时候，我都感到毛发耸立。"果然没过几天，李德裕即被罢相，然后一贬再贬。李党成员也被纷纷斥出，牛党却时来运转，一升再升。然而争了大半辈子的牛僧孺、李宗闵等，毕竟年事已高，虽得到升迁，却多数病死在途中。

闹了40年的朋党之争终于收场，但是唐王朝的混乱局面却已经闹得更加不好收拾了。

十、黄巢起义

公元873年，关东地区遇到了一场严重的旱灾，可唐朝政府依然催促地方上缴赋税。濮州（今山东鄄城北旧城）人王仙芝领导几千人在长垣（今河南长垣）起义，以天补均平大将军兼海内诸豪都统的名义传檄诸道，痛斥唐政府官吏"贪沓，赋重，赏罚不平"，深得人们的拥护。公元875年，王仙芝打下了濮州和曹州，队伍壮大到数万人。这时，黄巢率领数千人在冤句（今山东菏泽西南）起义，响应王仙芝。

黄巢和王仙芝两支起义队伍会合后，转战山东、河南一带，接连攻下许多州县，声势越来越大。唐王朝非常恐慌，命令各地镇压。但是各地藩镇都不愿意损伤自己的队伍，于是互相观望，使唐王朝束手无策。

唐王朝看硬的不行，就采用软的手法。在起义军攻下蕲州（今湖北蕲春）的时候，派宦官来见王仙芝，封他"左神策军押牙兼监察御史"的官衔。王仙芝听到有官做，便迷了心窍，表示愿意接受任命。黄巢得知这个消息后，气极了，带了一群将士冲到王仙芝那里，狠狠责备王仙芝，说："当初大家起过誓，要同心协力，平定天下，现在你想去当官，叫我们弟兄往哪里去？"王仙芝还想搪塞，黄巢抢起拳头，朝王仙芝劈头盖脸地打了过去，打得王仙芝满脸是血。王仙芝自知理亏，只好认错，把唐朝派来的宦官赶跑了。

经过这番波折，黄巢决定跟王仙芝分两路进军。王仙芝向西，黄巢向东。不久，王仙芝率领的起义军在黄梅（今湖北）被唐军打败，他本人也被杀死。王仙芝失败后，起义军重新会合，大家推黄巢为王，称冲天大将军。

起义军在黄巢的带领下，势如破竹，接连打下越州、衢州（今浙江衢县）；接着又劈山开路，打通了从衢州到建州（今福建建瓯）的700里山路，一直打到广州。在广州休整以后，岭南地区发生瘟疫，黄巢带兵北上，顺利渡过长江，直达淮河。

唐朝武士砖

公元880年，黄巢带领60万大军，浩浩荡荡开进潼关。唐王朝惊慌失措，唐僖宗李儇和宦官头子田令孜带着妃子，逃到成都去了，来不及逃走的唐朝官员全部出城投降。黄巢进入长安城，即位称皇帝，国号大齐。

但是，由于黄巢起义军长期流动作战，占领过的地方，都没留兵防守。几十万起义军进入长安以后，四周还是唐军的势力。没有多久，唐王朝调集各路兵马，包围长安。长安城里的粮食供应发生了困难。

黄巢派出大将朱温驻守同州（今陕西大荔），但是朱温却投降了唐朝。唐王朝又召来沙陀贵族、雁门节度使李克用，率领4万骑兵进攻长安。起义军遭到大败，只好撤出长安。

黄巢带领起义军撤退到河南，又遭到朱温、李克用的围攻。公元884年，黄巢在攻打陈州（今河南淮阳）失败之后，受到官军的紧紧追赶，最后退到泰山狼虎谷，兵败自杀。

十一、唐王朝灭亡

黄巢起义失败后，唐僖宗回到长安。这时候，各地藩镇在镇压黄巢起义的过程中，都扩大了自己的势力，成为大大小小的割据力量。其中最强大的，是河东节度使李克用和宣武（治所在今河南开封）节度使朱温。朱温自从背叛黄巢投靠唐朝后，唐僖宗就给了他高官厚禄，还赏他一个名字，叫"全忠"。

当黄巢从长安退到河南的时候，其兵力还很强，有一次，黄巢军攻打汴州，朱温向李克用求救。李克用打败了起义军，回到汴州，朱温假意殷勤招待，大摆酒宴，趁李克用喝得酩酊大醉的时候，派兵把驿馆团团围住，想把李克用害死。李克用靠几个亲兵拼命救出，才突围逃走。从此，李克用与朱温便结下了冤仇，一直互相攻打。

唐僖宗病死后，他的弟弟唐昭宗李晔想依靠朝臣来反对宦官，结果都失败了。到了后来，宦官还把唐昭宗软禁了起来，打算另立新皇帝。

这件事给野心勃勃的朱温提供了一个好机会。朱温派出亲信偷偷溜进长安，跟宰相崔胤秘密策划，发兵杀了宦官头目刘季述，并迎接唐昭宗复位。

唐昭宗和崔胤还想杀掉所有宦官，另一些宦官就投靠另一个藩镇、凤翔节度使李茂贞，把唐昭宗劫持到了凤翔。崔胤向朱温求救，朱温带兵进攻凤翔，要李茂贞交出唐昭宗。李茂贞兵力敌不过朱温，只好投降。

朱温把唐昭宗抢了过来，带回长安。从此唐王朝政权就从宦官手里转到了朱温手里。

朱温掌了大权后，把宦官全部杀光，挟持唐昭宗迁都洛阳。离开长安的时候，朱温派人把长安的宫室、官府和民屋全部拆光，把材料运到洛阳，还逼迫长安的官吏、百姓一起搬到洛阳去。长安百姓扶着老人，拖着孩子，在兵士的驱赶下赶路，惨不忍睹。

唐昭宗到了洛阳后，还想秘密召各地藩镇来救他。但是他还没有盼到，朱温就动手把唐昭宗给杀了，另立了一个13岁的孩子做傀儡，这就是哀帝。

宦官完了，皇帝也完了，留下的还有一批唐王朝的大臣。朱温手下的谋臣对朱温说："你要干大事，这批人最难对付，他们平时自命清高，把自己称作'清流'，应该把他们扔到浊流 (指黄河) 里去。"朱温依了他的话，在一个深夜，把30多名朝臣集中起来杀掉，扔到了黄河里。

公元907年，朱温废了哀帝，自立为帝，改国号为梁，建都汴 (今河南开封)，史称后梁。至此统治了将近300年的唐朝宣告结束。

第三节　隋唐社会与经济发展

一、三省六部制

隋朝在政治上确立了重要的制度三省六部制，三省是指尚书省、门下省、内史省。唐朝沿用隋朝制定的三省六部制，主要机构有三省、六部、一台、五监、九寺。中书省的正副长官是中书令和侍郎，下设中书舍人，负责起草诏制。门下省的正副长官是侍中和侍郎，下设给事中，负责审核中书省起草的诏旨，驳正违失，并审批尚书省的奏钞。尚书省的正副长官是尚书令和左右仆射，下设左右丞；该省统辖吏、户、礼、兵、刑、工六部，负责贯彻执行中央拟定的政令。因唐太宗曾任尚书令，以后臣下避居该职，形同虚设，故左右仆

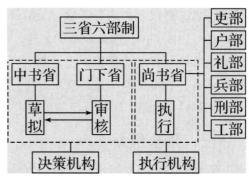

三省六部制

射实际上成为尚书省的最高长官。唐初，三省的最高长官都是宰相。当时在门下省还设政事堂，为三省宰相共议军国大事的场所。

二、创立科举制度

南北朝时期为了选拔有用人才已萌生出"举明经"等科举制度，但是魏晋以来的九品中正制仍然继续实施。

开皇七年（公元 587 年），隋文帝正式设立分科考试制度，取代九品中正制，自此选官不问门第。科举制度初期设诸州岁贡，规定各州每年向中央选送三人，参加秀才与明经科的考试，大业二年（公元 606 年），隋炀帝增设进士科，科举制度正式形成。当时秀才试方略、进士试时务策、明经试经术，形成一套完整的国家分科选才制度。

唐代是科举制度的奠基期。唐代科举的一个显著特征就是进士科的崛起，并成为了士子出身入仕的首要途径。进士科考试在唐代趋向于以诗赋为主，不仅如此，应进士科者将自己的文学创作择优编成文卷，投献给当时达官贵人或文坛名人求得他们赏识推荐，以提高知名度和及第机会，这种习尚称为行卷。而从天宝元年（公元 742 年）以后，朝廷还下令举子于考试前将平日所作诗文交纳给主考官，以供核实并知其所长，这种形式叫作纳"省卷"。

唐代开诗赋取士之风，大大促进了诗歌的繁荣。通过科举考试，把作诗当作入仕之道，这必然促使世人对诗的努力学习和钻研。当时整个知识分子阶层几乎都是

科举考试

诗歌作者，诗成了知识分子学习、钻研的必修科目。这种重诗风气对唐诗的促进是可想而知的。除知识分子之外，科举普遍地吸引中下层社会的人入仕。这些人都不同程度地经历了生活的磨炼，其诗作题材与生活更加贴切，内容更加丰富，意境更加高远，这正是唐诗千古不朽的魅力所在。唐代大多数诗人都走过科举之路，唐诗百花纷呈的繁荣局面与科举增设诗赋密不可分。

三、隋唐经济

封建社会的主要经济生产部门农业，在隋唐时期有了较大的发展。农业生产工具锄、铲、镰、犁都有大的改进。水利设施得到修复和新的开凿，而更为广泛和完善。长期积累的犁地、播种、施肥、灌溉等一整套的农业生产经验得到推广、良种普遍使用、经济作物得到发展。隋唐五代的农业生产进到了一个新的台阶，农田大批开垦、粮食单产超过汉代一倍，一粒种子可收获 20 至 40 粒，最多者达百粒，而欧洲最先进的法兰克王国之单产，仅及中国的 1/10 至 1/20。手工业、商业，欧亚北非各国更是难望中国之项背。

1.农业

隋朝在各地都修建了许多粮仓，其中著名的有兴洛仓、回洛仓、常平仓、黎阳仓、广通仓等。存储粮食皆在百万石以上。唐朝初年监察御史马周对唐太宗说："隋家储洛口，而李密因之；西京府库，亦为国家之用，至今未尽。"隋朝已灭亡了 20 年，隋文帝已经死了 33 年，可那时的粮食布帛还未用完。

唐朝农业生产工具与技术较前代有新的进步。曲辕犁就出现在唐朝。还出现了新的灌溉工具水车和筒车。唐初，有记载的重要水利工程就多达 160 多项，著名的如玉梁渠、绛岩湖、镜湖等。天宝年间，唐朝耕地面积达到 850 万顷。粮食产量也有提高。天宝八年，官仓存粮达 9600 万石。长安、洛阳米价最低时每斗仅 13 文，青州、齐州每斗仅 5 文。唐朝后期，由于人口南迁，加上土地开垦及大修水利，南方的粮食产量大幅增加。

2.手工业

隋代是中国瓷器生产技术的重要发展阶段。其突出的表现是,在河南安阳、陕西西安的墓葬中出土了一批白釉瓷。沼帔白瓷，胎质坚硬，色泽晶莹，造型生动美观，这是中国较早出现的白瓷。隋代青釉瓷器的生产则更广泛，在河北、河南、陕西、安徽以及江南各地皆有青瓷出土，并发现了多处隋代窑址，江南为手工业发达地区。隋朝瓷器的发展也带动了当时经济的发展。

唐朝手工业分官营和私营两种。工部是主管官营手工业的重要部门之一，直接管理的机构有少府监、将作监、军器监。少府监主管精致手工艺品；将作监主管土木工程的兴建；军器监负责兵器的建造。监下设署、署下设作坊。还有铸钱监和冶监等官制。官营手工业的产品一般不对外销售，只供皇室和衙门消费。工人则分为工匠、刑徒、官奴婢、官户、杂户等。私营手工业较官营手工业不发达。唐朝前期主要手工业有纺织业、陶瓷业和矿冶业。唐后期，南方手工业大幅进步，特别是丝织业、造船业、造纸业和制茶业。

唐朝手工业较前代有很大的进步，商业也比前朝发达。手工业进步对社会生产力的发展起着有益的作用，商业的发达刺激着手工业进步，也加强着各地区之间的经济联系。

3. 货币

隋朝统一币制，废除其他比较混乱的古币以及私人铸造的钱币，改铸五铢钱，世称"隋五铢"。"隋五铢"背面肉好，皆有周郭，重如其文，每钱一千重四斤二两。"车书混一，甲兵方息。"度量衡在隋文帝时重新统一。"隋氏混一南北，凡齐、周之故老，梁、陈之旧臣，咸萃一朝，成文章之总汇。"除此之外，杨坚还曾颁布"人年五十，免役收庸""战亡之家，给复一年"等仁政措施。

唐朝建立后，出台了自己的铸币政策体系。唐武德四年（公元621年）七月，"废五铢钱，行开元通宝钱，径八分，重二铢四絫，积十文重一两，一千文重六斤四两"。确立了国家铸币的法币地位。同时，又继承魏晋南北朝时期以绢帛为货币的传统，实行了"钱帛兼行"的货币制度——钱即铜钱，帛则是丝织物的总称，包括锦、绣、绫、罗、绢、绝、绮、缣、绅等，实际上是一种以实物货币和金属货币兼而行之的多元的货币制度体系。

唐朝政府不断出台严厉打击私铸和滥铸等的法令，并禁断使用恶钱，但是由于铜钱供应量严重短缺，币值不断上升坚挺，私铸和滥铸有暴利可图，所以成效并不理想。两税法实行以后社会发展中长期存在的一大矛盾，突出表现为钱重物轻即所谓"钱荒"问题的不断恶化。

唐代大城市中出现了柜坊和飞钱。柜坊经营钱物寄付，在柜坊存钱的客户可以凭书帖（类似于支票）寄付钱财。这些都说明了商业在唐朝中期的繁荣。唐末，因为黄巢之乱和藩镇割据，人口锐减，社会经济

隋朝大兴城遗址

规模再也未能达到开元盛世的水平。

4. 城市建设

为了巩固隋朝发展，隋文帝与隋炀帝兴建举世闻名的隋唐大运河以及驰道，兴建首都大兴城，并且兴建长城保护归附外族。这些都提升了位于关中的隋廷对北方地区、关东地区与江南地区的掌控力，使隋朝各地的经济、文化与人民能顺利交流，还诞生出经济重镇江都（今扬州）。当时，长安不仅是全国政治经济中心，也是国际上的大都会。长安有都会、利人两市，像这样规模宏大、商业繁华的都市，在当时的世界上是罕见的。

随着国力的增强，唐朝的首都长安也迅速发展起来，成为当时世界上首屈一指的国际大都市。

长安是当时唐朝最大的城市，长方形的城市分为宫城、皇城和外郭城三个部分。宫城是宫殿区，皇城是中央官署所在地，外郭城占地广阔，被划分为108个坊，遍布寺院、府第和民宅。此外长安还有两个市——东市和西市，市内有两条南北和东西大街，宽度都在15米左右，相交成"井"字形，是商业街。两市的店铺鳞次栉比，"四方珍奇，皆所积集"。

长安是西京，唐朝还有一个首府——东京洛阳，是仅次于长安的第二大城市，城内设有南市、北市和西市，市内是绢行、衣行、肉行、药行、铁行、秤行、鞭辔行等各类行业的店肆。

四、世界经济文化交流中心

文明先进而富庶强大的中国是当时世界，特别是亚洲各国经济文化交流的中心。隋唐时期的中国与世界的联系进一步加强，长安成为当时的国际大都会，在长安有各国使臣、商人，有胡人所开的店铺。汉唐都有中西交流的丝绸之路，而汉代中外直接交往还只限于中亚、印度，最远的是班超副使甘英到达波斯湾。隋唐时，尤其唐朝，中国与中近东、印度、日本、南洋群岛的联系大大加强。商人、使臣来往不绝。满载货物的商船在南中国海和印度洋上扬帆航驶，大队的骆驼、马匹奔驰在丝绸古道之上，中国的丝绸、瓷器、造纸术、印刷术西传，印度、中亚文化也给中国文化发展以深远的影响，如服饰、习俗、饮食、语言、艺术、科学、历法、数学、医药、各种宗教、物产纷纷传入中国，勇于并善于接受有益新鲜事物的隋唐皇朝和中国人民，通过吸收外域文化，丰富和发展了传统文化。

在唐朝，不论是陆路还是海路的对外沟通都达到了一个繁盛的时期，大大促进了唐朝与外国的经济、文化交流。唐朝在海外的影响极为深远，到宋代时，东南海外诸国在与宋朝廷的交往中，还将宋朝管辖下的中国地区称为

"唐"。一直到今天，海外华人当中仍然有一部分自称为"唐人"，海外的华人聚居地被称为"唐人街"，而华侨则将祖国称为"唐山"。这样的影响与唐朝时发达的对外交流是分不开的。

第四节　隋唐时期的文化与科技

一、李春与赵州桥

今河北省赵县城南的洨河上有座雄伟的石桥，叫作赵州桥。这座桥的设计和监造者，是隋朝的一个名叫李春的石匠。尽管经历了1300多年的风吹雨打和无数次的洪水冲击，赵州桥依然挺立在河面上，这不能不说是一个伟大的奇迹。据一些研究者介绍，赵州桥不仅是我国，也是全世界现存的最古老的一座石拱桥。

赵州桥建于隋代，隋朝统一中国后，结束了长期以来南北分裂、兵戈相见的局面，促进社会经济的发展。当时的赵县是南北交通要道、必经之地，从这里北上可抵重镇涿郡（今河北涿州市），南下可达京都洛阳，交通十分繁忙。可是这一交通要道却被城外的洨河所阻断，影响了人们来往，每当洪水季节甚至不能通行，为此隋大业元年（公元605年）决定在洨河上建设一座大型石桥。李春受命负责设计和大桥的施工。李春率领其他工匠来到这里，对洨河及两岸地质等情况进行了实地考察，同时认真总结前人的建桥经验，结合实际情况，提出了独具匠心的设计方案。他们按照设计方案精心施工，很快就出色地完成了建桥任务。李春在设计和施工中创下许多技术成就，把中国古代建筑技术提高到一个全新的水平。

二、唐朝的科学与技术

唐代生产力提高，经济繁荣，为科学与技术的发展提供条件，因此科技领域内取得了辉煌的成就。这些成就主要表现在天文学、数学、地理学、医药学及印刷术等方面。

1. 天文与数学

僧一行，本名张遂，是唐代最著名的天文学家。他青年时代就精通历象和阴阳五行之学。唐玄宗召他到长安主持改定历法。当时，率府兵曹参军梁令瓒已经制成木黄道游仪的模型，一行主张改用铜铸，并与令瓒继续进行研究，

僧一行

经过两年的努力，最后于开元十二年（公元724年）制成铜黄道游仪。次年，一行又与梁令瓒奉玄宗之命，共同研制成铜铸的水运浑仪，用以计时，黄道游仪和水运浑仪的制成，对观察天象起了很大的作用。开元十三年（公元 725 年），一行还用自己制成的"复矩图"，令南宫说率人到今河南若干地点测量北极高度和春分、夏至、秋分、冬至的日影长度，测出地球子午线 1° 的长度约合 12.37 万米。这是世界上第一次实测子午线，具有重大的意义。一行也是世界上第一位发现恒星位置变动的天文学家。他临死前编成《大衍历》的草稿，日后经张说等整理成书，是中国古代的一部重要历书。该历在编写的过程中使用的不等间距的二次差内插法、具有正弦函数性质的表格和含有三次差的近似内插公式，在数学上都是杰出的贡献。

此外，李淳风等注释《算经十书》及十书中最后一部王孝通所撰《辑古算术》，也都是数学方面的重要成就。

2. 地理学

唐初的一部重要地理学著作是《括地志》。唐太宗的第四子魏王李泰，延揽学士萧德言、顾胤、蒋亚卿及谢偃等，根据《贞观十三年大簿》的资料编撰成该书，于贞观十六年（公元 642 年）奏上。《括地志》全面叙述了唐初政区的建置沿革，并介绍了各地的山岳、河流、风俗、物产及人物故事等。该书共 550 卷，另有《序略》五卷，内容丰富，可惜今天已无完帙，清代以来的辑佚本仅数卷而已。

唐德宗时的贾耽是著名的地理学家，他在贞元十七年（公元 801 年）绘成《海内华夷图》，并撰成《古今郡国县道四夷述》40 卷。其中尤以《海内华夷图》贡献最大，图长三丈三尺，宽三丈，以一寸为百里，古地名标以黑字，唐代地名题以红字。可惜原图已失，但公元 12 世纪时根据它编绘的《华夷图》刻石至今仍保存于西安市碑林。贾耽的其他重要地理著述还有《皇华四达记》10 卷、《贞元十道录》4 卷等。

唐朝另一部重要的地理学著作，是唐宪宗朝宰相李吉甫在元和八年（公元 813 年）撰成的《元和郡县图志》。该书 40 卷，目录 2 卷，在所介绍 47 镇的每镇之前，都附以地图。全书记录了当时各地的物产、贡物、户口、州县沿革和山川险易等情况。原书仅存34卷，图已佚，是现存中国历史上最早的地方总志，对后世方志的编撰有很大的影响。

此外，杜佑所著《通典》的《州郡典》共14卷，在方志发展史上也占有一定的地位。唐末樊绰所著《蛮书》10卷，详细记载了洱海一带的民族、风俗、山川、道路，是舆志中较早的著作，为研究古代云南地理及南诏史提供了丰富的资料。

3. 医药学

孙思邈是唐初医学和药物学家。他于高宗永徽三年（公元652年）撰成《备急千金要方》30卷。他认为"人命至重，有贵千金"，故名其书为《千金要方》。该书广收博采自古代至唐初的重要方剂，对诊治之诀、针灸之法、导引养生之术均有周详的论述。后来，孙思邈觉得《千金要方》仍有阙遗，又撰成《千金翼方》30卷以辅之。这两部书在中国药学史上占有重要地位，后人尊称孙思邈为"药王"。此外，显庆四年（公元659年）唐廷颁行的《新修本草》，为世界上第一部官修的药典。这是唐高宗时期医药工作者集体作出的重要贡献。

《千金要方》书影

4. 印刷术

雕版印刷的出现是唐代重大技术成就之一。雕版印书始于何时，其说不一，至迟在中唐、晚唐时已经逐渐兴起。公元1966年在南朝鲜发现了木刻《陀罗尼经》印本，刻于公元704—公元751年间。成都市望江楼附近的唐墓也出土了龙池坊卞家印卖的《陀罗尼经》，是国内现存的最早印本。此外，咸通九年（公元868年）王玠印造的《金刚经》，卷首有版面，正文刻字精美，足见刻印技术已较成熟。唐僖宗时成都书肆有印制的各种书籍出售，而且不少地方都在印刷历书。雕版印刷术的发明，为五代以后大量印书创造了条件。

三、驰名世界的隋唐造船业

隋唐时期，中国经济发达，国力昌盛，与外界的沟通与联系也日益频繁，由于陆路交通受地理环境影响很大，迫使人们将眼光投向海上，海上交通得以发展，再加上内陆湖泊河流的众多，水上交通较为发达，都促使了水上交通工具——船舶的进步，造船业得到了迅猛发展。

隋唐时期的造船材料，大多采用较为坚硬耐久的楠木，其次是樟木，也包括少许的木兰、杉树、柯树等。由于这些木料多产于长江流域和珠江流域，故隋唐时期造船业大都集中于江南地区。

在造船工艺技术方面，隋唐时期发明了很多新型的工艺，提高了所造船舶的质量水准，如水密分舱、沙船、船底涂漆及铁锚的发明。

"水密分舱"是利用水密舱壁把船舱分隔成很多的小单间，对船上甲板起到支承和加强的作用，使船体具备足够的横向强度和抗扭刚性，还可增强船的抗沉性，即使一舱漏水，由于隔离舱壁的存在，其他船舱可安然无恙。

沙船发明于唐代中晚期，并成为后来几代的主要船型，它是由古代平底船发展而来，具有平底、方头、船身宽、吃水浅的特点，航行时较为平稳，并易于通过浅水地带，具有很大的实用性。

船底涂漆，则是为了减少水的阻力，增加船行速度，另外还可对船底起到适当的防腐作用，特别适用于水质微呈酸性的江南一带。

在采用先进工艺技术的基础上，隋唐时期制造出了大量高质量的船舶。据《隋书·杨素传》所载，杨素曾"造大舰，名曰五牙，上起楼五层，高百余尺。左右前后置六竿，并高五十尺，容战士八百余人"。唐开元天宝年间，刘晏在扬子县（今江苏仪征）设置 10 个官府船场，造船多达 2000 艘，品种繁多，有平底船、座船、网船、车船、铁头船等。唐代所造的远洋海船，长 20 余丈，可载客 600—700 人，船体坚固，抵御风浪能力强，最适合于海上交通，深受从事远洋贸易的各国商人所喜爱。

隋唐造船技术的提高，又影响到各国的造船工艺，是对世界造船技术的一大贡献。

四、火药三成分的发现

中国炼丹家在长期的炼丹实践中逐渐发现掌握了火药的性能，在唐代已发现火药三成分。隋末唐初医学家、炼丹家孙思邈（公元581—公元682年），史称药王。选录入《诸家神品丹法》的《孙真人丹经》，相传是孙思邈所撰，记载有多种"伏火"之法。其中有"伏火硫黄法"，使用了硫黄和硝石。

唐宪宗元和三年（公元808年），炼丹家清虚子在其所著《太上圣祖金丹秘诀》（后选入《铅汞甲庚至宝集成》卷二）"伏火矾法"中也记载有硫黄伏火之法，这类伏火之法，原意是为了使硫黄改性，避免燃烧爆炸。但同时他们认识到，上述丹方中含有硝石、硫黄和"烧令存性"（即碳化）的皂角子或马兜铃粉，三者混合具有燃烧爆炸的性能，从而发明了原始火药。炼丹家正是通过他们的长期实践，才发现硝石、硫黄和木炭等混合物的爆炸性能，因此，至迟在808年以前，含硝、硫、炭三成分的火药已经在中国诞生。

在中唐以后成书的《真元妙道要略》中，更有明确的记载："有以硫黄、雄黄合硝石并蜜烧之，焰起烧手、面及烬屋舍者。""硝石宜佐诸药，多则败药，生者不可合三黄等烧，立见祸事。凡硝石伏火了，赤炭火上试，成油入火不动者即伏矣……不伏者才入炭上，即便成焰。"三黄是指硫黄、雄黄和雌黄。原始火药也由此而逐渐进入军事应用的新阶段。

五、隋唐佛教的发展

佛教是中国历史上最大的宗教教派，它发源于印度，却在中国达到了顶峰。佛教在东汉时期传入中国，魏晋南北朝时期有了很大发展，到隋唐时期又有了新的发展，在这个时期，随着玄奘西去求取佛法，中国佛教教义日益完善，佛教经典也大量地被翻译，并逐渐形成了许多学派。每个宗派都有自己尊奉的经典和独特的教义；有自己的寺院，以一个寺院作为讲说某部或几部佛经的中心；每个流派都有自己的势力范围和传法的体系。

继玄奘之后，中国另一位佛教大师义净，于公元671年搭波斯船从广州出发，赴印度钻研佛学10年，先后周游30余国，历时25年，带回经书400部。他在洛阳翻译佛经12年，译出佛经230卷，写了《南海寄归内法传》和《大唐西域求法高僧传》二书。

佛教自此开始有了新的发展。由于南北朝以来新的佛经不断传入，对教义的解释都不尽相同，所以逐渐形成了许多佛教宗派。其中，以玄奘为代表的法相宗、以法藏为代表的华严宗和以慧能为代表的禅宗的影响较大。

法藏17岁时入太白山求法，后去云华寺师事智俨，听讲《华严经》，得其嫡传。他先后在太原寺、云华寺讲《华严经》，备受世人推崇，武后曾命京城十大德为其授具足戒，并赐其贤首之名，人称"贤首国师"。法藏推崇华严，

玄奘负笈图

倡导法界缘起的理论，并用四法界、十玄无尽、六相圆融等法门，来阐明圆融法界无尽缘起的内容。此外，他还由教开宗，把中国的所有宗派详分为我法俱有宗、法有我无宗、法无去来宗、现通假实宗、俗妄真实宗、诸法但名宗、诸法皆空宗、真俗不空宗、相想俱绝宗、圆明具德宗十宗。前六宗属小乘，后四宗属大乘。他自称圆明具德宗。

以慧能为代表的禅宗，兴起较晚，但影响却远远超出其他各派。"禅"是梵语音译"禅那"的简写，意思是静虑。静坐沉思，称为"坐禅"或"禅定"，是佛教修养的重要途径之一。

慧能的佛学主张可归纳为四句偈："菩提本无树，明镜亦非台；本来无一物，何处惹尘埃。"主张佛在心内，只要净心、自悟，就不必苦修，不必背诵大批的经卷，便可以顿悟成佛。

随着佛教的盛行，寺院享有免役、免税等特权，让寺院和僧侣的势力快速膨胀，反佛的斗争也开始激烈起来。唐初反佛斗争的代表人物是傅奕。他认为佛教僧徒"于百姓无补，于国家有害"，主张废除佛教，令僧尼还俗。不过，虽然反佛斗争一直存在，但佛教依然在唐朝得到了巨大发展。

六、隋唐史学

在门阀世族走向衰落声中，隋文帝为了加强中央集权，开始禁止私人撰集国史，臧否人物。唐太宗即位后专设史馆，置史官修撰前代及本朝历史，例由宰相监修。从此纪传体的正史大多出自官修，宰相监修成为定制。唐初官修的正史有《晋书》《梁书》《陈书》《周书》《北齐书》和《隋书》。此外，由李延寿私人修成《南史》和《北史》。正史的官修，有利于利用国家拥有的大量藏书和档案，且分工撰成，成书较快，各史中保存了不少经过整理的史料；但由于统治者直接控制修史工作，限制了史家观点的自由发挥，而且一书成于众人之手，其中难免有抵牾重出现象。

唐代史学上最大的成就，是刘知几撰成《史通》和杜佑撰成《通典》。

刘知几主要的著作是《史通》。该书 20 卷，49 篇，撰成于中宗景龙四年（公元 710 年）。魏晋以降，文史逐渐分家，文学批评方面的论著相继产生，史学本身也相应需要有独立的理论著作问世。就是在这种条件下，刘知几写成了这部专著。作者对过去史书的编纂体例、史料选择、人物评价、史事叙述及语言运用等方面都提出了自己总结性、独创性的看法。他强调史学家应当秉笔直书，无所阿容，并反对记叙怪诞不经的事。《史通》中有《疑古》《惑经》二篇，对古代典籍和传统经书中有关历史的记载提出了大胆的质疑。刘知几认为史家必备的三个条件是才、学、识。他特别强调"识"的重要性，即史家最可贵之处在于自己的独到见解。《史通》是中国历史上第一部历史学理论著作，对后世发生了深远的影响。

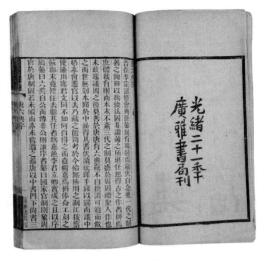

《唐六典》书影

杜佑长于吏治和理财，他总结历代的典章制度以服务于现实政治。在先前，刘秩已撰成《政典》35 卷，按《周礼》六官所职分门编撰。杜佑得其书，认为条目未尽，乃以 30 多年的时间补其所缺，参益新礼，于德宗贞元十七年（公元 801 年）撰成《通典》200 卷。全书共分九门："食货""选举""职官""礼""乐""兵""刑""州郡"及"边防"。杜佑特别重视财政经济，故将"食货"门列于全书之首。过去也有关于典章制度的记载，均是附载于正史之"书""志"，未有专书；《通典》则发展以往的"书""志"而创典志体，且系纵贯古今之通史，在中国史学史上创建新的史书体例，为后代政书的撰述开了先河。

七、隋唐文学

唐代文学在中国历史上占有突出的地位，诗歌创作、古文运动、民间文学等方面均有辉煌的成就。

唐朝文学成就以诗歌最为发达。清人所编《全唐诗》共收录 2200 多位诗人的 4.89 万多首诗，这还不是全部。唐初诗人以"初唐四杰"最为著名（王勃、杨炯、卢照邻、骆宾王）。盛唐时期诗人可分为以王维、孟浩然为代表的田园派和岑参、王昌龄为代表的边塞派。其中集大成者为"诗仙"李白和"诗圣"杜甫最为出名。中唐时期最卓越的诗人是白居易，他的诗通俗易懂。此外还有元稹、韩愈、柳宗元、刘禹锡、李贺等。晚唐诗人以李商隐和杜牧最为出众，被称为"小李杜"。后世宋、明、清虽仍有杰出诗人出现，但总体水平都不如唐朝诗人，唐诗成为了中国古诗不可逾越的巅峰。

李　白

初盛唐时开始产生了一种新的诗歌体，叫作词。它的特点是适于合乐，每种曲调有一个固定的名称，如《菩萨蛮》《念奴娇》等，而为了配合这些调子，句子随之有长有短，所以词亦称长短句。词在中唐时普遍流行起来，成为一种新的创作形式。开元时，城市中的歌者杂用里巷间的俚曲调，词中不免渗入一些市民意识。现存最早的词是敦煌发现的曲子调，其中除少数出于文人之手外，大多是民间作品。中唐前后文人填词者逐渐增多，著名的作家有李白、张志和、刘长卿、韦应物、白居易、刘禹锡和温庭筠等人。最杰出的是温庭筠，艺术成就很高。

古文运动是中唐时期兴起的一个具有重大意义的文学改革浪潮。南北朝以来，流行写骈体文，其主要缺点是单纯追求形式上的文字美，缺乏充实的内容。中唐时期，在思想领域，儒、道、释杂行，韩愈因而大力提倡"道统"，企图用传统的儒学整顿混乱的思想。旧的文学形式不能适应时代提出的新任务，于是文学改革被提到日程上来，新乐府运动和古文运动应运而生。古文运动提倡恢复先秦、两汉的古代散文，实则是复古其名，创新其实，力图开创一个文学发展的新局面。古文运动的两员主将是韩愈和柳宗元。

唐代文学在传奇小说和变文方面也取得了一定的成就。这两种文学创作的兴盛与城市的繁荣、商品经济的发展有一定的关系。

隋及唐初的传奇小说仍未摆脱六朝志怪的余风。中唐时期，古文运动为小说创作提供了灵活而表现力强的文体；诗歌的长期发展，在语言、意境方面给传奇小说以丰富的营养；传奇小说适于表现作者的史才、诗笔、议论，为投卷（唐代报考进士科的人在考试前把自己的诗文作品呈交考官或与考官有关系的名流，以此争取登第，称作投卷）所需要，进士科的盛行也对传奇创作起了推动作用。

随着佛教的盛行和佛经的大量翻译，印度传经的梵呗和唱导也传到了中国。唐代，梵呗和唱导的方法发展为僧讲和俗讲。后者专以世俗民众为对象，其语本叫作变文。唐末，变文已用来讲唱佛经故事、历史故事、民间传说和当代人物事迹，说唱者亦不限于僧侣，并且在讲唱时辅以表演。近代在敦煌发现的变文主要有《维摩古经变文》《降魔变文》《大目乾连冥间救母变文》《伍子胥变文》《秋胡变文》《王昭君变文》和《张义潮变文》等多种。变文的出现对后世的民间文学中的宝卷、弹词、鼓词、话本及长篇白话小说的产生都有一定的影响。

八、隋唐艺术

1. 绘画和雕塑

隋朝的时候，由于政教的关系，因此绘画受到重视。隋朝绘画仍以人物或神仙故事为主，但山水画已发展成独立的画科。展子虔与董伯仁齐名。其山水画《游春图》，用勾勒刷法，着大青绿。空间透视安排合理，注意远近关系和山树人物的比例，能够于咫尺之中，具备千里之趣。这证明了隋朝的山水画已经彻底解决"人大于山，水不容泛"的空间处理问题，成为卷轴山水画兴起的代表。

唐代绘画艺术在画法上有独特的创造，题材比以往广泛，名家辈出。唐初的阎立本、阎立德兄弟擅画人物。吴道子则有"画圣"之称。张萱和周昉以画侍女图为主。诗人王维擅长水墨山水画，是南派的代表，苏轼评他"诗中有画，画中有诗"。北派画家李思训善用青绿画金碧山水。又有曹霸、韩干善画马，韩滉善画牛，薛稷善画鹤，边鸾善画孔雀等。

壁画也是绘画艺术的重要成就。甘肃敦煌莫高窟、新疆库车克孜尔千佛洞及陕西乾县的唐章怀太子墓、唐懿德太子墓等处发现的壁画，都是唐代绘画艺术中的珍品。

雕塑有石雕和泥塑。洞窟、寺院和帝王陵寝有大量的石雕和泥塑，如昭陵的"六骏"、龙门的卢舍那佛是杰出的艺术品。墓葬中出土的大量陶俑也是民间艺人的泥塑作品。唐代雕塑家辈出，最著名的是盛唐时的杨惠之，被称为"塑圣"，他为艺人留盃亭所塑的像，惟妙惟肖。

敦煌莫高窟是一个伟大的艺术博物馆，而唐代是敦煌艺术的极盛时期。现存窟龛 400 余个，其中唐窟 213 个，几占半数。莫高窟最主

吴道子《八十七神仙卷》（局部）

要的艺术作品是塑像和壁画。

此外，甘肃天水的麦积山石窟、甘肃安西西南的榆林窟，也都有一部分唐代洞窟，其中均有塑像和壁画。麦积山石窟的泥塑秀丽、生动，榆林窟的艺术风格近似莫高窟，它们都具有一定的艺术价值。

2. 书法

隋朝书法巧整兼力，不离规矩。初唐大家的风范规模，在此已经初步形成。著名的书法家有丁道护、史陵与智永。墨迹则有千字文与写经。隋代的书法以碑刻为大宗，《龙藏寺碑》《启法寺碑》《董美人志》等碑刻显示书法风格。隋末唐初尚有书法家虞世南，与欧阳询、褚遂良、薛稷合称"唐初四大家"。

唐朝时期，书法家辈出。欧阳询、虞世南

柳公权《玄秘塔碑》

都是唐初著名书法家。颜真卿和柳公权是唐朝中后期的著名书法家。张旭和怀素则是草书大家，后者奔放挥洒，深具个人风格及艺术性。

唐代是中国古代政治、经济、文化发展的高峰。书法艺术的发展，在这一历史的辉煌时刻也走到了历史的巅峰。

第七章　五代十国

　　唐末的民众暴动虽被镇压下去，朝廷对藩镇也完全失控，他们彼此攻伐，中原地区相继出现五个朝代，西蜀、江南、河东地区有10个割据政权，合称五代十国（公元907—公元960年）。五代是后梁、后唐、后晋、后汉、后周。十国是前蜀、吴、闽、吴越、楚、南汉、南平（荆南）、后蜀、南唐和北汉。继魏晋南北朝之后中国再度陷入分裂混乱的局面。

　　五代十国时期，北方战乱频繁，南方则相对稳定，全国的经济重心从黄河流域转移到了长江流域，农业、手工业、商业比较发达，海上贸易也相当繁荣。文化走上兴盛阶段，继"唐诗"的兴盛之后，又萌发了"宋词"的种子，书法、绘画也绽出奇葩，为后世留下了珍贵的文化遗产。

第一节　五代十国的政权演变

一、五代的更迭

自唐中和四年（公元884年）黄巢起义失败以后，唐朝名义上还存在20余年。但早被削弱了的朝廷威权这时更加衰微，新旧藩镇林立，战争不休。国家分裂的倾向日益明显。那时，罗绍威据魏博（今河北大名北），王镕据镇冀（今河北正定），刘仁恭据卢龙（今北京），诸葛爽据河阳（今河南孟州市东南）和洛阳，孟方立据邢（今河北邢台）、洺（今河北邯郸东北），李克用据太原、上党（今山西长治），朱温据汴（今河南开封）、滑（今河南滑州市东），秦宗权据许（今河南许昌）、蔡（今河南汝南），时溥据徐（今属江苏）、泗（今江苏盱眙北），朱瑄据郓（今山东东平北）、曹（今山东定陶西）、齐（今山东济南）、濮（今山东鄄城北），王敬武据淄（今山东淄博南）、青（今山东益都），李茂贞据凤翔（今属陕西），高骈、杨行密先后据淮南，秦彦据宣（今安徽宣城）、歙（今安徽歙县），刘汉宏、董昌据浙东，钱镠据浙西（后又并浙东），王建据两川，王潮、王审知兄弟据福建，马殷据湖南，刘隐、刘岩兄弟据岭南。他们都力图扩大实力。经过多年的相互兼并，逐渐形成了几支较大的势力。在北方，主要是以汴州为据点的朱温和以太原为中心的李克用。天祐四年（公元907年），朱温灭唐称帝，是为后梁太祖，国号梁，史称后梁，改元开平。五代时期自此正式开始。

朱温本是黄巢起义军的叛徒，受唐封为宣武节度使，据汴州。此后，他逐渐攻占了蔡、徐、郓、曹、齐、濮等州，扫除了今华北的许多武装割据势力。天复三年（公元903年），又战败称霸秦陇、挟持唐昭宗的李茂贞，消灭了长期掌握朝廷军政大权的宦官集团。中唐以来的强藩魏博、成德也因战败归附朱温。后梁建国以后，除今山西大部和河北北部外，基本统一了黄河中下游地区。乾化二年（公元912年），

五代十国鎏金天策府宝

朱温为其次子朱友珪所杀。次年，第三子朱友贞平乱后，即帝位。此后，后梁连年用兵，征敛苛重。贞明六年（公元920年），陈州人毋乙、董乙领导农民起义，势力扩及陈（今河南淮阳）、颍（今安徽阜阳）、蔡三州，后虽被镇压，后梁也开始衰败。

唐中叶后，迁居今山西境内的沙陀部酋长李克用参加镇压黄巢起义，被任命为河东节度使。他控制了今山西中部和北部地区，唐昭宗封他为晋王。朱温灭唐以后，他以拥护唐朝为名，与后梁交战不休。后来，他的儿子李存勖乘后梁内乱之机攻取河北，累败梁军，比较彻底地消灭了中唐以来长期跋扈的河北三镇。龙德三年（公元923年），李存勖在魏州（今河北大名北）即位，是为庄宗，改元同光，国号唐，史称后唐。同年，他派兵南下，攻占开封，梁末帝朱友贞自杀，后梁亡。后唐统一了华北地区。不久，后唐迁都洛阳。同光三年（公元925年），后唐又派兵六万攻灭前蜀。但李存勖宠任伶官、宦官，朝政不修，又任用租庸使孔谦敲剥百姓，统治出现了危机，次年，魏州骄兵发动叛乱，后唐庄宗李存勖在一片混乱兵变声中被杀。李克用养子李嗣源继位，是为明宗。他诛杀孔谦，废除苛敛，均减田税，允许民间自铸农器。李嗣源在位八年，战事稍息，农业生产凋敝的局面有所改观，是五代少有的小康之世。长兴四年（公元933年）明宗病，子从荣企图发动政变，夺取皇位，未成。明宗死后，子从厚继位。次年，明宗养子从珂起兵夺取了皇位，国内陷入混乱状态。

河东节度使石敬瑭是明宗的女婿。他乘后唐内乱，于清泰三年（公元936年）夏上表称臣，并认契丹主耶律德光为父，以幽蓟十六州为代价换取契丹援助，开始夺取后唐政权。十一月，契丹主耶律德光册立石敬瑭为帝于太原，是为后晋高祖，改元天福，国号晋，史称后晋。闰十一月，石敬瑭攻入洛阳，后唐亡。天福二年（公元937年），后晋迁都汴州，天福三年（公元938年）升为东京开封府。石敬瑭除割地外，还岁贡绢30万匹和其他玩好珍异之物。天福七年（公元942年），石敬瑭死，侄石重贵继位（史称出帝或少帝）。他在主战的景延广等人影响下，对契丹颇不恭顺。耶律德光便在降将赵延寿等人协助下，与后晋交战五年。开运三年（公元946年）十二月，契丹军攻下开封，俘虏后晋出帝石重贵，将其北迁，后晋灭亡。次年，德光称帝于开封，国号辽。辽帝占领中原以后，不给骑兵粮草，纵容他们四出掠取，称为"打草谷"，中原民众群起反抗。同年，辽帝被迫引众北还。

刘知远是后晋的河东节度使。当后晋与契丹交战时，他广募士卒，有步骑5万人，声言防备契丹，但却按兵不动。待辽帝将出帝迁往北方后，他于开运四年(公元947年)二月在太原称帝,是为后汉高祖,仍用天福年号。随后,他统兵南下,定都开封,改国号为汉,史称后汉。那时的中原,因契丹掳掠而残破不堪,公私困竭。刘知远死后,护国(即河中,今山西永济西)、永兴(今陕西西安)、凤翔三节度使连衡抗命。后汉虽出兵讨平,朝廷内部的将相矛盾又趋尖锐。乾祐三年(公元950年)冬,隐帝刘承祐不甘受将相所制,杀杨邠、史弘肇、王章等权臣,又派人去谋害邺都(今河北大名东北)留守郭威。

郭威当时出镇邺都,督抚诸将,北御辽国。隐帝杀他未成,郭威遂引兵南下,攻入开封,隐帝被乱兵所杀,后汉亡。广顺元年(公元951年)正月,郭威即帝位,是为后周太祖,改国号为周,史称后周,仍都开封。后周从政治、经济和军事方面进行了一系列改革,开始改变中国北方的残破局面。显德二年(公元955年),后周世宗柴荣出兵击败后蜀,收复秦(今甘肃秦安西北)、凤(今陕西凤县东北)、成(今甘肃成县)、阶(今甘肃武都东)四州;此后,又亲征南唐,得淮南、江北14州;显德六年(公元959年),又收复了辽占领的莫、瀛、易三州。同年,柴荣病死。次年,赵匡胤(宋太祖)取代后周,建立北宋。

二、十国的分立

南方九国中,前蜀与后蜀大致前后衔接,吴与南唐前后相承。

唐末,王建据有西川,后又取东川。天复三年(公元903年),受唐封为蜀王,占地北抵汉中和秦川,东至三峡,后梁开平元年(公元907年),王建称帝,建都成都,国号蜀,史称前蜀。蜀土十分富饶,但自光天元年(公元918年)后主王衍继位后,蜀国朝政浊乱,卖官风气盛行,赋敛苛重,土荒民怨。后唐同光三年(公元925年),庄宗派兵攻灭前蜀,任命董璋为东川节度使,孟知祥为成都尹、西川节度使。孟知祥训练兵甲,后攻取东川,杀董璋。长兴四年(公元933年),后唐封他为蜀王、东西川节度使。次年,孟知祥称帝,建元明德,重建蜀国,史称后蜀,仍都于成都。同年,知祥死,其子孟昶继位。契丹灭后晋之际,后蜀又得秦、成、阶、凤四州,拥有前蜀的故地。孟昶统治后期,君臣奢纵无度,朝政腐败。乾德三年(公元965年),为宋所灭。

唐末,杨行密据淮南28州,天复二年(公元902年)受唐封为吴王,都广陵(今江苏扬州),传四主。当时,大将徐知诰掌握大权,他访求贤才,杜绝请托,减轻赋敛,20余年间休兵息民,国家得以富强。顺义七年(公元927年),行密子吴王杨溥称帝。天祚三年(公元937年),徐知诰废吴帝杨溥,自己称帝,国号大齐,改元昇元。次年改姓名为李昇,改国号唐,史称南唐,都金陵(今江苏南京）。南唐占有今江苏、江西和皖南、鄂东南等广大地区。李昪对外结好邻邦，对内整饬朝政，并禁止压良民为贱民，派人视察民田，按肥瘠分等收税和调兵派役，史称江淮之地，"频年丰稔"。昪元七年（公元943年）李昪死，其子李璟继位。保大三年（公元945年）派兵攻灭内乱中的闽国，占领汀（今福建长汀）、漳（今属福建）、建（今福建建瓯）、泉州，加上新增置的泰、筠（今江西高安）、剑（今福建南平）州，共计35州，成为南方的大国。此后，李璟日益骄侈，朝政浊乱，任用非人，赋役繁重。保大九年（公元951年），南唐出兵灭楚，收掠其金帛、珍玩、仓粟等，徙运金陵，大失楚地民心，湖南诸州得而复失，南唐国力迅速衰败下来。交泰元年（公元958年），李璟献江北、淮南14州。去年号，称臣于后周，宋建隆二年（公元961年），李璟死，子李煜即位，是为后主。开宝八年（公元975年），宋发兵南下渡江，攻破金陵，后主李煜被俘，南唐亡。

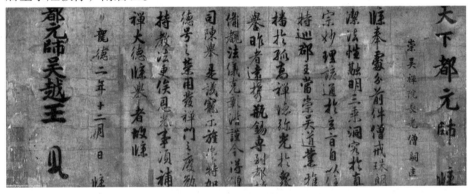

钱镠、钱俶批牍合卷

钱镠在唐末占据杭州地区，后来，他吞并浙东，占有两浙10余州之地。唐昭宗任他为镇海、镇东节度使。开平元年（公元907年），后梁封他为吴越王。吴越国土狭小，北邻强大的吴（后为南唐）。钱镠戒约子孙，世代交结中原朝廷，借以牵制吴和南唐的侵扰。钱氏统治的80多年间，吴越地区相对安定，经济比较繁荣，宋太平兴国三年（公元978年），钱俶纳土入朝，吴越亡。

王潮、王审知兄弟在唐末占有福建全境，唐昭宗任王潮为节度使。开平三年（公元909年），后梁封王审知为闽王。王审知统治近30年，他力行节俭，轻徭薄敛，境内富实安定。王审知死后，国内常有乱事，政局非常不稳。闽政权的继承者都崇信道教巫术，他们大兴土木，除了盖宫殿外，还营造了许多工程浩大的道观。费用不足，便公开卖官鬻爵，横征暴敛。保大三年（公元945年），闽为南唐所灭。

马殷在唐末占有潭（今湖南长沙）、衡（今湖南衡阳）诸州，被任为湖南节度使,进而占有桂管的梧、贺等州,后梁开平元年(公元 907 年)被封为楚王,在长沙建宫殿,专制一方。马殷死后,诸子纷争,政刑紊乱。保大九年(公元 951 年),南唐发兵灭楚。

唐朝末年,岭南东道节度使刘隐,逐渐平定那里的一些割据势力,以后,据有西自邕州(今广西南宁南)、东至潮州(今属广东)的岭南广大地区。后梁贞明三年(公元 917 年),其弟刘岩称帝,国号越,不久改称汉,史称南汉,都番禺(今广东广州)。刘岩及其继承人都残暴荒淫,境内曾爆发张遇贤领导的农民起义。宋开宝四年(公元 971 年),南汉为宋所灭。

开平元年(907 年),后梁大将高季兴被任为荆南节度使,驻守江陵。同光二年(公元 924 年)后唐封他为南平王,所以荆南又称南平,荆南原有地八州(一作十州),唐末,多被邻道所占,高季兴割据后,南平仅占有荆(今湖北江陵)、归(今湖北秭归)、峡(今湖北宜昌)三州,在十国中最为弱小。其统治者只有向四周称帝各国称臣,求得赐予。建隆四年(公元 963 年),南平为宋所灭。

十国中唯一在北方的国家是北汉。广顺元年(公元 951 年),当郭威灭后汉称帝时,刘知远弟太原留守刘崇也占据河东十二州称帝,仍以汉为国号,史称北汉。北汉土瘠民贫,赋役繁重。统治者结辽为援,守境割据。太平兴国四年(公元 979 年),宋兵攻克太原,北汉亡。

第二节　五代十国时期的政治制度与社会经济

一、五代十国时期的政治制度

1.统治阶级的内部结构

东汉时期统治阶级的基本结构是豪强地主,三国时期的统治阶级也是以豪强地主为骨干,魏晋南北朝时期的统治阶级主要是以士族地主为骨干,唐朝以后士族势力开始衰落,尽管唐前期关陇士族集团在统治阶级当中占有一定的地位,但也只是士族政治的暂时反复。

安史之乱后,一大批出身于庶族和归化的藩将成为这一时期统治阶级的主流,称为势官地主阶层(宋代称为形势户)。五代十国时期统治阶级换成了一代新人,这个时期是一个藩镇称王称霸的时期,君主与藩镇没有明显的界限,各国的帝王大多出身于下层人士,将相大臣也大多出身寒微。也有一部分将相大臣为科举出身或旧士族余孽,但他们都要依附于那些新起的贵族。正如《旧五代史·安重荣传》记载:"天子,兵强马壮者为之,宁有种耶。"

五代十国时期势官地主具有以下特点:

(1)文化素质低,不重视礼乐,崇尚武力,轻视文人。《旧五代史·史弘肇传》记载:"安朝廷,定祸乱,直需长枪大剑,至如毛锥子,焉足用哉。"

(2)不受儒家封建伦理观念的束缚,不相信君权神授,只相信武力势力。

2. 枢密使

唐中叶以后,宦官专权,神策军两护军中尉与两枢密使号称"四贵",往往侵夺相权,威逼皇帝。唐亡前夕,朱温诛戮宦官,开始用朝臣充任枢密使。后梁初,曾改为崇政院使,后唐恢复旧名。以后,除后晋曾短期废置外,历朝相沿设置。枢密使通常由皇帝最亲信的臣僚充当,又大多为武将,皇帝经常与其商议军国大事,有时由枢密院直接下令任免藩镇。其时,同中书门下平章事虽居宰相之位,但枢密使的权势凌驾于宰相之上(宰相有时也兼任枢密使)。由于战事频繁,因此,军事机要成为枢密院的主要职司。宋代中书和枢密对掌文武二柄,就在五代开端。当时,其他政权大抵也置有枢密使或相当于枢密使的官职。

3. 三司使

唐初,财务主要由户部下辖的户部、度支、金部、仓部四司分管。中唐以后,户部、度支、盐铁三司分管租税、财务收支和盐铁专卖、物资转运事务,常由非户部的官员分别以判、知或使的名义分管。唐昭宗在位时,以宰相崔胤兼领三司使,才开始出现三司使的官名。后唐曾设置租庸使,管辖三司,又曾命大臣一人判三司事,最后正式设置三司使和副使的专职,掌管中央财务。地方财政也听从三司指挥。以后历朝相承不废,北宋前期三司理财的体制也是沿袭五代的。

五代十国鎏金铜铺首

4. 削弱节度使权力

五代十国的建国者多是唐末的节度使,他们能建立政权是因为手中拥有强大兵力。因此在建国以后,为了巩固统治,他们都设法削弱地方实力。长期称雄的河北诸镇在后梁、后唐之际被制服以至被消灭,就是因为自后梁始,禁军开始强化。禁军除了用以捍卫京师和皇宫外,还被派驻各地,借以牵制和削弱藩镇的实力。朝廷还频繁调动节度使,更换其驻地,以防止他们长期占据一方，形成割据势力。后唐以后，节度使往往兼其他职务，有的因此不能亲临镇所。一些地广兵强的藩镇，也由于地域被一再分割，势力大为削弱。藩帅在本辖区内任命刺史、县令的权力，逐渐被收归中央；对他们举荐、使用幕僚，也有不少限制。后蜀还曾罢除重臣的节度使兼职。当然，这些措施并没有在各地全部实行，君弱臣强的局面未能根本改观，骄兵逐帅、帅强叛上的情况依然存在。后晋成德节度使安重荣就公开说："今世天子，兵强马壮则为之耳。"但就节度使本身而言，通过以上的削藩措施，它的实力已比唐代减弱。

二、经济重心初南移，农工商业新发展

1. 社会经济结构的变化

魏晋时期士族地主阶级的大庄园经济占支配地位（自给自足，商品经济不发达），唐代前期出现了大量自耕农，随着均田制与租庸调制的破坏，大批庶族地主涌现，使普通地主土地所有制得到了很大的发展，五代十国时期继续了这种趋势。五代十国时期农民的人身依附关系大大减轻，农民承受的超经济压迫相对减少。五代十国时期的经济结构与唐代最大的不同就在于商业交易和商品经济与以往相比有了较大的发展。

五代十国时期经济结构有以下几个特点：

（1）南方农业商品化扩大。五代十国时期出现了专业的商品化生产，粮食、茶叶、蚕种、水果、药材、纺织品等商品贸易频繁。

（2）地方性小市场扩大。草市的发展促进了城市的形成与发展。

（3）海上交通和对外贸易有所发展。五代十国时期主要的海外贸易港口有泉州、广州、杭州、温州、明州、莱州、登州。五代十国时期对外贸易的主要商品有瓷器、茶叶、铁器、丝绸。

（4）商品经济观念的转变。

相比于前代的重农抑商，五代十国的统治阶级开始重视商业，许多官员开始从事商业，促进商业发展。南平以商品贸易立国，通过商税维持政权。五代十国时期商业观念的转变为宋代经济繁荣奠定了基础。

2. 南方农业经济的发展

唐末以来，南方虽也不免遭到战争的破坏，但在十国时期，相对华北而言，南方的重大战事较少，政局也比较安定，有利于社会经济的恢复和发展。

自汉魏六朝以来，成都平原和太湖流域社会经济持续发展。蜀地富庶，前、后蜀时内部相对稳定，又注意兴修水利，"广事耕垦"。褒中一带还兴办了屯田，

五代十国壁画

农业生产比较发达。

　　吴、南唐、吴越所在的长江中下游地区，大批荒地得到了开垦。吴越在浙东沿海修筑了捍海石塘，以防海潮侵袭；又募民开垦荒田，免征田税，使钱塘成为东南的富庶地区。

　　南方各国多注意水利建设，对农业生产有利。蚕桑丝织业比以往有了很大发展。过去，福建地区生产落后。唐末，王氏兄弟据以后，注意保境息民，宽刑薄赋，劝民农桑，进一步发展茶叶生产，又奖励海上贸易，使福建经济面貌大为改观。

　　自东晋南朝以来，湘江中下游地区的生产已有一定发展。马殷进据湖南后，对湘中、湘西的开发又取得新的成就，粮食产量显著增加，茶业也有一定的发展。楚国令百姓植桑养蚕充作赋税，又开始种植棉花。

　　唐末，北方大乱，不少人"以岭外最远，可以避地"，迁至南汉统治地区。"五十年来，岭表无事"，长期安定的环境有利于发展生产，府库逐渐充实。在中国，州县的设置常和所在地区人口的增加、生产的发展密切相关。《太平寰宇记》所载五代十国时期全国新置 59 县，绝大部分是在南方，如蜀置 5 县，吴越设 5 县，闽增设 13 县，南唐新置 26 县（其中有 18 县在今江西境内）。北宋统一南北时，原后周和北汉所在的华北地区约 100 万户，而南方九国所在地区已有 230 万户，这显示了南方农业经济已有长足的进步。

3. 工商业的新发展

　　诸国混战虽然严重破坏了社会经济，但社会生产并未中断。即使在华北地区，后梁建国初和后唐明宗在位时，都曾分别采取某些恢复生产的措施。后周时，手工业如纺织（丝织、麻织）、造纸、制茶、晒煮盐等生产也有所发展。瓷器制造和雕版印刷业的成就尤为突出，南方和北方都有精制的秘色瓷器，也都出现了雕版印刷。那时候，诸国林立，兵祸连年，商贸往来受到了严重影响。如蜀国法令规定："不许奇货东出"；后周规定贩运食盐不得逾越漳河。但是，通商贸易、互通有无是大势所趋。华北需要的茶叶经常通过商人南来贩运，南方茶商的行踪也远至河南、河北，他们贩卖茶叶，买回缯纩、战马。江南人所需的一部分食盐也依赖华北供应。北方诸国从契丹、回鹘、党项买马；蜀向西边各少数族买马。南方的吴越、南唐、楚、南汉等国以进贡方式和北方进行贸易。吴越、闽国与北方的贸易主要是通过海路。那时，对外贸易也很兴旺，东自高丽、日本，西至大食，南及占城（今越南中南部）、三佛齐（今印度尼西亚苏门答腊岛南部），都有商业往来。明州、福州、泉州、广州都是外贸重要港口。吴越、吴国和南唐从海外输入"猛火油"使用，还从海道再输往契丹。

第三节　五代十国时期的科技文化

五代十国时期的科技文化，上承唐朝之后，继续有一定的发展。

一、雕版印书

唐朝末年，雕版印书已经有了初步的发展。据当时人的记载，至少蜀中已有人印书出售。这些书多半是民间流通较广的佛经、历书、字书以及占梦、相宅一类书籍。五代时，印书的事业继续发展，江南和巴蜀两个地区印刷的书，种类繁多，最为突出。

这股潮流从民间开始，逐渐影响到社会上层。民间书肆开头印的都是佛经和日用各书。地主阶级知识分子读的儒家经籍，主要还要亲自或请人抄写。这种情

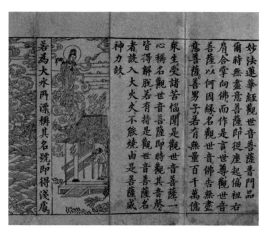

五代《妙法莲华经卷》

形，对于文化的流传和书籍的保存，都有很大的不利。

五代时候，这种情形有了改变。官场"不倒翁"冯道和后蜀宰相毋昭裔对印行经籍的事业都有贡献。

后唐长兴三年(公元932年)，冯道请求根据唐朝石刻《九经》(唐以《三礼》《三传》《易》《书》《诗》合称《九经》)，开成元年(公元836年)完成的石经，实有十二经，除《九经》外，还有《孝经》《论语》《尔雅》，比后来所说《十三经》只少一部《孟子》，雕版印行。这项工程用了20年时间，直到后周广顺三年(公元953年)六月全书刻成，因由国子监负责雕印，后来就叫作"监本"。

后蜀宰相毋昭裔刻的书比冯道要多，而且用的是私人的财力，他的功劳自然比冯道大。相传毋照裔少年贫寒，向人借《文选》《初学记》，人家面有难色。他长叹道："他年若能显达，愿刻板印此两书，以便学子。"后来他做了蜀相，果然不忘早年的心愿，出资雇佣工匠，刻成两书，又续刻《九经》等书。他还主持了刻蜀石经的工作，根据唐开成石经，命张德钊写字，孙逢吉、句中正校正，刻成十部(《孝经》《论语》《尔雅》《周易》《尚书》《周礼》《毛诗》《礼记》《仪礼》《左传》)，放在成都学宫里面。他对刻书可谓全力以赴，是有志气的人。据说他刻书的时候，很多人笑他做傻事。后来宋人灭蜀，查明书板是毋氏私人所刻，承认了他家的产权，子孙靠印书卖钱，生活很富裕。照这一点来看，印行的数量应该不小。

毋、冯二人都是刻书的倡导者，真正刻书的是无名的工匠。五代蜀中的刻本，今天尚有留存。

当时刻书的事情自然不止这两件。后晋宰相、大诗人和凝曾把自己的集子刻了几百部送人。前蜀以诗画闻名的和尚贯休，他的诗集《禅月集》也有刻本。

但是，此时印书还不过是个开端，直到北宋中叶，刻本才完全代替抄本。

二、五代词

五代是词的一个重要发展时期。唐朝中叶的诗人白居易、刘禹锡等已经开始写词，然而至多只好算是"副业"。晚唐温庭筠并擅诗词，是很个别的情形。到了五代，词的作家纷纷出现，词才能同古近体诗分庭抗礼。

词本来叫曲子词，在民间早已有了。敦煌发现的一批民间作品是最好的证明。这些作品语言质朴，感情真挚，可惜中间也不乏庸俗的东西。曲子词原是供歌妓乐工吟唱之用，内容瑕瑜互见，是理所当然的事情。

商品经济的发展，城市的繁荣，使歌妓乐工越来越活跃。封建官僚也往往蓄有歌妓侍女，命她们唱曲子取乐。这样，曲子词的创作逐渐繁荣起来，文人学士开头不过写来玩玩，后来才把它当作一种新的文学体裁。

三、五代绘画

五代时期，书法艺术虽承唐末之余绪，但因兵火战乱的影响，呈现出凋落衰败之象，基本上没有出现有较大影响力的书法家。但五代的绘画，继唐代之后，却得到了空前的发展。五代宫廷没有画院，许多著名的画家都聚集于西蜀和南唐画院，创作繁荣，名家辈出。

五代的山水画，不但改变了隋唐时期"空勾无皴"的初级程式，并且有了皴法完备的山水派系。北方山水以荆浩、关仝为代表，风格伟岸坚凝，气势雄浑。南方山水则以董源、巨然为代表，线条绵延起伏，淡墨温润，"披麻皴"成为江南山水最主要的表现手段。

五代荆浩《匡庐图》

五代的花鸟画成就斐然，黄筌、黄居寀父子精细工整、敷色妍丽的画风名重于时，成为皇家宫廷审美和画院品评花鸟画的标准。徐熙"落墨为格，杂彩副之"的体貌又标新立异，辉映一方。他们迥然有别的风格，被画史形象地誉为"黄家富贵，徐熙野逸"，成为后世工笔和写意花鸟两条脉系演变的根本基石。

五代的人物画家，主要集聚于南唐画院，周文矩以"颤笔描"写画人物，风格秀润清逸；顾闳中、王齐翰则精于传统，画格宛丽传神，人物栩栩如生。北方的人物画家胡瓌和西蜀僧人贯休则以画罗汉著名，作品皆有很高的水准。

第❽章　两宋时期

公元 10 世纪至公元 13 世纪中晚期，是中国宋、辽、西夏、金时期，这个时期从北宋建立（公元 960 年）开始到南宋灭亡（公元 1279 年）为止，共 320 年。

公元 960 年，北宋在开封建立，随后逐个消灭割据政权，完成了局部统一。此时，与北宋并立的民族政权，有契丹族在北方建立的辽（公元 916—公元 1125 年），党项族在西北建立的西夏（公元 1038—公元 1227 年）。公元 1115 年，东北女真族建立金朝，并于公元 1125 年南下灭辽；公元 1127 年，金朝又灭北宋。同年，北宋皇族赵构在南京称帝，后定都临安（今浙江杭州），史称南宋，与金朝对峙。公元 1234 年，蒙古灭金朝。公元 1279 年，元朝灭南宋。

在此时期，以汉族为主的两宋进一步加强了中央集权；契丹、党项、女真等少数民族政权先后与两宋并立。那时，战争虽一度频繁，但各民族政治、经济、文化交流密切。少数民族政权都不同程度地受到汉族先进经济文化的影响，先后完成了封建化，各民族进一步融合。经济重心转移到南方，农业、手工业和商业超过了前代。封建经济高度发展。

这一阶段，文化也有突出成就，科学技术在世界上继续处于领先地位。宋朝是中国科技发展史上的辉煌时期。中国古代的四大发明，除了造纸术，其他三项都是在宋朝发明、完善和广泛应用的。

第一节　北宋的建立和政治改革

自公元 960 年赵匡胤"陈桥兵变"代后周而建北宋至公元 1127 年"靖康之耻"为金所灭，凡历 9 帝 168 年，为北宋。

北宋是一个比较独特的历史时期，它自立国伊始，即强邻压境，自始至终国力萎靡不振，为少数民族政权辽、金、夏所欺凌压迫。但其文化却多姿多彩，影响甚远，成为转合中华民族的一股主力。

在政治制度上，北宋中央集权制有了重大发展。这主要表现为封建政权、军权、财权的高度集中和意识形态领域内唯心主义道学（又叫理学）的兴起。北宋统治者为了加强中央集权，吸取唐末藩镇割据、节度使拥兵的深刻教训，对藩镇武将的权力大加削弱。在财、政、军诸领域多用文人，宋统治者还特别重视以科举笼络文人，实行文治，以达到其"强干弱枝""守内虚外"巩固统治的目的。

一、北宋建立与统一全国

从五代十国的分裂割据转化为北宋的统一，这是历史发展的必然趋势。赵匡胤一生对历史的主要贡献，就是他的所作所为顺应了这个历史发展的总趋势。

赵匡胤（公元 927—公元 976 年）是涿州（今河北涿州）人。在后周时，随周世宗作战有功，任殿前都点检，统领精锐的禁军。公元 959 年，周世宗死，7 岁的幼子柴宗训（恭帝）即位，赵匡胤又兼任宋州归德军节度使，防守京师（开封）。建隆元年（公元 960 年），镇、定二州谎报辽朝和北汉兵南下，后周宰相范质、王溥等派遣赵匡胤领禁军出城抵御。京城里在传播着"点检做天子"的舆论。当行抵汴京以北 20 里的陈桥驿时，赵匡胤的弟弟赵光义、归德军掌书记赵普和军中一班将领，就扮演了一出"黄袍加身"的闹剧。军士们在深夜五鼓，一齐聚集在陈桥驿门，宣言要请殿前都点检赵匡胤为天子。到了天刚亮时，军士们拥到赵匡胤的寝所，由赵光义入内传达军士们的请求。诸将露刃于庭，赵匡胤的爱将罗彦瓌叫嚷说："我辈无主，今日须得天子！"于是他们就把预先准备好的皇帝的黄袍，披在赵匡胤的身上，大家高呼万岁，并把赵匡胤扶上马，准备返回京城，登上皇帝宝座。

赵匡胤通过"陈桥兵变"，用和平的手段，避免了一场流血的战斗，夺得了皇位，使北方正在好转的社会生产力没有遭到破坏。赵匡胤把周恭帝降为郑王，对拥立有功的将帅，都一一加以奖赏和提拔，如石守信就做了侍卫马步军副都指挥使，顺利地解决了统治集团内部的矛盾。至于个别领兵在外的节度使如李筠、李重进（周太祖郭威的外甥）等人，不肯降服。结果，在赵匡胤强大兵力的冲击下，顷刻瓦解。二李都在无可奈何的情况下以"自杀"而告终。

赵匡胤

北宋创建之初，五代十国的分裂局面依然如故，在北宋的南边和西边，南唐、吴越、南汉、后蜀、南平等各霸一方，在北边，有契丹和北汉窥视中原。此外，还有不少地方割据势力拥兵自立。如何削平这些反对势力，成为宋太祖心头的一块症结。

建隆三年（公元962年）九月，割据湖南的武平节度使周行逢病死，由其子周保权继位。当时驻扎衡阳的张文表起了取而代之之心，遂攻打潭州。周保权无力阻挡，只好向北宋请求援助。

这恰好给北宋出兵提供了借口，于是，北宋制定了以救援周保权、讨伐张文表为名，借道荆南，一举削平荆南和湖南两股地方势力的方案。次年，北宋依计出兵，仅用了3个多月的时间，荆南、湖南两个割据势力就被削平。

乾德二年（公元964年），后蜀派人与北汉勾结，企图夹击北宋，没想到信使却秘将此信献给了宋太祖。这样，北宋西讨便师出有名。

在第二年正月，灭了后蜀。据统计，从出师到占领成都，仅用了65天的时间。

开宝三年（公元970年）十一月，宋太祖挥师进攻南汉。当时的南汉政治极其黑暗，人民生活水平低劣，北宋便以"救此一方民"的名义伐南汉。北宋军队势如破竹，很快，南汉被灭。此后，北宋使用离间计，使南唐主毒死了大将林仁肇。开宝八年（公元975年）十一月底，宋军攻进金陵，南唐主被迫投降，南唐灭。

开宝九年（公元976年）十月二十日，宋太祖突然在夜间去世，终年50岁。

关于他的死传说甚多，有传被弟光义所杀，莫衷一是，竟成千古之谜。

宋太祖虽然没能看见国家统一的那天，但他制定的"先南后北"的战略方针实为大宋一统天下奠定了坚实的基础。

宋太宗赵光义继承太祖赵匡胤的未竟之志，决意继续攻北汉，鉴于以往进攻北汉均因辽军援救而失败的教训，宋太宗制定了肃清外围，先阻辽援，后取太原的方略。继而，加紧整训军队，命邻近北汉的晋、潞（今山西临汾、长治）、邢、镇、冀（今河北邢台、正定、冀州市）等州，修造兵器及攻城器具，转运粮草，积极做攻战准备。

太平兴国四年（公元 979 年）正月，宋太宗再次进军北汉，并于同年五月摧毁太原城，消灭北汉，实现了全国统一。

二、巩固统治

宋太宗赵光义即位后，继续进行统一事业，鼓励垦荒，发展农业生产，扩大科举取士规模，编纂大型类书，设考课院、审官院，加强对官员的考察与选拔，进一步限制节度使权力，力图改变武人当政的局面，确立文官政治。这些措施顺应了历史潮流，为宋朝的稳定做出了重要贡献。

太宗继位后，为了巩固帝位，任命其弟赵廷美任开封尹兼中书令，晋封齐王，任赵德昭为节度使和郡王，任赵德芳为节度使。将太祖和赵廷美之子女称为皇子皇女，并将太祖的三个女儿封为国公主。太祖的旧部薛居正、沈伦、卢多逊、曹彬和楚昭辅等人都加官晋爵，他们的儿孙也因此获得官位。而一些太祖在世时曾加以处罚或想要处罚的人，太宗都予以赦免。除此之外，太宗更注重培养和提拔自己的亲信。与此同时，太宗还有意结交不少文官武将，即便是太祖的旧部，诸如楚昭辅和卢多逊等掌握实权的朝中要员，太宗都着意加以结纳。此外，罢黜了一批元老宿将如赵普、向拱、高怀德、冯继业和张美等，将他们调到京师附近做官，便于控制。经过这些措施，太宗笼络了人心，巩固了政权。

宋太宗

太宗还扩大取士人数，他大大扩充科

举取士名额，每科录取人数由太祖时的数十人猛增至数百人，甚至上千人。使得不少有才华之人都有机会入仕，让他们担任各种职务。

太宗在位期间，继续推行统一全国的政策，攻灭北汉后，又数次大举北攻辽国，试图收复燕云十六州，但因准备不周，均遭大败，并使与辽国的关系转为被动。他又继续加强中央集权，用文人执政，使儒学渐渐抬头。他注重农田水利，继续鼓励垦荒，使社会生产有所发展，社会秩序比较安定，但对百姓的盘剥颇重。晚年，他血腥镇压了四川地区的王小波、李顺起义。

太宗也很喜欢读书，并最爱读《太平御览》，常常从上午读到下午。他也重视文人，当时随南唐李煜、吴越钱俶等国君来汴京的臣子，在这些旧主亡故以后，因处境恶化而口出怨言。太宗知道了，并没有加罪于他们，反将他们全部录用，建造书馆，让他们编修《册府元龟》《文苑艺华》《太平广记》等文集，并给他们提供了优厚的生活条件和良好的工作环境，使这些人心满意足，大都潜心撰书，直至老死。

三、澶渊之盟

景德元年（公元 1004 年）闰九月，契丹发兵南犯，号称 20 万大军，浩浩荡荡，直逼黄河北岸。

宋真宗闻报色变，忙问计于宰臣。

副相王钦若、陈尧叟，都主张南迁都城，以避敌锋。王钦若是江南人，主张迁往金陵；陈尧叟是四川人，主张迁往成都。

宋真宗举棋不定，又以迁都之议问计于宰相寇准。寇准明知端底，却佯作不知，故意当着两位副相的面说："谁为陛下出此败亡之策，罪当斩首！"寇准接着分析了形势，指明了利害，提出了车驾亲征以挫强敌的决策。

十月，宋真宗终在寇准等人的催促下，起驾北征。出得汴京，还未到达黄河南岸，这位怯懦的皇帝就动摇不进，又想迁都。寇准再次指出："今寇已近，四方危心，陛下只能进尺，不可退寸。进则士气百倍，敌闻丧胆；退则万众瓦解，敌乘我势，汴京失驭，金陵亦不可得！"真宗无

寇准西安石刻像

奈，又勉强起驾北行。行至黄河南岸，又驻跸河边，畏葸不前。寇准等又固请，车驾方渡河抵达北岸。

当宋旗在澶州（今河南濮阳南）城上高高升起时，兵民欢呼，声闻十里，气势百倍。

契丹闻讯，派骑兵数千来骚扰，以探虚实，当即被宋军杀伤过半，败逃而去。

真宗临敌，住在行宫亦惴惴不安，于是，派人去察看寇准的动静。当听说寇准正与部将喝酒博戏，诙谐如常，才放心说："寇准如是，吾有何忧呢！"

可是，正坐镇军中的契丹萧太后不能不忧。出师未捷，统帅萧挞凛已被宋兵射死，契丹锐气大挫；各路援宋大军正向澶州方向集结，数量甚众，远远超过契丹军；而契丹孤军深入，千里退路上宋民蜂起抗击，怎能使其不忧呢？于是，她不得不派出使臣致书大宋，以求和议。

宋接辽书，寇准即提出，辽欲求和亦可，但必须还我燕云故地（即五代时后晋石敬瑭割让给辽的16州），否则，兵戎相见，以决雌雄。但是，宋真宗却唯恐失去和议时机，不顾寇准之议，急派大臣曹利用使辽。临行，真宗特嘱曹利用，契丹如索岁币（即年年贡纳的银绢财物），虽百万亦可允诺。寇准得知后，立即召曹利用至军帐，说："圣上虽有敕旨，但你许给辽人的岁币不得过30万，否则，我就砍掉你的脑袋！"

景德二年（公元1005年）一月，和议告成。双方议定，宋辽为兄弟，辽帝称宋帝为兄，但是，"哥哥"每年送给"弟弟"岁币30万（即20万匹绸缎和10万两银子）。这次宋辽和盟是在澶州签订的，澶州为古澶渊郡，故史称"澶渊之盟"。

曹利用成约而还，真宗正在用饭，未及召见，即派侍者去问许辽岁币几何，曹利用不肯先告侍者。侍者见利用以3个手指支着脸颊，回报时遂说，曹利用以3指支着脸颊，大概是300万吧！真宗失声道："太多了！"既而又说："姑且了却此事，300万也可吧！"300万虽属讹传，但可见宋真宗为苟且偷安，是不惜百姓的巨额脂膏的。

和议之后，妥协派王钦若等弹冠相庆，反诬主战的寇准以胁迫君王的罪名，说寇准挟君王作孤注，幸兵以自取重，结果与敌国签订城下之盟，有辱君王。是非黑白就这样全被颠倒了。功臣寇准反遭贬斥，后死雷州，契丹退兵了，宋朝又继续推行其"守内虚外"的国策。守内，即竭尽全力防范人民起义；虚外，即不修边防，理由是勿令敌国起疑。

然而，事有凑巧。宋室虽虚外而不为备，辽却因内争日剧，自顾不暇，注意力内向。宋辽关系因之基本呈现稳定状态，彼此相安达120年之久。

四、北宋前期阶级矛盾和农民起义

宋初，川峡地区保留较为落后的生产关系。土地集中尤其严重，豪强地主役使着几十、几百乃至几千家"旁户"，世代相承，视同奴隶。旁户除向豪户纳租外，还负担官府的赋税和夫役。宋朝消灭后蜀，除向蜀地人民征收两税等"常赋"外，还在成都设置博买务，征调各州农民织作一些精美的丝织品，禁止商人贩卖和农民出售，并"掊取"茶利，使川峡人民的生路几致断绝。到淳化四年（公元993年）二月，广大旁户在王小波的领导下，在永康军青城县（今四川灌县南）发动了武装反抗斗争。

宋执钺武士石刻

王小波宣告："吾疾贫富不均，今为汝均之！"立即获得川蜀人民的广泛响应。起义军攻占青城，转战邛州（今四川邛崃）、蜀州（今四川崇庆）各县，进而攻打眉州彭山县。起义军把贪污害民的彭山县令齐元振处死，并把他搜刮所得金帛散发给农民。起义队伍发展到一万多人。王小波在作战中牺牲，起义军推举李顺为领袖。李顺继续贯彻均贫富的主张，凡起义军所到之处，将"乡里富人大姓"家中的财物、粮食，除生活需用外，"一切调发"，分给贫苦农民。

淳化五年（公元994年）正月，起义军攻克成都府，李顺建国号"大蜀"，年号"应运"，占领了剑关以南、巫峡以西的广大地区。宋太宗极为震惊，立即派遣两路大军，分别向剑门（今四川剑阁北）和峡路进军。李顺原想在宋大军入蜀前，先派兵占领剑门栈道，但未获成功。宋军占据栈道，得以长驱直入，李顺也在战斗中壮烈牺牲。起义军余部在张余、王鸬鹚等人的领导下，在川南、川东一带坚持斗争，直到至道二年（公元996年）最后失败。起义失败后，宋朝取消了成都的博买务，川峡地区的封建生产关系得到了一些调整。

五、北宋中期的危机与兵民反抗

1. 庞大、腐败的军队和官僚机构

宋太祖时选练禁军，作为正规军，开宝时（公元968—公元976年）有禁军19.1万人，厢军18.5万人。宋仁宗时，为对西夏用兵和加强对内镇压，各

路广募兵士,禁军激增至 80 多万人,皇祐元年(公元 1049 年),总计达 140 万人,为宋代的最高数字。宋朝用来养兵的费用,竟达全国财政收入总数的十分之七八。

宋真宗对辽和议后,兵士平时缺少训练,不识战阵,习于骄惰。禁军领取粮饷,要雇人挑远,陕西沿边的骑兵,不能披甲上马。从南方调来的禁军,自称不会打仗,见到敌人就怕得要死。河北沿边的禁军,"卒骄将惰,粮匮器朽",将领不是"绮纨少年",便是"罢职老校",训练更是有名无实。边郡兵士平时坐食军贮,万一有警,则"手不能安弦,目不能辨帜"。加上将帅频繁更换,兵不识将,将不识兵,以致作战时将领和士兵上下不相附,指挥失灵。宋真宗、仁宗还经常沿用宋太宗制定的"将从中驭"的办法,自定阵图,交由将帅临阵按图指挥战斗,因而屡战屡败。

宋朝官僚机构日益庞大,通过恩荫、科举、进纳、军功、胥吏出职等途径入仕者不断增加。真宗时,文武百官为 9700 余员。宋仁宗皇祐(公元 1049—公元 1054 年)间,增至 17000 余员,还不包括未受差遣的京官、使臣和守选的选人在内。宋英宗时,更增至 4.2 万人。正官之外,等候差遣空缺的人员多到不知其数,"一位未缺,十人竞逐,纡朱满路,袭紫成林"。

在庞大的官僚机构中,一切因循守旧,以袭守成规相标榜。有人对朝政有所建明,即被指为喜功生事;或者不顾时忌,指事陈说,则被指为"沽激"。官员们以"因循懦默者为得计",遇事唯恐承担责任或招人非议,影响官位,腐朽的官气和暮气笼罩着整个宋朝政府。与此同时,大臣们竞相"广市田宅,争求重利",文武百官无不仿效。宋仁宗时,"势官富姓,占田无限,兼并冒伪,习以为俗,重禁莫能止焉""公卿大臣之占田或千顷而不知止"。土地兼并的发展,使地主与封建国家、农民的矛盾日趋尖锐。

嘉祐元宝

2. 财政危机

冗兵、冗官,加上最高统治集团的大肆挥霍,使宋王朝的消费逐年增加。据《宋史·食货志》载,宋真宗天禧五年(公元 1021 年)全国收入 1 亿 5085 万余,支出 1 亿 2677 万余。宋仁宗皇祐元年(公元 1049 年),全国收入 1 亿 2625 万余,"而所出无余"。

到宋英宗治平二年（公元1065年），财政已出现赤字。当年，全国收入1亿1613万余，支出1亿2034万余，非常支出1152万余，竟然短缺近1500万（单位均为贯、石、匹、两等）。国家财政年年亏空，不断"发诸宿藏"，以致"百年之积，唯存空簿"，宋朝的财政危机日益加深。

宋朝阶级矛盾和民族矛盾日益严重，统治集团面临危机四伏的局面，士大夫们感到必须采取措施，摆脱困境。早在宋真宗初年，知扬州王禹偁就建议对辽和夏州李继迁"谨边防，通盟好"；减少官、兵冗员，减轻税收；严格选举，使入官不滥；淘汰僧尼，减少耗费等。宝元二年（公元1039年），同判礼院宋祁上疏，以为国用不足在于"三冗三费"。"三冗"是全国有定官而无限员，各级官员比前增加5倍；几十万厢军坐耗衣食；僧尼、道士人数日增而没行限额；"三费"是道场斋醮，百司供费无数；京师多建寺观，多设徒卒，增添官府衣粮；大臣罢黜，仍带节度使衔，靡费公用钱。他主张裁减官兵，节省经费。所有这些足以说明，宋朝已经不能只率由旧章而无所作为地统治下去了。

3. 北宋中期的农民和士兵起义

宋真宗初年，益州（今四川成都）戍卒在王均的领导下举行起义，占领益州，建立大蜀国。王均起义失败后数年，以陈进为首的宜州（今广西宜山）士兵发动起义，拥立卢成均为南平王，前后坚持斗争三四个月。

宋仁宗、英宗时，小规模的农民起义和士兵斗争在各地陆续爆发。其中声势较盛的有王伦领导的起义，张海、郭邈山等领导的起义，王则领导的起义。庆历三年（公元1043年）五月，京东路沂州（今山东临沂）"捉贼虎翼卒"100多人在王伦领导下起义，杀死巡检使朱进，起义士兵数量随时扩大，南下淮南路。宋廷极为震惊。七月，宋军围攻，起义军战败，王伦在采石矶被俘牺牲。同年，陕西大旱，商州（今陕西商县）农民1000多人，在张海、郭邈山、党君子、李铁枪等人的领导下起义，活跃于"京西十余郡，幅员数千里"，官员纷纷逃窜。驻守光化军（今湖北老河口市北）的宣毅卒500多人在邵兴率领下哗变，与起义军互相配合。邵兴进军至兴元府（今陕西汉中），大败宋军。宋朝以重兵残酷镇压起义军，年底，张海、邵兴等相继在作战中牺牲，起义失败。庆历七年（公元1047年）十一月，河北路贝州（今河北清河境）宣毅军小校王则也发动兵变，并且利用弥勒教，与京东路德州（今山东陵县）、齐州（今山东济南）士兵和农民秘密联络。王则占领贝州后，建国号安阳，称东平郡王，改年号为德圣（一作得圣），设置官吏。宋朝调集数路兵力，并派遣参知政事文彦博主持镇压。经过60多天的苦战，起义被残酷地镇压下去。

广大农民和地主阶级及北宋统治集团的矛盾日益尖锐，农民、士兵的反抗斗争"一年多如一年，一火（伙）强如一火"。士兵斗争与农民起义互相结合，是这一时期阶级斗争的显著特点。

六、庆历新政

庆历三年（公元 1043 年），宋仁宗任用范仲淹为参知政事，富弼、韩琦为枢密副使，责成他们条列当世急务，以"兴致太平"。范仲淹、富弼在《答手诏条陈十事》奏中认为，当时中心问题是整顿吏治。他们提出内外官吏过于冗滥，其中老朽、病患、贪污、无能的人应一律裁汰，宋仁宗采纳了这些意见，连续颁布几道诏令，规定：①改革文官三年一次循资升迁的磨勘法。注重以实际的功、善、才、行提拔官员，淘汰老病愚昧等不称职者和在任犯罪者。②严格"恩荫"制。限制中、上级官员的任子特权，防止权贵子弟亲属垄断官位。③改革贡举制。令州县立学，士子必须在学校学习一定时间方许应举。改变专以诗赋、墨义取士的旧制，着重策论和操行。④慎选各地长官。由中书、枢密院慎选各路、各州的长官，由各路、各州长官慎选各县的长官，择其举主多者尽先差补。⑤改进职田法。重新规定官员按等级给以一定数量的职田，以"责其廉节"，防止贪赃枉法。⑥"减徭役"。将西京河南府（今河南洛阳东）的五县废为镇，又析王屋县（今河南济源西）并入河南府，以精简乡村役人。范仲淹、富弼还提出"厚农桑""修武备"等建议，但并未实施。

范仲淹的各项政策，在当年和次年上半年陆续颁行全国，号称庆历新政。由于这些法令侵犯了贵族、官僚的利益，在实施过程中，遭到他们的强烈反对。反对派诬范仲淹等人为朋党。庆历五年初，范仲淹、富弼、韩琦、欧阳修等人相继被罢官出朝，他们的新政只推行了一年零几个月便宣告夭折。新政失败了，但社会矛盾并未缓和，财政危机更加严重。在这种情况下，士大夫要求改革的呼声日益高涨。

嘉祐四年（公元 1059 年），三司度支判官王安石向宋仁宗上《言事书》，要求培植人才，以便改革现行法度。他指出，国家财力困穷，风俗衰坏，在于没有合乎先王之政的法度。然要"改易更革天下之事，合于先王之意"，却又缺乏人才。人才成为当务之急。

范仲淹

他主张从教、养、取、任4个方面"陶冶"人才，使"在位者得其才"，然后"稍视时势之可否，而因人情之患苦，变更天下之弊法，以趋先王之意"。他还指出，汉、唐、五代所以乱亡，晋武帝所以招致祸乱，皆源于人才不足。《言事书》还指出，当时财政的困窘，绝非由于官员之冗滥和官员俸禄之过多，关键在于理财不得其道，不能因事制宜而变通；假若能理财得其道、通其变，即使增加官吏俸禄，也不会影响国家的经费。所以，他主张"因天下之力，以生天下之财，取天下之财，以供天下之费"。《言事书》受到了许多士大夫的赞扬，却未被宋仁宗采纳。

稍后，司马光、苏辙、苏轼等也多次上奏札，提出"斟酌事宜，损益变通"的主张。司马光的改革主张，主要为裁减禁军，精加选择；量材录用官员，使久其任；减损冗费，节省财用；善于理财，保养财源，使"农尽力""工尽巧""商贾流通"，皆能乐业安富，然后"上下交足"。他还指出："上下偷安，不为远谋，此最国家之大患也。"苏轼也提出了"课百官""安万民""厚货财""训军旅"等涉及政治、经济、军事各个方面的改革主张。在百姓穷困，官府仓库空虚，社会危机四伏的情况下，士大夫们"争言便宜，以变更旧制"。改弦更张，势所必然。

七、王安石变法

王安石（公元1021—公元1086年），字介甫，抚州临川（今江西临川）人。他的父亲为人正直，公正无私，曾做过许多州县的地方官。王安石从小就随父亲到过许多地方，见多识广，较多地了解了下层人民的疾苦和北宋的一些社会政治问题。他立志要以天下为己任，干一番事业。22岁时，他考中进士，27岁时担任了鄞县（今浙江宁波）的知县，在地方做官的时候，他脚踏实地为老百姓做了不少实事，深受人民拥护。

当时的北宋统治已经十分腐败，社会危机日益严重，民族矛盾和阶级矛盾不断激化。朝廷挥霍无度，官吏贪污腐化，国库空虚，入不敷出。由于和辽、夏的战争连年不断，使得兵员不断增加，军费开支庞大。再加上每年要向辽、西夏支付"岁币"银、绢等，更是加重了老百姓的负担。

王安石

在民族矛盾和阶级矛盾都异常尖锐的情况下，如果不进行彻底的改革，北宋就无法维持自己的统治。治平四年（公元1067年），20岁的宋神宗即位，他对王安石的改革思想很是赏识，熙宁二年（公元1069年）任命王安石为参知政事（副宰相），实行变法。次年底，王安石升为同中书门下平章事（宰相），把酝酿已久的变法推向高潮。

王安石在政治、经济、军事、教育等方面都进行了一系列的改革，最重要的内容有以下几项：

青苗法。规定农民可以在青黄不接的时候向地方官府借钱，半年内归还。一方面限制高利贷者对农民的盘剥，另一方面也增加了官府的收入，减轻了农民的负担。

免役法。就是允许老百姓交纳免役钱代替服徭役。原来享有免役特权的官宦人家也要交纳，以便用这些钱来雇人服役。这样就减轻了老百姓的徭役负担。

农田水利法。政府鼓励各地开垦荒地，兴修水利，发展农业生产。

方田均税法。在全国重新丈量土地，包括被大官僚、大地主隐瞒占有的土地一律丈量。按土地实际面积多少和田地的好坏（等级）征收赋税，一方面减轻了老百姓的沉重的赋税负担，另一方面增加了国库的收入。

在军事方面制定了保甲法，整编全国的军队，充实兵员，进行军事训练，提高军队的素质和战斗力。确保社会治安，加强国家的防御能力。

在政治方面，改革官制，废除虚设的官僚机构，裁减冗员。

在教育方面，改革科举考试和学校制度，培养改革所需的各种人才。

王安石改革，限制和打击大官僚、大地主在政治、经济等方面的封建特权，增加国家的财政收入，减轻中下层人民的负担，使农业生产得到发展，出现了经济恢复和好转的新气象。但是，变法触及到大地主、大商人、大官僚的经济利益，遭到了以司马光为首的保守派的极力反对。

熙宁六年（公元1073年），全国各地特别是河北一带发生了重大的自然灾害，连续干旱达10个月以上，农业几乎没有一点收成，灾民们吃不饱、穿不暖，被饿死的人随处可见，惨不忍睹。保守派乘机大造舆论，攻击咒骂王安石和他的新法，认为这是因为变法惹怒了老天爷，才使得上天降了这么严重的旱灾，弄得人心惶惶。并说不废除新法，老天爷是不会下雨的。有个叫郑侠的大臣甚至以头颅向神宗担保，只要罢黜王安石，废除新法，10日之内就会下雨，如不灵验，自己甘愿受斩首示众的处罚。

在保守派的疯狂攻击下，王安石并未害怕和退却，认为"天变不足畏"，仍坚定变法图强的信念。然而，宋神宗在保守派们的一片叫嚷声中却动摇了，下令罢免王安石的宰相之职。公元1085年，支持变法的宋神宗死去，新上台的哲宗任命司马光为宰相，新法被彻底废除，王安石变法以失败而告终。

八、铁面包拯

随着范仲淹新政的失败，北宋的朝政越来越腐败不堪。特别是在京城开封府，权贵大臣贪得无厌，社会风气十分污浊。一些皇亲国戚更是肆无忌惮，眼里没有国法。后来，开封府来了个新任知府包拯，改变了这种状况。

包拯是庐州合肥人，早年在天长县（今安徽天长）做县令。有一次，县里出了一个案子。有个农民夜里把耕牛拴在牛棚里，早上起来，发现牛躺倒在地上，嘴里淌着血，掰开牛嘴一看，原来有人割了牛的舌头。这个农民又气又心痛，来到县衙门告状，请求包拯为他追查割牛舌的人。

这个无头案该如何去查呢？包拯想了一会儿，就跟告状的农民说："你先不要声张，回去把你家的牛宰了。"

农民本来舍不得宰耕牛，而且按当时的法律，耕牛是不能私自屠宰的。但是，一来割掉了舌头的牛也活不了多久；二来县官叫他宰牛，也就不会追究法律责任了。

那农民回家后，便把耕牛杀掉了。第二天，天长县衙门里就有人来告发那农民私宰耕牛。包拯把事由问了一遍，立刻沉下脸，大声说："好大胆的家伙，你把人家的牛割了舌头，反倒来告人家私宰耕牛？"

告状的人一听就呆了，马上趴在地上连连磕头，老老实实供认是他干的。原来，割牛舌的人跟那个农民有冤仇，所以先割了牛舌，等牛主人宰牛后再来告发。

从那以后，包拯审案的名声就传开了。包拯做了几任地方官，每到一个地方，都取消一些苛捐杂税，清理一些陈年冤案。后来，他被调到京城做谏官，也提出不少好的建议。宋仁宗见开封的秩序混乱，就把包拯调任开封府知府。

开封府是皇亲国戚、豪门权贵集中的地方。从前，不管哪个人当这差使，都免不了跟权贵勾通关节，接受贿赂。包拯上任以后，决心好好整顿一下这种腐败的风气。

包 拯

按照宋朝的规矩，要到衙门告状的人，先得托人写状子，还得通过衙门小吏把状子传递给知府。一些讼师恶棍，就趁机敲诈勒索。包拯废掉了这条规矩，老百姓要诉冤告状，就可以直接到府衙门前击鼓。鼓声一响，府衙门就大开正门，让百姓上堂控告。这样一来，衙门的小吏就做不了手脚了。

一些权贵听说包拯执法严明，都吓得不敢为非作歹了。有个权贵打算送点什么礼物给包拯，通通关节。旁人提醒他：别白费心了，谁不知道包拯的廉洁奉公啊！

宋仁宗很器重包拯，把他提升为枢密副使。他做了大官，家里的生活照样十分朴素，与普通百姓没有区别。

由于包拯一生做官清正廉洁，不但生前得到人们赞扬，而且在他死后，人们也把他当作清官的典型，尊称他为"包公"。民间流传着许多包公铁面无私、打击权贵的故事，还编成包公办案的戏曲和小说。

九、蔡京专权

崇宁元年（公元 1102 年）七月赵佶以蔡京为尚书右仆射兼中书侍郎，专掌大权，从此，蔡京专擅朝政。

蔡京拜相以后，打着"绍述"神宗（徽宗之父赵顼）法制的幌子，仿照神宗时的条例司，于都省设置讲议司，自己担任提举，以其同党吴居厚、王汉之等 10 余人为僚属。讲议司凌驾朝廷一切机构之上，权力极大，凡宗室、冗官、国用、商旅、盐泽、赋调、尹牧等国家大事，皆先由讲议司"讲议"，然后再颁布施行。蔡京又借打击"元祐党人"为由，排斥异己，结党营私，大搞顺我者昌，逆我者亡。指司马光、文彦博、吕公著等 120 人为奸党，请宋徽宗亲笔书写，刻石于皇宫的端礼门。其后又把奸党人数扩大为 309 人，自书为大碑，颁布全国各州郡。还将政见不同的朝中官吏区分为正上、中、下三等和邪上、中、下三等，正者旌擢，邪者降责。童贯于蔡京有引授之功，以宦官先后出任制置使、节度使，领枢密院事，执掌兵权，势倾一时；张康国、邓洵武追随蔡京，分别擢为尚书左丞、尚书右丞；亲信吴居厚助蔡京专权跋扈，官为中书侍郎，又迁门

蔡京书法

下侍郎；蔡京的六子及孙也都先后身任要职，权重位显。而与蔡京有隙者，都在不同程度上受到打击和迫害。蔡京为了进一步巩固自己的地位和增强自己的权势，在京城开封附近的澶（治所在今河南濮阳县）、郑（今河南郑州）、曹（今山东菏泽）、拱（今河南睢县西）四州，各屯兵两万，以其姻昵宋乔年、胡师文等掌管，给这四州屯兵的饷钱较通常兵 10 倍以上，借此收买兵心，以归自己所用。蔡京权势在握，胡作非为，肆无忌惮，满朝文武，莫敢吭声。

为了讨好徽宗，蔡京挥霍国帑，大兴土木，先后设置御前生活所、营缮所、人船所、应奉局，西城括田所，肆意搜括民间财物，激起了广大人民的强烈不满和武装反抗。北方的宋江起义和南方的方腊起义，都是民不堪扰，因而起来反抗。这一切更加动摇了北宋已风雨飘摇的政权。

宣和七年（公元 1125 年）四月，宋徽宗迫于各方面的压力，才不得不令蔡京致仕。蔡京自崇宁元年（公元 1102 年）拜相以来（其间有过三次罢相，但不久又被起用），前后专权达 23 年之久，几乎与宋徽宗在位相始终。宋徽宗统治时期，北宋王朝急剧走向衰亡，这与蔡京的专权败国有很大关系。时人将祸国殃民的蔡京与童贯、王黼、梁师成、李彦、朱勔等并称为"六贼"，蔡京为"六贼"之首。

十、元祐更化

神宗病重之时，其年龄最大的儿子延安郡王赵煦还不到 10 岁，而他的两个同母弟弟却年富力强，他们时常去皇宫探视神宗的病情。神宗弥留之际，高太后命人关闭宫门，禁止两位亲王出入皇帝的寝宫，然后暗中叫人秘密赶制了一件 10 岁孩童穿的黄袍，以备不时之需。几天后神宗去世，赵煦即位，史称哲宗，改元"元祐"，太皇太后高氏垂帘听政，掌握大权达八年之久。

在高太后执政时期，年少的哲宗对朝政没有任何发言权，大臣们向来是向太后奏事，背朝哲宗，也从不转身向哲宗禀报，以致哲宗只能看朝中官员的臀部和背部。

哲宗 17 岁时，高太后本应还政，但

高太后

她却仍然不肯放权，大臣们也是有事先奏告太后，有宣谕必听太后之言，视哲宗不存在，令哲宗心中很是怨恨。

其实哲宗自幼便聪慧过人，八九岁时便能背诵七卷《论语》，字也写得非常漂亮。即位后，辽朝派使者来参加神宗的吊唁活动，宰相蔡确因两国服饰不同，怕年幼的哲宗害怕，便反复给他讲契丹人的衣着和礼仪。哲宗先是沉默不语地听着，待蔡确絮絮叨叨讲完，便直言问道："辽朝使者是人吗？"蔡确一愣，回答说："当然是人，但是夷狄。"哲宗说："既是人，怕他做甚？"言辞极犀利，蔡确无言以对，惶恐退下。

但是在高太后当政时，哲宗并没有实权，高太后重用反对王安石的司马光和文彦博等保守派官员，打着"以母改子"的旗号，推翻了王安石的"新法"，史称"元祐更化"。

十一、东京保卫战

宣和七年（公元1125年）十月，来自金国的使者将一封书信交给童贯。在这封信中，女真人历数北宋君臣言而无信、违约背盟的种种"罪行"，宣称大金皇帝为此极为愤怒，决定以武力惩罚宋人的欺骗行为。

时任华北地区最高军事长官的童贯惊慌而又愚蠢地问道："这么大的事情，怎么不早一点告诉我呢？"金国使者嘲讽道："我国大军已经出发，还用得着告诉你？赶快把河东、河北的土地割让给我们，两国以黄河为界，或许还能保住你们宋朝宗庙社稷！"

如果从道理上来讲，北宋的君臣确实对金国屡屡毁约，没有遵守承诺。海上之盟后，在联金灭辽的过程中，宋军可以说是毫无作为；宋金约定中"赎回"燕云十六州的财货，又被多次拖欠。理亏的宋朝为金国提供了充足的战争理由，一场大战就此爆发。

经过象征性的抵抗后，北宋在燕云地区的守将郭药师率所部投降，转身成为金军南下的先锋。北宋腐朽的军政体制，在这场战争中彻底地暴露出来。除了太原一城之外，整个北方如同摧枯拉朽一般让金人横扫而过，数以万计的宋军哗变、投敌。告急文书像雪片一样飞到宋徽宗面前，又气又急的宋徽宗拉着大臣的手说道："真没想到金人敢这样做！"然后便昏厥过去。留下"传位东宫"的诏书后，宋徽宗宣布退位。皇太子赵桓心不甘、情不愿地在这种情况下即位，是为宋钦宗。

面对敌人咄咄逼人的攻势，汴京的满朝文武吓得不知所措，这时，太常少卿李纲站了出来，坚决主张抵抗金兵。于是，宋钦宗任命李纲为兵部侍郎，在主战派的鼓动下，他又下诏各地起兵勤王。这时，胆怯的宰相白时中、李邦彦两人劝说宋钦宗南逃，李纲得知这个消息后立刻去见宋钦宗，反驳道："太上皇传位给陛下，正是希望陛下能守住京师，怎么能轻易离开呢？

白时中道："敌军这般声势，哪里守得住？"李纲怒道："天下的城池，没有比京城更坚固的。东京是国家的中心，文武百官集中在这里，只要皇上督率抗战，哪有守不住的道理！"宋钦宗看李纲态度坚决，便命令他全面负责汴京的防务。

李　纲

得到授权后，李纲积极组织军民备战，在京城四面布置兵力，并准备了足够的防守器械。靖康元年（公元 1126 年）正月初八，金军抵达开封城下，李纲亲自到城墙上督战，几次打退了攻城的敌人。此时，各地勤王的军队陆续赶到东京，河北、山东义军也奋起抗金，形势对孤军深入的金军极其不利，金军主帅完颜宗望被迫与宋钦宗议和。然而和谈刚刚结束，不甘受辱的一支宋军"违约"袭击了金军大营。为了平息金人的愤怒，昏庸无能的宋钦宗罢免了主战派的李纲等人，但金军并没有因此而退走。京师群情激愤，在太学生们的带领下，上万人来到宣德门外为李纲鸣冤，宋钦宗只得将他官复原职。李纲复职后，金军的嚣张气焰得到遏制。然而，直到此时宋钦宗依旧没有坚决抗战的意志，他不顾群臣反对，最终还是同意了金人的议和条件。

十二、靖康之耻

靖康元年（公元 1127 年）闰十一月二十五日，北宋的首都东京汴梁被金军攻破，立国 168 年的北宋王朝在风雨飘摇中轰然倒塌。宋徽宗赵佶和儿子宋钦宗赵桓，在此后相继成为金军的俘虏。这场中国历史上惊天动地的大变动被称为"靖康之耻"，也叫"靖康之难"。

公元 1115 年，女真部完颜阿骨打在居地安出虎水（今黑龙江阿什河流域）地区建国称帝，国号大金。公元 1120 年，宋金缔造"海上之盟"，联兵攻辽。5 年后金兵在应州擒获辽天祚帝，完成灭辽的战争。

女真族金国灭掉辽国后，立刻成长为一个更加凶悍的邻居。在第一次东京保卫战结束后的 6 个月，金军再一次大举南侵。与宋徽宗一样，这一次宋钦宗又为金人提供了"毁约背盟"的战争借口。靖康元年（公元1126年）八月，金军西路统帅完颜宗望从云中（今山西大同）出发，东路统帅完颜宗翰从保州（今河北保定）发兵，两路侵略军长驱直入，连续攻克太原、洛阳、真定、中山等北方大城，分别于当年闰十一月抵达东京城下，对其形成合围之势。

北宋时期的开封城与今日不同，当时这座位于黄河边上的城市西北偏高，东南偏低，相对来说，西、北两面的城防较为坚固，东、南两面则显得有些简陋。闰十一月二十四日，漫天大雪已经连降20天，这就犹如为金军增加了20万人马。战况日趋激烈，负责东京防御的殿前都指挥使为鼓舞士气，传令宋军诸部，凡是能够出城杀敌的人，回来之后都可以得到金碗和官诰的奖励。此令一出，宋军将士纷纷奋勇杀敌，一日之内竟然斩敌三千有余。然而当兵士们前去领赏时，朝廷却无法兑现，这种言而无信的行为严重影响了守军士气。

为自身安危忧心忡忡的宋钦宗，这时想到了一个异想天开的退敌办法。深受宠信的道士郭京告诉宰相，只要能够找到7717名符合条件的壮丁，经过他施法后，就可变为天下无敌的"六甲神兵"。宋钦宗竟然听信宰相的话，满足了他的条件，结果自然而知。所谓的"六甲神兵"顷刻间被消灭，金人趁机一举登上东京城头，随即其他城门也相继攻破。身陷敌手的宋钦宗失声痛哭，一一答应金人的苛刻条件。

腐朽懦弱的北宋君臣为了避免东京军民"触怒"金人，在和谈之后收缴了军队、私人的全部武器，并将这些军械送到金营。得到武器后金军又索要马匹，宋钦宗便下令开封府的差役清点官私坐骑，包括皇帝的御马在内，将近万匹马全部送交金营。与此同时，北宋朝廷开始着手筹备金银，更派钦差到河东、河北去交割土地。然而金银筹集工作却不顺利，从靖康元年十二月拖延到第二年（公元1127年）正月，依旧没有凑足金人要求的数量。等待不及的金军将宋钦宗再次招到金营，然后对随行官员说，他们要将皇帝扣为人质，直到金银如数交出后才能放回。被囚禁的宋钦宗只得下诏，要求宗室、豪族、内侍、僧道、娼优诸辈，务必将家中蓄存的金银全部交出。到靖康二年（公元1127年）正月十九日，东京城内的官吏们总共搜刮到黄金13.8万两，白银600万两，绸缎100万匹。负责收缴任务的官员告诉金军，这些已经是空其所有了。

金人对此将信将疑，便使计检测东京是否还有余财。他们利用围城造成的粮荒，在各个城门附近堆积粮食，宣布城里的百姓可以用金银向他们购买。通过出售粮食，几天之内金人获得黄金7.5万余两，白银114万两。察觉到自己被人欺骗，恼羞成怒的金军杀死户部尚书梅执礼等四名大臣，同时以大金皇帝的名义下诏，将宋钦宗和宋徽宗贬为庶民，勒令滞留东京的北宋官员自行拥立异姓为主。为保全自身性命，宋朝的官僚们大量变节。认贼作父的京城巡检范琼逼迫宋徽宗前往金营；开封知府徐秉哲命令城内居民五家为保，相互监督，不得藏匿皇室成员，最后将皇室、皇亲3000多人悉数送交金人。

　　靖康二年（公元1127年）三月，金人册立张邦昌为中原皇帝，扶植他建立伪楚政权。满载而归的金军挟持徽、钦二帝和其他皇室成员，以及拒绝降金的官员、工匠数千人北去，留下了一座残破的东京汴梁城。这便是后来岳飞立志洗雪的"靖康之耻"。

第二节　南宋的偏安与抗金斗争

　　南宋自建朝伊始，就与金对峙。虽有岳飞等南宋军民英勇抵抗金军的进攻，但宋高宗赵构与权相秦桧等一味屈膝求和，苟安江南。与金对峙百余年虽有一些君臣励精图治，但往往权臣专擅朝政，政治昏暗，多少北伐雪耻之志，梦断于西湖烟雨之中。尖锐的民族矛盾与阶级矛盾激起此起彼伏的人民起义。不久，大漠雄鹰蒙古族崛起，挥骑南下，灭（西）夏扫金。公元1279年随着陆秀夫抱幼帝赵昺投海而死，山河破碎的南宋王朝历经153年，终至灭亡。

一、南宋的建立

　　宣和七年（公元1126年）十二月，在两路金军直逼京城的形势下，徽宗传位于子赵桓，是为钦宗。靖康元年（公元1127年）闰十一月，金军攻破东京开封。靖康二年（公元1127年）二月，金下令废掉宋徽宗、宋钦宗二帝，宣告了北宋皇朝的灭亡。三月，金兵立宋亲金派头目张邦昌为傀儡皇帝，国号楚。四月，金军带着俘获的徽、钦二帝和赵氏宗室、大臣、百工技艺3000多人，以及掠到的大量金银绢帛、仪仗古玩等北归。

　　宋朝皇室中，只有被废的哲宗皇后孟氏和在外地的钦宗之弟康王赵构幸免于金军之掳掠。靖康元年（公元1126年）十一月，当金军先头部队到达开封时，钦宗任命赵构为河北兵马大元帅，

宋高宗

知磁州宗泽为副帅。赵构在相州（今河南安阳）建立大元帅府。他不顾京城的危机，只派少量部队南下，名义上是援助京城，其实是作为疑兵，掩护自己带领主力部队出相州到大名府（今河北大名）。宗泽从磁州（今河北磁县）赶到大名，劝赵构率军南下澶州（今南濮阳附近），伺机解除开封之围。赵构却顺水推舟，派宗泽率兵南下，自己逃向东平（今山东东平），而后逃到济州（今山东巨野）。宗泽在自大名到开封途中，连连击败金军。宗泽在卫南（今河南滑县）听说金兵俘掠徽宗、钦宗北去，就率兵转到大名，计划抢渡黄河，截断金兵归路。宗泽还传檄附近各路宋军，约他们共同行动，欲邀夺二帝。但各地宋兵都未到，宗泽只得放弃自己的计划，上书赵构，劝他即皇帝位，重兴宋王朝。

金兵退后，傀儡楚帝张邦昌遭到人民的唾弃，吕好问等部分北宋旧臣，也主张张邦昌还位于赵构。张邦昌不得已，于靖康二年（公元1127年）四月，把隆祐皇后孟氏迎进宫，尊为宋太后，让她垂帘听政。此后，张邦昌派人到济州寻访赵构，并派吏部尚书谢克家去迎接赵构，赵构逊辞不应。张邦昌再派蒋师愈等携书信到赵构处，说自己将"归宝避位"。赵构谕宗泽：张邦昌受伪命义当诛讨，但考虑权宜之策，不可轻举妄动。谢克家又以"大宋受命之宝"到济州，赵构恸哭跪受之。于是，赵构前往南京（今河南商丘），五月初一在那里称皇帝，重建赵宋王朝，史称"南宋"，改年号为建炎。张邦昌也前来称臣朝贺，赵构以他"知机达变，勋在社稷"，封其为太保。

高宗即位之后，起用抗战派代表李纲，拜尚书右仆射兼中书侍郎。宗泽知襄阳府，后改知青州，又徙知开封府。又任用主张弃地逃跑的人物黄潜善为中书侍郎，汪伯彦为同知枢密院事。李纲入朝上十事奏，反对和议，主张与金作战。请求严惩张邦昌等降金人物。并提出改革军制，整顿军纪，积极备战等建议。他破格任用抗金有功的将士。劝高宗定都关中或襄、邓，说："关中为上，襄阳次之，建康为下"，以保全中原故土。宗泽上书高宗，反对逃往江南，"蹈西晋东迁既覆之辙"。宗泽在开封整顿社会秩序，修筑防御设施，招抚和改编抗金义军，使形势渐趋稳定。宗泽便上书要高宗果断回开封立都。高宗任宗泽为京城留守，开封尹。在主战派的督促下，高宗只好先送孟太后过江，自己留下，表示要与金一战。以黄潜善、汪伯彦为首的主降派要高宗割地厚赂与金讲和，并以"汴都蹂践之余，不可复处"，"东南财方富盛，足以待敌"为名，极力怂恿高宗南逃。主降派官员范宗尹等攻击李纲为金人所恶，且名过其实而震主，不宜为相。他们还编造起用义军引起"盗贼"的谎言，使高宗罢免李纲推荐的抗金将士。高宗在黄、汪二人鼓动下，指使朱胜非起草诏书，说李纲备战抗金是骚扰，指责李纲"狂诞刚愎"，过分"专制"，以此罢免李纲相职，随即废了所有抗金措施。建炎二年（公元1128年）金军再度南侵，南宋政权几乎覆灭。由于南宋军民英勇抗金，高宗的统治才稳固下来。

二、秦桧弄权

宋徽宗和宋钦宗被押往金国后，宋徽宗第九子赵构于公元1127年在南京应天府登基，改元"建炎"，这就是南宋第一代皇帝宋高宗。宋高宗在位36年，他罢免李纲，面对咄咄逼人的金军，只是一味地逃亡、求和。公元1131年，赵构定都临安(今浙江杭州)后，纵情声色，纵容奸臣秦桧弄权，杀死民族英雄岳飞，签订绍兴和议。

秦桧(公元1090—公元1155年)，字会之，江宁(今江苏南京)人，曾任北宋密州教授、监察御史、御史中丞。"靖康之难"发生时，秦桧夫妇也同时被俘虏到北方，做了金兵的阶下之囚。

为了获取自由，秦桧在金太宗面前竭力鼓吹议和，自然得到了金太宗的赏识。秦桧被派到金太宗的弟弟、大将挞懒手下当军事参谋。

公元1130年，建炎四年，在挞懒的暗许下，秦桧和他的妻子回到南宋。

南归后，秦桧把自己打扮成受害者的样子，宣称自己是杀死了金兵的看守才逃了出来的。虽然朝中很多大臣对这种说法表示怀疑，但是高宗却深信不疑，他正需要一个像秦桧这样了解金朝内情的人帮助推进和谈，再加上宰相范宗尹的极力推荐，秦桧于公元1131年(绍兴元年)当上了参知政事。

秦桧入朝后，立刻反戈一击，不到半年，就掌握了南宋军政大权。掌握大权后，秦桧全心全意议和，讨好金朝。这种摇尾乞怜的丑态遭到了朝臣的激烈反对，秦桧最终被罢免了宰相职位。

然而，在一心求和偏安的宋高宗心中，只有秦桧才能了解他的想法，贯彻他的意图。因此，绍兴八年（公元1138年），高宗重新起用秦桧，仍把他当作心腹看待。

秦桧跪像

经历了这场风波，秦桧与高宗臭味相投，他在朝廷中的地位再也无人能撼动了。

绍兴十一年（公元 1141 年）十月，在秦桧的鼓动下，赵构将节节获胜的宋军撤回，与金签订了丧权辱国的绍兴和议，从此，宋向金称臣，金"赐予"宋土地。双方东以淮河中流为界，西以大散关（今陕西宝鸡）为界，南属宋，北属金；南宋割让唐州（今河南唐河）、邓州（今河南邓县）二州，以及商周（今陕西商县）、秦州（今甘肃天水）的大半土地给金；此外，宋每年春季送至泗州交纳。作为交换，金朝归还伪齐政府控制下的河南和陕西一部分地区，并送还徽宗梓宫和在"靖康之难"中被掳去的高宗生母韦太后。第二年春，金册封赵构为宋帝。这就是绍兴和议的全部内容。

绍兴和议签订后，宋高宗虽然对秦桧的恶行有所耳闻，但是仍然纵容他专权跋扈，胡作非为。在赵构的心中，秦桧是他偷安的护身符，是朝野的挡箭牌。为了表示恩宠，赵构亲自为秦桧家的楼阁题写匾额"一德格天阁"，以示嘉奖。

秦桧独霸朝纲，冤杀岳飞父子。一时间，举国震惊，朝野披挂素缟，为风波亭的忠魂哭泣、默哀。秦桧成了众矢之的，文人口诛笔伐的对象。绍兴七年（公元 1137 年），宋徽宗在金国逝世，主和派趁机以迎回徽宗梓宫和高宗生母韦太后为幌子，大肆鼓吹和议。为此，胡铨冒死上书，要求把主和的王伦、秦桧、孙近三人斩首。胡铨的奏书言辞激烈，朝野称快。

秦桧随后展开了疯狂的报复，他以"狂妄凶悖，鼓众劫持"的罪名革除胡铨的官职，流放昭州（今广西平乐）。秦桧借口胡铨疏文中有"梓宫决不可还，太后决不可复"一句，而追劾胡铨。胡铨被远送海南，流落近 20 年，直到孝宗登基才被复职。

绍兴二十五年（公元 1155 年），秦桧老病交加，不久便病死了。秦桧专权 15 年之中，由于宋高宗的放纵，使得秦桧肆无忌惮地打击排斥异己，南宋从中央到地方的官职都被秦桧的党羽及附和秦桧者占据。只要朝中官员中稍有英名者，便立即排斥出朝廷，调往偏远之处，谁要有回朝的念头，便招来横祸。秦桧甚至连自己的亲信也不大放心，时常命人监视他们。秦桧专权期间，南宋朝政充满血腥、恐怖、龌龊、丑恶，是中国历史上罕见的腐败黑暗时期。

三、岳飞抗金

岳飞（公元 1103—公元 1142 年），字鹏举，相州汤阴人（今河南汤阴）人。岳飞从小就立下报效祖国的远大志向。岳飞母亲在儿子背后刺下"精忠报国"四字，也成为千古佳话。

岳飞以自己的勇敢和指挥才能从一个小军官一步步升为大将军，到他 32

岁时，已经和当时的名将韩世忠、刘光世、张俊等并驾齐驱了。

公元 1127 年，岳飞在新乡大败金军，收复新乡；公元 1129 年，在广德一带六战六捷；公元 1130 年，率军打退金兵，收复建康……岳飞率领的岳家军之所以战斗力强，连败金军，这与岳飞治军有方有很大关系。他注重平时刻苦练兵，加强军队的作战能力，并且军纪严明，号称是"冻死不拆屋，饿死不掳掠"。同时岳飞也很关心爱护士兵，常跟士兵生活在一起。士兵生病了，岳飞亲自为其调药；将领们外出作战，岳飞嘱咐妻子慰问其家属；将领们因公战死，岳飞亲自哭吊且抚养其遗孤。凡立战功，朝廷犒赏，岳飞都毫无保留地分给士兵。他对自己的儿子岳云也像对一名普通士兵一样严格要求，从不溺爱。正因为如此，岳家军能紧紧地团结在一起，同心协力，

岳　飞

共同抗击金兵，保家卫国。岳家军所到之处都深受当地人民的支持和爱护。

公元 1140 年的郾城大捷是岳家军抗金斗争中战果最为辉煌的一次。这一年，金的大将兀术率兵大举南犯。南宋派岳飞率军到河南抵抗金兵。岳家军在郾城和金兵展开了激战。当时，兀术亲率号称"铁浮图"的精兵三千人以及骑兵"拐子马"一万多人，气势汹汹，要和岳家军比个高低。岳飞针对敌兵的特点，布置步兵把锋利的刀斧绑在长柄上，专砍"拐子马"的马腿，等敌人从马上掉下来，再砍敌人的头颅并用钩镰枪专钩"铁浮图"的盔甲，然后再割断敌兵的脖子。岳飞亲自挥舞长枪带头冲入敌阵，士兵们个个奋勇，人人争先。鲜血把岳云的战袍染得通红，大将杨再兴一人就杀了几百个金兵。金兀术万万没有想到，自己苦心训练，赖以起家的精兵在岳家军强大的攻势面前竟一败涂地，几乎全军覆没。兀术不由得惊呼，"撼山易，撼岳家军难"。后来金兀术的军队只要一听到岳家军的名字，就会望风而逃。

在庆功宴上，岳飞慷慨激昂地鼓励全军将士：

"我们要直接打到金人的老窝黄龙府 (今吉林农安县)，到那时，我一定

要同大家痛饮几杯，一块儿欢庆胜利！"

但是，由于宋高宗和卖国贼秦桧只想对金妥协投降，不愿北上收复中原，所以，在大好的形势下，高宗竟然下令让岳飞班师，大好局面顷刻之间毁于12道金牌之下。中原的老百姓知道岳家军要班师的消息后，伤心至极，哭声四起。班师回京的岳飞不久就被秦桧以"莫须有"罪名杀害了，满腔热血的民族英雄岳飞终于也没能实现直捣黄龙府的宏愿。

四、隆兴和议

靖康之变后，南宋的建立延续了赵宋朝廷的统治生命。但金朝依旧是南宋最大的敌人，金朝亡宋之心不死，南宋的爱国人士也没有停止过恢复中原的努力。然而，面对亡国灭种的国恨家仇，以及金朝一次次的肆意侵侮，赵构却没有一丝的恢复之心，有的只是苟且偷安的念头。

宋高宗的独子夭折之后，赵构再未生育子女。这使得上自孟太后下至低级官员，产生了一个共识，认为这些都是因为太宗赵光义谋杀太祖赵匡胤夺位而造成的报应，只有还帝位于太祖后裔，宋朝才能保存。高宗最终选中了太祖的次子赵德芳的六世孙赵伯琮作为继承人，绍兴三十二年（公元1162年），赵伯琮被立为皇太子，改名赵昚。这年六月，高宗宣布退位为太上皇，太子赵昚即位，是为孝宗。

南宋时期，孝宗称得上是最有作为的皇帝。他不甘心偏安一隅，希望重返中原，与此同时，他积极进行内政改革，企图重振国势，实现中兴。孝宗继承皇位以后，尽管他表面上没有对高宗之前的妥协求和政策表现出明确的反对意见，但在处理政事的时候，还是大胆表现出自己的独特风格。首先，他为爱国英雄岳飞平反，将秦桧余党全部驱逐，将那许多因主张抗金而被贬的官员重新起用，还积极与北方抗金义军联络，以便鼓舞抗金斗志。面对金人强烈的攻势，孝宗即位后的第二个月，便立刻颁发诏书，让主战派旧臣张浚前来面圣，共同商议抗金大计。但已经成为太上皇的赵构对孝宗力主抗金、重新起用张浚表示竭力反对。当孝宗向太上皇陈述恢复大计之时，软弱的赵构竟然不耐烦地打断孝宗的话，说："还是等我百年之后再谈论这事吧！"这无异是向孝宗发出最严厉的警告，要他彻底打消恢复中原的念头。

但孝宗抗金的决心已下，为了避开主和派的干扰，隆兴元年（公元1163年），他索性绕过三省、枢密院，直接命令枢密使、都督江淮军马张浚督军北伐。李显忠、邵宏渊这两路北伐军在初期接连获得大胜。不料前方将帅失和，邵宏渊对主将李显忠多方掣肘，李显忠也因为胜利产生了轻敌心理。符离之战，连同随军民夫在内的 13 万北伐军几乎被金军全部歼灭，残余宋军退保淮河。至此，历时仅 20 天的北伐以宋军的溃败而告终。

符离之战，严重挫伤了南宋抗金派的意志，以太上皇为首的议和派又重新活跃起来。在太上皇的种种压力下，孝宗不得不重新起用秦桧党羽汤思退为相以议和。在议和过程中，汤思退公然以太上皇来压制孝宗，要求一切应当在奏禀太上皇之后再从事。公元 1164 年，隆兴二年冬，双方终于达成和议。

尽管在太上皇的迫使下，隆兴和议最终达成，但孝宗一直心有不甘。虽然太上皇退居德寿宫后，不能左右朝堂政事，却有权利时时干预朝政。这个时候，金朝也居安思危，不再侵犯宋朝，与之相反，他们竟然时时防备南宋进攻金。因而，尽管孝宗心心念念想要伐金雪耻，但直到去世也没能达成心愿。

五、宋军北伐

韩侂胄（公元 1152—公元 1207 年），字节夫，乃是北宋名臣韩琦的曾孙。韩家三代皆与皇室联姻，世代为皇亲国戚。宋孝宗末年，他以父荫官至知阁门事，汝州防御使。

宋孝宗长期受到太上皇高宗挟制，等到高宗去世后，他也是年至花甲，失去了锐意恢复的信心。于是在淳熙十六年（公元 1189 年）二月传位于"英武类己"的太子赵惇，是为宋光宗。绍熙五年（公元 1194 年）五月，宋孝宗病重，可受皇后挑拨的宋光宗却拒绝前往孝宗居住处重华宫探望，宋孝宗在遗憾中死去，光宗却以自己有病为由拒绝主持丧礼。

消息传出，朝野惊骇。当年七月，太皇太后下诏宣布光宗禅位，嘉王赵括在孝宗灵前披上黄袍，即位称帝，是为宋宁宗。

此次政变是在韩侂胄的努力下才得以完成的。韩侂胄由于是外戚，与皇室关系密切，同时又在策立宁宗的事件中立下大功，因此宁宗对其十分信任，说他是"朕的肺腑"，信而不疑。韩侂胄通过荐用亲信、拉拢大臣的方法渐渐积蓄了力量，而赵汝愚却因为以宗室任宰相，专擅国政而受到宁宗的怀疑，终于在庆元元年（1195 年）二月被罢相，被贬往永州（今属湖南）安置，后死于该地。

此时北方的金朝渐渐衰落，内有农民起义蜂起，外有蒙古侵扰边境，陷入内忧外患之中。欲立下不世功业的韩侂胄认为可以乘机北伐，恢复中原。

战事首先在淮河沿岸打响，在这里南宋的又一颗将星冉冉升起，他便是毕再遇。毕再遇是岳飞部将毕进之子，史称其"武艺绝人"，能拉动两石的硬弓。他曾受到宋孝宗的召见，赐予战袍。

开禧二年（公元 1206 年）四月，毕再遇随武锋军统制陈孝庆渡淮攻泗州（今江苏盱眙西北）。毕再遇头戴鬼面具，率领敢死队一举登上泗州东城，杀敌数百，金军溃乱，从北门逃出。毕再遇再攻西城，树大将旗，高声喊道："大宋毕将军在此，尔等乃中原遗民也，可速降。"金军闻之胆寒，开城出降。不久，他又在灵璧（今安徽境内）为掩护撤退的宋军，手挥双刀，直插敌阵，以 480 骑大破金军 5000 人。

此时，陈孝庆率部攻占虹县（今安徽泗县），江州都统制许进攻下新息县（今河南息县），光州义军攻下褒信县（今河南新蔡西）。宋军连战皆胜，形势一片大好。这年五月，宋宁宗正式下诏宣布北伐。北伐诏下，群情激愤。爱国诗人陆游这时已经 82 岁，闻听朝廷北伐，欣喜不已，作诗言志道：

中原蝗旱胡运衰，王师北伐方传诏。
一闻战鼓意气生，犹能为国平燕赵。

宋军只求速胜，军事准备十分不足，韩侂胄既没有练出一支精兵，又无出众的参谋，也没有做好长期作战的准备。他起用的陈自强、苏师旦都是其亲近，才能不堪担当军国重事。果然，宋军在其后的作战中连连失败，多数一战即溃，甚至不战自溃。朝中便有人秘密与金军议和，韩侂胄闻听大怒，决意再度整兵出战。但是这时朝廷的反韩力量已经在礼部侍郎史弥远和宁宗皇后杨氏的联络下结合起来。

开禧三年（公元 1207 年）十一月初，在史弥远策划下，勾结殿前司长官夏震发动突然袭击，把韩侂胄截至玉津园内杀害，同时又杀死他的亲信苏师旦，将两人头颅割下送给金朝。第二年，宋金再度达成和议。

六、南宋与金对峙局面的形成

靖康二年（公元 1127 年）四月，金兵从汴京（今河南开封）俘虏宋徽宗、宋钦宗，以及后妃、诸王、宗戚大臣等 3000 人北去，北宋灭亡。五月，宋徽宗之子、康王赵构在南京应天府（今河南商丘）即皇帝位，改元建炎，是为宋高宗。十月，避金兵到扬州。

金王朝想趁南宋政权立足未稳，派大军渡江，消灭南宋。建炎二年（1128 年）秋，决定兀术（即宗弼）与粘罕（即宗翰）率金兵南下，穷追宋高宗。另派娄室部全军进攻陕西，来牵制川陕宋军。

粘罕率金军主力南下，会合河北金军于濮州城下。宋将姚端夜袭金营，粘罕光足逃走，仅以身免。兀术攻开德府不下，移兵与粘罕合攻濮州。濮州军民在两支主力金军围攻下，坚守33天。十一月中，濮州城破，知州杨粹中被俘，不屈而死。随后，开德、相州、大名府等地相继失守。

南宋命魏行可到澶渊求和，东京留守杜充决口黄河欲挡金兵，均未能阻止金兵南下。金兵转攻东平、徐州，济南知府刘豫杀害抗金将领关胜后降金。

建炎三年（公元1129年）正月二十七日，金军攻占徐州，知州王复死难。粘罕派拔离速、乌林答泰欲、马五，率兵一万奔袭扬州，欲俘获宋高宗。三十日，金兵到泗州。二月初三，拔离速攻占天长军，距扬州只有100多里。午前，消息传至扬州，宋高宗惊慌失措，不告诉大臣，带了御营都统制王渊和亲信宦官康履等数人狼狈出逃，从瓜洲乘小船渡江逃到镇江。傍晚，马五率500骑兵赶到扬州，听说宋高宗向江南逃跑，立即追到渡口。而江淮人民纷纷起来抗金，金军成为孤军，被迫北撤。

宋高宗从镇江逃到杭州。迫于朝野舆论，罢免黄潜善、汪伯彦。三月初，将官苗傅、刘正彦发动兵变，吕颐浩、张浚、韩世忠、刘光世、张俊等文臣武将起兵，平苗、刘兵变。

苗、刘兵变刚过去，宋高宗便派洪皓使金，表示"愿去尊号""比于藩臣"。六月，金兀术向金太宗提议大兵渡江消灭南宋，得到批准。面对金兵大举南下，宋高宗于七月再派崔纵使金求和，同时以杭州为首府。七月末，两批求和使者尚在途中，金兵已决定渡江南下，挞懒攻山东、淮北，兀术自归德（河南商丘）南下，从建康渡江追击宋高宗，拔离速、马五由河南经湖北南下，娄室仍进攻陕西。

八月末，宋高宗听到金兵渡江南下消息，慌忙派杜时亮、宋汝为赶赴金营求和，在求和书中乞求粘罕不要进军。十月，金兀术分兵南下，一路从滁州、和州进入江东，一路从蕲州、黄州入江西。下旬，宋汝为到寿春，兀术部已攻占单县、兴仁、南京、寿春，对宋的求和不予理睬。

守江州（今江西九江）的刘光世仍天天置酒欢会，金兵渡江三日尚不知。金兵到城下，他领兵逃遁。

金兵得知孟太后在洪州（今江西南昌），便攻下黄州，十月末，用小船、木筏渡江，经大冶直奔洪州。孟太后一行逃向虔州。十一月初，金兀术攻占和州，在马家渡（今江苏南京西南）打败杜充军，渡江，入建康，杜充叛降。消息传来，逃到越州（今浙江绍兴）的宋高宗再向明州（今浙江宁波）逃跑。

金宗弼占领建康后，立即从溧水趋杭州，追逐宋高宗。在进攻广德时，岳飞率兵邀击，六战六捷，擒金将王权。听说金兵攻常州，岳飞追击金军，又四战全胜。金兵趁广德无援，攻占之，直逼临安。兀术听说宋高宗在明州，派阿里、蒲卢浑率精骑渡浙追赴明州。十二月，宋高宗在明州得到奏报，便率大臣登船逃向定海。金兵追赶至明州，张俊抵挡了一阵，便败走。高宗又乘船逃向温州沿海。

建炎四年（公元 1130 年）正月，金军占领明州，乘船经昌国南追宋高宗 300 余里，未能追及。金军船队遇到大风雨，又被宋提领海舟张公裕所率水军大船冲击散去，只好退回明州。

二月初，金军从杭州北撤，宋将韩世忠率八千宋军在镇江截断金军退路。三月十五日，宋金水军在黄天荡展开水战，韩世忠率军英勇战斗，打得金军狼狈败退。五月，金宗弼渡江北归。

进攻江西的金军，占领了洪州、吉州、抚州、筠州，直至万安也没有追上孟太后。建炎四年（公元 1130 年）二月，金军攻占潭州（今湖南长沙），月底渡江经石首北归。四月二十五日，弓手牛皋率民兵大败金兵于宝丰之宋村，生擒金将马五。

留在江淮的挞懒部金军，在楚州（今江苏淮安）被义军击败，后又在缩头湖（今江苏兴化东）为宋军击败，挞懒率残部经楚州、宿迁、东平北归。

这样，建炎二年（公元 1128 年）秋至建炎四年（公元 1130 年）夏，金军对刚建立的南宋政权追击的战争，就以失败而告终了。南宋朝廷无意北进收复故土，金军也无力南下，江淮地区暂时稳定下来了，宋金对峙局面形成。

七、南宋灭亡

景定元年（公元 1260 年）忽必烈继承蒙古汗位，在蒙古贵族和汉人地主的支持下，忽必烈定都燕京（今北京），建立了新的王朝，咸淳七年（公元 1271 年）建国号为元。忽必烈在战胜了蒙古贵族中的反对派和巩固了自己的统治地位以后，便把兵锋转向南宋，准备最后消灭南宋、统一全国。

咸淳三年（公元 1267 年）降将刘整向忽必烈建议攻灭南宋当首取襄阳，再从汉水渡长江东下，即可灭宋。第二年，忽必烈便出兵进攻南宋，首先围攻襄阳、樊城，

襄阳城拱辰门瓮城

经六年的攻战于咸淳九年（公元 1273 年）占襄阳、樊城，打开了南宋的大门。

咸淳十年（公元 1274 年），忽必烈命伯颜率蒙古大军进攻南宋。伯颜分兵两路：一路攻淮西淮东，指向扬州；一路沿汉水入长江，直指临安。襄阳被元军攻占后，南宋宰相贾似道继续实行投降政策，包庇曾临阵逃跑的范文虎和叛将吕文焕的亲属。对元军没有采取积极的防御措施。南宋军队遇到元军，或一触即溃，或叛变投降。七月，宋度宗去世，贾似道立了一个 4 岁的小孩为恭帝。九月，伯颜率元军从襄阳南下。他们首先进攻了郢州，郢州守城将领张世杰在汉水坚防死守，因为郢州军民的奋力抵抗，伯颜被阻击在郢州城下。伯颜决定不再进攻郢州，而率军队由旁边水道绕过郢州，再入汉水，进攻沙洋。沙洋王虎臣等守城将领同样顽强抵抗，但元军用金汁炮焚毁民居，沙洋城最终告破，元军屠城。接着伯颜又围困新城，新城守将同样拒不投降，但最终还是因为寡不敌众，守城 3000 战士全部壮烈牺牲。元军继续沿长江进攻，他们到达阳罗堡后，遭王达为首的军民拼死抵抗，元军进攻多日都没能占领此城。伯颜只好分兵从上游的青山矶强渡，最终攻占了阳罗堡，王达及 8000 将士英勇战死。元军渡江后，鄂州、汉阳相继降附。伯颜命阿里海牙守鄂州，攻取湖南。他自己率大军沿江而下，黄州奕喜、蕲州管景模、江州吕师夔等都不战而降。

湖北等地失守后，迫于舆论的压力，贾似道只好在德祐元年（公元 1275 年）调集诸路精兵 13 万，到芜湖与夏贵合兵抵抗元军。贾似道命孙虎臣率领 7 万士兵驻池州，夏贵率领战舰 2500 艘横亘江中，自己率领后军驻鲁港。宋元大战开始了，伯颜分骑兵夹岸而进，并用巨炮猛轰孙虎臣军。宋军先锋姜子英勇抗敌，但主将孙虎臣临阵逃脱，夏贵也不战逃跑，贾似道非常惊慌，急命收军。元军乘胜追击，宋军溃败，军资器械都被元军缴获。贾似道和孙虎臣逃到了扬州。丁家洲一役，南宋军队主力几乎损失殆尽。

贾似道逃到扬州后，上书请求迁都难逃。谢太后（宋理宗皇后）不许，并任陈宜中为宰相，陈宜中上书请求将贾似道斩首。但谢太后只罢黜了贾似道的官，贬循州。在押解途中，贾似道被押送官所杀。

元军乘丁家洲大捷，沿江而下，南宋小地方官纷纷或逃或降，沿江城市都被元军占领了。但是，抗元名将张世杰又率领军队从荆湖入卫临安，收复了吉安等地，刘师勇收复了常州。浙江降元的地方官又归宋。扬州，李庭芝等人打退了元军多次进攻。七月，张世杰与刘师勇率领万余艘战船进攻元军，反而被元军打败。张世杰退回端山，刘师勇退回常州。张世杰向南宋请求援兵，但没有得到回应。

面对险恶形势，南宋朝廷下达"勤王"诏书，只有文天祥组织了一支军队，八月到达了临安。之后，文天祥被任命为平江知府。元军南下过程中，遭到沿途百姓的英勇抵抗。无锡军民顽强阻击元军；金坛组织义兵与元军激战；常州刘师勇、陈炤等人率军坚守 2 个月，十一月城破，全城军民惨遭屠杀，只有刘师勇等 8 人逃出。

十月开始，元军向临安发动最后的攻击，他们兵分三路：右军攻独松关，左军入海奔澉浦，伯颜率中军攻常州，三路大军准备在临安会师。南宋朝廷命文天祥赶赴独松关，人到了，关已经失守了，文天祥只好退回临安。南宋朝廷还任张世杰为平江知府，但也未到任，伯颜已占领了平江，张世杰也退回到临安。

德祐元年（公元 1275 年）底，临安军队只剩下三四万人，文天祥与张世杰商议，要同元军决战，但宰相陈宜中正主张向元求和，不同意抵抗。南宋朝廷不停派出乞和使者：求称侄纳贡；后求封小国、称臣。伯颜利用南宋求和的软弱心理，步步紧逼。宋德祐二年（公元 1276 年）正月，元军游骑已经到达临安北关，文天祥、张世杰请谢太后、恭帝逃至东海上，由他们率临安军民一决死战，陈宜中反对。正月十八日，谢太后与陈宜中派使臣送出传国玺和投降书。陈宜中后逃走。十九日，谢太后命文天祥为右丞相，让他接洽投降事宜。文天祥到元军营谈判，想要保住南宋朝廷，但被伯颜扣押。

三月，伯颜率元军入临安，全太后、恭帝被押送至元大都，谢太后因病暂留临安，后来也被押往至元大都。南宋临安朝廷灭亡。但后来，文天祥、张世杰、陆秀夫领导南宋军民继续抗元。南宋皇室益王赵昰在那一年五月即位为端宗，景炎三年（公元 1278 年）四月病亡，8 岁的赵昺即位，改元景炎。祥兴二年（1279 年）二月，元军进攻厓山的赵昺小朝廷，宋军战败，就要被俘虏，宰相陆秀夫背起赵昺投海自尽。南宋彻底灭亡，元朝统一了全国。

第三节　辽的崛起与衰亡

辽朝崛起于中国的北部和东北部，西辽存在于中国的西北部。两辽共存在了 311 年，和两宋存在的时间相差无几。而辽朝的版图"东西朔南，何啻万里"，是北宋版图的两倍；西辽的版图也比南宋大得多。

一、契丹的兴起

唐朝以前，北方各少数民族少见对中原进行大规模的滋扰，至多就是反抗中原政权对其辖制而与中原军队发生战争，其地点也多在边疆。但到了五代时，却有一支夷族部队深入到中原腹地。从此，北方诸民族打开了统治中国的思路并超乎想象地把这种理想实现了。

就在中原乱战的时候，有一支北方的夷族军队伺机南下。这支夷族军队就是契丹的部队，人不多，但其不同于中原军队的作战方式，采用游击战法，能打就打，不能打就跑，见机行事，异常灵活，居然深入到中国腹地直达当时的国都开封。

契丹在唐贞观年间活动于长城以北内蒙古巴林右旗以南，西北面受两个强邻突厥和回纥的制约，南面受李唐的钳制，因此，契丹在突厥与唐之间摇摆不定，一时归唐，一时反唐臣归突厥。武则天时曾发大兵征讨。唐玄宗时期，契丹首领再次叛唐。唐朝为了防御契丹，加强东北边防兵力，建立了范阳、平卢两节度，重用胡人安禄山，结果酿成安史之乱。可以说，对于契丹的逐渐兴起和对中原的进犯，自唐以来就没有找到有效的办法对其进行钳制，到了五代时，中原之地就屡受其扰。

公元916年，辽太祖耶律阿保机称帝，建立了奴隶制国家——契丹国。辽太祖率兵亲征，西打甘州回纥，东灭渤海国，然后挥师南面，伺机进攻中原。

次年，契丹围攻幽州，激烈的战事持续长达300多天。晋安国(河北邢台)节度使李嗣源出兵救援幽州，契丹军战败而归。但在公元921年镇州(河北正定)发生兵变，波及其北邻的定州。为报父仇，王都引契丹兵来攻打定州。这是有史记载第一次汉人与契丹勾结攻打中国的实例。晋王李存勖率兵救定州，与契丹大战于望都(河北望都)，契丹军队再次败退。

公元928年,后唐义武(河北定州)节度使王都叛唐，后唐政府下令派成德(河北正定)节度使王晏球讨伐王都，王都向契丹求助，于是契丹派遣大将惕隐助战定州，王晏球处于强敌之下不屈不挠，用兵力擒惕隐。契丹折损一员大将，无心恋战，大败而去。

公元936年，后唐末帝李从珂征调河东(山西太原)节度使石敬瑭换防到天平(山东东平)出任节度使，然而石敬瑭却不受皇命，树旗起兵称帝，

耶律阿保机

而后向契丹称臣乞兵，得到援助后南下进攻洛阳。石敬瑭攻入洛阳后，把燕云十六州割让给契丹。从此，宋朝北边大门洞开。

看一看燕云十六州在地理上的位置，就知道后果有多严重！

燕云十六州：幽州（北京）、蓟州（天津蓟州区）、瀛州（河北河间）、莫州（河北任丘）、涿州（河北涿州）、檀州（北京密云）、顺州（北京顺义）、新州（河北涿鹿）、妫州（河北怀来）、儒州（北京延庆）、武州（河北宣化）、云州（山西大同）、应州（山西应县）、寰州（山西朔州东）、朔州（山西朔州）、蔚州（河北蔚县）。

这十六个州，沿长城以南从东向西有五六百公里，相当于中国北方的防务线被突破，而契丹的原活动范围正好在此条防务线以北，契丹军队从此可以进退自如，并为后来进入中原做好充分的军事准备。当然，这些都是地图上的地标，真正被契丹所掌控，也不是在地图上一划就了事的。

契丹得了燕云十六州后，认为自身的势力陡然增强，下一个目标就是继续南下，将边界推进到黄河岸边。

此时，契丹的国主是太宗耶律德光，此人军事才能极高，具有战略家的眼光。耶律德光进兵中原的志向从未改变，但却不急于草率发兵进犯中原。几次出兵都有乞兵助战，这样就师出有名，也掩盖了他强占中原的野心。同时，由于中原将士作战勇猛，耶律德光几次与中原将士交战都吃了败仗，因此也不敢贸然出兵。

石敬瑭死后，石重贵继位后却不听命于耶律德光。后晋态度上的变化促使耶律德光下了攻打中原的决心。同时，幽州的赵延寿，后晋将领杨光远也暗通契丹。耶律德光在三年的伐晋战争中，最大限度地利用了汉族官吏的称帝野心和他们之间的矛盾，左右逢源，分化并消灭了后晋的军事势力，取得了战争的胜利。

公元947年，耶律德光利用中原皇帝的仪仗进入了后晋都城开封，在崇元殿他又穿上皇帝的装束接受文武百官的朝贺。后晋因为契丹而建立，最后又因为契丹而灭亡，真是兴也耶律德光，亡也耶律德光。

太宗耶律德光在当了中原皇帝的同时，立刻将契丹国号改为"大辽"，足见其统治中原的野心和政治抱负。

可是，进入中原的契丹兵士在开封方圆两百里范围内进行大肆抢掠，搜刮民财达到令人发指的程度，所过之处寸草不生，片瓦不留。因此，遭到民众的拼命抵抗，不到两年时间，耶律德光就不得不班师撤出开封回到北方老巢。在归途中，耶律德光走到栾城杀胡林时，口吐鲜血，一命归天。

关于耶律德光死后，史书上还记载了这样一件事。

远在辽国都城上京的述律太后得到耶律德光病危的消息后，立刻下了懿旨："生要见人，死要见尸。"当时正是炎夏，如何保存尸体则难住了伴驾的文武大臣。这时，一位御厨出主意把皇帝做成"羓"。"羓"是北方游牧民族的一种食物，类似中原地区的"腊肉"，主要是防止肉体腐烂。于是，耶律德光无意间就成为了我国历史上唯一的木乃伊皇帝。

二、辽对邻族的侵略

建国后，耶律阿保机继续不断地向周围邻族和地区展开了大规模的掠夺和扩张。

耶律阿保机首先以武力压服了邻近的奚、室韦等部族，取得了一部分突厥故地。耶律阿保机还以武力西征突厥、吐谷浑、党项、沙陀等部，俘获无数的人口和驼马牛羊。契丹政权的领地，西达甘州（甘肃张掖），西北至鄂尔浑河。耶律阿保机又南下侵入中原地区。当时中原正处于混乱时期。公元921年，耶律阿保机率大军冲入居庸关（今北京市昌平西北云台），攻陷了檀州（今北京市密云）、顺州（今北京市顺义）等10多个城市。耶律阿保机还亲自率领皇后述律氏、太子耶律倍、次子耶律德光等东征。汉族知识分子韩知古、唐默记、韩延徽等人，成为辽太祖的重要帮手，随军出征，终于在公元926年正月占领扶余城（吉林农安），吞灭了辽东的渤海政权。

耶律阿保机改渤海为"东丹"，即东契丹的意思，并封太子耶律倍为东丹王，统治具有较高封建文明的渤海故地。渤海故地出产粟米、布、马匹等，是农业生产比较兴旺的地区。耶律倍采用"权法"建立各项制度。这一年（公元926年）的七月，耶律阿保机死于扶余府。

耶律阿保机死后，皇后述律氏月理朵称制，权决军国大事。契丹太宗天显二年（公元927年）十一月，掌握兵马大权的大元帅耶律倍被迁往东平（辽阳），受到疑忌和监视，后来，耶律倍偕妻子高氏逃奔到后唐，后唐明宗赐姓李名赞华。

太宗耶律德光即位后，继承太祖耶律阿保机的事业，继续进兵汉族地区，一再率大军南下，深入中原，大规模掠夺财富和奴隶，抢占中原土地。使契丹族由奴隶制迅速转入封建制。

天显三年（公元928年），后唐定州守将王都降契丹，后唐派兵讨伐。辽太宗命奚兵统帅铁剌去救定州，败后唐将王晏球。后唐兵又大举攻定州。辽惕隐涅里衮等出兵增援。七月，后唐兵破定州，铁剌战死，涅里衮等被俘。

十一月，太宗准备亲自领兵攻后唐。后唐停止进攻，遣使臣来辽。太宗班师。天显四年（公元929年）十月，辽太宗检阅诸军，命皇弟李胡领兵攻略云中诸郡。李胡攻下寰州。次年二月，还军。太宗以李胡为天下兵马大元帅。

天显十一年（公元936年），后唐河东节度使石敬瑭反后唐自立，向契丹求援。八月，太宗亲率大兵南下救石敬瑭。九月，入雁门，进驻太原，大败后唐张敬达军。11月，太宗与石敬瑭约为父子，册封石敬瑭为"大晋皇帝"。唐将赵德钧、赵延寿父子投降。12月，石敬瑭进驻河阳。后唐废帝李从珂兵败，杀死投奔后唐的耶律倍，然后自焚而死。太宗自太原领兵北还。天显十二年（公元937年），石敬瑭遣使臣来，愿以幽、蓟、瀛、莫、涿、檀、顺、妫、儒、新、武、云、应、朔、寰、蔚十六州土地"奉献"给契丹。公元938年，燕云十六州归入契丹的统治领域。辽太宗把皇都建于上京，称临潢府。幽州称南京，原南京东平府改称东京。又改年号为会同。这时，契丹政权已有三个统治中心：上京统治草原地区；南京统治十六州之地；东京统治渤海故地。

契丹太宗会同五年（公元942年），石敬瑭死，石重贵（后晋出帝）继位，向契丹称孙，拒不称臣。会同六年（公元943年）冬，太宗到南京，以后晋降将赵延寿为先锋，统兵五万，大举伐后晋。会同七年（公元944年），后晋贝州守将开城投降。太宗采赵延寿议，大兵直趋澶州，石重贵也亲至澶州督战。两军在澶州北戚城交锋，互有胜负。契丹不能胜，沿路掳掠大批财物和民户北还。这年冬季，太宗再度领兵南侵，进围恒州，后晋兵退守相州。

会同八年（公元945年），契丹分兵在邢、洺、磁三州大肆杀掠，进入磁、洺之间的邺都。后晋石重贵下诏亲征，至澶州，并攻下契丹所占泰州。

泰州战后，契丹受挫，准备再度大举南侵。后晋兵获胜，却以为从此太平无事。会同九年（公元946年）八月，太宗再次领大兵南侵直至恒州。杜重威领后后晋兵迎敌，两军夹滹沱河对阵。

后晋杜重威怯懦不敢战，置酒作乐。契丹别部由萧翰（太宗妻兄）率领，出后晋军之后，切断后晋军粮道和归路。萧翰至栾城，后晋守城军投降。

太宗率领契丹兵自相州南下，杜重威率领后晋降兵从行。太宗命皇甫遇做前锋攻打后晋都城开封，皇甫遇拒命自杀。后后晋降将张彦泽领先锋军攻开封。后晋石重贵奉表投降。

会同十年（公元947年）正月，太宗进入后晋都开封，改穿汉族皇帝的服装，受百官朝贺。二月，建国号大辽，改年号为大同。

辽太宗并没有在汉地建立统治，而是按照奴隶制的传统，把后晋国的宫女、宦官、百工等作为奴隶掳走，连同后晋宫的财宝运回上京临潢府。辽兵灭后晋过程中，四处掳掠人口和财物，称为"打草谷"。各地人民纷起反抗，辽兵遭到沉重打击。辽太宗慨叹说："不知中原的人，难治如此！"在返回上京的路上，病死在栾城（今属河北）。后晋河东节度使刘知远在后晋阳（今山西太原西南）称帝，建立后汉，进驻开封。

三、辽朝的统治制度

辽朝的统治制度在太祖耶律阿保机和太宗耶律德光统治时期，逐步建立起来，重要的有以下几项：

1. 斡鲁朵宫帐制

皇帝宫帐称斡鲁朵。斡鲁朵有其直属的军队、民户、奴隶和州县，构成一个独立的军事、经济单位。皇后也可有自己的斡鲁朵。

耶律阿保机宫帐称算斡鲁朵。侍卫亲军，称腹心部。另在地方要地设提辖司。各地蕃汉民户抽丁充军，归提辖司统辖，称提辖司人户，直属斡鲁朵。太宗宫帐直属军称皮室军。述律后也有宫帐直属军称"属珊"。

宫帐设有著帐诸局，契丹奴隶编入"瓦里"，为皇室制造各种器物，由著帐郎君统辖。后妃也各有自己的著帐局。又有"著帐户"，是为皇室宫帐服役的契丹奴隶。服役奴隶首领称"小底"，统由承应小底局统领。宫帐的祗从、伶官也属著帐户。著帐户隶属宫帐，又称"宫户"。辽朝皇帝有时也把宫户赐给臣下贵族，成为他们的私奴。

斡鲁朵所有的奴隶财产，为皇帝所私有。皇帝死后，他的斡鲁朵依然存在，由帝后家族所继承，以奉陵寝。

2. 投下州县制

耶律阿保机南侵汉地，俘虏大批汉族居民做奴隶。被俘掠的渤海人也掳到契丹故地建置州县统治，或与汉人俘户杂居。在耶律阿保机和辽太宗时代，先后建置了许多这样的州县。

俘户州县起初当是属于契丹最大奴隶主耶律阿保机所有，或者说，其实只是他私有的奴隶，隶属于宫帐斡鲁朵。皇后另有自己的州县。述律皇后以西征的俘奴建立坤州广义县（本回鹘牧地），当是属于述律后的"私奴"。

辽·高翅鎏金银冠

皇帝、皇后以下的契丹贵族,也各自占有这样的寨堡,称"投下"或"头下"。

辽灭渤海后,东丹国内基本上仍保持原有的封建制度和文化,只是以汉人和渤海俘户新建了一些州城。燕云十六州汉族居住地区,仍然实行原来的封建社会制度。这样,辽朝境内,便以上京、南京(幽州)和东丹国为中心,形成为社会状况互不相同的三大区域。

3. 北南面官制

皇帝宫帐设在西方,所以官职都分为北南,和汉族官职的分为左右相似。辽太宗占领燕云十六州后,建立起两套政治制度,一面根据唐朝的制度,扩大了旧日管理汉人的事务部门,在汉族地区维持原来的封建统治,州设刺史,县置县令,成为"南面官";对待契丹本部,采取适应契丹部落传统的统治方式,称为"北面官"。北面官运用契丹部族习惯法为基础的成文法,管理契丹及各族人民。这种"以汉制待汉人""以国制治契丹"的统治方式,既有利于封建制的巩固和发展,又促进了契丹本族的繁荣。历史的总趋势已经表明:在辽太宗统治时期,封建制已占了优势。

四、抗宋战争

辽应历十九年(公元969年)二月,世宗第二子耶律贤(景宗)率领侍中萧思温、飞龙使女里和南院枢密使高勋等领甲兵千人,赶到穆宗枢前即皇帝位,改年号为保宁。太宗次子罨撒葛逃入沙陀。辽朝皇权由此又转到耶律倍、世宗一系。

景宗即位后,将拥立他的萧思温和高勋分别任北院和南院枢密使。萧思温封魏王,高勋封泰王,又任命他早已交结的汉人韩匡嗣(中书令韩知古之子)为上京留守。亲信贵族耶律贤适封检校太保。景宗由此组成了他的统治集团。

但是,这个统治集团的内部,又很快地出现了相互倾轧的争斗。辽保宁二年(公元970年),统领汉军的南院枢密使高勋和飞龙使女里合谋,指使萧海只、海里等刺杀了北院枢密使萧思温。景宗处死了萧海只、海里等凶手。随即任命耶律贤适为北院枢密使,并且把即位前的侍卫组成为挞马部,以加强皇权的统治。高勋、女里到公元978年才被处死。

公元969年景宗即位后,宋太祖赵匡胤即领兵攻打北汉,辽出兵援汉,宋兵退走。公元974年,辽宋议和。

辽保宁八年(公元976年)九月,宋太祖统一江南后,分道向北汉都城太原进军。景帝命南府宰相耶律沙、冀王敌烈领兵出援,宋兵败退。十一月,宋太祖病死,宋太宗赵光义即位。保宁十一年(公元978年),宋太宗亲领大兵攻太原。耶律沙、敌烈与宋兵战于白马岭，敌烈战死，辽兵大败。六月，北汉帝刘继元降宋。北汉是辽朝的属国，宋灭北汉，是辽朝一个惨重的失败。宋太宗乘胜向辽南京进攻。驻在南京的北院大王奚底与南京留守韩德让（韩匡嗣子）合力防守。奚底出战，南京城被宋兵围困，韩德让登城坚守，辽景宗命惕隐耶律休哥代奚底领兵。

　　七月，耶律沙自太原退兵来援，与宋军战于高梁河（今北京外城一带），耶律休哥与南院大王耶律斜轸从后面分兵合击，宋兵大败，太宗乘驴车仓皇逃走，韩德让乘胜出击，此次战役被称为高梁河之战或幽州之战。宋军损伤惨重，而辽兵则转败为胜。九月，景帝以燕王、摄枢密使韩匡嗣为都统，反攻南伐。十月，韩匡嗣与耶律休哥等与宋兵战于满城。韩匡嗣指挥失误，辽兵大败。耶律休哥力战退敌。景宗下诏责备韩匡嗣，赏赐耶律休哥，任命他为北院大王，总领南面戍兵。

　　保宁十二年（公元980年）十月，辽景宗到南京，领兵攻宋，围瓦桥关。耶律休哥斩宋守将张师，追击宋兵，至莫州还军。

　　辽景宗击败了宋朝收复燕云的企图，巩固了对这些地区的统治。

五、汉人势力的增长

　　蓟州玉田韩知古在耶律阿保机平蓟时降契丹，总管汉人事务。其子韩匡嗣在景宗时任上京留守、南京留守，摄枢密使。韩德让代父韩匡嗣守南京，败宋兵，以功任辽兴军节度使，进为南院枢密使，权势超过高勋，蓟州韩氏日益成为辽朝汉人官员中最有权势的一个家族。

　　辽乾亨四年（公元982年）九月，辽景宗在云州出猎时病死于焦山。韩德让与耶律斜轸受景宗遗命，立皇子隆绪（圣宗）继皇帝位。圣宗年仅12岁，军国大事都由承天太后（景宗后）裁治。韩德让与耶律斜轸分任南北院枢密使。韩德让得承天后宠幸，又以汉人总知宿卫，加开府仪同三司，兼政事令。

　　辽圣宗统和十七年（公元999年），耶律斜轸病死，韩德让以南院枢密使兼

应县木塔

北院枢密使，总管契丹、汉人两院事，进封大丞相。韩德让总揽辽朝军政大权，进而赐姓耶律（先后赐名德昌、隆运），封晋王，列于皇族横帐，权位仅次于帝后。韩德让是辽朝汉人地主势力的一个代表。韩氏掌权，标志着汉人地主的势力大为增长了。

辽圣宗、承天太后以韩德让等汉人官僚为辅佐。在他们的统治下，辽朝制度发生了如下的一些变革。

（1）宫帐奴隶置部：原处在宫帐奴隶地位的俘户改为部民，分统于北府和南府。新征服的民户，也不再编为宫帐奴隶，而分别设部统治。

（2）投下州县赋税：奴隶不再属奴隶主所有，而成为向朝廷纳税的编民，鼓励农耕，西北沿边各地设置屯田垦耕，在屯民户"力耕公田，不输税赋"，即不再向朝廷输税，积粟供给当地军饷。在屯户实际上是为朝廷服力役的农奴。

（3）刑法：将汉人与契丹人斗殴致死、治罪轻重不同的旧律，改为同等治罪。契丹人犯十恶大罪，也按照汉人法律制裁。

（4）捺钵：辽朝建国后，皇帝游猎设行帐称"捺钵"（《辽史》释"行营"，宋人释"行在"）。辽帝去捺钵时，契丹大小内外臣僚随从出行，汉人枢密院、中书省也有少数官员扈从。夏冬并在捺钵"与北南大臣会议国事"。夏冬捺钵因此又是辽朝决定军政大事的中心。至圣宗时，汉族的封建文明已有了越来越广泛的影响。圣宗喜读《贞观政要》，又善吟诗作曲，后族萧合卓以善属文，为圣宗诗友，充南面林牙（翰林）。四时捺钵制，使契丹贵族在接受汉文明的同时，仍能不废鞍马射猎，保持勇健的武风。契丹不像前世北魏的拓跋、后世金朝的女真那样由汉化而趋于文弱，四时捺钵制是有一定作用的。

辽圣宗时，先后出现的多方面的变革，显示契丹族的历史正在跨入一个新时期，此后的辽朝，虽然仍保留着严重的奴隶制的残余（对外作战俘掠和宫户、私奴），但封建制已经逐步确立起来。辽朝由此形成它的全盛时代。

六、契丹贵族之间的倾轧

承天皇太后死于统和二十七年（公元 1009 年）。此后，辽圣宗亲自执政，至景福元年（公元 1031 年）六月病死，子耶律宗真（兴宗）即位。清宁元年（公元 1055 年）兴宗死，子耶律洪基（道宗）继位。辽道宗统治时期长达 45 年，辽朝进入衰乱时期。

辽兴宗、道宗朝，契丹贵族之间不断相互倾轧。兴宗为圣宗元妃萧耨斤所生，由圣宗齐天后收养。兴宗 16 岁即位，元妃谋夺政权，自立为皇太后，迫使齐天后自杀，又密谋废兴宗，另立少子耶律重元。耶律重元密告兴宗。

兴宗将皇太后废黜。

辽道宗即位，尊耶律重元为皇太督，加号天下兵马大元帅。清宁九年（公元 1063 年）七月，耶律重元与子耶律涅鲁古等谋反，道宗平宿卫军乱，耶律重元兵败自杀。南院枢密使耶律乙辛平乱有功，权势显赫，与汉人官员北府宰相张孝杰勾结，专擅朝政。太康元年（公元 1075 年），太子耶律濬 18 岁，参与朝政，兼领北、南院枢密使事。耶律乙辛与张孝杰诬陷太子生母宣懿皇后与伶人私通。宣懿后受诬自尽。太康三年（公元 1077 年），又诬告太子阴谋废帝。太子被囚禁在上京，耶律乙辛派人将太子暗杀，耶律乙辛借此兴起大狱，贵族官员多人因此被处死或流放。太康七年（公元 1081 年），道宗发觉耶律乙辛、张孝杰等人的奸谋，将他们免官。辽朝贵族和官员长期陷入相互攻讦倾轧之中。统治集团日益削弱。

辽圣宗末年以来，处在封建压迫下的各族人民不断举行武装起义。辽圣宗时，把汉地的封建租税制推行于渤海地区，引起了渤海人民的反抗。太平九年（公元 1029 年）八月，渤海居民以东京舍利军详稳大延琳为首举行起义，杀辽户部使，囚禁辽留守。自建国号兴辽，年号天庆。兴辽军西攻沈州不下，退守东京辽阳府（今辽宁辽阳）。次年，大延琳被擒，起义失败。天庆五年（公元 1115 年）二月，饶州（今内蒙古巴林右旗）的渤海居民在古欲领导下起义，有步骑三万余人。六月间，起义失败，古欲被擒，这一时期，燕云地区的汉族农民也不断起义，天庆三年（公元 1113 年），有以"李弘"为号的农民起义。史称"李弘以左道聚众为乱，支解，分示五京"，"李弘"可能是利用道教符谶的称号。天庆七年（公元 1117 年），易州涞水县民董宠儿起义。被辽军战败，投附宋朝。八年，辽东诸路爆发了安生儿、张高儿等领导的起义，发展到 20 万人。这些起义虽然先后被辽兵镇压下去，但给予辽朝统治以沉重的打击。

七、辽夏和战

西夏是党项贵族建立的政权，同宋辽双方都有密切关系。辽朝成功地利用了西夏同宋朝的矛盾与军事冲突，在辽、宋、夏三方角逐中得以坐收渔人之利。

重熙元年（公元 1032 年），辽册封元昊为夏国王，同时元昊也接受宋的册封。元昊在父祖两代割据经营的基础上，继续向西与吐蕃争夺河西和青海，向东、南攻打宋朝的麟、府、环、庆诸州。重熙七年（公元 1038 年）正式建国称帝，国号大夏。

元昊遣使以建国告宋，仍请册封，未获应允。宋仁宗下诏削夺元昊官爵，停止互市，募人擒杀元昊，宋夏关系恶化。元昊认为：夏与辽联姻通使多年，宋与辽也有和平协议，宋朝若出兵西夏，辽方定不会坐视。于是他有恃无恐地不断骚扰宋朝边镇。重熙九年，夏军攻下金明寨（今陕西延安西北），围延州（今陕西延安），在三川口大败宋军，俘宋鄜延、环庆副都部署刘平和鄜延副都部署石元孙。

宋朝在讨论对夏的攻守之策时，也充分考虑辽朝的态度。知延州范雍主攻，认为宋朝久以恩信对待辽朝，可遣一介之使，令其出师相助。如败元昊，则增金帛十万与辽。于是，宋先遣使以出师伐夏相告。

辽朝的态度却出乎夏宋双方所料，它态度超然，不倾向任何一方。重熙十年（公元1041年），宋兵败于好水川，西夏遣使献宋俘，辽的态度随之明朗了。次年，辽遣使至宋，指责宋朝兴兵伐夏，俨然以西夏的宗主、保护者的身份与宋交涉，以此作为索要关南10县的借口，迫使宋每年增加20万两匹的岁币。

辽朝既已从宋夏交兵中得到了实惠，又知宋不会对己构成军事威胁，而西夏军事力量增长却于己不利。于是，将防御的重点转向西夏，一方面限制边境吐蕃、党项向西夏卖马，另一方面遣使令西夏与宋讲和，又开始对夏行使宗主国的权力和为宋扮演调停人的角色。辽与宋的矛盾冲突缓和而同夏的关系开始紧张。

随后，辽两次伐夏，均以先胜后败或小胜大败告终，但它毕竟有较强的军事、经济和政治实力，西夏难于与之持久抗争。河曲之战时，宋与夏正在议和。宋朝一方面致书西夏，称"当顺契丹如故，然后许汝归款"；另一方面向辽送去厚礼，并称"已诏元昊，如能委谢辕门，即听内附，若犹固拒，当为加伐"。但私下却筹划"速行封册，使元昊得以专力东向，与契丹争锋"，希望辽夏"自相杀伐，两有所损"。于是公元1044年（辽重熙十三年，宋庆历四年，夏天授礼法延祚七年），宋封元昊为夏国主，宋、夏和议成。通过宋夏、辽夏和议的签订，夏成为辽、宋双方的臣属。它无力取得与辽、宋平等的地位，不能不接受这一既成事实。但是，西夏不敢轻易对辽动武，却不断袭扰宋朝边境，这就使辽得以坐制宋、夏两方。辽朝既不能以武力征服西夏，又重视与宋朝的和好，还可以利用宋、夏矛盾从中渔利。所以，尽管在对夏战争中两次失利，却是三方中得利最多者。这一结局客观上对巩固辽夏、辽宋、宋夏的既定关系都有好处，也稳定了辽、宋、夏鼎立的局面。

公元1081年（辽大康七年，宋元丰四年，夏大安八年），夏惠宗秉常为其母所囚，宋大举伐夏，期在荡平。夏求救于辽，辽朝国内政局不稳，未能派兵助战，只在宋军兵败撤军后，令涿州致书于宋问兴兵之由。

此后，夏屡受宋朝攻击，银、夏、宥诸州曾一度为宋军攻陷。夏多次向辽求援。此时辽境内也爆发了反抗斗争，自顾不暇，只好连续遣使至宋为夏人请和，同时要求西夏配合讨伐拔思母等反叛部落。

此时，辽、夏国力都已大不如前，宋朝实行变法后实力却有所增强，宋徽宗在王韶经营熙河的基础上，继续招抚西蕃部落，加强了对西夏的军事压力，夏崇宗李乾顺多次遣使向辽求援，为了表示恭顺，密切与辽的关系，还不断恳请尚主，自大安八年至乾统五年（夏天祐民安三年至贞观五年，公元1092—公元1105年），夏求援使者不绝于途。天祚帝即位后，辽朝既不能向夏提供军事援助，只好利用祖宗的影响，遣使为夏请和，并于乾统五年将族女南仙封为义成公主，嫁与乾顺，以巩固辽夏关系。宋朝一贯认为，要解除辽的威胁，必须先制伏西夏。当辽、夏均已衰弱之际，宋朝的态度却强硬起来。乾统六年，辽遣参知政事牛温舒为夏请和，宋朝虽许和，却绝不归还所攻占的西夏土地，辽朝也无能为力。

由于辽朝的支持和调停，李乾顺得以维持其统治。尽管辽朝的统治也已朝不保夕，辽夏关系却依然密切。天祚帝在金朝强大的军事压力下走投无路时，李乾顺还曾派兵援助，并遣使请天祚帝到西夏避难。天祚帝被金军逼往夹山，也正是在逃往西夏的途中被金军俘获的。

八、金军灭辽

黑龙江和松花江一带的女真族，自耶律阿保机建国以来，即受到辽朝的控制，向辽朝贡纳海东青和各种土产。辽兴宗时，女真向外掳掠，但还只是各部落单独行动。道宗时，形成部落间的联盟，联盟长称都勃极烈（大部长），日渐强盛。公元1101年，在辽天祚帝即位的同年，女真完颜部酋长阿骨打为都勃极烈。此后连所侵略周邻各部。公元1114年，完颜阿骨打统领女真诸部兵攻陷混同江东的宁江州。天祚帝遣后兄萧嗣先和萧兀纳统契丹、奚及诸路兵7000出击，大败于出河店。女真渡混同江进击，萧嗣先军望风奔溃。家属资财，都被女真掠获。女真收编辽俘虏入军中，军势更盛。辽天庆五年（公元1115年），

辽代武士

完颜阿骨打建立国家，称皇帝（金太祖），国号金，年号收国。

辽朝后期，契丹贵族日趋腐化。辽军两败，天祚帝起用汉人张琳、吴庸等领兵东征。张琳军在淶流河大败。数月间，金兵接连攻陷州城，大肆杀掠，公元1115年秋，辽天祚帝下诏亲征，率契丹、汉军号称10余万，以精兵二万为先锋，期以必灭女真。11月，天祚帝与女真兵遇，接战不久，辽军败溃，天祚帝一日夜逃奔500里，退保长春。金兵乘胜侵占辽阳等54州。

耶律章奴见辽军溃败，谋废天祚帝，另立燕王、南京留守耶律淳。章奴与同谋者2000骑奔上京迎位，遣淳妃弟萧敌里去南京报耶律淳。耶律淳斩敌里，往见天祚帝。章奴事败，投女真，中途被捕获腰斩。

公元1116年，渤海人高永昌据东京反，称大渤海皇帝。占据辽东50余州，只沈州未下。天祚帝命张琳往讨。高永昌向金兵求援，金兵大举来侵辽兵，败逃入沈州城，金兵入城。

天祚帝命耶律淳为都元帅抗金。耶律淳招募辽东饥民得二万余，另募燕云民兵数千。耶律淳攻沈州不下，还军。金兵斩高永昌，据有其地。公元1117年，耶律淳统领的"怨军"有两营起义反辽。耶律淳往讨起义的"怨军"，在徽州东与金兵遇，大溃败。金兵占领新州。成、懿、壕、惠等州均降。金兵又攻耶律淳于显州蒺藜山，辽兵又大败。

公元1117年，完颜阿骨打建号大圣皇帝，改元天辅，遣使与辽议和。金对辽提出的条件，大体近似澶渊之盟时辽对宋的条件：辽册金帝为大金大圣大明皇帝，称兄，岁输银绢25万两、匹，割辽东、长春两路地。辽朝册阿骨打为东怀国皇帝，不称兄，其余一切照办。阿骨打不允。公元1120年，阿骨打亲攻辽上京，上京留守降。天祚帝去西京。辽朝郡县至此已失去半数。

辽朝灭亡在即，贵族之间仍在相互诛杀。公元1121年，文妃与统兵副都监耶律余睹（文妃妹夫）、驸马萧昱，贵族耶律挞葛里（文妃姐夫）等谋立晋王敖鲁斡。天祚帝元后兄、北院枢密使萧奉先派人告发，文妃赐死，萧昱、耶律挞葛里都被处死。晋王因没有参与此事，免罪。萧昱、耶律余睹在军中叛变投金。公元1122年，金兵攻陷辽中京，进陷泽州。天祚帝出居庸关，至鸳鸯泊（辽捺钵）。余睹引金兵来攻。萧奉先向天祚帝献策说：余睹此来不过为了晋王。杀了晋王，余睹自回。晋王敖鲁斡由此无罪而被处死，满朝贵族更加解体。余睹引金兵直逼天祚帝行帐，天祚帝率卫兵5000人逃往云中。3月，金兵进陷云中，天祚帝逃入夹山。

汉人宰相李处温与皇族耶律大石等，在南京拥立耶律淳称帝，号为"北辽"。三个月后，耶律淳病死。宋军两次大举攻辽，均遭失败。金兵攻陷辽南京。耶律大石在居庸关被金兵捕获，保大三年（公元1123年）九月领兵逃出，去夹山见天祚帝。天祚帝责他擅立耶律淳为帝。耶律大石不自安，又见辽将亡，于是率骑兵200人北走，自立为王。保大四年（公元1124年），天祚帝自夹山出兵，败溃。次年二月

林东萧太后点将台

被金兵俘虏，在金朝被囚一年多后病死。契丹自公元916年太祖耶律阿保机建国至天祚帝被俘，凡209年。

辽皇族耶律大石率部西北，重建辽朝，史称西辽。西辽存在于我国西北90余年。正像南迁后的南宋是北宋的继续一样，西迁后的西辽也是辽朝的继续。

公元1124年，大石率200铁骑向西北方行进。西北边地是诸游牧族的地区，在金朝南侵过程中，仍然是辽朝的统治范围，局势是稳定的。

耶律大石领兵至镇州（今蒙古鄂尔浑河上游，哈达桑东北古回鹘城），召集西北地区十八个部落，征兵万人，设置官员，重新组成统治机构。延庆七年（公元1130年），耶律大石率部经回鹘西行，至叶密立（今新疆塔城一带），征服突厥各部落。耶律大石建号称帝，号天祐皇帝，又号古儿汗，耶律大石仍用辽国号，史称西辽，又称哈喇契丹（黑契丹）。康国元年（1134年），耶律大石在楚河南岸八剌沙衮建都，号为虎思斡鲁朵。

耶律大石建都后，出兵东征喀什噶尔，进至和阗。向西征服撒马尔罕和花剌子模。康国十年（公元1143年），耶律大石病死，依汉制立庙号德宗。

西辽德宗耶律大石死后，由皇后塔不烟执政七年，以后传子耶律夷列（仁宗）。崇福元年，西辽仁宗死，妹耶律普速完摄政，号承天皇太后，耶律普速完与夫弟萧朴古只私通，谋杀夫萧朵鲁不。萧朵鲁不父萧翰里剌为西辽元帅，领兵杀普速完及萧朴古只。天禧元年（1178年），西辽仁宗子耶律直鲁古继帝位。

天禧二十七年（公元1204年），蒙古成吉思汗灭乃蛮部，乃蛮部长太阳汗败死，子屈出律西逃。年初，屈出律逃奔西辽。耶律直鲁古将女儿嫁给屈出律。屈出律又离西辽东去收集乃蛮残部，与花剌子模相约，夹攻西辽。三十四年（公元1211年），耶律直鲁古被迫退位。屈出律篡夺了西辽王位，奉耶律直鲁古为太上皇。公元1218年，蒙古军灭其国，屈出律被捕处死。

第四节 西夏政权的兴起和发展

西夏乃党项族拓跋氏所建的封建割据王朝。自景宗李元昊称帝到末主李睨被杀，共传 10 帝，历时 190 年。西夏朝前期同辽、北宋鼎立，后期与金、南宋并存。从其存在的合法性意义上讲，西夏始终未能取得独立的地位，不是向北宋和辽称臣，便是依附于金朝和成吉思汗的蒙古王朝。但从客观实际上看，西夏是当时中国西部地区的一个军事强国，完全能够同北宋和辽朝相抗衡，甚至强于北宋。从本质上讲，西夏向北宋称"臣"，完全是为了要获取北宋给西夏的"赐"品，而北宋给西夏的"赐品"，起先可能是沽名钓誉，"金钱外交"，以巨大的物质牺牲换取"尊荣"的所谓"君臣关系"；而到后期，则是被逼无奈，"赐"无异于"贡"，因为西夏尝到了"赐"的甜头，而北宋在武力的威胁下已不具有"断奶"的自主权。

一、西夏的建立

在我国西北地区，有个少数民族叫党项族。他们原来居住在青海和四川西北部，过着游牧和狩猎生活。到唐朝后期，因不堪吐蕃贵族的压迫，便迁移到甘肃宁夏边境和陕西北部一带，与汉族人民生活在一起，逐渐得到了发展。到后来，竟形成了一支地方割据势力。

宋朝建立不久，党项贵族内部为了争权夺利，发生了内讧。首领李继捧归附宋朝，宋太宗就命李继捧将亲属一起搬到汴京，想趁机铲除这股势力。但他的弟弟李继迁识破了太宗的意图，不愿搬迁，带着家属和一些亲信，逃到了党项族居住的地斤泽（今内蒙古鄂托克旗东北），慢慢积蓄力量，准备反宋。

从公元 983 年开始，李继迁不断出兵攻打宋军，由于力量不足，老是吃败仗，后来便投降了辽国。公元 990 年，辽国封李继迁为夏国王。李继迁有了辽国的支持，力量又逐渐壮大起来。此后宋朝多次出兵，可始终没能消灭这股割据势力。

宋真宗继位之后，既要面对辽国的进攻，又要应付西夏王的侵扰，而他是个胆小怕事的人，只一味妥协求和、退让保安，就承认了李继迁的割据势力，封他为夏州刺史、定难军节度使。

公元 1004 年，李继迁在与吐蕃人的战斗中，中箭死去。宋真宗又封他的儿子李德明为西平王，每年赐给他大批银绢，才使边境安定了30多年。

李德明是个本分知足的人，有了爵位，又有银绢，他就不想滋事了，并且对宋王朝还有些感恩戴德。

李德明的儿子长大成人，却是个胸怀大志，不甘寂寞的人。这就是李元昊。李元昊天资聪慧，颇能苦学，对汉文、佛学都很精通。他多次领兵大败吐蕃，不断扩大地盘，他对父亲甘于向宋朝称臣的苟安局面很不满意，多次劝说父亲与宋朝决裂。李德明不答应，反过来提醒儿子，说："我们今天能穿上锦衣绸缎，那都是宋朝的赏赐啊。怎么好意思背叛他们呢？"

李元昊气昂昂地回答："我们党项的风俗，就是牧牛羊，穿皮毛。男子汉不应仰人鼻息，应该开创自己的事业！"

可是李德明并不听儿子的，李元昊依旧打着自己的算盘。公元1031年，李德明一死，李元昊继承了西平王的爵位，就立即按照自己的志向，大张旗鼓地行动起来，又是设置官职，又是整顿军马，准备摆脱宋朝的控制，自立门户。

李元昊的称帝计划，受到了党项旧贵族的反对。有个叫山喜的贵族，算起来与李元昊的母亲一族，阴谋杀害李元昊，以阻止他建国称帝。李元昊发觉山喜的企图，就把他及他的同族全部处死。

不久，李元昊的叔父山遇也出面劝李元昊不要称帝，而且三番两次，惹得李元昊极度反感。他就暗中让人诬告山遇，告山遇密谋造反。山遇得知后，被迫逃往宋朝。哪知宋朝的官员胆小怕事，生怕得罪李元昊惹出事来，就把山遇抓起来送交李元昊。李元昊毫不客气，把自己的叔父杀了。

经过一段时间的准备，李元昊就于公元1038年正式宣布称帝，国号大夏，定都兴庆(今宁夏银川市)。因为它位处宋朝的西北，所以历史上称之为西夏，称李元昊为夏景宗。

西夏所辖的区域，大致为今天的甘肃、宁夏、青海、陕西和内蒙古的一部分地区。

夏景宗称帝之后，立即仿照宋朝制度，建制设官，又命人模拟汉字，创造西夏文字。西夏文字不仅在西夏统治的近200年中一直通用，而且在西夏灭亡以后，还流传了相当长的时间，对西夏的政治、经济、文化的发展，起到了重要作用。

二、封建统治的确立

西夏建国以后，李元昊吸收汉族失意的地主阶级知识分子，仿照唐、宋封建制度，以兴州（今宁夏回族自治区银川）为中心，建立起统治机构。官府分为五品，职官分文武班。最高长官是中书令和枢密使。设御史台，由御史大夫司监察。中书、枢密以下有三司、翊卫司、官计司、受纳司、农田司、群牧司、磨勘司、飞龙苑、文思院等机构。公元 1027 年，增至 16 司，管理政务，官员由蕃、汉人分别担任。野利仁荣、嵬名守全、张陟、张绛、杨廓、徐敏、张文显等分任中书、枢密、侍中等官。公元 1039 年，又仿宋制，设尚书令，总管 16 司事。专授党项人的官职，有宁令、谟宁令、丁卢、丁弩、素赍、祖儒、吕则、枢铭等。野利仁荣任谟宁令（天大王），在党项官员中，处在极高的地位。

《辽史·西夏外纪》记载，夏有专司曲直的"和断官"。李元昊建国前即注意法律，案上常置法律书。后来，还陆续出现了官修的审刑、治狱的专书，夏国的法律和监狱也作为国家的组成部分建立起来了。

随着夏国阶级统治的建立，文字成为必需了。李元昊通汉文。建国后与谟宁令野利仁荣，制成西夏文字 12 卷。夏国文书纪事，规定一律用新制的夏国文字。公元 1037 年，设立国字院和汉字院。汉字只用于和宋朝往来的文书，同时以西夏国字并列。对吐蕃部落、回鹘和张掖、交河等地的各民族，一律用西夏国字，同时附列各民族文字。西夏文是依据汉字改制成的方体字。在夏国统治的近 200 年中，一直行用。在夏国亡后，也还长久流传。西夏文字的创制，对夏国统治的确立和经济、文化的发展起了重要的作用。

李元昊创制西夏文字后，又命野利仁荣主持建立"蕃学（党项学）。用西夏文字翻译《孝经》《尔雅》《四言杂字》等书，选拔党项和汉族官僚子弟入学学习。学成之后，出题试问。学习精良，书写端正者，酌量授给官职。蕃学的建立实际上是仿照宋朝的科举授官制，并借以推动夏国文化的发展。李元昊反对儒学而又译读《孝经》，显然是为了适应氏族部落制的传统习俗的缘故。

李元昊建国称帝，不再采用宋朝的衣冠，改穿白色窄衫，戴红里的毡帽，脑顶后垂红结绶。这是采择了吐蕃赞普和回鹘可汗的服制。文武官员的服饰也有规定：文官戴幞头，穿靴执笏，穿紫衣、绯衣，基本还是宋朝的样式。武官按照等级戴镂金、镂银和黑漆冠，穿紫衣，系涂金的银束带。平民穿青绿衣，以分别贵贱等级。又参用宋制，改定朝仪。每六日，官员朝见皇帝，称"常参"。九日朝见，称"起居"（问候皇帝起居）。凡吉凶、嘉宾、宗祀、燕享等，改宋九拜礼为三拜。

由于西夏是在战争中诞生的，为与宋辽抗争，李元昊筹建了一个庞大的军事系统，与契丹辽国一样，党项夏国所实行的是一种全民兵役制，即达到规定年龄的男子都要承担兵役。

党项部落住帐幕，一家称一帐，小部数百帐，大部千余帐。男子年过15成丁。每逢发生战争，各部落出丁作战。李元昊建立夏国的军队，各部落每二丁取"正军"一人，配备随军服杂役的"负担"一人，合称一"抄"。原来是以4丁为两抄，同住一帐幕，后来改为3丁同住一帐幕，即二正丁合用一"负担"。正军每人给马、骆驼各一，如倒毙需赔偿，称为"长生马驼"。又置十二监军司，委豪右分统其众，

西夏服饰

自河北至午腊，蔑山7万人，以备契丹；河南洪州、白豹、安盐州、罗落、天都、惟精山等5万人，以备环庆、镇戎、原州；左厢宥州路5万人，以备鄜、延、府；右厢甘州路3万人，以备西蕃、回鹘；贺兰驻兵5万、灵州5万人、兴州兴府7万人为镇守，总50余万。

"50余万"这个数目也许有些夸大，据估计，当时党项境内全部户口在15万—18万户，100万人上下。《隆平集》中称"德明时兵十余万而已，曩霄之兵逾十五万"，这个数字应该是比较符合当时的实际数目的。

李元昊又设立擒生军，是夏军的精锐，职责是在作战中掳掠生口做奴隶。擒生军每一正军平均有"负担"两人以上，大概装备特别精良。又有炮手200人，称"泼喜迭"，立旋风炮于骆驼鞍上，发拳大的石弹攻击敌人。擒生军的设立是夏国兵制中的一大变革，它使夏景宗李元昊为首的皇室贵族拥有强大的兵力，也使夏国拥有众多的国家奴隶，各部落首领无法与之抗衡了。

夏国出兵作战，仍保持着若干原始的风俗制度。出兵前各部落首领要刺血盟誓。李元昊率领各部首领在出兵前先外出射猎，猎获野兽，环坐而食，共同议论兵事，择善而从。这实际上是一种贵族议事的制度。

三、西夏与宋、辽的关系

党项贵族在建立西夏地方政权的过程中，迅速向封建制转化。但是他们本身仍然带着落后民族的掠夺性，掠夺的对象就是社会经济发展较高的中原地区。西夏的骑兵经常向宋朝边境进行骚扰。宋朝的西部边防军虽有三四十万，但分散在五路，各路驻军各自听命于皇帝，不能随机应变、通力合作、有效地进行防御。

当西夏政权强大的时候，宋朝企图从经济上加以牵制，采取禁止物资交流，

西夏刻石

割断双方经济联系的手段。宋朝一度下令关闭陕西和河东地区的贸易场所，保安军的榷场也取消了。陕西的官兵和汉人，不能自由地和党项人民进行交易，这就人为地加深了民族矛盾，引起党项人对宋朝的不满和怨恨。

宋朝得知李元昊建国称帝的消息后，大为震惊，宝元元年（公元 1038 年）十二月，宋仁宗命知永兴军夏竦兼泾原、秦凤路安抚使，知延州范雍兼鄜延、环庆路安抚使，准备出兵夏州。天授礼法延祚二年（公元 1039 年）正月，夏景宗向宋朝进表，说明已建国号，称帝改元。但李元昊名义上仍向宋称臣，请求宋朝承认夏国，册封帝号。宋朝君臣议论不决。六月间，终于下诏削去李元昊的官爵，并在边地揭榜，募人擒捕李元昊。又派庞籍为陕西体量安抚使，协同夏竦、范雍备战。十一月，夏军侵宋保安军，被宋部将狄青战败，损失帐 2000 余。公元 1040 年初，李元昊侵宋延州，范雍惊惧不敢战。李元昊派牙校诈降，范雍不再戒备。夏兵乘势攻保安军，袭击金明寨，生擒宋都监李士彬，乘胜取延州，范雍召部将刘平、石元孙来援。李元昊伏兵三川口，生俘刘、石二将，进而攻破宋塞门寨、安远寨，获得胜利。

宋朝兵败，贬范雍，任命韩琦、范仲淹经略陕西。范仲淹把延州的 18000 名士兵，分配给 6 名将领固定训练，每人带领 3000 名。范仲淹又招徕流亡人民，大兴营田，修筑山寨，使无家可归的汉人和党项人，在生活上得到安顿。范仲淹还注意减轻人民身上的沉重负担，稳定社会秩序。这些措施在一定程度上缓和了北宋政府和各族人民的矛盾，对防御党项贵族的侵犯是很有好处的。

但是范仲淹的"以和好为权宜，以战守为实事"的战略方针，没有得到其他大臣的赞同。韩琦急功近利，主张以攻战为主，速战速决。庆历元年（公元 1041 年），韩琦派任福率 8000 名壮士出击，李元昊以 10 万精兵进行对抗。任福等几支军队会合于好水川（今甘肃平凉西北），西夏骑兵有意北遁，引诱宋军深入。任福领兵猛追，人马三日不食，饥疲不堪。宋军一到六盘山下，就被西夏伏兵冲垮。任福力战阵亡，宋军死伤 1 万多名，并有好几名大将阵亡。韩琦和范仲淹因好水川的惨败被贬官。

庆历二年（公元 1042 年）闰九月，西夏兵再次出击。宋将葛怀敏屯驻定川寨。西夏兵在夜间围城放火。宋将葛怀敏等 14 名将官战死。西夏军俘虏宋将兵 9400 余人，获战马 600 余匹，乘胜直抵渭州，俘掠大批居民而回。

公元 1040—公元 1042 年间的宋、夏短期冲突，使西夏统治者感到得不偿失。李元昊虽然多次取胜，掠夺了一批物资和人口，但兵员死伤已达半数，人力和物力感到匮乏。在战争的年代里，就不能像平时那样进行经济交流，致使党项人得不到茶叶、丝绸、粮食等必需品。李元昊被迫于公元 1043 年派出使臣，跟宋朝和好。夏军连续获胜，腐朽的宋朝连遭惨败后，不得不妥协求苟安。夏、宋往来交涉，庆历四年（公元 1044 年）十二月定议，宋朝接受李元昊建国时提出的条件，册封李元昊为夏国主，夏对宋仍保持名义上称臣。宋朝每年给西夏银 72000 两，绢帛 153000 匹、茶 3 万大斤（约合 18 万小斤）。李元昊表示"世世遵守，永为和好"。公元 1046 年，宋朝又恢复保安军和镇戎军两处的交易场所，陕西四路人民和党项人民的物资交流又热闹起来了。

从此以后，宋、夏维持了长时期的和好关系。

李元昊即位前，辽兴宗以兴平公主嫁李元昊。李元昊与兴平公主不睦。公元 1038 年，兴平公主死。辽兴宗曾遣使诘问。西夏与辽，以大河相隔，无城堡可守。交界处的党项部落原来处于辽朝统治之下，西夏建国后，多叛辽附夏。庆历四年（公元 1044 年）十月，辽兴宗亲率骑兵 10 万向西夏进攻。皇太弟重元、北院枢密使萧惠、东京留守萧孝友分三路渡河，战于贺兰山北。夏兵败退，拒守贺兰山。李元昊向辽上表谢罪。辽将萧惠等以为大兵已集，应该乘胜进击。李元昊突围反攻，大败辽兵，俘虏辽将萧胡睹等数十人。辽兴宗败回，与夏谈和。辽朝放回扣留的西夏使臣，李元昊放回萧胡睹。西夏在建国前即依附辽朝以抗宋。李元昊战胜辽兴宗，显示夏国有足够的力量抗辽自立。由此形成夏与辽、宋相互对峙的鼎立局面。

四、蒙古灭西夏

夏蒙议和后，蒙古不断向西夏征兵，西夏因"不堪奔命，礼意渐疏"，结果惹怒了蒙古。公元 1217 年 12 月，蒙古军渡过黄河进攻西夏，逼近中兴府，西夏神宗李遵顼惊恐万状，将太子德任留在都城防守，自己匆忙逃到西凉，夏兵无力抵抗，向蒙古请降。

公元 1123 年，李遵顼让位给李德旺。李德旺想联合漠北未被蒙古征服的部落，共同抗击蒙古，不料被蒙古知悉，成吉思汗决定调集大军灭西夏。公元 1224 年 9 月，蒙古军攻陷银州，西夏数万人战死，夏将令塔海被俘后遇害。

李德旺表示愿意投降并派遣人质，蒙古退兵。公元1226年2月，成吉思汗借口西夏迟迟不纳人质，又亲自率兵10万，攻入西夏，先后攻破黑水、兀刺海、沙州等州城。5月，蒙古军南下，接连攻陷肃州、甘州、西凉府。西夏的河西地区几乎全部丧失。7月，献宗德旺死。西夏献宗的侄儿李睍被拥立继位。8月，蒙古西路军抢占了黄河九渡，攻破应里。10月，蒙古东路军攻陷夏州。接着，蒙古军东西两路夹击西夏的政治和经济中心灵、兴地区。11月，成吉思汗亲率大军围攻灵州，德任率领固守灵州的夏兵同蒙古军进行了殊死的战斗，其激烈程度为蒙古军作战以来所少见。终因夏兵伤亡惨重而失败。灵州失陷，德任不屈被杀。公元1227年1月，末主李睍顾不得改元，继续使用乾定年号。蒙古军兵临城下，又发生强烈地震，房倒屋塌，瘟疫流行。末主李睍走投无路，派遣使节请求成吉思汗宽限一个月便献城投降。7月，末主李睍降，被蒙古军杀。西夏亡，历时190年。

第五节　金的统治与败亡

一、完颜阿骨打建国

女真族是我国古代东北的少数民族。女真人附属于契丹人建立的辽国，其中居住在南部编入契丹户籍的称为熟女真，居住在北部不编入户籍的称为生女真。生女真有几十个部落，其中以完颜部最为强大，他们过着半渔猎半农耕的生活。

契丹人经常对女真人进行勒索剥削，辽统治者每年都向女真人索取大量贡品，如北珠、貂、桦、名马良犬。为了打猎，辽国皇帝经常派使者到女真部落强行索取猎鹰"海东青"，女真人几乎抓尽了境内的海东青进贡给辽国，但仍然不能满足辽国皇帝的贪欲。索贡的辽国使臣"银牌天使"到达女真部落后大肆搜刮勒索，奸污妇女，在榷场强买强卖女真人的物品，还经常无缘无故地殴打女真人，称之为"打女真"。他们的所作所为激起女真人的无比愤怒。辽天庆二年（公元1112年）二月，辽天祚帝耶律延禧来到春州（在今吉林省）巡游，兴致勃勃地在混同江（今松花江）钓鱼。依照辽朝礼制，四周各女真部落的酋长都要来拜见辽国皇帝，辽天祚帝举办宴会招待。那天天祚帝喝得高兴，命令各位酋长挨个跳舞助兴。各位酋长敢怒不敢言，只好照办。但轮到完颜部酋长完颜阿骨打时，被他严词拒绝。天祚帝见完颜阿骨打居然敢当着众人的的面顶撞他，很不高兴，声色俱厉地命令他跳。其他酋长怕他得罪天祚帝，也在一旁劝他。可是无论别人怎么说，完颜阿骨打软硬不吃，就是不跳，结果宴会不欢而散。

散席之后，辽天祚帝跟大臣萧奉先说："阿骨打这小子这样跋扈，简直是无法无天。应该趁早杀了他，免得后患无穷。"

萧奉先觉得完颜阿骨打没有大过失，杀了他怕引起其他酋长的不满，导致女真部落离心，就劝说："他是个粗人，不懂规矩，不必跟他计较。就算他有什么野心，也不过是一个小小部落的酋长，成不了气候。"辽天祚帝觉得萧奉先说得有道理，就饶了完颜阿骨打一命。

完颜阿骨打回到部落后，发誓要灭了辽国，并开始为反辽做积极准备。他修建城寨，制造兵器，派人不断收集辽国的情报。为加强军事力量，完颜阿骨打建立了猛安谋克制度，猛安在女真语中是军事酋长的意思，谋克是氏族长的意思。规定300户为一谋克，10谋克为一猛安，管理女真士兵及其家属，这使得部落更加军事化。

辽天祚帝得知完颜阿骨打正在积极备战，一面派使者到完颜阿骨打那里去责问，一面调集大军进驻宁江州（今吉林扶余东小城子）进行防守。

辽天庆四年（公元1114年）九月，完颜阿骨打召集女真各部精兵2500人，在来流水南岸（今黑龙江拉林河南岸），举行历史上著名的来流水誓师。在大会上，完颜阿骨打历数契丹罪状，号召女真各部同心协力攻打契丹，并说："凡是立下军功的，奴婢可以变成平民，平民可以授予官职，有官职的可以提升。但如果违背誓言，就要处死在梃杖之下，连家属也不能赦免。"完颜阿骨打说完，各酋长一一宣誓。誓师大会结束后，女真人斗志昂扬，趁辽大军还没有结集，决定先发制人，进攻混同江东的宁江州。

宁江州是辽国控制女真的前哨重地，完颜阿骨打率军进入宁江州的地界后，与辽军相遇。完颜阿骨打率领女真军奋勇拼杀，并亲自射死辽国大将耶律谢十，辽军大败，纷纷逃跑，互相践踏，死者达十分之七。来到宁江州城下后，完颜阿骨打下令填平护城河，准备攻城。守城的辽军吓得连忙从东门逃走，结果被女真军包围，全军覆没。宁江州之战，女真军缴获了大量的马匹辎重，是女真族在反辽斗争中取得的第一个重大胜利，极大地鼓舞了女真人的士气，增强了女真人推翻辽国的信心。辽天祚帝听说宁江州失守后，立即派10万大军进攻完颜阿骨打。两军对峙于出河店（今黑龙江肇源西南）。当时忽然刮起大风，沙尘满天，女真军乘机发起进攻，辽军大败而逃。

公元1115年正月初一，完颜阿骨打改名完颜旻，自称皇帝，国号金，年号收国，定都会宁府（在今黑龙江哈尔滨阿城区南），完颜阿骨打就是金太祖。

二、海上之盟

公元1111年，宋徽宗派童贯使辽。童贯在这次出使中，认识了燕京人马植。马植原是世家大族子弟，任过辽朝光禄卿官职。他见辽朝灭亡在即，便叛辽投宋，向童贯献取燕京之策，深受童贯赏识。马植改名李良嗣，随童贯回到宋都开封。李良嗣向朝廷陈述了辽天祚帝的荒淫腐败和金兵已迫近燕京的情况，并建议说，宋如果这时能从登莱渡海，与女真结好，相约攻辽，则燕地可取。宋徽宗立即召见了他，赐以国姓，改姓名为赵良嗣，并给他加上朝议大夫、秘阁待诏的职衔。于是，宋便开始了联合灭辽，谋图收复燕云地区的活动。

公元1118年，宋遣赵良嗣从山东登州渡海到东北使金，金也派人使宋，商议攻辽问题。双方经过几次往来商议，于公元1120年最后商定：宋、金夹攻辽国。长城以北的中京，由金军负责攻取；长城以南的南京（即燕京）和西京（今山西大同），由宋军负责攻取。灭辽后，燕云地区归宋，宋将原来输辽的岁币如数转送给金国。这就是历史上宋金"海上之盟"。这项盟约，当时在宋朝内部，就有人以为并不妥当，而宋徽宗为了显示自己的政绩，表明自己能够完成祖宗梦寐以求的伟业，于是不顾后果，断然实行，但最终换来的却是国破家亡的命运。

三、宋金交涉

海上之盟签订之后，阿骨打中止了与辽王朝的议和活动，大规模进攻辽国。根据协议，燕京的北辽政权由宋军负责攻取。可是，公元1122年宋朝派去攻打燕京的童贯、蔡攸二人，尚未与辽兵交锋，即到处张贴榜文，摆出胜券在握的架势。这年5月，童贯进兵燕京，但并没有出现燕人迎降的情况，反遭到耶律大石所部的阻击，第一次攻燕仅进至白沟即败退。6月，辽天锡帝耶律淳死，萧妃执政。9月，辽易州知州高凤降宋，涿州留守郭药师随后以所部八千降宋。在此大好形势下，宋内部仍无斗志，临阵怯敌，致使二度攻燕失败。童贯只得以燕京租税100万贯给金国为条件，邀请金军攻燕。最后燕京为金军单独攻占。

公元1123年，宋遣赵良嗣再次使金，与金商议交割燕京问题。在交涉过程中，争议激烈的是平州（治今河北卢龙）、营州（治今昌黎）和滦州的问题，金太祖最终同意将燕京所属六州地与宋。同时，也面许待俘获天祚帝后，将西京所属州县归与宋朝。同年四月，宋军进驻燕山，并继续遣使要求交割西京。

张觉原为辽国平州守将，燕京失陷时投降金朝，金人改平州为南京，命张觉为留守。公元 1123 年 5 月，辽降官左企弓等率燕京降官、富户北迁，途经平州。燕人不愿远离故土，哭诉求救于张觉。张觉遂杀曹勇义、左企弓、康公弼、虞仲文等，起兵反金。宋安抚司乘机遣人招谕，6 月，张觉以平、营二州归宋。宋以张觉为泰宁军节度使，世袭平州。8 月，金太祖死，西京地没来得及交割。9 月，金将完颜宗望攻下平州，获得宋赐给张觉的诏书，掌握了宋朝破坏盟约的物证。金将宗翰等奏请不再割西京地与北宋，宗望也奏宋治军燕山，拒不交出逃入宋地的燕地户口，要求加兵于宋。后来，张觉逃入燕。金移文索取，宋不得已杀张觉，函其首献金。

四、灭宋战争

根据宋金约定，平州归金，那么宋朝纳金朝降将张觉，显然违背了盟约，特别是当金攻下平州，还掌握了宋朝诱降张觉的证据，自然引起了金朝君臣的愤慨。为了彻底击垮辽朝，金暂时没有对宋采取行动。金太宗按照盟约规定，象征性地归还了西京地武州（今山西神池）、朔州（今属山西）给宋。

公元 1125 年 3 月，金俘获辽天祚帝、灭亡辽朝后，便下诏南下攻宋。金军第一次南下在公元 1125 年 11 月，分兵两路。东路军由宗望率领，从平州向西南攻燕京；西路军由宗翰率领，从云中（今山西大同）南下攻太原，两路军准备在开封会师。西路军在太原遭到北宋军民的坚决抵抗；东路军则因宋的燕京守将郭药师投降并做向导，得以顺利南进。消息传到开封，宋徽宗急令各地军队勤王，并禅位给其子赵桓。赵桓即位（即钦宗），以次年（公元 1126 年）为靖康元年。

12 月底，金东路军连下相州（今河南安阳）、浚州（今河南浚县），抵黄河北岸。守河宋军见金军到来，不战自溃，金军顺利过河，宋徽宗南逃镇江。钦宗也想逃跑，被主战大臣李纲等劝阻，勉强留下。公元 1126 年正月，金军围开封，李纲率领全城军民杀伤数千攻城金兵，挫败了宗望一举破开封灭宋的企图。可是宋钦宗和李邦彦、张邦昌等投降派官僚畏惧金军，极力主张求和。金军乘机提出苛刻条件，钦宗一一答应，还把主战派主要人物李纲等解职。宋统治集团这种投降行为激起了开封军民的愤怒，军民不约而集的有数十万人，呼声动地。钦宗迫于压力，又恢复了李纲等人的职务，这时各地援兵已临近开封。宗望感到形势不利，即匆忙北撤燕京。宗翰久攻太原不下，知宗望北还，也率军退回云中。

金军北归不久，复又进行第二次南侵。东路军仍由宗望率领，先破真定，

金国钱币

公元 1126 年 11 月渡黄河，直抵开封城下。西路军仍由宗翰率领，继续围攻太原。太原城破，西路军亦南下渡过黄河，与东路军会师开封城下。宋钦宗依靠投降派大臣，一直希望同金军议和成功，甚至制止各地兵马来援，开封城内外兵力很少。在此紧急关头，钦宗无计可施，听信妖人郭京之言，用"六甲法"退敌兵。钦宗命守兵都撤下城来，郭京出城战斗，宋军大败，郭京乘乱逃走，开封为金军占领。

此时北宋军民纷纷要求与金兵决一死战，但钦宗仍梦想议和。金人提出要宋收缴民间武器，并索金 1000 万锭、银 2000 万锭、帛 1000 万匹。钦宗全部答应。公元 1127 年初，金军借口金银数不足，在开封城内外大肆剽掠焚杀，并将徽宗、钦宗二帝扣留。3 月，金立张邦昌为帝，国号"楚"，作为傀儡政权。4 月，金掳徽、钦二帝及后妃、宗室、大臣 3000 余人，及其所掠大量金银财宝、仪仗器物等北归。史称此事为"靖康之变"。至此，北宋灭亡。

金从人数和经济发展程度来说，都远不如宋朝。但它正处在反辽的正义战争胜利之后，士气旺盛。再加上它有猛安谋克制的组织，战斗力相当强。而宋朝内部问题很多：农民与地主阶级之间的矛盾很尖锐，在南方爆发方腊领导的大规模的农民起义，在北方，宋江等人起义后又爆发了张仙、高托山、贾进等领导的起义。宋朝统治阶级内部也是矛盾重重，党争不已；以宋徽宗、蔡京为首的北宋最高统治集团腐朽不堪。此外，军队素质低下，指挥不统一，战斗力低下，所以最终败于金。北宋自建国之初即奉行"守内虚外"的方针，终于自食其果，被新兴的金国灭掉了。

女真自公元 1115 年建国，连续征战，历时 13 年，相继灭亡辽和北宋。公元 1127 年 5 月，宋徽宗第九子康王赵构在宋群臣拥戴下在应天重建宋政权，史称南宋。公元 1130 年，金立刘豫为"齐"帝，统治河南、陕西，成为金朝的附庸，并配合金朝与南宋对抗。中国历史继辽与北宋对峙之后又进入了金与南宋对峙时期。

五、疆域划定

公元 1135 年，金太宗逝世，金熙宗完颜亶（太祖之孙）即位。金熙宗受汉文化影响较深，即位后废除勃极烈制度，改行汉族模式官制，在中央建立起三省六部制度。公元1137年，金熙宗废黜了齐帝刘豫。此时金朝统治中心仍在东北，故以完颜宗磐（太宗长子）为代表的一批贵族决定将河南、陕西地归还南宋，换取宋朝纳币称臣，而完颜宗弼（兀术）等人则仍然主张用兵。公元1139年完颜宗弼一派得势，诛杀完颜宗磐，撕毁了与南宋的协议，发兵复攻河南。金军虽曾为岳飞等击败，但由于南宋朝廷下令撤军，金朝重得河南、陕西之地。公元1141年，金与南宋签订了"绍兴和议"，划定淮水、大散关一线为边界，南宋继续向金称臣纳币。公元1149年，宗室完颜亮（金熙宗堂弟）发动政变，杀死金熙宗，夺取帝位，是为海陵王。

金朝建立以来，灭辽击宋，版图不断扩大，大批猛安谋克进入中原，"方疆广于万里，以北则民清而事简，以南则地远而事繁"，但是首都一直设在上京会宁府，位置偏远，经济上则"供馈困于转输，使命苦于驿顿"，十分不便。海陵王即位后，下令扩建燕京城，修筑宫室，于公元1153年正式迁都于此，定名中都大兴府。同时，海陵王还下令拆迁上京宫殿，将宗室贵族及其所属猛安谋克尽行迁入内地，太祖、太宗陵寝一并迁入至中都近郊。此举标志着金朝政治中心的转移，也是北京在历史上第一次成为王朝首都。海陵王还罢黜中书、门下二省，仅保留尚书省作为最高行政机构。其余官制也进一步规范化，职有定位、员有常数，终金一代，世守不变。

公元1161年，海陵王大举进伐南宋，企图荡平江南，完成统一。但他在位期间统治残暴，渐成众叛亲离之势。宗室完颜雍在东京（今辽宁辽阳）发动兵变，自即帝位，改元大定，是为金世宗。此后，海陵王攻宋失利，旋为其部将所杀。公元1164年，金宋重定"隆兴和议"，南宋不再对金称臣，岁币亦酌减。金朝疆域至此完全稳定下来。

六、大定明昌之治

金世宗为太祖之孙，与金熙宗、海陵王皆为从兄弟。他统治时期，是金朝的鼎盛阶段。他在即位之初，政局动荡，南宋趁机发起北伐，西北则有移剌窝斡等因反抗征兵而领导契丹人起事，称帝建元。金世宗革除海陵暴政，笼络人心，南败宋军，北擒窝斡，结束了混战局面。此后金世宗又与南宋重定和议，并与高丽、西夏通好，使金朝转入和平发展轨道。金世宗在位29年，勤于政事，生活俭朴，拔擢人才，整顿吏治，减轻赋役，尊崇儒学，此时政治清明，政局稳定，经济恢复并趋于繁荣，颇有盛世景象。不过世宗标榜"中庸"，稳健保守有余，开拓进取不足，对女真人土地、漠北游牧民族威胁等一些潜在的统治危机解决不甚得力，给后代留下了隐患。

金世宗死后，皇太孙完颜璟即位，是为金章宗。章宗即位之初，承袭金世宗余荫，基本上维持了升平景象。他在位后期，还击败了南宋的北伐。金章宗本人深受汉文化熏陶，喜爱书法、音律，大力提倡文治，定金朝德运为土德，以继北宋之火德。

金世宗年号大定（公元1161—公元1189年），金章宗初期年号明昌（公元1190—公元1196年），这段时期在历史上被称为"大定明昌之治"。但金章宗时期也是金朝盛极而衰的转折点。金章宗后期，天灾频仍，黄河三次决口，而统治者养成奢靡之风，政治趋于腐败。财政上逐渐出现入不敷出的局面，金朝盲目印制交钞（纸币），更加导致了经济的衰退。同时，漠北鞑靼诸部不时侵扰金朝北边，金朝疲于应付。而内部的女真人随着汉化程度加深，尚武精神渐渐消失，逐渐追求奢侈享乐。这一切都促使金朝向没落的深渊下滑。

七、金朝衰亡

金章宗死后，其叔卫绍王（世宗第七子永济）于1208年即位。面对金朝走向衰落的严峻局势，他在两个方面都表现得无所作为：一是金章宗后期内政的腐败；一是蒙古军的威胁。此时成吉思汗已统一漠北，建立大蒙古国，于公元1211年发兵来侵。金军迎战大败，蒙古军一度进围中都。至此，数年，蒙古军更是频繁来攻，兵锋遍及河北、山西、山东、辽东诸地，劫掠财物和人口，金朝统治受到重大打击。公元1213年，金军将领纥石烈执中发动兵变，杀死卫绍王，拥立金章宗庶兄完颜珣，改元贞祐，是为金宣宗。金宣宗迫于蒙古兵威，于次年携后宫、百官迁都于南京（今河南开封），史称"贞祐南迁"。至此，金朝大势已去。公元1223年，金宣宗之子金哀宗在宫廷内部斗争相当激烈的形势下即位。他虽然企图励精图治，然而用人不当，腹背受敌，已难以挽回颓势。

公元1232年，蒙古军占领南京，金哀宗逃往蔡州（今河南汝南）。公元1234年正月，蒙古与南宋合兵攻破蔡州，金哀宗自缢而死，金朝灭亡。

第六节　两宋时期的社会经济、文化与科技

一、两宋经济

宋朝的经济繁荣程度可谓前所未有，农业、印刷业、造纸业、丝织业、制瓷业均有重大发展。航海业、造船业成绩突出，海外贸易发达，和南太平洋、

中东、非洲、欧洲等地区 50 多个国家通商。宋代对南方大规模的开发，促成经济中心南移。

1. 赋役

宋代的农材赋役制度，大致延续唐末的两税法，但增加了丁税，而差役则甚为繁重，造成人民负担，因此王安石变法时有免役法的推行。关于岁入 1.6 亿贯实为铜钱、米麦、白银、布棉、丝绢、草料等不同物产单位的合加总数，宋代财政最高收入为 6000 余万贯，商税占财政总收入约 70%。

2. 农业

宋代大兴水利，大面积开荒，又注重农具改进，农业发展迅速。许多新型田地在宋朝出现，例如梯田（在山区出现）、淤田（利用河水冲刷形成的淤泥所利用的田地）、沙田（海边的沙淤地）、架田(在湖上做木排,上面铺泥成地)等。这大幅增加了宋朝的耕地面积。至道二

宋代《耕获图》

年（公元 996 年），全国耕地面积为 312.52 万余顷，到天禧五年（公元 1021 年）增加到 524.75 万余顷。

各种新的农具在宋朝出现，代替牛耕的踏犁，用于插秧的鞅马。新工具的出现也让农作物产量大幅成长。一般农田每年可亩收 1 石，江浙地区一年可达到 2 至 3 石。北宋时宋真宗从占城引进耐旱、早熟的稻种，分给江淮两浙，就是后来南方的早稻尖米，又叫占城米、黄籼米。

长江流域和珠江流域农业发展迅速。一些北方农作物粟、麦、黍、豆来到南方。棉花盛行种植于闽、广地区。茶叶遍及今苏、浙、皖、闽、赣、鄂、渝、湘、川等地。种桑养蚕和麻的地区也在增加。南宋时太湖地区稻米产量居全国之首，有"苏常熟，天下足"之称。甘蔗种植遍布苏、浙、闽、广等省，糖已经成广泛使用的食品，出现世界上第一部关于制糖术的专著——王灼著《糖霜谱》。

3. 手工业

（1）瓷器制造。

北宋的主要矿产包括金、银、铜、铁、铅、锡、煤等。北宋时期金属矿藏达到 270 余处，较唐朝增加 100 余处。仁宗时期，每年得金 1.5 万多两、银 21.9 万多两、铜 500 多万斤、铁 724 万斤，铅 9 万多斤、锡 33 万斤。

宋朝官窑、民窑遍布全国。时有开封官窑、汝州汝窑、禹州钧窑、龙泉哥弟窑、景德镇景德窑、建阳建窑、曲阳定窑七大名瓷窑，以及分布在各地

的许多大小瓷窑，所产宋瓷通过海上丝绸之路远销海外，如日本、高丽、南洋、印度、中西亚等地区。其中钧瓷以神奇的窑变特色和每年36件的稀有产量而位居宋瓷之冠。北宋的瓷器，不论在产量还是制作技术上，比前代都有很大提高。当时，烧造瓷器的窑户，遍布全国各地，所造瓷器各具特色。

官窑（开封）、钧窑（禹州）、汝窑（汝州）、定窑和哥窑，是北宋五大名窑。官窑的产品，土脉细润，体薄色青，略带粉红，浓淡不一；钧窑土脉细，釉具五色，有兔丝纹；汝窑则胭脂、朱砂兼备，色釉莹澈；定窑以白瓷著称，并能制红瓷，其产品十分精美；哥窑盛产青瓷，产品被誉为"千峰翠色"。真宗景德年间，在江西新平设官窑，所造进贡瓷器的器底书"景德年制"四字，这就是后来驰名中外的景德镇瓷器。

在瓷器上雕画花纹是北宋时的新创，划花用刀刻，绣花用针刺，印花用板印，还有锥花用锥尖凿成花纹，堆花用笔蘸粉堆成凸形，再施白釉。宋瓷不仅是生活日用品，而且是精美的工艺美术品。北宋瓷器大量运销国外，在亚非各地都有大量出土，证明瓷器是当时的重要输出品。时至今日，宋瓷已成为中国古代著名的艺术品，而享誉海内外。

（2）纺织业。

宋朝的丝、麻、毛纺织业都非常发达。西北地方流行毛织业，重庆、四川、山西、广西、湖北、湖南、河南等地麻织业非常发达。到了南宋时期，广东雷州半岛地区和广西南部成为棉纺织业的中心。两浙和渝川地区丝织业最发达。宋朝政府还在丝织业最发达的地区设立织锦院，也就是官办的丝织作坊。而相关的印染业也因此发达起来。

（3）造纸术。

宋朝时期，主要的造纸材料包括丝、竹、藤、麻、麦秆等。重庆、四川、安徽、浙江是主要的造纸产地。渝川地区的布头笺、冷金笺、麻纸、竹纸，安徽的凝霜、澄心纸、粟纸，浙江的藤纸等都闻名于世。甚至还有纸被、纸衣、纸甲等。纸张的大量生产与活字印刷术为印刷业的繁荣提供了基础。宋朝的印刷业分三大系统，官刻系统的国子监所刻的书被称为监本，而民间书坊所刻的书被称为坊本，士绅家庭自己刻印的书籍属于私刻系统。东京、临安、眉山、建阳、广都等都是当时的印刷业中心。当时坊刻书中以浙江最好，称浙本，四川次之，称蜀本。福建的刻书以量取胜，称建本，其中尤以建阳麻沙镇最多，世称麻沙本。社会上流行刻书的风气。其中以临安国子监所刻的书品质最好。宋朝的刻书以纸墨精良、版式疏朗、字体圆润、做工考究、传世稀少、价值连城而闻名于后世。

（4）造船技术。

宋朝造船技术水平是当时世界之冠。宋神宗元丰元年（公元1078年），明州造出两艘万斛（约600吨）神舟。1974年福建泉州出土一艘宋代古船，有13个隔水舱，一两个隔水舱漏水，船也不会沉。隔水舱技术经马可·波罗介绍，传入欧洲。宋朝的主要造船厂分布在江西、浙江、湖南、陕西等地区。虔州、吉州、温州、明州都是重要的造船基地。太宗时期，全国每年造船达到3300余艘。到了南宋，由于南方多水加上海上贸易日益发达，造船业发展更快。临安府（杭州）、建康府（江宁府，今南京）、平江府（苏州）、扬州、湖州、泉州、广州、潭州、衡州等成为新的造船中心。广州制造的大型海舶木兰舟可"浮南海而南，舟如巨室，帆若垂天之云，舵长数丈，一舟数百人，中积一年粮"。南宋时代还出现了车船、飞虎战船等新式战舰。

4. 金融商业

宋朝商业繁盛，通行的货币有铜钱、白银。太宗时期，每年铸币80万贯。到神宗熙宁六年（公元1073年），已达600余万贯。由于商品入口，宋朝大量铜钱、白银外流，造成硬通货短缺。真宗时期，成都16家富户主持印造一种纸币，代替铁钱在四川使用，是为交子。这是世界上最早的纸币。仁宗后改归官办，并定期限额发行。徽宗时期，改交子名为钱引，并扩大流通领域。南宋于高宗绍兴三十年（公元1160年）改为官办"会子"，会子主要有东南会子（也叫行在会子），湖北会子和两淮会子。但是为防止铜钱北流，宋朝政府规定在与金交界处仍然只能使用铁钱。与交子不同，会子是以铜钱为本位的，面值有一贯（1000文）、两贯和三贯三种，后增印200文、300文与500文小面额钞票。乾道五年（公元1169年）定为三年一界，每界发行1000万贯，以旧换新。

5. 海外贸易

由于西夏阻隔了西北的丝绸之路，加上经济中心的南移，从宋朝开始，东南沿海的港口成为新的贸易中心。唐朝时期全国仅广州一地设有市舶司，负责外贸事务。宋朝先后在广州、杭州、泉州、密州板桥镇、润州、苏州、温州、江阴军、明州、嘉兴府（秀州）华亭县（松江）、澉浦镇（海盐）和嘉兴府上海镇（上海）等地设立市舶司专门管理海外贸易。泉州在南宋晚期更一跃成为世界第一大港和海上丝绸之路的起点。

宋朝海外贸易分官府经营和私商经营两种方式，其中民营外贸又占大宗。元丰三年,宋朝政府制定了一部《广州市舶条法》,是中国历史上第一部贸易法。而各个外贸港口还在城市立设立"蕃市"，专卖外国商品；"蕃坊"供外国人居

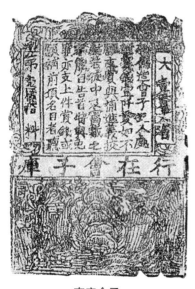
南宋会子

住;"蕃学"供外商子女接受教育,政府还专门制定了蕃商犯罪决罚条。广州和泉州城内仍然有许多藩客墓,成为当时海外贸易繁荣的佐证。

与中国通商的国家有占城、真腊、三佛齐、吉兰丹、渤泥、巴林冯、兰无里、底切、三屿、大食、大秦、波斯、白达、麻嘉、伊禄、故临、细兰、登流眉、中里、斯伽里野、木兰皮等欧亚地区的 58 个国家。宋朝出口货物包括丝绸、瓷器、糖、纺织品、茶叶、五金。进口货物包括象牙、珊瑚、玛瑙、珍珠、乳香、没药、安息香、胡椒、琉璃、玳瑁等几百种商品。宋朝从大量进口货物通过市舶司获得的税收,从北宋皇祐(公元 1049—公元 1054 年)的 53 万贯,治平(公元 1064—公元 1067 年)的 63 万贯,到了南宋绍兴(公元 1131—公元 1162 年)已达 200 万贯,约占中国财政收入的 6%,对宋代的繁荣起重要作用。

南宋时期,宋朝在与金朝和大理国的交界处设立榷场来互通有无。宋朝出口药材、茶叶、棉花、犀角、象牙等,进口北珠、人参、毛皮、马匹等货物。民间也有大量的走私贸易。由于宋朝铜钱信用佳,被大量走私到东南亚和西亚,而当时的朝鲜和日本更停用自己的通货,改用宋钱。

二、两宋文学

宋代文学艺术继唐代之后,有了进一步的发展,而且更加丰富多彩。各种文艺形式,诸如散文、诗、词、绘画、书法、雕塑、说话、诸宫调、宋杂剧、南戏等的兴起、革新与发展,使宋代的文学艺术呈现出一派繁荣瑰丽的景象。

1. 古文运动

宋初骈体文占统治地位,柳开、王禹偁以继承韩愈、柳宗元的古文传统为己任,穆修、苏舜钦等相继而起。宋仁宗时,欧阳修登上文坛,倡导流丽畅达,骈散结合的散文新风,主张"其道易知而可法,其言甚明而可行",成为北宋古文运动的领袖。王安石认为文章应"务为有补于世";苏轼在强调"言必中当世之过"的同时,认为文章应如"精金美玉",很重视文采。曾巩、苏洵、苏辙等名家辈出,古文运动终于取得全胜。他们的文章大多风格清新,自然流畅。欧阳、曾、王、三苏与唐代的韩愈、柳宗元,后世合称为"唐宋八大家"。

2. 诗

宋初王禹偁首倡继承杜甫、白居易诗风，但不久即出现杨亿、刘筠为代表的西昆诗体，崇尚辞藻华丽，重形式、轻内容，风靡一时。文坛主将欧阳修以及梅尧臣、苏舜钦等相继而起，诗作大多平淡清新，间或粗犷奔放，诗风始为之一变。才华丰茂的苏轼，诗备众格，洒脱豪放。王安石不少"以适用为本"的诗，如《河北民》《兼并》《感事》《省兵》等，反映社会生活，主张改革。黄庭坚提倡"以故为新"，并主张作诗文要"无一字无来处"，其后便形成了江西诗派。但其后继者走了只注重文字技巧、声韵格律的形式主义道路。江西诗派陈与义，南渡后诗风转向悲壮。杨万里、范成大、陆游、尤袤，号称"中兴四大诗人"。其中最杰出的是著名爱国诗人陆游，才气豪迈，诗作悲壮奔放，晓畅自然。南宋末民族英雄文天祥的诗，很少雕饰，诗集《指南录》是抗元诗史，《正气歌》更是传世名篇。宋诗继承唐诗而有所创新，题材广泛，一个显著的特点是描写农事的诗篇较多，真实地描写了农民的生活和民间疾苦，大有助于了解宋代社会。爱国诗篇之多，更成为南宋诗的一大特色，对后世产生巨大影响。

3. 词

北宋前期以晏殊、张先、欧阳修为代表的婉约派，诗尚婉丽，未完全摆脱五代羁绊。柳永精通音律，开始创作慢曲长调新体裁，长于铺叙，情景交融，深受下层平民的欢迎，以至"凡有井水处，即能歌柳词"。高才逸气的苏轼，冲破词专写男女恋情、离愁别绪的境界，清新豪放，开创了豪放词派。南宋著名爱国词人辛弃疾，在苏轼豪放派词风基础上高度发展，抒情、写景、叙事、议论，无往不宜，气势磅礴，充溢着爱国主义的激情。陈亮、刘克庄和宋末刘辰翁，均受辛弃疾影响，都是豪放派爱国词人。婉约派词人有苏轼门人秦观，他善于以长调抒写柔情，语工而入律。北宋末年的周邦彦，所作多艳词，词调方面

辛弃疾手迹

有创新。北宋末南宋初，著名女词人李清照，独树一帜，影响较大，其散文、诗篇虽不甚多，都属佳作，实为古代最有成就之女作家。南宋后期的姜夔，

长于音律，讲究技巧，对后世影响很大。

三、两宋艺术

1. 绘画

李成为五代入宋的山水画名家，师法五代
荆浩、关仝，善画平远寒林，时称"古今第一"。
范宽重视自然山水的写生，画风雄健，自成一
家。李成、范宽、关仝，形成北方山水画的三
个主要流派。宋神宗时的郭熙，师法李成，其
画秀美明净，与李成齐名，世称"李郭"。郭熙
与子郭思合著《林泉高致》，认为应观察山水，
分别四季，画出朝暮等景色，要求赋予山水画
以生活气象。南唐入宋的南方山水画派名家巨
然，学习董源水墨画风，并称"董巨"，淡墨轻岚，

马远《秋江渔隐图》

自成一体。南宋初，李唐以画牛著称，兼工人物，尤擅山水画，创"大斧劈皴"
法，并为刘松年、马远、夏圭所师法。他们合称南宋四大画家。

五代后蜀黄筌、南唐徐熙，善画花鸟，风格不同，有"黄家富贵""徐熙野逸"
之说。黄筌之子黄居寀等入北宋画院，风格工丽细致，为"院画体"的标准画格。
其后两派逐渐合流。宋神宗时的崔白，所画花鸟，清淡生动。宋徽宗绘画造
诣很深，尤工花鸟，画风工整，神形俱妙。南宋花鸟画传世作品不少，作者
大都佚名，画面也大都鲜明生动。

北宋前期的武宗元，专长佛道人物画，行笔流畅。北宋中期的李公麟，
以画马驰名，又是宋代最有影响的宗教人物画家，所画人物，性格突出，形
神俱工。南宋四大画家，都兼工人物，刘松年所画《中兴四将图》，为著名人
物图画。

反映当时社会生活风习的风俗画，宋代也有较大的发展。北宋末张择端
的《清明上河图》，是风俗画的代表作，所绘开封景况，是当时社会生活的忠
实写照，具有极大的史料价值。李唐的《村医图》，绘一乡村医生在田边为患
者治病，救护及围观者紧张的神态，跃然纸上。李嵩的《货郎图》，描绘了一
群妇女儿童被货郎担所吸引的生动情景。

文人画，不讲形似，只讲神韵、情趣。作者都是文人，自称所作为"艺画"。
他们轻视严整细致的画作，称之为"术画"，将作者称为"匠人"。文人画的
代表作者为苏轼、米芾、米友仁等，苏轼喜作枯木怪石，画竹学文同。米芾

画山水，不求工细，多用水墨点染，"意似便已"；子友仁，继承父风，世称"米派"。

2. 书法

淳化三年（公元 992 年），宋太宗出秘阁所藏历代书法家珍品，命王著编次，标明为《法帖》，称为《淳化阁帖》。此后重辑、翻摹的很多。北宋

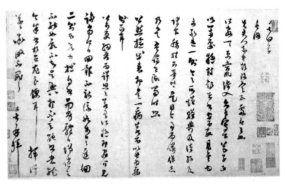

范成大《垂诲帖》

时，潭州（今湖南长沙）据《阁帖》又增补部分作品；绛州（今山西新绛）亦据《阁帖》而有所增损，皆摹勒上石，十分精美，世称《潭帖》和《绛帖》，对传布书法艺术很有贡献。宋代书法家以苏轼、黄庭坚、米芾和蔡襄最为著名。苏轼擅长行、楷，刻意创新，用笔丰润而以韵胜；黄庭坚擅行、草，以侧险取势而挺秀，亦以韵重；米芾亦擅行、草、师法王献之，技巧为当时第一；蔡襄正楷端重，行书婉媚，草书参用飞白法。宋徽宗正楷学唐薛曜而略变其体，称为"瘦金体"，亦善狂草。南宋陆游、张孝祥、文天祥等，书法造诣也很高。

3. 雕塑

北宋元祐时塑造的太原晋祠的 42 尊侍女彩塑，富丽浓艳，各具神态，栩栩如生。山东长清灵岩寺，北宋末所塑 46 尊罗汉彩塑，色彩素雅，形象各异，生动逼真，都是很典型的宋代塑像，为中国艺术宝库的珍品。四川大足石刻，多数是宋代作品，上起宋太宗时，下至宋理宗，造窟数以百计。铭记中载有元丰至绍兴时的雕刻匠师元俊、文惟一等 21 人，以他们为代表的民间艺术家创造了无数生动的石刻造像，佛和菩萨形态端庄而具有世人气息；供养人、力士，夸张有度，各有特征。经变故事造像中，多是现实生活的片段与劳动生产场景，朴实健康，微妙入神。

4. 工艺

宋代的织锦，以苏州、建康、成都的最为著名。纹样通常是龟背纹、云水纹、古钱、卍字等，穿插龙、凤、朱雀，以及"三友""四季""八仙""百吉"等图案、文字，绚丽多彩。缂丝也称"刻丝"，主要产地为定州、苏州。织法称为"通经断纬"，可以将山水、花鸟、人物、楼台等照样织制，成为绝妙的工艺品。传世的沈子蕃缂丝花鸟，图象逼真。刺绣有平绣、辫绣、扣绣和打籽绣等多种绣法，针脚细密，配色精妙，所绣山水、花鸟、昆虫、祥云等，宛如图画。公元 1967 年浙江瑞安仙岩塔中，发现宋庆历（公元 1041—公元 1048 年）以

前的三方经袱，在杏红色素罗地上，用白、黄等色平绣的对飞翔鸾团花双面图案，花纹两面一样，是传世的双面绣品中有明确年代的最早艺术品。

雕漆即"剔红"。以金属或木作胎，通常再涂上几十层朱红色漆，乘未干透时镂雕人物、花鸟、山水、楼台等，金属作胎的常露出胎底金属本色。用黄漆作底再涂朱红漆，刻成黄地红花，称为"蜡地"。也有以朱漆作底而涂黑漆，刻成锦地压花。或以各色漆重叠涂抹，雕刻时所刻花纹深浅不同，现出各种色彩的图案，如黄蕊、红花、绿叶、黑石等，十分美观。产地主要是两浙路，尤以温州最为著名，北宋首都开封有专卖温州漆器的店铺。

5. 戏曲与曲艺

宋代各种新的曲艺、戏曲形式主要有话本、诸宫调、宋杂剧和南戏等。话本原是"说话"（讲故事）艺人的底本，对后世的长、短篇小说和戏剧很有影响。宋神宗时孔三传以不同宫调的不同曲子，说唱情节曲折的长篇故事，称为诸宫调，南戏《张协状元》前面有一段诸宫调，可从中看到宋代说唱相间的诸宫调的某种格式。诸宫调对宋杂剧、南戏、金院本和元杂剧都有较大影响。宋杂剧是继承唐代参军戏，又吸收"大曲"（歌舞）、诸宫调等形成的早期戏剧。北宋时，杂剧有时还指傀儡戏、"角抵"等。南宋的杂剧，专指有滑稽讽刺的表演，并以曲子演唱的短剧，角色通常四五人。传世的无名氏《宋杂剧图》，描绘了演出时的生动场面。南戏，北宋末兴起于永嘉（今浙江温州），形成于南宋光宗（公元1190—公元1194年）时，亦称"永嘉杂剧""温州杂剧"。南戏起自民间歌舞小戏，后吸收宋杂剧及其他民间伎艺，作者亦多下层文人，词语通俗，不为士大夫所重视，流行于今浙东、福建地区。

四、两宋科技与学术

宋代，在整个社会经济、文化推动下，科学技术得到了长足的进步，两宋的科技成就不仅成为中国古代科学技术史上的一个高峰，也在当时的世界范围内处于领先地位，推动人类文明发展的中国四大发明，在宋代得到改进并应用。提到两宋科学技术时，人们还常常提到沈括及他的《梦溪笔谈》。如李约瑟博士把沈括誉为"中国整部科学史中最卓越的人物"，而他的《梦溪笔谈》则是"中国科学史上的坐标"。在其他方面也有颇多成就，如医学方面，医学从此前的三科分为九科，出现了世界上最早的法医学著作《洗冤录》。针灸有了很大发展。《经史证类备急本草》所收药物比《唐本草》新增476种。

宋朝的历法中最具代表性的是宁宗庆元四年（公元1198年）颁布的《统天历》。该历法由杨忠辅创制。它与现代所测数值只相差26秒，而与现行的

《梦溪笔谈》书影

公历所采用的数据相同，比西方《格里历》的颁行早 383 年。但因推测日食等不验，《统天历》只使用到开禧三年。同年又造《开禧历》代替统天历，行用于世 45 年。

学术方面，完成了儒学复兴，传统经学进入了"宋学"的新阶段，产生了新儒学即理学。促进了儒、道、佛三家相互交汇的深入发展，完成了古文运动。在唐宋八大家中，宋人占了六家，词达到全盛，话本在中国文学史上开辟了新的纪元。史学体裁多样，兴起了方志学、金石学；著作丰富，史家辈出，达到了中国古代史学发展的顶峰。书院制度的形成与发展。如书法、雕塑、石刻、绘画等都达到了新的水平，佛教、道教亦有了新的发展。

五、两宋外交

宋、辽、夏、金时期，我国同世界各国发展了友好的文化交流。当时我国是世界上文明高度发达的封建国家，大约有 50 多个大大小小的亚非国家和地区同我国建立了友好的关系，包括今波斯湾沿岸、阿拉伯半岛乃至埃及、地中海沿岸与东非沿岸等广阔地区。中国人民同亚非各国人民有着深厚的友谊。外国商人把香料、药物、犀角、玳瑁、琥珀、玛瑙等特产运到中国，然后把中国的瓷器、纺织品、金银、铜锡、铜钱等物品带回本国。中国的青瓷和白瓷是亚非人民最喜爱的日用品。

宋朝外敌频繁，外交的重要性日益增加。针对不同的外交对象，给予不同的馆待礼遇，并使之专门化。北方的辽金两朝都对宋朝构成巨大威胁，其外交事务主要由枢密院的礼院负责，包括文书往来、使节派遣和一切接待事宜等。元丰年间，枢密院改置北面房，掌北界国信，南宋沿袭之。此外，宋朝专门设置主管往来国信所，作为负责与辽、金交往的具体事务机构。而西夏、高丽、越南（宋朝先称之为"交趾"，后改称"安南"。宋时越南历经丁、前黎、李、陈等王朝统治）等国，由于宋朝视其为藩属国，所以发出的外交文书和礼物等皆称"制诏"或"赐"，对其国家的外交承认被称为"册封"。宋朝在京城设置许多外交接待馆驿，作为国家接待各国使节的地方。辽在都亭驿，西夏在都亭西驿，高丽在梁门外安州巷同文馆，回鹘、于阗在礼宾院，三佛齐、真腊、大理、大食等国家在瞻云馆或怀远驿。

宋朝奉行朝贡体制，然而将重心放在政治利益与经济利益，也就是"来则不拒，去则不追"。与西南的大理国保持"欲寇不得，欲臣不能"的关系，进行茶马贸易。宋朝有名的外交家有富弼、沈括与洪皓。富弼在外交上面对大军压境的辽朝时屡立奇功。他以理挫败自傲的辽使，迫使辽使行参拜之礼，后又两次出使辽廷，挫败辽兴宗割地要求。富弼分析宋、辽、西夏三国的关系，认为辽与西夏强盛的原因是获得中国的资源与人力而致，并且协助宋朝撬开辽夏同盟，使宋、辽、西夏三足鼎立的格局逐渐稳定下来。沈括以翰林侍读学士的身份，出使辽交涉划界事宜，获成而还。他在出使途中绘记辽国山川险阻及风俗人情，完成《使虏图抄》，上于朝廷。《宋史》称：沈括"使契丹，凡六会，敌人环而听者千辈，无以驳其议"。洪皓在南宋危难之时出使金朝，被拘 15 年，但仍不愿降金。洪皓曾屡次派人向被囚禁在五国城（今黑龙江依兰县）的宋徽宗、宋钦宗及在临安府的宋高宗秘密传递消息。归国后，宋高宗称他"虽苏武不能过"。

泉州和广州是我国对外交通的重要地区，也是宋代对外文化交流的枢纽。特别在南宋时期，泉州离文化中心临安较近，是外国使节来访的重要门户。

除了国家之间的互相访问，东南亚各地的商人也纷纷来到中国，甚至居住在中国。中国的商人也频频出海贸易。北宋大观年间（公元 1107—公元 1110 年），就有泉州商人朱仿乘船到三佛齐贸易。每年冬季，顺风一个月左右，就能从泉州到达三佛齐的外港凌牙门（新加坡），然后进入三佛齐的巴林邦（巨港）。在新加坡，曾经出土宋代的瓷器碎片和铜钱，这些都是当时两国经济交流的遗物。

北宋楠木经箱

第九章 元 代

当中原地区宋与金对峙、纷争不断时，北方的蒙古族崛起于漠北高原。公元1206年，成吉思汗统一了蒙古各部，建立了蒙古汗国。随后，成吉思汗开始了西征和统一天下的活动。公元1271年，成吉思汗的孙子忽必烈建立了元朝，于公元1279年灭了南宋，统一全国。

为了维护其特权，蒙古统治者推行民族分化和民族歧视政策，使阶级矛盾和民族矛盾十分尖锐。因此元朝农民起义此起彼伏。公元1351年，元朝爆发了规模巨大的红巾军起义，元朝最终被推翻。从公元1271年到公元1368年，元朝维持了98年。

元朝是继秦汉、隋唐之后，中国历史上又一个统一的王朝。这种大统一初步奠定现代中国疆域的规模，为南北方经济的恢复、交流和进一步发展准备了条件。元朝大统一，有利于文化科学技术提高，有利于各民族之间互相融合和联系。在统一的元朝，中外交通和中外关系也更加密切。

第一节　蒙古族的崛起与元王朝的统治

中国的封建历史沿革了 1000 多年以来，中央集权从未旁落到非汉民族的手里，虽然各朝各代都不停地与少数民族势力进行着战争与结盟或臣服的斗争，但基本上都是由中原政权所主导。这种情况到宋朝时却发生了天翻地覆的改变；少数民族不停地向中原侵犯，后来居然成事了，而且隔代又出现过一次少数民族统治全国的局面。

一、成吉思汗

南宋北伐屡屡失败的同时，金国也因内部腐败而渐渐走向衰落。这时，北方的蒙古族却日渐强盛起来。

铁木真出生于蒙古孛儿只斤氏族。曾祖合不勒统一蒙古尼伦各部。后来，叔祖忽图剌和父亲也速该也相继做了尼伦的乞颜部首领。

也速该英勇善战。在成吉思汗出生的那一天，也速该征讨塔塔尔部凯旋。为了纪念出征的武功，他给这刚出生的儿子取名铁木真。"铁木真"蒙语的意思是"精钢"。青少年时的铁木真武艺超群，才智过人，远近闻名。为了重振家业，铁木真去找父亲的安答 (结义兄弟) 克烈部首领王罕。在王罕的庇护下，铁木真开始积聚力量，势力迅速壮大。后来，铁木真迁居到怯绿连河上游的桑沽儿小河，建立了自己的营地，铁木真被推举为部族的汗。

成吉思汗

公元 1196 年，铁木真联合王罕，配合金国军队，在斡里札河围歼反叛金国的塔塔尔部，杀死了他们的首领。战后，金国封王罕为王，任命铁木真为招讨使，铁木真名声大振。此后，他又战胜了篾儿乞等部，攻取呼伦贝尔草原。公元 1202 年，铁木真彻底歼灭塔塔尔部，占领了西起斡难河，东到兴安岭的广大地区。公元 1203 年，王罕与铁木真反目，大战于合兰真沙陀 (今内蒙古乌珠沁旗北境)，铁木真大败。随后，铁木真重整旗鼓，发动突然袭击，大败蒙古族最强大的克烈部，王罕父子逃亡后被杀。

公元 1204 年，铁木真征服蒙古草原上唯一能和自己对抗的乃蛮部的首领太阳汗。1206 年，统一了西起阿尔泰山，东到兴安岭的整个蒙古草原。各部贵族在斡难河源头举行盛大集会，推举铁木真为大汗，建立强大的蒙古汗国。随后，成吉思汗开始建立蒙古汗国的国家制度。

成吉思汗的黄金家族是蒙古汗国的最高统治集团，拥有全部的土地和百姓。他按照分配家产的方式，将百姓和土地分给自己的子弟亲族。成吉思汗推广千户制度，将全蒙古的百姓划分为 95 千户，任命蒙古的开国功臣以及原来的各部贵族担任那颜 (意为千户长)，世袭管领。为了维护自己的至高无上的统治地位，成吉思汗还建立一支由大汗直接控制的人数达 1 万人的常备护卫军。这支强大的护卫军成为巩固蒙古汗国、进行对外战争的有力工具。

成吉思汗还根据畏兀儿文字创造蒙古文字，用这种畏兀儿蒙古文发布命令，登记户口，编订法律，大大加强统治，推进了蒙古文化的发展。

成吉思汗又任命自己的养子失吉忽秃忽为大断事官，负责分配民户，后来又让他掌管审讯刑狱等司法事务。成吉思汗还制定蒙古法律“大札撒”，作为全部蒙古人民都要遵守的准则。法律的制定，对于安定社会，加强蒙古政权的统治起到了积极的作用。

蒙古汗国建立之后，成吉思汗开始向外扩张。他先后三次入侵西夏，迫使西夏称臣纳贡，并随同蒙古一同进攻金国。公元 1211 年，成吉思汗南下进攻金国。公元 1215 年，攻占了中都燕京 (今北京市)。

公元 1219 年，成吉思汗踏上征讨花剌子模的万里西征之路。公元 1221 年，成吉思汗占领花剌子模全境以及中亚的许多地区。公元 1220 年，成吉思汗连破花剌子模的要塞不花剌、撒麻耳干等城，花剌子模逃往里海一带，成吉思汗穷追不舍。公元 1222 年，血洗花剌子模中心城市玉龙杰赤 (今土库曼斯坦库尔尼亚乌尔根奇市) 后，派军深入今巴基斯坦、印度追击逃敌。之后，大军继续西进，征服了阿塞拜疆，横扫伊拉克，并于公元 1223 年跨过高加索山，在阿里吉河打败俄罗斯与钦察联军，随后长驱直入俄罗斯境内，一直打到克里米亚半岛、伏尔加河流域、多瑙河流域。公元 1224 年，成吉思汗决定东归，公元 1225 年，回到蒙古，这场持续 7 年的西征终于结束。成吉思汗的西征，创造了世界历史上的奇迹。

二、蒙古帝国的势力

公元 1206 年，铁木真统一蒙古各部，蒙古族正式形成，铁木真本人获封成吉思汗。蒙古族在成吉思汗的领导下，冲出高原，掀起一股强劲的扩张浪潮。短时间内，这股扩张浪潮便将欧亚农耕世界搅得天翻地覆，一片昏暗，造成人类中古时代政治、文化和地理上的巨变。这不仅极大地影响蒙古族的历史进程，也在人类文明演进的轨迹上留下了深深的印迹。

成吉思汗死后，他的儿子窝阔台继任蒙古大汗，率蒙古大军进攻钦察、俄罗斯，攻占了莫斯科等城市。然后，窝阔台回师与金国对战，联合宋朝军队，将金国灭掉。蒙古灭金以后，向东又进攻高丽王国，高丽王室不敌蒙古大军，只好退守江华岛。

窝阔台死后，成吉思汗的小儿子拖雷的儿子蒙哥继位。蒙哥派他的弟弟旭烈兀继续率蒙古军西征。西征军先是攻占了阿拔斯王朝的巴格达，然后继续征战叙利亚，接着攻克大马士革。由于蒙哥抽兵回身攻打宋朝，在进攻宋朝时出师不利，在四川战场上，蒙哥本人被宋军杀死。旭烈兀得到消息后，急忙回师中原，想争得蒙古的帝位，只留下少量的蒙古军队在巴勒斯坦的阿音札鲁特与埃及争战，但被埃及人击败，因此，蒙古帝国的脚印并没有延伸到非洲大陆。

成吉思汗的孙子中，术赤的儿子拔都原先在父亲的阵营中征战，后来独立领兵，先是攻占基辅，继而率部入侵波兰、匈牙利、斯洛伐克、捷克。这一支蒙古大军向西攻打到最远的地方是维也纳附近。由于奥地利、波西米亚联军并没有对蒙古军的进攻进行抵抗，原本可以轻松地拿下奥地利等地，但拔都得到窝阔台的死讯后，忙率军东归，参与争夺蒙古大汗汗位，因此，蒙古军停止了对奥地利、波西米亚联军的进攻。

但是，当蒙哥在四川合州的钓鱼城久攻不下，在战斗中被杀死后，正在进攻湖北鄂州的蒙哥的弟弟忽必烈立刻班师回府，抢先自称大汗。忽必烈此举，一方面确立自己的大汗地位，另一方面也中止铁木真几个儿子之间的大汗之争，一定程度上避免蒙古族内部大面积争夺汗位的搏杀，有效地保持了蒙古族的强大势力不被内损所耗尽。

实际上，就在忽必烈自称大

忽必烈

汗的同时，他的弟弟阿里不哥也树起了大汗的旗帜。没有办法，忽必烈率兵与弟弟打了一仗，结果打败了阿里不哥的队伍。然后，忽必烈号令蒙古族，定都中都（北京），后改称大都，并于公元1271年将蒙古国改号为大元。

这在中国历史上标志着元朝的开始。

忽必烈建立大元后，一方面伺机进攻江南宋朝，但由于宋军的顽强抵抗，灭宋的战争持续了近10年才成功。在这期间，元军还出兵威胁高丽（朝鲜半岛中南部），高丽王朝早已没有力量与任何势力争战，见蒙古军到了门前，只好俯首称臣，成了元朝的附属国。

在南部，蒙古军曾于公元1257年绕过宋朝的势力往南进攻过越南的北部地区。在灭掉宋朝以后，蒙古军希望把宋朝失去的安南夺回来，元军又分两度攻占越南北部的地区，还曾经进攻占城（越南南部），获胜后，元军继续进行扩张式的战争，派兵攻入缅甸北部的蒲甘王国，并深入缅甸北部、中部、东部，多路作战，均取得军事上的胜利。其中部分元军还进入阿萨姆（喜马拉雅山南麓印度境内）地区。

元朝军队还发动过海上远征，但对爪哇岛的攻击失败了，只得无功而返。

三、元王朝的建立

公元1260年春，元世祖忽必烈在开平召集忽里勒台，即大汗位，建元中统，任用汉地士人，建立起中书省、十路宣抚司以及负责中原汉地政务的燕京行中书省等行政机构，巩固了在中原地区的统治地位。阿里不哥也在漠北召开忽里勒台，称汗，据有漠北地区。驻军六盘山的蒙古军主帅浑都海、奉蒙哥命主管陕西政务的刘太平，以及四川蒙古军的一些将领，拥护阿里不哥为汗，企图以秦蜀之地响应。忽必烈遣廉希宪为京兆等路宣抚使，急驰赴任，杀刘太平、霍鲁海和四川军中附阿里不哥的将领。不久，诸王合丹、汪良臣等合军，击败浑都海和逾漠南下应援的阿蓝答儿，于是完全控制了关陇川蜀地区。同时，忽必烈亲自率师北征，前锋移相哥败阿里不哥军，迫使他退守吉利吉思。次年秋，阿里不哥又移师东还，袭败移相哥，大举南进，与忽必烈激战于昔木土脑儿，双方死伤相当，各自退兵。因忽必烈切断了汉地对漠北的物资供应，阿里不哥陷于窘境，便派阿鲁忽（察合台孙）前往主持察合台兀鲁思。但阿鲁忽取得汗位后，拒绝向阿里不哥提供物资，并扣留其使者，于是阿里不哥举兵西击阿鲁忽，残破亦列河（伊犁河）流域。至元元年（公元1264年），阿里不哥众叛亲离，势穷力竭，向忽必烈投降。至此，忽必烈终于控制了岭北局势，并将势力伸入畏兀儿地区。

忽必烈在与阿里不哥争位战争之初，即已承认旭烈兀对阿姆河以西土地的统治权，原来由大汗直接领有的波斯诸地遂变为大汗的宗藩伊儿汗国。伊儿汗国与立国于钦察草原的术赤后王之间又为领土争端爆发了长期战争。大蒙古国分裂了。

中原汉地成为忽必烈政权的重心，他顺应时势，在保持蒙古文化本位的前提下推行"汉法"，改革对汉地的统治方式。公元1262年，山东行省大都督李璮趁北边有战事，结宋为外援，占据济南，并企图策动华北各地诸侯响应。忽必烈调集重兵围攻济南，七月城破，李璮被杀。忽必烈因势利导，罢世侯，置牧守，分民、兵之治，废州郡官世袭，行迁转法。由于中原各地数十年专制一方的大小诸侯的势力受到限制和削弱，中央集权获得加强。中统、至元之初，大体奠定了元朝一代政制的规模。中统四年（公元1263年），以开平为上都。至元元年（公元1264年），升燕京为中都。中统四年，始于中都旧城东北建造新城。至元八年（公元1271年）十一月，诏告天下，正式建国号大元。至元九年（公元1272年），升中都为大都。

四、统一全国

北方政局稳定后，忽必烈决定采用南宋降将刘整的建议，先拔襄阳，浮汉水入长江，进取南宋。至元五年（公元1268年），命阿术、刘整督师，围困隔汉水相望的襄、樊重镇，襄、樊军民拒守孤城6年。至元十年（公元1273年）初，元军攻下樊城，襄阳守帅吕文焕出降。次年六月，忽必烈命伯颜督诸军，分两路大举南进。左军由合答节度，以刘整为前锋，由淮西出师。伯颜本人与阿术领右军主力，九月，自襄阳出发，沿汉水入长江；同时，命董文炳自淮西正阳南逼安庆，以为呼应。十二月，元水师入长江，克宋江防要塞阳逻堡。宋汉鄂舟师统帅夏贵遁，汉阳、鄂州宋军降。伯颜分兵留阿里海牙经略荆湖，自领水陆大军顺流而东，以吕文焕为前锋。宋沿江诸帅多为吕氏旧部，皆不战而降。至元十二年（公元1275年）二月，贾似道被迫督诸路精兵，抵御元军之时，他仍企图奉币称臣议和，被伯颜拒绝，只好在池州下游丁家洲勉强与元军会战。因宋军内部不和，一触即溃。同年秋，伯颜从建康（今江苏南京）、镇江一线分兵三道趋宋都临安（今浙江杭州）。至元十三年（公元1276年）正月，宋恭帝赵㬎上表降元，宋亡。至元十六年（公元1279年），完全占领四川，又追灭南宋卫王赵昺于厓山，完成了全国的统一。元朝的统一，结束了自唐末藩镇割据以来国内的南北对峙、五六个民族政权长期并存的分裂和战乱局面，推动了多民族统一国家的巩固和发展。

五、远征海外

灭宋后，忽必烈对邻近诸国发动了一系列的战争。至元十一年（公元1274年），侵日军无功而还。至元十八年（公元1281年），又分两路进攻日本，由唆都率蒙古、汉军、高丽军从高丽东渡对马海峡，范文虎率新附军（元政府收编的南宋军队）从庆元（今浙江宁波）浮海北进。元军在日本鹰岛遇飓风，战船多坏，将卒溺死者众，又遭日军掩杀，几乎全军覆没。十九年，遣唆都从广州渡海攻占城，连战逾年。至元二十一年至至元二十二年（公元1284—公元1285年），镇南王脱欢（忽必烈子）发兵侵安南，命唆都从古城北上助战，南北夹攻。安南王撤离都城，其主力走匿山林，避免与元军决战；待元军疲惫，又出而攻扰。五月，脱欢因暑雨不止、瘟疫流行，被迫退师。唆都战死。至元二十年（公元1283年）、二十三年（公元1286年），元兵两次从云南出侵缅国（今缅甸），至元二十四年（公元1287年），进至蒲甘，迫缅国定岁贡方物后退回。同年再侵安南，次年以粮尽师老北还。至元二十九年（公元1292年）十二月，史弼、亦黑迷失、高兴从泉州起航出侵爪哇（今印尼爪哇岛）。爪哇统治者降元，并请元军助讨其敌国葛郎，打败葛郎王以后复举兵拒元，元军力竭退师。

六、忽必烈的治策

忽必烈首先改善各地的交通问题，他认识到行政和物资供应对这个庞大帝国的重要性，并给予了密切关注。忽必烈下令修复帝国道路，并在能栽种的道路两旁种树遮阳，在每隔一定的距离建商旅客栈。把20多万匹马分发给各驿站，用于帝国的邮政事业。为了保证北京的粮食供应，他修复和开通了大运河，使大米经运河从中国中部能够运往都城。

同时，为了备荒，他恢复了国家的控粮政策。在丰年，国家收购余粮，贮藏于国仓。当荒年谷价上涨时，则开仓免费分发谷物。

忽必烈行政管理中唯一不足的是财政方面。他把钞票引入流通领域，并使它成为财政的基础。但在这方面却出现了问题。

公元1264年，忽必烈颁布了一条法令，公布了用纸币来计算主要商品的价值。第一任"理财"大臣是不花剌的穆斯林赛夷阿札儿，他似乎把钞票的发行维持在合理的限度内。随后，继任的几位大臣们开始轻率行事，先是河中费纳客忒人阿合马，后是畏兀儿人桑哥，他们两人实行无限制的通货膨胀政策，使钞票贬值。在聚敛钱财时，他们采取多次兑换钱币的方式和建立了重利专卖的办法。为了阻止原钞票的下跌，有必要发行新的钞票，但这次的

元成宗铁穆耳

政策引发了新币的贬值，国家的财政出现了崩溃。

由于北方的汉人长期与其他民族混居，许多汉人曾做过辽金的官员，到了蒙古强势后，情况开始变得复杂。虽然蒙古上层很少见汉人高官，但汉文化的影响却是很明显的。

有资料显示，长春真人丘处机的雪山讲道，就给成吉思汗灌输了许多汉文化的概念。契丹人耶律楚材对忽必烈的汉化影响也很大，为了调和蒙汉分歧，耶律楚材用汉法给蒙古元朝建立了不少制度化的措施，并对忽必烈着重强调"汉地用汉民治理"的理论要义。

当然，忽必烈很清醒，他知道不能一味地接受汉文化的影响，就在身边召入其他民族的有志之士，包括西域人才、本民族人才，形成一个混合文化圈，来加强对汉文化的反影响与渗透制约。

忽必烈初期在心理上和实际利害上，都较倾向于汉人集团，但后来由于汉人李璮发生叛变，涉及在中央居高位的汉人领袖王文统，西域人集团趁机打击汉人集团，忽必烈受到这种刺激，不得不修改他的政策。从此以后，忽必烈不愿再轻易任用汉人为高官了，而是采取利用西域人来牵制汉人的手法，以求制衡。

元朝重用西域人，在文教、行政、理财等方面，对元政权有不少的贡献。这主要有几个原因：一是西域人在民族、语言、生活各方面都与蒙古族同属一个游牧文化圈；二是西域人降服较早，对蒙古的建国贡献也较大；三是西域人与汉人的民族性、文化背景以及立场不同，投蒙古征服者所好，汉人则有一种被压迫的感觉，始终存有一种敌意，试图恢复汉治，这让忽必烈感到汉人不可尽信。因此，元代的社会阶级就形成了蒙古、西域人地位明显比汉人高的社会形态。

元朝的文化意识形态圈有一个非常明显的特征，就是大力推崇佛教。

大元朝对一切宗教都很宽容，忽必烈在公元1279年，一度恢复了成吉思汗关于屠杀牲畜的规定——这一规定是与穆斯林习俗相违背的——和一度表现出极端反感《古兰经》所强加给穆斯林的那些对"异教徒"发动"圣战"的义务。此外，他对佛教徒的同情，使他在短时期内对佛教徒的老对手——

道士们表现了几分个人敌视。

虔诚的佛教徒、蒙古史家萨囊彻辰甚至给忽必烈冠以呼图克图(崇敬的、神圣的)和查克拉瓦蒂(佛教词汇中是"宇宙之君主")这些称号。甚至在他继位前,即蒙哥统治时期,在上都府召集了一次佛教徒与道士的辩论会,结果,佛教徒获胜。在这次著名的论战中,那摩和年轻的吐蕃喇嘛八思巴阐述了佛教教义。他们指控道士们散布流言,歪曲了佛教起源史,把佛教贬成仅仅是道教的附庸。这次论战之后,忽必烈颁布法令,焚毁道藏伪经,迫使道士们归还从佛教徒手中夺得的佛寺。

马可·波罗记载,忽必烈继任皇帝后,他曾举行隆重仪式接受锡兰王送给他的一件佛骨。

忽必烈在佛教事务中的主要助手是吐蕃喇嘛八思巴。

八思巴是著名梵学家萨斯迦的侄子和继承人,主管乌斯藏的萨斯迦寺庙。忽必烈曾派人到吐蕃请他,封他为国师。八思巴按忽必烈的命令为蒙古人创造新文字,被称为都尔巴金或称方体字,它是根据藏文字母创造的。不过,这些方体字只是暂时流行了一段时间,因为蒙古人继续使用模仿畏兀儿字母的文字,这种文字已成为他们的民族文字。

在忽必烈的继承者中,大多数人与忽必烈一样是虔诚的佛教徒。不过,其间也有信奉其他宗教的代表人物。例如,忽必烈的一个孙子阿难答就是倾向于伊斯兰教。阿难答在试图夺取王位失败后,被他的侄儿海山处死了。海山在统治时期内表明自己是一位虔诚的佛教徒,他命人把许多佛教戒律写本译成蒙古文。海山偏袒喇嘛,下令行政机关撤销了佛教徒和道士一直享受的财产豁免权,导致大臣张圭代表儒生公开抗议尊崇喇嘛。后来,也孙皇帝不得不对喇嘛进入中国加以控制。

元朝大力推崇佛教,对中国传统的儒教文化形成了很大的冲击,也必然成为汉文化的巨大阻碍,这是导致蒙古元朝夷制快速灭亡的一个重要原因。

第二节 民族等级制度及元政的衰败

一、四等人制

元朝"四等人制"这个问题,可以在许多文章中看到。这是元朝政治制度中非常独特的表征。

元朝政府为了巩固统治，采取人为的民族分化政策，把境内的各族人民分为四等。

四等中的第一等当然是蒙古人，他们是天之骄子，掌握各级政府的要职。第二等是色目人，指西域各族人和西夏人，他们当亡国奴较早，较能得到蒙古人的信任。第三等是"汉人"，即原来金统治区域的汉族和契丹、女真等族人。第四等是"南人"，地位最为低下，包括南宋统治区域的汉族和其他各族人。

这四等人的界限是森严的，重要的官职、军职均由蒙古人充任，蒙古人不足时则用色目人。虽然根据官方规定，汉人是不能担任达鲁花赤等官职的，但事实上并没有很有效地执行起来。在史料中能很容易地找出汉人当达鲁花赤的例子。这一方面说明，元政府曾试图把一些职位专门留给某些民族成分的人，但这些规定却一次又一次地被破例。另一方面也说明，少数民族王朝在对中国进行统治的时候，无法避免一些被同化的现象，这里面有相当大的政治上的灵活性，表示汉人的作用不能被轻易取代。

汉人与南人的区别，主要体现在税收上。元朝税收制度南北不同，北方（汉人区）用租庸调制，南方用两税制。造成这种情况的原因，主要是元朝建立初期南北分裂的局势，宋金两国税制不同，而蒙古统治者对统一税制缺乏兴趣，其主要的精力还是放在扩张战争上。因而，对于历史遗留下来的问题并没有着手进行改革，造成在元朝同是汉人而南北的遭遇有所不同的社会现象。

元朝比较复杂的是"色目人"。色目人，是元朝对除蒙古以外的西北各族、西域以至欧洲各族人的概称。"色目"一词源于前代，意为"各色名目"。当时色目人有多少种，说法不一。因为当时西域、欧洲人的民族成分很繁杂，元人对他们的译名又不统一，所以不可能精确地记载元代色目人的种数。常见于元人记载的色目人，有唐兀、乃蛮、汪古、回回、畏兀儿、康里、钦察、阿速、哈剌鲁、吐蕃等。色目人在元朝的建立和统一全国的过程中大量进入汉族居住地区，他们作为蒙古人征服中亚和西域的归附者受到元朝的重视，被列为全国四等人中的第二等人，待遇仅次于蒙古人。色目人

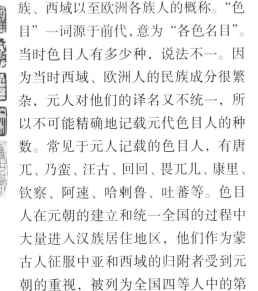

"至元通行宝钞"纸币

的上层人物，有的是军队将领，有的是政府官员，有的是勾通官府的大商人。色目官员在元朝各级政府机构中占有一定的地位，他们可以担任汉族官员不能担任的职务，如地方政府的达鲁花赤；一般则规定蒙古人任达鲁花赤，汉人任总管，色目人任同知，以便互相监督。在科举考试和入仕方面，色目人享有的优遇几乎与蒙古人相同。色目人犯重刑，与蒙古人一样由大宗正府处置。但是，元朝给予色目人的优遇只能使他们的上层人物受益，下层色目人则像普通的汉人那样，处于无权地位，有不少贫苦的色目人沦为奴婢。

二、儒家地位的衰落

元朝除了"四等人制"以外，还有个特别的东西，虽然正史上没有明确记载，但其社会影响非常之大！

元政府依照不同职业的性质，又把境内人民分为10级：

（1）官（政府官员）；

（2）吏（政府雇员）；

（3）工（高级技术人员）；

（4）商（商人）；

（5）医（医生）；

（6）匠（低级技术人员）；

（7）艺（优伎、演员）；

（8）娼（娼妓）；

（9）儒（儒士、道学家）；

（10）丐（乞丐）。

这里最刺眼的就是儒学被边缘化，儒士的地位大大降低，与宋朝的文人形成过于鲜明的对比！

有据可考的是，对元朝统治下的人民做这样"十级"的划分，的确是蒙古元朝的产物。虽然其中有不同的版本，如将僧、道人列入其中，但儒士，在蒙古人看来，是彻头彻尾的寄生虫，连儒家所最鄙视的娼妓都不如，但这却实实在在是一个历史阶段的真实写照。

蒙古元朝在开国前50年间，基本排斥汉人在朝中做官，虽然实际上有汉人谋到相对较高的位置，但制度上的设置还是明确的，只是执行上的问题而已。

元朝的主导思想就是要用本民族的意志来统治天下，最主要地体现在一个大计划上，即将中原及江南的良田都改造成牧场，以便放牧，过传统的游牧生活。这虽然看起来十分可笑，还可理解是属于正常的思维意识。就连忽必烈倾向汉文化，也是基于"以汉制汉"的思想，治理天下主要还得靠亲人的原始思想，主要的官员还是以蒙古人与色目人为主。这样，汉人在朝中的确难以谋到重要的位置。

另外一个主要的问题在于，汉人的天下被少数民族掌控，是件难以接受的事，因此，汉人多有不屈从的意志，这就难以有与蒙古人合作的治世态度，这也造成了不利于官员留任的客观结果。

还有一个原因是，元朝统治天下后，废除了科举制度，直到后期才恢复，朝中任用官员，以世袭、同僚举荐和提拔小吏为主要方式。这样，导致学而优则仕的道路被封堵了。因而儒士的社会地位下降是难免的，其一时的落魄成为当时社会的显性特征。

三、社会诸矛盾的激化

元朝末年，吏治腐败，财政破产，军备废弛。燕铁木儿死后，伯颜独秉国政，政治势力迅速扩大。中书省、枢密院官员大都出其门下，每罢朝，一拥而退，朝廷为之一空。他一次所受赐田多达 5000 顷。大批蒙古贵族、官僚通过受赐、占夺等方式转化为大土地所有者，汉族地主也大肆兼并土地。广大农民在沉重的封建负担下丧失土地，破产流亡。伯颜当权时，中原连年灾荒，人口存亡相半，朝廷竟不加救济。官吏勒索，贿赂公行，民间将他们与"贼"一样看待。元（后）至元（公元 1335—公元 1340 年）年间，广东朱光卿、河南棒胡、四川韩法师、福建李志甫、江西彭莹玉及周子旺等相继举众起义；东北、西北、湖广各族人民也起兵反元。以伯颜为代表的一部分蒙古贵族，企图用加剧民族压迫的政策来镇压以汉族人民为主体的反元斗争。忽必烈在位时，就将全国居民按种族、地域分为四等，对汉人，尤其是南人中的平民加以各种防范压抑。这时，伯颜继废止科举之后进一步下令禁止汉人、南人学蒙古、色目文字，以阻塞他们的仕途；并扬言要杀张、王、刘、李、赵五姓汉人。伯颜还企图废顺帝另立。他的所作所为使当时的社会危机更加深刻。（后）至元六年（公元 1340 年），伯颜侄脱脱得到顺帝支持，乘伯颜出外行猎，将他贬黜。顺帝起用脱脱当政，次年，改元至正，宣布"更化"，恢复科举取士，开马禁，减盐额，修辽、金、宋三史，政治一度较为清明。至脱脱第二次出任中书右丞相时，国库空虚，灾荒频仍，为解救危机，他变更钞法，勒黄河回故道以整治河患，在京畿附近营田，募人佃种以救北方粮荒。但这些都未能缓和已全面激化的社会矛盾，而开河、变钞直接催发了轰轰烈烈的元末农民大起义。

四、红巾军大起义

元朝从成宗以后，又传了9个皇帝，皇室斗争日趋激烈，政治也越来越腐败，人民生活在水深火热之中。最后一个皇帝元顺帝妥懽帖睦尔即位后，荒淫残暴，百姓纷纷起来造反。

河北有个叫韩山童的农民，聚集了不少受苦受难的百姓，烧香拜佛，后来慢慢发展成了白莲会（一种秘密宗教组织）。韩山童对他们说：佛祖见天下大乱，将要派弥勒佛下凡，拯救百姓。

正巧这时黄河在白茅堤决口，两岸百姓遭受了严重的水灾。公元1351年，元王朝征发了汴梁（今河南开封）、大名（属今河北）等地民工15万和兵士2万人，到黄陵冈（今山东曹县西南）开挖河道，疏通河水。

韩山童决定利用这个机会起事。他先派几百个会徒去做挑河民工，在工地上传播一支民谣："石人一只眼，挑动黄河天下反。"

民工们不懂这首歌谣是什么意思，开河开到了黄陵冈，有几个民工忽然挖出一座石人来。大家好奇地聚拢来一瞧，只见石人脸上正是一只眼，都禁不住呆住了。这件新鲜事很快地在十几万民工中传开，大家心里想，民谣说的真的应验了，既然石人出来了，天下造反的日子自然也来到了。

不用说，这个石人是韩山童事先派人偷偷地埋在那里的。百姓被鼓动起来。韩山童便挑选一个日子，聚集起一批会徒，杀了一匹白马、一头黑牛祭告天地。大家都推举韩山童做领袖，号称"明王"，并约定日子，在颍州颍上（今安徽阜阳、颍上）起义，起义军用红巾裹头作为标记。然而正在歃血立誓的时候，有人走漏了消息。官府派兵士抓走韩山童，押到县衙杀了。韩山童的妻子带着他儿子韩林儿，逃脱官府追捕，到武安（今河北武安）躲了起来。

韩山童的伙伴刘福通逃出包围，把约定起义的农民召集起来，攻占了颍州等地。在黄陵冈开河的民工得到消息，也杀死了河官，纷纷投奔刘福通。起义兵士头上裹着红巾，百姓就把他们称作"红军"，历史上称作"红巾军"。不到10天的工夫，红巾军已经发展到10多万人。

刘福通的红巾军陆续攻下了一些城池。江淮一带的农民早就受到白莲会的影响，也纷纷响应刘福通起义。

公元1354年，元顺帝派丞相脱脱动用了西域、西番的兵力，号称百万，围攻占领高邮的张士诚起义军。起义军正处在危急存亡之时，元王朝突然发生内乱，脱脱被撤掉官爵。元军失去了统帅，不战自乱，全军崩溃。

第二年二月，刘福通把韩山童的儿子韩林儿接到亳州（今安徽亳县）正式

元明宗

称帝，国号宋，称韩林儿为小明王。

刘福通是反抗蒙古统治战争中杰出的领袖，他率领新兴的武装力量，打击了军事力量强大的蒙古帝国。元朝把亳州大宋政权看作是心腹大患，令丞相脱脱率大军前往镇压。公元1358年，刘福通攻陷汴梁恢复宋的首都后，分三路向蒙古进兵，发动总攻。其中毛贵的东路军一直打到元大都城下。刘福通亲自率领大军攻占了汴梁，然后把小明王韩林儿接来，定汴梁为都城。

元王朝不甘心失败，纠集地主武装加紧镇压红巾军，致使三路北伐军先后失利，汴梁重新落在元军手里。元王朝又用高官厚禄招降了张士诚。刘福通保着小明王逃到安丰（今安徽寿县）后，受到张士诚的袭击，公元1363年，刘福通战死。北方红巾军失败后，南方红巾军还在活动。蒙古帝国和韩宋的力量相互完全消耗，元朝的灭亡近在眼前。

处于南北红巾军之间的朱元璋，利用这一有利条件，按照徽州老儒朱升提出的"高筑墙，广积粮，缓称王"的建议，自公元1356年占领集庆（今江苏南京）后，先后削平了陈友谅、张士诚、明玉珍等势力，势力扩张到苏南、浙江、安徽一带。刘福通战死后，朱元璋救出皇帝韩林儿，将其迎往滁州（属今安徽省）。公元1366年，朱元璋命令廖永忠迎韩林儿至应天府（今江苏南京），途中韩林儿落水淹死。最后，朱元璋命令大将徐达挥师北上，推翻了元朝统治，于公元1368年建立了明朝。

五、朱元璋结束元朝统治

蒙古元朝从成吉思汗到忽必烈，被人称为蒙古帝国或者大元朝，他们曾经是那么善战与骁勇，东伐西征无往而不胜。可是，才过了近百年，在中原取得统治不过几十年后，居然就不会打仗了。

在全国各地纷纷发生农民暴动的时候，元朝军队也四处出击镇压，但常常无功而返，多数都是被迎击而落败溃逃。只有在脱脱统率大军去镇压农民起义的时候，元军还能有点成效。可是，脱脱却被政府弃用了。这也是元朝政权摇摇欲坠的征兆。

实际上，元朝末年发生的农民起义和兵变虽然遍布全国各地，但有一个显著的特征，就是各自为战，起事后稍有成效，就都想自立为王，而且相互间多有交恶，矛头并非一致对准元朝政府。

这时，元朝政府没能采取各个击破、分化瓦解的方式将那些不利于国家统治大局的因素消灭在萌芽状态，一方面是惠宗妥懽帖睦尔政治上无能，屡次丧失良机；另一方面也是蒙古贵族内部的争斗过于激烈，极大地损伤了蒙古兵的战斗能力；还有一个重要的方面就是，几十年的统治，蒙古人并没有做到收拢汉族人心，蒙古政权在取得统治地位后对于元朝的制度建设是失败的，随时随地不断地发生兵变与民变，就是民族矛盾的体现，这不仅仅是元朝政治腐败和腐朽的普遍原因。

由徐寿辉等人建立起来的天完政权，后来与刘福通遥相响应，动摇了元朝的政治。不过，天完政权内部的争权夺利与派系斗争，最终没能完成其革命的使命，先于元朝而消亡。

然后就是朱元璋与陈友谅之间的争斗，即著名的鄱阳湖之战。这场战争结束之后，起事反对元朝政权的各地武装势力基本归于朱元璋的势力之下。这给朱元璋北伐元朝政府制造了条件。

朱元璋决定北伐时，实际上有两种战略上的选择。

朱元璋的手下刘基、常遇春提议直取大都，以其精锐部队消灭元朝的疲惫之师，占领大都后，分兵出击，则天下一统的大功即可告成。而朱元璋自己认为，大都是元朝经营了上百年的都城，防御工事坚固，孤军深入进攻，太过危险，应先取山东，再占河南，折攻潼关，取得东西南三方面的军事要点后，再攻取大都，必将成功。

后来讨论的结果是执行朱元璋的计划。

于是，朱元璋以徐达为征虏大将军，统率全军；以常遇春为副将军，另以参将冯胜、右丞薛显、参将傅友德各领一军，全力北伐。在部队出征之前，朱元璋找人写了一篇檄文发布天下。

檄文中再三申明军纪，告诫出征将士，北伐不是攻城略地，而是推翻蒙元暴政、解除人民痛苦，提出"驱逐胡虏，恢复中华，立纲陈纪，救济斯民"的口号，对于蒙古人和色目人，若愿意成为新皇朝的臣民，则与中原人民一样看待等。

北伐军节节胜利，迅速攻下山东诸郡，占领开封，平定河南，同时攻克潼关。随后，北伐军攻克元朝首都大都，元惠宗带着后

朱元璋

妃太子慌忙弃城逃走，奔向漠北，统治中原长达98年的蒙元政权就这样被赶出了中原。公元1368年，40岁的朱元璋告祭天地，经过了百年的努力，汉人终于重掌了政权，终于实现了自己的梦想："驱逐胡虏，恢复中华。"

朱元璋也从一个横笛牛背的牧童、小行僧而成为明朝的开国皇帝。

当元惠宗弃大都北逃时，蒙古人统治中国的政权即告消失，但就整个蒙古帝国而言，只是统治中国的大元政权退出了关内的中原之地。他们虽然一路北逃，但还维持着元政权的组织与大部分制度，依然是与明朝对立的一个帝国。不过，蒙古人退回草原后，他们本身各部族之间的争斗依旧很激烈，就像元政府那样，很快就自损实力，又渐渐地回到过去游牧政权时的状态，史称"北元"。

第三节　元代的政治与经济

一、元代的行省制度

忽必烈建立的元朝实现了中国历史上一次新的大统一。元朝的版图之大，超过了汉唐盛世。它东起黄海和东海，西达东欧和西亚，北到北冰洋，南至南海和今越南、泰国北部，是中国历史上版图最大的王朝。

元朝为了对所属辽阔的疆域进行统治，将全国领土分为两大部分：一部分由皇帝直接统治，主要是原来的金、南宋、西夏、大理等地区；另一部分则分给皇族的亲王统治，这主要是西域地区，如察合台汗国、钦察汗国、伊儿汗国等。

元朝皇帝直接统治的行政区，划分为12个大的政区，实施行省制度。元朝的行政机构是同其中央集权制相适应的，行省制度是自秦汉以来中央集权制度的一个重大发展，从魏、晋、南北朝开始，中央的行政机构开始称为尚书省、中书省等。行省就是中央机构到地方上仍然行使中央机构权力的称呼；开始并不辖地，只为了临时性军事需要而设，事毕即撤。后来为了加强对地方的控制，设立了"行台省"，名义上是中央分支机构，实际上已成为州以上的一级行政区划。

金朝初期，因为它的统治中心在北方，不便控制中原，便在开封等地设了行台省；金后期为了加强地方行政，又设了陕西、河北、山东等行省；行省的名称，从金朝初年就开始使用了。元朝初年，沿用了金的行省制度，占一地区就设一行省，都是为军事行动需要而临时设立的。只是因军事行动频繁，长时间不能撤，逐渐演变为常设机构；辖区相对固定，形成州县之上的一级行政区域，成了正式的地方行政机构，其内涵已与金朝的行省不大相同。

至正之宝

元朝的中央一级行政机构，主要有总理政务的中书省，掌管兵权的枢密院和管监察事务的御史台等。中书省设有中书令、右丞相、左丞相、平章政事、右丞、左丞、参知政事等，以中书令为最高首脑。中书省下设吏部、户部、礼部、兵部、刑部、工部。六部之外，就是一级地方行政机构"行中书省"；所谓行中书省，就是代表中书省在地方上行使职权，简称行省或省。

首都大都附近的地区（今河北、山西、山东等地）直属中书省管辖，称为"腹里"。其余十个行省分别是：

岭北行省，辖地为今蒙古戈壁大沙漠以北直达北冰洋，西至鄂毕河的广大地区，省会在和林（今蒙古哈尔和林），这是区域最大的一个省，其中大部分地区为蒙古诸王的封地及部落的游牧地；

辽阳行省，统辖今东北地区，省会在辽阳（今辽宁辽阳）；

河南行省，辖黄河以南、长江以北的今鄂、豫、皖、苏之地，省会在汴梁（今河南开封）；

陕西行省，辖今陕西及甘肃、宁夏的黄河以东地区，省会在奉元（今西安）；

甘肃行省，辖今甘肃、宁夏的黄河以西及青海东北部、内蒙古西部诸地，省会在甘州（今甘肃张掖）；

四川行省，辖今四川西部及湖北恩施地区，省会在成都；

云南行省，辖今云南及贵州西部，四川凉山，以及缅甸、越南、老挝北部诸地，省会在昆明；

湖广行省，辖今湖南、广西及贵州大部和湖北长江以南诸地，省会在武昌；

江西行省，辖今江西、广东及湖南桂阳诸地，省会在龙兴（今江西南昌）；

江浙行省，辖今浙江、福建及皖南、苏南和上海诸地，省会在杭州；

此外还有一个宣政院管辖的吐蕃地区，包括今西藏及青海大部、四川雅安以西地区。

因为行省是皇帝的派出机构，其官员配置也与中书省类似，有丞相、平章政事、右丞、左丞、参知政事等职；只是为了防止外职过重，行省的丞相职务往往空缺，由平章政事等主要官员直接向皇帝负责。行省的权力极大，它统辖政务、钱粮、兵甲、屯田、漕运、军事等，但是，行省权力过大，后期各地兵起，往往形成分裂割据的局面。行省之下，则有路、府、州、县等常设行政机构。

元代的疆域十分辽阔，每个省的管辖区域要比现在的省大得多，特别是几个边疆省。如辽阳省的管辖范围，除了今东北之地外，还包括今俄罗斯境内的黑龙江下游地区和库页岛等地；江浙行省还包括今澎湖、台湾等一系列岛屿。行省制度加强了这些地区与中央的联系，使中央对这些地方的管辖有如内地。

与行省制度相连的还有驿站制度。元朝在全国各地设有1400处驿站，仅辽阳行省就有100多处。驿站分陆站和水站，水站用船，陆站用马、牛、驴或车；后来还设置过海站，在冰天雪地的黑龙江流域设狗站——狗拉雪橇在冰封的大地奔走，形成了以大都为中心的四通八达的交通网络。驿路上使臣们往来不绝，大大加强了中央与行省、行省与行省之间的联系。各种公文可以很快传递，加强了中央对地方的控制和指挥。与驿站相辅，还有急递铺，传递紧急公文时，一昼夜可传400里地。

元朝的行省制度对以后明清两代产生了积极的影响，初步奠定了今天中国的行省规模。明朝改革行省为"承宣布政使司"，不管军事，专管民政事务；但人们习惯上仍然称作行省，以后"省"成了地方行政区划的专有名称。清沿明制，将全国划分为直隶、江苏、安徽、山西、山东、河南、陕西、甘肃、浙江、江西、湖北、湖南、四川、福建、广东、广西、云南、贵州18个省；清末又增设了新疆、台湾、奉天、吉林、黑龙江五省，至此，全国除青、藏、内蒙古等地区外，共有22个省，这同今日的省、自治区（不算直辖市）的设置方法已相差无几。

二、元朝农业

元朝经济大致上以农业为主，其整体生产力虽然不如宋朝，但在生产技术、垦田面积、粮食产量、水利兴修以及棉花广泛种植等方面都取得了较大发展。蒙古可汗进入中原之初，惨酷的屠杀和劫掠，给北方地区的经济带来了很大的毁坏。

蒙古人原来是游牧民族，草原时期以畜牧为主，经济单一，无所谓土地制度。蒙金战争时期，曾打算尽杀汉人，把耕地都变为牧场，大臣耶律楚材建议不如保留汉人的农业生产，以提供财政上的收入来源。这个建议受到铁木真的采纳。窝阔台之后，为了巩固对汉地统治，实行了一些鼓励生产、安抚流亡的措施，农业生产逐渐恢复。特别是经济作物棉花的种植不断推广，棉花及棉纺织品在江南一带种植和运销都在南宋基础上有所增加。

经济作物商品性生产的发展，就使当时基本上自给自足的农村经济，在某些方面渗入了商品货币经济关系。但是，由于元帝集中控制了大量的手工业工匠，经营日用工艺品的生产，官营手工业特别发达，对民间手工业则有一定的限制。

三、元朝手工业

元代的民间手工业由于封建官府的控制和压制，始终未能充分发展。经营范围主要是纺织、陶瓷、酿酒等。产品从规格、定额到销售，也多受官府限制、控制，甚至因和买、强征遭到摧残。民间手工业多数是自给自足的家庭手工业，一些城镇和纺织等行业中出现了手工作坊，产生了作坊主和雇工。民间手工业设备和生产条件差，但工人生产积极性较高，因而效率高、成本低，有些产品质量和生产技术超过了官办手工业。

官办手工业分属工部、将作院、武备寺、大都留守司、地方政府，诸王贵族名下也有手工业局院。官办手工业有充足的人力、物力，有战争中俘掠来的无数工匠供其驱使，有以雇和买的名义搜刮来的廉价原料，虽然生产效率不高，但规模大，产品多，远远超过宋金时的官办手工业。

元朝实行匠户制度，匠户的来源有二：一是蒙古在长期征伐过程中虏获来的工匠以及被抑逼充当工匠的俘虏；一是从民间签发来的手工工匠和并非工匠的普通百姓。

元政府在大都设立了大量局、院，因而聚集的匠户也最多，仅制造毡罽的工匠即在 2 万户以上，金玉玛瑙工匠有 3000 余户。平定江南以后，元政府一次就签发工匠 30 万户，经过拣选后，还留下 10 万户左右。估计元代匠户应在 20 万户以上。此外，还有隶属于诸王投下的大量匠户。

匠户在户籍上自成一类，必须在官府的手工业局、院中服役，从事营造、纺织、军器、工艺品等各种手工业生产，由各局、院和有关机构直接管理。不允许他们随意脱籍，必须世代相袭，承当指定的工役。如果不肯入局、院服役，就要"痛行断罪"。有些并非工匠的匠户，或虽是工匠但所派工役非本人专长者，往往出钱雇工代为应役。匠户免除科差，但要纳地税。

1. 棉织业

随着植棉的推广，棉纺业开始成为一项新兴手工业。元贞年间，黄道婆自海南岛返回家乡松江乌泥泾后，推广和改进黎族纺织技术。据王祯《农书》

黄道婆

记载，元中期已有搅车、弹弓、卷筵、纺车、拨车、床、线架、织机等工具。黄道婆又传授错纱、配色、综线、挈花等方法，产品有棉布织成的被、褥、带、帨（手巾），上面有折枝、团凤、棋局、字样等。印染技术也大有发展，元末时松江能染青花布，有人物花草，颜色不褪。

江南地区的丝织业主要是农民的家庭副业，也有专门以机织为生的机户。史载湖州有绢庄10座，濮院镇有四大牙行，绢庄和牙行都由大商人出资开设，在其附近乡镇，"收积机产"。杭州城内，已经出现了拥有四五架织机、雇工10余人的丝织业手工作坊。作坊内的雇工除领取工资外还要"衣食于主人"。

窝阔台统治时，在弘州（今原阳）、荨麻林（今万全西北）两地有3300余户西域的工匠，他们带来了织造"纳失失"的技术。纳失失是一种金绮，由金线织成，上贴大小明珠。这些工匠在传播新的丝织技术方面做出了贡献。

2. 丝织业

从事丝织生产的织染局遍布全国，主要产地在建康（天历二年，即公元1329年，改集庆，今江苏南京）、平江（今江苏苏州）、杭州、庆元（今浙江宁波）、泉州等地，产品供宫殿王府装饰和皇室、贵族、官僚穿着之用。产量很高，如镇江府岁造缎5901匹，建康路仅东织造局一处，岁造缎4527匹。花色品种繁多，如镇江府岁造丝织品中有纻丝、暗花、丝绸、胸背花、斜纹等品种，有枯竹褐、秆草褐、明绿、鸦青、驼褐等颜色。在宋缂丝的基础上发展而成的织金纻丝，其繁华细密超过缂丝；集庆官纱，质轻柔软，诸处所无。丝织业也是民间最普遍的手工业，多为家庭手工业，杭州等地还出现了手工作坊。

产品中织金纻丝很普遍，品种很多。如嘉兴路所产丝绸品种有绢、绫、罗、纱、水棉、缂丝、绸、绮、绣、绤等。

3.毡罽业

蒙古等北方少数民族入居中原后，将他们织造毡罽的技术传播到内地。宫廷、贵族对毡罽的需要量很大。诸凡铺设、屏障、庐帐、毡车、装饰品等均有需求，因而官府、贵族控制的诸司、寺、监都生产毡罽，产量很高。如泰定元年（公元1324年），随路诸色民匠打捕鹰房都总管府所属茶迭儿（蒙语意为"庐帐"）局，一次送纳入库的就有白厚毡2772尺，青毡8112尺，四六尺青毡179斤。品种很多，仅随路诸色人匠总管府所造地毯，就有剪绒花毡、脱罗毡、入药白毡、半入白矾毡、无矾白毡、雀白毡、半青红芽毡、红毡、染青毡、白袜毡、白毡胎等13种。

4.麻织业

主要集中在北方。织麻工具较前代有很大提高。如中原地区用水转大纺车纺织，一昼夜可纺织百斤；山西使用的布机有立机子、罗机子、小布卧机子等；织布方法有毛布法、铁勒布法、麻铁黎布法。河南陈州、蔡州一带的麻布柔韧洁白。山西的品种有大布、卷布、板布等。

5.制盐业

元代设盐运司（转运司、提举司）管理盐业，全国有两淮、两浙、山东、福建、河间、河东、四川、广东、广海九盐运司。两淮、两浙、山东等处盐运司下设若干分司。各盐运司（或分司）下共辖137所盐场，场下有团，团下有灶，每灶由若干盐户组成。产盐之地遍于全国，有海盐、池盐、井盐之分。天历年间，总产量达266.4万余引，每引重400斤，约合10亿多斤。

设灶煎盐的盐户为灶户，在户籍上也自成一类。元代灶户中的男劳力称为盐丁或灶丁。由国家指派，户籍上自成一类，归盐运司管辖，不属于地方政府。灶户世代承袭，固定在指定的盐场，不能随意迁移。每户按不同财产状况向官府交纳数目不等的盐，称为额盐。然官府所发给的报酬工本钞则为数甚微。元中叶后，灶户被迫逃亡者甚多，很多贫苦灶户参加了元末农民起义。

6.兵器业

元初中央由统军司，以后由武备寺制兵器；地方由杂造局制造兵器。除常用的刀枪弓箭外，火器发展尤为显著。金末火炮以纸为筒，可能为燃烧性火器。元代所制铜火铳，系利用火药在金属管内爆炸产生气体压力以发射弹丸，为管状发射火器，使中国火炮技术有了重大进步。现存至顺三年（公元1332年）、至正十年（公元1350年）两尊铜火铳，制作精细。

7. 制瓷业

景德镇是元代新兴的制瓷中心。元政府设浮梁瓷局加以监督，令民窑承担御器制作，产品极精。新产品有青花瓷和釉里红，都是釉下彩瓷器。青花瓷色白花青，色彩清新，造型优美；釉里红用铜的氧化物做彩绘原料，花纹红色。元代龙泉窑范围扩大，产品全为青釉。钧窑多花釉、变色釉，窑址数量多、规模小。磁州窑产品多白釉黑花，品种多样，

元青花瓷

区域广大，德化窑多白釉，象牙黄釉。元代的青白瓷生产沿袭宋代，产品造型端重雅致，坯体厚实，便于远途销运。

景德镇是元代制瓷业的中心，也是最大的官窑。这里有窑场 300 余座，除生产青、白瓷之外，又发明了青花、釉里红、卵白釉、纯红釉等新产品，为明清彩绘瓷器打下良好的基础。现存的卵白釉印文独龙戏珠八宝太禧盘，有泰定三年（公元 1326 年）款，是瓷器的珍品。元代的民窑也很多，龙泉窑最为著名，能造大型器物，有篦纹、划花、刻花、贴花、填花等纹饰。产品精致，行销国内外，近年在韩国打捞的一艘沉船，其中载有元朝运往朝鲜的数万件瓷器，说明龙泉窑的产品已超过两宋。

四、元朝商业贸易

由于农业、手工业和交通运输业的发展，统一的货币在全国流通，元代的商业也很活跃。但国内外贸易主要控制在政府和贵族、官僚、色目商人手里。

元时在全国范围内使用了纸币——钞。全国货币实现统一，促进了经济交流和商业的发展，但元朝统治者通过滥发纸币弥补财政赤字，对社会经济的发展又起着阻碍作用。

政府对国内许多商品采取专利垄断政策，其形式各不相同，部分金、银、铜、铁、铁器、盐等，由政府直接经营；茶、铝、锡和部分盐等，由政府卖给商人经销；部分金、银、铁等矿业，以及酒、醋、农具、竹木等，由商人、手工业主经营，政府抽分。

元代的商业发展与商品流通客观上具备一些独特的有利条件。规模空前的统一局面、对外关系的开拓以及畅达四方的水陆交通，为中外商旅提供了"适千里者如在户庭，之万里者如出邻家"的优越环境。

由于蒙古对商品交换依赖较大，同时受儒家轻商思想影响较少，故元朝

比较提倡商业，使得商品经济十分繁荣，使其成为当时世界上相当富庶的国家。而元朝的首都大都，也成为当时闻名世界的商业中心。为了适应商品交换，元朝建立起世界上最早的完全的纸币流通制度，是中国历史上第一个完全以纸币作为流通货币的朝代，然而因滥发纸币也造成通货膨胀。商品交流也促进了元代交通业的发展，改善了陆路、漕运，内河与海路交通。

以政治权势为标准，元代商人大体可划分为两大类，第一大类由贵族、西域商人、官僚、上层僧侣和豪商组成，他们在行商时受到官方多方面的庇护和优遇，有的甚至不当杂泛差役、豁免或逃匿商税，取得持玺书、佩虎符、乘驿马的特权。

五、南粮北调与河海漕运

建立元朝的蒙古人，原本是北方大草原上的游牧民族，一般不从事粮食生产，但京城大都及军队却需要大量的粮食，因此元代的漕运便得到了空前的发展。

漕运，是指把各地农民上缴国家的粮食调往京城，通常主要是指把南方的粮食调往北方。因为中国的主要产粮区在南方，而统治中心大多在北方，漕运便成了南粮北调的一种特殊形式。隋、唐以来南方经济发展快于北方，加上大运河的开通，更利南北交通，为南粮北调提供了方便。

元灭南宋后占据了南方产区，便开始了南粮北调。最初是水陆联运——当时大运河还未能全线贯通，部分地段仍需陆运配合。随后，从公元1282年开始，元朝政府先后修浚、开通了济州河、会通河，使集中在扬州的漕粮装上船后可以直抵通州（今北京通县）。公元1292年，由郭守敬主持，在通县至大都之间修了一条80多千米长的新运河，忽必烈赐名为"通惠河"。

通惠河的开通，使从临安（今杭州）到大都（今北京）的大运河全线贯通，并连接了钱塘江、长江、淮河、黄河、海河五大水系，成为元代最重要的一条南北交通线，加强了京城大都与长江中下游经济发达地区的联系。

不过，大运河毕竟河道较浅，不能通行大船，漕运有限；大都城的民用粮食，大部分靠商人从南方贩运而来。元朝政府的漕粮，则主要依靠海上运输。

在大运河漕运的同时，从公元1282年开始了海运。从长江口的刘家港（今江苏太仓市浏河镇）启程，沿海岸线北上绕山东半岛、大沽口，再溯河而上至通州。公元1290年以后，随着海运新航道的启用和通惠河的开通，海运可直达大都了，运量也迅速增加，一年能运两三百万石，而同期的河运不过一年几十万石。这样，大都的粮食供应就比较充裕了，上至皇帝，下至平民百姓，多依靠海运来的粮食。

漕粮的海运，一方面解决了北方的粮食问题，另一方面也大大地促进了造船和航海技术的发展。如最初沿海岸航行，从刘家港至大沽口需要两个月；后改为深水直航，顺风时 10 余天便到。

运粮的船最初是只能装 200 石的小船，逐渐越造越大，最大的船能装几千石。每年春秋两次的海上漕运，成百上千艘运粮船在广阔无垠的海上乘风破浪，非常壮观，可说是中国历史上空前的壮举。

六、元代的港口与对外贸易

元朝统一全国以后，为对辽阔海疆进行统治，在建设完善的驿站体制的同时，建立了兴盛的海运业。元政府先后开辟了三条海上航线。与陆运、河运相比，海运更高效和廉价。

在海运业迅速发展的同时，沿海港口也逐渐兴起，太仓、密州、登州、上海、直沽 (在今天津市内狮子林桥西) 的港口都能停泊巨大的船只。直沽是当时北方最大的港口。

海运业的兴起和繁荣是中国交通史上的重要一页，它标志着元代交通运输的巨大进步。

至元十四年 (公元 1277 年)，元朝先后在泉州、庆元 (今浙江宁波)、上海、澉浦 (今浙江海盐县南)、广州、温州、杭州设置了七个市舶司。其中泉州是对外贸易的最大商港，由此出口纺织品、陶瓷等日常生活用品，进口丁香、豆蔻、胡椒、钻石、珠宝等。

元朝的海上贸易关系十分广泛，同亚、非、欧各国的交往频繁。外国人里，最著名的是意大利旅行家马可·波罗，回国后还撰写了《马可·波罗游记》。至元二十八年 (公元 1291 年)，元朝政府着手制定了市舶法则，至元三十年 (公元 1293 年)，又颁布《整治市舶司勾当》22 条。市舶法明确规定了市舶司的职责，包括办理船舶出入港的手续、舶货的检验和收存、舶货的抽分和纳税等等。市舶司由行省管辖，每个司设提举两人。征收舶税和市舶抽分时，往往有行省高级官员在旁边监督。市舶抽分和征收舶税成为元廷的重要财源之一。

泉州海上丝绸之路古码头遗址

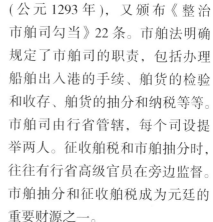

第四节　元代的文化和科技

一、元曲

元朝在艺术上的光辉主要反映在元曲的成就上，而元曲其实是由两部分组成：散曲与杂剧。

散曲是一种新兴的诗体，主要反映在形式的自由度上，远比前面历朝的诗体灵活得多，受到的格律方面的束缚也少得多。这样一来，散曲的作者层面就宽泛了许多，使其作品更容易接受民间歌谣的直接影响和浸染，因而显得质朴自然，真挚动人，清新优美，少了些文人把玩技巧时的曲晦、卖弄、幽虚等。

散曲的自由体制与文风，据学术上的考究，有一种说法是受金词的影响比较大，与中原诗词传统有重要的区别，而更倾向于唐诗得以发展壮大的一个重要来源——西域曲子调，这可以说是散曲回归传统的一种寻源作风。

元代杂剧是一种综合性的艺术，由歌唱、音乐、舞蹈三种艺术形式有机组成，并使用固定的剧本，反复表演相对复杂且结构完备的人物故事。

如果把杂剧的每一处唱段分解开来独立看，则宋朝常在勾栏、瓦肆里表演的诗词演唱的戏曲形式，就像是元杂剧或后来统称为戏剧里的折子戏，其实就是元杂剧的来历。但是，元朝的艺术家们丰富并完善了这种演艺的形式，并且把几乎断代的小说述事结构(小说讲故事的形式早在汉代时就出现并发展起来了，当时没有得到足够高的社会评价和认可，后来被唐诗宋词的光芒所掩盖，被元杂剧所取代，到了元末明初时才突然以压倒性的优势再度成为艺术形式的主流)利用起来，创造了一个艺术高峰。

由于元朝的政治统治异于其他历朝历代，元政府强行将社会阶层分为"四种十级"，且把文人贬到近乎社会底层，儒士被边缘化，文人入仕的道路被堵塞，只好放下清高的架子，走向民间，因此，杂剧的文化品位得以提升，丰富了创作手法和完善了戏剧结构。叙事舞台剧从其结构上来看，由元杂剧开始到现在，基本上不会再有什么重大的变革了。

同时，元杂剧的形式结构比较彻底地改变了中国传统的表演形式，与古希腊的戏剧艺术异曲同工。这里并没有接受古希腊的影响，尚没有人进行深入的研究。

元朝以前盛行的舞台演唱表演形式，主要以个人表达为主，由女优名伶单人演唱单曲，不论是诗还是词，篇幅都较短，主题意趣相对单一或简单，就算几首长诗如《长恨歌》之类的作品，也是内容相对集中的单一样式。而元杂剧彻底改变了这种表演形式，在舞台上使用两个或两个以上的演员进行交互表演，内容也丰富多变，使元杂剧对现实生活的如实反映达到了如真的复现模拟的程度，这是最为重大的艺术形式上的发展与革命。同时，曲调的变化多端，也达到了繁复庞杂的程度，极大地丰富了艺术的表现力。可惜的是，当时的记谱传统很不严密，居然只留下曲牌名而让实际内容失传。尤为难能可贵而异常重要的是，元杂剧里的表演角色完备的程度，使男演员革命性地进入到舞台表演的层面，不管是由女性演员反串，还是由男性演员来扮演，至少生、旦、净、末、丑五个角色已经确立起来，给以后的各种戏剧艺术形式的发展打开了突破口。

人们普遍认为关汉卿是元杂剧的奠基人和领袖，同时也是最高成就者。可以这么说，元杂剧从一开始就从关汉卿之手直达高峰，几乎没有什么明显的发展演变的过程，其余人等，在丰富元杂剧的表现内容方面作出了贡献，与关汉卿同时代及后代的著名杂剧家如王实甫、马致远等，在艺术成就上可以说没有超越关汉卿。

二、元代书画

元代不设画院，画家逐渐摆脱了南宋画院的形式主义习气，而形成了挥洒淋漓、重视笔墨情趣、追求意境深远的写意派。且在画面上加题跋和篆刻印章，把书法、文学、治印和绘画艺术融为一体，开创了新境界。前期著名画家有赵孟頫、钱选和高克恭等。赵孟頫擅画山水、人马、花鸟，博采众长，自成一格，绘画、书法、篆刻兼施，书法用笔圆转流美，画面自然有神，开创了元代文人画的新风貌。钱选擅画山水、人物和花鸟蔬果，笔致柔劲，着色清丽，自成风格。高克恭是畏兀儿族人，晚年居钱塘，擅画林峦烟景和墨竹，笔墨苍润，造诣精绝。后期著名画家有黄公望、王蒙、倪瓒、吴镇等，他们经常深入山水之间，领略自然之胜，用水墨或浅绛描绘山水，凭意虚构，峰峦浑厚，气势雄秀，自然生动，形成了宋以后山水画的主流，称元画"四大家"。

"元季四大家"崛起于画坛。他们在赵孟頫的影响下，广泛吸收五代、北宋水墨山水画的成就，充分发挥笔墨于绘画中的效用，将笔墨趣味提到一个新的高度，突出了山水画的文学趣味，使诗、书、画有意识地融为一体，开创了一代新风，形成了以文人画为主流的绘画潮流。黄公望，江苏常熟人，过继于浙江永嘉黄氏。曾于做小吏时受累入狱，出后遂隐居不仕，皈依"全真教"，寄情山水之中。常携笔墨于虞山、三泖九峰、富春之间领略江南自然胜景，随时模记，代表作有《富春山居图》《溪山雨意图》《快雪时晴图》等，其作品有浅绛和水墨两种面貌，浅绛山水浑厚圆润，水墨山水则萧散苍秀，笔墨洒脱。王蒙，元末弃官归隐浙江杭县黄鹤山，善画山水，也工诗文书法，绘画主题多表现隐居生活，喜用枯笔、干皴，其山水画的突出特点是布局充实，结构复杂，层次繁密，笔法苍秀，而在笔墨工夫上又高出时辈。吴镇，浙江嘉兴人，为人"抗简孤洁"，隐居不仕，以卖卜卖画为生，一生贫困。绘画主题多为渔夫、古木、竹石之属，所作多幅《渔父图》，表现江南名山景色及离尘脱俗的意境。倪瓒，江苏无锡人，家为豪富，雄于资财，喜与名士往来，后遇元末动乱，便卖去田庐，散其家资，浪迹于五朔三泖之间。长于山水、竹石，多以水墨为之，又创"折带皴"。其画好作疏林坡岸、浅水遥岑之景，意境萧散简远，用笔似嫩实苍，给文人水墨山水画以新的发展，有传世名作《水竹居图》《梧竹秀石图》等，论画主张超于形似之外，重在抒发"胸中逸气"。

元代文人画创作无论就笔法还是境界上，都成就卓著，并最终奠定了文人画在中国画史上的重要地位，极大地影响了后代的绘画创作，使该派画风成为中国画的最典范样式。

元代壁画在绘画史上占有重要地位。现存的敦煌、安西榆林窟（今万佛峡）的元壁画，西藏日喀则德钦颇章宫的壁画，山西永济县永乐宫壁画，山西洪洞县广胜寺的壁画，都是极其珍贵的文物。著名壁画家有朱玉、李时等。

元代著名书法家有赵孟頫、鲜于枢、虞集、杨维桢等人，他们都善正、行、草书，笔力有劲健之气。而赵孟頫的书法则属一代大师，称雄一时，篆、隶、楷、行、草无不精湛，自成一家。他的书法落笔奔腾，运笔流美，骨力秀劲，笔势超绝，世称"赵体"。

赵孟頫《秋郊饮马图》

三、元大都

元大都从公元 1267 年开始修建，直到至元二十二年（公元 1285 年）才告完工，历时 18 年之久。它的组织建筑是设计者刘秉忠以《周礼·考工纪》中的都城建设为指导思想进行规划修建的。

大都城整体接近方形，北面两个门，东、西、南三面各三个门。布局形制为三重城垣：大城、皇城和富城。皇城周长 10 千米，包括宫城、御苑以及兴圣宫、隆福宫、太子宫和太液池等。宫城在皇城内偏东部，在全城的中轴线上，分为前朝、后宫两部分。社稷坛在皇城以西，太庙在皇城以东，商业活动的市集中在钟鼓楼一带。这种左祖右社、面朝后市的布局，符合中国传统的都城规划模式。大都城市布局严谨，井然有序，有明确的中轴线，以宫城为中心，南起丽正门，经皇城前广场，过灵星门，进入皇城、宫城，直抵皇城以北位于都城几何中心的中心阁。由此向北，轴线略为西移，通过鼓楼，直达钟楼。元大都的水系工程由水利专家郭守敬规划，疏通了东西向的运河（通惠河）和两条主要的水系，保证了宫苑用水。

元大都的建成，是城市建设史上的里程碑。它是我国封建社会最后一座按照预先整体规划平地兴建的都城，也是公元 13—公元 14 世纪世界上最宏伟壮丽的城市之一。

四、天文学家郭守敬

元世祖忽必烈非常重视吸收汉族的人才，刘秉忠便是他重用的汉族大臣之一。将国号定为元就是他的主张，刘秉忠还向忽必烈推荐了著名科学家郭守敬。

郭守敬出生在河北邢台的一个学者家庭里，他的祖父郭荣学识渊博，对数学和水利都有深入的研究。郭守敬认真读书，刻苦钻研，进步很快。

十五六岁时，他曾经看到一幅从石刻上拓印的莲花漏图（古代一种计时器），没用多少时间，他就弄清了它的制造方法和原理。

元世祖统一全国以后，下令要修改历法，郭守敬和王恂受命主持这项工作。由于原有的天文观测仪器已经陈旧不堪，难以精确地观测天象，郭守敬便决定把

郭守敬与简仪

创制天文仪器的工作放在首位。他说："历法的根本在于测验，而测验是否精确，首先要有精密的仪器。"于是，他自己动手创制和改造天文仪器。在3年之中，郭守敬制成了简仪、圭表、仰仪等10多种天文仪器。

首先，郭守敬大胆地改革了圭表。圭表是我国古代发明的一种测量日影的工具，根据日影变化以决定春分、秋分、夏至和冬至等二十四节气。

郭守敬又创制了简仪。简仪是一种用来测量日、月、星座位置的天文仪器，它是郭守敬对西汉落下闳发明的浑仪改造而来的。郭守敬大刀阔斧地把浑仪几个妨碍视线的活动圆环去掉，又拆除原来作为固定支架的圆环，改用柱子托住，这样既简单又实用，故称简仪。简仪制成于公元1276年，比欧洲发明同样类型的仪器要早300多年。

郭守敬不仅是一个天文学家，又是一个水利专家，他在水利方面所作的最大贡献是开凿了从大都到通州的"通惠河"。

公元1291—公元1293年，郭守敬设计和实施了通惠河水利工程。工程解决了通州到大都间繁忙的漕运，其科学性、合理性和实用性方面都堪称水利工程的杰作。

郭守敬在历法方面也有卓越的成就。他主持修订了《授时历》。按照《授时历》，一年的长度是365.2425天，仅与真实数值相差26秒，也就是3300多年才有1天的误差，和我们现在使用的公历在精确度上完全一致。《授时历》还给出了每经1黄道度的昼夜时间变化表格，其平均误差为0.77分钟。《授时历》在测算方法上更加精确：它创用了三次差内插法用于对日、月、五星运动不均匀改正等的计算上；创用了类似球面三角的方法用于对太阳视纬、黄赤道宿度及白赤道宿度变换的计算。

另外值得一提的是，为了修订精确的《授时历》，郭守敬组织了规模空前的全国范围内的天文测量工作。无论是从测点的数量，还是从分布的范围上，都远远超过了唐代的僧一行。

公元1303年，元成宗颁布命令：凡72岁的官员都去职返乡，唯独郭守敬以纯德实学和为世师法得以继续留任。郭守敬一生坚持不懈地从事于科学实践，直到86岁高龄还在进行着研究。

五、《农桑辑要》与《农书》

1.《农桑辑要》

元初的几个皇帝比较重视农业，世祖忽必烈在继位的第二年便设立了主管农业的"司农司"，并命人编写了《农桑辑要》。该书由元大司农司编纂。

成书于至元十年（公元1273年）。参加编写或修订补充的有孟祺、畅师文、苗好谦等。内容大多辑自《氾胜之书》《四民月令》《齐民要术》，以及北宋末至元初的多种农书。全书7卷，分别论述各种作物的栽培及家畜、家禽、鱼、蚕、蜂的饲养。其中栽桑、养蚕各1卷，约占全书1/3。书中对棉花和苎

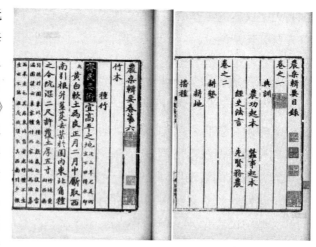

《农桑辑要》书影

麻尤其提倡，认为应积极创造条件栽培，不受风土说限制。

2.《农书》

《农书》，元代总结农业生产经验的农学著作，王祯撰。王祯，山东东平人，元贞、大德年间曾任旌德、永丰等地县尹，办学、修桥、施药、劝农，颇有政绩，且熟悉农耕，积累了丰富的农业知识，公元1313年撰成《农书》。全书分《农桑通诀》《百谷谱》《农器图谱》三大部分。《农桑通诀》系关于农业的总论，包括农业史、授时、地利、耕垦、耙劳、播种、锄治、粪壤、灌溉、收获等，其中贯穿着"人定胜天"的思想。《百谷谱》专门叙述各种农作物、菜蔬、瓜果、竹木等的种植法。《农器图谱》共有306幅74种农具、农业机械、灌溉工具、运输工具、纺织机械图，每幅图后附有文字说明，详细介绍其结构及使用方法。

第十章 明代

　　明朝（公元1368—公元1644年）是中国封建社会由盛到衰的转折时期。明朝前期，国力强盛，专制皇权得到了加强，经济恢复发展很快，社会相对安定，对外交往进一步活跃。正统以后，明朝开始走向衰落。明中期，宦官专权，政治腐败；土地兼并日趋激烈，流民起义不断；蒙古侵扰北部边境，倭寇为患东南。这一时期商品经济有所发展，资本主义萌芽产生，封建社会进入后期。明朝后期，后金崛起，开始威胁明朝统治；朝廷内部党争激烈，政治更加黑暗。封建统治更加残暴，市民斗争开始出现，明末农民大起义最终爆发。明朝内外交困，最后被农民起义军推翻。

　　在前代基础上，明朝社会经济获得了极大发展。农产品商品化扩大，手工业生产水平提高，工艺精湛，商业繁荣，市场活跃，产生了资本主义萌芽。在明朝，封建文化极为繁盛。儒学恢复了独尊地位；思想界产生了王守仁、李贽等著名人物；小说成就辉煌，《水浒》《三国演义》《西游记》及《金瓶梅》等作品闻名于世；汤显祖、袁宏道及徐渭等文学艺术家领一时风骚；徐光启、宋应星、李时珍及徐霞客等科学家都做出了杰出贡献。当时，还出现了中国历史上最大的类书——《永乐大典》。

第一节　明朝的建立与统治

一、洪武施政

明朝是继周朝、汉朝和唐朝之后的又一个盛世，史上称其"远迈汉唐"。明朝初年国力强盛，经洪武、建文、永乐三朝励精图治，至明宣宗的近百年期间，明朝一派欣欣向荣的景象。之后，明朝逐渐开始走向衰败，皇帝不朝，官员腐化，于是，一大批宦官揽权执政。因此，后人也称大明朝为"太监帝国"。

朱元璋登基后，年号洪武。这时全国都在闹灾荒，战争的阴霾还没有消去，明政府随即制定了一系列恢复生产和稳定社会的政策，并严加执行。

公元 1368 年，明太祖下令，各处荒田，农民垦种后归自己所有，并免徭役三年，原业主若还乡，地方官于旁近荒田内如数拨与耕种。

明政府多次组织农民大规模兴修水利。明太祖还采取了鼓励农民种植经济作物等措施，以促进农业生产的发展。针对地主富豪多聚族而居的特点，明太祖经常大量地把他们迁出本乡，使这些豪强失去了原有的社会基础和政治实力。

明太祖十分重视吏治的整顿，严禁各级官吏玩忽职守。高级官员要接受御史的监督，中下级官吏定期考核，称职者升，平常的复任，不称职者降，品德卑劣的罢职为民。对贪官的惩治尤其严厉，凡贪赃钞 60 两以上者，剥皮并枭首示众。

明太祖朱元璋首先觉得丞相和行中书省的权力过大，于是宣布废行中书省，在全国陆续设置了 13 个承宣布政使司，主管一省的民政和财政；另设提刑按察使司管刑法，都指挥使司管军队，三者合称"三司"，互不统属，分

明朝军队

别归中央有关部门管辖。后来又罢去中书省，将丞相的权力分于六部，六部尚书完全执行皇帝的命令，直接对皇帝负责。秦汉以来实行了1000余年的宰相制度，从此废除。明太祖废丞相后，挑选了几名文人担任华盖殿、武英殿、文渊阁、东阁等殿阁大学士，协助他批阅奏章，充当顾问。明太祖还设立了特务机构锦衣卫，除负责侍卫、密缉盗贼奸宄外，还掌管诏狱。同时实行廷杖制度，即在殿上杖责大臣。明太祖的侄儿大都督朱文正、工部尚书薛祥等都被廷杖活活打死。

明太祖下令执行的这些制度，在洪武年间便显现了成果，各州县每年垦田少者以千亩计，多者达20万亩。

随着耕地面积的扩大，粮食和经济作物总产量也提高了，布帛、丝绢、棉花绒和果钞已被广泛生产，纺纱织布成为明朝初年农村的重要家庭副业。农业和手工业的发展，促进了明初商业和城市经济的繁荣，社会开始出现繁荣景象。

二、明成祖的治绩

明成祖

朱棣是以诛讨主张削藩、变乱祖制的奸臣为借口起兵的。但是，他当皇帝后，在对待藩王的问题上，却不怕冒违反祖制之大不韪，同样是采取削藩政策。他本人以藩王起兵夺取帝位，对于军权过重的藩王和中央皇权的矛盾对抗这一教训，是认识得很深刻的。他即帝位后，为掩人耳目，恢复了周、齐、代、岷4位亲王的封藩，但过不了几个月，就又找个罪名，削除代王和岷王的护卫军队。接着，永乐四年（公元1406年）废齐王为庶人。永乐十年（公元1412年），辽王的护卫军队被削除。朱元璋时代护卫军队众多的宁王，也于永乐二年（公元1404年）被从边塞改封在南昌。宁王到南昌后，以韬晦为计，建筑华丽的宫殿，终日躲在里面鼓琴读书，所以在永乐帝时代得保无事。周王为了减少永乐帝的疑忌，就自动献出护卫军队。在几年的削废中，威胁最大的几位塞王的护卫军队几乎全被解除。朱棣削藩的结果，加强了中央集权的封建统治，使国家统一的基础更为坚实、牢固。

削藩之后的问题是如何处理北面的边防。朱元璋所以给边塞亲王那么大的军事权力，目的是要他们镇守北面边防。而现在骤然尽释诸王军权，面对倏忽往来的蒙古骑兵，是不能掉以轻心的。如何弥补因削藩而削弱的边防力量呢？永乐帝决定迁都北平，一则北平是他的发祥地，二则地近北面边防，天子居此，正所谓居重御轻，可以直接加强对边防的防守。

永乐元年（公元1403年），永乐帝定北平为北京。打定迁都的主意后，就着手修浚大运河。元朝增修通惠（自北京至通州）、济州（自山东济宁至东平）、会通（自东平至临清）三河，连接隋代的运河成京杭大运河，但从没有全线通航过。洪武二十四年（公元1391年），黄河在原武（河南原阳西南）决口，临清至济宁的会通河（元修济州河在会通河之先。会通河修成后，人们连其北段的济州河也通称会通河）淤塞报废。永乐九年（公元1411年），永乐帝命官疏浚会通河，引汶水和泗水入其中，沿线建闸38座。其后，又派官在淮安到扬州的这一段修筑堤堰，以防淮水侵漕和运河水分泄。至此，京杭大运河才真正畅通。运河的修通，使得南方的粮米和丝帛等物资能通过漕运源源不断地输往北京，保证了首都的物资供应。北方的物产也能通过运河南运，增强了南北经济的交流。

永乐四年（公元1406年），永乐帝下令筹建北京宫殿，并重新改造整个北京城。永乐十八年（公元1420年）竣工。就在这一年，他宣布自明年起，以北京为京师，即首都，改南京为留都。南京除了没有皇帝之外，其他各种官僚机构的设置完全和北京一样。皇帝派一个亲信在此做守备，掌管南京一切留守、防护的事务，企图依靠南京这一中心来保护运河交通线和加强对南方人民的统治。

永乐帝在经济上继续推行洪武以来的移民、屯田和奖励垦荒的政策。即帝位后，就移直隶、苏州等10郡和浙江等9省的富民充实北京，以后又多次从南方移民到北方。对"靖难"战争中受到破坏的地区，政府发给耕牛、农具，使尽快地恢复生产。同时，实行惩治贪污、赈济灾荒的政策。这些措施的实行，使永乐朝的农业经济比洪武时代又进一步发展。国库殷实，每年的赋粮除输京师数百万石外，各地府县的仓库还储存很多，陈陈相因，至红腐不可食。这种现象说明了封建统治者对农民阶级的严重剥削，也反映了当时农业经济繁荣之一斑。在农业经济繁荣的基础上，手工业、商业也得到了很大的发展。

在边防问题上，永乐帝除了对蒙古采取通好和积极防御并用的政策，以及加强对黑龙江下游地区的管辖工作外，又积极经营西域地区。永乐元年（公元1403年），他派官到哈密招谕，允许哈密王输马到中原贸易。不久，又派官出使哈密、撒马尔罕（今乌兹别克斯坦境内）、火州（今新疆吐鲁番东南的哈拉和卓）、吐鲁番等地，促进了西域与中原的友好往来，增进了彼此之间的经济文化交流。永乐四年（公元1406年），明政府在哈密设卫，派官辅助当地首领执政。哈密卫的设立，恢复了明朝在西域的主权，使明帝国的政令行达天山南北，而且重新打通了与中亚的通道，有利于和西域各国、各地区的交通往来。

在西南，当时的安南国王胡不仅屡次侵占占城，掠夺来中国的使者，逼迫占城国王为其臣属，而且不断武装侵犯明朝的西南边疆，占领土地，掳掠人畜，边境人民"横被虐害，实所不堪"。永乐四年（公元1406年），永乐帝出兵安南，有力地支持了占城人民反安南的斗争，也保证了我国南疆的安全。

另一方面，在发展对外关系方面，朱棣也采取了积极的方针。在永乐初年，组织、派遣郑和率领庞大的船队，远航西洋各国，发展了明朝与西洋各国的政治关系，增进了中国人民和各国人民之间的友好往来。

永乐帝在政治上、经济上、军事上，乃至对外关系上的一系列措施，繁荣社会经济，巩固统治基础，维护和发展多民族国家的统一，并且扩大对外影响，提高了国际声望。但是，因为他是以藩王起兵，从侄儿手中夺取帝位，加上即位后杀了忠于建文皇帝的臣下，因而历来受封建文人的责难，认为这是不义行为。这种责难，纯粹是从封建宗法的伦序角度出发的。对他的政绩公允而论，永乐帝不失为一个雄才大略的皇帝，他对于历史的发展起了积极作用。

三、土木之变

有一年，皇宫要招收一批太监。蔚州（今河北蔚县）地方一个叫王振的人，年轻的时候读过一点书，参加几次科举考试都名落孙山，便在县里当了教官。后来因为犯罪该判充军，听说皇宫招太监，就自愿进宫，从而抵充了罪罚。宫里识字的太监不多，王振粗通文字，所以大家都叫他王先生。

后来，明宣宗派他教太子朱祁镇读书。朱祁镇年幼贪玩，王振就想出各种各样的法子让他玩得高兴。

明宣宗一死，刚满9岁的太子朱祁镇继承皇位，这就是明英宗。王振当上司礼监秉笔太监，帮助明英宗批阅奏章。明英宗年少好玩，根本不问国事，王振趁机掌握朝廷军政大权。朝廷大员谁敢顶撞王振，不是被撤职，就是被充军发配。一些王公贵戚都讨王振的好，称呼他"翁父"。王振的权力可以说是顶了天了。

这个时候，我国北方的蒙古族瓦剌部已经强大起来。公元1449年，瓦剌首领也先派 3000 名使者到北京进贡马匹，要求赏金。王振发现也先谎报人数，而且还将进贡的马匹减少了，于是就削减了赏金。也先又为他的儿子向明朝求婚，也被王振拒绝。这一来，也先被激怒了，他率领瓦剌骑兵进攻大同。守大同的明将出兵抵抗，被瓦剌军打得溃不成军。

边境的官员向朝廷告急，明英宗召集大臣商量对策。大同离王振家乡蔚州不远，王振在蔚州有大批田产，他怕家产受损失，竭力主张英宗带兵亲征。兵部尚书（兵部尚书和侍郎是军事部门的正副长官）邝埜和侍郎于谦认为朝廷准备不够充分，不能亲征。明英宗是个没主见的人，王振怎么说，他就怎么听，不管大臣劝谏，就冒冒失失决定亲征。

明英宗叫他弟弟郕王朱祁钰和于谦留守北京，自己跟王振、邝埜等官员100 多人，带领 50 万大军从北京出发，浩浩荡荡向大同开去。

过了几天，明军的前锋在大同城边被瓦剌军打得全军覆没，各路明军也纷纷溃退下来。明军退到土木堡（在今河北怀来东）时，太阳刚刚下山，有人劝英宗趁天没黑，再赶一阵，进了怀来城（今河北怀来）再休息，即使瓦剌军追来，也可以坚守。可是王振却想着落在后面装运他家财产的几千辆车子，硬要大军在土木堡停下来。土木堡名称叫作堡，其实没什么城堡可守。不久，明军就遭到了瓦剌军兵的伏击。明军毫无斗志，丢盔弃甲，狂奔乱逃。瓦剌军紧紧追赶，被杀和被乱兵踩死的明军，不计其数，邝埜在混乱中被杀死，祸国殃民的奸贼王振也被禁军将领樊忠一铁锤砸死。明英宗做了俘虏。历史上把这次事件称作"土木之变"。

经过这一场战斗，不仅 50 万明军损失了一多半，明王朝大伤元气，而且北京也受到瓦剌军的威胁。

四、于谦守京城

英宗被俘的消息传到北京后，满朝文武大臣乱作一团，没有一个人能拿出好主意。翰林侍讲官徐珵主张走为上策，向南撤退。此时，朝中你一言，我一语，吵吵嚷嚷，毫无结果。正在关键时刻，兵部侍郎于谦挺身而出，他说："京都是国家的根本，如果朝廷一撤出，大势就完了，大家难道忘了南宋的教训吗？"

于谦的主张得到许多大臣的赞同。皇太后和朱祁钰看到在这关键时刻，能站出一位力挽狂澜的忠臣，当然满心欢喜，立即委以于谦兵部尚书的重任，让他负责指挥军民守卫京城。这个时候，由于朝中观点不同，事实上已分成主战和主和两派，加上英宗不能回朝主政，长此下去不是办法。于谦等人为了拯救国家存亡，向皇太后提出请求，立郕王朱祁钰为皇帝。太后再三考虑后，表示赞成。九月，朱祁钰即位，号代宗皇帝，改年号为景泰，尊英宗为"太上皇"。

景泰元年（公元1450年）九月，代宗即位不久，瓦剌军进逼宣府城下。于谦面对敌我兵力悬殊的态势，一面抓防卫，一面抓备战，大力征募新兵，调运粮草，赶制兵器，不到一个月，就征集20万人马，做好一切迎敌的准备。

十月，也先挟持着被俘的皇帝朱祁镇攻破紫荆关，兵逼北京城。于谦主张先打掉也先的嚣张气焰，鼓舞士气。他调集20万军队，做好迎战准备，并作了周密布置：都督王通、副都御史杨善率部守城，其余将士分别驻扎在九个城门外，列阵待敌。

明军副总兵高礼首先在彰义门外告捷，歼敌数百，夺回民众千人。狡猾的也先，眼看明军有于谦等将领指挥，硬攻不能取胜，便变换手法，以送还朱祁镇为名，准备诱杀于谦等人，但被于谦识破了。

也先见此计不成，便采取强攻。于谦不在正面与敌人拼杀，他派骑兵佯攻，把敌军引入伏击圈内，便用埋伏好的火炮轰击，瓦剌军伤亡惨重，也先的弟弟勃罗也在炮火中丧生。

瓦剌军围攻京都，屡遭挫败，进攻居庸关又遭守将罗通的抵抗。也先怕归路被明军切断，忙带着朱祁镇向良乡（北京房山东）后撤。明军乘胜追击，大获全胜。也先带着残兵败将逃回塞外。

北京之战，瓦剌军受到重挫，引起内部不和。也先见留着朱祁镇也没有多大作用，就把他送回北京。从此，瓦剌军再也不敢进犯明朝了。

五、夺门之变

明代的历史，从土木堡之变到景帝在位这几年，几乎一直没有平静过，内忧外患，接连不断。若与其父、祖在位的"仁宣之治"相比较，则更显得动荡。

也先俘虏明英宗后，以为奇货可居，可以要挟明朝。不料，于谦等人拥立明英宗的弟弟朱祁钰为帝，就是明代宗，年号景泰，遥尊明英宗为太上皇。也先的如意算盘落空，明英宗变得毫无价值了。也先在北京大败后，与明朝讲和，想放他回去，但明代宗却和南宋的宋高宗一样，怕哥哥回来抢了自己的皇位，所以对这件事毫不热心。无论孙太后和英宗的钱皇后怎么说，大臣怎么讲，他一概不听。如果把他逼急了，他就恶狠狠地说："我本来就不想当皇帝，是当时你们硬让我当的！"众人拿他没办法。最后，还是于谦劝他把明代宗接回来。明代宗最信任的就是于谦，无论于谦说什么，他都答应，这次也不例外，不过也是老大不情愿。

右都御史杨善出使瓦剌议和，代宗所给敕书只有议和的内容，压根不提接明英宗回来，也不给金银玉帛等礼物。杨善无可奈何，只好变卖了自己的家产，再凭他的三寸不烂之舌，把明英宗接了回来。明英宗终于结束他一年的囚徒生活，回到了北京。

在迎接明英宗的仪式上，明代宗又和大臣产生了分歧。明代宗主张仪式从简，大臣们不同意。后来还是明英宗写信表示愿意从简才算了事。兄弟两人在紫禁城东门见面后，互跪行礼，仿照唐朝安史之乱后唐玄宗、唐肃宗禅让之礼，也举行了禅让。随后，明英宗被送入南宫（今北京南池子缎库胡同，是皇子们读书的地方）。明英宗表示想见一见母后和妻儿，但明代宗不同意。从此明英宗开始了长达 7 年的软禁生活。7 年间，明英宗从未踏出南宫半步。名为太上皇，实为囚徒。明代宗派心腹大臣看守南宫，名为保护，实为监视。

本来明代宗即位之初，立明英宗的长子朱见深为太子。但后来他开始谋划废掉太子，改立自己的独子朱见济为太子。明代宗派太监贿赂大臣，并不断给他们加官进爵。于是大臣们纷纷上表，要求换太子。明代宗非常高兴，就改立朱见济为太子，将朱见深改封为沂王。不久朱见济病死，但明代宗也不肯立朱见深为太子。明代宗本来身体就不好，再加上丧子之痛，健康每况愈下。

一些明英宗时期的旧臣、失意的官员和太监，如石亨、王骥、徐有贞、曹吉祥等见此情景，为了升官发财，阴谋拥立明英宗复位。他们先后与孙太后和明英宗取得联系，得到了他们的支持，明英宗许诺，一旦复位，重赏功臣。

这时传来了瓦剌又骚扰边境的战报，于是石亨以保护京城安全为名，调集 1000 名士兵进入内城，向南宫进发，准备救出明英宗。这时突然乌云密布，伸手不见五指，众人非常害怕，以为遭到了天谴。徐有贞大声劝大家不要害怕，认为事已至此，没有退路了。众人只好继续前进，顺利地进入皇城，直奔南宫。石亨威胁看守打开宫门，将明英宗扶上轿子，向皇宫进发。这时乌云突然散去，月明星稀，众人以为是天意，顿时大振，抬着明英宗直奔皇宫。来到东华门时，侍卫问："什么人？"明英宗大声说："我是太上皇，快开门！"侍卫大吃一惊，不敢不开门。

众人簇拥着明英宗来到皇帝举行朝会的奉先殿，将明英宗扶上龙椅。这时已是天色微亮，大臣们在午门外准备朝见。徐有贞命亲兵敲响景阳钟，大臣们走入奉先殿。当看到龙椅上坐着的是明英宗时，大臣们顿时惊呆了。这时徐有贞大喊："太上皇复位了，你们还不下拜？"大臣们只好下跪，山呼万岁，英宗就这样又重新取得了皇位。史称"夺门之变"或"南宫复辟"。

明代宗被明英宗废为郕王，不久，病死在西宫。明英宗把他葬在了北京西山，而不是埋葬在明朝历代皇帝的北京昌平的十三陵，而且他的庙号是代宗，意思就是代替哥哥做了一回皇帝。

明英宗复位后，改年号为天顺，对那些在复位中帮他的功臣大加封赏。石亨被封为晋国公，徐有贞升为兵部尚书，曹吉祥升为司礼监太监。他们还为自己的子侄和亲信邀功请赏，一时间受封的人达3000多人！于谦等忠臣被杀害或排挤。明朝的政治日益腐败，国势逐渐衰落。

六、抗击倭寇

元末明初，日本正处于南北朝分裂时期，在长期的内战中，战败的西南部封建主，为了掠夺财富，壮大势力，搜罗一批溃兵败将、武士浪人和走私商人，组成海盗集团，经常在中国沿海进行武装骚扰，史称"倭寇"。明初在沿海置卫筑城，积极防守，加上国力强盛，倭寇尚不敢入侵内地。但明朝中期以后，政治日趋腐败，海防逐渐废弛，倭寇气焰复炽。寇入内地，烧杀抢掠，无恶不作。

嘉靖二年（公元1523年）发生"争贡之役"之后，明世宗下令废除市舶司，继续实行海禁政策，严禁民间出海贸易。但此时的明政府国力已呈衰弱之势，加上东南沿海地区官僚豪商与倭寇相勾结，倭寇气焰甚为嚣张，且日甚一日。

倭寇的罪行，激起了东南沿海人民的愤怒，他们纷纷组织起来，保家卫国。嘉定、长乐、扬州、基隆等地，人无分老幼妇孺，奋力抗倭，取得了一连串的胜利。

在抗倭斗争中，涌现出许多爱国将领，其中最著名的是民族英雄戚继光。戚继光，山东蓬莱人，出身名将家庭，精通兵法。他先在山东防倭，作战有功，后调到东南沿海，镇守宁波、绍兴、台州一带。他见卫所军队腐败无战斗力，从各地调来的客军又缺乏训练，便在金华、义乌等地招募农民、矿工，组成"戚家军"。又根据江南水乡地形特点，改革兵械和阵法，创造了有长短武器相结合的阵法——"鸳鸯阵"，使士兵能充分发挥战斗力。这支军队纪律严明，勇敢善战，在"保国安民"的旗帜下，与广大人民密切配合，屡建奇功。嘉靖四十年（公元1561年），戚继光在台州九战九捷，扫荡了浙江倭寇，后转入福建，与抗倭名将俞大猷一起，连续取得宁德横屿、福清牛田、莆田兴化3

戚继光

次大战的胜利，肃清了福建境内的倭寇。嘉靖四十四年（公元 1565 年），广东沿海的倭寇也被俞大猷所歼灭。

至此，为害 200 年的倭患基本解除。戚继光、俞大猷、张经等爱国将领在抗倭斗争中做出了杰出贡献，赢得人民的称颂。他们是民族英雄，所建立的业绩，永垂史册。

七、杨继盛冒死劾严嵩

正德十六年（公元 1521 年）三月，武宗病逝。因他无子，故未立储君，皇太后张氏命太监张永、谷大用等与内阁和大学士们共同商议继承帝位的人选。首辅杨廷和早有准备，从袖中摸出《皇明祖训》说："兄终弟及，谁能渎焉。兴献王长子，宪宗之孙，孝宗之从子，大行皇帝之从弟，序当立。"皇太后张氏予以批准。于是，朱厚熜便得继帝位。

朱厚熜自安陆至京师，即帝位，以次年为嘉靖元年（公元 1522 年），是为明世宗。朱厚熜为宪宗之孙，兴献王之子，从族氏关系上讲，他是明武宗的堂弟，血缘关系最近，所以得以即帝位。世宗执政初期任用杨廷和为首辅，锐意改革，重振朝纲。他罢免了各地镇守宦官，免除对民众的额外征敛，推行了颇多善政，但很快就转变作风，并挑起大礼议之争，朝中的正直大臣纷纷被杀或被迫辞职。从此，他任用奸相严嵩，国政日坏。世宗还十分迷信方术，崇信道教，他于嘉靖十五年（公元 1536 年）五月大肆销毁金银佛像，引起民众不满。

嘉靖二十一年（公元 1542 年）十月，明世宗在京师内外广选 8 岁至 14 岁的女子入宫淫乐。以杨金英等为首的 16 名宫女不堪虐待，乘明世宗熟睡于乾清宫之际用绳子企图将其勒死。由于宫女们将绳子打成死结，无法勒紧，使明世宗免于一死。事发的第二天，明世宗移至西苑万寿宫，从此再不临朝听政。

杨继盛

严嵩（公元 1480—公元 1567 年），字惟中，号介溪，江西分宜人，弘治进士。嘉靖二十一年（公元 1542 年）任武英殿大学士，入阁参与机务，兼礼部尚书。他对明世宗一味谄媚，窃权夺利，诛杀异己。严嵩善于撰写一些焚化祭天的"青词"，从而受到皇帝的宠幸。他于嘉靖二十三年（公元 1544 年）八月唆使言官弹劾翟銮父子在考进士时作弊，使翟銮被削职为民。九月，严嵩升任首辅，独揽国政，被讥为"青词宰相"。他年过花甲，整天在西苑值庐，未曾归家洗沐，明世宗被其勤奋感动，更为信任他。严嵩以儿子严世藩和义子赵文华为爪牙，拉拢锦衣卫都指挥陆炳，操纵朝政10多年，权倾朝野，收礼纳贿，为所欲为，弄得明王朝政治极为黑暗，边防松弛不堪。

这时候，北面鞑靼部(蒙古族的一支)统一了蒙古各部，逐渐强大起来，成为明朝很大的威胁。严嵩不但不加强战备，反而贪污军饷。鞑靼首领俺答要求互市，遭明廷拒绝，故而南下骚扰，以战求市。俺答好几次打进内地，明军都没有力量抵抗。公元1550年，俺答带兵长驱直入，一直打到北京城郊，掳掠了大批人口、牲畜、财物，满载而归。过了一年，严嵩的同党、大将军仇鸾又勾结俺答，准备议和。这件事引起了一些正直大臣的愤慨，特别是兵部员外郎杨继盛，更是义愤填膺。

杨继盛，保定容城人。他7岁的时候就失去了母亲。他父亲见他有志气，就让他一面放牛，一面读书，果然进步很快。后来他参加科举考试，中了进士，在京城里受到不少大臣的赏识。

杨继盛为人正直，看不下严嵩、仇鸾一伙丧权辱国的行为，就向明世宗上奏章，反对议和，希望朝廷发愤图强，训练士兵，抵抗鞑靼。明世宗看了奏章，也有点动心，但是禁不起仇鸾一伙撺掇，反而把杨继盛降了职。

杨继盛被贬谪后不久，明朝和鞑靼便议和了，但是没多长时间，俺答就破坏和议，进攻明朝边境。仇鸾密谋暴露，吓得发病死了。到了这时，明世宗才想到杨继盛的意见是对的，便把他调回京城。严嵩还想拉拢杨继盛，哪知道杨继盛对严嵩深恶痛绝，他回到京城刚一个月，就给明世宗上奏章弹劾严嵩，揭发严嵩十大罪状，条条都有真凭实据。

这道奏章击中严嵩的要害，严嵩气急败坏，在明世宗面前反咬一口，诬陷杨继盛。明世宗大怒，把杨继盛关进大牢。后来严嵩撺掇明世宗把杨继盛杀害了。

严氏父子恃宠专权，残害忠良，并害死夏言、曾铣、张经等人。同时卖官受贿，培植同党，致使四方官员争相行贿，且贪得无厌，在南京置了大量的土地。尤其是在执政后期，由于侵吞军饷，使战备松弛，东南倭祸和北方边患十分严重，而赋役日增，灾害频繁，天人怨恨。

自嘉靖三十七年(公元1558年)之后，世宗对严嵩逐渐不满，而对大学士徐阶更为信任。方士蓝道行和严嵩有矛盾，利用扶乩的机会，借仙人之口指出严嵩父子是奸臣，明世宗便产生了罢免严嵩的想法。御史邹应龙探知明世宗意图，在徐阶授意下，于嘉靖四十一年(1562年)五月十九日上疏弹劾严嵩父子索取贿银、卖官鬻爵、广置田宅，奏请斩杀严世藩，罢免严嵩。明世宗遂以严嵩放纵严世藩有负国恩为由，令其辞官还乡，并捉拿严世藩及家奴严年入狱。

嘉靖四十四年（公元 1565 年）三月，严世藩被斩。严嵩被罢黜为民，寄食墓舍，于隆庆元年（公元 1567 年）死去。江西巡抚成守节奉令抄没严嵩在江西的家产，查得黄金 3 万多两，白银 202 万两，府第房屋 6600 多间，田地山塘 27000 余亩，珍珠宝石不计其数。

八、张居正改革

明世宗千方百计寻找长生不老的药方，不但没有得到，反而误服了有毒的"金丹"，命丧黄泉。明世宗死后，他的儿子朱载垕即位，这就是明穆宗。

明穆宗在位期间，大学士张居正才华出众，得到穆宗的信任。公元 1572 年，穆宗死去，太子朱翊钧继承皇位，这就是明神宗。张居正等三位大臣奉穆宗遗命辅政。

明神宗即位后，张居正成了首辅。他根据穆宗的嘱托，像老师教学生一样，辅导年仅 10 岁的明神宗。他自编了一本图文并茂的历史故事书，叫作《帝鉴图说》，每天讲给神宗听。神宗把张居正当作严师看待，既尊敬，又惧怕。再加上太后和宦官冯保支持张居正，朝中大事几乎全部由他做主了。

那个时候，沿海的倭寇已经肃清了，但北方的蒙古鞑靼部还不时扰掠内地，对明王朝构成威胁。张居正把抗倭名将戚继光调到北方去镇守蓟州（在

张居正

今河北北部），戚继光从山海关到居庸关的长城上修筑了 3000 多座堡垒，以防鞑靼的进攻。戚家军号令严明，武器精良，多次打败鞑靼的进攻。鞑靼首领俺答见使用武力不行，便表示愿意与明廷和好，要求通商。张居正奏明朝廷，封俺答为顺义王。以后的二三十年中，明朝和鞑靼之间就没有发生战争，北方各族人民的生活也安定下来。

当初，由于朝政腐败，大地主兼并土地，巧取豪夺，地主豪绅越来越富，国库却越来越穷。张居正下令清查土地，结果查出了一批被皇亲国戚、豪强地主隐瞒的土地，这一来，使一些豪强地主受到了抑制，增加了国家的收入。

丈量土地后，张居正又把当时名目繁多的赋税和劳役合并起来，折合成银两来征收，称为"一条鞭法"。经过这种税收改革，一些官吏就不能营私舞弊了。

经过 10 年的努力，张居正的改革措施起到明显的效果，使十分腐败的明朝政治有了转机，国家的粮仓存粮也足够支用十年的。但是这些改革触犯了一些豪门贵族的利益，他们表面不得不服从，背地里却对张居正恨之入骨。

第二节　明朝的转折与衰败

一、国本之争

明神宗的皇后王氏一直没有生育，而神宗因为非常宠爱郑贵妃，便想立她生的儿子朱常洵为太子。可众多大臣不同意，认为太子理应是长子朱常洛。于是，朝廷上围绕立谁当太子，爆发了斗争。

按照封建礼制，皇位的继承是有嫡立嫡，无嫡立长。在皇后无子的情况下，朱常洛被立为太子是合乎规矩的。然而，朱常洛的生母是一个宫女，出身微贱，而郑贵妃仗着神宗的宠爱，千方百计地想立自己的儿子为太子，因此争斗不断。

围绕立太子而展开的这场斗争，统治集团分裂为两派。一派以东林党人为主体，坚定地主张立朱常洛为太子；另一派则会合了郑贵妃家族以及一些朝臣，主张延缓立储，等候时机，拥立朱常洵。东林党人之所以支持朱常洛，一方面是因为要遵循礼教，更重要的是，东林党人大多数只是一些中小官吏，许多人还处居林野，他们在政治上迫切需要一个坚强的靠山，以施展自己的抱负。

神宗见状，便以种种借口敷衍拖延。万历二十一年（公元 1593 年），神宗封皇长子常洛、皇三子常洵、皇五子常浩为王，待以后再择其善者立为太子。

"三王并封"的目的，是使朱常洵有被立为太子的机会。此旨一出，群臣哗然，礼部主事顾宪成、礼部郎中于孔兼等东林党人纷纷上疏反对。朝臣们的反响之强烈大大出乎神宗的预料，他不得不收回了"三王并封"的成命，但也把立太子一事束之高阁。

万历二十九年（公元 1601 年），在朝臣们

明神宗

力争了 15 年之后，神宗皇帝无计可施，年届 20 的朱常洛终于被立为太子。同时，朱常洵被封为福王。虽然东宫已定，但国本之争却仍未结束。

朱常洵迟迟不去封国，太子属官也不完备，朱常洛的太子地位仍处于风雨飘摇的状态之中。

二、京察之争

京察是明代考核京官的一种制度，6 年举行一次，称职者予以奖励或晋升，不称职者予以处罚或斥退。因此，京察就成为东林党与反东林各党进行权力之争的焦点。

在万历十五年（公元 1587 年）的京察中，东林党人初露头角。顾宪成支持左都御史辛自修；顾允成、彭遵古、诸寿贤支持南京右都御史海瑞。由于辛自修、海瑞都希望借京察的机会澄清吏治，所以受到了顾氏兄弟等人的尊敬。但这次京察却由于大学士申时行的阻挠，最后失败。顾宪成被降 3 级调外任，顾允成被夺冠带。他们虽然受到权臣的压抑，但却为以后东林党的发展奠定了基础。

万历二十一年（公元 1593 年），京察之争更为激烈。这次京察由东林党人吏部尚书孙鑨和考功司郎中赵南星主持，时任考功司主事的顾宪成也参与其事。根据明朝的制度，考核官吏是吏部和都察院的职责。但明中叶以后，内阁的权力日益增大，二者之间的矛盾日益突出。孙鑨、赵南星、顾宪成等人试图带个好头，因此孙鑨罢黜了自己的外甥，赵南星斥退了亲家。一时间，贪官污吏几乎被贬斥殆尽，时人还称赵南星为"铁面"。但这触犯了王锡爵等权臣的利益，赵南星以"抑扬大过"被贬三级，孙鑨被夺俸。朝中有正义感的官吏，如于孔兼、顾允成、薛敷教等东林党人纷纷上疏申救，但最后赵南星仍被革职为民，为赵南星申冤鸣不平的官吏也被一一贬斥。

万历三十三年（公元 1605 年）的京察，东林党人再次得以主持，由一贯办事严正的吏部侍郎杨时乔全权负责。杨时乔不讲情面，在京察中提出要处分的人中，不少是沈一贯的私党，沈一贯见事情不妙，慌忙密言蒙蔽神宗，将处分意见长期不下发。如此将近半年，主事刘元珍、庞时雍，御史朱吾弼等东林党人上疏力争，结果杨时乔反被严旨斥责，刘元珍等人被除名。不过，由于东林党人一再弹劾沈一贯结党营私，沈一贯也被迫于次

顾宪成

年下台。

万历三十九年（公元1611年）京察中北察的主计人是东林党人——吏部尚书孙丕扬。被察的主要对象，一是被沈一贯包庇下来的贪官污吏，二是其他各党的骨干，如汤宾尹、顾天峻等。东林党人在北察中以暂时的胜利告终，但不久即遭到浙、齐、楚等党人的反攻，孙丕扬被迫辞职。东林党人在南察中更是大败而回。南察的主计人是吏部右侍郎史继偕，此人是齐、楚、浙党的党羽，东林党人俱被排斥。

终万历一朝，东林党人大部分时间都未能真正掌握朝政，因此在京察之争中基本上处于不利的地位。

三、魏阉专权

明中叶以后政局混乱、军政腐败。朝廷内部正气受压，多次出现宦官擅权乱政的不正常现象。从英宗开始，皇帝多是幼年登基，宠用宦官，于是造成"内官日横"。皇权高度集中、皇帝自操权柄的局面开始动摇和削弱，权力逐步转移到宦官手里，使他们得以直接操纵军国大计，擅夺生杀之权，排斥忠良，迫害正直，祸国殃民，是明王朝的一大祸害。天启元年（公元1621年）五月，魏忠贤窃得司礼秉笔

崇祯皇帝

太监大权，从此遍邀党羽，专制朝政，作威作福，弄得朝纲大坏，冤狱遍生，民怨沸腾。天启七年（公元1627年）八月二十四日，朱由检即皇帝位，改次年为崇祯元年（公元1628年）。崇祯帝即位后，便大力惩治阉党。当时嘉兴贡生钱嘉征劾魏忠贤10大罪，魏忠贤惧怕，于十一月初一自缢而死。崇祯帝下诏戮其尸，悬首河间。十二月严厉惩处魏忠贤余党，"五虎""五彪"等都被处死。崇祯帝通过这一肃逆活动，扶正祛邪，整顿朝纲，稳定了当时的局面。

四、东林党与阉党之争

明朝后期，朝臣结党，派系林立。万历三十二年（公元1604年），落职还乡的原吏部郎中顾宪成在地方官员的资助下，与高攀龙同讲学于无锡东林书院。他们讽议时政，裁量人物，形成了广泛的社会影响，在朝在野的各种政治人物和东南城市势力以及一些地方实力派都聚集在他们周围，形成了一股声势浩大的势力，被称为东林党。

早期与东林党对立的主要是一批代表大地主集团利益的官员。东林党与各党派的斗争是以争"京察"为发端的，以后争论的中心逐渐转移到太子废立问题上来。后期党争主要是与以魏忠贤为首的阉党的斗争。魏忠贤原是当地有名的市井无赖，后因赌博输尽了家产，做了太监。熹宗时，魏忠贤与熹宗乳母客氏勾结，日益得宠，成为新的政治集团，被称为"阉党"。

魏忠贤

东林党曾为熹宗登基之事出过大力，他们当政后，开始整顿朝纲，将很多腐败官员罢免。这些人便纷纷投靠魏忠贤，魏忠贤把东林党人看成阻止他实现野心的重要障碍。天启四年（公元1624年），魏忠贤在宫内基础已牢固，开始向外廷出击。六月，素以刚直敢谏著名的左副都御史杨涟上疏参劾，列举魏忠贤24条大罪，并请求驱逐客氏出宫。魏忠贤设计使熹宗下旨严责杨涟。不久，杨涟和东林党另一重要成员左光斗一起被罢了官。天启五年（公元1625年），阉党爪牙许显纯捏造口供，将杨涟、周朝瑞、左光斗、袁化中等人下到锦衣卫大狱中，不久又将他们杀害。天启六年（公元1626年），魏忠贤捏造了"七君子"事件，把东林党人周启元等7人迫害致死。此外，为了打击反抗和不肯依附他们的官员，魏忠贤的党羽们还编列了黑名单如《东林点将录》等，将不肯同流合污的官员指为东林党，列在黑名单上。当时开列黑名单已成为一大风气，东厂西厂都照单捕人，并把他们弄死。一时间，朝廷上下乌烟瘴气，魏忠贤的权势达到了顶峰。

天启七年（公元1627年）熹宗病逝，崇祯继位。魏忠贤大势已去，自知被天下人所憎恨，难以自保，便自缢而死，阉党势力也遭到严重打击。东林人士逐渐返回朝廷。

东林党人是一批正直的清流派官员，主张改良政治、开放言路，反对横征暴敛，提倡减轻人民负担、缓和矛盾，并为此进行了坚持不懈的斗争。他们敢于揭露批判黑暗腐败政治，为民请命，为挽救明朝危机做出了巨大努力，反映了社会进步势力的要求。

五、明末三案

明朝末年，宦官专权，党争不断，发生了"梃击""红丸""移宫"三大著名的案件，后世合称为"三案"。

明神宗朱翊钧的长子朱常洛为王恭妃所生，三子朱常洵为郑贵妃所生。朱翊钧宠爱郑贵妃，想立朱常洵为太子。但明朝立太子的原则是"有嫡立嫡，无嫡立长"的嫡长子继承制。嫡子必须是皇后所生，现在皇后无子，当然应该立长子为太子。因此，大臣们一致主张立朱常洛为太子，明神宗和大臣相持不下。明神宗一怒之下，开始对国家大事采取不闻不问的态度，不上早朝，不批奏折，不任命官员。他爱财如命，派宦官搜刮民脂民膏，每天喝得烂醉如泥，醉生梦死。就这样，明神宗与大臣们僵持了15年，历史上称之为"争国本"。

最后，明神宗无可奈何，只好立长子朱常洛为太子，封朱常洵为福王。按照惯例，藩王要到自己的封地去，但朱常洵却一直滞留北京。他贼心不死，仍然觊觎太子之位。后来相继发生的"梃击""红丸""移宫"三案，就是"争国本"的继续。

万历四十三年(公元1615年)五月，一名疯疯癫癫的男子手持木棒，突然出现在太子朱常洛居住的慈庆宫前，打倒守门太监，闯入宫中，直奔太子寝殿，太监们拼死将他捉住，送交皇城保卫部门。后经审问得知，这个疯汉子名叫张差，家住蓟州井儿峪，是郑贵妃手下的太监庞保、刘成将他引到慈庆宫门前的，告诉他"打死小爷(指朱常洛)，有吃有穿"。

事情传开后，很多大臣都怀疑是郑贵妃和她的哥哥郑国泰阴谋策划此事，目的是想让张差伤害太子，好让福王朱常洵当上太子。

事情闹到了这个地步，明神宗只好召见大臣，拉着太子朱常洛的手对他们说道："太子很孝顺，我很喜欢他。你们散布流言，离间我们父子关系！"他回头对朱常洛说道："你有什么话要对他们说？"太子朱常洛对大臣们说道："张差是个疯子，应该赶快把他处死。我和父亲的关系很好，外面的议论实在是不应该。"大臣们一听，都无话可说了。"梃击"案也就不了了之。

明神宗死后，太子朱常洛即位，就是明光宗。郑贵妃害怕报复，连忙想法讨好朱常洛。朱常洛特别宠爱李选侍，郑贵妃就拉拢李选侍。她提出立李选侍为皇后，李选侍则以封她为皇太后作为报答。郑贵妃又挑选了8个美女送给明光宗。明光宗沉湎女色，身体很快就垮了下来。他吃了宦官崔文升的泄药，一天要拉三四十次，人很快就奄奄一息了。鸿胪寺丞李可灼自称有仙丹，是一种红色的丸子，明光宗急忙叫太监召李可灼进宫。明光宗吃了一颗，病情有了缓解，下午又吃了一颗，到了第二天早晨就死了。明光宗只做了一个月的皇帝。大臣们非常愤怒，指责郑贵妃的心腹崔文升和李可灼是导致明光宗暴死的元凶。最后两人都被处死，但"红丸"案也没有进一步追查。

乾清宫是皇后居住的正宫。明光宗朱常洛病重时就住在乾清宫，李选侍也住在那里。朱常洛临终前，召见大臣，封李选侍为贵妃，李选侍唆使明光宗的长子朱由校向明光宗请求封她为皇后，但明光宗没有答应。大臣们对李选侍的做法非常不满。

明光宗死后，李选侍把朱由校带在身边，仍住在乾清宫不走。大臣们要求见太子，李选侍让太监们挡在门前不让见。兵部右给事中杨涟厉声斥责道："你们这些奴才想造反吗？"太监们这才让开。李选侍把朱由校藏在自己房里，还是不让出来。东宫伴读王安哄李选侍说："太子出去一下就回来。"大臣们把朱由校带到宫门口，李选侍又反悔了，叫太监把朱由校带回来。太监们拉住朱由校的衣服不放，杨涟上前将太监斥退才把太子带走，准备第二天登基。

大臣们对李选侍的做法非常愤怒，纷纷上书，强烈要求她搬出乾清宫。李选侍仗着是自己把朱由校从小带大的，想让朱由校压制大臣，继续住在乾清宫。

第二天，大臣们一致要求朱由校下诏，令李选侍搬出乾清宫。李选侍无可奈何，只得搬到宫女养老的哕鸾宫居住，"移宫"案到此才宣告结束。

在明末三案中，东林党人的主张和立场符合公论，但却被后来的齐、楚、浙三党翻案，借三案大肆攻击东林党人，太监魏忠贤也对东林党人进行疯狂的打击。不停的党争和内斗将明朝推向了灭亡的边缘。

六、萨尔浒之战

公元 1618 年，努尔哈赤召集八旗首领和将士誓师，宣布跟明朝结下七件冤仇，叫作"七大恨"。第一条就是明朝无故杀死了他的祖父和父亲。为了报仇雪恨，他决定起兵征伐明朝。

第二天，努尔哈赤亲自率领 2 万人马攻打抚顺。他先写信给抚顺明军守将李永芳，劝他投降。李永芳见后金军来势凶猛，无法抵抗，就投降了。后金军俘获人口、牲畜 30 万。明朝的辽东巡抚派兵救援抚顺，也被后金军在半路上打垮了。

明神宗得知消息后，派杨镐为辽东经略，讨伐后金。杨镐经过一番紧张的调兵遣将，聚集了 10 万人马。公元 1619 年，杨镐分兵四路，由四个总兵官率领，进攻赫图阿拉。杨镐坐镇沈阳，指挥全局。

经过侦察，努尔哈赤得知山海关总兵杜松率领的中路左翼是明军主力，他们正从抚顺出发，打了过来。努尔哈赤决定集中兵力，先对付杜松。

杜松是一位身经百战的名将。从抚顺出发时，天正下着大雪，杜松立功心切，不管气候恶劣，急急忙忙冒雪行军。他先攻占了萨尔浒（今辽宁抚顺东）

山口；接着，把一半兵力留在萨尔浒扎营，自己带了另一部精兵攻打后金的界藩城（今新宾西北）。

文渊阁

努尔哈赤得知杜松分散了兵力，心里暗暗高兴，便集中八旗的兵力，一口气打下萨尔浒明军大营，把杜松后路截断了。接着，努尔哈赤又急行军援救界藩。正在进攻界藩的明军，听到后路被抄，军心动摇。驻守在界藩的后金军居高临下从山上往下攻，把杜松军杀得七零八落。杜松中箭身亡，一路人马先覆灭了。

北路的马林从开原（今辽宁开原）出兵，刚刚到离萨尔浒还有40里的地方，努尔哈赤率领的八旗兵便从界藩马不停蹄地攻来。马林败下阵来，没命地逃奔，才回到开原，第二路明军又被打散了。坐镇沈阳的杨镐，接到两路人马覆灭的消息，连忙派快马传令另外两路明军立刻停止进军。

中路右翼的辽东总兵李如柏胆小谨慎，行动也特别迟缓，他一接到杨镐的命令，急忙撤退。剩下的是南路军刘𬭎。杨镐发出停止进军命令的时候，刘𬭎军已经深入到后金军阵地，各路明军失败的情况，他一点也不知道。努尔哈赤派出一支穿着明军衣甲的后金兵打着明军旗帜，装扮成杜军前来接应。刘𬭎毫不怀疑，带着人马进入了后金军的包围圈。后金军里应外合，四面夹击，明军阵势大乱。刘𬭎虽然勇敢，但毕竟寡不敌众，战死在乱军中。

这场战争从开始到结束，只有5天的时间，杨镐率领的10万明军损失过半，文武将官死了300多人。这就是历史上著名的"萨尔浒之战"。

萨尔浒之战后，明朝元气大伤。两年后，努尔哈赤又率领八旗大军，接连攻占了辽东重要据点沈阳和辽阳。天启五年（公元1625年）三月，努尔哈赤把后金都城迁到沈阳，把沈阳称为盛京。从那以后，后金就对明朝的统治构成了威胁。

七、袁崇焕大战宁远

萨尔浒大战之后，明王朝派老将熊廷弼出关指挥辽东军事。熊廷弼是个很有指挥才能的将领，可是担任广宁（今辽宁北镇）巡抚的王化贞却怕熊廷弼影响他的地位，百般阻挠熊廷弼的指挥。公元1622年，努尔哈赤向广宁进

袁崇焕

攻,王化贞带头出逃。熊廷弼面对混乱的局事,只好保护一些百姓退到山海关内。

广宁失守后,明廷不问事由,便把熊廷弼和王化贞一起打进大牢。

熊廷弼一死,派谁去抵抗后金军呢?这时,详细研究了关内外形势的主事(官名)袁崇焕向兵部尚书孙承宗说:"只要给我人马军饷,我能负责守住辽东。"

那些被后金的攻势吓破了胆的朝廷大臣听说袁崇焕自告奋勇,都赞成让袁崇焕去试一试。明熹宗给了他20万饷银,要他负责督率关外的明军。

袁崇焕到了关外,在宁远筑起三丈二尺高、二丈宽的城墙,装备了各种火器、火炮。孙承宗还派了几支人马分别驻守在宁远附近的锦州、松山等地方,与宁远互相支援。

袁崇焕号令严明,辽东的危急局面很快就扭转过来。正当孙承宗、袁崇焕守卫辽东有了进展之时,却遭到魏忠贤的猜忌。

魏忠贤先是排挤孙承宗离了职,又派了他的同党高第指挥辽东军事。高第是个庸碌无能之辈,他一到山海关,就召集将领开会,说后金军太厉害,关外防守不了,让各路明军全部撤进山海关内。

袁崇焕坚决反对撤兵,高第见说不服袁崇焕,只好答应袁崇焕带领一部分明军在宁远留守,但却要关外其他地区的明军,限期撤退到关内。

努尔哈赤看到明军撤退时的狼狈相,认为明朝容易对付。1626年,他亲自率领13万人马,渡过辽河,向宁远进攻。

努尔哈赤带领后金军气势汹汹地到了宁远城下,冒着明军的箭石、炮火,猛烈攻城。明军虽然英勇抵抗,但是后金兵倒下一批,又上来一批,情况十分危急,袁崇焕下令动用早就准备好的大炮,向后金军轰击。炮声响处,只见一团火焰,后金兵士被炸得血肉横飞,纷纷后撤。

第二天,努尔哈赤亲自督战,集中优势兵力攻城。袁崇焕登上城楼望台,沉着应战。等到后金军冲到逼近城墙的地方,他便命令炮手瞄准敌人密集的地方发炮。这样一来,后金军伤亡就更大了。正在后面督战的努尔哈赤也受了重伤,不得不下令全军撤退。

袁崇焕见敌人退兵,就乘胜杀出城去,一直追了30里,才得胜回城。

努尔哈赤受了重伤，回到沈阳后，伤势越来越重，没过几天，就咽了气。他的第八个儿子皇太极接替他，做了后金大汗。

第三节　明朝的败亡

一、明末社会矛盾的激化

1. 土地兼并空前

明朝后期，土地兼并更加猛烈，宗室勋戚庄田的规模更大。如万历时，潞王（朱翊镠）有庄田4万顷，神宗也诏赐福王（朱常洵）庄田4万顷，后经群臣力争，始减为2万顷。天启时，桂王（朱常瀛）、惠王（朱常润）、瑞王（朱常浩）及遂平、宁国二公主的庄田皆以万顷计算。山西全省上好的田地，几乎全为宗室所占。河南有72家王子，全省土地"半入藩府"。宗室勋戚庄田占有土地的总面积，据不完全估计，天启年间为50万顷。

一般官僚地主对土地的兼并也异常激烈。如万历年间，南直隶（今安徽、江苏）有的大地主占田7万顷。浙江奉化全县的钱粮是2万两银子，而乡官戴澳一家就占去一半。崇祯时，河南缙绅之家田多者千余顷，少者也不下六七百顷。

豪强地主不仅在本乡占田，而且跨越省县设立寄庄田。许多地方寄庄田占地比例极大，如福建南靖县的土地，属于他县豪强者十之七八。山东曹县共有土地25000余顷，寄庄田占去一万余顷。在激烈的土地兼并之下，大多数农民失掉了土地，沦为地主的佃户，如顾炎武说，江南"有田者十一，为人佃作者十九"。

2. 农民处境艰难

激烈的土地兼并，迫使农民大量流亡，政府赋税来源发生困难，而皇室挥霍有增无减，国家财政入不敷出，为弥补空额，加重了赋税剥削。一条鞭法推行不久，就出现鞭外有鞭，条外有条，杂税层出不穷。万历四十六年（公元1618年）明政府借口辽东战事紧急，向人民加派"辽饷"，前后3次，共征银520万两，相当于全年总赋额的1/3以上。以后又有各种名目的加派，而且无论地方丰歉，土地肥瘠，皆一概按亩征银，再加以强征丁银，滥派差役，就使得更多的贫苦农民抛弃自己的小块土地，沦为地主的佃农、雇工和奴婢，或成为流民、饥民。

宣德通宝

佃农所受的剥削在此时更加苛重。明末江南地区一亩之收，多者不过三石，少者一石，而私租却重至一石二三斗，松江多至一石六斗，苏州多至一石八斗，个别的达两石。除正租外，还有脚米、斛面以至鸡牛酒肉等附加的租额和大斗大秤的剥削，还有从地主那里转嫁来的差役、赋税和高利贷的盘剥。这一切都说明当时地主阶级对佃农的剥削是十分惊人的。这种残酷的剥削就逼得佃农连起码的生活也都难以维持，辛勤一年，依然冻馁。

佃农的人身束缚在当时也很严重。某些地区的佃农要替地主保家护院，在地主驱使下无条件地服各种杂役，而且未经地主给假不得自由行动。至于豪绅地主的横暴乡里和王府亲随的荼毒农民，到明末更加猖獗，他们在各地"私设公堂""吊拷租户""驾帖捕民""格杀庄佃"，无所而不为。

3. 对工商业的大肆掠夺

为了攫取更多的货币，兼营工商业的地主较前日益增多。在江南各城镇，很多地主和大商人成为铁坊、油坊、糖坊、囤房、机房的作坊主或当铺的东家。在北京，勋戚王公也都经理窑场、开张店铺以牟利。万历时，陕西的肃王除去拥有大量庄田外，还在各地设有瓷窑、店房和绒机。河南的福王也开设很多盐店、客店。他们利用封建特权在各地劫夺商货，把持行市，无顾忌地掠夺城市贫民、小手工业者和小商人的财富。

与此同时，政府也加强了对城市工商业的掠夺。从万历二十四年（公元1596年）起，明神宗即派出许多宦官充任矿监税使，在全国各大城市以征税开矿为名，大肆掠取民间的金银。万历二十九年（公元1601年）一年之中，由宦官直接送往北京的税款就有白银90余万两、黄金1575两，又有金刚钻、水晶、珍珠、纱罗、红青宝石等物，而装进宦官及其爪牙私囊的还不在内。这些宦官往往以开矿为名，强占土地，或巧立商税名目，横征暴敛。

二、陕北首义与荥阳大会

天启七年（公元1627年），陕西发生灾荒，遍地都是饥民，澄城知县张平耀不顾人民死活，还严催赋税，于是王二团结几百个饥民，冲进县城，杀死张平耀，揭开了明末农民大起义的序幕。此后响应者四起，王嘉允、高迎祥、李自成、张献忠等均先后加入农民军。农民军最初只在陕西、山西一带分散活动,逐粮就食。从崇祯六年(公元1633年)起,农民军活动的区域扩大,转战于河南、湖广(今湖南、湖北)、南直隶(今安徽、江苏)、四川、陕西诸省,农民起义开始形成全国性的规模。

这时农民军中以闯王高迎祥一支最强,在群雄中最具有号召力。从崇祯七年(公元1634年)起,明政府连续组织大规模的围剿,以期消灭农民军。这年洪承畴受命总督陕西、山西、河南、湖广等处军务,调兵7万人向农民军展开进攻。崇祯八年(公元1635年)正月,主要的农民军首领高迎祥、罗汝才、张献忠、李自成等都聚集在河南,共有13家72营。为粉碎明军的进攻,首领们在荥阳举行大会,商讨作战方略。会上,李自成提出"分兵定所向"的主张,就是联合作战,分兵出击,得到大家的赞同。会后,高迎祥、李自成和张献忠等即率军离开荥阳东进。正月十五日,一举攻占凤阳,焚毁明朝皇陵。凤阳是明朝的中都,又是南北大运河的重镇。起义军袭破凤阳,明廷大为震动。不久,高迎祥、李自成和张献忠等又都转进入陕西。洪承畴的围攻计划全盘破产。

三、闯王李自成和明朝的灭亡

李自成出生在陕西省米脂县的一个农民家庭,幼年在官僚地主家当牧童,备受凌辱。他21岁时,父亲因贫病交加死去,他生活无着,到银川驿当了一名马夫。后因地主艾举人欲加迫害,怒火中烧的李自成遂杀死艾举人,投奔起义军。李自成从小练就一身好武艺,善于骑射,且膂力过人,又有胆略,很快就当上了义军的队长。

李自成提出了联合作战、分兵迎击的战略思想,得到了各首领的赞同,于是分兵5路,迎击官军。农民军团结一致,各路大军取得节节胜利,直接威逼凤阳、南京。明王朝恐慌万状,继续增兵。公元1636年,高迎祥不幸被捕牺牲;公元1638年,张献忠又一度受抚于明朝,起义军陷于困难境地。但当明军忙于应付自东北南下的清军时,起义军又恢复了生机。李自成提出了"均田免粮"的口号,得到了广大农民的热烈拥护。1641年,"闯王"李自成率起义军攻破洛阳,杀福王朱常洵。接着李自成领军进围开封,歼灭明军主力。公元1643年,李自成在襄阳自称"新顺王",创立新顺政权。公元1644年,李自成改西安为长安,建立"大顺"国。在攻下太原、大同、宣府、居庸关、昌平后,大顺军于同年三月,攻占北京。崇祯帝在煤山自缢,统治中国达277年的明王朝宣告灭亡。不久,张献忠也在成都称帝,建立了"大西"政权。

四、大顺政权的失败

李自成进京后，采取一系列措施，加强政权建设。中央机构基本上因袭明朝，有的只改换名称。与此同时，对罪大恶极的大官僚大地主加以镇压，并用暴力逼迫明朝贵戚大臣、贪官污吏交出平日剥削来的金银财宝。在"均田"口号的推动下，某些地区的农民夺取了土地。但是，由于军事上的节节胜利，大顺领导者竟滋长起骄傲麻痹思想，以为明朝覆灭，天下从此太平了。对于盘踞在江南的明朝残余势力，只派少数军队出征。对于屯兵山海关的吴三桂更抱着幻想，以为只要用金钱和封爵招抚就可以使他为大顺守卫山海关。一些大将开始追求享乐，把战斗任务丢在一边，有些士兵也想富贵还乡。所以，当吴三桂引狼入室，清兵入关之时，大顺军猝不及防，一触即溃。永昌元年（公元 1644 年）四月三十日，大顺军撤出北京，在清兵的追击下，连连败退。次年四月，李自成在湖北通山县九宫山遭地主武装袭击，不幸身亡。

五、张献忠领导的农民军

崇祯九年（公元 1636 年）秋，闯王高迎祥被俘牺牲，李自成由闯将被推为闯王，但这时他的势力还小，起义军中以张献忠的势力最强，实际成为支撑局面的主力。崇祯十一二年间，在明军的围攻下，很多起义军先后投降了明朝，张献忠也在湖广谷城伪降熊文灿。崇祯十二年（公元 1639 年）五月，张献忠于谷城重举义旗，明政府急派大学士杨嗣昌督师襄阳，统兵 10 万，对张献忠大举围剿。张献忠奋力突破包围，进入四川，杨嗣昌也领兵入川追击。张献忠采用"以走制敌"的战略，领兵疾走不停，从崇祯十三年（公元 1640 年）七月到十四年正月，在半年之内，几乎走遍全川，行程五六千里，使明军疲于奔命，无法追及，仅尾随而已。当明军精锐都聚集在四川的时候，张献忠急由四川开县东下。进入湖广，昼夜疾驰，仅用了 8 天时间，行军 1000 多里，突然出现在襄阳城下，一举破城，杀死襄王朱翊铭和贵阳王朱常法，时在崇祯十四年（公元 1641 年）二月。杨嗣昌愤惧交集，自缢于军中。

张献忠自攻下襄阳后，又几经挫折，北进河南，被明军打败，便去投奔李自成，但二人不能合作，又东走今安徽，恢复了自己的力量，然后向西挺进，再度进入湖广。崇祯十六年（公元 1643 年）五月，

张献忠沉银遗址出水文物

张献忠攻下武昌，把楚王投入江中，为人民平了大愤。张献忠在武昌称大西王，后转战湘赣一带。崇祯十七年（公元1644年）正月，张献忠率兵进入四川，七月克重庆，八月破成都，随后分兵四出，几乎占了四川的全部。十一月，张献忠在成都正式建国，国号大西，年号大顺。

李自成牺牲后，清军就把进攻锋芒指向了张献忠。顺治三年（公元1646年）清军由陕南进入四川，和四川地主豪绅的武装联合进攻大西军，十一月，张献忠驻军川北西充凤凰坡，由于叛徒的出卖，张献忠兵败不幸牺牲，时年40岁。明末农民大起义失败了。

明末农民起义军推翻明王朝，使封建制度和法纪受到了一次严重的冲击，封建生产关系在一定范围和一定程度上得到了调整，为公元17世纪后期和公元18世纪前期社会经济的发展创造了条件。

第四节　明代的商品经济与资本主义萌芽

一、资本主义萌芽出现

明朝中叶，资本主义萌芽首先出现在江南地区的手工业中。工场手工业是手工业中资本主义萌芽的主要形式。杭州丝织业发达，许多机户开始雇佣纺织能手，并付以一定的工资，丝织业中雇佣关系就此出现。到明朝后期，苏州的机户发展到三万家以上，受雇织匠的数量相当可观。机户一般出机，而机工出人力，完全脱离了生产资料，成为一无所有的劳动者。

明代中叶中国出现的资本主义萌芽，尽管局限于少数地区和行业，但它的出现标志着中国古老的封建社会已经走向没落。

二、明代生产力水平的提高

在农业方面，铁工具数量增加了，质量提高了，并且有了推广。犁、锄、镰、水车等工具完备。

从《农政全书》的记载看，当时的农业生产技术，不论在耕耘、选种、灌溉、施肥、园艺各方面都积累了丰富的经验。福建、浙江等地有了早晚稻兼作的双季稻，在岭南有三季稻，北方直隶地区开垦了更多的水稻田。一般稻田亩产量到两石或三石，有些地区到五六石。原产美洲的番薯和玉蜀黍等高产作物在此时也传入中国，在一些地方也开始种植，如番薯即盛植于江浙、福建

《农政全书》书影

等地，这对农作物生产的发展具有重大的意义。在明代，河北、山东、河南、两淮之间已普遍种植棉花，而松江更是"官民军皂垦田凡二百万亩，大半植棉，当不止百万亩"。原产美洲的烟草在明中叶后从吕宋传入，很快便推广到福建、广东以及长江流域等地，到了明末，"北土亦多种之，一亩之收，可以敌四十亩，乃至无人不用"。其他如太湖地区的蚕桑业比以前更加发达，江南、闽、广地区的甘蔗、蓝靛、杉漆以及各种油料作物的产量也都有相应的提高。农业经济作物种植面积的日益扩大，使一些荒废的土地充分被利用，直接为手工业生产提供了原料。

在手工业方面，冶铁、铸铁和制瓷业都有了一定的发展。当时全国产铁地区有100多个。明朝的河北遵化、山西阳城、广东佛山、福建尤溪、陕西华州（今华县）、安徽徽州（今歙县）等地出现了规模较大的冶铁、铸铁业。遵化和佛山的铁冶尤为著名。开采矿石已用火药爆破法，鼓风器亦采用了较先进的有活塞和活门装置的大风箱。冶铁技术的改进和民营铁厂的出现，使铁的产量有较大增加，促进了农业、手工业的发展。

突出反映手工业工人高超技巧和生产力发展水平的手工业是丝织业和棉纺织业。在江南五府地区（苏、松、杭、嘉、湖）和潞安（今山西长治）、福州、南京、成都等地的丝织业中，专用的工具品种繁多，花机高一丈五尺，结构比过去更为复杂，在苏州市场上出售的织机有专织绫、绢、罗、纱、绸等各类织物的机种。弘治时，福州的机工改进织机，称改机。提高了丝织业的质量和生产效率。棉纺织业遍及全国的家庭副业。其中江南的松花布名闻天下。明俗语有"买不尽的松江布，收不尽的魏塘纱"之说，经过农民和手工业工人的长期生产实践，出现了脚踏的纺车和装脚的搅车（一种轧棉花去籽的工具）及各种改制的织布机。

明代中后期，制瓷业规模很大，其中心是景德镇。此镇的制瓷业在宋元基础上继续发展，产品丰富多彩，如成化、嘉靖、万历时期所产的各种青花和彩釉瓷器，以及薄胎纯白瓷器都十分精美，闻名中外。明后期景德镇的官窑58座，民窑达900座，民窑产品有的甚至超过官窑。此外，浙江处州、福建德化、河南禹州、北直隶曲阳、南直隶宜兴等地，制瓷业也有相当规模。

明代的榨油业、造纸业、印刷业、制糖业、制茶业和浆染业也比以前发达。制烟业成为新的手工业部门。但总的说来，明代社会生产力的发展比较缓慢，农业和手工业工具与宋元时期相比相差很小，各个地区生产的发展也很不平衡，农民和手工业工人普遍过着贫穷困苦的生活，无力扩大生产。

三、明代社会分工进一步发展

明朝中叶，男耕女织是社会分工的基本形式。农家"十家之内必有一机"。棉纺织业最发达的松江地区，也是"以织助耕"，随着社会生产力的提高、手工业脱离农业独立发展的趋势比以前更加显著了。手工业部门内部的分工也更加复杂，出现了采矿工业和加工业的分工，原料产地和手工业地区彼此互为市场，促进了商品经济的进一步发展。纺织业方面，除苏杭外，江南五府的各个镇市中，以织绢为生的机户愈来愈多，有的人已从农业中分离出来，如嘉兴王江泾镇"多织绸收丝缩之利，义务耕绩"，濮院镇人"以机为田，以梭为耒"，苏州的盛泽、震泽、黄溪等市镇更是"有力者雇人织挽，贫者皆自织，而令其童稚挽花"。

有一些地区的农民专门从事农业经济作物的生产，以供应丝织手工业的需要。如湖州（今属浙江）的农民专植桑养蚕，以至桑麻万顷。湖丝成为苏、杭、福州、成都以及其他新兴丝织业各城镇的主要原料。仅次于湖丝的还有四川保宁（今阆中）的阆茧。阆茧不仅为本地所需，而且销售到吴越和以织潞绸著名的山西潞安。

棉纺织业方面，松江地区，有人以织布为业，有以织布为生的机户，有从事棉花加工的弹花和轧花作坊，有从事棉布加工的踹坊（踏布、压布的作坊），还有新兴的棉布再制品的行业如制袜业等。有的商人把松江的棉布运往芜湖浆染，当时"织造尚松江，浆染尚芜湖"，芜湖已成为浆染棉布的中心。为了供应松江等地棉纺织业的需要，河北、山东、河南等地的一部分农田，大量种植棉花。

制铁业方面，广东佛山镇的制铁业已分为"炒铸七行"，拥有大量的耳锅匠和锯柴工，其所需

景泰蓝瓷器

原料铁板多来自广东西部的罗定、阳春、阳江各县，说明了制铁业和冶铁业的分工明显。

手工业内部，专业分工更加细密了。明中叶后，苏州有织工数千人，染工亦数千人。在织工中，又有车工、纱工、缎工、织帛工和挽丝工的分工。织绸有打线、染色、改机、挑花等工序。景德镇的制瓷工业有淘土、制坯、满窑、烧窑、开窑等一系列的分工。石塘镇的造纸业有纸工2000余人，在一座槽房内，就有扶头、舂碓、检择、焙干等分工。徽州的冶铁业，"煽者、看者、上矿者、取钩（矿）砂者、炼生者而各有其任，昼夜轮番四五十人，若取炭之夫、造炭之夫又不止是"。这一切都反映了当时一部分手工作坊或工场的生产规模和专业分工，这些作坊和手工工场都是民营的，无一不与商品市场相联系。

在明朝，社会分工虽有一定的扩大，但农业和手工业的结合还很顽强。农村的基本分工主要是"男耕女织"或"以织助耕"。丝织和棉纺织业，以及制糖、染色、炼铁、造纸等，大部分还是家庭的副业。在城市内尽管也存在着各种手工业作坊，但商铺与作坊往往合在一起，手工业内部的分工还不很明显。封建国家的压榨、勒索和行会对小商品生产者的排斥，严重阻碍着社会分工的进一步发展。

四、明代商品货币经济的发展

随着农业和手工业生产的提高，商品经济也有了新的发展。农业上由于农作物的多元化和经济作物产量提高，促进了农产品的商品化。湖广、江浙的粮食，作为商品供应城镇，嘉定"县不产米，仰食四方，夏麦方熟，秋禾既登，商人载米而来者，舳舻相衔"。边镇地方的军粮也常用白银购买。棉花、蚕桑、布匹已成为商品，山东、河南一些地区的农田，"半植木棉，乃棉花尽归商贩"，供应松江纺织，出现了"北土广树艺而昧于织，南土精织紝而寡于艺，故棉则方舟而鬻于南，布则方舟而鬻诸北"的状况。湖州地区农民种植的桑叶在市场上出售，而蚕丝则供苏州织造。其他如蔗糖、烟草、油料、木材等也流入市场，连陕西的驴马牛羊、骲装筋骨也西入陇蜀，东走齐鲁。四川的姜粟蔬果竹木之器则舟经三峡，东下荆楚，扩大了市场范围。

随着工商业的繁荣，明中期在工商业城市，如长江和运河沿岸的杭州、苏州、南京、扬州、汉口、芜湖、临清，东南沿海的福州、漳州、广州等以外，还涌现出一大批新兴的小城镇，如苏州的盛泽镇、震泽镇，嘉兴的濮院镇、王江泾镇，湖州的双林镇、菱湖镇，杭州的唐栖镇和松江的枫泾镇及朱家角镇等。这些镇市都以丝织业或棉织业著称，其人口构成，不仅有土著居民，更多的是外来商贾、小手工艺者和被人雇佣的手工业工人。此外，以铸铁业和丝织业著称的佛山镇和以商业著称的汉口镇

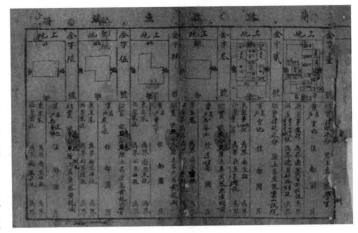

鱼鳞图册

也发展起来，以制瓷业著称的景德镇，在宋元的基础上更加繁荣。

货币方面，明廷重新制定了钱法。

明初铸洪武钱，成祖九年（公元1411年）铸永乐钱，宣德九年（公元1434年）铸宣行钱（英宗、景帝、宪宗时皆未铸）。孝宗弘治十六年（公元1503年）知钞法（用纸币）终难维持，始令京师及各省铸弘治通宝钱。至嘉靖六年（公元1527年）大铸嘉靖通宝钱，每文重一钱三文。嘉靖三十二年（公元1553年），补铸洪武、永乐、洪熙、宣德、正统、天顺、成化、弘治、正德9种年号钱，每号百万锭，嘉靖钱千万锭，一锭5000文。而钱法（用铜钱）难通。洪武初所定钱法，钱分五等：曰当十，重一两；当五，重五钱；当三，当二，重皆如其所当之数；小钱重一钱。5种铜钱之法量与实量完全一致。

弘治、嘉靖改定之钱法，每小钱十文重一两二钱至一两三钱，因法量过重，常为私铸之恶钱（杂铝、锡，薄劣无形制）所驱逐。政府日增铸，民间日销毁，以此作为私铸的原料。未被销毁的，则被深藏不出。中叶，原被禁止的白银异军突起，成为主要货币，而宝钞却渐被废弃，铜币虽然保存下来，但只是当作一种辅助性的货币而起作用。明中期以后货币材料发生上述变化的原因是"钞太虚"，这使掌握造币权的统治者可以随意滥发，从而造成通货膨胀，引起人民反对，另外也由于"钱贱而不便大用"，这使大宗交易中不得不丢开它而另寻适用者。与社会生产力的发展和商业交换的需求相适应，明中期，白银作为支付和交换手段，在市场上更为广泛地流通，数量和范围都超过了宋元时期。随着对外经济往来的增多，西班牙银币也大量从吕宋（今菲律宾）等地流入。明末，日本、安南（今越南北部）等地也向中国输出白银。明统治者到正统时不得不放松金银之禁，并且先后把田赋、徭役、商税、手工业税、

海关税的大部分都改为用银折纳，官吏的薪俸、国库开支也多用银支付。这时在江浙、杭州、松江和广东南海等商品经济比较发达的地区或种植经济作物的某些地区，已零星地出现折租，即佃户把租粮按市价折合成银两向地主付租，属于封建国家直接控制的土地如皇庄、王庄或官庄，也大部分征收银租。官府匠户限役也逐渐改为交纳匠班银，这样，匠户对封建国家的隶属关系有所松弛，工匠的技术和产品可更多地投向市场。农业、手工业或商业中的一部分佣工，已经完全以白银计算工资价格。一般商业码头的脚力工人，工资多以件计，类似于商业上的脚力银。民间手工业作坊的一些雇工也用银支付工资，湖州等地还出现了一批专门替人养蚕、剪桑、缫丝的短工，实行计件或计日取酬。他们虽没有完全与土地脱离关系，但在法律地位上已完全不同于长工，似乎已摆脱了封建的人身依附关系。在江南等地的丝织业、棉纺织业、浆染业、造纸业、榨油业中，已有了与生产资料完全脱离，又可以自由支配自己的劳动力，并把劳动力作为商品按货币计酬出卖的手工业雇佣工人。

　　但是，明朝商品经济的发展很不平衡，仍处于自然经济的附属地位，为封建主服务。不过，商业资本为资本主义生产关系的萌芽创造了条件。

　　随着商品经济的发展和班匠的反抗，明政府被迫改变剥削方式。成化二十二年（公元1486年），工部奏准，轮班匠不愿当班者，听其出银代役，南匠每月出银9钱，北匠6钱。嘉靖四十一年（公元1562年），又规定班匠一律以银代役，每人每月纳银四钱五分，称"班匠银"。这时班匠的匠籍虽仍保留，但与封建政府的人身隶属关系已大为松弛，使他们的技术和产品能投入市场，推动民营手工业的发展。

五、手工业部门中出现的资本主义萌芽

　　资本主义萌芽就是资本主义生产关系的萌芽，一方面有出卖劳动力的雇佣工人，另一方面有了购买别人劳动力的较大的作坊老板和商人，即最早的资本家。

　　江南苏杭一带大批从事丝织业的民间机户，大多是小商品生产者。由于生产条件、技术力量、经营方法和产品之间的差异，同行之间的竞争十分激烈。这些拥有千金、万金和几十张织机的机户，称为"大户"，而那些因破产经营不善而失去生产资料者则被称为"小户"，沦为靠出卖劳动力为生的"机工"。隆庆、万历年间，以丝织业著称的苏州，出现了资本主义性质的雇佣关系，"大户张机为生，小户趁织为活。机户出资，机工出力"。这些机工在人身上，虽然还受着封建政府的压迫，并受作坊主的控制，但相对来说，与机户关系还

是自由的，明政府也承认他们是"自食其力良民"，这反映机工与机户的关系带有资本主义性质的雇佣色彩。

松江棉纺织业中，商业资本十分活跃。商人挟重资而来市者，白银动以数万计，多或数十万两，少亦以万计。有的人在松江附近的镇市内设立布号，收购棉布，并用原料换取棉布再对棉布进行加工。这类包买商使农民和独立手工业者屈从于其资本之下，因此而获取高额利润。一部分布号还控制一些染坊和踹坊，把生布交给他们踏、染，而这些染坊、踹坊，又各自雇佣一定数量的染工和踹工。这些布号的出现，也体现了资本主义生产关系在棉纺织业中的萌芽。

洪武通宝

松江地区加工棉布的暑袜业，资本主义生产关系表现得也很明显。万历以来，松江有数百家暑袜店，当地男女皆以做袜为生。暑袜店商人以原料或资金供给这些小商品生产者，又以低价包售他们的产品。于是，商人变成包买商，切断了小生产者同原料市场和产品市场的联系。小生产者则按照包买商的要求进行生产，然后"从店中给筹取值"。这些小生产者表面上是独立的个体劳动者，实际上已经转化为包买商支配下的雇佣劳动者。暑袜店的包买商也已转化为剥削雇佣工人的资产者，他们的商业资本则转化为产业资本。

此外，江南各地的冶铁业、造纸业、榨油业以及佛山镇的制铁业、景德镇的制瓷业中，也都有一些资本主义萌芽的痕迹。如浙江嘉兴石门镇已有具有资本主义萌芽状态的榨油手工作坊，商人从北路夏镇、淮、扬、楚、湘等处贩油豆来此榨油作饼，万历时期这里有油坊20家，所雇佣的油工达800人，工资是"一夕作佣值二铢（二分银）而赢"。这个时期景德镇制瓷业中的佣工每日不下数万人，其中一部分人在"民窑"内劳作，生产的瓷器是为了出卖，工资是按日以银计算的，他们与某些窑户的关系，也是一种新的剥削关系。广东佛山镇的炒铁和铸铁作坊存在着工匠与炉主的尖锐对立，产品也有较广泛的国内外市场，所谓"工擅炉冶之巧，四远商贾辐辏"，与资本主义萌芽性质的生产类似。

但是，明中期以后的资本主义生产关系的萌芽还非常嫩弱、稀疏，发展也很不平衡，只散见于个别行业、个别地区之中，并带有浓厚的封建色彩。

不少作坊主本身就是大地主，原来不是地主的作坊主，发家致富后也购买土地成为地主。专制制度下，一般作坊主都"名隶官籍"，经常受官府"坐派"和重税勒索，得不到自由发展。被雇佣的工人，也没有完全脱离农业生产，与土地分离；受雇时要受封建国家和行会的控制，听从"行头"的分遣和管束。

六、明朝茶马

茶马是指明朝以官茶换取青海、甘肃、四川、西藏等地少数民族马匹的政策和贸易制度。

洪武四年（公元1371年），户部确定以陕西、四川茶叶易番马，在各产茶地设置茶课司，定有课额。又特设茶马司于秦州（今甘肃天水）、洮州（今甘肃临潭）、河州（今甘肃临夏）、雅州（今四川雅安）等地，专门管理茶马贸易事宜。以茶易马，在满足国家军事需求的同时，以此作为加强对少数民族地区统治的手段和巩固边防、安定少数民族地区的统治策略。随着内地与边疆少数民族地区经济交流的发展，至成化时，民间茶马贸易日趋频繁，巡茶御史屡出，茶多私运出境，而马至日少。茶马贸易，既促进了内地与青海、甘肃、四川、西藏等少数民族地区社会经济文化交流，也对少数民族地区的社会经济发展产生了积极作用。

第五节　明代的中外关系

明初逐步恢复了唐宋时期的朝贡制度，到明成祖时期开创万国来朝的外交局面，进一步完善了中华朝贡体系。

一、郑和下西洋

郑和下西洋的起因众说纷纭，《明史·郑和传》同时提供了寻找建文帝和宣扬大明威德的说法，此外还有防范帖木儿帝国、获取海外朝贡以及出于宗教目的等说法。

明成祖通过靖难之役夺得皇位时，明朝已经建立了30多年，农业与人们的生活受这场政变的影响。这时，中国广州等沿海的大都市发展得十分繁荣。在经济获得良好的发展之后，发展海外交通和海外的贸易已经是十分迫切的事。

朱棣即位后，锐意沟通域外国家。在郑和之前，他派遣尹庆于永乐元年（公元 1403 年）出使了古里、满剌加（当时尚未建国），又于永乐二年（公元 1404 年）出使了爪哇和苏门答腊。在郑和下西洋初期，明成祖又发动南征安南，将之纳入明王朝版图。"郡县安南"之后，明朝从陆路近可制占城，远可控满剌加，为郑和后续的下西洋活动提供了有力的支持，使西洋朝贡体系得以顺利建立和巩固。

郑和下西洋

永乐三年（公元 1405 年）农历六月，明成祖正式派郑和为使者，带一支船队出使"西洋"。那时候，人们叫的"西洋"，指的是我国南海以西的海和沿海各地。郑和带的船队，一共有 2.7 万多人，除了兵士和水手外，还有技术人员、翻译、医生等。他们驾驶 62 艘大船，从苏州刘家河（今江苏太仓浏河）出发，经过福建沿海，浩浩荡荡，扬帆南下。

郑和第一次出海，到了占城（在今越南南方）、爪哇、旧港（在今印度尼西亚苏门答腊岛东南岸）、苏门答腊、满剌加、古里、锡兰（今斯里兰卡）等国家。他每到一个国家，先把明成祖的信递交国王，并且把带去的礼物送给他们。许多国家见郑和带了那么大的船队，而且态度友好，都热情地接待他。

郑和这一次出使，一直到第三年九月才回来。西洋各国国王见郑和回国，也都派了使者带着礼物跟着他一起回访。各国的使者见了明成祖，送上大批珍贵的礼物。明成祖见郑和把出使的任务完成得很出色，高兴得合不拢嘴。

明成祖觉得，出使海外，既能提高中国的威望，又能促进与各国的贸易往来，有很多好处。所以从那以后，明成祖一次又一次派郑和带领船队下西洋。从公元 1405 年到公元 1433 年的将近 30 年里，郑和出海 7 次，先后一共到过印度洋沿岸 30 多个国家。

郑和第六次出使回国的同一年，明成祖得病死了。当他第七次出使回来后，大臣们认为郑和出使花费太大，便把出外航行的事业停了下来。

二、明朝外交

1. 出使西域

明朝派遣吏部验封司员外郎陈诚出使撒马尔罕、吐鲁番、火州等西域 18 国，并著述《西域番国志》《西域行程记》等，加强了明朝同世界各国的经济政治上的往来。

2.海禁政策

元末明初,日本的武士、商人和海盗,经常骚扰中国沿海地区,被称为倭寇。为防倭寇,朱元璋颁布了海禁政策。明朝中期,朝廷误以为"倭患起于市舶,遂罢之"。自此,海外贸易只能由官府开展,私人海外贸易,受到严厉限制。中国东南沿海的一些奸商,与倭寇相勾结,共同走私、抢掠分赃,倭患愈演愈烈。

3.万历援朝

丰臣秀吉统一全日本后,意欲占领李氏朝鲜。公元1592年,日本进攻朝鲜,朝鲜国王逃到义州并派使节向明朝求救。最终明军取得了战争的胜利,中日进行和谈。但公元1597年后,日本再次进攻朝鲜。公元1598年,丰臣秀吉病逝,日军士气受挫,决定撤退本土,然遭中朝联军拦截,于露梁海战全歼来援日军。

三、中西交流

公元16世纪,新航路开辟以后,葡萄牙人于公元1511年占领了马六甲,愈甚渴望对中国的往来。公元1513年,葡萄牙国王派出一支对华使团前来中国,并在广州登陆,希望与明政府建交。后来经过几次海战,葡萄牙战败,明武宗同意葡萄牙人在澳门开设洋行,修建洋房,并允许他们每年来广州"越冬"。这是西方国家第一次正式性地登陆中国并接触中国。

西方传教士西传欧洲的中国文化典籍包括二大类:一是以儒家经典为代表的中国传统文化典籍;二是包括先秦诸子等的儒家经典之外的文化著作。为了更好地了解儒家,传教士翻译了大部分的儒家经典,中国文化典籍的西传促进了启蒙运动,并对欧洲哲学和文化的发展产生重大影响。传教士把中国古史记年传到欧洲,与基督教的创世说发生了矛盾,导致欧洲人对《圣经》的怀疑,并引发了一场旷日持久的争论。中国古史记年成为启蒙思想家反对《圣经》权威的武器。中国的理性原则和开明政治成为批评欧洲封建政治的重要思想资源。

利玛窦(公元1552—公元1610年),意大利人。1582年奉派来华传教,他是明末来华天主教耶稣会士中最重要的人物。他会汉语、汉字,熟悉中国礼节,通晓儒家经典,人称西儒。曾向明神宗进贡世界地图、八音琴和自鸣钟。神宗赐他房屋,许其在北京常住。利玛窦与中国科学家徐光启交往密切,合作翻译欧几里得的《几何原本》。借此将天文、数学等欧洲近代科学介绍到中国,同时把孔子和儒家思想传入西方。卒于北京,神宗以陪臣礼葬于阜成门外。著译除《几何原本》外,还有《天学实义》和《利玛窦中国札记》。

第六节　明代的文化与科技

一、明代哲学

元王朝实行外汉内蒙的国策，坚持蒙文化的本位，以维护蒙古贵族的利益。明成祖即位后，重拾华夏文化传统，尊礼崇儒，倡导理学，重新确立儒学的独尊地位。

明初哲学以理学为主，崇南宋以来的客观唯心主义——程朱理学，政府也大加提倡。洪武、建文时的学者宋濂和他的门人方孝孺，被称为"程朱复出"。在明成祖主持下所编的《四书大全》《性理大全》等都以程朱理学为准，考试者不能离开攻读朱熹注解的《四书集注》和他对《五经》的见解，否则就会造成"鸣鼓而攻之"的局面。英宗正统以来，明朝的政治统治有所动摇，农民起义四起，明王朝的统治受到威胁。

正统时，著名理学大师薛宣、吴与弼等在学术思想上认为程朱之学已无发展余地，于是出现了王守仁为代表的主观唯心主义——心学（也叫王学）。其体系极为庞杂，继承南宋大儒陆九渊的主观唯心主义哲学，但又受到佛教和禅宗的影响，称自己的著述是"孔门正法眼藏"。他认为心是天地万物的本原，但又反对程朱理学的作为封建道德准则的心外之理，认为理是在心内的。他在晚年还提出"致良知"的学说，认为只要通过内心的反省，就能"去人欲，存天理"，使心中固有的天赋观念更多地发挥出来。根据这个理论，他还提出"知行合一"的学说，要劳动人民按着儒家的封建道德去思维和行动。但作为封建社会后期的儒家人物，王守仁的思想脱离程朱理学的派系，对解除士子思想束缚，大胆进行思考，还是有积极作用的。

明中后期王学风行。王阳明的弟子王艮更进一步地强化此方面的论述，提出"百姓日用即道"，肯定平民百姓日常生活的意义。而李贽则更肯定"人欲"的价值，认为人的道德观念系源自对日常生活的需求，表现追求个体价值的思想。因西学东渐使科学精神与实学风尚也开始流行。明末伴随着朝代的更替，哲学家开始更多思考现实问题与政治改良，如王夫之、黄宗羲、顾炎武等。

晚明书院的兴盛冲击了官学的地位，许多知识分子利用在书院讲学之机借机批评时政，如曾讲学于东林书院的顾宪成及高攀龙，就常讽刺时政，也使东林书院成为与当权派对抗的中心。当时学者也会借用寺庙周边的空地举行"讲会"，倡导新的思想价值与人生观。

二、明代史学

明前期为官修史书，后期则私撰史籍不少。

1. 国史

《元史》210卷，宋濂编。是记载元朝史事的纪传体史书，包括本纪47卷、志58卷、表8卷、列传97卷，记载了从成吉思汗至元顺帝约160年间蒙古、元朝的历史，尤以元朝史事为主。该书依据实录、后妃功臣列传及诸家所撰行状、墓志编写，其中表、志，依据《经世大典》等书而撰成，因此书中保存了不少原始史料，尤以天文、历史、地理、河渠等四志材料最为珍贵，是研究元史的基本资料之一。《元史》修撰的时间，前后只用11个月，成书之速给它带来了不少缺陷、讹误，遭到后来学者的非难。

《大明会典》是记载明章国典的，今存两种。一是正德《大明会典》，共180卷，截至孝宗弘治十五年（公元1502年），正德四年（公元1509年）刊行。一是万历《大明会典》，共228卷，新补了嘉、隆等朝的条例，万历十五年（公元1587年）刊行。两书可相互参考。会典类今存者还有洪武时的《诸司职掌》和嘉靖时戴金所辑的《皇明条法事类纂》等。

私修的史书以谈迁《国榷》最有名。该书108卷，是编年体明史，此书对于研究明史，特别是研究明代建真女真及崇祯一朝的历史，有重要参考价值。

2. 野史

明代野史很多。纪传体的有郑晓《吾学编》、何乔远《名山藏》、邓元锡《皇明书》、李贽《续藏书》和尹守衡《明史窃》等；属于编年体的有薛应旂《宪章录》、黄光昇《昭代典则》、陈建《皇明从信录》和《皇明通纪辑要》、谈迁《国榷》。属于纪事本末体的有高岱《鸿猷录》；属于杂史类的有王世贞《弇山堂别集》、朱国桢《皇明史概》；属于典制类的有徐学聚《国朝典汇》、孙承泽《春明梦余录》；属于笔记类的有叶盛《水东日记》、王锜《寓圃杂记》、何良俊《四友斋丛说》、谢肇淛《五杂俎》、

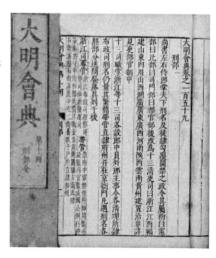

《大明会典》书影

沈德符《万历野获编》等。

3. 家乘

明代家乘盛行。包括碑传、行状、年谱、家书、家谱等。碑传总集著名的有《明臣琬王琰录》及《续录》，还有《国朝献徵录》，有的年谱、行状是单行的，如《戚少保年谱耆编》《李东阳年谱》《霍韬年谱》《顾亭林年谱》等；有的则附录在文集中，如张居正《张江陵文集》附录行状，周顺昌《烬余集》附录年谱，《海瑞集》则行状、碑传、年谱皆有附录。此外，还有大量抄本的家谱出现，以供研究之用。家乘每多谀辞，须与国史相互参照。

三、《永乐大典》

永乐元年（公元 1403 年）七月，朱棣命大学士解缙组织人马在南京编纂而成的一部类书，五年乃成，名为《永乐大典》。全书 22877 卷，装订 11095 册，它是中国历史上规模最大的一部类书，也是迄今世界所公认的一部大型百科全书。

初，朱棣诏谕："天下古今事物，散载诸书，篇帙浩穰，不易检阅，朕欲悉采各书所载事物，类聚之而统之以韵，庶几考索之便。"把编纂大型类书的目的和方法作了明确交代，并对编纂的范围提出要求，"自有契以来，凡经、史、子、集、百家之书，至于天文、地志、阴阳、医、卜、僧、道、技艺之言，备集为一书，毋厌浩繁。"

解缙等召集 147 人，匆匆编纂，永乐二年（公元 1404 年）十一月，初稿完成，定名《文献大成》呈上。朱棣阅后，不甚满意，说"所进书，尚多未备"，过于简单，采摘不广，遂命重修。永乐三年（公元 1405 年），再命资善大夫、太子少师姚广孝，礼部尚书郑赐，侍读解缙等人主持重修，召集朝臣文士、四方老儒宿学研究编纂这部大型类书的体例、所需工作人员及组织机构。

《永乐大典》编纂时机构严密，分工精细，依次排下是监修、副监修、都总裁、总裁、副总裁、纂修、编写人、缮录及圈点生等。整个机构的工作人员为 2169 人，再加上缮写人员以及其他参与其事的人，总数在 3000 人左右。另设"催纂"5 人，监视各部门编辑工作的进度。所以，工作进行

《永乐大典》书影

很顺利。

《永乐大典》的编纂体例，全书依照《洪武正韵》的韵目，"用韵以统字，用字以系事"的编辑方法，将我国自古以来所有的书籍中的有关资料，整段、整篇，甚至整部地抄入。当时辑入的图书达七八千种，包括经、史、子、集、释藏、道经、北剧、南戏、平话、工技、农艺、医药、志乘等门类。经过3年的紧张编纂，到永乐五年十一月完成。定稿后，由姚广孝撰写了《永乐大典表》进呈。朱棣审阅后，非常满意，御定书名为《永乐大典》，并亲写序文。序文说，该书编纂"始于元年之秋，而成于五年之冬，总二万二千九百三十七卷"（其中目录为60卷）。朱棣赞扬《永乐大典》"上自古初，迄于当世，旁搜博采，汇聚群书，著为奥典"。《永乐大典》成书后，分别装订成11095册，总计3.7亿多字。它是我国历史上空前的最大的一部类书，也是极其珍贵的中华民族的历史文化遗产。

《永乐大典》是在南京文渊阁修纂的，修成后就藏于此阁的东阁里，因卷帙浩繁，只有原本，不曾刊印。明成祖很重视很喜欢这套类书，迁都北京，命令将《永乐大典》从南京移藏于北京紫禁城的体仁阁。

嘉靖三十六年（公元1557年）四月十三日北京紫禁城内发生一场大火，明世宗连下几道命令，意即不惜一切代价抢出大典。为防不测，世宗在嘉靖四十一年（公元1562年）八月，决定重录。重录工作由张居正主持，保证后勤供应，笔墨纸砚、水果、木炭、薪水、安全等统统具备。为了保证重录工作的质量和进度，明廷规定每人每日抄写3页，"如遇差错，发与另写，不拘一次两次，只算一页"。发现有谎报、混报或怠工者，"罪坐各官"。每册《永乐大典》重录完毕之后，于该册之后注明点校官、分校官、写书官及圈点人员的姓名，以示各负其责。为了防止原本丢失，规定抄写人员早入晚出，每次领取《永乐大典》原本必须登记，不得私自带出，亦不许外出雇人代抄。整整6年，才重录完毕。

四、明代诗文

明初宋濂、刘基、高启等还有两首好诗，后来歌功颂德的诗歌成风，被称为"台阁体"，为应制之作，无生气。中期于是有拟古、复古派运动。先后兴起两次运动即"前七子"和"后七子"。

"前七子"是指李梦阳、何景明、康海、徐祯卿、边贡、王廷相、王九思。以李梦阳、何景明为领袖，主要活动于弘治、正德年间。"前七子"的诗文复古主张，是由李梦阳首先提出来的。李梦阳，字献吉，号定同，甘肃庆阳人，

弘治七年进士，官至户部郎中，
因上疏弹劾宦官刘瑾被下狱。刘
瑾被诛，而起官江西提学副使。
气节名震一时，"梦阳才思雄鸷，
卓然以复古自命"。著有《空同集》
66卷。何景明，字仲默，号大复，
河南信阳人。弘治十五年（公元
1502年）进士，官至陕西提学
副使。与李梦阳诗文相交，初友
善，后因见解歧异而互相诋诃。

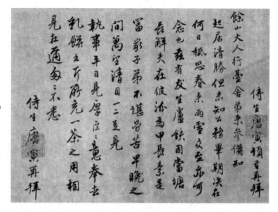

唐寅《漫兴墨迹》

有《何大复集》38卷。为人处事"老操耿介，尚节义，鄙荣利，与梦阳并有
国士风"。

　　"前七子"的复古主张，是"文必秦汉，诗必盛唐，非是者弗道"。

　　李梦阳、何景明所倡导的第一次诗文复古运动，对冲垮台阁体起了一定的
作用，但他们这种唯古是尚的主张和句窃字摹的恶劣文风引起人们强烈的不满
和抨击，其复古气焰也就渐渐地衰弱了。正当此时，以李攀龙、王世贞为领袖
的"后七子"运动步其前履，通过在一定程度上修改"前七子"的主张登上了文坛。

　　"后七子"主将李攀龙，字于鳞，号沧溟，山东济南人，进士，任刑部主事，
出顺德知府，擢河南按察使。著有《沧溟集》30卷。另一主将王世贞，字元美，
号凤洲，又称弇州山人，江苏太仓人。嘉靖丁未进士，授刑部主事，出为山
东副使。以父忤被杀解官，复起，累官至刑部尚书。著有《弇州山人四部稿》。
王世贞与李攀龙共主盟文坛，时称王、李。李攀龙死后，王世贞独主文坛20年。
前后七子中，王世贞影响最大，学问最为渊博，他才高位显，"一时士大夫
及山人、词客、衲子、心流，莫不奔走门下，片言褒赏，声价骤起"。而这
一运动的中坚则是七子中的另外几位文人，即谢榛、宗臣、梁有誉、徐中行、
吴国伦。

　　"后七子"诗文主张与前七子大同小异，均是"是古非今"。前后七子的
诗文复古运动，维持文坛近百年。后来，"公安派"反复古口号提出，他们的
主张才逐渐瓦解。

五、明代小说

　　明代最有名的小说是《水浒传》《三国志演义》《西游记》和《金瓶梅》。
《水浒传》是元末明初人施耐庵根据宋元以来有关宋江等36人的故事话

本和杂剧编写而成的。作者塑造了各种不同性格的反抗者的典型形象，歌颂了农民战争和农民英雄，同情他们"被逼上梁山"的悲愤的遭遇。此书对长期受地主剥削压迫的农民起了很大的鼓舞作用，特别是对明末农民起义有深远的影响。水浒的故事在各地广泛流传，有的演为戏文，或从说书人的口中传播开来。书中也反映了统治者对农民军的残酷镇压，揭露了封建社会的黑暗。指出了农民起义的局限。

《三国演义》，罗贯中著。又名《三国志通俗演义》。原书24卷，每卷10节。清人毛宗岗加以改作，成120回本，流传至今。《三国演义》是一部历史小说，根据《三国志》和历来的民间传说写成，起自东汉末年的黄巾起义，终于西晋王朝的统一。该书以刘汉政权为正统。描写了三国时期错综复杂的封建割据斗争，在很大程度上反映了元末以汉族人民为主体的反元斗争潮流和各反元政权之间的战争。书中描写了分裂战争带给人民的灾难，反映了厌恶分裂、要求统一的社会思潮。书中对众多历史人物的刻画，如诸葛亮的足智多谋，关羽的忠义，曹操的奸诈，董卓的骄横，等等，都具有典型的意义。特别是诸葛亮，作为智慧的化身，着墨最多。他在隆中对政治斗争形势和战争形势的透彻分析，他联吴抗曹的战略思想和在赤壁大战中的表现，他七擒孟获、平抚西南的历史功绩，他辅佐后主刘禅，"鞠躬尽瘁，死而后已"的精神，既有历史的依据，又有艺术的夸张，使这个艺术形象丰满无比，受到人民的喜爱。《三国演义》中的人物都是在战争和政治斗争的环境中进行活动的。该书对战争场面的细致描写，是其他文学作品很难企及的。

《西游记》是一部浪漫主义的古典小说。作者是吴承恩。全书100回，写唐僧取经的故事。书中大部分人物以神怪妖魔的形象出现，但通过他们的活动，展开了人间的美和丑、善和恶。孙悟空是主人公。他艺高胆大，蔑视天纲，不畏艰险。他曾树起"齐天大圣"的旗号，与天庭对抗，搅得周天不宁；他保护唐僧以来，经历八十一难，总是一往直前，从不后退。在他的身上，集中体现了人民群众的聪明才智和斗争精神。猪八戒和唐僧是缺点比较突出的正面人物。唐僧分不清敌我，常常认敌为友；猪八戒害怕困难，私心很重，贪恋舒适生活。但他们与妖魔之间，有一道鲜明的界限，属于两个营垒。特别是猪八戒，形象生动，语言诙谐，很让人喜爱，体现了作者对小生产者的善意的讽刺。作者用极为夸张的手法设计了人物的性格和能力，安排了故事情节的发生和发展，给予人们一种超现实的美感。《西游记》通过各种神化的故事和人物，淋漓尽致地揭露了明统治者的腐朽以及封建社会的丑恶现象，同时热情地歌颂了中国劳动人民反抗压迫，坚决同一切灾害困难和邪恶势力做斗争的精神品质。但作者还不能摆脱"佛法无边"和"轮回""报应"等宿命论的思想束缚。

《金瓶梅》100回，署名兰陵笑笑生。全篇截取《水浒传》中武松杀嫂故事演绎而成。因书中有潘金莲、李瓶儿、春梅等人物，故名为《金瓶梅》。书中塑造主人公恶霸土豪西门庆以及他勾通权贵，结交士人，又与地痞流氓为友，横行乡里，无恶不作，过着荒淫糜烂的生活，反映出明代官僚地主、大商人的腐朽和堕落，同时反映了明代市民的生活意识。被冯梦龙等称为"第一奇书"。《金瓶梅》在中国小说史上有着特殊的贡献。第一，是文人个体创作；第二，是细微描写了日常生活的场景，构成了长篇小说发展史转变时期的标志。

明代长篇小说比较著名的还有《封神榜》《东周列国志》《三遂平妖传》《禅真逸史》等。此外，明代的短篇白话小说"三言两拍"，即冯梦龙的《醒世恒言》《警世通言》和《喻世明言》，凌濛初的《初刻拍案惊奇》《二刻拍案惊奇》更为脍炙人口。"三言二拍"中有很多封建糟粕，但其中某些篇章却在一定程度上揭露了社会的黑暗面，反对了封建礼教的束缚，对男女之间的自由爱慕寄予充分的同情，如《施润泽滩阙遇友》《杜十娘怒沉百宝箱》《卖油郎独占花魁娘》《蒋兴哥重会珍珠衫》等，这些小说后被改编为戏曲，几百年来，得到广大观众的喜爱。

六、明代戏曲

明代，杂剧已日益衰落，但民间的南戏却不减昔日雄风。随着城市经济的繁荣、士人的提倡，戏剧已成为城市居民不可缺少的文化活动。江南各地的地方戏非常流行，有余姚、海盐、弋阳诸腔。嘉靖时，昆山乐工魏良辅和剧作家梁辰鱼合作创成昆曲，用笛管笙琶合奏，以后传入北京，也成为北京流行的戏曲。传奇方面，经明初文人的改编润色，宋元时的南戏《荆钗记》《白兔记》(即《刘知远》)《拜月记》《杀狗记》等，被称为荆、刘、拜、杀，即明初的四大传奇。其后，汤显祖有《还魂记》(即《牡丹亭》)《邯郸记》《南柯记》《紫钗记》，被称为"临川四梦"，以《还魂记》最著名。明朝的传奇打破传统规格，情节也更加复杂。汤显祖是万历时期著名的戏剧作家。他反对在传奇的写作

汤显祖

上过分讲求音韵和格律，所创作的剧本也打破了音韵、格律的限制，而注意其结构和思想内容。代表作《牡丹亭》是明代传奇艺术的高峰。

汤显祖，江西临川人。字义仍，号若士。早有文名，生性耿直，不愿与权贵为伍，34岁才中进士。与东林党首领有密切接触，并接受了王学左派的影响，因而政治上屡受挫折。万历十九年（公元1591年），汤显祖不满朝政，上疏抨击当权大臣，被贬至雷州半岛的徐闻县做典史，后迁至浙江遂昌任知县。这期间，他对人民的痛苦有了深切了解，更坚定了反抗黑暗现实的态度，这种态度对他日后的创作产生了深远影响。万历二十六年（公元1598年）辞官归乡，从此隐居黎里，潜心著述。汤显祖一生著述颇丰，除有《红泉逸草》《差别棘邮草》等诗文集外，逝世后又有《玉茗堂集》刊行。汤显祖的著作主要有《紫钗记》《牡丹亭》《南柯记》《邯郸记》4种，因作者系临川人，四剧又都写到梦境，故被称作"临川四梦"，又因汤显祖书斋名"玉茗堂"，故亦称其为"玉茗堂四梦"。

他多方面继承了前人的艺术成就，并能突破，予以发展，有所创新。在创作上，他打破戏曲音韵的格律限制，注意作品的结构和思想内容。他反对矫揉造作，主张"自然而然"地进行创作。他的作品在当时和以后影响都很大。汤显祖在戏曲方面的代表作是《牡丹亭》，它不仅是明代传奇艺术的杰作，也是我国戏曲史上浪漫主义发展的高峰。《牡丹亭》写的是：南安太守杜宝的独生女儿杜丽娘，在封建礼教的束缚下，与外界隔绝，囚居深闺。这个正在成长的青春少女，偶去花园中，为明媚的春光唤起了她青春的觉醒，梦中和一个书生柳梦梅相爱，醒后思虑致死。三年后柳梦梅到南安养病，发现丽娘的自画像，深为爱慕，丽娘感而复生，两人终归成为夫妻。这部作品，它通过杜、柳生死离合的爱情故事，表现出对封建礼教束缚的抗议，追求自由幸福的爱情和强烈要求个性解放的精神。这个故事不仅表达了青春女性争取爱情自由的深沉苦闷和热烈期望，而且深刻反映了封建礼教对青春合理权利所制造的厄难以及人们对美好生活的向往。《牡丹亭》写成于万历二十六年（公元1598年），300多年来一直受到人民的喜爱，流传不衰。

晚明的作家高濂的《玉簪记》和周朝俊的《红梅记》，都是仅次于《牡丹亭》的写情的出色作品。另一戏剧家李玉所写的传奇《一捧雪》和《清忠谱》（即《五人义》），直接揭露严嵩、严世蕃父子和宦官魏忠贤的罪恶，也具有一定的现实意义。

七、明代书法与绘画

明朝书法以行书和草书为主。明初书法陷于台阁体泥沼，沈度学粲兄弟推波助澜将工稳的小楷推向极致，"凡金版玉册，用之朝廷，藏秘府，颁属国，必命之书"。二沈书法被推为科举楷则，于是台阁体盛行。明中期吴中四家崛起，

文征明《兰亭修禊图》

书法开始朝尚态方向发展。祝允明、文征明、王宠与唐寅是这个时期的代表，书法开始迈入倡导个性化的新境域。晚明书坛兴起一股批判思潮，书法上追求大尺幅，震荡的视觉效果，有名的有张瑞图、黄道周、王铎与倪元瑞等。

明初，宫廷画家居画坛主流。公元15世纪中叶，江南沈周、文征明、唐寅、仇英"吴门四大家"崛起。他们广泛吸取了唐、五代、宋、元诸派之长，形成了各具特殊风格的绘画艺术，又被后世称为"明四家"。嘉靖时，杰出画家徐渭，自辟蹊径，创泼墨花卉。万历年间，吴门画家张宏开启实景山水写生之先河，在继承吴门画派风格和特色的基础上加以创新，画面清新典雅，意境空灵清旷。明末还有人物画家吴彬、丁云鹏、陈洪绶、崔子忠、曾鲸，花鸟画家陈淳等。

八、明代科技

中国古代科学技术在明代继续发展，医药学、农药、天文等方面均取得极大成就，有的居世界先进水平。

明朝初期承继了宋元的科技优势，其造船科技更是首屈一指的。明朝建造的船设计精良，装备齐全，最大的船能够长约147米，阔约60米，能够容纳1000名船员，且最大的船能有9个桅杆。相比数十年后，哥伦布"发现新大陆"所乘坐的船只长约30米，四个桅杆比较，可以见到明初科技的先进程度。

中国发明的罗盘亦于此时传入欧洲，使欧洲人能够像郑和一样去新大陆。

中晚明的科学技术出现了新的进步。中晚明科学著作众多，例

《天工开物》插图

如李时珍的《本草纲目》、宋应星的《天工开物》、徐光启的《农政全书》、方以智的《物理小识》、程大位的《算法统宗》、吴有性的《瘟疫论》、徐霞客的《徐霞客游记》，这些明朝科学家几乎都是明朝有功名的士子。而公元 1637 年，宋应星在《论气·气声》中对声音的产生和传播作出了合乎现代科学的解释，认为声音是由于物体振动或急速运动冲击空气而产生的，并通过空气传播，同水波相类似，与现代理论非常相似。方以智则在《物理小识》中提出："宙（时间）轮于宇（空间），则宇中有宙，宙中有宇。"提出了时间和空间不能彼此独立存在的时空观。在《物理小识》中正确地解释了蒙气差（即大气折射）现象。民间光学仪器制造家孙云球制造放大镜、显微镜等几十种光学仪器，并著《镜史》。从这些来看，明朝的科技在当时来说是做了很多的改进，有很多的突破。

而日用品也有科技上的突破，如于谦作的《咏煤炭》说明了明代煤已经十分普遍。

而明朝宗室在科技上也有极大的贡献，明宗朱载堉在世界上第一次正确地提出了十二平均律，并在数学、天文学方面亦多有建树、贡献；明初周王朱橚把 400 余种植物种于府内，并让王府画工将植物绘图编制成书，名为《救荒本草》，对灾时的济民很有帮助。《救荒本草》共记有植物 414 种，并详细描述了各种植物的形态、产地、生境、可食用部位和食用方法，是生物学历史上的重要书籍，亦是明朝农学上的一大突破。中晚明的军事科技也有所进步，各种新式火器大量涌现。西方的佛郎机火炮迅速在中国使用。还有一些专门的火器论著出现，如茅元仪所著之《武备志》。这些火器在对抗倭寇及荷兰时起了极大作用。

明朝末期，随着耶稣会传教士的到来，在他们传播教义的同时，也大量学习了中国的科学技术。例如徐光启就曾与利玛窦合译了几何原本。在中西文化交流的同时，基于双方文化的歧异及认知方面的不同，也引发了一些冲突，例如南京教案等。

明朝在军事科技方面也做了不少改进，例如明初已经普遍装备了火铳枪，还出现威力巨大的火炮。除此以外，各类弹道研究都很快得到发展。而日本要到公元 17 世纪才认识大炮，直到明治维新前大炮仍然依赖进口。

第十一章 清 代

清朝是中国封建社会的最后一个朝代，公元 1644 年由满族建立，直到公元 1911 年被辛亥革命推翻，历时 268 年。公元 1840 年发生的鸦片战争是中国近代史的开端，也是清朝前后两期的分界点。清朝前期的康乾时期，出现了国运昌盛，空前繁荣的局面。公元 1840 年鸦片战争后，清王朝遭到沉重打击，自此逐步步入衰败的后期。

清朝初期，经过一段时期的动荡后，终于步入发展的快车道。康、雍、乾三朝励精图治，至公元 18 世纪中叶，中国封建经济发展到一个新的高峰，史称"康雍乾盛世"。此时的清王朝，国力强大，秩序稳定，文化繁荣，人口迅速增长，综合国力位居世界前列。清朝的发展并未逾越封建专制主义体制的轨道。公元 18 世纪中叶以后，清朝显出了衰退的迹象，在经济上，清朝仍然以农立国；在文化思想上，清朝提倡封建纲常礼教，屡兴文字狱；在对外关系上，清朝长期闭关锁国，盲目自大。与同一时期西方资本主义国家的蓬勃发展相比，清朝中期后便已逐渐落后于世界。公元 19 世纪中叶，当西方列强用坚船利炮打开中国的大门后，古老的中国面临的是一段苦难深重的百年民族屈辱史。

第一节　清朝前期的鼎盛

一、清朝定都北京

清朝发源于东北地区的建州。公元16世纪末，太祖努尔哈赤以13副遗甲起兵，四方征讨，至明万历四十四年（公元1616年）建立起后金汗国。万历四十六年（公元1618年），后金开始向明朝发起进攻，并在几年之内攻占了辽东的大部分地区，迁都至沈阳。崇祯九年（公元1636年），清太宗皇太极改国号为大清，即皇帝位，继续攻击明朝。崇祯十五年（公元1642年），清军夺得松山、锦州等地，明朝在关外仅存宁远一城，至此，清朝已经基本上具备了入主中原的实力。

崇祯十七年（公元1644年）春，农民军李自成部进军北京，向明王朝发起总攻击。清朝统治集团的核心人物摄政王多尔衮感到时机成熟，遂于这年四月率大军西进，准备乘战乱伺机夺取明朝天下。此时李自成农民军已经攻克北京，明亡。原明平西王吴三桂据山海关降清。四月二十二日，清军和吴三桂军联兵在山海关内大败李自成农民军，农民军溃退回京。多尔衮于当日封吴三桂为平西王，统马步兵一万隶之。第二天即向北京进军。

清军及吴三桂部在西进京师的途中发布榜文告示，宣传"义师为尔复君父仇，非杀尔百姓"。多尔衮也极重视部队的政策与纪律，向诸将提出"今入关西征，勿杀无辜，勿掠财物，勿焚庐舍"。清军的这种做法消除了许多汉族官僚地主的疑惧，因而在向北京进发的过程中几乎没有遇到抵抗。五月二日，多尔衮率军到达北京，此前李自成已领人马全部撤离京城，清军兵不血刃，轻易地占领了北京这座故明都城。

入关后的清军把大顺农民军看作自己的主要敌人，进京后立即马不停蹄地继续深入攻击围剿。而对故明势力，清方则采取了安抚拉拢的政策。多尔衮在进京的第二天即宣布，明朝"各衙门官员，俱照旧录用"，"其避贼回籍，隐居山林者亦具以闻，仍以原官录用"，"剃发归顺者，地方官各升一级"，"朱姓各王归顺者，亦不夺其王爵，仍加恩养"。紧接着，又下令为崇祯帝发丧，军民服丧三日，以收拢人心。在清军的政策攻势下，直隶和山东、山西等地的大批官僚士绅归顺清朝，清朝在京畿及其周围地区的统治初步巩固。

摄政王多尔衮在占领北京后就以北京作为对关内军事、行政发号施令的指挥中心，常驻下来。但由于清朝未成年的皇帝顺治帝和朝廷班子还在盛京（今沈阳），北京此时还不是清朝的正式首都。五月十五日，聚集在江南的明朝官僚拥立福王朱由崧在南京称帝，改元弘光，继承明朝的系统。南明王朝的建立，无疑是对清朝入主中原的正统性的一种挑战。多尔衮的对策，一方面是在军事上积极打击南明势力，另一方面是在政治上竭力证明自己的合法正统性。积极组织迁都，也是这种努力之一。

十月初一，顺治帝在北京行登基礼。初十，顺治帝于皇极门向全国颁即位诏书。在这一系列庆典完成之后，清廷又于十九日以英亲王阿济格为靖远大将军，率师西征大顺军；于二十五日以豫亲王多铎为定国大将军，率师南讨南明政权。此时清朝统治者的野心已经十分明确，就是要统一全中国。

清朝迁都北京，顺治帝在北京行定鼎礼，标志着清朝政权在中原地区统治的初步确立。尽管清朝统治者又用了近 20 年的时间，才真正统一了天下，但其新的统治中心北京地区却一直是相当巩固的。北京作为清朝的首都，也就一直延续到 20 世纪初清朝灭亡，200 多年中始终没有改变地位。

二、清初六大弊政

清朝入主中原后，摄政王多尔衮颁布圈地令、剃发令、投充法、逃人法、禁关令以及屠城，有的学者称之为清初六大弊政。

1. 圈地令

紧急圈地有三次。

第一次，顺治元年（公元 1644 年）十一月二十二日颁布圈地令，将凡近京各州县无主荒田及明皇亲、驸马、公、侯、伯、太监死于战乱留下的荒田分给诸王、勋臣、兵丁。

第二次，顺治二年（公元 1645 年）九月，清廷下第二次圈地令，圈地范围扩大到河间、滦州、遵化。直隶的顺德府、山东济南府、德州、临清、江苏的徐州、山西的潞安府、平阳府、蒲州因驻扎八旗兵，这些地方的百姓土地也被强占。

第三次，顺治四年（公元 1647 年）正月第三次圈地，范围在顺天、保定、河间、易州、遵化、永平等 42 府。这三次圈地运动被强占的土地达 16 万余顷。

2. 剃发令

顺治元年（公元 1644 年）夏，多尔衮颁布剃发令。所谓剃发，是指男子必须依满洲习俗剃发：前部头发剃尽，顶发四周边缘剃去寸许，不遵令者当"逆命之寇"。

3. 投充法

顺治二年（公元1645年）春，多尔衮颁布投充法。投充法规定：

第一，允许八旗官民招收贫民役使；

第二，被投充的人是奴仆，主人可以买卖他们。

4. 逃人法

清兵入关后，八旗官兵将所俘虏和投充者当奴仆。由于忍受不了虐待，大批奴隶逃亡。公元1645年春，多尔衮颁布逃人法，下令：

第一，对逃跑的奴仆严厉惩罚，将逃人鞭一百之后归还原主；

第二，凡窝藏逃跑奴仆的人，本人处死，财产没收；

第三，还要罪及邻居和地方官员。

5. 禁关令

清兵入关后，多尔衮就在公元1644年下令严令禁止内地人进入满洲"龙兴之地"垦殖。这就是禁关令。

清初满洲人倾族入关后东北人口更加稀少，清朝统治者视东北为"祖宗肇迹兴王之所"，借口保护"参山珠河之利"，长期对东北实行封禁政策。后因俄国不断侵占东北土地而解除封禁移民实边。

为了严格执行"禁关令"，从顺治年间开始，清朝政府不惜代价于满洲境内分段修筑了一千多公里名为"柳条边"的篱笆墙——满洲长城，也称柳条边墙、柳墙、柳城、条子边，至康熙中期完成。从山海关经开原、新宾至凤城南的柳条边为"老边"；自开原东北至至今吉林市北的为"新边"。边墙以东的满洲严禁越界垦殖，边墙以西则作为清朝的同盟者蒙古贵族的驻牧地。

6. 屠城

在清朝军队对于中原地区的征服过程中，无论是城镇、还是农村，百姓如不顺从清王朝，敢于抵抗的,破城之后,大杀百姓。有名的有"扬州十日""嘉定三屠"，此外还有江阴之屠、昆山之屠、嘉兴之屠、常熟之屠、苏州之屠、海宁之屠、广州之屠、赣州之屠、湘潭之屠、大同之屠、四川之屠等。

三、郑成功收复台湾

隆武帝在福州建立政权后，他手下的大臣黄道周一心想帮助隆武帝出师北伐,抗清复明。但是掌握兵权的郑芝龙贪图富贵,抛弃了隆武帝,向清朝投降，隆武政权也就瓦解了。

郑芝龙有个儿子叫郑成功，是个22岁的青年将领。郑芝龙投降清朝的时候，郑成功苦苦劝阻不成，气愤之下，就单独跑到南澳岛，招募了几千人马，坚决抗清。

郑成功是个将才，在他的努力下，队伍渐渐强大起来，在厦门建立了一支水师。他跟抗清将领张煌言联合起来，乘海船率领17万水军，开进长江，向南京进攻，一直打到南京城下。清军见硬拼不行，就用假投降的手段欺骗他。郑成功中了清军的计，最后打了败仗，又退回厦门。

郑成功回到厦门时，清军已经占领福建大部分地方，他们采用封锁的办法，断绝了郑军的供应，打算困死郑成功。郑成功在那里招兵筹饷，都遇到困难，就决定向台湾发展。

台湾自古以来就是我国的领土。明朝末年，欧洲的荷兰人趁明王朝腐败无能，占领了台湾。

郑成功少年时期曾经跟随他父亲到过台湾，亲眼看到台湾人民遭受的苦难。这一回，他决心赶走侵略军，就下令让他的将士修造船只，积蓄粮草，准备渡海。

正巧这时，有一个在荷兰军队里当过翻译的何廷斌，赶到厦门见郑成功说，台湾人民受侵略军欺侮压迫，早就想反抗了，只要大军一到，一定能够把荷兰人赶走。何廷斌还送给郑成功一张台湾地图，把荷兰侵略军的军事布置都告诉了郑成功。郑成功有了这个可靠的情报，信心就更足了。

顺治十八年（公元1661年）三月，郑成功亲率2.5万名将士，乘坐几百艘战船，浩浩荡荡从金门出发。他们冒着风浪，越过台湾海峡，在澎湖休整几天，便直取台湾。

荷兰侵略军听说郑军攻打台湾，十分惊慌。他们把队伍集中在台湾（在今台湾东平地区）和赤嵌（在今台南地区）两座城堡里，还在港口沉了好多破船，想阻挡郑成功的船队登岸。何廷斌为郑成功领航，利用海水涨潮的机会，驶进了鹿耳门，登上台湾岛。

侵略军调动一艘最大的军舰"赫克托"号，气势汹汹地开了过来，阻止郑军的船只继续登岸。郑成功沉着镇定，指挥他的60多艘战船把"赫克托"号围住，随即一声令下，60多只战船一齐开炮，把"赫克托"号击沉了。还有三艘荷兰船见势不妙，吓得掉头就跑。

随后，郑成功派兵猛攻赤嵌。赤嵌的敌军拼死顽抗，一时攻不下来。有个当地人为郑军出主意说，赤嵌城的水都是从城外高地流下来的，只要把水源切断，敌人就会不战自乱。郑成功采用这个办法，没出三天，赤嵌的荷兰人乖乖地投降了。

盘踞台湾城的侵略军企图顽抗，等待援兵。郑成功采取长期围困的办法逼他们投降。在围困 8 个月之后，郑成功下令向台湾城发起猛攻。荷兰侵略军走投无路，只得扯起白旗投降了。

公元 1662 年初，侵略军头目被迫到郑成功大营，在投降书上签了字，灰溜溜地离开了台湾。郑成功从荷兰侵略者手里收复我国的宝岛台湾，成为我国历史上了不起的民族英雄。

四、平定三藩与统一台湾

"三藩"是指平西王吴三桂、靖南王耿精忠、平南王尚可喜。清军入关后，"三藩"竭力效劳于清朝，是镇压农民军和抗清力量的急先锋，并因此扩大了自己的势力。鳌拜执政期间，"三藩"实力有了进一步扩展，俨然 3 个封建割据的独立王国。康熙帝清除鳌拜后，认为三藩与唐末藩镇无二，势在必除。于是，康熙帝抓紧整顿财政，筹措经费，扩大八旗兵的编制，采取缓和民族矛盾的措施，争取民心，以此来为撤藩做准备。

撤藩始于平南王尚可喜请求告老还乡。当时康熙帝没有同意尚可喜留其子尚之信袭爵继续镇守广东的请求，而是谕令尚可喜举家迁移，留其绿营兵划归广东府，归广东提督管辖。尚可喜态度比较恭顺，按旨行事。

尚藩撤离，对吴、耿二藩震动很大，他们闻讯后，立即上疏请求撤藩，意在试探朝廷态度，解除朝廷对他们的怀疑。出乎人们的预料，康熙帝在接到二藩的奏疏后立即同意将两藩撤离。康熙帝对此事思虑很久，三藩蓄谋已久，撤亦反，不撤亦反，莫不如早早除之，以免养小疾而成大恶。尤其对云南的吴三桂，康熙帝在派礼部侍郎折尔肯和翰林院学士傅达礼去云南经理撤藩诸事时，特赐御刀一把，良马两匹，以示关怀并壮其势。

撤藩令一下，吴三桂于康熙十二年（公元 1674 年）十二月发动叛乱，杀掉云南巡抚朱国治等清朝官吏，云贵总督甘文焜自杀。叛军迅速地打进湖南，占领沅州、常德、衡州、长沙、岳州等地。声势浩大，所向披靡。吴三桂自称周王，天下招讨都元帅。清兵措手不及，节节败退。清朝急命顺承郡王勒尔锦为宁南靖寇大将军，总统诸军南下，抵达荆州以后，不敢渡江前

清圣祖康熙

进，与吴三桂军隔长江对峙。不久，广西将军孙延龄、靖南王耿精忠响应叛乱，占据广西和福建。吴三桂的党羽很多，大多是清朝的提镇大员，拥有重兵，散布各地，这时纷纷树起叛旗，归附吴三桂。特别是陕西提督王辅臣叛于宁羌，杀清朝经略大臣莫洛，攻陷兰州；平南王尚可喜的儿子尚之信据广州叛乱，使清朝的统治大震动。整个长江以南，加上陕西、甘肃、四川，不是被叛军占据，就是处于战火纷飞之中。"东南西北，大大鼎沸"，清军调兵遣将，处处设防，着着落后，军事上极为被动。

当形势逐渐好转之时，陕西提督王辅臣因与经略陕甘的兵部尚书莫洛矛盾激化而树起反旗，带动甘肃东部、陕西北部各府州县先后反叛，消息传到北京，康熙帝急命汉军绿营提督张勇为"靖逆将军"，提高绿营兵地位，密谕剿抚并用，扭转后方危机。

康熙帝远见卓识，不久，王辅臣即率众归降。康熙帝未究既往，复王辅臣原官，并加太子太保，擢其为"靖寇将军"，令其"立功赎罪"。

陕甘平定，后方稳定下来，康熙帝立即招降耿精忠，密谕康亲王以时势晓谕耿藩早降，为刚刚反叛的平南王尚可喜之子尚之信做出榜样。

康熙十五年（公元 1676 年）九月，耿精忠无力再战，率其藩下文武出降，康熙帝仍留其靖南王爵，命其率所属随清大军征剿郑经，在泉州击败郑经军，福建、浙江各地叛军纷纷投降，二省叛平。

到了康熙十六年（公元 1677 年），只剩吴三桂孤家寡人地与清军对抗。针对吴三桂的军事实力与部署，康熙帝一面将兵力投入湖南，一面派人在其内部分化瓦解其势力，到康熙十七年（公元 1678 年）时，吴三桂已丧失了军事上的优势与主动。

同年三月，吴三桂匆匆在衡州称帝。八月十七日，吴三桂病死。其孙吴世璠继立，部下军心涣散，大部降清，吴世璠退出湖南，回兵四川，后退兵贵州、云南。

康熙二十年（公元 1681 年）九月，逆首吴世璠在被围 9 个月后于昆明自杀，余部出降，为时八载的三藩之乱至此平息。

平叛后，康熙帝先后撤去三藩建制，就地就近安排藩属，将三藩内的选任官员大权收归中央，这为清除藩镇时所留积弊和加强国家统一，促进经济发展扫清了障碍。

平定三藩之乱的同时，康熙帝便着手东南沿海，将目标对准郑氏所据的台湾、澎湖。最初，康熙帝以招抚为主，不断派遣使臣前往台湾，但郑经却在前后 5 次和谈中不断附加条件，或提出以漳、泉、潮、惠 4 府为交换，或坚持以海澄为双方往来公所，或要求郑军粮饷由福建供给，欲形成割据之势。

康熙十八年（公元1679年）正月，康熙帝见招抚毫无进展，便恢复福建水师，积极准备攻取金、厦。后经福建总督姚启圣一再担保，康熙帝力排众议，任命施琅任福建水师提督，并在关键时刻放手支持施琅的渡海计划，授施琅专政大权，令总督姚启圣为其催粮，为日后收复台湾，胜利进兵奠定了基础。

康熙二十一年（公元1682年），施琅收复澎湖、台湾，接纳郑氏投降。清廷出兵征剿未到两年即统一台湾。后来，康熙帝在施琅等人的建议下，在台湾派驻重兵，台湾正式纳入大清版图。

五、雅克萨之战与东北边疆的巩固

康熙帝十五年（公元1676年）起，俄国沙皇又将侵略扩张推进到了一个新的阶段。俄国侵略军以尼布楚和雅克萨为据点，分两路继续向我国境内深入。

康熙帝密切注视沙俄的行动，曾致书沙皇，要求其迅速撤回其侵略军。但俄方置若罔闻，继续盘踞尼布楚、雅克萨及额尔古纳河流域，并不断向黑龙江中下游流域进犯。到康熙二十一年（公元1682年），俄军已到黑龙江下游赫哲族人居住处进行抢掠，其势力渗透到了黑龙江下游至海边的广大地区。

康熙深深吸取顺治朝抗俄的经验与教训，先派人侦察敌情，了解沿途水陆交通，并积极准备调兵永戍黑龙江，一旦时机成熟，驱逐侵略者后长期戍军，将反侵略与巩固边防结合起来，避免此进彼退，或此退彼进的局面发生。

黑龙江流域是清代"中国统治民族的故乡"。俄国侵入满族的"龙兴之地"，严重地威胁到国家的领土和清王朝的安全与威信，在一系列外交途径都无效益的情况下，清朝决定以战争来保卫国土。康熙二十四年（公元1685年）二月，康熙帝下令由都统彭春，副都统郎谈、班达尔沙，黑龙江将军萨布素等统兵，水陆两路进取雅克萨。四月，清军自瑷珲出发。六月二十三日，到达雅克萨城下。清军首先派3名俄俘给俄军守将托尔布津带去一封康熙帝致沙皇的信件和一

雅克萨之战使用的神威大将军炮

份统帅彭春给雅克萨俄军的咨文，谕其自行撤回雅库茨克，以彼为界。俄国恃强负固，置若罔闻。二十五日晨，一支俄军从上游乘筏赶来增援，被清军全部歼灭。当晚，清军从城南、城北两个方向攻城，经过彻夜激战，俄军死伤累累。次晨，清军又在城下三面积柴，准备焚城。托尔布津走投无路，派人到清营乞

降,保证决不重来雅克萨。彭春将俄军"愿归者600余人并其器物,悉与遣归",45人愿留中国,也准其所请。被俄军侵占达20年之久的雅克萨,至此遂告收复。

清军收复雅克萨之后,却没有在这里设兵防守,只是放火烧毁堡垒,而后撤回瑷珲等地。托尔布津逃出雅克萨不久,就遇到了两支赶来增援的部队。当探知雅克萨的清军已经全部撤离以后,托尔布津遂统率俄军于八日窜回雅克萨,重建城堡。

康熙二十五年(公元1686年)初,清朝得到俄军重占雅克萨的消息,极为愤慨。三月,康熙帝下令征讨。六月底,清军2000余人从瑷珲出发,七月十八日,水陆两路会师于查克丹,逼近雅克萨城。清军仍然首先写信给俄方,令其主动撤退,但俄方未予回答。于是,清军猛烈攻城。九月,托尔布津被清军炮火击中,重伤毙命,拜顿继任为统领。不久,严冬来临,俄军困守孤城,饥病交加,死者枕藉。

康熙二十七年(公元1688年),俄国政府正式任命戈洛文为全权大臣,负责同中国谈判,翌年,《尼布楚条约》正式签署。《尼布楚条约》是中俄两国在平等基础上签订的第一个条约。整个尼布楚会谈是严格地按照对等原则安排的,两国在尼布楚地区的兵力大体相当,参加谈判的人数相等。双方代表都在各自政府事先指示的范围之内进行谈判,最后签订的条款也没有越出两国政府愿意接受的范围。条约明确划定了中俄两国东段边界,肯定了黑龙江和乌苏里江流域的广大地区是中国领土,使中国收回了部分被沙俄侵占的土地,安定了东北边疆。同时,中国也将贝加尔湖以东尼布楚地区让与俄国,把乌第河流域划为待议地区,使俄国巩固了一定的侵略利益。中国同意通商,也使俄国达到了扩大中国市场的目的。

六、亲征噶尔丹统一蒙古各部

康熙帝即位前后,游牧于伊犁河谷的准噶尔部日益强大起来,以后更是控制了河西走廊以西,天山南北,伊犁河下游的哈萨克族等地,并不断干扰漠北,严重危害清朝的统一和边疆的安宁。

在康熙帝集中精力经营东北事务的同时,居住在天山北路漠西蒙古的封建大领主噶尔丹乘机叛乱。康熙十六年(公元1677年)噶尔丹乘中原发生三藩之乱之机,出兵袭击西河套的和硕特部;第二年又乘"回部"伊斯兰教内部教派之争攻取天山南路叶尔羌(今莎车)等回部各城,并侵占哈萨克、布鲁特等地。

然而噶尔丹贪婪成性,康熙二十九年(公元1690年)他又借土谢图汗贸然杀死其弟等为口实，出兵喀尔喀左翼诸部，时值俄军在贝加尔湖镇压蒙古人民的抗俄斗争，土谢图汗在包围楚库柏兴与俄军对垒之时，噶尔丹突然从背后袭击，土谢图汗两面受敌，屡战失利。当年九月，土谢图汗与其弟哲布尊丹巴请求清廷保护，康熙帝立即批准，将其诸部安置在苏尼特、乌珠穆沁、乌喇特诸部牧地，并谕旨噶尔丹要求居中调停。但噶尔丹拒绝了康熙帝调停的建议，一再向清廷索要土谢图汗和哲布尊丹巴，均遭康熙帝拒绝。康熙帝希望用和平的方式调整蒙古各大小部之间的矛盾，以牵制噶尔丹，但都未能奏效。

康熙二十九年（公元1690年），噶尔丹率军2万余人，以追歼喀尔喀为名，大举南犯，深入内蒙古的乌珠穆沁。康熙派署理理藩院尚书阿喇尼、兵部尚书纪尔他布率领6000多蒙古骑兵，前往阻击，结果失败。噶尔丹初战获胜，气焰更加嚣张，进一步往内地深入，逼近乌兰布通（今内蒙古克什克腾旗南），距北京仅700里。康熙帝忍无可忍，决心利用噶尔丹的骄傲轻狂打一场围歼战。

康熙帝采取分兵合击的战略，命裕亲王福全（康熙帝之兄）为抚远大将军，率左翼清军出古北口；命恭亲王常宁（康熙帝之弟）为安北大将军，率右翼清军出喜峰口。

康熙帝虽未亲征，但在福全等人出发后几天，便以"巡幸边塞"为名启程北上，意在亲临反击战前线，起到实际指挥作用。可惜的是由于水土不服而不得不流泪撤回，将大权交给了其皇兄及皇长子。

噶尔丹骄横无比，得知清军军事布置后，也不畏惧，提前在乌兰布通摆

清军平定噶尔丹之战画卷

好阵势，"依林阻水，以万驼缚足卧地"，构成"驼城"。康熙二十九年（公元1690年）八月初一，清军向乌兰布通推进，用大炮猛轰驼城。很快，噶尔丹的驼城被攻破，便溃不成军。清军乘势进击，大败噶尔丹军。噶尔丹率1万多人乘夜突围逃遁。清军前线主帅福全惧战、妥协，未能乘胜追剿，致使噶尔丹逃逸，留下后患。

康熙三十四年（公元1695年）十月，噶尔丹率骑兵3万，沿克鲁伦河而下，向东进攻，再次挑起战火。康熙决心消灭噶尔丹势力，命萨布素率东三省军队，沿克鲁伦河进剿；大将军费扬古出宁夏西路，邀其归路；康熙帝亲率主力，由独石出中路。康熙三十五年（公元1696年）四月，三路大军进发。已进入克鲁伦河流域的噶尔丹，得知康熙帝亲率大军前来征讨，吓得连夜西逃。费扬古率军早先截断其归路，在古战场昭莫多一带设下埋伏，专等噶尔丹的到来。费扬古采用"以逸待劳"、诱敌深入的战术，把噶尔丹叛军诱入包围圈中，给以迎头痛击，从午至暮，斩杀叛军3000余人，大败噶尔丹。噶尔丹之妻阿奴勇猛善战，率队冲锋，被炮弹击毙。噶尔丹率数骑先众而逃，其余人、物和20万头牛羊尽为清军所获。

康熙帝第二次亲征，以消灭噶尔丹主力而获得决定性胜利。康熙帝乘胜追击，于第二年春，亲赴宁夏，命费扬古、马思哈两路出兵，举行第三次亲征，进剿噶尔丹残部。噶尔丹众叛亲离，身边只剩五六百人；准噶尔部已有新主与清廷通好，准备擒他请赏；往北，俄国也不接纳。在走投无路的情况下，噶尔丹饮药自尽，结束了他不光彩的一生。

康熙帝亲征噶尔丹所取得的胜利具有深远的历史意义，它不仅扫除了西北、漠北地区一大不安定因素，加强了清政府对喀尔喀蒙古、厄鲁特蒙古的统一管辖，而且进一步团结蒙古各部，筑起一道抗击沙俄南侵的铁壁铜墙。这是他一生中的伟大功绩。

七、雍正帝稳定民族地区与边疆的措施

清世宗雍正，名爱新觉罗·胤禛（公元1678—公元1735年），康熙皇帝第四子，康熙病死后继位，为清代入关后的第三位皇帝，在位13年（公元1722—公元1735年），终年57岁，葬于河北泰陵（今河北易县西）。传说他被侠女吕四娘为报家仇而暗杀，也有人说他是正常死亡的。

雍正帝胤禛生于康熙十七年（公元1678年），8岁时随康熙出京北巡，10岁时出猎被封为贝子，31岁时又晋封为雍亲王。康熙死后，44岁的胤禛继承帝位。雍正继位后，严厉镇压了曾与他争夺皇位的兄弟，将胤禔长期幽禁，胤禩、

雍正皇帝

胤禟被削籍，不得其死；贬斥了康熙的亲信，并且借故禁锢、杀害了帮助他登上帝位的隆科多和年羹尧。

雍正帝虽然生性残酷多疑，但确实是一位治国之君。他不好声色，不尚奢靡，还经常教育厨师要珍惜粮食，不能浪费。雍正帝日夜勤于国事，很少有人与他在一起，批阅奏折累了，唯一的消闲就是独自饮酒、赏花或赋诗。他有一首诗，把自己描写得十分形象逼真：

对酒吟诗花劝饮，花前得句自推敲。
九重三殿谁为友，皓月清风作契交。

可见雍正帝真正是一个孤家寡人。其实他也有朋友，其中之一就是张廷玉。张廷玉为人忠厚，文才出众，记忆力又好，皇帝的诏书、谕旨多出自他的手，他是雍正的得力大臣。有一次，张廷玉病了，雍正帝对近侍说："朕这几天手臂不舒服。"

近侍们很吃惊。雍正帝哈哈一笑说："朕的股肱之臣张廷玉有病，岂不是朕的手臂不舒服吗？"近侍们这才恍然大悟。

再一个是鄂尔泰。鄂尔泰为内务府员外郎时，雍正帝尚是四皇子，那时正是诸皇子明争暗斗、争夺太子宝座之际。雍正帝曾多次召见鄂尔泰，但每次都遭到鄂尔泰的拒绝。鄂尔泰说："皇子不可外交大臣，这是祖训。"

雍正帝听了此话，不但没有生气，反而高兴地说："此人竟敢以小小的郎官，为遵守法制而拒见皇子，实在难能可贵。"由此，鄂尔泰在雍正帝记忆中留下深刻的印象。雍正帝继位后，把他派往云南、贵州、广西等地任总督。

云南、贵州、广西一带的苗、瑶、彝等少数民族的土司历来是世代承袭的。土司在当地不仅有征赋税、摊徭役等权力，还有生杀大权。这些土司各霸一方，控制当地财政大权，严重危害了清朝的利益。为此，雍正帝命鄂尔泰对罪大恶极的土司严惩不贷。

鄂尔泰觉得要彻底解决这个问题必须"改土归流"，即废除土司制度，由朝廷任命流官进行管理，使国家政令统一；为笼络安抚一些较好的土司，朝廷可授予他们终身制的官职，但也要有流官的控制。鄂尔泰将此策奏明圣上，雍正帝同意这个办法。雍正六年（公元 1728 年）底，雍正帝特授鄂尔泰为云南、贵州、广西三省总督，令其全面推行"改土归流"政策。

雍正八年（公元1730年），鄂尔泰在基本完成对云南、贵州、广西三省的改土归流后，在盘江上修建了一座由20多根碗口粗的铁索拉起的桥，桥上铺设了木板，建有阁楼，气势雄伟。雍正帝得知后，命名为"庚戌桥"，以纪念鄂尔泰改土归流的功绩。

雍正帝在位期间，平定了青海和硕特部贵族的叛乱，镇压了北方准噶尔部贵族的骚扰，与沙皇俄国订立了《中俄布连斯奇界约》《中俄恰克图界约》，划定了中俄中段边界。

雍正帝有步骤地进行了多项重大改革，高瞻远瞩，又勤于政事、励精图治，在位13年中取得了卓有成效的业绩，为后代乾隆帝的统治打下了扎实雄厚的基础。他的历史地位，同他父亲康熙帝和他的儿子乾隆帝相比，毫不逊色。

八、乾隆帝的统治

乾隆帝名爱新觉罗·弘历，满族，25岁登基，在位60年。中国古代杰出的政治家、战略家。清世宗雍正帝胤禛第四子，初封和硕宝亲王。乾隆六十年（公元1795年），弘历禅位于皇十五子爱新觉罗·颙琰后又任3年零4个月太上皇，实际掌握最高权力长达63年零4个月，是中国历史上在位时间第二长（仅次于其祖父清圣祖康熙帝）、年寿最高的皇帝。

乾隆帝即位初，屡次用兵湘、黔，推行"改土归流"，限制土司势力。

乾隆十二年（公元1747年）至十四年（公元1749年）春，平定了人口一共数万的大小金川。乾隆二十年（公元1755年）平定卫拉特蒙古准噶尔部内讧，剪除达瓦齐割据势力。二十二年（公元1757年），平定卫拉特蒙古辉特部首领阿睦尔撒纳叛乱。乾隆二十三年（公元1758年），平大、小和卓叛乱。乾隆二十四年（公元1759年）事平后，设伊犁将军，统辖天山南北两路军政事务，加强对西北边疆的统治。乾隆二十九年（公元1764年），遣副都统扎拉丰阿率兵拆毁沙俄先前于准噶尔地所筑的全部设施，消除其威胁。规定每年派兵至格尔必齐（今属俄罗斯）及额尔古讷河（在今黑龙江省与俄罗斯交界处）一带边界

乾隆帝

巡逻。

乾隆三十二年（公元 1767 年），派军入缅，乾隆三十四年（公元 1769 年），遣大学士傅恒督师 1.3 万余人再入缅甸，交战数月，迫缅王猛驳请和。乾隆三十六年（公元 1771 年），命伊犁将军伊勒图接待安置自俄罗斯额济勒河（伏尔加河）回归的土尔扈特部。乾隆三十七年至四十一年春（公元 1772—公元 1776 年）事平后，遂命废两金川土司制，设厅委官管辖。

乾隆五十一年到乾隆五十二年（公元 1786—公元 1787 年），派兵镇压台湾林爽文起义。乾隆五十三年（公元 1788 年），应安南（今越南北部）国王黎维祁之请，入安南平定内讧。同年，廓尔喀（今尼泊尔）军进攻中国西藏，命理藩院侍郎巴忠等率军援藏。乾隆五十六年（公元 1791 年），廓尔喀军再次进攻西藏，命福康安为大将军统兵 1.3 万余人抗击，次年将廓尔喀军逐出藏境，乘胜追入廓境，迫廓尔喀言和。

乾隆帝与前代一样，重视农业发展，他鼓励开荒，扩大种植面积，而且通过人口迁移，开发了边疆地区。乾隆帝重视发展商业并给予宽松政策，他采取了一些恤商政策，金融机构（经营汇兑和存款、信贷的票号）在乾隆朝也开始出现。此时高产经济作物大量流入，人口数量暴涨。"康乾盛世"步入顶峰。

乾隆时期清朝延续自明朝开始实行闭关锁国政策，对出口货物的种类也多有限制。在西方工业革命进行的时候，使帝国的科技水平越来越落后；继明朝中叶西方国家发生资产阶级革命的情况下落后于西方后，在清朝同期西方发生的工业革命，让中国全面落后西方，盛世之下埋藏着深刻危机，中国正处于近代的前夜。

第二节　清晚期的衰落

一、嘉道中衰

清朝从乾隆末年开始有衰落的现象。乾隆六下江南，并仿制江南园林广修园林，劳民伤财，政治日渐腐败。当时人口暴增与乡村土地兼并严重，使得许多农民失去土地；加上贪官和珅等官员腐败，于乾隆晚期到嘉庆时期陆续爆发民变。白莲教于公元 1770 年举兵，后来又于公元 1796 年爆发川楚教乱，八年后被清军镇压，领袖王三槐被处死。台湾天地会领袖林爽文于公元 1787

年发动林爽文事件。

公元 1795 年，乾隆帝禅位于第十五子颙琰，即嘉庆帝。乾隆至公元 1799 年去世，嘉庆帝方得以亲政。然而嘉庆帝未能解决弊端，清朝继续走向衰落。道光帝也失去了早期君主锐意进取的精神，掌政风格日趋保守和僵化。官场中，结党营私、相互倾轧、卖官鬻爵、贿赂成风。军队里，装备陈旧、操练不勤、营务废弛、纪律败坏。财政上，国库日益亏空、入不敷出。阶级矛盾激化，民变四起。

嘉庆帝

二、开启近代

由于吏治的腐败，导致海关走私严重，鸦片贸易猖獗，公元 1839 年，道光帝为解决鸦片的弊端，派林则徐到贸易中心广州宣布禁烟。英国为了打开中国市场，在公元 1840 年发动了鸦片战争，清朝战败，被迫求和。公元 1842 年，被迫同英国侵略者签订了不平等条约——《南京条约》，开启了中国近代史。中国社会逐渐从封建社会转变为半封建半殖民地社会。

西方各国迫使清政府开港通商，加上地方官吏地主兼并土地，使得传统农村经济受到破坏。各地乘机纷纷起事，其中华北以捻乱为主，华中华南以洪秀全的太平天国与云南杜文秀、马如龙的云南回变为主。

公元 1851 年，洪秀全于广西金田起义，联合天地会、三合会北伐。两年后攻陷并定都江宁，改称"天京"，并且发动两次西征。公元 1853 年 5 月 8 日，林凤祥、李开芳等奉命率师两万余人北伐。北伐军虽然一度进至天津附近，因孤军深入，被清军围困。后来曾国藩、左宗棠与李鸿章纷纷组织湘军与淮军抵抗太平天国。太平天国发生天京变乱后国力衰退，部分势力转入捻军。太平天国最后于公元 1864 年被湘军、淮军以及外国人组成的常胜军、常捷军围攻而亡。

公元 1856 年，英国借口"亚罗号事件"、法国借口"马神甫事件"共同发动第二次鸦片战争。到公元 1860 年，英法联军相继强迫清政府签订《天津条约》和《北京条约》。俄国趁火打劫，从公元 19 世纪 50 年代到 80 年代，侵吞中国北方 150 多万平方公里领土。根据一系列不平等条约，中国丧失大量领土、主权和财富，半殖民地半封建社会程度大大加深。

三、改良中兴

公元 1861 年，咸丰帝在热河病逝，6 岁的幼子载淳继位，即同治帝。咸丰帝本任命肃顺等八大臣赞襄政务，两宫太后与恭亲王奕䜣发动辛酉政变，两宫垂帘听政，最后由两宫之一的慈禧太后获得实权。被称为洋务派的奕䜣与曾国藩、李鸿章、左宗棠、张之洞等部分汉臣在消灭太平军时认识到西方的船坚炮利，并且鉴于两次鸦片战争的失败，以"师夷长技以制夷"、中体西用为方针展开自强运动，即洋务运动。

当时总理各国事务衙门与随后的北洋通商大臣负责对外关系与自强运动的策划与推行，先后引入国外科学技术，建立现代银行体系、现代邮政体系、铺设铁路、架设电报网。建立翻译机构同文馆、新式教育（新学），培训技术人才并派遣留学生到欧美日等先进工业国家，其中较为出色的有唐绍仪、詹天佑等。此外，还开设矿业、建立轮船招商局、江南制造总局与汉阳兵工厂等制造工厂与兵工厂。同时也建立新式陆军与北洋舰队等海军。洋务运动使得中国社会出现较安定的局面。其间太平天国于公元 1864 年灭亡。公元 1865 年，僧格林沁的满蒙骑兵（八旗兵）中捻军埋伏后被全歼，赖洋务派左宗棠与李鸿章分别灭西、东捻，捻乱到公元 1868 年结束。公元 1862 年到公元 1878 年间，左宗棠先后平定陕甘回变，平定新疆回乱，并收回伊犁。

洋务运动使得清朝的国力有了一定程度的恢复和增强，到慈禧太后与恭亲王联合执政的同治年间，清朝一度出现了较安定的局面，史称"同治中兴"。其间清朝在西方人的帮助下成功消灭内地的民变并收复新疆，在国际上的地位和形象因此有相当大的改善。至公元 19 世纪 80 年代，清朝军队的装备和洋务运动之前相比已有了明显的提高。

对外方面，公元 1884 年，清朝和法国为越南（安南）主权爆发中法战争。清朝失去藩属国越南，越南成为法国殖民地，台湾也宣布建省。战后，清朝设立了海军衙门。公元 1885 年，英国入侵缅甸，清朝驻英公使曾纪泽向英国抗议无效，隔年被迫签订《中英缅甸条约》，承认缅甸为英国所有。此时，日本在明治维新后国力大增，公元 1872 年，日本强迫清朝藩国琉球改属日本，清朝拒不承认，中日交恶。公元 1894 年，中日甲午战争爆发，最后以清军落败而告终。

四、帝国飘摇

清政府于公元 1895 年与日本签订《马关条约》，割让台湾和澎湖列岛及其附属岛屿，失去藩属国朝鲜。洋务派李鸿章建立的北洋舰队全军覆没，也宣告自强运动最终失败。

面对民族危机，公元1898年，光绪帝与梁启超、康有为等资产阶级改良派领导发动政治改革运动——戊戌变法。但因为慈禧太后和保守派的反对，光绪帝遭到软禁，变法因此失败。变法前后只持续了103天，因此又称为"百日维新"。

公元1896年，清廷为联俄制日，签订《中俄密约》。列强在中日战争中国战败后，掀起瓜分中国狂潮。此时在华北冀鲁地区爆发以"扶清灭洋"为口号的义和团运动。慈禧太后

光绪帝

欲借此排外，暗中默许义和团，向十一国宣战。为保华中华南，东南各行省总督巡抚，不服从清廷对外宣战的敕命，发起东南自保，义和团事件引发西方列强的报复。

公元1900年，八国联军入侵北京。北京被联军占领，劫杀掳掠。慈禧太后率光绪皇帝逃往西安，慈禧认为此祸乃义和团引起，遂颁布剿灭义和团的命令。最终义和团运动在清军与八国联军的联合剿杀下失败。公元1901年，清朝同十一国签订了《辛丑条约》。公元1904年，日俄两国因在东北的利益冲突爆发日俄战争，进一步加深中国的半殖民地化。

五、革命风潮

清朝于八国联军入侵之后国势大坠，知识分子莫不提出各种方法拯救中国，主要分成立宪派与革命派两种改革路线。公元1901年，立宪派康有为、梁启超推动立宪运动，梁启超发表《立宪法议》，希望让光绪帝成为立宪君主。而慈禧太后为挽清朝衰落危局，有意效仿欧日的改革而推行清末新政。新政主要推行君主立宪、建立清朝新军、废除科举、整顿财政等一系列改革。而革命派对清廷的改革失望，他们主张推翻清朝，建立共和制。

孙文于公元1894年在夏威夷檀香山建立兴中会；公元1904年，黄兴于长沙成立华兴会；同年，蔡元培于上海成立光复会。公元1905年，孙文在日本联合兴中会、华兴会、光复会，成立中国同盟会，并提出"驱除鞑虏、恢复中华、创立民国、平均地权"的纲领。革命派联合旧有反清势力如三合会、

洪门等，在华南地区发起了 10 次起事，并将势力渗入华中、华南的清朝新军。

当时立宪派与革命派为改革方式发生争执，一开始立宪派占上风，清廷也承诺实行立宪。公元 1907 年，清廷筹设资政院，预备立宪，并筹备在各省开办咨议局。公元 1908 年 7 月，颁布《各省咨议局章程及议员选举章程》，命令各省在一年之内成立咨议局。同年颁布《钦定宪法大纲》，以确立君主立宪制政体，成立代议会。在立宪派成员的请愿下，清廷宣布预定在公元 1913 年召开国会。同年光绪帝与慈禧太后皆去世，溥仪继位，即宣统帝，其父载沣担任监国摄政王。

公元 1911 年 5 月，清廷组成由庆亲王奕劻领导的"责任内阁"，这是中国历史上首次君主立宪。不过，该内阁中的很多成员为皇族身份，故被称为"皇族内阁"，引发立宪派的不满和失望，很多转向与革命派合作。

同年 5 月，四川等地爆发保路运动，清廷急派新军入川镇压。10 月，革命派于湖北发起武昌起义，南方各省随后纷纷宣布独立。清廷任命北洋新军统帅袁世凯为内阁总理大臣，成立内阁并统领清兵。袁世凯一方面于阳夏战争中向革命军施压，另一方面却暗中与革命党人谈判，形成南北议和的形势。

公元 1912 年 1 月 1 日，中华民国于南京宣布成立，孙中山在南京就任中华民国临时大总统。2 月 12 日，袁世凯迫使宣统帝溥仪颁布退位诏书，将权力交给袁世凯政府，清朝灭亡。

第三节　反抗斗争与救亡图存

一、民族英雄林则徐

在乾隆、嘉庆在位期间，清朝的国力开始由强盛走向衰弱。与此同时，英、美、法等国正逐渐完成工业革命，资本主义需要广阔的商品市场和原料产地，英国首先将目光投向了中国。

鸦片，俗称大烟，是用罂粟汁熬制而成的麻醉毒品，吸食者极易上瘾，长期吸食能导致身体萎顿、精神颓靡。早在清初，鸦片就已随其他商品一起输入到了中国。以英国为首的西方殖民者为扭转贸易逆差，改变白银大量流向中国的局面，转而采用倾销鸦片的恶毒手段，以此敲开中国的大门。英国是最大的鸦片贸易贩子，美国次之，俄国也从中亚向中国北方输入鸦片。鸦片的大量流入，使殖民者们大发横财，但却给中国带来了巨大灾难，鸦片大量输入严重冲击了中国封建经济，清政府在对外贸易中开始处于逆差地位。大量白银外流，使清政府国库空虚，财政拮据，百业萧条。鸦片最初只在沿海行销，后来逐渐深入内地，吸食上瘾者不可胜数，严重毒害了中国人的肉体和心灵。鸦片贩子大量行贿也使清政府的吏治更加腐败。

林则徐

种种情况使人民要求禁烟的呼声越来越强烈，政府和一些正直官员也逐渐认识到禁烟的重要性。道光十八年（公元 1838 年）六月，鸿胪寺卿黄爵滋等上奏，痛陈鸦片祸害，揭发官吏包庇鸦片烟贩，主张坚决遏制鸦片的输入。他认为要禁绝鸦片，必先严惩吸食者。湖广总督林则徐和两江总督陶澍等人十分赞成黄爵滋的主张。农历七月到九月，林则徐三次复奏道光帝，指出若不禁烟，长此以往，数十年后，"中原几无可以御敌之兵，且无可以充饷之银"。林则徐的话坚定了道光帝严禁鸦片的决心。

林则徐是福建侯官（福州）人，他的父亲林宾日是个以教书为业的秀才。林则徐 27 岁那年被选为翰林院庶吉士。在京时期，他与南方出身的清流派小京官结成文学团体"宣南诗社"，社友中有陶澍、黄爵滋、龚自珍等人。他们之间常常议论时局，讨论治世的学问，这自然为林则徐日后出任封疆大吏，建立斐然政绩打下了良好的基础。

公元 1839 年农历一月，林则徐离开北京前往广州，宣布这次出差将自备车轿，自带役夫，沿途供应不许铺张，若有犯者，言出法随。这种严肃的态度使英国的毒贩们感到了情势的转变。到达广州后，林则徐又在行馆门外张贴告示：严禁收取地方供应，所有随从人员不得擅离左右。在两广总督邓廷桢的帮助和合作下，林则徐暗访密查，充分掌握了广州鸦片走私和经营情况，然后下令收缴外商鸦片，还让他们保证以后来船永不再夹带鸦片，如果有货全部没收，人立即正法。广州人民也纷纷行动起来，配合林则徐的缴烟命令。鸦片贩子不愿交出鸦片，操纵广州的外商商会破坏禁烟行动。林则徐便下令中止中英贸易，命令海关禁止外人离开广州，终于从四月到五月二十一日收缴了鸦片 2 万多箱。

道光十九年（公元 1839 年）四月二十二日，林则徐在虎门开始销烟，在场群众成千上万，争相观看这一次焚烟活动。林则徐先让兵士在海滩上挖成两个 15 丈见方的池子，池底铺上石条、四壁栏桩钉板，防止渗漏。又在前面设一涵洞，后面通一水沟。之后，将水车从沟道推入池子，将盐撒进，又把鸦片切成小块投入卤水中，浸泡半小时后再将石灰投入，池中立刻水汤滚沸，围观群众欢呼声震天动地。退潮时，兵士启放涵洞，池中水汤随浪潮鼓动送入大海。然后再用清水洗刷池底，不留下半滴烟灰。在连续 20 多天的时间里，收缴的鸦片全部被销毁。

林则徐领导中国人民的禁烟斗争，具有了反抗侵略、捍卫民族生存权利的伟大意义。虎门销烟谱写了近代史上中国人民反对外国侵略光辉篇章的第一页。

二、第一次鸦片战争

当英、美、法、日等列强进行如火如荼的资本主义革命时，清政府正闭关锁国，自以为"天朝上国"，不思改革，遂使中国在世界上落伍。英国通过鸦片贸易从中国攫取了大量白银，同时使我国军民身衰体弱，统治阶级中的有识之士纷纷要求禁销鸦片。

公元 1839 年，湖广总督、钦差大臣林则徐奉命于 1 月底到达广州，他一方面整顿海防，允许人民群众持刀杀敌；另一方面宣布收缴鸦片。3 月，英国鸦片贩子被迫交出烟土 237 万余斤。6 月 3 日，林则徐下令把这些鸦片在虎门海滩当众销毁，以示中国政府禁烟的决心。

英国政府以此为借口向中国发动了战争，公元 1840 年 1 月，以懿律和义律为正副全权代表，懿律为侵华英军总司令，出兵中国。5 月，英国舰船 40 余艘、

道光帝

士兵 4000 多名先后到达澳门附近海面，鸦片战争爆发。懿律率英军进犯广州海口，看到广州军民早已严密布防，遂转攻厦门，又被邓廷桢军击退。6 月，英军北上攻占定海作为军事据点。8 月，英舰抵达天津大沽口外。

道光帝慑于英军武力，又为投降派的劝说所动摇，遂改变态度，罢免了林则徐，改派直隶总督琦善为钦差大臣去天津和英军谈判。而此时英军因夏秋换季，疾疫流行，遂放弃定海，于 8 月中旬南返，双方议定在广州谈判。琦善到广州后，一反林则徐所为，命令撤除海防水勇，镇压抗英群众，一心议和。公元 1840 年 12 月，琦善与义律在广州开始谈判。

英军趁中方严防撤除、又因谈判而致海防松懈无备之际，于公元1841年1月7日发动突袭，攻陷了虎门附近的沙角、大角两炮台，并单方面宣布所谓的"穿鼻草约"。1月26日，英军攻占了香港岛。

　　道光帝得知琦善开门揖盗，丢失两炮台后，下令锁拿琦善，并向英宣战，派侍卫内大臣奕山为靖逆将军，调兵万余赴粤抗英。英军先发制人，出动海陆军攻虎门，广州提督关天培亲率清兵迎击，清军刀矛不敌英军坚船利炮，关天培中弹牺牲。2月26日，英军攻占虎门、猎德、海珠等炮台，溯珠江直逼广州。4月，奕山率大军抵广州。5月24日，英军进攻广州，一路占领城西南的商馆，一路由城西北登陆，包抄城北高地，不久攻占城东北各炮台，并炮击广州城。奕山执行"防民甚于防寇"的方针，对英军侵略消极抵抗，在英军的迅猛攻势下，他与英人签订《广州和约》并征得道光帝批准，以缴600万元换得英军撤出广州地区。

　　与清政府的妥协投降态度相反，广州三元里人民在广州北郊牛栏冈附近同窜入这里的千余英军英勇作战，打死打伤英军数十人，并把四方炮台围得水泄不通。在广州知府的调停下，英军才得以解围。

　　英政府并不满意懿律和义律在中国获得的权益，改派璞鼎查（后来的首任港督）为全权代表来华，扩大侵略战争。公元1841年8月21日，璞鼎查率37艘舰队、陆军2500人离开香港岛北上，攻破厦门，占据鼓浪屿；10月1日再次攻陷定海，定海总兵葛云飞英勇殉国。10日英军攻占镇海（今属宁波），钦差大臣、两江总督裕谦战死，英军旋占宁波城。

　　道光帝闻讯大惊，忙派吏部尚书大学士奕经调兵赴浙以收复失地。公元1842年3月，奕经在准备不充分的情况下全面反击，清军数战不利，撤回原地。

　　战败消息传到京师，朝野上下震动，道光帝无奈，只得派盛京将军耆英和伊里布赴浙向英军请和。璞鼎查不理会耆英的乞和，继续深入。公元1842年5月18日，英军攻取浙江平湖乍浦镇，6月16日攻吴淞口，吴淞炮台守将陈化成壮烈牺牲，宝山、上海沦陷。英军溯长江西上，于7月21日陷镇江，8月，英舰陆续到达南京下关江面。清政府已无心再战，遂接受英方停战的条件，29日在英军舰"康华丽"号上，耆英、伊里布与璞鼎查签订了中国近代史上第一个不平等条约《南京条约》。条约共7条，主要内容是：割让香港岛，赔款2100万银元，广州、福州、厦门、宁波、上海五口通商等。

　　《南京条约》严重侵害了中国的主权，标志着中国开始逐步陷入半殖民地半封建社会。

　　第二年（公元1843年）八月十五日，清钦差大臣耆英与英代表璞鼎查在

大沽炮台

广东虎门又签订中英《五口通商附粘善后条约》（即《虎门条约》）、《中英五口通商章程》附《海关税则》作为《南京条约》附件。其补充条款破坏了中国司法权、关税自主权，并使英国取得了片面最惠国待遇。从此，外国殖民者以条约形式对中国人民进行"合法化"奴役。古老东方帝国的门户被西方殖民者用大炮轰开了，各国侵略者接踵而来，中国的封建社会开始解体，向半殖民地半封建社会过渡。

三、第二次鸦片战争

第二次鸦片战争是英法在美俄支持下发动的侵华战争。这次战争是为扩大鸦片战争的既得利益而发动的，史称"第二次鸦片战争"，又称"英法联军战争"。公元1856年10月，英国以"亚罗号事件"为借口进攻广州，正式挑起战争。两广总督叶名琛不作抵抗，英军一度攻入广州城。公元1857年，英国政府任额尔金为全权专使，率领侵略军到中国扩大战争；同时向法、美、俄政府发出照会，提议联合出兵，迫使清政府签订新的不平等条约。法国政府借口"马神甫事件"，任命葛罗为全权专使，率领侵略军进攻中国。同年12月29日，英法联军攻陷广州，叶名琛被俘。公元1858年5月20日，联军北上攻陷大沽炮台，进逼天津。清政府派大学士桂良、吏部尚书花沙纳赶往天津求和，被迫与英、法、美、俄四国分别签订了《天津条约》。后英法联军南撤。清政府于11月在上海又同英、法、美三国分别签订了《通商章程善后条约·海关税则》。沙俄乘机又以武力强迫黑龙江将军奕山签订了中俄《瑷珲条约》。公元1859年6月，英法又以换约为借口，率舰队到大沽口外，向清廷施加压力，并于6月25日攻击大沽炮台。中国军队被迫自卫，打退英法联军。公元1860年8月，英法联军攻陷北塘、大沽，占领天津，进逼北京。9月下旬，咸丰逃往热河，委派其弟恭亲王奕䜣作为钦差大臣向侵略者投降求和。10月，英法联军在焚圆明园后进入北京。清政府分别与英、法、俄签订了《北京条约》，第二次鸦片战争结束。

四、三元里人民反英斗争

三元里抗英事件是第一次鸦片战争时期英国军队与非官方武装力量在广州市郊外三元里发生的冲突事件。

三元里是广州城北附近的一个小村庄。公元 1841 年 5 月，占据广州四方炮台的英军到三元里抢掠财物、强暴妇女，当地人民奋起反抗，打死数名英军。随后，三元里附近 103 个乡的群众包围了四方炮台，并诱敌至三元里牛栏冈。当时恰逢倾盆大雨，英军枪炮皆哑，手持刀、矛、锄头的民众乘势猛攻，人数越聚越多。英军增援部队到达后，才解救了被围困的英军。

5 月 31 日，三元里人民再次包围四方炮台，英军惊恐万分，逼迫广州知府强行解散了抗英队伍，英军撤出虎门时发出告示，恫吓中国人民"后勿再犯"。中国人民当即发出《申谕英夷告示》警告英军："若敢再来，不用官兵、不用国帑，自己出力，杀尽尔等猪狗，方消我各乡惨毒之害也！"

三元里抗英斗争是近代史上中国人民第一次自发的大规模抵抗外国侵略的斗争，表现了中国人民不畏强暴、抵御外敌的爱国精神。

五、太平天国运动

道光二十三年（公元 1843 年），洪秀全吸取了《劝世良言》中所宣传的创造天地万物人的"神天上帝"，是独一真神及在上帝面前人人平等的思想，创立"拜上帝会"。最早接受洪秀全拜上帝思想的是他的同学冯云山和族弟洪仁玕。第二年，洪秀全与冯云山同到广西贵县一带进行"拜上帝会"的宣传和组织活动。不久，洪秀全又回到广东花县家乡进行理论创作。洪秀全先后写出了《原道救世歌》《原道醒世训》和《原道觉世训》3 篇著作。《原道救世歌》宣传宇宙间唯一主宰，拯救万物的真神是上帝，"开辟真神惟上帝，无分贵贱拜宜虔""天父上帝人人共，何得君王私自专"。又说，普天之下皆兄弟，

三元里民众的讨英檄文

上帝视之皆赤子。这就否定了封建帝王至高无上的权力。《原道醒世训》中说，天下男人都是兄弟之辈，天下女子都是姊妹之群，不应存在此疆彼界之私，更不应存在你吞我并之念。宣传了经济上的平等思想。《原道觉世训》中明确地把皇帝指作"阎罗妖"，把贪官污吏指作"妖卒鬼徒"，蔑视皇权，号召人民群众起来击灭"阎罗妖"。在同一时间里，冯云山在紫荆山区进行"拜上帝会"的宣传和组织工作。道光二十七年（公元1847年）上半年，"拜上帝会"会众已达2000多人。是年八月，洪秀全再次到广西，在紫荆山与冯云山会合，共同制定"拜上帝会"的各种宗教仪式和10款天条。并派人四出发展会众，其会众主要是贫苦农民。第二年七月，杨秀清、萧朝贵、韦昌辉、石达开和洪秀全、冯云山结成异姓兄弟，"拜上帝会"从此有了领导核心。

"拜上帝会"在其发展过程中，同封建势力的斗争逐渐公开化，会众开始捣毁甘王庙及紫荆山区的神庙社坛，与地主团练也展开了斗争。道光三十年（公元1850年）广西群众的反抗斗争继续增多。同年七月，洪秀全发布"团营"总动员令，各地会众纷纷变卖田产房屋，向"拜上帝会"总机关所在地金田村进发。十一月，各路会众均汇集在金田村，约2万人。在"团营"过程中制备器械，编制营伍，一同拜上帝，广大分散的农民组织成一个严密的武装集团。

道光三十年十二月十日（公元1851年1月11日），"拜上帝会"会众在

太平天国金殿

广西桂平县金田村正式起义，建国号"太平天国"。随即东进，占领交通要道江口镇。"天地会"罗大纲、苏三娘（女）等率众几千人也投入太平军，声势更加壮大。三月，太平军转而西进，入武宣县境。洪秀全在武宣东乡即位称大王，封杨秀清为中军主将、萧朝贵为前军主将、冯云山为后军主将、韦昌辉为右军主将、石达开为左军主将。此后半年，太平军转战武宣、象州和紫荆山区，设法打破清军的包围堵截。九月，太平军乘胜攻克永安州城（今蒙山县），这是"太平天国"起义以来占领的第一座城池。洪秀全在这里封杨秀清为东王、萧朝贵为西王、冯云山为南王、韦昌辉为北王、石达开为翼王，西王以下，俱受东王节制。又封秦日纲、胡以晃为丞相，罗大纲为总制。其余有功将士，均分别擢拔任职。洪秀全又针对农民起义队伍在战斗过程中产生的实际问题，发布许多诏令：严禁兵将私藏在战斗中缴获的各种财物，巩固圣库制度，告诫全军恪守天条天令，严守纪律，警惕敌人的诱惑；勉励将士团结一致，同心协力，"男将女将尽持刀""同心放胆同杀妖"。同时，清除了暗藏的奸细。《太平诏书》《太平军目》《太平条规》《天父下凡诏书》等一批重大文献也先后刊刻公布。这就是著名的"永安建制"。"太平天国"的政治制度从此粗具规模。次年四月，太平军从永安突围，北上攻桂林不下，进占全州，入湖南。在全州战斗中，南王冯云山负重伤身亡。入湖南后，太平军连克道州、江华、永明、嘉禾、蓝山、桂阳、郴州等地。这一带的"天地会"群众争相参加太平军，多达五六万人。九月，太平军猛攻长沙不克，西王萧朝贵中炮牺牲。十一月，撤围长沙，转经益阳、岳州，向湖北挺进。太平军在岳州建成水营，战斗力继续加强。咸丰三年（1853年）一月，太平军攻克武昌，进城后，太平军宣布："官兵不留，百姓勿伤"，群众积极参军，队伍猛增至 50 万人。随后顺江东下，水陆并进，旌旗蔽日，连克九江、安庆、芜湖，于同年三月十九日占领江南第一重镇南京，随后以南京为都，改称天京，正式建立了一个与清朝政权相对峙的农民政权。不久，又攻下镇江和扬州。

咸丰三年（公元 1853 年）五月，太平军约 2 万人在天官副丞相林凤祥、地官正丞相李开芳、春官副丞相吉文元的率领下自扬州出发，举行北伐。历经江苏、安徽、河南、山西、直隶、山东 6 省，转战数千里，深入清朝统治的心脏地区，震撼京津。咸丰五年（公元 1855 年）三月，北伐军林凤祥部营地被清军攻破，全军将士，宁死不屈。林凤祥被俘遇害。五月，李开芳部也失败。与北伐同时，太平军又在夏官副丞相赖汉英的统率下溯长江西上，进行西征，相继占领安庆、九江、武昌等重镇。到咸丰五年（公元 1855 年）九月，江西八府 50 多个州县均归太平军势力之下。第二年四月和六月，秦日纲率冬官正丞相陈玉成和地官副丞相李秀成分别攻破江北和江南大营，解除了天京的肘腋之患。太平天国在军事上达到了全盛时期。

太平天国定都天京后，于咸丰三年（公元1853年）冬颁布了纲领性文件《天朝田亩制度》。其核心内容是关于土地制度的规定，即把全部土地平均分配给无地的广大农民；还规定了"太平天国"的乡官制度。《天朝田亩制度》规定的总目标是实现"有田同耕，有饭同食，有衣同穿，有钱同使，无处不均匀，无人不饱暖"的理想社会。

太平天国农民起义，推动了全国各地群众的反封建斗争，天地会、小刀会、捻党等在各地纷纷发动武装起义，响应并配合太平军作战，有力地推动了太平天国农民起义的发展。

咸丰六年（公元1856年）八月，太平天国内部发生了杨、韦事件；次年，石达开又分军出走，太平天国的力量受到了削弱。接着，武汉、镇江、九江又相继失守，天京被围。洪秀全遂于咸丰八年（公元1858年）恢复五军主将制度，任命蒙穗恩为中军主将，陈玉成为前军主将，李秀成为后军主将，韦俊为右军主将，李世贤为左军主将。洪秀全自己总掌军权，取得浦口和三河大捷。次年四月，洪仁玕到达天京，洪秀全封其为军师、干王，主持朝政。几个月后，洪仁玕向洪秀全提出了《资政新篇》，内容共四部分：（1）用人察失，禁止朋党；（2）革除腐朽生活方式，移风易俗；（3）实行新的社会和经济政策，仿效西方资本主义；（4）采用新的刑法制度。第三部分是全篇的中心。咸丰十年（公元1860年），太平军消灭了江南大营，天京解围。太平军乘胜连克常州、无锡、苏州等地，太平天国的力量再度振兴。

第二次鸦片战争之后，英、法、美、俄等国支持清朝镇压"太平天国"。清廷也确定了"借师助剿"的方针。同治元年（公元1862年），太平军在上海和宁波与英、法、美军队进行了英勇的战斗。在中外反动势力的联合进攻下，苏州、杭州相继失守。同治三年（公元1864年）六月，洪秀全病逝，长子洪天贵福即位。七月十九日，天京被湘军攻陷。太平天国农民起义失败，余部又继续战斗多天。

太平天国起义坚持了14年之久，其势力发展到了18省，动摇了清朝的封建统治，打击了外国侵略者。

六、洋务运动

洋务，又称夷务，泛指包括通商、传教、外交等在内与西方资本主义有关的一切事务。洋务运动指清政府一批具有买办性质的官僚军阀在公元19世纪 60 年代到 90 年代为挽救统治危机，自上而下推行的一场以引进西方的军事装备、机器生产和科学技术为主要内容，以富国强兵为目的的自救运动。

洋务派在中央以总理衙门大臣奕䜣、侍郎文祥等为代表，在地方上以曾国藩、李鸿章、左宗棠、张之洞等为代表，同治登基后他们握有实权，可以左右清朝的政局。如两江总督长期由湘系曾国藩、曾国荃、左宗棠、刘坤一交替占据，直隶总督由李鸿章独占。洋务派的指导思想是"中学为体，西学为用"，他们认为中国的政治制度比西方好得多，只是火器比不上西方列强，只要清政府掌握了西方的近代军事技术和装备，就可以强盛起来。洋务运动分为前后两个阶段，60 年代为第一阶段，洋务派打着"自强"的旗号，依照西方资本主义国家的办法制造新式枪炮和船舰，兴办了一批军事工业企业；70 年代到 90 年代是第二阶段，以"求富"为口号，洋务派开始举办民用工业企业。

在第一阶段洋务派建立的军工厂中规模较大的有江南制造总局、金陵机器局、福州船政局、天津机器局等。李鸿章在曾国藩支持下在上海创立江南制造总局，创办经费为 54 万余两白银，工人 2000 余人，主要生产枪炮、弹药和小型船舰，还附设译书馆来翻译西方书籍，这是洋务派创办的规模最大的军工企业。这些军工企业全部都是官办企业，由清政府和湘、淮系军阀控制，具有浓厚的封建性，同时对外国有着严重的依赖性，从设计施工、购置机器设备、生产技术直到原料供应完全依赖于外国，并长期受外国人控制，但这些近代企业毕竟也具备了一定的资本主义因素。

由于在创办军工企业的实践中遇到资金、原料、运输等困难，洋务派认识到必先求富才能自强，所以决定发展民用企业以积累资金，有了雄厚经济基础后才能制造洋枪炮以自强御侮。70 年代起，洋务派开始大力发展民用工业企业，到 90 年代就已创办了 20 多家民用企业，包括交通运输、采矿、纺织、冶炼等各个行业。规模较大的有上海轮船招商局、上海机器织布局、电报总局、铁路交通运输业等。在这些企业中，上海轮船招商局是最有成就的一个，它是公元 1872 年李鸿章在上海创办的，是中国第一家近代轮船航运公司，也是洋务派兴办的第一个民用企业。这个企业在经营过程中屡遭英美轮船公司的

江南机器制造总局

排挤，但并没有被挤垮，一直在夹缝中求生存。

洋务派在兴办军工、民用企业的同时，还进行了筹建海军、加强海防、设立外文学馆、派遣留学生等活动。公元 1875 年，两江总督沈葆桢、直隶总督李鸿章等人奏请筹建北洋、南洋、粤洋（又称福建）三支海军。公元 1885 年，三洋海军已初具规模。公元 1862 年，为配合洋务需要，奕䜣在北京设立京师同文馆，以教习外语为主，同时兼习天文、历史和数理化。此后，各类学堂学馆在各地纷纷建立。公元 1872 年，中国首次派遣留学生到国外，30 名学生由上海赴美留学。此后，清政府还多次派遣留学生到国外学习。洋务派的活动旨在维护清王朝封建统治。他们创办了中国第一批近代工业企业，培养了近代中国第一批新型的科技、军事和翻译人才，是近代最早觉醒的先行者。

七、中法战争

同英国一样，法国一直觊觎着中国的西南地区，多方探寻前往云南的通道。公元 19 世纪 70 年代，法国发现越南北部的红河可以直航中国云南。为了侵略中国，占领越北地区便成为法国的一个作战目标。公元 1873 年，法军侵占河内等地，越南国王请求驻扎在越南保胜（今越南老街）一带的中国黑旗军协同抗法。年底，黑旗军将领刘永福率部在河内近郊重创法军，击毙其将领安邺，迫使法军退出河内。公元 1882 年，法军入侵越南北圻地区，占领河内、南定等地。应越南国王请求，刘永福又一次率黑旗军于次年 5 月在河内近郊再创法军，击毙法军司令李威利。公元 1883 年 12 月，法军进攻驻扎在北圻地区的中国军队，正式挑起中法战争。

虽然在战前，清政府一直采取求和妥协的态度，但迫于舆论和民情的支持，还是做了战争的准备，而且清政府也改变了对黑旗军的态度，进行鼓励嘉奖，同时，越南人民也积极支持中国军队的抗法斗争。

公元 1883 年 9 月，法国任命孤拔为越南北部法军总司令。12 月，孤拔率军6000 余人，从河内出发，向驻有清军和黑旗军的山西城发起进攻。双方激战了 3 天，清军和黑旗军终抵挡不住败退，法军占领山西城。公元 1884 年 3 月，法军 1.2 万人攻克由清军驻防的北圻战略要地北宁，不久即控制了整个红河三角洲地区。

清政府虽然在边境加强了兵力，调整了布防，但却一直想与法国妥协求和。公元 1884 年 4 月 17 日，中法在天津签订《中法会议简明条款》，清政府承认法国对越南的"保护权"，同意在中越边界开埠通商，并将全部驻越清军撤回境内。

《中法会议简明条款》签订后，法军下一步的战略目标就是把战火燃到中国境内。不久，法军制造了"观音桥事变"，以此为借口开始了对中国本土的进攻。5月下旬,孤拔率领法国舰队强行驶进福建水师基地马尾军港。6月中旬,法国军舰又进犯台湾基隆,但被督办台湾军务刘铭传击退。

在法军驶入马尾港时,新任会办福建军务的张佩纶曾提出拦阻法船入口、"塞河先发"的建议,但没被清政府采纳。清政府在对外战争中不积极备战,而是指望英、美等国能出面调停。7月3日,法国驻福州领事向闽浙总督何璟发出最后通牒,限福建海军限时撤出马尾,不等答复,法舰发动突然袭击,大炮水雷同时轰击军港内的中国兵轮。福建海军仓促应战,9艘舰艇被法军击沉,伤亡700余人。其后,法舰又炮击马尾福州船政局。26日,清政府被迫正式对法国宣战。

清政府对法宣战后,确定了东南沿海防御、北圻陆路反攻的战略方针。西路清军在云南总督岑毓英指挥下,于8月下旬抵宣光附近,与黑旗军一起包围了宣光法军。法军决定在西线取守势、在东线取攻势。10月上旬,法军攻占台湾基隆,但却在淡水被清守军击退。10月下旬,法军宣布封锁台湾海峡。为打破法军封锁,南洋水师奉命出动分舰队开赴台湾海峡,孤拔亲率7舰北上拦截。公元1885年2月底3月初,追击援台分舰队的法舰侵入浙江镇海海域,被镇海守军击退。

在越南北圻陆路战场,由于清军指挥失误,未能趁法军待援之机发起进攻,收复失地,致使法军得到增援,东线攻势得到加强。清军在法军面前一再退却。公元1885年农历正月,法军占领镇南关(今友谊关),把战火烧到中国境内。2月上旬,清军在临洮大败法军,使西线战局得以扭转。与此同时,帮办广西关外军务冯子材受命指挥东线清军。冯子材到任后,协同众将,团结诸军,在镇南关前修筑长墙作为防御工事,把法军攻势阻扼在长墙之外。3月23日,法军2000余人分三路向镇南关猛攻。冯子材率众将奋勇拼杀,终于遏制了敌军的攻势。24日,冯子材身先士卒,冲出关外,全军将士奋勇杀敌,击毙敌军近千名,取得了镇南关大捷,清军乘胜收复了谅山。

清军镇南关大捷的消息传至巴黎,导致了茹费理内阁垮台,于是法国加紧了与清政府的外交谈判。此时,清政府也不想再战,决定乘胜求和。公元1885年4月上旬,中法签订停战协定,前线清军奉命克期停战撤回。6月上旬,中法两国签订《中法新约》,满足了法国在战前提出的侵略要求。

八、甲午战争

明治维新后,日本开始大力发展资本主义,建立近代化国家。明治天皇具有极强的对外扩张欲望,极力鼓吹军国主义,并将侵略矛头首先指向其近邻朝鲜和中国。公元 1874 年日本侵略中国的台湾,虽未得逞,但却尝到了甜头,特别是中法战争造成的中国"不败而败"的结局,更加刺激了日本侵略中国的野心,于是日本伺机对中国发动大规模战争。

公元 1894 年 4 月,朝鲜南部农民起义军占领全罗南道首府全州,朝鲜政府请求清政府派兵协助镇压。日本以清军入朝为借口,大批调遣日军赴朝,迅速抢占从仁川至汉城一带的战略要地,同时设立战时大本营,作为指挥侵略战争的最高机构。

8 月上旬,卫汝贵、马玉昆、左宝贵和丰升阿等四部援朝清军万余人先后抵达平壤。8 月中旬,日本大本营除已派第 5 师余部赴朝外,又增遣第 3 师参战,两师合编为第 1 集团军。同时,日方决定组建第 2 集团军,待机进攻中国的辽东半岛。

9 月 15 日,日军分三路进攻平壤,清军分路抗拒,左宝贵中炮牺牲,玄武门失守。叶志超指挥无方,见北门不守,即下令撤军,弃平壤逃走,渡过鸭绿江退入国境,日军轻易地占领了全部朝鲜。

日军在平壤得手后,遂寻机在海上消灭清政府的北洋舰队。9 月 17 日,北洋舰队在完成护航任务后正准备由大东沟口外返航,遭到了以中将伊东祐亨为司令的日军联合舰队的拦截,随即爆发了著名的黄海海战。战斗历时 5 个多小时,北洋舰队沉毁 5 舰,伤 4 舰,日本联合舰队伤 5 舰。日军在第一阶段作战中,适时调整作战计划,海陆同时出击。北洋舰队虽然受到重创,但实力还是相当强大,但李鸿章却令北洋舰队躲在威海港中,不许出战,使日本联合舰队达到了控制黄海制海权的目的,造成以后中国海军被动挨打的局面。

平壤之战和黄海海战后,由于对日军主攻方向判断失误,清廷集重兵于鸭绿江一线和奉天、辽阳之间。同时,为保卫北京,又在各省抽调兵力,驻守山海关至秦皇岛之间,以及天津、大沽、通州等地。这种部署使地处渤海门户正面的辽东半岛兵力不足,防御极其空虚。

日军第 1 集团军在九连城上游的安平河口突破成功,继而攻克虎山。其他各部清军闻虎山失陷,不战而逃。26 日,日军未遇抵抗即占领九连城和安东(今辽宁丹东),清军鸭绿江防线崩溃。与此同时,日军第 2 集团军开始在旅顺后路的花园口登陆,意在夺取旅顺口和大连湾。11 月 6 日,日军攻占金州(今属大连)。7 日,日军分三路向大连湾进攻,大连湾守军不战而逃,日军占领大连湾。18 日,日军前锋进犯旅顺口附近的土城子,除徐邦道率部奋勇抗击外,旅顺各守将毫无斗志,对徐邦道不加援助。22 日,日军陷旅顺口,并血洗全城。

日军攻占旅顺后，以陆军第2集团军为基础组建"山东作战军"，又令联合舰队协同山东作战军作战，并以陆军第1集团军在辽东战场进行佯攻，继续吸引清军主力。清廷对日军主攻方向又一次判断失误，以重兵驻守奉天、辽阳及天津至山海关一线，北洋舰队则根据李鸿章"水陆相依"的防御方针，躲藏在威海卫港内，不许出战。

公元1895年1月20日，日"山东作战军"在荣成龙须岛登陆，占领荣成。30日，南帮炮台在日军的合围下陷落，随即北帮炮台也为日军占领。此后，日军水陆配合，攻击刘公岛和港内的北洋舰队。北洋舰队提督丁汝昌、总兵刘步蟾等先后自杀殉国。17日，威海卫海军基地陷落，北洋舰队覆灭。

2月28日，日军从海城分路出击，3月4日进攻牛庄（今辽宁海城西北），牛庄为清军后方根本，守军却极少，守军奋勇苦战，死伤被俘3000多人，牛庄失陷。7日，日军攻克营口。9日，清军在田庄台大败。至此，日军占领了辽东、辽南地区。

早在日军占领辽东半岛后，清廷便开始通过外交途径向日本请和，威海卫失陷后，清廷求和之心更切。在美国安排下，李鸿章以头等全权大臣的身份，在美国顾问科士达陪同下赴日议和。公元1895年4月17日，李鸿章在中日《马关条约》上签字，甲午战争结束。

九、戊戌变法

公元1895—公元1898年，在中国发生了一场颇有声势的资产阶级维新变法运动。到了1898年，百日维新成为这次运动的高潮。这是一场由资产阶级改良主义者领导的改革。然而，这一场改革触动了封建顽固派守旧势力的利益。因此，百日维新一开始，围绕顽固派和维新派的斗争便展开了。

慈禧太后首先逼迫光绪皇帝下令将翁同龢革职。翁同龢是光绪皇帝的亲信大臣，在帝党和维新派之间起着桥梁的作用，将他革职，就大大削弱了变法维新的力量。接着，慈禧太后逼迫光绪帝任命荣禄为直隶总督兼北洋通商大臣，统率北洋三军，这实际上是把北京控制在她的手里。慈禧太后又用光绪帝的名义，宣布在公元1898年10月19日去天津检阅军队，准备到时发动政变，逼迫光绪帝退位。

在这危急的时刻，光绪帝便与维新派的主要人物反复商量，认为唯一能想到的办法，就是依靠袁世凯的军事力量。

袁世凯早年曾在天津小站督练新建的陆军，当时是荣禄的部下，是北洋三军中的重要将领，他的军队就驻扎在天津附近。当光绪帝皇位难保之时，谭嗣同挺身而出，表示愿意冒险去找袁世凯，说服他出兵帮忙。

当天深夜，谭嗣同独自到了袁世凯的寓所，拿出光绪帝的密诏，并将维新派的全部计划也和盘托出，要袁世凯扶持光绪皇帝诛杀荣禄，消灭后党。

谭嗣同（左二）与长沙时务学堂教习合影

谭嗣同慷慨激昂地说："今天只有你能救皇上。如果你愿意，就请全力救护；如果你贪图富贵，就请到颐和园告密，你可以升官发财！"

袁世凯正颜厉色地说："你把我袁某看成什么人了！皇上是我们共事的圣主，救驾的责任，你有，我也有！"

第二天，光绪帝召见了袁世凯，要他保护新政。退朝之后，袁世凯匆匆赶回了天津。一到天津，他就去向荣禄告密。荣禄得报后，连夜乘专车进京，赶往颐和园去向慈禧太后报告。袁世凯从这一叛变行动开始，便飞黄腾达起来，他用维新派的鲜血，染红了自己的顶戴。

第二天凌晨，慈禧太后就带着大批人马，气急败坏地从颐和园赶到紫禁城，下令把光绪帝囚禁在中南海的瀛台。对外则宣布光绪帝生病，不能亲理政务，由慈禧太后"临朝听政"。同时，下令大肆搜捕维新派和倾向维新派的官员。百日维新期间推行的新政，除了京师大学堂等少数几项措施以外，全部被废除了。这一年，正是甲子纪年的戊戌年，所以，通常把这场政变称为"戊戌政变"。

维新派领袖人物康有为得知消息后，从天津搭乘英国轮船逃往香港。梁启超当天得到日本使馆的保护，化装逃往日本。

公元 1898 年 9 月 28 日，慈禧太后下令杀死谭嗣同、康广仁、刘光第、林旭、杨锐、杨深秀六人，他们被称为"戊戌六君子"。

至此，清朝资产阶级改良主义运动彻底失败了。

十、帝国主义瓜分中国的狂潮

《马关条约》签订后，清政府割辽东半岛给日本。这损害了俄、德、法三国利益，于是就出现了"三国干涉还辽"的事件。

公元 1896 年 6 月，俄国政府诱迫李鸿章在莫斯科签订了《中俄密约》。不久，俄国趁德国强占胶州湾之机，于公元 1897 年底派军舰开赴旅顺，第二年迫使清政府签订《旅大租地条约》，强占旅顺、大连，并获得了南满铁路的修筑权，把整个东北划入了自己的势力范围。公元 1897 年 11 月，德国借口山东巨野两名传教士被杀一案，派兵强占胶州湾沿岸各地。公元 1898 年 3 月，迫使清政府签订《胶澳租界条约》，把山东划入了自己的势力范围。

列强瓜分中国示意图

公元 1895 年 6 月法国签订了中法界约和商约，获得了陆路通商减税的特权，并首先获得了筑路、开矿的特权。公元 1897 年又先后强迫清政府保证不将海南岛、云南、两广割让或租借给他国。公元 1899 年 11 月，法国获得了租借广州湾的特权。从此，广东、广西、云南划入了法国的势力范围。公元 1898 年 2 月清政府被迫保证长江流域沿岸地区不让与或租给英国以外的国家。6 月又与英国签订《展拓香港界址专条》，获得"新界"的租借权。公元 1898 年 7 月，又获得租借威海卫的权利。这样，英国在长江流域及华南、西南、东北等地都划定了自己的势力范围。

美国由于种种原因没能参加瓜分中国的狂潮，公元 1899 年，提出了"门户开放"政策，要求享受其他列强在中国的所有权利。

十一、八国联军与《辛丑条约》

公元 1900 年 6 月，为镇压中国人民的反抗，英、美、俄、日、法、德、意、奥八国联军 2000 多人，由英国海军中将西摩尔率领，分 3 批从大沽经天津乘火车北进。消息传到北京，董福祥率领的清兵甘军迅速控制了北京车站，准备迎击联军。前往火车站迎接联军的日本使馆书记官杉山彬，在永定门外被甘军射杀。在联军开往北京的途中，沿铁路线的义和团及民众破坏铁路，随处拦击侵略军。当联军到达廊坊时，发生了廊坊之战。

各国公使感到形势恶化，立即举行会议，一致同意调军队保护各国使馆。驶达大沽口外的各国舰队先后接到奉命进京的电报，并迅速派出陆战队，由海河乘船到达天津，准备向北京进犯。后来，迫于列强的威逼，慈禧太后命令总理衙门同意八国调兵入京，但每一国派兵不得超过 30 名。这些军队实际上是八国联军的先遣队。进入天津租界内的各国军队后来已达 2000 人。

公元 1900 年 7 月中旬，八国联军攻陷天津，清政府宣布对各国开战。义和团著名首领张德成率"天下第一团"5000 多人进入天津，参加战斗。义和团和清军攻打紫竹林的战斗整整持续了一个月，天津防御力量急剧衰退。但是此时清军又开始大肆捕杀义和团，致使天津最后失陷。八国联军接着向北京进攻。8 月中旬，八国联军侵入北京。北京陷落。联军入京后，对北京义和团和广大民众进行了残暴的屠杀，联军还在城中肆意放火，大批珍贵图书档案遭到焚毁和劫掠。

此后，列强又为"惩凶"和"赔款"问题激烈争吵，直至公元 1901 年 9 月 7 日，才签订了《辛丑条约》，正约之外还加了 19 个附件，主要内容是：

一、中国赔款白银 4.5 亿两，以海关税、常关税、盐税为担保，分 39 年还清，加上年利 4 厘，总数共达约 9.8 亿两。还有各省地方赔款共 2000 多万两。

二、在北京划东交民巷为使馆区，各国在此驻兵，中国人不准在区内居住。

三、北京到大沽的炮台"一律削平"，从北京到山海关铁路沿线的 12 个战略要地准许各国派兵驻守。

四、惩办义和团和支持它的清朝官员，永远禁止中国人成立或加入反对洋人的组织，违者处死。地方官辖区内若有此类活动，必须立时镇压，否则"即行革职，永不叙用"。

五、改总理各国事务衙门为外务部，"班列六部之前"。

就是如此丧失民族尊严的和约，清政府依然在上面签了字，而且表示说，要"量中华之物力，结与国之欢心"，完全成为"洋人的走狗"，让中国完全沦为半殖民地。

经过八国联军这场浩劫，至少有 3000 万以上无辜的中国人家破人亡，而慈禧却依然在西安悠然自得地看戏。

十二、义和团运动

公元 18 世纪末到公元 19 世纪初，兴起于长江以北各省的白莲教大起义和白莲教的支派天理教起义被清廷镇压后，白莲教的各个支系继续斗争，北方几省相继出现了八卦教、红阳教、荣华教等组织，秘密从事反清斗争，其中八卦教影响最大。朝廷规定，传习八卦教者要查拿缉捕，为首者处以死刑，于是八卦教徒便以传习拳术来隐蔽自己。义和团运动便由此萌芽而来。

甲午战争期间，山东沿海民众遭受日军侵略之苦，战争结束后，日军占领了威海卫。3年后，日军撤离，此地又立即被英军强占。不久，德国又占据了胶州湾，并强行把山东划为它的势力范围。光绪二十四年（公元1898年），英国强行租借威海卫，随之外国教会也随之大批进入山东各地，修建大小教堂1100多座，传教士和教徒发展到8万多人。许多加入教会的地主豪绅，仰仗教会势力，乘多年荒灾之机，囤积居奇，抬高粮价，使民众苦不堪言，对之切齿痛恨，多次与教会发生冲突。

当年十月，山东冠义县义和拳在闫书勤的带领下，聚众数千人，树起"助清灭洋"的旗帜，占领了梨园屯。第二年，平原县义和拳组织和教会发生冲突，地方官吏派兵镇压，逮捕了数名义和拳成员，于是他们向茌平县义和拳首领朱红灯求救。朱红灯率领几百人的义和拳武装成员赶到平原，与当地义和拳群众会合，使官府十分恐慌。济南知府带兵在平原县与恩县交界的森罗殿与朱红灯的队伍发生争斗。此时，茌平、恩县、长清、高唐等地义和拳纷纷响应，不久，东昌、武定、泰安、济南等地的群众也闻风而动。面对义和拳运动的蓬勃兴起，清朝官吏内大体出现了两种倾向，一种是主张立即用武力消灭，一种则主张安抚、收编。山东巡抚张汝梅上奏朝廷，要求采取安抚、收编的政策，主张"化私会为公奉，改拳勇为民团"，把拳民编到诸乡团之内。次年二月，毓贤继任山东巡抚，出告示改"拳"为"团"，把参加义和拳的群众称之为"拳民"，允许他们设厂习拳，同时把武装反抗教会的人称为"匪徒"，缉拿惩处，借以安抚义和拳。由此一来，义和拳反倒取得半合法的地位，迅速发展起来，成为一个官方默许的公开团体，"义和团"的名称从光绪二十四年（公元1898年）春开始逐渐地广为流传起来。

山东义和团的迅猛发展，引起在华各国势力的恐慌。驻扎胶州湾的德国军队出兵到胶州、高密、日照等地，焚毁村庄、抢劫城镇、枪杀居民。英、美、意等国驻华公使也向清政府施加压力，要求清廷下令取缔义和团。光绪二十五年（公元1899年）底，美国公使唐格向总理衙门提出了撤换毓贤的要求，清廷迫于压力，申斥毓贤对义和团镇压不力，将之调任山西巡抚，由袁世凯接任山东巡抚。袁世凯上任后，立即发布了《禁示义和拳匪告示》，不承认义和团具有合法性，规定：不仅练拳，就是赞成义和拳的，都要被杀。随后依仗他统带的武卫右军和扩编的武卫军先锋队马步炮队共20个营兵力，对活动于山东黄河北岸的义和团发起进攻。先后斩杀了王玉振、王文玉、孙洛泉等义和团首领，消灭10多部义和团，光绪二十六年（公元1900年）春，山东义和团运动告以平息，义和团运动的中心移到了直隶省。

早在两年前，直隶南部威县、曲周、景州、阜城义和拳就已经开始活动，许多村庄建立拳厂、练习拳术，并逐渐向北发展，与教会和官兵多次发生冲突。此时，直隶总督裕禄根据上谕发布《严禁义和团》的告示，宣布"招引徒众，私立会合，演习拳棒，均属违禁犯法""再有设厂练习拳棒，射利惑民悖事，即由地方官会营捕拿，从严惩办。"此时总理衙门也对此忧心忡忡，电令裕禄。"此事关系紧要，务须赶紧严密查办，免滋事端。"于是裕禄派出官兵，分路对义和团进行镇压。然而，义和团运动不仅没被镇压下去，反而愈演愈烈，势力扩展到直隶全省，直逼京城附近地区，甚至在京城内和直隶总督所在地天津，也已经有自称义和团的人开始活动，沿街练拳，招收徒弟。

消息传到清廷，有官员主张对义和团用兵讨伐极其危险，应采取安抚政策。是年四月初，监察御史郑炳麟上奏，主张在直隶、山东派道府大员当"团练局总办"，选择乡绅做"团总"，收编义和团，把义和团改造为官办的团练。这个建议遭到裕禄和袁世凯的反对。一时间清廷陷入对义和团是"剿"还是"抚"的两难境地。

四月初，涞水、定义、新城、涿州、易县等地的义和团同教会势力发生冲突，焚烧了当地的教堂，随后裕禄派军队前往镇压，遭到义和团的顽强抵抗，淮军副将杨福同被打死。裕禄随即又派提督聂士成所部的武卫前军赶去镇压，又遭到义和团的抵抗。义和团以"反洋"的名义破坏了芦保铁路，阻止前来镇压的清军。继而相继焚毁了高碑店、涿州、琉璃河、长辛店、卢沟桥的火车站，京津铁路上的丰台站和机器制造局也被捣毁。5月初，义和团拥进涿州城。

慈禧太后见形势十分紧迫，就派协办大学士刚毅和刑部尚书赵舒翘、顺天府尹何乃莹到涿州方向去进行招抚，向义和团宣布朝廷的"德意"。刚毅等人到涿州一带后，感到义和团势力极大，不能进行剿杀，于是向朝廷报告，主张撤回聂士成的部队，采用劝导、晓谕的办法解散或收编义和团。

正当刚毅等人在涿州一带活动时，京城内的义和团活动越来越频繁，声势也越来越大。小股外县拳民陆续涌入北京城，城内居民也纷纷加入义和团，出现了以义和团名义出现的反对洋人的揭帖，公开设立坛棚，焚烧外国人的教会房屋，并围攻西什库教堂和东交民巷使馆。朝廷屡次下令解散、严禁、缉拿，均无济于事，到了不能控制的局面。与此同时，天津城内义和团活动也十分频繁，烧毁教堂，进攻紫竹林租界，捣毁监狱，释放犯人。这时裕禄不得不改变手段，由高压转为安抚，以总督名义邀请义和团首领张德成，并用轿将他抬到总督衙门。

这年4月，英、美、德、意已派兵船驶入大沽口，随后，英、美、德、法4国公使先后向总理衙门发出照会，要求清政府采取措施迅速剿灭义和团。

不久，11 国公使又以外交使团名义照会清政府，要求严禁团民练拳设堂，传布揭帖，并命令各国的大沽口的海军准备登陆。5 月 28 日，驻北京的各国公使举行会议，决定立即以保护使馆的名义调兵来北平，并将此决定通报给总理衙门。经过一番交涉后清政府退步了，经慈禧太后批准，总理衙门同意各国立即派兵入京，要求兵数少一些，随后又通知裕禄，为从塘沽登陆经津入京的外国军队准备火车。几天后，英、俄、德、法、日、美、意、奥等国海军陆战队 450 人，分两批到达北京，另一支外国联军 600 多人，由塘沽登陆开进天津。6 月 10 日，八国联军 2000 多人，在英国海军中将西摩尔的率领下，由天津向北京进发。裕禄虽想阻止他们，但联军仍然取得了所需的机车和车厢，开始了八国联军侵华战争。一路上，联军遭到义和团的反抗。义和团拆毁铁路，致使联军 4 天里才走了一半路，抵达廊坊。一天早晨，义和团在廊坊车站袭击联军，几天后又再次袭击。此时去往北京的铁路已被破坏，联军只好退回天津。

6 月 16 日起，慈禧太后召集大臣，连续 4 天举行御前会议，主剿主抚两派争执不下。权衡利弊，慈禧太后决定宣战，"大张挞伐，一决雌雄"。但是，"宣战上谕"内容极其含糊，令有些属下不知所措。同时，慈禧又面谕李鸿章，让他去向各国保证对义和团要"设法相机自行惩办"。由此，义和团受到内外夹击。

正在朝廷举行御前会议期间，联军以朝廷当局"并不倾力剿办"义和团为借口，炮轰大沽口炮台，并迅速将其占领。随后又水陆并进，进逼天津，义和团与之顽强作战，双方激战一个月之久，此时聂士成的部队加入了反抗联军的战斗。义和团曾一度占领了紫竹林租界。在激战中，联军投入上万人的兵力，而清军主力却按兵不动，致使义和团力单难支。7 月 14 日，天津被联军攻破。与此同时，北京义和团向东交民巷使馆发起进攻，相继烧毁了比利时、奥地利、荷兰、意大利 4 国公使馆，连续围困各使馆 56 天。八国联军攻陷天津后，于 8 月初向北京进攻，遭到义和团的阻击，但清军却节节败退，致使联军前进速度很快。8 月 14 日，联军攻占北京，慈禧太后率王公大臣仓皇出逃，义和团被迫退出北京，在八国联军的镇压下，义和团运动终遭失败。

第四节　清代的社会经济

一、火耗归公与养廉银制度

清统治者为了欺骗劳动人民，"正赋"的额数并不为高，但"正赋"之外，另有种种名目的"附加税"。有些地区，"附加税"往往比"正赋"高达三五倍不等。所谓"催纳之数不多，供亿之数更繁"，劳动人民"不苦于赋，而苦于赋外之赋"。

清初的"附加税"名目很多。如"耗羡"（亦称"羡余"或"火耗"），就是官府将征收来的散碎银子，要经过再加工铸造，熔炼成一定数量的银锭，再上缴国库。其中的损耗，解运费用，名曰"耗羡"，再如交纳粮食入仓的损耗，称之为"雀耗""鼠耗"，都算在劳动人民的身上，要向人民多征收一部分粮食、银钱。

雍正帝反对地方官吏横征加派，但也不同意让他们"枵腹从事……令天下人视官场为畏途"。相反，他主张要使官吏丰足，"督抚司道亦皆饶余"，所以，在他推行火耗归公的同时，又建立了养廉银制度。

雍正帝规定了火耗归公后的用途一是官员养廉；二是弥补官号的亏空；三是留作地方公用。无论弥补亏空，还是留作地方公用，都与官员养廉有关，都是为了整饬吏治。

养廉银制度，最先在地方文官中实行。各省官员的养廉银数额，根据各省、道、府、州县所辖区域大小、冲僻、繁简、贫富等情况，多寡不一，总督最高达 3 万两，最低也 13000 两；知府、知县数百至 3000 两不等，连从九品的典史也有数十两。全国直省文官养廉银每年达 280 万两。随后到乾隆朝，八旗、京官、武职都实行了养廉制度。

雍正帝推行火耗归公和养廉银制度的头几年，又大力清查亏空，严惩贪赃，的确收到了整肃吏治的效果。但是，随着时间的推移，养廉银也完全变

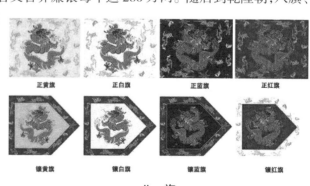

| 正黄旗 | 正白旗 | 正蓝旗 | 正红旗 |
| 镶黄旗 | 镶白旗 | 镶蓝旗 | 镶红旗 |

八　旗

成了官员的个人收入，耗外加耗，养廉银不养廉的问题又渐趋严重。火耗归公无形中加重了老百姓的负担。

二、"摊丁入亩"制度

康熙年间实行"滋生人丁，永不加赋"的政策虽然是赋役制度的一个进步，但并不能解决长期以来赋役不均的状况。一些较有眼光的官吏、地主鉴于明末赋役不均引起农民大起义的教训，对此忧心忡忡，提出过一些改革方案。

康熙五十二年（公元1713年），御史董之燧提出"摊丁入亩"的主张，建议把丁银总数统计清楚，平均摊入到田亩中，按亩征收。户部讨论了他的建议，认为这样做变化太大，加上地方持反对意见的人很多，这个建议就没有获得通过。但是，董之燧提出的问题又不能不解决。后来，经康熙帝默许，先在广东和四川两省试点。

雍正元年（公元1723年）七月，新登上皇帝宝座的雍正帝，根据直隶巡抚李维钧的建议，正式在全国颁发诏令，推行"摊丁入亩"政策。

"摊丁入亩"具有积极的意义，它简化了税收的原则和手续，取消了征税的双重标准，这是赋役制度的重大改革。按土地多少收税实际上就是按人们的财产和负担能力收税，在一定程度上改变了赋役不均的严重情况，减轻了贫苦人民的负担。因为，地主阶级地多丁少，农民阶级丁多地少，摊丁入亩，势必使农民负担的一部分税款会摊到地主的身上。因此当时人说：把丁银"摊入田粮内，实与贫民有益，但有力之家，皆非所乐"。

三、清前期工商业的繁荣

清朝商业发达，分成十大商帮。其中晋商、徽商支配中国的金融业，闽商、潮商掌握海外贸易。清朝曾实施海禁政策，直到占领台湾后，沿海贸易才稍为活络，货币方面采银铜双本位制。康熙晚期为防止民变，推行禁矿政策，在一定程度上阻碍工商业的发展。

清朝前期的手工业生产比明朝更加发达。顺治时，政府禁民间开矿，后来不断放宽开矿政策。乾隆时，政府鼓励商人开矿，矿冶业迅速发展。云南的铜矿数量多、规模大，乾隆年间有500余处。

那时候，苏州仍以丝织业闻名。而南京、广州等地的丝织业也后来居上，超过了苏州。南京有织机3万多台，所产绸缎行销全国。景德镇制瓷业的规模比过去扩大了。边疆少数民族的手工业也发展起来。在农业和手工业发展的基础上，商业繁荣起来。北京是当时全国性的贸易市场。东南各省和苏州、扬州等城镇都很繁华。西北、西南各地也出现了不少商业城市。

清《盛世滋生图》

那时的北京汇集了全国各地的特产。东北的貂皮、人参，江南的水果、绸缎，西藏的麝香、红花，新疆的毡毯，蒙古的皮货，云南和贵州的名贵中药，都出现在北京的市场上。清朝前期，北京最繁华的地区在宣武、正阳、崇文3座门外，那里的富商大贾拥有成千累万的资本。乾隆年间，正阳门外大栅栏一带，已经是店铺、酒楼林立的热闹街市。乾隆时候，扬州的商业十分繁盛，许多行业形成集中的街市，有专营绸缎的"缎子街"，专设茶肆酒楼的北门桥等。

四、清朝与邻国的贸易往来

清朝的中前期，海外贸易还很频繁，与邻国的关系也很友好。

清朝与朝鲜，不但通过使臣进行贸易，在义州、会宁、庆源等地，还设有定期的贸易市场。清朝商人运去绸缎、皮货、布匹、文具等，贩回纸张、苎布、人参、牛马和食盐等物品。朝鲜开城的松商和义州的湾商，都以跟清朝通商而著名。当时朝鲜还常派使节团来中国，随行的人员总要买很多中国书籍回去。

清代康熙年间，中日之间的贸易也十分繁盛。中国商船赴日，最多时一年达100余艘。所携带的商品种类繁多，包括生丝、绸缎、瓷器、茶叶、药材、纸张、砂糖、染料、工艺品以及书籍、文具等。从日本输入的货物，以铜为大宗，

大清户部铸造银

其余则有金银、海味、漆器等。随着贸易的发展，旅居日本的中国商人日益增多，像著名学者朱舜水，他在日本开创的讲学的风气，对日本学术界有很大影响。

当时还有不少人移居越南，多定居在越南南部的嘉定、定祥、边和一带。他们在那里垦辟耕种，经营商业。当时越南开采金、银、铜、锡等矿，也多招募中国工人。

此时，中国和暹罗（今泰国）之间的关系也有进一步发展，贸易往来极为频繁。每

年从上海、宁波、泉州、厦门和潮州等地前往经商的货船有五六十只之多。当时，暹罗的米输入中国的数量也很大。

清朝和缅甸虽然在清朝初年发生过战争，但在乾隆年间双方和好，中缅之间的往来也开始频繁起来。清朝每年到缅甸经商的不下千人，他们常带着铜器、铁锅到缅甸贩卖，剪刀和针都是缅甸需要的大宗商品。而缅甸的棉花和食盐等，也大量运入云南。

五、闭关锁国

清朝中前期，一直和西方保持着良好的贸易、文化往来。

康熙帝对西方的科学技术比较重视，他本人就十分勤奋地学习西方的各种知识，也注意招徕具有各种科学技能的西方人才来为清朝效力，并给他们以优厚的待遇。

在公元1708年开始的全国地图的大测绘工作中，就有杜德美等西方传教士参加。在钦天监中，也长时期有西方传教士供职，如长于天文历法的西方教士汤若望、南怀仁等。南怀仁还曾受命为朝廷铸造火炮，他著有《神武图说》一书，详细讲解西方的造炮技术，受到了康熙帝的赞扬和赏赐。

清代西欧来华的耶稣会士，曾先后把《大学》《中庸》《论语》《孟子》等中国古代经典译为拉丁文加以刊行。德国著名文学家歌德，曾试图以元剧《赵氏孤儿》为蓝本编写剧本。那时候的巴黎、维也纳、罗马等欧洲大城市，曾上演了不少中国题材的歌舞剧。欧洲人还对当时清朝的瓷器和漆器特别喜欢，而中国的园林建筑艺术更是让他们大为惊叹。

此时的西方，尤其是英国和法国，已完成了工业革命，机器工业代替了工场手工业，商品被成批成批地生产出来。开辟新的更大的市场，成了英国人最迫切的要求。可是在跟中国的贸易中，总是英国、法国买回大量瓷器、丝绸和茶叶，将白花花的银子送入了清政府的腰包。

英国和法国都竭力想打通清朝的广大市场，可此时的清政府，害怕外来思想动摇它的统治，开始实行闭关政策，限制贸易，也限制不同文化的侵入。公元1792年，英国政府以给乾隆帝

光绪元宝

祝寿为名,派使臣马戛尔尼来中国交涉通商事宜。第二年,马戛尔尼在热河行宫朝见乾隆帝时,提出了"准许英国派使臣驻北京;准许英国人在各省传教"等几项要求,当即遭到乾隆帝的拒绝。公元1816年,英国政府又派阿美士德使华,重申前请。但由于在朝见的礼节上发生争执,嘉庆帝根本就没接见他。

在企图以外交手段来达到扩大通商的目的失败后,英国开始更多地派遣商船到中国沿海进行走私活动,甚至可耻地向中国输入鸦片。鸦片的大量输入,给中国带来了严重危害。

嘉庆帝死后,他的儿子旻宁即位,就是清宣宗,也叫道光帝。此时的清王朝越来越衰落,西方国家更是乘机加紧侵略,民族危机十分严重。到了公元1840年,爆发了鸦片战争。自此以后,中国人开始了长达一个世纪的、为赢得民族独立的不屈斗争。

第五节　清代的文化与科技

一、清朝的文字狱

为了使明朝遗留下来的文人骚客能归顺大清王朝,康熙帝命令朝廷大臣和地方官员把有学问的人都推荐到京城做官。

当时,有一个著名学者叫吕留良,有人推荐他,他都拒人于门外。为了摆脱纠缠,便索性跑到寺院里,剃光了头当和尚去了。

有个翰林官叫戴名世,不小心在文集里用了南明桂王的年号。有人告发到康熙帝那里,康熙帝大怒,认为此人是想复辟。立即下令将戴名世打进死牢,此案还牵连到他的亲友和刻印他文集的300多人。康熙帝死后,雍正帝即位,他就是清世宗。雍正帝疑心比较重,并且非常残暴。他执政后,只要看见文字上有不避讳的,就要严加惩处。很多文人、学者因此送了性命,这就是清朝的"文字狱"最厉害的时候。

吕留良自从当上和尚以后,就躲在寺庙里写文章,书中有反对满族统治的内容,因当时只在寺院里,没有流传出去。吕留良老死后,也没有人太多地在意此事。

有个湖南学者叫曾静,一次偶然机会看到吕留良的作品,从文章中看出吕留良学问很深,心中十分钦佩,就派了他的学生张熙到吕留良老家浙江去打听他遗留下的文稿。

张熙马不停蹄地来到浙江，真是功夫不负有心人，不但打听到文稿的下落，还找到了吕留良的两个学生。张熙与两位学生相谈甚欢，并邀他们到湖南做客。两位学生爽快地答应了。他们三人一道来到湖南。曾静热情地接待了他们，席中，四人议论起清朝的统治都十分气愤，于是大家在一起想办法，出主意，怎么去推翻清王朝。曾静突然想到现在正担任陕甘总督的汉族大臣岳钟琪，此人掌握重要兵权，精明能干，备受雍正帝的重用。如果能劝说他反清，推翻清王朝的统治便指日可待。曾静便写了一封亲笔信派张熙交给岳钟琪。岳钟琪打开信一看竟然是劝他反清的，他很害怕地说："这……这，这是大逆不道，要杀头的。"张熙镇定自若地说道："岳将军与清王朝有前世冤仇，难道您知仇不报吗？"岳钟琪问："此话从何说起？"张熙步步深入："将军姓岳，乃南宋爱国大将岳飞后裔。清王朝皇帝的祖先是金人。岳飞当年就是被金人金兀术勾结秦桧杀死的，将军现在手握重兵，正是报仇的好机会。知仇不报，那是不肖子孙啊。"岳钟琪厉声喝道："大胆，岂敢教训我，来人，将这叛贼打入死牢。"张熙被关进监牢，受尽了种种非人的折磨。岳钟琪吩咐监头查问张熙幕后是谁指使的。张熙一字不吐。硬的不行，只有来软的。岳钟琪假惺惺地来到牢前，把张熙放出来，并悄悄地跟他说，昨天的审问，完全是考验你的，其实我早就想反清了，只是时机不成熟，条件不齐备。说着还与张熙赌咒发誓。张熙慢慢地上了岳钟琪的当，把曾静的交代全部告诉了他。

岳钟琪听张熙这么一说，如获至宝，于是一面写奏章派人禀报皇上，一面派人去湖南捉拿曾静。

曾静立刻被抓住，与张熙一道被押到北京。雍正帝恼羞成怒，命令严加拷打。张熙知道上了岳钟琪的大当，如实将事实全盘托出。

雍正帝听说还有吕留良的两个学生在其中，于是将这两人捉拿，并下令将吕留良的坟墓挖开，劈开棺材，还将吕留良的后代和他的两个学生家满门抄斩。此案同样牵连到保存、传抄吕留良文稿的大批文人。

清朝的文字狱，使大批文人因此而丧命。翰林官徐骏因"清风不识字，何事乱翻书"两句诗中"清风"二字，被雍正帝认为"清风"就是指清朝，也丢掉了性命。

在这些文字狱中，一大批文人学者被牵连进来，不明不白地就丢了性命，文人学者们弄得不敢写文章、谈论时事，便在考据学方面下功夫，这使得清朝的考据学相对发达起来。

二、学术思想

清朝学术兴盛，文人学者对明朝以前各朝代的种种学术都加以钻研、演绎而重加阐释，集历代之大成，梁启超称清朝为中国的"文艺复兴时代"。鉴于晚明政治腐败、内忧外患不断，宋明理学流于空泛虚伪，致使清初学者多留心经世致用的学问。明朝亡于流寇、清朝定鼎中原后，一时学者痛定思痛，排斥空谈心性的宋明理学与阳明学，推究各朝代治乱兴衰的轨迹，提出种种改造政治与振兴社会的方案，使清初学术思想呈现实用主义的风气，发展出实事求是的考据学。清朝的四大学术：目录、训诂、考据、金石得到了迅速的发展。

1. 考据学

考据学在清代被称为汉学，也叫朴学，主要是从文字音韵、名物训诂、校勘辑佚等方面从事经书古义的考证，并由此推广到其他书籍。简言之，就是用一本古书来研究另一本古书。

清代考据学全盛时期的代表人物有惠栋、戴震、段玉裁、王引之、王念孙等。

考据学大体分为吴、皖两大派。吴派以苏州元和人惠栋为首，他著有《古文尚书考》等书。其治学方法是信家法而尚古训，一切务在恢复汉人的说法。但由于墨守汉人的成说，比较保守，所以其成就不大。皖派以戴震为首，在治学上比较富有创造性，不拘泥于一家之言。采取"由声音文字以求训诂，由训诂以寻义理，实事求是，不偏主一家"的考据方法，对中国古典文献的整理作出了较大贡献。

清代考据学在整理和考订古代经书方面的论著很多，像段玉裁撰写的《说文解字注》，王念孙撰写的《广雅疏证》和《读书杂志》，都是有关训诂、校勘的代表作。考据学远宗两汉的经师，有异于宋明理学，故又称为"汉学"。以顾炎武、黄宗羲、王夫之并为明末清初三大儒，与方以智、朱舜水等人并称清初五大师，颜元也是这一时期的大师。顾炎武提倡"经学即理学"，提出以"实学"代替宋明理学，要学者直接研习六经。提倡天下兴亡，匹夫有责。著有《日知录》《音学五书》等，其学说发展成乾嘉学派。黄宗羲有"中国思想启蒙之父"之誉称，著有《明儒学案》《宋元学案》，是中国学术史之祖。他保护阳明学，排斥宋明理学，力主诚意慎独之说，蔚为浙东学派。王夫之强调实际行动是知识的基础，认为历史发展具有规律性，是"理势相成"。其思想发展成船山学，后人编为《船山遗书》。

2. 民主思想

以民为主的思想于清初也开始萌芽，黄宗羲和顾炎武、王夫之提倡民权，

所著的《明夷待访录》攻击君主专制
体制，提倡天下为主，君为客的观点，
倍受清末革命党的推崇。部分学者认
为黄宗羲的思想是近代民主主义的思
想，有西方学者称黄宗羲为"中国自
由主义的先驱"。清初思想家唐甄所著
《潜书》描述："清兴五十年来，四海之
内，日益困穷，农空、工空、市空、仕空。"
并指出皇帝是一切罪恶的根源，认为
"自秦以来，凡帝王者皆贼也"。

顾炎武

3. 六经皆史

清代中期的考据学崇尚研究历史
典籍，对中国历史从天文地理到金石
铭文无一不反复考证。当时分成吴、
皖两派。吴派以惠栋父子、段玉裁、王引之与王念孙为主，以"博学好古"
为宗旨，恪守儒家法则；皖派以戴震为首，以"实事求是""无征不信"为宗
旨。他们"毕注于名物训诂之考订，所成就亦超出前儒之上"。桐城派健将姚
鼐提倡"义理、考据、词章，三者不可偏废"。道光与咸丰年间，曾国藩又把
经济与义理、考据、词章并列。然而考据学到后来过分重视琐碎事物的探究，
为学问而学问，知古不知今。当时章学诚提出"六经皆史"，注重六经蕴含的
义理，并使用于当代政治上，意图矫正此歪风。鸦片战争后西学大量流入中国，
考据学逐渐式微。

4. 西方思想

明末清初，随着欧洲耶稣会
传教士来华，西学输入中国，对
于当时的学风由浮虚转为务实，
也有相当的激励作用。他们将西
方科技介绍给中国人，扩大其知
识领域，使中国的学术思想添增
不少新成分。鸦片战争之后，大
量西方科技与思想带动中国近代
化革新。此时学者如龚自珍、魏
源与康有为等人继承章学诚的说

魏源《海国图志》

法，并进一步要求改革祖宗的法制，来应付内忧外患的局势。龚自珍讲求经世之务，志存改革，追求"更法"。魏源的《海国图志》主张"师夷长技以制夷"，冯桂芬的《校邠庐抗议》主张"以中国之伦常名教为原本，辅以诸国富强之术"。康有为与梁启超主张君主立宪。他们吸收来自西方的知识，先后推动自强运动与维新运动，这一波改革风潮最后引发清末新政与辛亥革命。

三、清代文学艺术

1. 小说

清朝小说是中国古代创作和传播的高峰时代。曹雪芹的《红楼梦》、吴敬梓的《儒林外史》、李绿园的《歧路灯》和石玉昆的《三侠五义》就是其中的杰出代表。此外还有蒲松龄的《聊斋志异》、邦额的《夜谭随录》、纪昀的《阅微草堂笔记》等志怪鬼神小说。它们的出现，标志着中国古代白话小说和文言小说艺术的最高成就。清朝末期，谴责小说的登场，给这个时期的小说增添了光彩。代表作为《官场现形记》《二十年目睹之怪现状》《老残游记》《孽海花》等。谴责小说进一点扩大了题材的范围，描写以官场为主，而遍及社会生活的各个方面。

清代小说中塑造了一些典型人物形象，展示了社会生活的万千气象。例如《红楼梦》中的贾宝玉、林黛玉、薛宝钗、王熙凤等，《儒林外史》中的范进、匡超人、马二先生等。和明代小说比较起来，这些成功的人物形象更接近于生活，缩短了和读者的距离。

2. 诗词

清诗是唐宋之后又一个重要时期，流派纷呈，诗学主张也多样，有其不可忽视的艺术价值。清初诗坛的主流是"遗民诗"，是富有反抗精神的。最著名的是钱谦益、吴伟业、龚鼎孳，称"江左三大家"。生活于乾隆后期和嘉庆时期的著名诗人有张问陶，他的七言律绝，佳句络绎。张问陶也好谈"性灵"，赞成袁枚论诗主张，可以算是"性灵派"的诗人，张问陶与袁枚、赵翼并称乾嘉"性灵派三大家"。

被称为"诗界革命"的诗歌改良运动产生于戊戌变法前后，其代表有黄遵宪的诗，其

清·孙温彩绘《红楼梦》插图

余如谭嗣同、唐才常、康有为、黄遵宪、蒋智由、丘逢甲、夏曾佑均有作品。

清词是中国古代词的中兴时期。康熙年间，出现王士禛、陈维崧、朱彝尊、顾贞观、厉鹗、纳兰性德等重要词人，清词进入鼎盛时期。清末词人王鹏运、郑文焯、朱孝臧、况周颐并称"晚清四词人"。

3. 戏剧

中国戏曲发展至清代乾隆年间，地方戏似雨后春笋，纷纷出现，蓬勃发展。昆腔经过魏良辅、李玉等剧作家的改进，执剧坛牛耳者已明显归于昆曲大宗。经过"花雅之争"，雅部昆曲最终衰落下来。

京剧之名始见于公元1876年的《申报》，历史上曾有皮黄、二黄、黄腔、京调、京戏、平剧、国剧等称谓，系公元1790年四大徽班进京后与北京剧坛的昆曲、汉剧、弋阳、乱弹等剧种经过五六十年的融汇、演变而成。其剧目之丰富、表演艺术家之多、剧团之多、观众之多、影响之深均为全国之冠。

八大山人荷花图

4. 散文

清朝前期出现风格率真、浪漫的小品文，以张岱、李渔与袁枚为主；又有侯方域、魏禧、汪琬合称"清初散文三大家"。但是他们的文风不受道学学者支持，这些学者发起复兴唐宋文风的古文运动，此即桐城派。创始人方苞与刘大櫆、姚鼐有"桐城三祖"之称。姚鼐是桐城派的集大成者，他的古文主张，提倡"义理（内容合理）、考据（材料确切）、词章（文辞精美），三者不可偏废"。讲究义法，提倡义理，要求语言雅洁，反对俚俗。后来曾国藩发展成湘乡派，恽敬、张惠言发展成阳湖派。

5. 绘画

清代的画坛由文人画占主导地位，山水画和水墨写意画法盛行，更多画家追求笔墨情趣，在艺术形式上翻新出奇，并涌现出诸多不同风格的流派。清初朱耷、石涛的山水花鸟画，中期的"扬州八怪"，清末任伯年、吴昌硕的仕女花鸟画及杨柳青、桃花坞和民间年画均对后人有很大影响。

四、京师同文馆与京师大学堂

咸丰十一年（公元 1861 年），清政府设立了总理各国事务衙门（简称总理衙门），负责对外事务。次年，咸丰皇帝应总理衙门大臣奕䜣的奏请，设立京师同文馆，作为附属于总理衙门的一所外国语学校，培养对外人员。公元 1862 年，京师同文馆在北京正式开办，最初设英文、法文、俄文三馆，只招收 14 岁以下的八旗子弟。公元 1866 年，总理衙门又奏请皇帝，要增设天文、算学科目，聘请洋人来教习，于是陆续增设了算学（包括天文）、化学、格致（包括办学、水学、声学、气学、火学、光学、电学）、医学四馆。录取学生的方法也相应变动。规定由京内外各衙门保举 30 岁以下的翰林院庶吉士、编修、检讨及五品以下由进士出身的官员，或举人、贡士等未仕人员，最后由总理衙门考取入学。学生的生活待遇从优，先是每月每人给膏火银 3 两，后改为每人每月薪水银 10 两，并供给饭食。

同文馆设立之初遭到清政府内极端守旧派人士的反对。监察御史张盛藻认为强盛中国的办法依旧是尧舜之道，只有通过精读孔孟之书，明体达用，才能使国家规模宏大，所以他极力反对向洋人学习制造轮船、洋枪技术，大学士倭仁也不断提出"立国之道当以礼义人心为本，未有专恃术数而能起衰振弱者。天文、算学只为末议，即不讲习，于国家大计亦无所损"。从此，守旧派与洋务派在同文馆的设立上发生了激烈争论。倭仁的声望在当时学界很高，是理学权威，他的响应者颇多。这样，京师同文馆虽然设立了讲习天文、算学等自然科学的科目，但投考的人却寥寥无几。

公元 1874 年，在以李鸿章为首的实力派的大肆倡导下，办洋务已成为一种时尚，于是同文馆也随之逐步兴盛起来。在此之前曾增设了德文馆。这以后又增设了东文馆。规定学生增加到 120 人。后改学制 3 年为 8 年，课程包括汉文、外文、天文、算学、物理、化学、世界史地和万国公法等科目。此外设有为教学服务的化学实验室、物理实验室和博物馆、天文台等。在此之前，还于同治十二年（公元 1873 年）设立了印书处，有中体和罗马体活字 4 套，手摇机 7 部，承印同文馆和总理衙门所翻译的数、理、化、医学、历史等书籍和文件等。

京师同文馆的总教习多由外国人担任。同文馆的经费、人事等方面多为总税务司英国人赫德所控制。同文馆先后聘请了外国传教士包尔腾、傅兰雅、丁韪良等担任教习或总教习，其中由赫德提名的总教习美国传教士丁韪良总管校务近 30 年。按规定，同文馆不允许传播西方宗教，但实际上洋教习们总是借机进行传播。

光绪二十七年（公元 1901 年）初，京师同文馆并入京师大学堂。

京师大学堂是中国近代最早的实施高等教育的学校，成立于公元 1898 年 8 月 9 日，是戊戌变法的"新政"措施之一，今北京大学的前身。初由孙家鼐管理，以"广育人才、讲求实务"为宗旨，拟设道、政、农、

京师同文馆

工、商等科。戊戌变法失败后，在顽固派控制下，只设《诗》《书》《易》《礼》四班和《春秋》两班，性质与旧式书院相同。八国联军进占北京后被迫停办，公元 1902 年复办，陆续增设预备科、速成科、进士馆、译学馆及医学实习馆。毕业生分别授予贡生、举人、进士衔。公元 1901 年开设经、法、文、格致、农、工、商 7 科。公元 1912 年改为北京大学。

五、《四库全书》

清代统治者自入关后很重视搜集和编纂古代典籍，顺治、康熙、雍正时期编修书籍甚多，其中如大型类书《古今图书集成》，荟萃群书，融贯古今，有一万卷之巨。到乾隆年间，清朝进入鼎盛阶段，国家富足，社会也较为安定，为更大规模的书籍编纂工作提供了条件。

乾隆帝跟他祖父、父亲一样，不仅注意武功，还十分重视文治。他一面继续招收文人学者做官；一面又大兴文字狱，镇压有反清嫌疑的文人。乾隆时期文字狱之多，大大超过了康熙、雍正两朝。

但是，乾隆帝明白，光靠文字狱来实行文化统治去不了根，还有成千上万的书籍贮藏在民间。如果里面有不利于他们统治的内容，那就无可奈何了。

后来，他想出一个一举两得的办法，就是集中全国的藏书，来编辑一部规模空前巨大的丛书。这样做，一来可以进一步笼络大批知识分子，显示皇帝重视文化；二来借这个机会正好可以把民间藏书统统审查一下。

公元 1773 年，乾隆帝正式下令开设四库全书馆。派了一些皇亲国戚和大学士担任总管，那些皇亲国戚大多是挂名监督的。真正担任编纂官的都是当时一些有名的学者，像戴震、姚鼐、纪昀等人。要编纂的那套丛书名称就叫《四

库全书》。

要编这样一套规模巨大的丛书，先得收集大量的书籍。乾隆帝下了命令，叫各省官员搜集、收购各种图书，并且定出了奖励办法，私人进献图书越多，奖励越大。这道命令一下，各地图书便源源不绝送到北京。两年之中，就聚集了2万多种，再加上宫廷里收藏的大量图书，数量就很可观了。

书收集得差不多了，乾隆帝就下令四库全书馆的编纂官员对图书进行认真检查。凡是有"违碍"（对清统治者不利）字句的，一律毁掉。经查发现在明朝后期的大臣奏章里，提到清皇族的上代，不那么尊重，乾隆帝认为这是很不体面的，就下令把这类图书一概烧毁。据不完全统计，在编《四库全书》的同时，被查禁烧毁的图书也有3000多种。

后来，这部规模巨大的《四库全书》终于编出来了。编纂者们对大批图书进行编辑、校勘、抄写，足足花了十年工夫，到公元1782年正式完成。这套丛书共收图书3503种，79337卷。不论乾隆帝当初的动机怎样，这部书对后代人研究我国古代丰富的文化遗产，毕竟是一项重大而珍贵的贡献。

《四库全书》卷帙浩繁，没有刊印本，编成后仅抄写了7份，各装订成36000多册，分别于北京大内文渊阁、圆明园文源阁、承德避暑山庄文津阁、沈阳故宫文溯阁和扬州文汇阁、镇江文宗阁、杭州文澜阁。抄成后又多次重校、补校。后来由于战乱，文源阁本、文汇阁本和文宗阁本都荡然无存；文澜阁本毁损过半后补抄完整，与文渊阁本、文津阁本、文溯阁本现在分别珍藏在杭州、台北、北京和甘肃兰州。

文津阁

六、清代科技

清朝的官方和学术界都不重视科学技术和生产技术，这方面的成就和同时代的西方国家相比落后甚远。明末清初有不少外国传教士传来西方的科学，但并未得到重视，所以没有广泛传播推广。清中叶，由于政治和意识形态的原因，外国传教士中止来华，从此，和外部世界的联系更加阻隔。清代科学技术的落后是中国贫困积弱的重要原因之一，但在某些传统的科学技术领域中比前也有所进展。

1. 数学

在数学方面，大量传教士进入中国，相当一部分进入中央朝廷，这一时期伴随他们进入中国的还有大量的西方数学著作。比如《数度衍》等。同时涌现了梅文鼎、年希尧、方中通、明安图、王元启、董佑诚等一批科学家。康熙年间举行一次历法大辩论。新历派以精确的数学运算战胜了旧历派，引起了朝廷的重视并不断聘请国外传教士传授几何、代数、物理等知识，推动数学发展。康熙末年，编纂《数理精蕴》是一部总结性的数学著作，是研习清朝数学的必读书目。雍正后，掀起了古算复兴的浪潮，整理古算的事引起更多人关注，对古代传统算术的整理、校勘、注释蔚然成风，其中有李潢校注的《九章算术》；罗士琳费时 12 年对元代朱世杰的《四元玉鉴》和《算学启蒙》中的天元术和四元术进行了严密细致的钻研，写成《四元玉鉴细草》。

数学家李善兰（公元 1811—公元 1882 年），字正叔，号秋纫，浙江海宁人。从小喜爱数学，公元 1852 年到上海参加西方数学、天文学等科学著作的翻译。以后又任曾国藩的幕僚，公元 1868 年后任北京同文馆天文学算馆总教习。他在数学方面的成果集中在《则古昔斋算学》中，包括 13 种数学著作。其中关于幂级数展开式方面的有《方圆阐幽》《弧矢启秘》《对数探源》。李善兰创造了一种"尖锥术"，即用尖锥的面积来表示 X^n，用求诸锥之和的方式来解决各种数学问题。虽然在此时他还没接触微积分，但实际上已得出了有关定积分公式。在《垛积比类》中，李善兰利用和"开方作法来源图"相类似的数表，列出一系列的高级等差

李善兰

级数求和的公式。这就是国际数学界感兴趣的"李善兰恒等式"。他在数论方面论证了著名的费尔玛定理(见《考数根法》)。而且,沿用至今的不少数学名词,如"代数""微积分""积分"等都是李善兰所创造的。当时与李善兰一起参加翻译工作的伟烈亚力对李工作评价颇高。所以,就当时中国科学各学科远远落后于西方而言,数学还算是有些成绩的。

2. 天文学

清朝入关后,汤若望、南怀仁等教士来华传教,带来西方科学与技术。他们先后被任命为钦天监。康熙帝对于天文历算、火炮之学很有兴趣,曾令白晋、德玛诺等人,测绘全国地图,历时十年而成,康熙帝命名为《皇舆全览图》,它是中国第一部用经纬度测绘的地图。顺治帝多次向汤若望学习天文、历法、宗教等知识,以及治国之策。不久汤若望成为"钦天监"的负责人,掌管国家天文。在随后的100多年前,"钦天监"皆由耶稣会士掌管。由于需要新的历法,清政府遂下令根据汤若望所著的《西洋新法历书》,制定新历法并颁行全国,名为时宪历。

3. 器械

在器械方面,西方传教士曾为清廷造过不少大炮。康熙帝时,戴梓发明连珠铳、冲天炮,颇具威力。但中叶以后,国家承平,只强调刀矛骑射,不重视火器的改进。中国不乏聪明才智之士,能制造各种精巧的器具与机械,如眼镜、望远镜、温度计、钟表、水车,但这种研究和制作,被视为奇技淫巧,得不到提倡和推广。

4. 农学

清代的农书约有100多部,尤以康熙、雍正两朝为繁盛。有《钦定授时通考》《广群芳谱》《补农书》等著作,详细论述各种作物的栽种和农业生产技术。其中大型综合性农书《钦定授时通考》,是公元1737年由乾隆帝弘历召集一班文人编纂的。全书规模比《农政全书》稍小。因是皇帝敕撰的官书,各省大都有复刻,流传很广。

5. 建筑

建筑学方面取得很高的成就,宫殿、园林、寺庙、宅宇、城垣的建筑,盛极一时。或雄伟庄严,或富丽典雅,彩绘藻饰,光彩照人,庭院草木,错落有致。著名匠师梁九、雷发达均有高超的设计和施工技艺。外国传教士蒋友仁、王致诚等带来西方的建筑技术,设计圆明园内西洋楼、大水法等建筑群。

6. 医药

清初至鼎盛时期,医药学进步表现在很多方面,基本上是明朝医药盛况的延续。乾隆时官修的《医宗金鉴》90卷，征集了不少新的秘籍及经验良方，并对《金匮要略》《伤寒论》等书作了许多考订，是一部介绍中医临床经验的重要著作。清代名医王清任在医学上有突出的成就，著有《医林改错》一书。他强调解剖学知识对医病的重要性，并对古籍中有关脏腑的记载提出了疑问。他通过对尸体内脏的解剖研究，绘制成《亲见改正脏腑图》25种，改正了前人的一些错误，为中国解剖学的发展做出了有益的贡献。

清朝中叶后，西学的影响不像清初仅局限于个别传教士，西方科技的刺激显然变得十分具有影响力。尤其是西方国家有意识地把医药作为实现他们宗教目的、掠夺目的的手段，所以西方医学对中国的渗透变得比清初那时更为明显。那时中国人民也有吸收外来医药学的需求，于是中西医汇的主张应运而生。这种新的思想既有解放中医药学家保守思想的一面，也有压抑对传统中医药学继承和发展的一面。

7. 地理

另一受西方影响较大的是地图测绘学。康雍乾时期，国家统一，版图巩固，始绘制全国和各地的地图，派人到各处实地测量。外国传教士雷孝思、杜德美和清朝学者何国宗、明安图等参加这项工作，采用西方经纬度定位和梯形投影法，所制地图居当时世界水平的前列。

康熙时，曾组织人力对全国进行大地测量，邀请了何国宗、明安图等学者和白晋、士雷孝思、杜德美等法国传教士参与地图测绘工作，测量人员采用了经纬度测绘方法跋山涉水实地测量，经过30余年的筹划、测绘工作，用梯形投影法制成了《皇舆全览图》。这部地图"不但是亚洲当时所有的地图中最好的一幅，而且比当时所有的欧洲地图都更好、更精确"。最后乾隆时期在《皇舆全览图》的基础上，根据测绘的新资料，制成了《乾隆内府皇舆全图》。在这份地图里第一次详细地绘出了中国的新疆地区。

8. 铁路

清朝末年，中国的交通事业有所发展，詹天佑是中国第一位杰出的铁路工程师，他主持修建的京张铁路工程之艰巨是当时世界铁路史上罕见的。詹天佑克服一道道难关，创造性地设计出"人"字形轨道，减缓坡度，降低造价，比原计划提前两年完工。詹天佑修建京张铁路期间，厘定各种铁路工程标准，并上书政府要求全国采用。中国现在仍然使用的4尺8寸半标准轨、郑氏自动挂钩等都是出自詹天佑的提议。此外詹天佑亦着重铁路人才的培训，制定工程师升转章程，对工程人员的考核和要求做出明文规定，并且定明工程师薪酬与考核成绩挂钩。京张铁路培训了不少中国的工程人员，詹天佑所制定的考核章程亦成为其他中国铁路的模仿对象。

京张铁路通车留影

9. 化学

徐寿（公元 1818—公元 1884 年），江苏无锡人。公元 1861 年入曾国藩幕，同治年间入上海江南制造局，参加西方科技书籍的编译工作，时间长达 17 年之久。所编译书籍为 13 种，大多数是化学方面的，《化学鉴原》是其中比较重要而流传较广的一部，它概略地论述了一些基本理论和各种重要元素的性质，对西方近代化学知识在中国的传播起了一定作用。在译书中，徐寿首创以西文第一音节造字的原则（即取西文名字第一音节造新字命名），被后来中国化学界所接受，一直沿用至今。除译书外，徐寿还与人发起创办了格致书院(公元1885年)，并举办一些讲座或科学讨论会,向听讲者做示范的化学试验，可视作中国化学知识普及教育的最初尝试。徐寿不仅是当时国内的著名科学家，而且在国际上也颇有名气。日本曾派柳原前光等人来向其学习。当时主持江南制造局译书事宜的傅兰雅，对其也非常佩服。

徐寿的儿子徐建寅也是一位化学家，译过《化学分原》等多种科学著作。公元 1901 年，徐建寅在武汉试验无烟火药时，不幸身亡，为科学研究献出了自己的生命。